中国社会科学院创新工程学术出版资助项目

归善斋《尚书》十诰章句集解

中卷

尤韶华 著

SENTENTIAL VARIORUM ON TEN ADMONISHMENT IN SHANGSHU

中国社会科学出版社

目 录

·中卷·

周书　康诰第十一 ··· 895

　　成王既伐管叔、蔡叔 ··· 896

　　以殷余民封康叔 ··· 905

　　作《康诰》《酒诰》《梓材》 ··································· 909

　　《康诰》 ··· 913

　　唯三月哉生魄 ··· 921

　　周公初基，作新大邑于东国洛。四方民大和会 ················· 936

　　侯、甸、男邦、采、卫，百工播民和，见士于周 ················· 940

　　周公咸勤，乃洪大诰治 ··· 944

　　王若曰：孟侯，朕其弟，小子封 ································· 948

　　唯乃丕显考文王，克明德慎罚 ··································· 969

　　不敢侮鳏寡，庸庸，祗祗，威威，显民 ··························· 976

　　用肇造我区夏，越我一、二邦以修 ······························ 983

　　我西土唯时怙冒，闻于上帝，帝休 ······························ 987

　　天乃大命文王，殪戎殷，诞受厥命 ······························ 991

　　越厥邦厥民，唯时叙 ··· 995

　　乃寡兄勖，肆汝小子封，在兹东土 ······························ 998

　　王曰：呜呼！封，汝念哉 ······································ 1002

　　今民，将在祗遹乃文考，绍闻衣德言 ···························· 1017

　　往，敷求于殷先哲王，用保乂民 ································ 1021

1

汝丕远唯商耇成人，宅心知训 …………………………………… 1025

别求闻由古先哲王，用康保民 …………………………………… 1029

弘于天，若德裕，乃身不废在王命 ……………………………… 1033

王曰：呜呼！小子封，恫瘝乃身，敬哉 ………………………… 1038

天畏棐忱，民情大可见，小人难保 ……………………………… 1051

往，尽乃心，无康好逸豫，乃其乂民 …………………………… 1055

我闻曰：怨不在大，亦不在小；惠不惠，懋不懋 ……………… 1059

已！汝唯小子乃服，唯弘王，应保殷民 ………………………… 1063

亦唯助王宅天命，作新民 ………………………………………… 1070

王曰：呜呼！封，敬明乃罚 ……………………………………… 1074

人有小罪，非眚，乃唯终自作不典，式尔 ……………………… 1086

有厥罪小，乃不可不杀；乃有大罪，非终，乃唯眚灾，适尔，

    既道极厥辜，时乃不可杀 …………………………………… 1090

王曰：呜呼！封，有叙，时乃大明服 …………………………… 1094

唯民其敕，懋和 …………………………………………………… 1106

若有疾，唯民其毕弃咎 …………………………………………… 1110

若保赤子，唯民其康乂 …………………………………………… 1113

非汝封刑人杀人 …………………………………………………… 1117

无或刑人杀人 ……………………………………………………… 1123

非汝封又曰劓刵人 ………………………………………………… 1127

无或劓刵人 ………………………………………………………… 1130

王曰：外事，汝陈时臬司师，兹殷罚有伦 ……………………… 1134

又曰，要囚，服念五六日至于旬、时，丕蔽要囚 ……………… 1145

王曰：汝陈时臬事，罚蔽殷彝 …………………………………… 1151

用其义刑义杀，勿庸以次汝封 …………………………………… 1161

乃汝尽逊，曰时叙，唯曰未有逊事 ……………………………… 1165

已！汝唯小子，未其有若汝封之心，朕心朕德，唯乃知 ……… 1169

凡民自得罪，寇攘奸宄，杀越人于货 …………………………… 1176

暋不畏死，罔弗憝 ………………………………………………… 1185

王曰：封，元恶大憝，矧唯不孝不友 …………………………… 1189

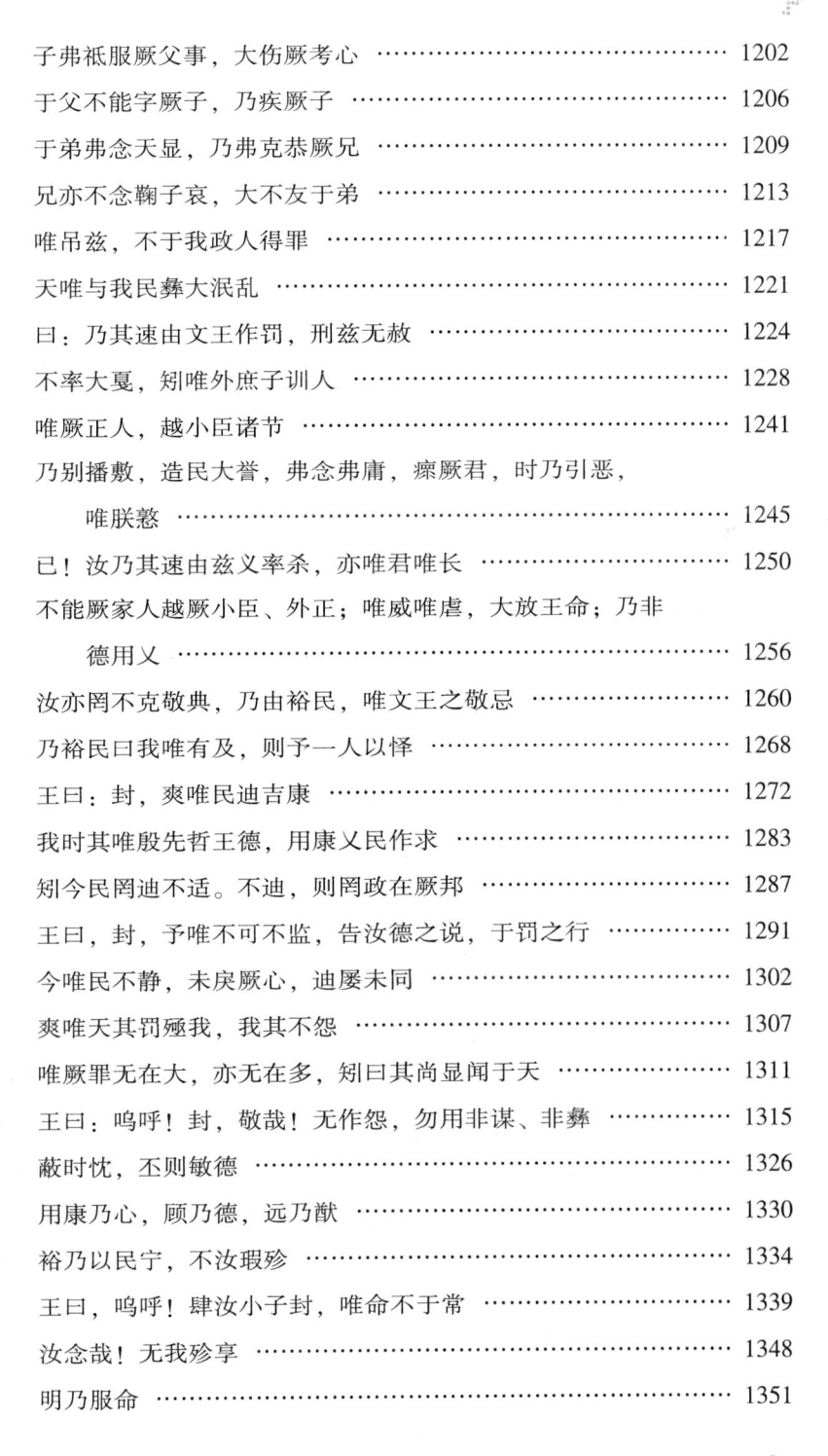

子弗祗服厥父事，大伤厥考心 ·············· 1202
于父不能字厥子，乃疾厥子 ················ 1206
于弟弗念天显，乃弗克恭厥兄 ·············· 1209
兄亦不念鞠子哀，大不友于弟 ·············· 1213
唯吊兹，不于我政人得罪 ·················· 1217
天唯与我民彝大泯乱 ······················ 1221
曰：乃其速由文王作罚，刑兹无赦 ·········· 1224
不率大戛，矧唯外庶子训人 ················ 1228
唯厥正人，越小臣诸节 ···················· 1241
乃别播敷，造民大誉，弗念弗庸，瘝厥君，时乃引恶，
　　唯朕憝 ······························ 1245
已！汝乃其速由兹义率杀，亦唯君唯长 ······ 1250
不能厥家人越厥小臣、外正；唯威唯虐，大放王命；乃非
　　德用乂 ······························ 1256
汝亦罔不克敬典，乃由裕民，唯文王之敬忌 ·· 1260
乃裕民曰我唯有及，则予一人以怿 ·········· 1268
王曰：封，爽唯民迪吉康 ·················· 1272
我时其唯殷先哲王德，用康乂民作求 ········ 1283
矧今民罔迪不适。不迪，则罔政在厥邦 ······ 1287
王曰，封，予唯不可不监，告汝德之说，于罚之行 ··· 1291
今唯民不静，未戾厥心，迪屡未同 ·········· 1302
爽唯天其罚殛我，我其不怨 ················ 1307
唯厥罪无在大，亦无在多，矧曰其尚显闻于天 ·· 1311
王曰：呜呼！封，敬哉！无作怨，勿用非谋、非彝 ··· 1315
蔽时忱，丕则敏德 ························ 1326
用康乃心，顾乃德，远乃猷 ················ 1330
裕乃以民宁，不汝瑕殄 ···················· 1334
王曰，呜呼！肆汝小子封，唯命不于常 ······ 1339
汝念哉！无我殄享 ························ 1348
明乃服命 ································ 1351

3

高乃听，用康乂民 ………………………………………… 1355
王若曰：往哉！封，勿替敬典 ……………………… 1358
听朕告，汝乃以殷民世享 …………………………… 1364

周书　酒诰第十二 ……………………………………… 1368
　《酒诰》 ……………………………………………… 1368
　王若曰：明大命于妹邦 …………………………… 1374
　乃穆考文王，肇国在西土 ………………………… 1389
　厥诰毖庶邦庶士，越少正、御事，朝夕曰：祀兹酒 … 1403
　唯天降命，肇我民，唯元祀 ……………………… 1406
　天降威，我民用大乱丧德，亦罔非酒唯行 ……… 1411
　越小大邦用丧，亦罔非酒唯辜 …………………… 1418
　文王诰教小子，有正、有事，无彝酒 …………… 1421
　越庶国，饮唯祀，德将无醉 ……………………… 1429
　唯曰我民迪小子，唯土物爱，厥心臧 …………… 1433
　聪听祖考之彝训，越小大德，小子唯一 ………… 1440
　妹土，嗣尔股肱纯，其艺黍稷奔走，事厥考厥长 … 1444
　肇牵车牛，远服贾，用孝养厥父母 ……………… 1454
　厥父母庆，自洗腆，致用酒 ……………………… 1458
　庶士有正，越庶伯君子，其尔典听朕教 ………… 1461
　尔大克羞耇唯君，尔乃饮食醉饱 ………………… 1471
　丕唯曰，尔克永观省，作稽中德 ………………… 1476
　尔尚克羞馈祀，尔乃自介用逸 …………………… 1482
　兹乃允唯王正事之臣 ……………………………… 1486
　兹亦唯天若元德，永不忘在王家 ………………… 1490
　王曰：封，我西土棐徂邦君、御事、小子，尚克用文王教，
　　不腆于酒 ………………………………………… 1494
　故我至于今，克受殷之命 ………………………… 1507
　王曰，封，我闻唯曰，在昔殷先哲王，迪畏天，显小民 … 1511
　经德秉哲，自成汤，咸至于帝乙，成王畏相 …… 1523

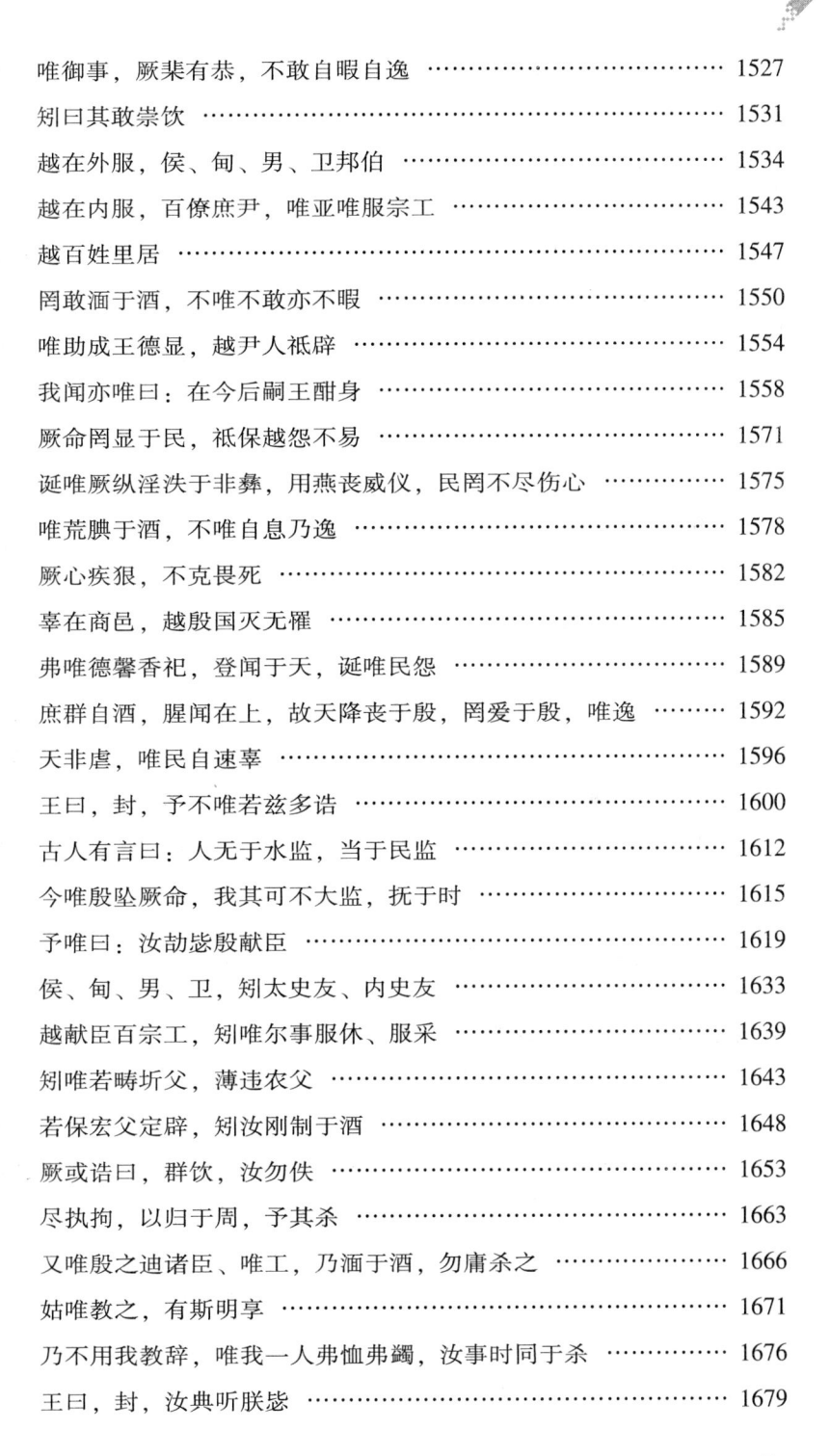

唯御事，厥棐有恭，不敢自暇自逸 …… 1527

矧曰其敢崇饮 …… 1531

越在外服，侯、甸、男、卫邦伯 …… 1534

越在内服，百僚庶尹，唯亚唯服宗工 …… 1543

越百姓里居 …… 1547

罔敢湎于酒，不唯不敢亦不暇 …… 1550

唯助成王德显，越尹人祗辟 …… 1554

我闻亦唯曰：在今后嗣王酣身 …… 1558

厥命罔显于民，祗保越怨不易 …… 1571

诞唯厥纵淫泆于非彝，用燕丧威仪，民罔不尽伤心 …… 1575

唯荒腆于酒，不唯自息乃逸 …… 1578

厥心疾狠，不克畏死 …… 1582

辜在商邑，越殷国灭无罹 …… 1585

弗唯德馨香祀，登闻于天，诞唯民怨 …… 1589

庶群自酒，腥闻在上，故天降丧于殷，罔爱于殷，唯逸 …… 1592

天非虐，唯民自速辜 …… 1596

王曰，封，予不唯若兹多诰 …… 1600

古人有言曰：人无于水监，当于民监 …… 1612

今唯殷坠厥命，我其可不大监，抚于时 …… 1615

予唯曰：汝劼毖殷献臣 …… 1619

侯、甸、男、卫，矧太史友、内史友 …… 1633

越献臣百宗工，矧唯尔事服休、服采 …… 1639

矧唯若畴圻父，薄违农父 …… 1643

若保宏父定辟，矧汝刚制于酒 …… 1648

厥或诰曰，群饮，汝勿佚 …… 1653

尽执拘，以归于周，予其杀 …… 1663

又唯殷之迪诸臣、唯工，乃湎于酒，勿庸杀之 …… 1666

姑唯教之，有斯明享 …… 1671

乃不用我教辞，唯我一人弗恤弗蠲，汝事时同于杀 …… 1676

王曰，封，汝典听朕毖 …… 1679

勿辩乃司民湎于酒 …… 1686

周书　梓材第十三 …… 1690

《梓材》 …… 1690
王曰：封，以厥庶民，暨厥臣，达大家 …… 1703
以厥臣达王，唯邦君 …… 1714
汝若恒，越曰我有师师 …… 1718
司徒、司马、司空、尹、旅，曰予罔厉杀人 …… 1725
亦厥君先敬劳，肆徂厥敬劳 …… 1729
肆往，奸宄、杀人、历人宥 …… 1733
肆亦见厥君事，戕败人宥 …… 1737
王启监，厥乱为民 …… 1741
曰，无胥戕，无胥虐，至于敬寡，至于属妇，合由以容 …… 1749
王其效邦君，越御事，厥命曷以 …… 1753
引养引恬，自古王若兹监，罔攸辟 …… 1757
唯曰，若稽田，既勤敷菑，唯其陈修，为厥疆畎 …… 1761
若作室家，既勤垣墉，唯其涂塈茨 …… 1774
若作梓材，既勤朴斫，唯其涂丹雘 …… 1778
今王唯曰：先王既勤用明德，怀为夹 …… 1782
庶邦享，作兄弟方来，亦既用明德 …… 1792
后式典，集庶邦丕享 …… 1796
皇天既付中国民，越厥疆土，于先王肆 …… 1799
王唯德用，和怿先后迷民，用怿先王受命 …… 1804
已！若兹监，唯曰欲至于万年唯王 …… 1810
子子孙孙永保民 …… 1817

· 中 卷 ·

周书　康诰第十一

《尚书详解》卷二十九《周书·康诰》

(宋) 陈经撰

《康诰》。

此篇乃成王、周公命康叔治卫国，戒之之意，大概以法文王之明德慎罚而已。以康叔之贤，岂不知所以用刑，而至于作一篇之书，以戒之者，盖商民之不可以周民视之也。周家蒙化已久，间有为不善而犯于刑，其轻重浅深，原情而定，何难之有。商民则不然，染商之恶，责之则有不可胜责者，又况不孝不友，逆人伦，悖天理者，岂斯民之本心哉。非其本心而陷于大戾，此其情为可哀矜，而不可以忿疾待之，则明德慎罚之理在康叔正当抚摩之，待其久而自化，未可以轻于用刑也。

《尚书句解》卷八《周书·康诰第十一》

(元) 朱祖义撰

《康诰第十一》（康叔，文王子，武王、周公之弟，成王叔父也。武王克商，立纣子武庚于卫，乃纣之故都，代殷后以治余民。武王崩，管、蔡挟武庚叛，周公东征，诛管、蔡，黜殷命，然后以其余民，封康叔为卫侯。告戒之辞，至于再三，史官录之。以古者竹简编书，辞多非一简所能载，于是分为《康诰》《酒诰》《梓材》三篇）。

成王既伐管叔、蔡叔

1.《尚书注疏》卷十三《周书》

（汉）孔氏传，（唐）陆德明音义，（唐）孔颖达疏

序，成王既伐管叔、蔡叔。

传，灭三监。

疏，正义曰，既伐叛人，三监之管叔、蔡叔等。

传，正义曰，此序亦与上相顾，为首引。初言三监叛，又言黜殷命。此云既伐管叔、蔡叔。

《尚书注疏》卷十三《考证》

《康诰》《酒诰》《梓材》序，成王既伐管叔、蔡叔，以殷余民，封康叔。

臣召南按，自书序叙《康诰》三篇于《大诰》、《微子之命》及《归禾》《嘉禾》之后，而《康诰》首简四十八字，即言周公营洛，于是伏生《大传》、司马迁《史记》、孔安国《书传》并据其文。谓康叔封卫，在武庚既诛，三监既定。经所称"王若曰"，皆周公承成王之命作诰也。汉世通儒并守其说。班固《地理志》、郑元《诗谱说》尤详明。盖《左传》祝鮀言武王克商，成王定之，选建明德，以藩屏周。封鲁公殷民六族，命以伯禽，封于少皞之虚；封康叔殷民七族，命以《康诰》，封于殷虚；封唐叔怀姓九宗，职官五正，命以《唐诰》，封于夏虚。是春秋时，士大夫即已言成王封康叔，《康诰》之作与《伯禽之命》《唐诰》同时矣。后儒之依，据小序，又何怪哉？自汉至宋，解《康诰》者无异辞。苏轼始谓首简四十八字，是《洛诰》之脱简，胡弘始谓"王若曰"是武王告康叔，而朱蔡从之。解经之难如此。

2.《书传》卷十二《周书》

(宋)苏轼撰

成王既伐管叔、蔡叔,以殷余民封康叔,作《康诰》《酒诰》《梓材》。

康叔,封,文王子,封为卫侯。

3.《尚书全解》卷二十八《周书·康诰》

(宋)林之奇撰

成王既伐管叔、蔡叔,以殷余民封康叔,作《康诰》《酒诰》《梓材》。

《史记·管蔡世家》曰,武王既克殷,平天下,封功臣、昆弟。于是封叔鲜于管;封叔度于蔡,相纣子武庚禄父;治殷余民;封叔旦于鲁;而相周,为周公;封叔振铎于曹;封叔武于成;封叔处于霍;康叔封,聃季载,皆少,未得封。盖自叔鲜而下,皆是武王之弟。武王既有天下,则选建亲贤,以为藩翰之势。其母弟之亲,唯康叔、聃、季,以其年齿尚幼,未有封地,余皆建为诸侯。虽其禀凶丑之资如管叔、蔡叔,而其恶未暴于天下,亦皆分茅列爵,以为诸侯,且使监殷,以制武庚之命。武王之意,既以武庚商之余孽,而以殷之故都授之,惧其包藏祸心,伺我国家之隙,以逞其志,故虽付之以旧地余民,而其权,则管、蔡叔之所专也。管、蔡当周公之摄政,愤然有不平之心,于是挟武庚作乱,以间王室,同恶相济,举兵而西向。周公既率邦君、御事以征之。居东二年,管、蔡及武庚咸服其辜,于武庚则杀之,而遂绝殷家之命。而管叔者,乱之首也,故亦杀之。蔡叔降于管叔,而囚之郭邻。则殷之故都,盖已平定而无患矣。然而前代之所建,以为万乘之居,其形势雄于天下,实中国之重地也。则夫继武庚之后,而使之抚治之者,不可不慎择其人。而况殷之余民,染纣之化,草窃奸宄,无所不为,而又重以武庚之猖獗,则其桀骜之俗,尤难治也,非亲则不可付以重地,非贤则不可委以顽民。康叔以弟之懿亲,而大有贤德,于是以殷之余民而封之于卫,使抚有殷之故都,而为君也。

汉田肯言于高祖曰,蔡形胜之国也,持防百万,秦得百二焉。齐地方二千里，持防百万，县隔千里之外，齐得十二焉。此东西秦也，非亲子弟，莫可使王齐者。当周之时，卫之形势，正犹汉之齐也。故必康叔之亲且贤，然后可以任其责焉。康叔者，以周公之弟，成王之叔父，而建国于殷之故都，且天子所赖以抚民，而使之革心向化，不可以无敕戒之辞。此《康诰》《酒诰》《梓材》之所以作也。《金縢》曰周公居东二年，则罪人斯得，是伐管蔡者，周公也。使康叔牧殷之余民，亦在周公摄政之日。其篇中有曰"周公咸勤，乃洪大诰治"，则是反复丁宁。而诰康叔以治国之道者，周公也。然其事虽本于周公，而成王在上为天子，一政一事莫非成王之所专也。周公但摄之而已，故序推本而言，遂以成王冠之也。

《书》之序，其体不一，有每篇而一序、有二篇而一序、有三篇而一序者。盖古者史之记载，皆以简册之所载，不可以繁多也，故其于一简之所不能载者，则或析而为二、或析而为三，愈多而愈分。虽其篇帙之分，而其书之所由作则一，此所以有异篇而共序也。其所以分之，则或因所作之时、或因其所陈之言，如《泰誓》三篇，上篇则将会于孟津之时所作也、中篇则戊午次于河朔所作也、下篇则戊午之明日大巡六师所作也，唯其时，有先后之不同，故其文之繁多，则因其时而分之。此三篇之诰康叔，盖俱是四方之民，五服之君，咸造于洛邑，周公慰劳而诰戒之时所作也。其时既同，则因其言之不同而分之。《康诰》所言皆敬典慎罚之事；《酒诰》所言，则戒之无荒湎于酒，以革殷之旧俗也；《梓材》所言则戒之以匿瑕含垢，一切下问，而以德怀之之事也。唯其所诰之言不同，故因而分之，以为简册之别。此皆出于史官一时之意，而不可以一概论也。故如《泰誓之命》篇，则以一名，而有上、中、下者之别。此三篇，则每篇而命之名，是亦其一时史官各随其指意而然也。

康叔者，汉孔氏曰，康，圻内国，名封，字叔意，谓武王之弟。名封，字叔，当夫管、蔡未挟武庚以叛，而成王未以殷之余民而封之也，则食采于圻内之康地焉。周公既因会于洛，而诰戒之。史官遂序述其事，而作此篇。此篇有曰"乃洪大诰治"，则此篇亦可以名"大诰"矣。然周公之相成王，而黜殷也，其诰谕邦君、御事，以东征之意，既以"大诰"名篇矣，故此则以康叔言，故拟取"康"之一字，而以"诰"字系之也。

4.《尚书讲义》卷十四

（宋）史浩撰

成王既伐管叔、蔡叔，以殷余民封康叔，作《康诰》《酒诰》《梓材》。

周公既成洛邑，迁商顽民。其富家大族，所谓"怙侈灭义"，"骄淫矜夸"，"闲之唯艰"者，皆已在洛矣，则留商者，实余民也。周公忧深思远，又虑余民狃于故习，复萌三监之志，故命康叔以镇抚之，使无表里之助，则周室安矣。康叔者，周公之爱弟。康乃其所食之邑，若管、蔡是也。周公惩创二叔之不咸，乃择其弟之贤者立之，作书三篇。《康诰》者，告其为政之大要；《酒诰》者，革其风俗之沉湎；《梓材》者，成其有国之规模也。卒使卫之国祚，过于齐鲁，而遗风余烈，至春秋时，犹多君子，则康叔者，真不负成王、周公之付托也。呜呼！休哉。

5.《尚书详解》卷十九《周书·康诰》

（宋）夏僎撰

成王既伐管叔、蔡叔，以殷余民封康叔，作《康诰》《酒诰》《梓材》。

《史记·管蔡世家》曰，武王既克商，封弟叔鲜于管，封叔度于蔡，相纣子武庚治殷顽民；封叔旦于鲁，为周公；封叔振铎于曹；封叔武于成；封叔处于霍。康叔封、聃季载，皆少未得封国。至武王崩，管、蔡挟武庚以叛，周公东征，诛管叔，黜绝殷命，然后以其余民封康叔，为卫侯。是康叔者，周公之弟，成王之叔父也。周公封之之日，告戒之辞，至于再三，史官录之，以其辞多，古者竹简编书，言多非一简所能载，于是分为三篇。首则以其书主于告康叔，故谓之《康诰》；次以其书皆说纣淫酒而民化之，今日当有以禁之，故谓之《酒诰》；终则以其书有"若作梓材"之言，故取二字以名篇，谓之《梓材》。此三篇皆告康叔，故共一序也。

林少颖谓《书》序之体不同，有每篇自为一序，有三篇而一序者。盖古者，史之记载，皆以简册所载不可以繁，故有一简不能载，则或析而为二，或析而为三。愈多则愈分，虽其篇帙之分，而所作之由则一，此所以异篇而共序也。然其所以分之，则若因所作之时，或因所陈之事，如《泰誓》三篇，上篇是将会孟津时所作；中篇，则次河朔时所作；下篇，则大巡六师时所作。故此三篇则因所作之时而分也。今《康叔之命》乃一时所作，非如《泰誓》作于三日之间，可以时分，故就其言之不同而分之。前篇泛告以德刑之说，又是始告康叔之言，故主名为《康诰》。至《酒诰》则以戒其无湎于酒，故名之为《酒诰》。《梓材》则戒以匿瑕含垢，且其中有"若作梓材"之句，故以名之。此则以事分之也。

6.《增修东莱书说》卷二十《周书·康诰第十一》

（宋）吕祖谦撰，（宋）石澜增修

成王既伐管叔、蔡叔，以殷余民封康叔，作《康诰》《酒诰》《梓材》。

成王既伐三监，以商故地不迁之民，封康叔为卫侯，以治之，所以作三篇之书。夫命康叔为卫侯，封诸侯一事耳，而三篇之诰，如此之详。前此命臣所未有也。唐虞之命九官，止一二语。《微子》《蔡仲之命》不过一篇，特于康叔而详者，盖当三监既叛之后，民志未定，邦之安危，唯兹殷士，国家所系，所以命之不得不详，亦时变也。所谓余民者，三监既伐，商之大家世族，已皆迁于洛邑，其存而不迁者，谓之余民。迁于洛邑者，使之密迩王室，式化厥训。周公以圣人躬师保之，任重以君陈和其中，毕公成其终。不迁在商曰余民者，命康叔，以训诰之至于三篇之书，以此知商民难化，周公、成王爱护保养之详如此也。

7.《尚书说》卷五《周书·康诰》

（宋）黄度撰

成王既伐管叔、蔡叔，以殷余民封康叔，作《康诰》《酒诰》《梓材》。

管、蔡皆用兵克之，既迁殷民，遂以其余民封康叔。孔氏曰，康，畿内国名，于是封卫侯，使监冀州，梓材曰"王启监"是也。《康诰》告以德刑之叙，使推明文王之德，以监临其民也。《酒诰》严淫湎之禁，其事于当时为急也。《梓材》治道贵有终也。卫国始封为朝歌地，卫州卫县也，今并入黎阳康（缺）。

8.《絜斋家塾书钞》卷十《周书·康诰》

（宋）袁燮撰

成王既伐管叔、蔡叔，以殷余民封康叔，作《康诰》《酒诰》《梓材》。

武王既灭纣，封武庚于朝歌。朝歌，纣国都之内也。及武庚为乱，既杀之，乃以朝歌之民，凡其强家大族，迁之于洛，使之近周家之都邑，服周家之教化，所谓"毖殷顽民，迁于洛邑，密迩王室，式化厥训"是也。而其余民之不迁者，封康叔于卫，以治之。学者读此处，当观古圣贤所以经纶斯世，斡旋造化之妙。《易》"穷则变，变则通"，天下事，到穷处岂可不知通变，且如当初，武庚既是纣之子，安得不封之，以续商后。管叔、蔡叔，既是周家骨肉，安得不信而用之。然到得他叛乱，以危王室，则如之何可以不知通变之道。所以周公于此"毖殷顽民迁于洛邑"，而又不复立商之后于朝歌，乃国微子于宋，而其余民，则使吾家之子孙治之。盖微子虽不至于为武庚，然万一有挟之以为乱者，岂不可虑哉。是以周公变而通之，其虑事深远矣。使当时不迁其民，固不可迁其民而复立商之后于朝歌，亦不可封康叔一事而命书至于三篇。盖商民染纣之恶习，深入骨髓，岂易抚循，所以不得不如此委曲详切言之。

9.《书经集传》卷四《周书·康诰》

（宋）蔡沈撰

（归善斋按，未解）

10.《尚书精义》卷三十四《周书·康诰》

（宋）黄伦撰

成王既伐管叔、蔡叔，以殷余民封康叔，作《康诰》《酒诰》《梓材》。

无垢曰，三监既诛，乃尽以其地封康叔。然周公不以封微子，何也？

微子，贤者也，夫何疑哉，盖所以一商人之心也。武庚之叛，以故都之人思商家旧德，故因以骋其区区之忿。今微子虽贤，商人见微子乃商家子孙，其心不能无感伤，奸雄乘此又将生变。如此则天下何时可一乎。安国云，康，圻内国名，是未封卫以前，康叔已受封矣。康叔虽贤，然初任重事，荷大责，其能举而尽善乎？此周公所以作《康诰》，使康叔知"明德慎罚"之义；作《酒诰》，使康叔知"刚制于酒"之义；作《梓材》，使康叔知"涂丹雘"之义，勤勤恳恳，如此者以见其重大也。

张氏曰，治殷余民之道在于"明德慎罚"，故《康诰》者，诰之以"明德慎罚"之事也。能"明德慎罚"，然后可以化旧染之污俗，故《酒诰》者，诰之以无困酒，而革其旧俗也。能革其旧俗，然后可以粉泽藻饰，以成至治，此所以终之以《梓材》也。

吕氏曰，命康叔为卫侯，在周室封诸侯之一事尔，何故三篇之书，余千言。前次未尝如此之多，在唐虞之时，命典乐，命九官，不过一两语。《微子之命》《蔡仲之命》不过一篇而已。后世未尝如《康诰》之详者。见得当时，以三监既叛之后，殷之余民，志尚未定，所以邦之安危，唯兹庶士，康叔正是周室安危存亡之所系处，周公、成王之命康叔，其言不得不详此，亦是时节之所当然。

11.《尚书详解》卷二十九《周书·康诰》

（宋）陈经撰

成王既伐管叔、蔡叔，以殷余民封康叔，作《康诰》《酒诰》《梓材》。

成王以商地封武庚，而使其弟三人监之，其意以为腹心之亲，莫如兄弟，故使监武庚，冀其不为变也。及三监挟武庚叛，成王黜商，乃封微子于宋，而商之故地，复使其宗室之贤如康叔者主之，盖欲易斯民之视听，使之见周家之教化，不复思商家之旧俗也。其意深矣。谓之余民者，其强家大族，既徙之于洛邑，而不迁之余民，则以属之卫侯。周公之于商民，盖如此其委曲也。迁之洛邑者，使之迩王室之训，而民又不可以尽迁也，又以委之至亲之康叔焉。其内外表里一，皆以商民为念。故作此三篇之书，无非为康叔详言商民之利害也。

12.《融堂书解》卷十二《周书·康诰》

(宋)钱时撰

成王既伐管叔、蔡叔。以殷余民封康叔,作《康诰》《酒诰》《梓材》。

此《康诰》《酒诰》《梓材》三书之序也。陈贾曰周公使管叔监殷,管叔以殷叛,有诸,孟子曰然;《金縢》书"武王既丧,管叔及其群弟乃流言于国";《大诰》序"武王崩三监及淮夷叛"。观此,则武王崩时,三叔已监殷明甚,是既立武庚,武王即命监之,非周公使之也。贾则失矣。而孟子亦有是言,遂使后世相承皆曰,周公诛管、蔡。嗟夫,以周公而诛之也,岂止于过而已。周公,圣人也,唯圣人知之。故孔子序《书》独断曰"成王既伐管叔、蔡叔"。呜呼!的哉。三叔者,谋危社稷,成王幼冲,周公居摄。当是时也,谁实任其责哉,是故征东之役,非周公诛兄弟也,为成王而诛乱贼也。孔子此序所以明万世之大法,故未有表而出之者。愚是以深嘉,屡叹而不能已也。康,圻内国名。康叔,周公贤母弟也。以殷余民封康叔者,先儒谓世家大族已迁洛邑,其存而不迁者曰余民,固善。但谓已迁则未安,且封康叔在初基洛邑之时,顽民之迁,方有定论。顽民既有所处,故以其余民封康叔,却不是既迁后方封也。若已迁而后封,则此当在《多士》之后矣。《微子》《蔡仲之命》皆一书,而此独三书,详重如许,何也?殷民反侧,习乱难化,况诛伐后,杌陧不安,所以特区处此贤母弟往君之,而命之者不得不详重欤。康叔封卫侯,而书名《康诰》序亦止云康叔,本始封之时而书也,与《微子》《蔡仲之命》不言宋公同。霍叔罪微责轻。故止书伐管、蔡。

13.《尚书要义》

(宋)魏了翁撰

(归善斋按,原缺)

14.《书集传或问》卷下《康诰》

（宋）陈大猷撰

（归善斋按，未解）

15.《尚书详解》卷八《周书·康诰第十一》

（宋）胡士行撰

成王既伐管叔、蔡叔。以殷余民（不迁洛之民）封康叔（文王子），作《康诰》《酒诰》《梓材》。

三监既伐，商之大家世族皆迁洛，周公，君陈，毕公始、中、终之所式化也。其存而不迁者，为余民。卫地，康叔所封也。

16.《书纂言》卷四上《周书·康诰》

（元）吴澄撰

（归善斋按，未解）

17.《书集传纂疏》卷四下《朱子订定蔡氏集传·周书·康诰》

（元）陈栎撰

（归善斋按，未解）

18.《读书丛说》卷六《康诰》

（元）许谦撰

（归善斋按，未解）

19.《书传辑录纂注》卷四《周书·康诰》

（元）董鼎撰

（归善斋按，未解）

20.《尚书句解》卷八《周书·康诰第十一》

（元）朱祖义撰

成王既伐管叔、蔡叔（武王克商，封弟叔鲜于管，叔度于蔡，监纣子武庚治余民。武王崩，管、蔡挟武庚以叛，成王既伐二叔）。

21.《尚书日记》卷十一《周书·康诰》

（明）王樵撰

（归善斋按，未解）

22.《日讲书经解义》卷八《周书·康诰》

（清）库勒纳等撰

（归善斋按，未解）

以殷余民封康叔

1.《尚书注疏》卷十三《周书》

（汉）孔氏传，（唐）陆德明音义，（唐）孔颖达疏

以殷余民封康叔。

传，以三监之民，国康叔为卫侯。周公惩其数叛，故使贤母弟主之。

音义，数叛，上所角反，下亦作畔。

疏，正义曰，以殷余民，国康叔为卫侯。

传，正义曰，言以殷余民，圻内之余民，故云"以三监之民，国康叔为卫侯"。然古字邦、封同，故汉有上邦、下邦县。"邦"字，如"封"字。此亦云"邦康叔"。若《分器》序云"邦诸侯"，故云"国康叔"，并以三监之地封之者。周公惩其数叛，故使贤母弟主之。此始一叛，而云数叛者，以六州之众悉求归周，殷之顽民叛逆天命，至今又叛。据周言之，故云数叛。故《多方》云"尔乃不大宅天命，尔乃屑播天命"，以不

从天命，故云"叛"也。古者，大国不过百里，《周礼》，上公五百里，侯四百里。孟轲有所不信。《费誓》注云"伯禽率七百里之内附庸诸侯"，则鲁犹非七百里之封，而康叔封千里者。康叔时为方伯，殷之圻内诸侯并属之，故得总言三监。且其实地不方平，计亦不能大于鲁也。故《左传》云"宋卫吾匹也"，又曰"寡君未尝后卫君"，且言千里，亦大率言之耳。何者，邢在襄国，河内即东圻之限，故以赐诸侯西山，即有黎、潞、河、济之西，以曹地，约有千里也。以此郑云，初封于卫，至子孙而并邶、鄘也。其《地理志》邶、鄘之民皆迁，分卫民于邶、鄘，故异国而同风。所以《诗》分为三。孔与同否，未明也。既三年灭三监，七年始封康叔，则于其间，更遣人镇守，自不知名号耳。

《尚书注疏》卷十三《考证》

疏，古者大国不过百里，而康叔封千里者，康叔时为方伯，殷之圻内诸侯并属之，故得总言三监。

臣召南按，孔疏此文可谓读书得间，疑古人之所未疑。公侯百里，周室定制。齐、鲁元勋弗能逾也。殷都旧地，昔封武庚，尚分三监。今定其变，祇建一侯，土兼邶、鄘不几近于一圻乎？《地理志》谓迁邶、鄘之民于雒地，尽属卫，其说即据《诗》《书》，然封域太侈矣。康成《诗谱》则谓，三监既定，复建诸侯，特命卫为方伯。至其子孙，始并邶、鄘。其说为最近理。然《左传》载季札闻歌邶鄘卫言卫康叔之德如此。又是封国之初，即兼三国不可解也。

2. 《书传》卷十二《周书》

（宋）苏轼撰

（归善斋按，见"成王既伐管叔、蔡叔"）

3. 《尚书全解》卷二十八《周书·康诰》

（宋）林之奇撰

（归善斋按，见"成王既伐管叔、蔡叔"）

4.《尚书讲义》卷十四

（宋）史浩撰
(归善斋按，见"成王既伐管叔、蔡叔")

5.《尚书详解》卷十九《周书·康诰》

（宋）夏僎撰
(归善斋按，见"成王既伐管叔、蔡叔")

6.《增修东莱书说》卷二十《周书·康诰第十一》

（宋）吕祖谦撰，（宋）时澜增修
(归善斋按，见"成王既伐管叔、蔡叔")

7.《尚书说》卷五《周书·康诰》

（宋）黄度撰
(归善斋按，见"成王既伐管叔、蔡叔")

8.《絜斋家塾书钞》卷十《周书·康诰》

（宋）袁燮撰
(归善斋按，见"成王既伐管叔、蔡叔")

9.《书经集传》卷四《周书·康诰》

（宋）蔡沈撰
(归善斋按，未解)

10.《尚书精义》卷三十四《周书·康诰》

（宋）黄伦撰
(归善斋按，见"成王既伐管叔、蔡叔")

11. 《尚书详解》卷二十九《周书·康诰》

(宋）陈经撰
(归善斋按，见"成王既伐管叔、蔡叔"）

12. 《融堂书解》卷十二《周书·康诰》

(宋）钱时撰
(归善斋按，见"成王既伐管叔、蔡叔"）

13. 《尚书要义》

(宋）魏了翁撰
(归善斋按，原缺）

14. 《书集传或问》卷下《康诰》

(宋）陈大猷撰
(归善斋按，未解）

15. 《尚书详解》卷八《周书·康诰第十一》

(宋）胡士行撰
(归善斋按，见"成王既伐管叔、蔡叔"）

16. 《书纂言》卷四上《周书·康诰》

(元）吴澄撰
(归善斋按，未解）

17. 《书集传纂疏》卷四下《朱子订定蔡氏集传·周书·康诰》

(元）陈栎撰
(归善斋按，未解）

18. 《读书丛说》卷六《康诰》

(元) 许谦撰
(归善斋按,未解)

19. 《书传辑录纂注》卷四《周书·康诰》

(元) 董鼎撰
(归善斋按,未解)

20. 《尚书句解》卷八《周书·康诰第十一》

(元) 朱祖义撰
以殷余民封康叔 (以殷余民,封康叔于卫都,为卫侯)。

21. 《尚书日记》卷十一《周书·康诰》

(明) 王樵撰
(归善斋按,未解)

22. 《日讲书经解义》卷八《周书·康诰》

(清) 库勒纳等撰
(归善斋按,未解)

作《康诰》《酒诰》《梓材》

1. 《尚书注疏》卷十三《周书》

(汉) 孔氏传,(唐) 陆德明音义,(唐) 孔颖达疏
作《康诰》《酒诰》《梓材》。
音义,梓,音子。
疏,正义曰,周公以王命戒之,作《康诰》《酒诰》《梓材》三篇之书

也。其《酒诰》《梓材》，亦戒康叔，但因事而分之。然《康诰》戒以德刑，又以化纣嗜酒，故次以《酒诰》卒。若梓人之治材为器，为善政以结之。

2. 《书传》卷十二《周书》

（宋）苏轼撰

（归善斋按，见"成王既伐管叔、蔡叔"）

3. 《尚书全解》卷二十八《周书·康诰》

（宋）林之奇撰

（归善斋按，见"成王既伐管叔、蔡叔"）

4. 《尚书讲义》卷十四

（宋）史浩撰

（归善斋按，见"成王既伐管叔、蔡叔"）

5. 《尚书详解》卷十九《周书·康诰》

（宋）夏僎撰

（归善斋按，见"成王既伐管叔、蔡叔"）

6. 《增修东莱书说》卷二十《周书·康诰第十一》

（宋）吕祖谦撰，（宋）石澜增修

（归善斋按，见"成王既伐管叔、蔡叔"）

7. 《尚书说》卷五《周书·康诰》

（宋）黄度撰

（归善斋按，见"成王既伐管叔、蔡叔"）

8. 《絜斋家塾书钞》卷十《周书·康诰》

（宋）袁燮撰

（归善斋按，见"成王既伐管叔、蔡叔"）

9. 《书经集传》卷四《周书·康诰》

(宋）蔡沈撰
(归善斋按，未解)

10. 《尚书精义》卷三十四《周书·康诰》

(宋）黄伦撰
(归善斋按，见"成王既伐管叔、蔡叔")

11. 《尚书详解》卷二十九《周书·康诰》

(宋）陈经撰
(归善斋按，见"成王既伐管叔、蔡叔")

12. 《融堂书解》卷十二《周书·康诰》

(宋）钱时撰
(归善斋按，见"成王既伐管叔、蔡叔")

13. 《尚书要义》

(宋）魏了翁撰
(归善斋按，原缺)

14. 《书集传或问》卷下《康诰》

(宋）陈大猷撰
(归善斋按，未解)

15. 《尚书详解》卷八《周书·康诰第十一》

(宋）胡士行撰
(归善斋按，见"成王既伐管叔、蔡叔")

16. 《书纂言》卷四上《周书·康诰》

（元）吴澄撰

（归善斋按，未解）

17. 《书集传纂疏》卷四下《朱子订定蔡氏集传·周书·康诰》

（元）陈栎撰

（归善斋按，未解）

18. 《读书丛说》卷六《康诰》

（元）许谦撰

（归善斋按，未解）

19. 《书传辑录纂注》卷四《周书·康诰》

（元）董鼎撰

（归善斋按，未解）

20. 《尚书句解》卷八《周书·康诰第十一》

（元）朱祖义撰

作《康诰》（首以书主于告康叔，故谓《康诰》）、《酒诰》（次以书说纣淫酒而民化之，今日当有所禁止，故云《酒诰》）、《梓材》（终以书有"若作梓材"之言，故取二字以名篇，谓之《梓材》，皆所以告康叔故共序）。

21. 《尚书日记》卷十一《周书·康诰》

（明）王樵撰

（归善斋按，未解）

22.《日讲书经解义》卷八《周书·康诰》

(清)库勒纳等撰

(归善斋按,未解)

《尚书疑义》卷五《康诰》

(明)马明衡撰

《康诰》《酒诰》《梓材》三篇书序,以为成王时书。而胡五峰、吴才老、文公皆以为武王时书。蔡子因之,其考证亦明,不复可疑矣。成王虽君,其在康叔,岂有专称小子封之理。苦者,君臣之势,不至若后世之悬绝。《诗》"王曰叔父,建尔元子",周家辞命,称尊行,皆云伯父、叔父、伯舅之类。此篇辞气亦可证,其为武王言也。但不知是初封之诰否,或封来朝,又以诰之也,或入为司寇而后往国,今皆难以臆度。但篇内"明德慎罚",虽是纲领,而独详于用刑者,盖殷民化纣之恶,如《微子》所谓"卿士师师非度,凡有辜罪,乃罔恒获","小民方兴,相与为敌雠"。又纣作炮烙之刑,则是邦之人,其遭刑罚之不中,极矣。故指事历条丁宁而告戒之意。其盖有所为此,亦可以见纣恶之极,而武王爱民之深也。如《酒诰》亦是此意。

《康诰》

《尚书注疏》卷十三《周书》

(汉)孔氏传,(唐)陆德明音义,(唐)孔颖达疏

《康诰》。

传,命康叔之诰。康,圻内国名。叔,封字。

音义,圻,其依反。

疏,传正义曰,以定四年《左传》祝佗云"命以《康诰》故以为命康叔之诰"。知"康,圻内国名"者,以管、蔡、郕、霍皆国名,则康,

亦国名，而在圻内。马、王亦然。唯郑玄以"康"为谥号，以《史记》世家云"生康伯"故也。则孔以"康伯"为号谥，而"康叔"之"康"，犹为国，而号谥不见耳。

《书经集传》卷四《周书·康诰》

（宋）蔡沈撰

《康诰》。

康叔，文王之子，武王之弟。武王诰命为卫侯，今文古文皆有。

按书序，以《康诰》为成王之书，今详本篇。康叔于成王为叔父，成王不应以弟称之。说者谓，周公以成王命诰，故曰弟。然既谓之"王若曰"，则为成王之言，周公何遽自以弟称之也。且《康诰》《酒诰》《梓材》三篇，言文王者非一，而略无一语以及武王，何邪？说者又谓，寡兄勖为称武王，尤为非义。寡兄云者，自谦之辞，寡德之称。苟语他人犹之可也。武王，康叔之兄，家人相语，周公安得以武王为寡兄，而告其弟乎？或又谓康叔在武王时尚幼，故不得封，然康叔、武王同母弟，武王分封之时，年已九十，安有九十之兄，同母弟尚幼，不可封乎？且康叔，文王之子；叔虞，成王之弟。周公东征，叔虞已封于唐。岂有康叔得封，反在叔虞之后，必无是理也。又按《汲冢周书·克殷》篇，言王即位于社南，"群臣毕从，毛叔郑奉明水，卫叔封传礼，召公奭赞采，师尚父牵牲"。《史记》亦言"卫康叔封布兹"，与汲书大同小异。康叔在武王时，非幼亦明矣。特序书者，不知《康诰》篇首四十八字，为《洛诰》脱简，遂因误为成王之书，是知书序，果非孔子所作也。《康诰》《酒诰》《梓材》，篇次当在《金縢》之前。

《书集传或问》卷下《康诰》

（宋）陈大猷撰

或问，吴才叔因"朕其弟"之言，以《康诰》为武王之书，如何？曰，经言"周公洪大诰治"，则此书为周公以成王命诰明矣。虽"朕其弟"一言可疑，如吕氏、陈氏之说，以意逆志亦无所害。若以为武王书，则抵牾非一。《书》叙言"成王既伐管叔、蔡叔，以殷余民封康叔"，篇

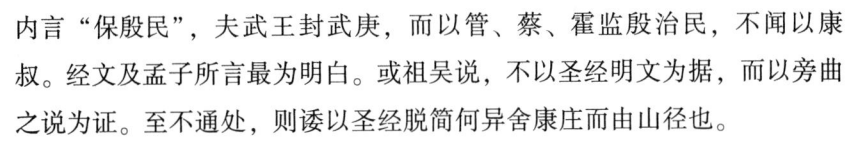

内言"保殷民",夫武王封武庚,而以管、蔡、霍监殷治民,不闻以康叔。经文及孟子所言最为明白。或祖吴说,不以圣经明文为据,而以旁曲之说为证。至不通处,则诿以圣经脱简何异舍康庄而由山径也。

曰,晦庵《楚词辨证》曰古书之误类多,若读者能虚心静虑,徐以求之,则邂逅之间,或当偶得其实。顾乃安于苟且,狃于穿凿,牵于援据,仅得一说,而遽就之便以为是,以故不能得其本真,而已误之中,或复生误。此邢子才所以独有曰读误书之叹,实天下之名言也。然则此说非乎?曰,晦庵之言极为至当。夫学者观书,安于循袭者,未免失于苟同;而喜于矫枉者,亦未免失于苟异;如吴才叔《书裨传》专是致疑于前人之说,至于圣经所载而无可疑者,或并疑之,所得处固有之,所失处亦不少。此晦庵所以有虚心静虑,徐以求之,或得其实之说,而岂以苟异为贵哉。

《书纂言》卷四上《周书·康诰》

(元) 吴澄撰

《康诰》。

康,地名,文王之子,名封,初食采于康。武王克商之后,分纣故都朝歌,以北为邶,管叔居之;以南为墉,蔡叔居之;以东为卫,康叔居之。管、蔡以长,康叔以贤,皆以母弟镇守商地。其后纣子武庚诱管叔以畔,唯康叔忠贤,阻陁乱人如防制水,殷乱之平,康叔有力焉。如汉时吴楚七国反,得梁孝王捍其冲,七国卒以破亡,事势相类。《汉书》言,周公善康叔不从管、蔡之乱是也。此篇及《酒诰》乃康叔往卫之时,武王告之之辞。朱子曰,孔氏小序以《康诰》为成王、周公之书。而五峰胡氏以为武王,尝考之其曰"朕弟""寡兄",皆武王之自言,而其它证亦多,小序之言不足信。蔡氏曰,康叔,成王叔父,不应以弟称之。说者谓周公以成王命诰,故曰弟。然谓之"王若曰"则为成王之言,周公何遽自以弟称之也。说者又谓"寡兄勖"为称武王,尤非。寡兄,自谦之辞,苟语他人犹之可也。武王,康叔之兄,家人相语,安得以武王,为寡兄而告其弟乎?且《康诰》《酒诰》言文王者非一,而略无一语及武王,何耶?或又谓武王时,康叔尚幼,故不得封。然康叔,武王同母弟,武王分封之时，年已九十，安有九十之兄，同母弟尚幼者乎？又按《汲冢周书·克殷》篇言"王即位于社南，群臣毕从，毛叔郑奉明，卫叔封傅礼，召公奭赞采，师尚父牵牲。《史记》亦言康叔布兹"与汲冢大同小异。康叔在武王时，非幼明矣。特序《金縢》前。

《书集传纂疏》卷四下《朱子订定蔡氏集传·周书·康诰》

（元）陈栎撰

《康诰》。

康叔，文王之子，武王之弟。武王诰命为卫侯，今文古文皆有。

按《书》序以《康诰》为成王之书，今详本篇。康叔于成王为叔父，成王不应以弟称之。说者谓，周公以成王命诰，故曰弟。然既谓之"王若曰"则为成王之言，周公何遽自以弟称之也。且《康诰》《酒诰》《梓材》三篇言文王者非一，而略无一语以及武王，何邪？说者又谓，"寡兄勖"为称武王，尤为非义。寡兄云者，自谦之辞，寡德之称，苟语他人犹之可也。武王，康叔之兄。家人相语，周公安得以武王为寡兄，而告其弟乎？或又谓，康叔在武王时尚幼，故不得封。然康叔，武王同母弟，武王分封之时，年已九十，安有九十之兄，同母弟尚幼，不可封乎？且康叔，文王之子；叔虞，成王之弟，周公东征，叔虞已封于唐。岂有康叔得封，反在叔虞之后，必无是理也。又按《汲冢周书·克殷》篇言"王即位于社南，群臣毕从，毛叔郑奉明水，卫叔封传礼，召公奭赞采，师尚父牵牲"。《史记》亦言"卫康叔封布兹"，与汲书大同小异。康叔在武王时，非幼亦明矣。特序《书》者，不知《康诰》篇首四十八字，为《洛诰》脱简，遂因误为成王之书，是知书序果非孔子所作也。《康诰》《酒诰》《梓材》篇次，当在《金縢》之前。

纂疏：

胡氏于《皇王大纪》考究得《康诰》非周公、成王时，乃武王时。寡兄，如今人称"劣兄"。《梓材》一篇又不知何处得来。此与他人言皆不领，尝与陈同父言，陈曰，每尝读亦不觉，今思之诚然。

真氏《读书记》载，《康诰》首注云，此篇胡氏以为武王之书，朱子

从之，而蔡氏所辨尤力，今姑从先儒之说，以为周公书，更当博考。

愚按，朱子之说，五峰唱之，九峰和之，圣人复起，不易斯言矣。真氏因仍阿合之说，非事理之实，不谓西山而有此也。

孔氏曰，康，圻内国名。叔封，字。

林氏曰，康乃叔未受封时，食采之地，或曰康，谥也。

郑氏曰，康叔，初封卫，至子孙而并邶、墉地。

《书传辑录纂注》卷四《周书·康诰》

（元）董鼎撰

《康诰》

康叔，文王之子，武王之弟。武王诰命为卫侯，今文古文皆有。

按《书》序以《康诰》为成王之书，今详本篇。康叔于成王为叔父，成王不应以弟称之。说者谓，周公以成王命诰，故曰弟。然既谓之"王若曰"则为成王之言，周公何遽自以弟称之也。且《康诰》《酒诰》《梓材》三篇言文王者非一，而略无一语以及武王，何邪？说者又谓"寡兄勖"为称武王，尤为非义。寡兄云者，自谦之辞，寡德之称，苟语他人犹之可也。武王，康叔之兄。家人相语，周公安得以武王为寡兄，而告其弟乎。或又谓，康叔在武王时尚幼，故不得封。然康叔，武王同母弟，武王分封之时，年已九十，安有九十之兄，同母弟尚幼，不可封乎？且康叔，文王之子；叔虞，成王之弟，周公东征，叔虞已封于唐。岂有康叔得封，反在叔虞之后，必无是理也。又按《汲冢周书·克殷》篇言"王即位于社南，群臣毕从，毛叔郑奉明水，卫叔封傅礼，召公奭赞采，师尚父牵牲"，《史记》亦言"卫康叔封布兹"。与汲书大同小异。康叔在武王时，非幼亦明矣。特序《书》者，不知《康诰》篇首四十八字为《洛诰》脱简，遂因误为成王之书，是知书序果非孔子所作也。《康诰》《酒诰》《梓材》篇次当在《金縢》之前。

辑录：

孔氏小序以《康诰》为成王、周公之书。而子以武王言之，何也？曰此五峰胡氏之说也。尝因而考之，其曰"朕弟""寡兄"，皆为武王之自言，乃得事理之实，而其它证亦多，小序之言不足深信。《大学》。

或问，胡氏于《皇王大纪》考究得《康诰》非周公、成王时，乃武王时，盖有"朕其弟"之语，若成王，则康叔为叔父矣，又首尾只称文考。成王、周公必不只称文考，又有"寡兄"之语，亦是武王自称无疑，如今人称"劣兄"之类。又"唐叔得禾"，传记所载，成王先封唐叔，后封康叔，决无侄先叔之理。《格言》。

《康诰》三篇，此是武王书无疑，其中分明说"王若曰，孟侯，朕其弟小子封"，岂有周公方以成王之命，命康叔，而遽述己意，以告之乎？决不解如此。五峰、吴才老，皆说是武王书，只缘误以《洛诰》书首一段，置在《康诰》之前，故叙其书于《大诰》《微子之命》之后。问，如此则封康叔，在武庚未叛之前矣？曰，想是，同时商畿千里，纣之地亦甚大，所封必不止三两国也。广。

"唯三月哉，生魄"一段，自是脱落分晓，且如"朕弟""寡兄"，是武王自告康叔之辞无疑。盖武王，周公、康叔同叫作兄，岂应周公对康叔，一家人说话，安得叫武王作"寡兄"，以告其弟乎．盖寡者，是向人称我家、我国长上之辞也，只被其中有作新大邑于周，数句遂牵引得序来作成王时书，若是成王，不应所引多文王，而不及武王，且如今人，才说太祖，便必及太宗也。义刚。

问，殷地，武王既以封武庚，而使三叔监之矣，又以何处封康叔？曰，既言以殷余民封康叔，岂非封武庚之外，又以封之乎处。谦。

纂注：

孔氏曰，康，圻内国名。叔封，字。

林氏曰，康乃叔未受封时食采之地，或曰康，谥也。

郑氏曰，康叔初封卫，至子孙而并邶墉地。

息斋余氏曰，真氏乙记云，胡氏以为武王书，朱子从之，蔡氏辨甚力。今姑从先儒以为周公作，更当博考。于《大学衍义》则明以为成王书。今按"不静未戾，迪屡未同"数语，似指武庚以后事。武王之时，玄黄迎师，未尝有此。又曰"王若曰，孟侯，朕其弟"，以《多方》所书公传王命之例观之，似可通。"寡兄"疑与《康王之诰》"寡命"同义。据此等处理，或然也。又曰，《嘉禾》序传谓"得未与风雷之变"，同时《金縢》传谓"风雷在未东征之先"，而此篇解题论叔虞之封，又引东征为说，皆所未合。

《尚书句解》卷八《周书·康诰第十一》

（元）朱祖义撰

《康诰》（旧简标题）。

《尚书日记》卷十一《周书·康诰》

（明）王樵撰

《康诰》。

朱子曰，《康诰》《酒诰》《梓材》三篇，是武王书无疑，只缘误以《洛诰》书首一段置在《康诰》之前，故叙其书于《大诰》《微子之命》之后。问，如此则封康叔在武庚未叛之前矣？曰，想是。同时商畿千里，纣之地亦甚大，所封必不止三两国。

金氏曰，按《逸周书》武王之封诸弟，盖以次受封也。先管叔、蔡叔，使监殷，其后殷畿内诸侯，有不服者，分师俘之，以卫封康叔，以霍封叔处。孟子以管叔监殷以殷畔，为周公之过，有康叔之贤而不使非周公之过乎？曰，凡封于殷墟者，皆监殷者也。其后独管、蔡、霍三人叛，故止曰"三监"尔。其实，康叔亦监殷也。

或问，序及孔氏以《康诰》为成王之书，而子以武王言之，何也？朱子曰，此五峰胡氏之说也。尝因而考之，其曰，"朕弟""寡兄"者，皆为武王之自言，乃得事理之实，而其它证亦多，序之不足信，于此可见。

林氏曰，康，乃叔未受封时食采之地，或曰康，谥也。

郑氏曰，康叔初封卫，至子孙而并邶墉地。

《日讲书经解义》卷八《周书·康诰》

（清）库勒纳等撰

《康诰》，武王封其同母弟康叔为卫侯，作诰以晓谕之。史臣记其辞，以《康诰》名篇。

《书蔡氏传旁通》卷四下《周书·康诰》

（元）陈师凯撰

武王诰命为卫侯。

《朱子语录》云，五峰胡氏于《皇王大纪》考究得《康诰》非周公、成王时，乃武王时，盖有"朕其弟"之语。若成王，则康叔为叔父矣。又首尾只称文考，成王、周公必不只称文考。又有"寡兄"之语，亦是武王自称无疑，如今人称"劣兄"之类。又"唐叔得禾"，传记所载，成王先封唐叔，后封康叔，无侄先叔之理。

武王分封之时年已九十。

武王年九十三而终克商，后七年而崩，则克商时已八十六岁，及至分封，则近九十矣。

卫康叔封布兹。

徐广曰，兹者，籍席之名，诸侯病曰负兹。索隐曰，兹，一作苙，公明草也。言兹举成器，言苙见洁草也。

《尚书大传》卷三《康诰传》

（清）孙之騄辑

兹殷罚有伦，今也反是。诸侯不同听，每君异法，听无有伦，是故法之难也。

父子、兄弟罪不相及。（《左传》苑何忌云。杜注，《尚书·康诰》）

父不慈，子不祗，兄不友，弟不恭，不相及也。（《左传》胥臣云。又见后汉章帝诏）。

天子有事，诸侯皆侍，尊卑之义。（《仪礼疏》）

郑玄曰，事，谓祭祀。

宗室有事，族人皆侍终日。大宗已侍于宾奠，然后燕私。（《仪礼疏》）

燕私者，合而与族人饮，饮而不醉，是不亲；醉而不出，是不敬。（《诗疏》）

郑玄曰，谓卿大夫以下，宗室大宗之家，《尚书·酒诰》疏云，大传因此言宗室将有事，族人皆入侍，得有醉与不醉，而出与不出之事。

唯三月哉生魄

1. 《尚书注疏》卷十三《周书》

（汉）孔氏传，（唐）陆德明音义，（唐）孔颖达疏

唯三月哉生魄。

传，周公摄政七年三月始生魄，月十六日明消而魄生。

音义，魄字，又作魄，普白反。马云，魄，朏也，谓月三日始生兆朏，名曰魄。

疏，正义曰，言唯以周公摄政七年之三月始明，死而生魄，月十六日己未。

传，正义曰，知"周公摄政七年之三月"者，以《洛诰》即七年反政而言，新邑营，及献卜之事，与《召诰》参同，俱为七年。此亦言作新邑，又同《召诰》，故知七年三月也。若然《书传》云，四年建卫侯而封康叔，五年营成洛邑，七年制礼作乐。《明堂位》云，昔者周公朝诸侯于明堂之位，即云，颁度量而天下大顺。又云，六年制礼作乐，是六年已有明堂在洛邑而朝诸侯。言六年已作洛邑而有明堂者，《礼记》后儒所录，《书传》伏生所造，皆孔所不用。始生魄，月十六日戊午，社于新邑之明日。魄与明反，故云"明消而魄生"。

《尚书注疏》卷十三《考证》

"唯三月"至"大诰治"。

苏轼曰，此《洛诰》之文，当在"周公拜手稽首"之上。

疏，太保以戊申至七日庚戌。

臣召南按，《召诰》曰"越三日庚戌"，自戊申至庚戌为三日也，"七"字系"三"字之讹，各本并误，或疑《召诰》疏言庚戌是七日，然此文不应尔。

2. 《书传》卷十二《周书》

(宋) 苏轼撰

唯三月哉生魄，周公初基，作新大邑于东国洛，四方民大和会，侯、甸、男邦、采、卫，百工播民和，见士于周。

百工，百官也。"播民和"，布法也。周礼，正月之吉，始和布治于邦国都鄙，诸侯来朝，公行师从，故"见士于周"。

3. 《尚书全解》卷二十八

(宋) 林之奇撰

唯三月哉生魄，周公初基，作新大邑于东国洛。四方民大和会，侯、甸、男邦、采、卫，百工播民和，见士于周。周公咸勤，乃洪大诰治。

按《史记》周公奉成王命，兴师东伐，遂诛管叔，放蔡叔，收殷余民，以封康叔于卫。七年三月，周公往营成周洛邑，则是康叔之封，盖在于营洛前数年也。今此篇之序，既言成王既伐蔡叔、管叔以殷余民封康叔，作《康诰》，而其篇首则先言"唯三月哉生魄，周公初基，作新大邑于东国洛。四方民大和会"然后始载成王诰康叔之语，则似是先营洛邑，而后封康叔。故说者疑焉。苏氏遂谓自"唯三月哉生魄"至"乃洪大诰治"，皆《洛诰》之文，当在《洛诰》"周公拜手稽首"之前，其意盖以封康叔之时，决未营洛。又此终篇初未及营洛之事，故以为简编脱误。某尝谓苏氏之说，经多失之易。易，则己意之有所未安者，必改易经文以就之，如此则经之本文，其存者几希，非慎言缺疑之义也。

唐孔氏曰，既三年灭三监，七年始封康叔，则于其间更遣人镇守，自不知名号耳。夫使康叔之封果在于七年，则是正营洛邑之岁，而于经文可以无疑矣。然管、蔡既挟武庚以叛，周公诛其元恶矣，而其余民之尚在者，又皆长恶不悛，未渐渍于周之美化，使其三年伐三监，而七年始封康叔，则数年之间所以镇抚而训导者，可以无其人邪？孔氏亦知其说之不通，故有遣人镇守之说。然此事无所经据，但意之而已。则孔氏亦是顺经意而为之说，不足信也。

唯王博士曰，四国既诛，商地始定，然后封康叔。康叔已封，然后宅洛邑，乃其事之序也。此书先言"周公初基，作新大邑于东国洛"，然后继之以诰康叔之事，盖封康叔在于卜洛之前，而诰康叔在于营洛之际，当其营治，则四方之民与夫五服之君长，莫不咸在。王者将欲孚大命于诸侯，必于臣民所会之时而诰之，则其所施者广，而所警者众，此康叔之诰，所以在乎营洛之时。此说近人，盖康叔之封，固在卜洛之前，而其诰之也，乃在于营洛之际。序之言，盖推本而言之耳，使其始封之初，而即以此诰之，则其书当为命之体，如《微子之命》《蔡仲之命》是也。唯其丁宁而告之者，不在于始封之初，而在于营洛之际，此所以不谓之命，而谓之诰也。盖周公之营洛也，将以殷之顽民迁而居之，顽民之居于成周者，周公既尹正之使之式化厥训矣，其所以丁宁而晓谕之者，则有《多士》等篇。顽民既迁居成周，而其余尚淹留于卫，则以委康叔而任其司牧之职，既以是而委之矣，亦不可以无告戒之言也。故于作新大邑之时，殷之民或徙或否，遂以是而诰康叔，因以训迪其余民也。此所以作诰在于营洛之际也。

唯三月者，周公摄政七年之三月也，哉生魄者，谓明消而魄生，三月之十六日也。于三月之十六日，周公始造基而作新大邑于东国之洛。洛在王室之东故也。《周官·大司徒》曰，"以土圭之法，测土深，正日景，以求地中"。夫地之所合也，四时之所交也，风雨之所会也，阴阳之所和也，然则百物阜安，乃建王国焉。洛邑之地，既为天地之中，故作新之，而四方之民，莫不和悦，而来会也。其列爵分土，布于九服之国，则侯、甸、男邦、采、卫五服之诸侯，莫不咸在也。周制为九服，王畿之外五百里曰侯，又其外方五百里曰甸，又其外方五百里曰男（邦），又其外方五百里曰采，又其外方五百里曰卫。卫服之外，则蛮服矣；卫服以内，即《禹贡》之绥服。蛮服以内，即《禹贡》之要服。华夷之境，自此而分，故其会于洛邑者，唯此五者而已。言此"侯、甸、男邦、采、卫，即《召诰》所谓邑之时，殷之民或徙或否，遂以是而诰康叔，因以训迪其余民也，此所以作诰在于营洛之际也。侯、甸、男邦，伯也，特其言之，详略有不同耳，亦犹《大诰》或曰"友邦君、越尹氏、庶士、御事"，或曰"邦君、庶士、御事"也。五服皆邦也，而独于男之下言之者，唐孔氏曰，五服男居其中，故举中，则五服皆有邦可知，其说是也。

唯其四方之民皆大和会，而五服之君皆与焉，故其百官皆播率其民和悦，而"见士于周"，以服其役。周公皆有以勤而劳之。潘博士曰，勤，犹杕。杜以"勤归"之"勤"是也。既劳之矣，而又有以戒之，故大诰之以治道。虽大诰之以治道，然其意盖欲康叔尽其所职，以抚绥新民，而革其旧习，使之莫不迁善远罪，而无自弃于小人之域，故于营洛邑之时，而遂以此诰之也。先儒言因大封命，大诰以治道，其意以"洪"为"大"，封命以"大"为大诰以治道，谓因大封命以诰之，亦不必如此分别。要之，洪，大皆一意也。经之言，其义同而重复言之者多矣，岂可以一一从而为之说邪？

4.《尚书讲义》卷十四《周书·康诰》

（宋）史浩撰

唯三月哉生魄，周公初基，作新大邑于东国洛。四方民大和会。侯、甸、男邦、采、卫，百工播民和，见士于周。周公咸勤，乃洪大诰治。

"自唯三月哉生魄"，窃意乃史官之纪，非周公之书也。自"王若曰"则皆诰辞也。"唯三月哉生魄"者，哉，始也。月始生魄，十六日也。魄，阴类也。魂阳而魄阴，故生明则属阳，生魄则属阴。月盈则亏，亏则月渐不明，以亏之始为主也。周公初基，而作新其城。邑既成，而四方之民乃大和会。和会者，欢欣鼓舞而辐辏于洛。必曰"周"者，以表周之洛邑也。岂唯民皆鼎来，而和气仁声，洋溢于诸侯。侯、甸、男邦、采、卫，亦皆遣其臣来朝，故曰"见士于周"。或谓"士"当作"事"非也。《记》曰"列国之大夫入天子之国，曰某士"。自称曰陪臣某，则"见士于周"者，见其大夫于洛也。"周公咸勤"者，勤，劳也。劳使者之来也。"大诰"者，成王叙武王之勋，而励诸侯以伐三监之书也。今三监既即诛。乃推大诰之意，而将申之以治道也。

5.《尚书详解》卷十九《周书·康诰》

（宋）夏僎撰

唯三月哉生魄，周公初基，作新大邑于东国洛。四方民大和会。侯、甸、男邦、采、卫，百工播民和，见士于周。周公咸勤，乃洪大诰治。

按《史记》，周公奉成王命，兴师东伐，遂诛管叔，放蔡叔，收殷余民，以封康叔于卫。七年三月，周公往营成周洛邑，则是康叔之封，盖在于营洛之前数年也。是故此篇之序言，成王既伐管叔，乃以殷余民，封康叔，则是周公既诛管、蔡，即封康叔明矣。然此乃首言"唯三月哉生魄，周公初基，作新大邑于东国洛"，遂言五服诸侯咸在，周公乃大诰康叔以治道。以此观之，则又自营洛邑而后，诰康叔也。学者多求其说，不得如苏氏诸儒，皆以为《洛诰》脱简误在此。

唐孔氏则又谓，周公三年灭三监，康叔之封实在七年营洛之后，其间未封康叔之前，又别使人镇守，则封康叔实非营洛之前，与史记所载及序文实相抵牾。唯王博士谓，四国既诛，商地既定，然后封康叔。康叔已封，然后宅洛邑，乃其事序也。此书先言"周公初基，作新大邑"，然后继以告康叔之事者，盖封康叔之事，在卜洛之前，而告康叔，乃在作洛之际，当其营洛，则四方之民，与夫五服之君，莫不咸在。王者将敷大命于诸侯，必于臣民所会而告之，则所警者众。此康叔之诰所以在营洛之时。

林少颖广其意，谓康叔之封，固在卜洛之前，而告之也，乃在营洛之际，序之言，盖推本而言之耳，使其始封之初而即以此诰之，则其书当谓之命，如《微子之命》《蔡仲之命》，唯其丁宁告之，不在始封之初，而在营洛之际，此所以不谓之命，而谓之诰也。盖周公营洛，将以迁殷顽民，而自尹正之。其余尚留于卫者，则以委康叔。既有以委之，则不可以无告戒之语。故于此，遂以是诰康叔也。此说极然。唯其诰于营洛之际，故《梓材》之后，即继以《召诰》《洛诰》之书，此可以无疑矣。

"唯三月"，周公摄政七年之三月也。"哉生魄"，谓明死魄生，即三月十六日也。此史官叙此《康诰》所作之由，谓是年三月十六日也，周公始造基，而"作新大邑于东国洛"，以洛在王室之东故也。是年。四方之民皆大和悦而来会。谓喜而愿效其力也。侯、甸、男（邦）、采、卫五服之君。与所属之百官，皆播率其民徒而咸在，悉皆和悦。以"见士于周"，谓见而服其役事于周邦也。唐孔氏谓五服独男居中，故言邦，则五服皆为邦，可知此亦古史立言之体如此。唯一时之民，皆喜于用力，故周公于是皆以勤劳之辞，感论之勤，谓因其勤而勤之，若因其劳而劳之，有以慰藉之也。周公既有以勤其民，于是遂弘大其意，而告之以治道。今此书是专诰康叔，不言康叔而泛言大诰治者，盖周公作洛，迁殷顽民，其余者则欲委康叔治之，是时诸侯咸在，周公遂于大会之中，诰康叔，亦以警众，使知此意，故总言"大诰治"也。

6.《增修东莱书说》卷二十《周书·康诰第十一》

（宋）吕祖谦撰，（宋）石澜增修

唯三月哉生魄，周公初基，作新大邑于东国洛，四方民大和会。侯、甸、男邦、采、卫，百工播民和，见士于周。周公咸勤，乃洪大诰治。

生魄，三月十六日也。周公初立基址，作新大邑于东国洛，四方之民大和会而来，以供洛邑之役。夫斧斤版筑之事，不免劳民，而大和会以赴役，如文王作灵台，而"庶民子来"，必有以感召之也。要荒之外无不供役。见作洛事大役重，动天下之诸侯。然为诸侯者，王室之大兴，作供役亦有公也。周衰，欲城成周，尚有仲孙何忌会晋韩不信，齐高张、宋仲几、卫世叔之徒皆至，况成王之时乎？百工者，百官也。播扬鼓舞，使民之情皆和协欢悦，著见功绩于周，"士"与"事"同也。周公于是劳来慰抚，广敷大命，以诏诰之。自"三月哉生魄"至"乃洪大诰治"，说者以为脱简，疑《洛诰》之文，不知其脉络正相关系。盖所以"作新大邑于东国洛"者，欲迁商民，使之迩王室，以化厥训也。所以命康叔为卫侯者，使之抚养训导不迁之民也。两事皆为商民故也。已迁之民，作洛邑以处之，又作《多士》《多方》之书以告之。不迁之民，使康叔以治之，又作《康诰》《酒诰》《梓材》之书以告之，合言于此，表里所以相应也。

7.《尚书说》卷五《周书·康诰》

（宋）黄度撰

唯三月哉生魄，周公初基，作新大邑于东国洛。四方民大和会。侯、甸、男邦、采、卫，百工播民和，见士于周。周公咸勤，乃洪大诰治。

营洛之三月，始生魄，月十六日。《洛诰》三月丙午朏，戊午社于新邑。其明日己未，始生魄。诸侯各以其众至，喜悦供事，故曰"和会"。

侯、甸、男称邦，言以国典供王事也。其事详，采、卫略，故《召诰》用书命，作亦止于侯、甸、男邦。诸侯百官，各播其民和会之意，由士以上皆见于周。百工以役言也。《周官》乡，自比长而上至族师；遂，自里宰而上至鄎师，皆士也。民不见，不为臣不见也，勤劳求之。洪，亦大也。洪大诰治道，使治殷民。

8.《絜斋家塾书钞》卷十《周书·康诰》

(宋) 袁燮撰

唯三月哉生魄，周公初基，作新大邑于东国洛。四方民大和会。侯、甸、男邦、采、卫、百工播民和、见士于周、周公咸勤、乃洪大诰治。

此一段说者多以为脱简，其实不然，此事正与封康叔一事脉络相贯。当时虽命康叔，而心在洛邑。商之民既迁于此，而吾于是乎命焉，不特告康叔，亦使商民闻之晓然知上意所在。周公之意正是如此，则作书者正当叙此一段，如何是脱简乎。"侯、甸、男邦、采、卫"，间"邦"字于其中者，以言九服之诸侯，无有不至也，不可得而尽见，故所见者唯士焉。咸勤者，咸劳来之也。

9.《书经集传》卷四《周书·康诰》

(宋) 蔡沈撰

唯三月哉生魄，周公初基，作新大邑于东国洛。四方民大和会。侯、甸、男邦、采、卫，百工播民和，见士于周。周公咸勤，乃洪大诰治。

三月，周公摄政七年之三月也。始生魄十六日也。百工，百官也。士，《说文》曰事也。《诗》曰，"勿士行枚"。吕氏曰，斧斤版筑之事，亦甚劳矣，而民大和会悉来赴役，即文王作灵台，"庶民子来"之意。苏氏曰，此《洛诰》之文，当在"周公拜手稽首"之上。

10.《尚书精义》卷三十四《周书·康诰》

(宋) 黄伦撰

唯三月哉生魄，周公初基，作新大邑于东国洛。四方民大和会。侯、甸、男邦、采、卫，百工播民和，见士于周。周公咸勤，乃洪大诰治。

东坡曰，自"唯三月哉生魄"至此，皆《洛诰》文，当在《洛诰》"周公拜手稽首"之前。何以知之周公东征二年之前，乃克管、蔡即以殷余民封康叔，七年而复辟营洛，在复辟之岁，皆经文明甚，则封康叔之时决未营洛，又此文终篇初不及营洛之事，知简编脱误也。

史氏曰，都不定，无以得天下之心，法不明无以劝天下之治。昔姬公之作周也，其加意于此乎。方成王尚幼，王都未定，周公定之；王法未明，周公明之，谓天下之治与不治，举系于斯也。是以定鼎于郏鄏，以据天下之中。邑既成矣，四方之民莫不和悦，五等之侯百工之众，莫不会同，可谓得天下之心矣。于是播周之号令，使之知所守，见商之多士，使之知所畏，"劳来还定安集之"，远近、内外无有不得其所，其劝天下也如此，天下之治其有不举者乎。昔尝以是而作《大诰》矣，今复推广《大诰》之意，而申言之，故曰"洪"。

吕氏曰，生魄是三月十六日。周公初立基址，作新大邑于东国之洛。四方之民，皆譬如子来大和会于周，皆供周公洛邑之役。周公筑洛邑，大抵一个版筑斧斤劳苦之役，人所最惮，然周公所以得四方之民皆大和会，供其役者，何故？此正如文王作灵台，"经之营之，庶民攻之，不日成之，经始勿亟，庶民子来"之意。"侯、甸、男邦、采、卫"，除要、荒之外，诸侯亦皆供周公洛邑之役。

11.《尚书详解》卷二十九《周书·康诰》

（宋）陈经撰

唯三月哉生魄，周公初基，作新大邑于东国洛，四方民大和会。侯、甸、男邦、采、卫，百工播民和，见士于周。周公咸勤，乃洪大诰治。

先儒以谓周公摄政七年三月，知封康叔在摄政之七年，正与作洛邑同时，洛邑之营，"复子明辟"亦在七年。周公三年已灭三监，至七年封康叔，必于其间更遣人镇守之也。哉，始也。始生魄，即三月十六日。明死魄生，周公初造基址，作新大都邑于东国之洛汭，正居天下之土中。四方之民皆和悦而集会，以供力役之事。侯、甸、男邦、采、卫，五服之诸侯。百工，即诸侯之百官也，皆播率其民之和，以即事于周，谓乐于趋事赴功也。要服不预者，以其远而不及来也。男言"邦"者，以男居五服之中，言邦则国君在焉，举其中，则侯、甸、采、卫可知，且王室有兴作力役之事，不闻周公有诰令召之，而四方之诸侯，百官万民莫不咸在，其不待令者犹且至，则其令之者为何如？其勤苦力役之事，犹且至，则示之以礼乐者又如何？此见诸侯臣民之心，"若卜筮罔不是孚"。周公何以得此于民哉，是必有以深服其心者久矣。周公因其来也，咸从而勤之，谓抚摩劳来，乃宽洪其心，绰然有裕，大诰以治洛之事，如此，则上下恩意交相浃洽，可以想见成周之盛也。夫以治洛之事，与命康叔初无与焉，而乃叙之于此，何也？此有以见二事而一心也。营洛邑者，所以待顽民之迁者，命康叔者，所以治商民之不迁者，其事虽不同，而皆所以为商民，故作书者首述作洛之由，而后言命康叔之意，则周公之心，盖无适而不在商民矣。

12.《融堂书解》卷十二《周书·康诰》

（宋）钱时撰

唯三月哉生魄，周公初基，作新大邑于东国洛。四方民大和会。侯、甸、男邦、采、卫，百工播民和，见士于周。周公咸勤，乃洪大诰治。

自"唯三月"至"大诰治"，先儒疑是《洛诰》"周公拜手"以前之文，简编脱误也。其说曰，周公东征二年，乃克管、蔡，即以余民封康叔。七年而复辟营洛，在复辟之岁，则封康叔时决未营洛。夫以成王既黜殷，即命微子代殷后。则既诛管、蔡，而以殷余民封康叔，皆是东征一番区处。其事势诚有不容缓者，况此三书，谆复详谕，备见商民难化情状，安得商之故地数年无君，而康叔之封乃迟之营洛之日乎？脱简之疑，诚似有理，然细考之，则殆不然。周公摄政之七年二月，定宅洛之议；三月五日戊申，太保至洛卜宅；十二日乙卯，周公朝至于洛，故《洛诰》亦云"唯乙卯朝至于洛，师怦来，以图及献卜"，是十二日即来告吉，无可疑者矣。于是十四日丁巳，用牲于郊；十五日戊午，乃社。此书云唯"三月哉生魄"，是十六日己未，社之明日也。若谓此节当在"周公拜手稽首"之前，则《洛诰》之书，方是十二日告卜，时事不应反以十六日后事冠之首篇，且乃"洪大诰治"与下文事节，全不相属。以是而观，是十二日遣使告卜于君，十四、十五奏告天地，十六日乃初基作邑，顽民之迁至此，已有定论，然后却以殷余民封康叔耳。愚反复乎此，而后知周公之处商民，诚大不易也。看得商民难化，全在世家大族。大抵叛乱弗静，皆此一种人颉颃于其间，所以一倡而众和之，若其余细民，只是随群逐队而已，却不足深虑。观后来"保厘东郊"，周公、君陈，圣贤相继化之，至命毕公时，犹云"余风未殄"，则可见矣。若卫地，则自康叔后，却不闻有变动也。东征二三年间，周公必不应委商地于度外，必须往来经营，有镇守之者。但区处顽民，未定所以，分封之寄，特难其人，直是此一种人先有所处，方以余民付之康叔。史氏序"周公初基"于《康诰》之首，正是区处商民一段事，谓之错简固不可也。洛在丰镐之东，故曰"东国"。周公初营洛，一"播"字，极形容得当时气象，因其和会之情，而播扬鼓舞之，自有欢忻踊跃，不知其然而然者。《大诰》者，黜殷也；而康叔之封，三书之作，正所以洪前日《大诰》黜殷之治也。故命康叔，不曰"命"，而谓之"诰"。或曰，康叔三书，何以先《召诰》？曰，召公相宅，虽在封康叔之前，然出取币锡周公，其诰之所以作者，实在二十一日甲子以后，兼康叔封殷故也，与前"黜殷"相次，是一派。《召诰》至《多士》，乃迁殷顽民于成周，又是一派，故不相参欤。

13.《尚书要义》

（宋）魏了翁撰

（归善斋按，原缺）

14.《书集传或问》卷下《康诰》

（宋）陈大猷撰

（归善斋按，未解）

15.《尚书详解》卷八《周书·康诰第十一》

（宋）胡士行撰

唯三月哉（始）生魄（十六日），周公初基（立基址），作新大邑于东国洛。四方民大和（悦）会（如灵台子来）。侯、甸、男邦、采、卫（五服之邦。五服，男居中，言"邦"则，五服可知。此史臣立言之体），

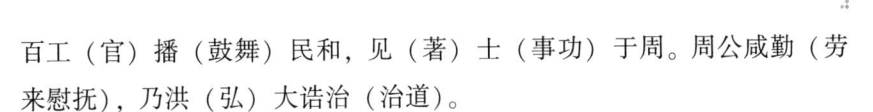

百工（官）播（鼓舞）民和，见（著）士（事功）于周。周公咸勤（劳来慰抚），乃洪（弘）大诰治（治道）。

作洛邑者，欲以迁商民也，命康叔者，所以抚不迁之商民也，脉络正相关系，卜洛之先，已封康叔矣。当宅洛时，臣民毕会，诰于时作焉，所以大警众也，故不曰"命"而曰"诰"云。《大诰》东征所作书也。前此诰虽作，而人方为疑，犹未尽孚。至此大和会，乃洪前日《大诰》之意而发明之，则人无不孚者矣。

16. 《书纂言》卷四上《周书·梓材》

（元）吴澄撰

唯三月哉生魄，周公初基，作新大邑于东国洛。四方民大和会。侯、甸、男邦、采、卫，百工播民和，见士于周。周公咸勤，乃洪大诰治。

"哉生魄"，望后也。基始营作，四方民诸侯各以其国之民来赴役者也。营筑劳事民之至者，乃大和，犹文王作灵台，而"庶民子来"也。会五服诸侯以"时见之礼"相见也。周制，侯、甸、男邦、采、卫、蛮、夷、镇、藩九服，独举上五服者，以蛮、夷、镇、藩皆夷狄也。男下有"邦"字，以男居五服之中，举中则五服皆有"邦"可知。百工，周公官属。播，鼓动之意；见，犹《论语》"从者见之"之"见"；士，诸侯之士，率其民者也。勤，谓劳抚之。成王七年三月望后，周公新作洛邑，而赴役之民，皆大悦。周公于是以会礼见五服诸侯，百工又因民之悦，而鼓动之。虽士之微，亦使得见。而周公皆抚劳之，因大诰以王居洛邑治民之意也。旧本此一节误在《康诰》篇首，而《康诰》内一节，误冠此篇之首，盖互错一简也。苏氏移此一简于《洛诰》篇首者，非是。盖与彼文意不相联贯，又详彼处，即无缺简不待补也。唯吴氏说得之，今附见篇末。

17. 《书集传纂疏》卷四下《朱子订定蔡氏集传·周书·康诰》

（元）陈栎撰

唯三月哉生魄，周公初基，作新大邑于东国洛。四方民大和会。

侯、甸、男邦、采、卫,百工播民和,见士于周。周公咸勤,乃洪大诰治。

三月,周公摄政七年之三月也。始生魄,十六日也。百工,百官也。士,《说文》曰事也。《诗》曰,"勿士行枚"。吕氏曰,斧斤版筑之事亦甚劳矣,而民大和会,悉来赴役,即文王作灵台,"庶民子来"之意。苏氏曰,此《洛诰》之文,当在"周公拜手稽首"之上。

纂疏:

唐孔氏曰,五服男居其中,举中,则五服皆有"邦"可知。

林氏曰,周九服,会洛邑者,唯内五服,蛮、夷、镇、藩不与。

叶氏曰,列国大夫入天子之国,皆曰"士"。《春秋传》曰"晋士起"是也。

潘氏曰,勤,犹杜。杜以"勤归"之"勤"。洪,大也。经言复者多。

王氏安石于此章无解。

愚谓,初基,定基址也。镐在西,故曰"东国洛"。见士,朝而趋事也。大和会,人心本自和。播民和,因人心之和,而敷宣其和也。悦以使民,民忘其劳也。以《召诰》考之,周公以三月十二日乙卯至洛,先观召公营洛规模;十四日丁巳,行郊礼;十五日戊午,行社礼;十六日己未,初基作洛。继此五日内,号召齐集,计度区画,分配科派,至二十一日甲子朝,乃用书命黜殷、诸侯"丕作"。《召诰》所谓用书命"丕作",即此所谓"洪大诰治"也。左氏昭二十二年,晋士"弥牟营成周,计丈数"云云,以令役于诸侯,用书诰治意亦类此。参以《召诰》日月吻合。《洛诰》冠以此九句,方有头绪,强附于此,全不相应,其为《洛诰》脱简,章章明甚。诸家阿附牵强解之,今不取。

18.《读书丛说》卷六《康诰》

(元)许谦撰

(归善斋按,未解)

19.《书传辑录纂注》卷四《周书·康诰》

(元)董鼎撰

唯三月哉生魄,周公初基,作新大邑于东国洛。四方民大和会。侯、甸、男邦、采、卫,百工播民和,见士于周。周公咸勤,乃洪大诰治。

三月,周公摄政七年之三月也。始生魄,十六日也。百工,百官也。士,《说文》曰事也。《诗》曰"勿士行枚"。吕氏曰,斧斤版筑之事亦甚劳矣,而民大和会,悉来赴役,即文王作灵台"庶民子来"之意。苏氏曰,此治诰之文,当在"周公拜手稽首"之上。

纂注:

唐孔氏曰,男下独有"邦",以五服男居其中,则五服皆有"邦"可知。《禹贡》五服通王畿,此在畿外。

林氏曰,周九服,侯、甸、男、采、卫、蛮、夷、镇、藩。会于洛邑者,唯内五服也。

叶氏曰,列国大夫入于天子之国,皆曰"士"。《春秋传》"晋士起"是也。

郑氏曰,君行臣从,卿、大夫、士,皆见也。

此二家训见"士"不作"事",姑存之。

潘氏曰,勤,犹枕。杜以"勤归"之"勤"。洪,大也。经之言,复者多矣。

王氏于此章无解。

新安陈氏曰,初基,定基址也。镐在西,洛在东,故曰"东国洛"。见士,朝见而趋事也。民大和会,人心本自和也。播民和,因人心之和,而播敷宣畅其和也。悦以使民,民忘其劳。公不忘民之劳,而勤劳之,所以得民心也。以《召诰》考之,周公以三月十二日乙卯至洛,先观召公营洛规模;十四日丁巳,行郊礼十五日戊午,行社礼;十六日己未,初基作洛。继此五日内,号召齐集,计度区画,分配科派,至二十一日甲子朝,乃用书命庶殷、诸侯"丕作"。《召诰》所谓用书命"丕作",即此所谓"洪大诰治"也。如《召诰》传中引《春秋传》云云之类。参以《召诰》日月吻合。《洛诰》冠以此九句,方有头绪,强附之此,全不相应。

其为《洛诰》脱简,何可疑者?诸家阿附牵强解之,非矣。

20.《尚书句解》卷八《周书·康诰第十一》

(元)朱祖义撰

唯三月(周公摄政七年之三月)哉生魄(月始明,死魄生,即十六日)。

21.《尚书日记》卷十一《周书·康诰》

(明)王樵撰

(归善斋按,未解)

22.《日讲书经解义》卷八《周书·洛诰》

(清)库勒纳等撰

唯三月哉生魄,周公初基,作新大邑于东国洛。四方民大和会。侯、甸、男邦、采、卫,百工播民和,见士于周。周公咸勤,乃洪大诰治(此一节错简在《康诰》遵注改正)。

此一节书,是史臣叙周公作洛之词也。新大邑兼王城下都,而言"士"作"事"。史臣曰,唯周公摄政之七年三月,始生魄之十六日,公以殷民叛逆无常,顽梗难化,迁之洛邑,使密迩王室,比介于我有周,于是始定基址,作新大邑于成周之东洛邑之地,而有王城下都之建焉。是役也,似乎劳民动众,不得民之欢心者,乃在洛四方之民,莫不群然和会,愿效其劳,力民之勤如此。侯、甸、男邦、采、卫之百官,又莫不鼓舞劝导,宣扬民心之和,俾益趋事于我周家。百官之勤又如此。是时,周公总理其事,亦不敢少自暇逸,无论小大咸致其勤,乃用役书大诰臣民,使民知所以见事,臣知所以播民焉,周公之勤又如此。唯周公与臣民交致其勤,是以洛邑万年之业,遂成于一月之间也。

《书蔡氏传旁通》卷四下《周书·康诰》

(元)陈师凯撰

三月,周公摄政七年之三月也,始生魄十六日也。苏氏曰,此《洛诰》之文，当在"周公拜手稽首"之上。

新安陈氏曰，初基，定基址也。镐在西，洛在东，故曰"东国洛"。见士，朝见而趋事也。民大和会，人心本自和也。播民和，因人心之和，而播敷宣畅其和也。悦以使民，民忘其劳，公不忘民之劳而勤劳之，所以得民心也。以《召诰》考之，周公以三月十二日乙卯至洛，先观召公营洛规模；十四日丁巳，行郊礼；十五日戊午，行社礼；十六日己未，初基作洛。继此五日内，号召齐集，计度区画，分配科派，至二十一日甲子朝，乃用书命黜殷、诸侯"丕作"，《召诰》所谓用书命"丕作"，即此所谓"洪大诰治"也。如《召诰》传中引《春秋传》云云之类。参以《召诰》日月吻合，《洛诰》冠以此九句，方有头绪，强附之此，全不相应。其为《洛诰》脱简何可疑者？诸家阿附牵强解之，非矣。

《五诰解》卷一 《康诰》

（宋）杨简撰

唯三月哉生魄，周公初基，作新大邑于东国洛，四方民大和会，侯、甸、男邦、采、卫，百工播民和，见士于周。

《大司马》九畿之籍，方千里曰国畿，其外方五百里曰侯畿，又其外方五百里曰甸畿，又其外方五百里曰男畿，又其外方五百里曰采畿，又其外方五百里曰卫畿，又其外方五百里曰蛮畿，又外曰夷畿，又外曰镇畿，又外曰蕃畿。侯、甸、男邦、采、卫之百官，播率其民和悦，各以其事来见于周。"士"与"事"同音。古者，同音之字，多同义，犹《舜典》"圣"即"疾"音。《诗节南山》"节"即"截"音。

《尚书通考》卷九

（元）黄镇成撰

生明。生魄。望朏

唯一月壬辰旁死魄。

厥四月哉生明。

既生魄。

周公初基，作新大邑于东国洛。四方民大和会

1. 《尚书注疏》卷十三《周书》

（汉）孔氏传，（唐）陆德明音义，（唐）孔颖达疏

周公初基，作新大邑于东国洛，四方民大和会。

传，初造基建，作王城大都邑于东国洛汭，居天下土中。四方之民大和悦而集会。

音义，汭，如锐反。

疏，正义曰，于时周公初造基址，作新大邑于东国洛水之汭，四方之民大和悦而集会，言政治也。

传，正义曰，所以初基东国洛者，以天下土中故也。其《召诰》与《大司徒》文之所出。《释言》云，集，会也。以主治民，故民服，悦而见太平也。初基者，谓初始营建基址，作此新邑。此史总序言之。郑以为此时未作新邑，而以基为谋，大不辞矣。

2. 《书传》卷十二《周书》

（宋）苏轼撰

（归善斋按，见"唯三月哉生魄"）

3. 《尚书全解》卷二十八

（宋）林之奇撰

（归善斋按，见"唯三月哉生魄"）

4. 《尚书讲义》卷十四《周书·康诰》

（宋）史浩撰

（归善斋按，见"唯三月哉生魄"）

5.《尚书详解》卷十九《周书·康诰》

（宋）夏僎撰

6.《增修东莱书说》卷二十《周书·康诰第十一》

（宋）吕祖谦撰，（宋）石澜增修
（归善斋按，见"唯三月哉生魄"）

7.《尚书说》卷五《周书·康诰》

（宋）黄度撰
（归善斋按，见"唯三月哉生魄"）

8.《絜斋家塾书钞》卷十《周书·康诰》

（宋）袁燮撰
（归善斋按，见"唯三月哉生魄"）

9.《书经集传》卷四《周书·康诰》

（宋）蔡沈撰
（归善斋按，见"唯三月哉生魄"）

10.《尚书精义》卷三十四《周书·康诰》

（宋）黄伦撰
（归善斋按，见"唯三月哉生魄"）

11.《尚书详解》卷二十九《周书·康诰》

（宋）陈经撰
（归善斋按，见"唯三月哉生魄"）

12. 《融堂书解》卷十二《周书·康诰》

（宋）钱时撰
（归善斋按，见"唯三月哉生魄"）

13. 《尚书要义》

（宋）魏了翁撰
（归善斋按，原缺）

14. 《书集传或问》卷下《康诰》

（宋）陈大猷撰
（归善斋按，未解）

15. 《尚书详解》卷八《周书·康诰第十一》

（宋）胡士行撰
（归善斋按，见"唯三月哉生魄"）

16. 《书纂言》卷四上《周书·梓材》

（元）吴澄撰
（归善斋按，见"唯三月哉生魄"）

17. 《书集传纂疏》卷四下《朱子订定蔡氏集传·周书·康诰》

（元）陈栎撰
（归善斋按，见"唯三月哉生魄"）

18. 《读书丛说》卷六《康诰》

（元）许谦撰
（归善斋按，未解）

19.《书传辑录纂注》卷四《周书·康诰》

(元) 董鼎撰

(归善斋按,见"唯三月哉生魄")

20.《尚书句解》卷八《周书·康诰第十一》

(元) 朱祖义撰

周公初基(周公初造基址),作新大邑于东国洛(作新大邑都于王室东国洛汭之地)。四方民大和会(四方民皆大和悦而来会)。

21.《尚书日记》卷十一《周书·康诰》

(明) 王樵撰

(归善斋按,未解)

22.《日讲书经解义》卷八《周书·洛诰》

(清) 库勒纳等撰

(归善斋按,见"唯三月哉生魄")

《五诰解》卷一《康诰》

(宋) 杨简撰

(归善斋按,见"唯三月哉生魄")

《尚书地理今释·康诰》

(清) 蒋廷锡撰

东洛国。

洛有王城,有成周。王城,在今河南府洛阳县西五里。《括地志》云,故王城,一名河南城,本郏鄏,周公新筑,在洛州河南县北九里苑内东北隅。自平王以下十二王皆都此。至敬王,乃迁都成周,至赧王又居王城也。成周在今洛阳县东三十里,《洛诰》所谓"我卜瀍水东,亦唯洛食"者也,又名下都,周迁殷顽民于此。《史记》正义云,东周古洛阳城也。《括地志》云洛阳故城，在洛州洛阳县东北二十六里，周公所筑，即成周城也。

侯、甸、男邦、采、卫，百工播民和，见士于周

1. 《尚书注疏》卷十三《周书》

（汉）孔氏传，（唐）陆德明音义，（唐）孔颖达疏

侯、甸、男邦、采、卫，百工播民和，见士于周。

传，此五服诸侯，服五百里。侯服，去王城千里；甸服，千五百里；男服，去王城二千里；采服二千五百里，卫服三千里，与《禹贡》异制。五服之百官，播率其民和悦，并见即事于周。

音义，见，贤遍反。

疏，正义曰，此所集之民，即侯、甸、男邦、采、卫五服。百官播率其民和悦，并见即事于周之东国。

传，正义曰，"男"下独有"邦"，以五服"男"居其中，故举中则五服皆有邦可知，言"邦"见其国君焉。以大司马职大行人，故知五服，服五百里。《禹贡》五服通王畿。此在畿外，去王城五百里，故每畿计之，至卫服三千里，言与《禹贡》异制也。通王畿，与不通为异，以此计畿之均，故须土中。若然黄帝与帝喾居偃师，余非土中者。自由当时之宜，实在土中，因得而美善之也。不见要服者，郑云以远于役事而恒缺焉。君行，必有臣从，即卿大夫及士见亦主其劳，故云五服之内，百官播率其民和悦，即事以土功，劳事民之所苦也。而此和悦见太平也。而《书传》云，示之以力役，其民犹至，况导之以礼乐乎？是也。

2. 《书传》卷十二《周书》

（宋）苏轼撰

（归善斋按，见"唯三月哉生魄"）

3. 《尚书全解》卷二十八

（宋）林之奇撰
(归善斋按，见"唯三月哉生魄")

4. 《尚书讲义》卷十四《周书·康诰》

（宋）史浩撰
(归善斋按，见"唯三月哉生魄")

5. 《尚书详解》卷十九《周书·康诰》

（宋）夏僎撰

6. 《增修东莱书说》卷二十《周书·康诰第十一》

（宋）吕祖谦撰，（宋）石澜增修
(归善斋按，见"唯三月哉生魄")

7. 《尚书说》卷五《周书·康诰》

（宋）黄度撰
(归善斋按，见"唯三月哉生魄")

8. 《絜斋家塾书钞》卷十《周书·康诰》

（宋）袁燮撰
(归善斋按，见"唯三月哉生魄")

9. 《书经集传》卷四《周书·康诰》

（宋）蔡沈撰
(归善斋按，见"唯三月哉生魄")

10. 《尚书精义》卷三十四《周书·康诰》

(宋)黄伦撰
(归善斋按,见"唯三月哉生魄")

11. 《尚书详解》卷二十九《周书·康诰》

(宋)陈经撰
(归善斋按,见"唯三月哉生魄")

12. 《融堂书解》卷十二《周书·康诰》

(宋)钱时撰
(归善斋按,见"唯三月哉生魄")

13. 《尚书要义》

(宋)魏了翁撰
(归善斋按,原缺)

14. 《书集传或问》卷下《康诰》

(宋)陈大猷撰
(归善斋按,未解)

15. 《尚书详解》卷八《周书·康诰第十一》

(宋)胡士行撰
(归善斋按,见"唯三月哉生魄")

16. 《书纂言》卷四上《周书·梓材》

(元)吴澄撰
(归善斋按,见"唯三月哉生魄")

17.《书集传纂疏》卷四下《朱子订定蔡氏集传·周书·康诰》

（元）陈栎撰

（归善斋按，见"唯三月哉生魄"）

18.《读书丛说》卷六《康诰》

（元）许谦撰

（归善斋按，未解）

19.《书传辑录纂注》卷四《周书·康诰》

（元）董鼎撰

（归善斋按，见"唯三月哉生魄"）

20.《尚书句解》卷八《周书·康诰第十一》

（元）朱祖义撰

侯、甸、男邦、采、卫（侯、甸、男之邦，及采与卫，五服之诸侯，皆在焉），百工（与所属百官）播民和（播率其民之和悦者），见士于周（见而服其役事于周邦）。

21.《尚书日记》卷十一《周书·康诰》

（明）王樵撰

（归善斋按，未解）

22.《日讲书经解义》卷八《周书·洛诰》

（清）库勒纳等撰

（归善斋按，见"唯三月哉生魄"）

《五诰解》卷一《康诰》

(宋)杨简撰

(归善斋按,见"唯三月哉生魄")

周公咸勤,乃洪大诰治

1. 《尚书注疏》卷十三《周书》

(汉)孔氏传,(唐)陆德明音义,(唐)孔颖达疏

周公咸勤,乃洪大诰治。

传,周公皆劳勉五服之人,遂乃因大封命,大诰以治道。

音义,"乃洪大诰治",直吏反,注及下"其治民""安治""用安治"同。一本作"周公乃洪大诰治"。劳,力报反。

疏,正义曰,而周公皆慰劳劝勉之,乃因大封命,以康叔为卫侯,大诰以治道。

传,正义曰,太保以戊申至,七日庚戌,已云"庶殷攻位于洛汭",则庶殷先与之期,于前至也。周公以十二日乙卯朝至于洛,则达观于新邑营。此日当勉其民,此因命而并言之。序云"邦康叔"。洪,大也,为大封命,大诰康叔以治道也。郑玄以"洪"为"代",言周公代成王诰。何故代诰而反诰王,呼之曰"孟侯",为不辞矣。

2. 《书传》卷十二《周书》

(宋)苏轼撰

周公咸勤。

皆劳来之。

乃洪大诰治。

自"唯三月哉生魄"至此,皆《洛诰》文,当在《洛诰》"周公拜手稽首"之前,何以知之?周公东征二年,乃克管、蔡,即以殷余民封康

叔；七年而复辟，营洛在复辟之岁，皆经文明甚，则封康叔之时，决未营洛。又此文终篇初不及营洛之事，知简编脱误也。

3.《尚书全解》卷二十八

（宋）林之奇撰
（归善斋按，见"唯三月哉生魄"）

4.《尚书讲义》卷十四《周书·康诰》

（宋）史浩撰
（归善斋按，见"唯三月哉生魄"）

5.《尚书详解》卷十九《周书·康诰》

（宋）夏僎撰

6.《增修东莱书说》卷二十《周书·康诰第十一》

（宋）吕祖谦撰，（宋）石𬭎增修
（归善斋按，见"唯三月哉生魄"）

7.《尚书说》卷五《周书·康诰》

（宋）黄度撰
（归善斋按，见"唯三月哉生魄"）

8.《絜斋家塾书钞》卷十《周书·康诰》

（宋）袁燮撰
（归善斋按，见"唯三月哉生魄"）

9.《书经集传》卷四《周书·康诰》

（宋）蔡沈撰
（归善斋按，见"唯三月哉生魄"）

10. 《尚书精义》卷三十四《周书·康诰》

（宋）黄伦撰

（归善斋按，见"唯三月哉生魄"）

11. 《尚书详解》卷二十九《周书·康诰》

（宋）陈经撰

（归善斋按，见"唯三月哉生魄"）

12. 《融堂书解》卷十二《周书·康诰》

（宋）钱时撰

（归善斋按，见"唯三月哉生魄"）

13. 《尚书要义》

（宋）魏了翁撰

（归善斋按，原缺）

14. 《书集传或问》卷下《康诰》

（宋）陈大猷撰

（归善斋按，未解）

15. 《尚书详解》卷八《周书·康诰第十一》

（宋）胡士行撰

（归善斋按，见"唯三月哉生魄"）

16. 《书纂言》卷四上《周书·梓材》

（元）吴澄撰

（归善斋按，见"唯三月哉生魄"）

17.《书集传纂疏》卷四下《朱子订定蔡氏集传·周书·康诰》

（元）陈栎撰

（归善斋按，见"唯三月哉生魄"）

18.《读书丛说》卷六《康诰》

（元）许谦撰

（归善斋按，未解）

19.《书传辑录纂注》卷四《周书·康诰》

（元）董鼎撰

（归善斋按，见"唯三月哉生魄"）

20.《尚书句解》卷八《周书·康诰第十一》

（元）朱祖义撰

周公咸勤（公因其来，皆抚摩劳来而勤之），乃洪大诰治（乃推广前日大诰诸侯，以治东征之役者，谕臣民）。

21.《尚书日记》卷十一《周书·康诰》

（明）王樵撰

（归善斋按，未解）

22.《日讲书经解义》卷八《周书·洛诰》

（清）库勒纳等撰

（归善斋按，见"唯三月哉生魄"）

《尚书考异》卷五《大诰》

（明）梅鷟撰

《洛诰》首叙，殷次在《康诰》。

乃洪大诰治。

一本作周公乃洪大诰治。

《五诰解》卷一《康诰》

（宋）杨简撰

周公咸勤，乃洪大诰治。

五服之人远来劳勤，周公咸抚劳之。勤，犹劳也。孔安国曰，因大封命，大诰以治道。苏氏曰：以上皆《洛诰》文简编脱误也。

王若曰：孟侯，朕其弟，小子封

1.《尚书注疏》卷十三《周书》

（汉）孔氏传，（唐）陆德明音义，（唐）孔颖达疏

王若曰，孟侯，朕其弟，小子封。

传，周公称成王命顺康叔之德，命为孟侯。孟，长也。五侯之长，谓方伯，使康叔为之。言王使我命其弟封。封，康叔名。称小子，明当受教训。

音义，长，丁文反，下同。

疏，正义曰，言周公称成王，命顺康叔之德，而言曰，命汝为孟侯，王又使我教命其弟小子封。

传，正义曰，以"曰"者为命辞，故曰周公称成王命，顺康叔之德，命为孟侯。孟，长也，五侯之长，谓方伯。使康叔为之长者，即州牧也。五侯之长，五等诸侯之长也，而《左传》云"五侯九伯汝实征之"，彼谓上公之伯，故征九伯。而此五侯当州牧之五侯，与彼不同。《王制》有连属卒伯也。孔以五侯亦方伯，则四方者皆可为方伯。而此方伯，自是州牧也。康叔以母弟令德，受大国封命，固非卒及连属也。虞、夏及周，既有牧。又《离骚》云"伯昌作牧"，殷亦有牧伯，四代皆通也。非如郑玄云"殷之州长曰伯"。以称小子为幼弱，故明当受教训，故云使我命其弟，

为亲亲而，使我用戒故也。此指命康叔为之。而郑以总告诸侯，依《略说》以太子十八为孟侯而呼成王。既礼制无文，义理骈曲，岂周公自许天子，以王为孟侯，皆不可信也。

《尚书注疏》卷十三《考证》

"王若曰，孟侯，朕其弟小子封"传，周公称成王命。

胡弘曰，康叔，成王叔父也，经文不应曰"朕其弟"。成王，康叔犹子也，经文不应曰"乃寡兄"。其曰兄，曰弟者，成王命康叔之辞也。朱子曰《康诰》三篇，是武王书无疑。

疏，岂周公自许天子，以王为孟侯，皆不可信也。

臣召南按，康成本《书传》谓，太子年十八曰孟侯。犹之《毛传》以"公孙硕肤"之"公孙"为成王，皆汉人解经最无理者。臣照按，此"孟侯，朕其弟"之文，其为武王语无疑，故朱子、蔡沈皆谓为武王书也。然武王时，武庚三监实封沫邦，无卫地以封康叔，则成王始封，亦不待辨而明也。然则奈何。盖建邦、设都、树后，王君公，祖宗定之，子孙不敢易也。不幸有武庚、管、蔡之事，六师移之，而易其主，则称祖考之命以命之，犹夫爵人于庙之义，言武王如在，亦如是耳。以"王若曰"之"王"为成王则不可通矣。

2. 《书传》卷十二《周书》

（宋）苏轼撰

王若曰，孟侯，朕其弟小子封。

孟，长也。康叔，成王叔父，而周公弟谓之孟侯，则可谓之小子，则不可且，谓武王为寡兄，此岂成王之言。盖周公虽以王命命康叔，而其实训诰，皆周公之言也，故曰朕其弟小子封。

3. 《尚书全解》卷二十八

（宋）林之奇撰

王若曰，孟侯，朕其弟小子封。唯乃丕显考文王，克明德慎罚。不敢侮鳏寡，庸庸，祗祗，威威，显民。用肇造我区夏，越我一二邦以修。我西土唯时怙冒，闻于上帝，帝休。天乃大命文王，殪戎殷，诞受厥命。越厥邦厥民，唯时叙。乃寡兄勖，肆汝小子封在兹东土。

孟侯，谓为诸侯之长也。孟，长也。鲁仲孙氏，出于公子庆父之后，庆父于三桓为长，故仲孙氏，或称孟氏，则知孟者长也。诸侯之长，盖州伯也。《王制》曰，五国以为属，属有长；十国以为连，连有帅；三十国以为卒，卒有正；二百一十国以为州，州有伯。八州八伯，各以其属，属于天子之老，二人分天下以为左右，曰二伯。周之初时以周公、召公分陕左右，以为二伯，则知康叔为诸侯之长，盖州伯也。《史记》自康叔之子康伯，至于昌伯，六世皆以伯称，盖谓是也。至昌伯之子顷侯，则不复为之矣。于是始称侯也。而《史记》乃谓昌伯厚赂周夷王，夷王始命卫进为侯，而苏黄门，盖以为非矣。"朕其弟"者，康叔，周公之弟，成王之叔父，故周公以为汝乃我之弟也。如苏氏曰，周公虽以王命命康叔，而其实训诰皆周公之言也，故曰"朕其弟"，此言是也。封者，康叔之名也，言其职为诸侯之长，而于天属之亲，则我之弟，乃"汝小子封"也。康叔既于周公为弟，故可以小子呼之，使其训诰，非周公之言，则成王岂可以小子而称其叔父乎？盖此篇所诰，皆周公之言，但称成王之命耳。既呼其名，而使之前，故自此以下，皆诰之之言也。周公之诰康叔，载于此篇，首尾数百言，多及于慎刑敬罪之事者。

按《左氏传》曰，"周克商，使诸侯抚封，苏忿生以温为司寇"，则是武王克商之初，为司寇者苏公也，《立政》所称"司寇苏公式敬尔由狱，以长我王国"是也。《史记·管蔡世家》云"聃季、康叔皆有驯行，于是周公举康叔为周司寇，聃季为周司空，以佐成王治，皆有令名于天下"；而《左传》亦曰"武王之母弟八人，康叔为司寇"，则康叔在成王之世，实以卫侯继苏公，居司寇之位。至于成王顾命之际，召太保、芮伯、彤伯、毕公、卫侯、毛公。是时康伯嗣位，尚居司寇之官，历事康王也。窃谓，周公以王命作《康诰》之时，虽使即封于卫，而亦并以司寇诘奸慝刑暴乱之事命之，故其书有曰"外事""外庶子""外正"，以"外"言者，治殷顽民于卫者也。以卫为外，则内事者，司寇之事也。唯其为司寇之官，故其言多及于慎刑敬罪之事，然其诰之之始也，必先世创业之艰难，然后汝得以享其余庆，汝必在乎修仁行义，以无负于父兄付与之意，然后有以辅翼王室，以为之藩翰也。

自唯"乃丕显考文王"至"在兹东土",此盖言文、武以盛德大业,上得天心,下得民意,以兴我周邦,遂使汝得以列爵分土,而为诸侯之长。汝不可不思所以保而守之也。丕显考者,言文王之德大明也。其曰"丕显考"者,正犹《盘庚》所谓"先神后"也。天佑下民,作之君,作之师,凡欲其修德,以子惠斯民而已。其为刑罚杀戮,则诚有所不得已焉。盖以德者,人之所同好也,故我则明之,使斯民莫不晓然而向化;刑者,人之所同恶也,吾则慎之,使斯民莫不难犯而易避。

董仲舒曰,阳,常居大夏,而以生育长养为事;阴,常居大冬,则积于空虚不用之处。如此见天之任德,而不任刑也。天使阳出,布施于上,以成岁功,使阴入,伏于下,而时出佐阳。明德者,阳出布施于上之譬也;慎罚者,使阴入伏于下之譬也。明德谨罚,则文王爱民之心至矣。然其爱民之心,尤为著明者,则在于鳏寡无告之民,未尝有侮慢之心也。《孟子》曰"文王发政施仁,必先斯四者",正谓此也。夫论圣人之盛德,必称其"不废困穷,不侮鳏寡"者,盖困穷鳏寡,人情之所易忽也。于人情所忽者,而仁惠加焉,犹不敢侮慢,则其余可知也。亦犹论离娄之明,而称其察秋毫之末;论易牙之知味,而称其辨淄渑之真。至于不敢侮鳏寡,则其深仁厚泽,所以覆被斯民者,无以复加矣。而又当分别善恶,进贤退不肖,而使民知所好恶也。故继之以"庸庸、祗祗、威威、显民",先王于黜陟刑赏之间,何所容心哉。因其可用者,则吾从而用之;因其可敬者,则吾从而敬之;因其可威者,吾从而威之。用之者,所谓使能也;敬之者,所谓尊贤也;威之,与所谓"唯辟作威"之"威"同。庸其所可庸、祗其所可祗、威其所可威,则民皆知好恶之所在。故文王以此而明示于民也。唯其"明德慎罚,不敢侮鳏寡",以尽其爱民之道。而又进贤退不肖,以尽其觌民之道,故能肇造周室,奄有区夏,以为天下之君。

虽其成效,则履天子之图籍,以莅中国,而抚四夷。而其始则在于一二邦修之而已。其修之者,始于一二邦,而其享之者,必至于万国。盖以德行仁者王,王不待大故也。岂必广土众民,而后能有为哉。唯得其民,则得天下矣。盖文王之德,若日月之照临,虽光于四方,而尤显于西土,故此西土岐周之民,唯是怙恃冒,被文王之德化,欢声洋溢,称颂而歌舞之。故其道上闻于天，天听自我民听，民之归我也如此，则天之闻之也，安得而不美之乎？如是乃大命文王，诛殷伐纣，膺受景命，以王天下也。文王克成厥勋，以新周邦，而其大统犹未集于其身，其所以卒其伐功革商而为周，越厥邦厥民皆得其叙者，乃汝寡有之兄武王，勉而行之也。唯文、武之积德累功，以建立周家之社稷，故尔小子封，得以享其余庆，在兹东土，列为诸侯也。

夫人之爱其子孙，是天下之通义也，有得焉，而思以与其子孙，亦人情之所皆然也。文、武之造周，其勤劳若此，亦欲其子孙千亿，宜君宜王，绵绵延延而不绝也。康叔既享其余庆，分茅于卫，以为诸侯之长，则必思谨其侯度，以藩王室，然后可以享之而无愧也。故周公之诰康叔，必先以文、武造周之艰难，而汝因得以列于诸侯为之言也。《微子之命》曰"庸建尔于上公，尹兹东夏"，《蔡仲之命》曰"肆予命尔侯于东土"，《君牙》曰"今命尔予翼，作股肱心膂"，《冏命》曰"今予命汝作大正，正于群仆侍御之臣"，此皆始命之辞，故其篇皆"命"之体也，而谓之"命"。此篇之作，非在于康叔始封之时，而在于营洛之后，故不谓之"命"，而谓之"诰"。盖其言曰"肆汝小子封。在兹东土"，此乃既封于卫之辞，与始命之辞异矣。《左氏春秋传》定四年，卫子鱼曰"成王分康叔以大路、少帛、𦘕茷、旃旌、大吕、殷民七族"，"封畛土略，自武父以南及圃田之北竟，命以《康诰》而封于殷虚"，信斯言也，则是《康诰》之作，乃在于始封康叔之时，不唯与此篇之言始终不合，亦汨夫诰之体矣。

4.《尚书讲义》卷十四

（宋）史浩撰

王若曰，孟侯，朕其弟，小子封。唯乃丕显考文王，克明德慎罚，不敢侮鳏寡。庸庸，祗祗，威威，显民。用肇造我区夏，越我一二邦以修。我西土唯时怙冒，闻于上帝，帝休。天乃大命文王，殪戎殷，诞受厥命。越厥邦厥民，唯时叙。乃寡兄勖，肆汝小子封，在兹东土。王曰，呜呼！封，汝念哉。今民将在祗遹乃文考，绍闻衣德言。往，敷求于殷先哲王，用保乂民。汝丕远惟商耇成人，宅心知训，别求闻由古先哲王，用康保民。弘于天，若德裕，乃身不废在王命。王曰，呜呼！小子封，恫瘝乃身，敬哉！天畏棐忱，民情大可见。小人难保。往，尽乃心，无康好逸豫，乃其乂民。我闻曰，怨不在大，亦不在小；惠不惠，懋不懋。已！汝唯小子乃服，唯弘王，应保殷民。亦唯助王宅天命，作新民。王曰，呜呼！封，敬明乃罚。人有小罪，非眚，乃唯终自作不典，式尔，有厥罪小，乃不可不杀；乃有大罪，非终，乃唯眚灾，适尔，既道极厥辜，时乃不可杀。王曰，呜呼！封，有叙时，乃大明服。唯民其敕，懋和。若有疾，唯民其毕弃咎，若保赤子，唯民其康乂。非汝封刑人杀人，无或刑人杀人；非汝封又曰劓刵人，无或劓刵人。王曰，外事，汝陈时臬司师，兹殷罚有伦。又曰，要囚，服念五六日，至于旬时。丕蔽要囚。王曰，汝陈时臬事，罚蔽殷彝，用其义刑义杀，勿庸以次汝封。乃汝尽逊曰时叙，惟曰未有逊事。已！汝惟小子，未其有若汝封之心，朕心朕德，惟乃知。凡民自得罪，寇攘奸宄，杀越人于货，暋不畏死，罔弗憝。王曰，封，元恶大憝，矧惟不孝不友，子弗祗服厥父事，大伤厥考心；于父不能字厥子，乃疾厥子；于弟弗念天显，乃弗克恭厥兄；兄亦不念鞠子哀，大不友于弟。惟吊兹，不于我政人得罪。天惟与我民彝大泯乱。曰，乃其速由文王作罚，刑兹无赦。不率大戛，矧惟外庶子训人惟，厥正人，越小臣诸节，乃别播敷，造民大誉，弗念弗庸，瘝厥君，时乃引恶，惟朕憝。已汝乃其速由兹义率杀，亦惟君惟长，不能厥家人越厥小臣外正；惟威惟虐，大放王命；乃非德用乂。汝亦罔不克敬典。乃由裕民，惟文王之敬忌。乃裕民曰我惟有及，则予一人以怿。王曰，封，爽惟民迪吉康，我时其惟殷先哲王德，用康乂民作求，矧今民罔迪，不适；不迪则罔政在厥邦。王曰，封，予惟不可不监，告汝德之说，于罚之行。今惟民不静，未戾厥心，迪屡未同，爽惟天其罚殛我，我其不怨。惟厥罪无在大，亦无在多，矧曰其尚显闻于天。王曰，呜呼！封，敬哉！无作怨，勿用非谋、非彝。蔽时忱，丕则敏德，用康乃心，顾乃德，远乃猷，裕乃以民宁，不汝瑕殄。王曰，呜呼！肆汝小子封，惟命不于常，汝念哉！无我殄享，明乃服命，高乃听，用康乂民。王若曰，往哉，封，勿替敬典，听朕告，汝乃以殷民世享。

　　周公奉成王之命，以告康叔，故叙"王若曰，孟侯"。孟侯，长侯也。康叔，实周公之弟，而曰长侯者，周之宗盟，异姓为后；同姓之国，封实为长，若所谓方伯也。"惟乃丕显考文王"，封之父也，丕，大也。显，明也。"丕显"哉文王"明德"也。夫《大诰》止叙武王之勋。至是，推原本所以致武王之勋者，文王也，此"洪大诰治"之证也。文王之治无他道，不过"明德慎罚，不敢侮鳏寡。庸庸，祗祗，威威"，以"显民"而已。夫德者，历代圣人之所尚，故文王明以扬之。观《泰誓》之书曰"若日月之照临，光于四方，显于西土。唯我有周，诞受多方"，非"明德"以"显民"乎？罚者，圣人不得已而用，故文王谨以将之。观《立政》之书曰"文王罔攸兼于庶言；庶狱庶慎，唯有司之牧夫是训用违。庶狱庶慎，文王罔敢知于兹"，非"慎罚"以"显民"乎？"不侮鳏寡"者，发政施仁，以此先之。观《无逸》之书曰"文王卑服，即康功田功，徽柔懿恭，怀保小民，惠鲜鳏寡"，非"不侮"以"显民"乎？"庸庸"，用人也。观《棫朴》之诗曰"遐不作人，追琢其章，金玉其相，勉勉我王，纲纪四方"，非"庸庸"以"显民"乎？"祗祗"，畏天也。观《大明》之诗曰"小心翼翼，昭事上帝，聿怀多福。厥德不回，以受方国"，非"祗祗"以"显民"乎？"威威"，服众也。观《皇矣》之诗曰"王赫斯怒，爰整其旅，以遏徂莒，以笃周祜，以对于天下"，非"威威"以"显民"乎？文王"显民"之治备见于《诗》《书》，今告康叔之辞，欲其推广文王之治，以治其国也。"用肇造我区夏"者言文王之德，始大有平天下之具，非谓得天下也武成，谓以抚方夏后世之赞辞也。"越我一二邦以修"，若虞芮之人视文王，爱之真，若父；尊之真，若天。父所依怙，天所覆冒也。宜乎升闻于上帝，上帝垂休，天命有归也。"诞受厥命"者，受命而未得其位也。其所谓"殪戎商"，或者谓殪为杀，非也。盖自此周道勃兴，商道沦丧也。若西土之邦，西土之民，则唯时叙也。武王因之得以勉就伐功，故曰"乃寡兄勖"。而封得以"在兹东土"者，武王绍文王之力也。所谓文王有明德，故天复命武王也。周公既陈先王致治之由，而又训之，使念其父兄，今民将在敬循乃文考，绍闻服其德，言犹以为未足，又使之敷求商先哲王之德，以保乂民。夫商自成汤之后，贤圣之君六七作，其流风善政，犹有存者，岂不可以景行先哲，而成治乎？犹以为未足，又使求商之老成人，宅心知训，又尚论古之哲王，如尧舜禹之德，用康保民，乃大合天心，顺我之德，以裕乃身，不废今之王命。集是数者，则康叔之德，可以永保其国矣。康叔之德已能裕乃身，而周公犹训之曰恫瘝，疾痛也，如疾痛在身，以行其敬，上以畏难，谌之天命；下以防难，保之小人。栗栗危惧，以尽其心，罔有逸豫，则下民俾乂矣。周公又曰，我闻怨无大小，不当有也。愚夫愚妇一能胜予，欲其无怨，惠其不惠，勉其不勉，乃服唯大我先王之德，因以保商民，"亦以助我王，宅天命，作新斯民，斯民始得归化也。此周公既陈文王之明德，而使康叔因文王之德，而求商先哲王之德，商耇老成人之德，古先哲王之德，以洪天之德，于以保民，则所以绍述文王之明德至矣，尽矣。

"敬明乃罚"者，唯敬以持心，则从恕；明以行之，则无私。文王不得已而用刑，视其民如伤，慎罚之实也。人有小罪非眚，非大过也。过虽微，而不能改，唯终行之以为常，乃其自作之孽，是过也，积之将至于大而不可解矣。是则虽小而必罚也。若罪大不终，遂其非能知，所犯出于过误，而求有以自新，是则虽大而可赦也。此"宥过无大，刑故无小"之义也，非"慎罚"而何？杀与不杀，斯理较然。封能知此，则有叙时，乃大明其法，则民服矣。民苟服，则自相饬勉，而底于和协，无犯非礼矣。汝视民之被刑罚，如身有疾痛，民斯迁善远罪，而毕弃咎矣。其视民如保赤子，民斯不忍欺而康乂矣。其杀不杀，皆天子之法。重则刑杀，轻则劓刵，皆非汝封所可专也，故曰"非汝封刑人杀人"。又曰"非汝封劓刵人"，刑杀其可轻用乎哉？

王又曰，"外事"，外事者，诸侯之所当事也。臬，犹门之有闑，防民之其所谓法也。汝布陈其臬司。既主行我之法，又当师商罚之有伦者，既考商之法意，又考商之民情，取其要而服念之，于五六日至于旬时，乃得其要，而大断之，"慎罚"之意著矣。"汝陈是臬事"，考商之典刑而断之，用其义刑义杀者，皆良法也。"勿庸"者，"刑期于无刑"也。以次汝封隐之于心，乃尽顺，则曰"时叙"，唯曰未有顺事，犹以为未足也，非慎罚乎？诸侯未有若汝封之心，我心我德，唯汝知之。康叔若不以恕存心，则周公此言不能入矣。"凡民自得罪"者，自作孽也。寇攘奸宄，杀人以夺其货财，刚强而不畏死，人无不恶之者。又况元恶大憝，不慈、不孝、不友、不恭，得罪于为政之人尤深也。"天生烝民，有物有则，民之秉彝"，而不慈、不孝、不友、不恭，岂非大泯乱乎？泯乱者，彝伦攸斁也，乃其自取文王之罚，则其可赦乎？虽不赦，亦未许封遽杀之，谨之至也。《尔雅》曰，戛，常也。不率大常，不遵法度也。"矧唯外庶子训人，唯厥正人，越小臣诸有符节"者，皆有官君子也，苟不率大常，亦不在赦之科。汝当分别播告，以造民大誉。若弗念我言，不用我法，是旷厥为君之道，是汝长恶，我实恶之；苟"速由兹义，率之杀之"，汝得为君、为长之道矣。不然，则既不能宜其家。彼小人及外正人之吏，皆肆威虐而违王命矣，是无德以致治也。"汝当罔不克敬典"，典，常也，凡厥宽民，唯文王之敬忌是法。民既裕，曰我唯有及于古之人，则我一人无不悦怿。呜呼！行文王所以"慎罚"之道至矣、尽矣。

成王既告康叔以"明德慎罚"之道，又教其所以行文考之"明德慎罚，不侮鳏寡。庸庸，祗祗，威威，显民"之要，曰"爽唯民迪吉康"，爽者，明也。若能如我前所陈，皆所以迪民于吉康也。迪，导之也。若所谓"跻民于仁寿之域"也。凡民之生皆有常性，君不迪之，无由自明。我时其唯商先哲王，皆有康乂斯民之德。"作求"者，往敷求于商先哲王也。汝勿谓商民不可治，汝迪之则无不从也。不迪则无政事矣。无政事则何以为邦乎？我不可不监告汝德之说。民知德之说，则罚斯可行，盖不先以德而唯罚是用，民无所措手足矣，何治之有？今民乱，靡有定，是不静也。定则知所戾止。知其所止，则君臣、父子之道叙矣。今曰不静，未戾厥心，是民未能止其所也。迪屡未同者，虽屡迪之心，犹未同，非民之罪，迪之未至也。明唯天其罚殛我，我其怨者？百姓有过，在予一人。天降罚于我，以我不能迪也，夫何怨之有？"唯厥罪无在大"，不可谓小恶为无伤也；"亦无在多"，不可谓细行，不能累德也。而况显闻于天者乎？

成王战战兢兢，惧获罪于天也如此，康叔安得不敬乎？"敬哉！无作怨"，怨其岂可作乎？作怨者，用弗询之谋，起匪彝之念也。当蔽之以忱诚，大取法敏德，用安汝心，审汝德，远汝猷，则宽裕而民斯安，我则不汝瑕殄，不汝殄灭矣。

盖天命靡常，天若罚我，我尚不敢怨，汝其可不念哉？苟其念之，则不至弃绝我之命矣。享者，享国也。既享，则当明汝服行之命，高汝聪之听，斯民其有不康乂者乎？至此，则所以行文王"明德慎罚，不侮鳏寡。庸庸，祗祗，威威，显民"之效至矣，尽矣。

"王若曰"者，周公奉成王之辞，于始曰"王若曰"矣，今复以此终之也。周公谓我之言，皆王命也。"勿替敬典"者，一篇之旨，不出敬典,汝听我所以告汝之言,"乃以商民世享"。世享者,世世享德也。尝考卫国之政,若武公之睿圣,文公之好善,可谓是有其人矣。岂唯如此,虽灵公之无道,犹能免乎丧邦,以至亡秦之世,唯卫独享国四十世九百年,与周匹休,则世享之言验矣。此皆康叔之遗泽也。向使康叔不克敬典,不听成王、周公之告,则子孙享国,安能如是之长久耶?呜呼!康叔者,亦可谓圣人之徒矣。

5.《尚书详解》卷十九《周书·康诰》

(宋)夏僎撰

王若曰,孟侯,朕其弟小子封,唯乃丕显考文王,克明德慎罚,不敢侮鳏寡。庸庸、祗祗、威威、显民。用肇造我区夏,越我一二邦以修。我西土唯时怙冒,闻于上帝,帝休,天乃大命文王,殪戎殷,诞受厥命。越厥邦厥民,唯时叙,乃寡兄勖,肆汝小子封在兹东土。

自此以下,周公告康叔之辞也。周公告之而曰"王若曰"者,成王实为天子,言虽出于周公,实当推而本之成王,故言"王若曰"者,盖周公语康叔,谓王之意若此之也。孟侯,谓康叔为诸侯之长也。朕其弟,周公谓康叔乃我之弟也。小子封者,周公兄,故称康叔为小子封,其名也。周公将告康叔,使之善其政,以治商民,故先言文王爱民之深,而民被其泽,无陷于罪。故德则明之,使著见于天下,而民晓然易化;刑则慎之,而不敢妄用,恐滥及无辜。爱敬天下之民,虽鳏寡无告者,亦不敢少忽。凡所以待天下者,唯因其可用者,则用之;可敬者,则敬之;可刑者,则刑之,以此显示于民,曾不敢容心于其间。故始造有区域之中夏,盖谓周家所以有天下,实造始于文王也。唯文王能以尚文之事,始造区夏,故始则以西土一二友邦国君共修,久则罄西土,皆怙恃依赖其覆冒之赐,谓文王时为西伯始,则一二邦归之,终则罄西土,皆在其覆冒之下也。唯其如此,故上则闻于上帝,而上帝嘉美之,于是大命文王,以殪灭大殷,而大受其天命。唯天命文王,使灭商而周有天下,故其所有之邦与所有之民,皆大得其次序,所谓三分天下有其二者,即此也。唯文王既如此,而汝寡少之兄武王,又能勉而行之,谓继文王之志,述文王之事,终有天下,故汝小子封,所以今日得侯于东方卫国也。谓寡兄,犹言一人也。周公此一节，盖言康叔，今日之封，实文考积累之功，不可忽也。

林少颖谓，周公之告康叔，载于此篇，首尾数百言，多及于慎刑敬罚之事也。按《左氏春秋传》曰"周克商，使诸侯就封，苏忿生以温为司寇"，则是武王克商之初，为司寇者，苏公也。《立政》所称"司寇苏公式敬尔由狱，以长我王国"是也。《史记管蔡世家》云"聃季、康叔皆有驯行，于是周公举康叔为周司寇，聃季为周司空以佐成王治，皆有令名于天下"，而《左传》亦曰"武王之母弟八人，康叔为司寇"，则康叔在成王之世，实以卫侯，继苏公居司寇之位。至于成王顾命之际，召太保、芮伯、彤伯、毕公、卫侯、毛公，是康叔居司寇之官，亦历事康王也。窃谓以王命作《康诰》之时，虽使即封于卫，而亦并以司寇诘奸慝，刑暴乱之事命之，故其书有曰"外事""外庶子""外正"。以"外"言者，皆治殷顽民于卫者也。以卫为外，则内事者，司寇之事也。唯其为司寇之官。故其言多于慎刑敬罚之事也。

6.《增修东莱书说》卷二十《周书·康诰第十一》

（宋）吕祖谦撰，（宋）石澜增修

王若曰，孟侯，朕其弟小子封，唯乃丕显考文王，克明德慎罚，不敢侮鳏寡。庸庸，祗祗，威威，显民。用肇造我区夏，越我一二邦以修。我西土唯时怙冒，闻于上帝，帝休，天乃大命文王，殪戎殷，诞受厥命。越厥邦厥民，唯时叙。乃寡兄勖，肆汝小子封，在兹东土。

周公奉承王命而作此书，其意出于成王，其辞则周公之于康叔，如相与语也。唯其本于成王之意，所以谓之"王若曰"。"孟侯，朕其弟小子封"者，康叔，诸侯之长，周公之弟，呼而进之。先告以文王之事也。言尔之大有显德之文考，能"明德慎罚"，此四字深见文王之心。明德者，如日月之照临，光于四方。显于西土也；慎罚者，兢业祗畏，视民如伤也。鳏寡之民，常人所易侮者，文王以如伤之念，持不敢之心，而矜怜保养，如恐不及，仁爱之诚，自然著见。公所称，皆文王之实德也。夫自古为治者，亦有明断之君，然多于临事恃其明断，微细所失不复自知，私意之明，非"克明"也。文王之"克明"，乃唯天之"聪明"之"明"；"知之曰明哲"之"明"，心理洞然，无有障蔽。"克明德慎罚，不敢侮鳏寡",尽天之心也。"庸庸,祗祗,威威,显民",合天之德也。是以天下之人,"高明""茕独","如承大祭",无一毫分别之心。此文王"明"之至也。凡君道,人所当为,随所寓而契于理,当用者则用,当敬者则敬,当惩者则惩,生成肃杀,各归其分。天何心哉?此道显然昭著,暴白于民,诚之不可掩也,所以能"肇造区夏"。而艰难积累,"修"之之功,自一二邦以始。文王有至仁至明之德,我西土之人,怙之如父,冒之如天。其视文王,如天如父,有怙恃覆冒之。功德之昭,升闻于上帝,帝休美之。文王之德敷达于上帝之时,盖与天为一矣。此周公见文王之深也。天既休美文王,故大命之。天之大命,本于无心,莫之为而为者,天之命也。遂以殪戎殷之责,付于文王。大勋未集,武王成其创始之意,终能大受天命,万国兆民,各安其居,而咸有次序,终不负于天之责。夫文王开创于其始,武王克勤于其终。原其所本,固天命文王,而终天命成王业者,乃寡兄武王懋勉所致。周有天下艰难如此,故汝康叔小子,得于此东土而为诸侯。此深警康叔,使知所自勉也。康叔临卫邦,苟以为分土受封,一代常典,则此心慢易矣。必思夫得为诸侯之所自来,则今日安可不勉。一篇之精神,尽在"肆汝小子封,在兹东土"两语,提起康叔不敢轻易之心,自然感动奋发,勉厉而不敢忘矣。文王三分有其二,终身以服事殷。后之言"肇造"者,集大命者,皆曰文王,见天命人心已在文王,武王承之,自有不得不然者。

7.《尚书说》卷五《周书·康诰》

(宋)黄度撰

王若曰,孟侯,朕其弟小子封,唯乃丕显考文王,克明德慎罚,不敢侮鳏寡。庸庸,祗祗,威威,显民。用肇造我区夏,越我一二邦以修。我西土唯时怙冒。闻于上帝,帝休,天乃大命文王,殪戎殷,诞受厥命。越厥邦厥民,唯时叙。乃寡兄勖,肆汝小子封,在兹东土。

王顺康叔之贤,命为孟侯。孟,长也,为冀州诸侯长也。周公将申告教之意,故自以其属称之。曰"朕其弟小子封",封,康叔名。自此已下,皆周公之言,必以王命诰者,事体也;必纪周公之言者,事实也。康叔封卫,周公固以告成王矣,周公入而告成王,以其事出而告康叔,自以其所欲者，史尽记载之。自古未尝有七年摄政者，亦未尝有主少国疑之际，而以其身任天下国家之事，无一不为者，非成王能知周公之忠，非周公能承文武之艰难，祈天永命，不可一日无缉熙之功，则安能为此。此皆非世间常有之事。故史官自一话一言，无不纪实以为天下后世法。丕，大。唯汝大显父文王，"克明德慎罚"。明，自明也。"明德慎罚"，本末之叙也。"不敢侮鳏寡"，慎之至也。庸，通也，常也。圣人之道，虽夫妇之不肖，可以与行，而须臾不可离也。祗，祗敬也。"不显亦临，无射亦保"，文王之所以为圣也。威威，"德威唯畏"也。显，用也。凡此皆所以明民，使"克绥厥猷"也。肇，始也，言文王用是道，以造区夏，始不过所统率之国一二邦以修而已。久之，莫不皆修，故西土唯是，依怙冒被文王之德。闻于上帝，帝美之，乃大命文王，以殪戎殷之事，而大受其命，以王天下，所谓"受命作周"也。殪，杀也。戎，兵也，大刑陈诸原野。小之不侮鳏寡，大之殪戎殷，皆"明德慎罚"也。于其所统庶邦，于其所治万物，无非唯是叙者。汝寡兄勉而行之，故今汝小子封，得国于兹东土。寡兄，周公自称，孤、寡、不谷之义。

8.《絜斋家塾书钞》卷十《周书·康诰》

(宋) 袁燮撰

王若曰，孟侯，朕其弟小子封，唯乃丕显考文王，克明德慎罚，不敢侮鳏寡。庸庸，祗祗，威威，显民。用肇造我区夏，越我一二邦以修。我西土唯时怙冒，闻于上帝，帝休。天乃大命文王，殪戎殷，诞受厥命，越厥邦厥民，唯时叙。乃寡兄勖，肆汝小子封，在兹东土。

此书，周公奉成王之命，以告康叔也。曰王者，谓成王也。曰"孟侯，朕其弟"者，周公自言也。成王于康叔，当称为叔父。今周公奉王命以告，而称弟，盖虽出于王命，然周公自言，却无缘以叔父称也。以人情观之可见矣。"丕显"者，有光也。《诗·大明》言"文王有明德"，这个"明德"，人皆有之，方其此心之存，必有些光辉，但甚微尔。圣人之光明，直是极于大，所谓光于四方显于西土。尧之"光宅天下"，舜之"光天之下"，皆"丕显"也。"明德慎罚，不敢侮鳏寡"，这是周公举文王之心，说与康叔。明德，皆"丕显"之意；慎罚者，于刑罚之用，直是无一毫之或忽，此其恭敬慈仁之心，为何如哉？"庸庸，祗祗，威威"，此六字，须当仔细看。庸其所当庸，祗其所当祗，威其所当威。看来甚易，其实此事最易得差。且如所谓"庸庸"者，必是有十分之德，然后予之以十分官爵；有九分之德，然后予之以九分官爵。德与位称，而无一毫之差，方是"庸庸"。若有十分之德。而予之以九分官爵。这便不是"庸庸"尔。"祗祗"者，如鬼神，如父兄尊长，如贤者，皆所当敬。当敬而不敬，岂是"祗祗"？有当用威之时，当威而不威，岂是"威威"？曰"庸庸，祗祗，威威"，措辞如此，盖须是恰好相对，始得有一毫差错，便不是了。初不高远，只是当如此，便如此即是道理当如此，而不如此即悖于理矣。唯文王能顺于理，所以其道大显于天下，为天下君。天之所覆，地之所载，凡有血气，莫不尊亲。其尊显如何哉？"用肇造我区夏，越我一二邦以修"，言其艰难积累之勤如此也。当纣在上，文王之"肇造区夏"直是难，皆渐渐自一二邦做起。怙冒者，西土之人，怙恃文王也。革商者，武王。今称文王，而曰"殪戎殷"，盖当文王之时，三分天下有其二，其实商命于此已绝矣。在太王，已言居岐之阳，实始翦商。况又历王季、文王，三分天下，归纣者一而已。天命独不在周乎？寡兄以为武王固顺，但前盛称文王如此尊显，不应称武王只说"寡兄勖"三字，于此未安，只以为周公自称。古人不嫌于自称。我有这工夫，便自言之，亦何嫌之有？这个却不是"矜伐"。况命其弟乎，何嫌于自称也？勖者，勉也。言文王如此积累之艰难，我又辅佐文王勤劳如此，以得有天下，而汝今日小子封，得在东土，言此者，欲康叔之知所自来也。大凡人安享现成，莫患于不知所自。康叔今日据孟侯之尊，享富贵之奉，可不知其所自耶？周公言此，所以警康叔者切矣。此意学者当讽诵而玩味之。孟侯，诸侯之长，方伯、连帅之国也。观《旄丘》诗序言"卫不能修方伯连帅之职，黎之臣子以责于卫"，其国盖侯伯之国也。

9.《书经集传》卷四《周书·康诰》

(宋) 蔡沈撰

王若曰，孟侯，朕其弟小子封。

王，武王也。孟，长也，言为诸侯之长也。封，康叔名。旧说周公以成王命诰康叔者，非是。

10.《尚书精义》卷三十四《周书·康诰》

（宋）黄伦撰

王若曰，孟侯，朕其弟，小子封。唯乃丕显考文王，克明德慎罚，不敢侮鳏寡。庸庸，祗祗，威威，显民。用肇造我区夏，越我一二邦以修。我西土唯时怙冒。闻于上帝，帝休，天乃大命文王，殪戎殷，诞受厥命。越厥邦厥民，唯时叙。乃寡兄勖，肆汝小子封，在兹东土。

东坡曰，孟，长也。康叔，成王叔父，而周公弟。谓之孟侯，则可；谓之小子，则不可，且谓武王为寡兄，此岂成王之言。

无垢曰，"丕显考文王"，谓康叔有大明父文王也，以谓文王识见智慧，照烛万事，有如日月，幽隐皆明。其大意在自明其德，与慎于刑罚而已。明德，在己无玷；慎罚，则待物以宽。行此两句，其于治卫，沛然其有余矣。君仁，则所用皆仁人；君义，则所用皆义士。知此，则"庸庸，祗祗"，可见文王之"明德"矣。且知其可用则用之，知其可敬则敬之，非文王之明德，其能灼见人材如此乎？夫人主能不侮鳏寡，以感动天下之心，而"庸庸，祗祗，威威"，以耸天下之心，则天下之民，善心油然而生，恶心怛然自沮，造化之柄，阴阳开辟，与天地同功。六字同用，"显民"之说，岂欺我哉？夫"肇造区夏"，岂一旦而遽得之乎，始行于一邦，又行于一邦，以至天下归之。夫一邦之不修，则以己德之不明，而待物之不恕。文王专用"明德慎罚"之道，以修邦之未修者，自一邦又及一邦，俄而满四海，尽在文王"明德慎罚"中其成矣哉。西土，谓岐周，文王所都之邑也。纣视民如寇雠，苛政虐刑，使民孤防无所依倚；奸回逋逃，捃摭戕贼，使民穷极，无所庇覆。而西土之民，独于汤火中，自有清凉之地，盖所依倚者，文王；所庇覆者，文王也。天以民为心，今天下苦纣之虐，慕文王之仁，民心美之，是上帝美之也。其仁声闻于天下之民，是闻于上帝也。夫何故？以上帝以民为心也，天乃大命文王，是以天下之民，皆归文王，而三分有其二也。夫何故？天以民为心也。民皆归文王，是乃天大命文王也。文王以仁受天命；武王以义成文王之功，父兄皆圣明圣作，而明述受此天命。"河润九里，泽及三族"；"一人乘车，三人缓带"，故使"汝小子封,得在兹东土",有民人,有社稷,贵为诸侯,而富有一国也,可不敬哉。

11.《尚书详解》卷二十九《周书·康诰》

(宋)陈经撰

王若曰,孟侯,朕其弟,小子封。唯乃丕显考文王,克明德慎罚,不敢侮鳏寡。庸庸,祗祗,威威,显民。用肇造我区夏,越我一二邦以修。我西土唯时怙冒,闻于上帝,帝休。天乃大命文王,殪戎殷,诞受厥命,越厥邦厥民,唯时叙。乃寡兄勖,肆汝小子封,在兹东土。

观此文,有"朕其弟""寡兄"之言,则告康叔者,周公也,非成王也。周公告之,而谓"王若曰"者,周公奉成王之命,以成王之意告之也。孟侯者,为诸侯之长,盖使康叔居方伯连帅之任,以统率乎诸侯也。故曰"孟侯",所以尊之,使知孟侯之职如此之任大责重,其可以轻易为之。曰"朕其弟",所以亲之,使知亲爱之念油然而生,则当思所以藩屏王室。"小子封",所以教之,使之不敢以老成尊大自居,常如小子未有知识,则不可以不顺命承教。数言之中,自有抑扬之意存焉。"唯乃丕显考文王,克明德慎罚",此是一篇之大意。近之可法者,莫如子之于父,故周公以"显考文王"告之。文王有大明于天下也,故曰"显考"。"克明德"者,明其在己之德;"慎罚"者,视民如伤,不以刑妄加于人。先言明德,而次言慎罚,则知明德者,文王之所当急;而罚者,文王之所当缓也。唯其有"明德慎罚"之心,故虽鳏寡之微,亦不敢侮。其不敢侮者,即"明德慎罚"也。鳏寡之微,人情之所易忽也。有一毫忽之之心,则为敢侮矣。敢侮,则骄矜之念萌于其中,岂不为"明德慎罚"之累?"庸庸,祗祗"者,言"明德"也;"威威"者,言慎罚也。唯文王自明其德,则亦能明人之德,故用其所当用,敬其所当敬。唯文王之能慎其罚,则亦知所以用罚,故威其所当威。是非善恶之理,各因其所自然而已,无私心焉,故以显示斯民,使之晓然于心目之间,而知所避就者在此而已。用是之故,能始造区夏之大,三分天下有其二也。然文王所以"肇造区夏"之大,亦自其微小者积之,由一邦之修,二邦之修,言化行自一二邦而起也。及其微而著也。下达于民，而西土之民，恃文王，而有所怙；戴文王，而有所覆冒。上达于天，故闻于上帝，帝从而休美之。天命文王受命而作周也。此文王"明德慎罚"之效至于如此。不独文王为然，武王亦然。武王行征诛之义，以兵戎而伐商，诞受天命，使厥邦厥民，皆得其叙，而无有不满之望者，实汝寡兄武王，勉行文王明德慎罚之道。而武王初无二心也，文王作于前，武王述于后。"肆汝小子封"，所以能承先王余泽，而得在此东土为诸侯，岂可不知所自来哉？知文王所以得天下之由，在乎"明德慎罚"，则康叔化商民，亦不可不"明德慎罚"也。

12. 《融堂书解》卷十二《周书·康诰》

（宋）钱时撰

王若曰，孟侯，朕其弟，小子封。唯乃丕显考文王，克明德慎罚，不敢侮鳏寡。庸庸，祗祗，威威，显民。用肇造我区夏，越我一二邦以修。我西土唯时怙冒，闻于上帝，帝休。天乃大命文王，殪戎殷，诞受厥命。越厥邦厥民，唯时叙。乃寡兄勖，肆汝小子封，在兹东土。

此书大要，以文王为训而法。文王之纲领，又全在"克明德慎罚"一句上。自"王曰呜呼"而下，皆"明德慎罚"之旨也。封康叔，虽出于王命，其实周公在洛以王命诰之，故史氏首书"王若曰"，而下文呼康叔，则云"朕其弟，小子封"。称武王，则云"寡兄"，皆直述周公之言，乃实录也。周公首呼"孟侯"，所以尊之；"朕其弟"，所以亲之；呼"小子封"，则又语卑幼者之体然也。玩此称谓，蔼然天属之至情，于是乃以文王为训，兄举父事，以训其弟，可谓至的切矣。"不敢侮鳏寡。庸庸，祗祗，威威，显民"，此正"明德慎罚"之实用也。

13. 《尚书要义》

（宋）魏了翁撰

（归善斋按，原缺）

14.《书集传或问》卷下《康诰》

(宋)陈大猷撰

吴氏曰,先儒多谓康叔尚幼,以此书多称"小子"故也。康叔,武王弟,武王九十三而终,康叔至此安得尚幼。今陕右之俗,凡尊之命卑,贵之命贱,虽长,且老者亦以"小子"呼之,若相亲爱之辞,疑此所谓"小子"亦然。

15.《尚书详解》卷八《周书·康诰第十一》

(宋)胡士行撰

王若曰,孟侯(诸侯之长),朕其弟(周公以王命告,故弟康叔),小子封(康叔名)。唯乃丕显(显德)考文王,克明德(日月照临)慎罚(视民如伤),不敢侮(轻)鳏寡。庸庸(用所当用),祗祗(敬所当敬),威威(惩所当惩),显民(公道暴白于民)。用肇(始)造(有)我区(域中)夏(中国),越我一二邦以修(始修之一二邦)。我西土唯时怙(恃之如父。时怙绝句,冒属下句)冒(覆之如天)。闻(升闻)于上帝(天),帝休(美)。天乃大命文王(天之命,非本心),殪(灭)戎(大)殷,诞受厥命。越厥邦厥民唯;时叙(次叙)。乃寡(少有)兄(武王)勖(勤以成厥勖),肆(故)汝小子封,在兹东土(卫)。

自古明断之君,多恃其明,而于细微之失,不复知。文王以丕显明德,而曰谨,曰不敢。于庸、祗、威,毫厘不苟焉,此王业所以兴也。然文王之本心,不过修我之一二邦耳,至"西土怙冒",而天命归焉,则非其心也。故终逃之其身,而后不能逃其子焉。以文、武艰难如此,然后汝康叔得此东土为诸侯,可不深自警欤。林云,此篇首尾多及刑,《左传》曰"周克商,苏忿生以温为司寇",《立政》所谓"司寇苏公"是也。又曰,康叔为司寇,则成王时,继苏公者,康叔也。《康诰》之作,虽使即封(本国外),亦并告以司寇(王朝内)诘奸之事,故书有曰"外事""外庶子""外正"者,以卫言也。曰内者,司寇之事也。

16. 《书纂言》卷四上《周书·康诰》

（元）吴澄撰

王若曰，孟侯，朕其弟，小子封。唯乃丕显考文王，克明德慎罚，不敢侮鳏寡。庸庸，祗祗，威威，显民。用肇造我区夏，越我一二邦以修。我西土唯时怙冒，闻于上帝，帝休。天乃大命文王，殪戎殷，诞受厥命，越厥邦厥民，唯时叙。乃寡兄勖，肆汝小子封，在兹东土。

孟，长也，言为诸侯之长。丕显，大明也。明德，生知而犹"缉熙"也；慎罚，哀矜而不轻用也。侮，谓忽慢；鳏，无妻；寡，无夫。民之穷而无告者，且不敢侮，则法不轻用于民可知也。庸，有常；祗，敬；威，可畏。重言之，犹《尧典》言"安安"。以庸常敬畏之德，显其民，谓导民而使之明也。肇，始；造，作；区，谓分画界域；夏，谓华夏。岐周犹近西戎，文王徙丰，始作区宇于华夏之地也，一二邦，谓邻国也。修，谓完治。怙，恃也。冒上进也。此言，文王初年，我西土，唯文王是怙，其德日盛，上闻于天。天用休嘉之，乃大命文王，而三分天下有其二也。殪杀也。戎殷，谓殷之虐民，犹寇戎也。诞，大。寡兄，武王自谓谦辞。东土，殷都在周东也。此言灭商而大受天命，为天子及所统之国，所有之民，无一不得其叙。乃汝寡德之兄，所勉勖，以继志述事者也。故今日汝得以在此东土，而为诸侯。

17. 《书集传纂疏》卷四下《朱子订定蔡氏集传·周书·康诰》

（元）陈栎撰

王若曰，孟侯，朕其弟，小子封。

王，武王也。孟，长也，言为诸侯之长也。封，康叔名。旧说，周公以成王命诰康叔者，非是。

纂疏：

吴氏曰，先儒谓康叔受封时尚幼者，以称"小子"故。武王、周公、康叔，皆太姒之子，安得尚幼？今陕右之俗，凡尊贵，命卑贱，虽长，老者亦呼以小子，表见相亲爱也。

18. 《读书丛说》卷六《康诰》

（元）许谦撰

（归善斋按，未解）

19. 《书传辑录纂注》卷四《周书·康诰》

（元）董鼎撰

王若曰，孟侯，朕其弟，小子封。

王，武王也。孟，长也，言为诸侯之长也。封，康叔名。旧说，周公以成王命诰康叔者，非是。

纂注：

吴氏曰，《诗》序言"卫不能修方伯连帅之职"，康叔之为方伯无疑。先儒谓康叔受封时尚幼者，以此书称"小子"之故。康叔与武王、周公，皆太姒之子，安得为尚幼。今陕右之俗，凡尊命卑，贵命贱，虽长，且老者亦以"小子"呼之，表见亲爱之辞。此所谓"小子"亦然。

20. 《尚书句解》卷八《周书·康诰第十一》

（元）朱祖义撰

王若曰（周公谓成王之意若曰），孟侯，（呼康叔为长侯），朕其弟（乃我之弟），小子封（幼小之子，名封）。

21. 《尚书日记》卷十一《周书·康诰》

（明）王樵撰

"王若曰，孟侯朕其弟小子封"，孔氏曰，五侯之长，谓方伯，使康叔为之。

22. 《日讲书经解义》卷八《周书·康诰》

（清）库勒纳等撰

王若曰，孟侯，朕其弟，小子封。唯乃丕显考文王，克明德慎罚。

此二节书，是武王将告康叔以治国之道，先历呼之，以致其傲，因举文王造周之本，以为一篇之纲领也。孟，长也，言康叔为诸侯之长也。封，康叔名。武王若曰，今命尔为卫侯。以分而言，则为诸侯之长，至尊也。以谊而言，则为朕之弟，至亲也。况尔小子封，当年齿尚幼之时，居此尊亲之地，可不思深儆，以尽侯职哉。然欲尽侯职，亦不必他求也，但观乃"大显考文王"而可矣。盖为治有道，不过德刑两端。德者，人所共慕而感化，人心之本也；罚者，人所同畏而防范，人心之具也。唯我文王为能洞见治源，俾心体澄澈，无一毫之私欲；钦恤民命，使出入明允，无一念之纵弛，是以仁义兼济，恩威互施，民怀之而入于德；且畏之而不罹于罚也。文王所以造我周基业者如此。夫明德，即文王之"缉熙敬止"也；谨罚，即文王之视民如伤也。而明德，尤谨罚之本，有天下国家者，所当加意也。

《书蔡氏传旁通》卷四下《周书·康诰》

（元）陈师凯撰

孟，长也，言为诸侯之长。

吴氏曰，《诗》序言"卫不能修方伯连率之职"，康叔之为方伯无疑。

《尚书疑义》卷五《康诰》

（明）马明衡撰

细观《康诰》，发首即曰"孟侯"，则已为诸侯之长矣。又曰"肆汝小子封，在兹东土"，推言其所以有国之由，则非始封之辞矣。篇内固以"明德慎罚"为纲领，然大约"明德慎罚"不可作两股、两事。盖"慎罚"必由于"明德"，德之不明，罚何由而能慎乎？皋陶"迈种德"，故能"方祗厥叙象。刑唯明"。此拳拳所以告之者，欲其先务"明德"于己，而后致谨于用刑也。蔡传以"汝念哉"以下言"明德"；"敬明乃罚"以下言"慎罚"；"爽唯民"以下欲其以德行罚。"封，敬哉"以下欲其不用罚而用德，以太分析破碎。夫心不敢有一毫之或肆，则见于事不敢有一毫之或苟。罚之所以慎者，德之所以明也。所谓敬典，所谓敬忌，皆一而已矣。

《五诰解》卷一《康诰》

（宋）杨简撰

王若曰，孟侯，朕其弟，小子封。

若，顺也，顺为道，逆非道。殷周以来，常言发端，多用此。周公以王命告，而其实皆周公之言，故曰"孟侯"。"朕其弟，小子封"，康叔，成王叔父，孟，长也，于诸侯为长。皋陶亦自称"朕"，古者人臣常称。康叔，周公之弟。封，名。

唯乃丕显考文王，克明德慎罚

1. 《尚书注疏》卷十三《周书》

（汉）孔氏传，（唐）陆德明音义，（唐）孔颖达疏

唯乃丕显考文王，克明德慎罚。

传，唯汝大明父文王，能显用俊德，慎去刑罚，以为教首。

音义，去，羌吕反，下"欲去""去疾"同。

疏，正义曰，其所教命者，唯汝大明德之父文王，能显用俊德，慎去刑罚，以为教首。

传，正义曰，以近而可法，不过子之法父，故举文王也。法者，不过除恶行善，故云明德慎罚也。

2. 《书传》卷十二《周书》

（宋）苏轼撰

唯乃丕显考文王，克明德慎罚，不敢侮鳏寡。庸庸，祗祗，威威，显民。

用可用，敬可敬，刑可刑，以治显人，言敬鳏寡而治强御也。

3. 《尚书全解》卷二十八

（宋）林之奇撰

（归善斋按，见"王若曰，孟侯，朕其弟，小子封"）

4. 《尚书讲义》卷十四

（宋）史浩撰

（归善斋按，见"王若曰，孟侯，朕其弟，小子封"）

5. 《尚书详解》卷十九《周书·康诰》

（宋）夏僎撰

（归善斋按，见"王若曰，孟侯，朕其弟，小子封"）

6. 《增修东莱书说》卷二十《周书·康诰第十一》

（宋）吕祖谦撰，（宋）石澜增修

（归善斋按，见"王若曰，孟侯，朕其弟，小子封"）

7. 《尚书说》卷五《周书·康诰》

（宋）黄度撰

（归善斋按，见"王若曰，孟侯，朕其弟，小子封"）

8. 《絜斋家塾书钞》卷十《周书·康诰》

（宋）袁燮撰

（归善斋按，见"王若曰，孟侯，朕其弟，小子封"）

9. 《书经集传》卷四《周书·康诰》

（宋）蔡沈撰

唯乃丕显考文王，克明德慎罚。

左氏曰，明德谨罚，文王所以造周也。明德，务崇之之谓；谨罚，务去之之谓。明德谨罚，一篇之纲领，"不敢侮鳏寡"以下，文王明德谨罚也;"汝念哉"以下,欲康叔明德也;"敬明乃罚"以下,欲康叔谨罚也;"爽唯民"以下,欲其以德行罚也;"封,敬哉"以下,欲其不用罚而用德也。终则以天命殷民结之。

10.《尚书精义》卷三十四《周书·康诰》

(宋) 黄伦撰

(归善斋按,见"王若曰,孟侯,朕其弟,小子封")

11.《尚书详解》卷二十九《周书·康诰》

(宋) 陈经撰

(归善斋按,见"王若曰,孟侯,朕其弟,小子封")

12.《融堂书解》卷十二《周书·康诰》

(宋) 钱时撰

(归善斋按,见"王若曰,孟侯,朕其弟,小子封")

13.《尚书要义》

(宋) 魏了翁撰

(归善斋按,原缺)

14.《书集传或问》卷下《康诰》

(宋) 陈大猷撰

(归善斋按,未解)

15.《尚书详解》卷八《周书·康诰第十一》

(宋) 胡士行撰

(归善斋按,见"王若曰,孟侯,朕其弟,小子封")

16. 《书纂言》卷四上《周书·康诰》

（元）吴澄撰

（归善斋按，见"王若曰，孟侯，朕其弟，小子封"）

17. 《书集传纂疏》卷四下《朱子订定蔡氏集传·周书·康诰》

（元）陈栎撰

唯乃丕显考文王，克明德慎罚。

左氏曰，明德谨罚，文王所以造周也。明德，务崇之之谓；谨罚，务去之之谓。明德谨罚，一篇之纲领。"不敢侮鳏寡"以下，文王明德谨罚也；"汝念哉"以下，欲康叔明德也；"敬明乃罚"以下，欲康叔谨罚也；"爽唯民"以下，欲其以德行罚也；"封敬哉"以下，欲其不用罚而用德也。终则以天命殷民结之。

纂疏：

林氏曰，此篇多及刑罚者。按《左传》，武王之母弟八人，康叔为司寇，则康叔以卫侯入继苏忿生为之，故并告以诘奸刑暴事。其曰，"外事""外正"，以外言者，治殷民于卫也。以卫为外，则王朝司寇，内事也，故于刑罚为详。

陈氏大猷曰，治不过德刑两端。德者，人所同慕，感化人心之本也，文王则"克明"之，使民慕而入于德；罚者，人所同畏，防范人心之具也，文王则克谨之，使民畏而不入于罚。

18. 《读书丛说》卷六《康诰》

（元）许谦撰

（归善斋按，未解）

19. 《书传辑录纂注》卷四《周书·康诰》

（元）董鼎撰

唯乃丕显考文王，克明德慎罚。

左氏曰，明德谨罚，文王所以造周也。明德，务崇之之谓；谨罚，务去之之谓。明德谨罚，一篇之纲领。"不敢侮鳏寡"以下，文王明德谨罚也；"汝念哉"以下，欲康叔明德也；"敬明乃罚"以下，欲康叔谨罚也；"爽唯民"以下，欲其以德行罚也；"封，敬哉"以下，欲其不用罚而用德也。终则以天命殷民结之。

纂注：

林氏曰，此篇多及慎罚用刑者。按《左传》"周克商，苏忿生以温为司寇"，《立政》"司寇苏公"是也。又曰"武王之母弟八人，康叔为司寇"，则康叔以卫侯入继苏公为之，故并以诘奸刑暴之事告之。其曰"外事""外正"，以外言者，治殷民于卫也。以卫为外，则内事者，王朝司寇之事也。故于刑罚为详。

陈氏大猷曰，治天下不过德刑两端。德者，人所同慕，感化人心之本也文王则"克明"之使民慕而入于德；罚者，人所同畏，防范人心之具也，文王则克谨之，使民畏而不入于罚。

20.《尚书句解》卷八《周书·康诰第十一》

（元）朱祖义撰

唯乃丕显考文王（唯汝大明之父文王），克明德慎罚（能明其德以化民，谨其罚以防民）。

21.《尚书日记》卷十一《周书·康诰》

（明）王樵撰

唯乃丕显考文王，克明德慎罚。

按，罚谓之慎，言轻重适当，不妄加耳。左氏云，务去之之谓。而蔡氏引之，何也？观下文初言谨罚，次言以德行罚，终则言不用罚而用德，可以见务去之之意矣。盖辟以止辟，刑期无刑，此自古圣人明刑之本意也。后世鲜复知之矣。孔子曰"古之知法者，能省刑，本也。后之知法者，不失有罪末矣"。

22. 《日讲书经解义》卷八《周书·康诰》

（清）库勒纳等撰

（归善斋按，见"王若曰，孟侯，朕其弟，小子封"）

《书蔡氏传旁通》卷四下《周书·康诰》

（元）陈师凯撰

"明德慎罚"，一篇之纲领。

林氏曰，按《左传》"苏忿生以温为司寇"，《立政》"司寇苏公"是也。又定四年云"武王之母弟八人，康叔为司寇"，则康叔以卫侯入继苏公为之，故并以诘奸刑暴之事告之。

《书义断法》卷四《周书·康诰》

（元）陈悦道撰

克明德慎罚，不敢侮鳏寡。庸庸，祇祇，威威，显民。用肇造我区夏，越我一二邦以修。

"明德慎罚"，为《康诰》之纲。"明德"，又"慎罚"之纲。文王之德，见于恤穷、用人、敬贤，至于威其所当威耳。明德之用周，而威之用寡。《康诰》详言其德，盖指其显于民者言之也。文王之德，可以区夏。而肇造之初，唯听一二邦之渐修，如虞芮之质成，江汉之教行，是已，其尚德、不尚刑之意，昭然于天下，故其以渐修治之化，悠久而不能已于人心者。此盖唯文王能之，而皆非有心于天下也。

《读书管见》卷下《康诰》

（元）王充耘撰

明德慎罚。

明德，是崇教化，使民有所视效，而入于善；慎罚，是谨于用刑，以辅之，使民有所畏惮而不敢为恶。圣人之治，不过此两事而已。罚谓之慎，非去之谓，盖必罚其所当罚，而轻重出入不差毫厘，然后民不敢犯，若过、故不分轻重，失当，则民恶者无所惩，而善者反无所措手足矣。罚如何去得？虽尧舜不能废，但有谨慎不妄加耳。庸庸，是赏功；威威，是罚罪。庸，即"车服以庸"之"庸"，不训作"用"字。祗祗，亦不但是敬贤者，凡所当敬者，无不敬也。区夏，只是国都，次及友邦，已而怙冒西土，则为西伯矣，其始也，德显于民，而民归之，其终也。德闻于天，而"天命之诞受厥命越厥邦厥民"当作一句，言文王"受厥命"及"厥邦厥民"也，不可以"厥邦厥民"属下句。"肆汝小子封，在兹东土"，历述其父兄创业之难，欲其知得国之由，而不敢忽也。

《书经衷论》卷三《周书·康诰》

（清）张英撰

"明德""新民"出《康诰》；"止至善"出"安汝止"，"钦厥止"之两言，遂为《大学》一书之纲领，可悟古人读经之法，博综而得其要领，遂可自为一书。窃谓《大学》《中庸》皆出于《尚书》者，此也。

明德谨罚，乃一篇之纲领。篇中言"慎罚"之事详，而言明德之事简。盖明德之事，可以一言尽之，其大要在于法古，故"绍闻衣德言"数语尽之矣。"慎罚"之事，不可以一言尽。其难在于得人情，故"敬明乃"罚以下十二节，反复而不已，其委曲详审，莫如"汝陈时臬事"一节；其切要，莫如"文王之敬忌"一言。敬，则钦恤之本；忌，则哀矜之实。祥刑之道，未有能逾斯语者。自"爽唯民"以下，又曰"我时其唯殷先哲王德，用康乂民"，"告汝德之说，于罚之行"，皆专重德，而不重罚，则二者虽并举，而武王之意，更可见矣。

《五诰解》卷一《康诰》

（宋）杨简撰

唯乃丕显考文王，克明德慎罚。

赏善罚恶，为治大端。赏不及善，罚不当罪，则人心大不服矣。明德，显用有德者。

《尚书疑义》卷五《康诰》

（明）马明衡撰

（归善斋按，见"王若曰，孟侯，朕其弟，小子封"）

不敢侮鳏寡，庸庸，祗祗，威威，显民

1. 《尚书注疏》卷十三《周书》

（汉）孔氏传，（唐）陆德明音义，（唐）孔颖达疏

不敢侮鳏寡，庸庸，祗祗，威威，显民。

传，惠恤穷民，不慢鳏夫寡妇，用可用，敬可敬，刑可刑，明此道以示民。

疏，正义曰，故惠恤穷民，不侮鳏夫寡妇，况贵强乎？其明德，用可用，敬可敬。其慎罚，威可威者。显此道以示民。

传，正义曰，用可用，敬可敬，即明德也。用可用，谓小德、小官。敬可敬，谓大德、大官。刑可刑，谓慎罚也。

2. 《书传》卷十二《周书》

（宋）苏轼撰

（归善斋按，见"唯乃丕显考文王"）

3. 《尚书全解》卷二十八

（宋）林之奇撰

（归善斋按，见"王若曰，孟侯，朕其弟，小子封"）

4. 《尚书讲义》卷十四

（宋）史浩撰

（归善斋按，见"王若曰，孟侯，朕其弟，小子封"）

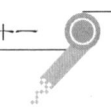

5. 《尚书详解》卷十九《周书·康诰》

（宋）夏僎撰

（归善斋按，见"王若曰，孟侯，朕其弟，小子封"）

6. 《增修东莱书说》卷二十《周书·康诰第十一》

（宋）吕祖谦撰，（宋）石澜增修

（归善斋按，见"王若曰，孟侯，朕其弟，小子封"）

7. 《尚书说》卷五《周书·康诰》

（宋）黄度撰

（归善斋按，见"王若曰，孟侯，朕其弟，小子封"）

8. 《絜斋家塾书钞》卷十《周书·康诰》

（宋）袁燮撰

（归善斋按，见"王若曰，孟侯，朕其弟，小子封"）

9. 《书经集传》卷四《周书·康诰》

（宋）蔡沈撰

不敢侮鳏寡。庸庸，祇祇，威威，显民。用肇造我区夏，越我一二邦以修。我西土唯时怙冒，闻于上帝，帝休。天乃大命文王，殪戎殷，诞受厥命。越厥邦厥民，唯时叙。乃寡兄勖，肆汝小子封，在兹东土。

殪，壹计反。鳏寡，人所易忽也。于人易忽者而不忽焉，以见圣人无所不敬畏也。即尧"不虐无告"之意。论文王之德，而首发此，非圣人不能也。庸，用也，用其所当用；敬其所当敬，威其所当威。言文王用能、敬贤、讨罪，一听于理，而己无与焉。故德著于民，用始造我区夏，及我一二友邦渐以修治，至馨西土之人，怙之如父，冒之如天。明德昭升闻于上帝，帝用休美，乃大命文王，殪灭大殷，大受其命。万邦万民各得其理，莫不时叙。汝寡德之兄，亦勉力不怠。故尔小子封，得以在此东土也。吴氏曰：殪戎殷武王之事也。此称文王者，武王不敢以为己之功也。

又按东土云者，武王克商，分纣城朝歌以北为邶，南为墉，东为卫。意邶墉为武庚之封，而卫即康叔也。《汉书》言周公善康叔不从管蔡之乱，似地相比近之辞，然不可考矣。

10.《尚书精义》卷三十四《周书·康诰》

（宋）黄伦撰

（归善斋按，见"王若曰，孟侯，朕其弟，小子封"）

11.《尚书详解》卷二十九《周书·康诰》

（宋）陈经撰

（归善斋按，见"王若曰，孟侯，朕其弟，小子封"）

12.《融堂书解》卷十二《周书·康诰》

（宋）钱时撰

（归善斋按，见"王若曰，孟侯，朕其弟，小子封"）

13.《尚书要义》

（宋）魏了翁撰

（归善斋按，原缺）

14.《书集传或问》卷下《康诰》

（宋）陈大猷撰

（归善斋按，未解）

15.《尚书详解》卷八《周书·康诰第十一》

（宋）胡士行撰

（归善斋按，见"王若曰，孟侯，朕其弟，小子封"）

16.《书纂言》卷四上《周书·康诰》

(元) 吴澄撰

(归善斋按, 见 "王若曰, 孟侯, 朕其弟, 小子封")

17.《书集传纂疏》卷四下《朱子订定蔡氏集传·周书·康诰》

(元) 陈栎撰

不敢侮鳏寡。庸庸, 祇祇, 威威, 显民。用肇造我区夏, 越我一二邦以修。我西土唯时怙冒, 闻于上帝, 帝休。天乃大命文王, 殪戎殷, 诞受厥命。越厥邦厥民, 唯时叙。乃寡兄勖, 肆汝小子封, 在兹东土。

鳏寡, 人所易忽也。于人易忽者而不忽焉, 以见圣人无所不敬畏也, 即尧"不虐无告"之意。论文王之德, 而首发此, 非圣人不能也。庸, 用也。用其所当用, 敬其所当敬, 威其所当威。言文王用能、敬贤、讨罪一听于理, 而己无与焉。故德著于民, 用始造我区夏, 及我一二友邦渐以修治, 至馨西土之人, 怙之如父, 冒之如天。明德昭升闻于上帝, 帝用休美, 乃大命文王殪灭大殷, 大受其命。万邦万民, 各得其理, 莫不时叙。汝寡德之兄, 亦勉力不怠, 故尔小子封, 得以在此东土也。

吴氏曰, 殪戎殷, 武王之事也, 此称文王者, 武王不敢以为己之功也。

又按, 东土云者, 武王克商, 分纣城朝歌以北为邶, 南为墉, 东为卫。意邶、墉为武庚之封。而卫即康叔也。《汉书》言, 周公善康叔不从管蔡之乱, 似地相比近之辞, 然不可考矣。

纂疏:

"庸庸"至"显民"此等语, 既不可晓, 只得且用古注。古注既用杜撰, 如今更别求说, 又杜撰, 不如他矣。

陈氏大猷曰, 不敢侮鳏寡, 仁民也。庸庸, 使能祇祇、尊贤也, 明德之事。威威, 惩恶也, 慎罚之事。是是非非, 使民晓然知所好恶, 所以"显民"也。恐康叔以受封为当然, 故历言文王之积累, 汝兄之勉励, 故汝得有此土, 庶其念所自之艰难, 而不敢忽也。

愚谓，或训"戎"为"兵"，为"寇"皆未当。《诗》"念兹戎功"。戎，大也。诸家泥周公命康叔之者说，谓公呼武王为寡有之兄，言其德不群也，曲辞巧说，岂事理、名称之实乎？唯是武王自言，故称文王详，而自谓甚略，只以一"勖"字见其自勉。若周公之言，岂论武王如此简略乎？且"勖"字唯自谦，乃可言耳。

18.《读书丛说》卷六《康诰》

（元）许谦撰

（归善斋按，未解）

19.《书传辑录纂注》卷四《周书·康诰》

（元）董鼎撰

不敢侮鳏寡。庸庸，祗祗，威威，显民。用肇造我区夏，越我一二邦以修。我西土唯时怙冒，闻于上帝，帝休。天乃大命文王，殪戎殷，诞受厥命。越厥邦厥民，唯时叙。乃寡兄勖，肆汝小子封，在兹东土。

鳏寡，人所易忽也。于人易忽者而不忽焉，以见圣人无所不敬畏也，即尧"不虐无告"之意。论文王之德，而首发此，非圣人不能也。庸，用也。用其所当用，敬其所当敬，威其所当威。言文王用能、敬贤、讨罪，一听于理，而己无与焉。故德著于民，用始造我区夏，及我一二友邦渐以修治。至罄西土之人，怙之如父，冒之如天。明德昭升闻于上帝，帝用休美，乃大命文王殪灭大殷，大受其命。万邦万民，各得其理，莫不时叙。汝寡德之兄，亦勉力不怠，故尔小子封，得以在此东土也。吴氏曰：殪戎殷，武王之事也。此称文王者，武王不敢以为己之功也。又按东土云者，武王克商，分纣城朝歌以北为邶，南为鄘，东为卫。意邶、鄘为武庚之封，而卫即康叔也。《汉书》言周公善康叔不从管蔡之乱，似地相比近之辞，然不可考矣。

辑录：

"庸庸，祗祗，威威，显民"，此等语，既不可晓，只得且用古注。古注既是杜撰，如今便别求说，又杜撰，不如他矣。广。

纂注：

陈氏大猷曰，不敢侮鳏寡者，仁民也。庸庸，使能也；祗祗，尊贤也，明德之事。威威，惩恶也，慎罚之事。是是非非，使民晓然知所好恶，所以"显民"也。恐康叔以受封为当然，故历言文王之积累，汝兄之勉励，故汝得以有此土地，庶其念所自之艰难，而不敢慢易也。

新安陈氏曰，诸儒泥周公命康叔之说者，谓公呼武王为寡有之兄，言其德不群也，岂事理、名称之实乎？唯是武王自言，故称文王详，而自谓甚略。只以一"勖"字，见其自勉。若周公之言，岂论武王如此简略，且"勖"字唯自谦乃可言耳。

20.《尚书句解》卷八《周书·康诰第十一》

（元）朱祖义撰

不敢侮鳏寡（不敢侮慢鳏寡无告之民）。庸庸（因其可用用之），祗祗（可敬敬之），威威（可刑刑之），显民（以此至公之道，昭示于民）。

21.《尚书日记》卷十一《周书·康诰》

（明）王樵撰

"不敢侮鳏寡"至"肆汝小子封，在兹东土"。"不敢侮鳏寡"者，圣人之心，视民如伤。鳏寡孤独四者，谓之穷民，尤人君所当留意，若用心有不到处，则是侮忽之矣。圣人之心，敬及鳏寡，则无远不到，无微不察矣。德之盛，仁之至也。

吕氏曰，凡君道之所当为，随所寓而契于理。当用者用，当敬者敬，当威者威，各归其分。此天心也。

"不敢侮鳏寡"，仁民也。庸庸，使能也；祗祗，尊贤也，明德之事。威威，惩恶也，慎罚之事。慎罚之事，尽于一言曰"威"，其所当威，则人无不畏而刑可省也。

君之德莫先于爱民，莫大于知人。故举文王之明德，而以是二者尽之。用能、敬贤、讨罪，一听于理，而己无与焉，非纯乎至公无我者，不能也。明德慎罚，非截然二事，盖慎罚亦德也，故传云德著于民。

左氏得经意曰，明德慎罚，文王所以造周也。"用肇造我区夏"以下，正是此意，常谓此等处最可见古人说经，辞约理明，最不易及。如

《虞书》"无违教","无废事","无凶人",及此处"务崇之""务去之",文王所以造周,皆以一言而尽其意。又如《大学》释《淇澳》之诗,每句止用两字曰"道学"也、"自修"也、"恂栗"也、"威仪"也。至孔子说《诗》止用本文添一两字,曰"绘事后素",曰"有物必有则,民之秉彝也,故好是懿德",人便省悟。

区夏指本邦言;一邦,指邻邦言;西土指一方言。厥邦厥民,言天下之万邦万民也。显民,对闻于上帝看;肇造,对大命文王三句看;一二邦,对厥邦厥民,以修对时叙看。造修、怙冒、时叙,皆以兴于德化,迁善远罪而言。

克明德,则契天享德之心;克慎罚,则契天好生之心。故天休美文王,而于是大命之也

克殷,而化及万邦,本武王事。武王不自居而归之文王,盖讨殷之罪,受有殷命,实始于文王,武王特终其事而已。"乃寡兄勖",正言己德不及文王,而勉终其事。"肆汝小子封,在兹东土",引起下祗遹之意。

22.《日讲书经解义》卷八《周书·康诰》

(清) 库勒纳等撰

不敢侮鳏寡。庸庸,祗祗,威威,显民。用肇造我区夏,越我一二邦以修。我西土唯时怙冒。闻于上帝,帝休。天乃大命文王,殪戎殷,诞受厥命。越厥邦厥民,唯时叙。乃寡兄勖,肆汝小子封,在兹东土。

此一节书,是言文王造周之实,而欲康叔思所自也。区夏,是一区之夏。修,治也。怙,恃也。冒,戴也。武王又曰,何以见我文考"明德慎罚"之实哉?昔我文王之于百姓,固无在不致其仁爱,虽人所易忽,如鳏寡者,而文王益加悯念,毋敢或慢焉。至人之有才可用者,则随材器使而用之,是用所当用,而非私举也。人之有德可敬者,则尊贤乐道而敬之,是敬所当敬,而非私好也,其明德如此。人之有罪当刑者,则以天地至公之心行之,而一毫喜怒之私不与焉,是威所当威,而非私恶也,其慎罚如此。唯其是是非非,一准于理,使民晓然知所好恶,所以盛德彰显于民,而民心咸归矣。由是始创造我区夏,而抚有丰镐之疆宇,及我一二邻邦,

皆闻风向化，渐几于修治。我西方之民，莫不怀德畏威，怙恃如父，仰戴如天。其得民又如此，是以盛德馨香，闻播于上帝。上帝深休美之。然后上天大命文王，使灭绝大殷，大受有商之命。及万邦万民，莫不各安其分，各得其所，随时而就叙焉。是我周之基业，已成于文王之时，其艰难盖若斯也。及汝寡德之兄，缵承前业，忧勤惕励，勖勉不息，故汝小子封，得以享有爵位，在此东方耳。汝安可不思开创之维艰，继述之不易，而于"明德慎罚"加之意乎？夫康叔以介弟受封，在人情或视为当然，固有而不知经文。王肇造之艰，以得此，此不可不念也。子孙蒙业，动念及祖宗创业之难，则亦安往而得肆其心哉？

《读书管见》卷下《康诰》

（元）王充耘撰
（归善斋按，见"唯乃丕显考文王，克明德慎罚"）

《五诰解》卷一《康诰》

（宋）杨简撰
不敢侮鳏寡。庸庸，祇祇，威威，显民。

有功庸者，显庸之；宜祇敬者，祇敬之；宜威惩者，威惩之。赏善罚恶如此，民皆知之是，谓"显民"。显者，明著也。

用肇造我区夏，越我一、二邦以修

1.《尚书注疏》卷十三《周书》

（汉）孔氏传，（唐）陆德明音义，（唐）孔颖达疏
用肇造我区夏，越我一二邦以修。
传，用此明德慎罚之道，始为政于我区域诸夏，故于我一二邦，皆以修治。
疏，正义曰，用此道，故始为政于我区域诸夏，由是于我一二诸国皆

以修治也。

传，正义曰，天美文王，乃大命之杀兵殷者，殪，杀也。戎兵也。用诛杀之道，以兵患殷。文王以伐殷事未卒而言杀兵殷者，谓三分有二，为灭殷之资也。

2.《书传》卷十二《周书》

（宋）苏轼撰

用肇造我区夏，越我一二邦以修，我西土唯时怙冒。

怙，恃也。冒，被也。

3.《尚书全解》卷二十八

（宋）林之奇撰

（归善斋按，见"王若曰，孟侯，朕其弟，小子封"）

4.《尚书讲义》卷十四

（宋）史浩撰

（归善斋按，见"王若曰，孟侯，朕其弟，小子封"）

5.《尚书详解》卷十九《周书·康诰》

（宋）夏僎撰

（归善斋按，见"王若曰，孟侯，朕其弟，小子封"）

6.《增修东莱书说》卷二十《周书·康诰第十一》

（宋）吕祖谦撰，（宋）石澜增修

（归善斋按，见"王若曰，孟侯，朕其弟，小子封"）

7.《尚书说》卷五《周书·康诰》

（宋）黄度撰

（归善斋按，见"王若曰，孟侯，朕其弟，小子封"）

8. 《絜斋家塾书钞》卷十《周书·康诰》

(宋）袁燮撰
(归善斋按，见"王若曰，孟侯，朕其弟，小子封"）

9. 《书经集传》卷四《周书·康诰》

(宋）蔡沈撰
(归善斋按，见"不敢侮鳏寡"）

10. 《尚书精义》卷三十四《周书·康诰》

(宋）黄伦撰
(归善斋按，见"王若曰，孟侯，朕其弟，小子封"）

11. 《尚书详解》卷二十九《周书·康诰》

(宋）陈经撰
(归善斋按，见"王若曰，孟侯，朕其弟，小子封"）

12. 《融堂书解》卷十二《周书·康诰》

(宋）钱时撰
(归善斋按，见"王若曰，孟侯，朕其弟，小子封"）

13. 《尚书要义》

(宋）魏了翁撰
(归善斋按，原缺）

14. 《书集传或问》卷下《康诰》

(宋）陈大猷撰
(归善斋按，未解）

15. 《尚书详解》卷八《周书·康诰第十一》

（宋）胡士行撰

(归善斋按，见"王若曰，孟侯，朕其弟，小子封")

16. 《书纂言》卷四上《周书·康诰》

（元）吴澄撰

(归善斋按，见"王若曰，孟侯，朕其弟，小子封")

17. 《书集传纂疏》卷四下《朱子订定蔡氏集传·周书·康诰》

（元）陈栎撰

(归善斋按，见"不敢侮鳏寡")

18. 《读书丛说》卷六《康诰》

（元）许谦撰

(归善斋按，未解)

19. 《书传辑录纂注》卷四《周书·康诰》

（元）董鼎撰

(归善斋按，见"不敢侮鳏寡")

20. 《尚书句解》卷八《周书·康诰第十一》

（元）朱祖义撰

用肇造我区夏（用能始造我周家区域之中夏），越我一二邦以修（于我西土一二侯邦归顺，与我共修共治）。

21. 《尚书日记》卷十一《周书·康诰》

（明）王樵撰

(归善斋按，见"不敢侮鳏寡")

22.《日讲书经解义》卷八《周书·康诰》

(清)库勒纳等撰
(归善斋按,见"不敢侮鳏寡")

《读书管见》卷下《康诰》

(元)王充耘撰
(归善斋按,见"唯乃丕显考文王,克明德慎罚")

《五诰解》卷一《康诰》

(宋)杨简撰
用肇造我区夏。
岐周,在西方。文王施德政,诸夏咸服之,三分天下有其二。区,区域也。广及诸夏,故曰区夏。

我西土唯时怙冒,闻于上帝,帝休

1.《尚书注疏》卷十三《周书》

(汉)孔氏传,(唐)陆德明音义,(唐)孔颖达疏
我西土唯时怙,冒闻于上帝,帝休。
传,我西土岐周,唯是怙恃文王之道,故其政教,冒被四表上闻于天。天美其治。
音义,怙,音户。冒,莫报反,复也。闻,如字,徐又音问。
疏,正义曰,上政既修,我西土唯是怙恃文王之道,故其政教冒被四表,闻于上天。天美其治道。
《尚书注疏》卷十三《考证》
我西土唯时怙(句),冒闻于上帝(句)。
臣召南,按古读至"怙"字为句,赵岐注《孟子》引"冒闻于上

帝",则知伏生今文句读亦同也。宋儒始以"唯时怙冒"为句。蔡沈曰,"怙"之如父,"冒"之如天。

2.《书传》卷十二《周书》

(宋)苏轼撰

闻于上帝,帝休。天乃大命文王,殪戎殷。

殪,杀也。戎殷,比之戎虏也。

(归善斋按,另见"用肇造我区夏")

3.《尚书全解》卷二十八

(宋)林之奇撰

(归善斋按,见"王若曰,孟侯,朕其弟,小子封")

4.《尚书讲义》卷十四

(宋)史浩撰

(归善斋按,见"王若曰,孟侯,朕其弟,小子封")

5.《尚书详解》卷十九《周书·康诰》

(宋)夏僎撰

(归善斋按,见"王若曰,孟侯,朕其弟,小子封")

6.《增修东莱书说》卷二十《周书·康诰第十一》

(宋)吕祖谦撰,(宋)石澜增修

(归善斋按,见"王若曰,孟侯,朕其弟,小子封")

7.《尚书说》卷五《周书·康诰》

(宋)黄度撰

(归善斋按,见"王若曰,孟侯,朕其弟,小子封")

8. 《絜斋家塾书钞》卷十《周书·康诰》

（宋）袁燮撰

（归善斋按，见"王若曰，孟侯，朕其弟，小子封"）

9. 《书经集传》卷四《周书·康诰》

（宋）蔡沈撰

（归善斋按，见"不敢侮鳏寡"）

10. 《尚书精义》卷三十四《周书·康诰》

（宋）黄伦撰

（归善斋按，见"王若曰，孟侯，朕其弟，小子封"）

11. 《尚书详解》卷二十九《周书·康诰》

（宋）陈经撰

（归善斋按，见"王若曰，孟侯，朕其弟，小子封"）

12. 《融堂书解》卷十二《周书·康诰》

（宋）钱时撰

（归善斋按，见"王若曰，孟侯，朕其弟，小子封"）

13. 《尚书要义》

（宋）魏了翁撰

（归善斋按，原缺）

14. 《书集传或问》卷下《康诰》

（宋）陈大猷撰

（归善斋按，未解）

15.《尚书详解》卷八《周书·康诰第十一》

（宋）胡士行撰

（归善斋按，见"王若曰，孟侯，朕其弟，小子封"）

16.《书纂言》卷四上《周书·康诰》

（元）吴澄撰

（归善斋按，见"王若曰，孟侯，朕其弟，小子封"）

17.《书集传纂疏》卷四下《朱子订定蔡氏集传·周书·康诰》

（元）陈栎撰

（归善斋按，见"不敢侮鳏寡"）

18.《读书丛说》卷六《康诰》

（元）许谦撰

（归善斋按，未解）

19.《书传辑录纂注》卷四《周书·康诰》

（元）董鼎撰

（归善斋按，见"不敢侮鳏寡"）

20.《尚书句解》卷八《周书·康诰第十一》

（元）朱祖义撰

我西土唯时怙冒（终则馨西土，皆怙恃依赖其覆冒之恩），闻于上帝（由是其德升闻于天），帝休（天于是嘉美之）。

21.《尚书日记》卷十一《周书·康诰》

（明）王樵撰

（归善斋按，见"不敢侮鳏寡"）

22.《日讲书经解义》卷八《周书·康诰》

（清）库勒纳等撰
（归善斋按，见"不敢侮鳏寡"）

《五诰解》卷一《康诰》

（宋）杨简撰

越我一二邦以修。我西土唯时怙冒，闻于上帝，帝休。天乃大命文王，殪戎殷，诞受厥命。

怙，依赖也。凡在西土诸国诸民，皆赖文王而安，故上闻于上帝。冒，犹上也。休，善也。上帝善之，乃大命文王以戎兵殪杀殷纣，文王大受天命，虽大勋未集，而成于武王。

天乃大命文王，殪戎殷，诞受厥命

1.《尚书注疏》卷十三《周书》

（汉）孔氏传，（唐）陆德明音义，（唐）孔颖达疏
天乃大命文王，殪戎殷，诞受厥命。
传，天美文王，乃大命之杀兵殷，大受其王命。谓三分天下有其二，以授武王。
音义，殪，于计反。
疏，正义曰，以此上天，乃大命文王，以诛杀之道，用兵除害于殷，大受其王命，三分天下而有其二也。

2.《书传》卷十二《周书》

（宋）苏轼撰
（归善斋按，另见"我西土唯时怙"）
诞受厥命。越厥邦厥民，唯时叙。乃寡兄勖，肆汝小子封，在兹

东土。

民与国皆叙，乃汝寡有之兄武王，勖勉之力，言汝小子封，承文、武之泽，乃得列为诸侯也。

3.《尚书全解》卷二十八

（宋）林之奇撰

（归善斋按，见"王若曰，孟侯，朕其弟，小子封"）

4.《尚书讲义》卷十四

（宋）史浩撰

（归善斋按，见"王若曰，孟侯，朕其弟，小子封"）

5.《尚书详解》卷十九《周书·康诰》

（宋）夏僎撰

（归善斋按，见"王若曰，孟侯，朕其弟，小子封"）

6.《增修东莱书说》卷二十《周书·康诰第十一》

（宋）吕祖谦撰，（宋）石澜增修

（归善斋按，见"王若曰，孟侯，朕其弟，小子封"）

7.《尚书说》卷五《周书·康诰》

（宋）黄度撰

（归善斋按，见"王若曰，孟侯，朕其弟，小子封"）

8.《絜斋家塾书钞》卷十《周书·康诰》

（宋）袁燮撰

（归善斋按，见"王若曰，孟侯，朕其弟，小子封"）

9. 《书经集传》卷四《周书·康诰》

（宋）蔡沈撰

（归善斋按，见"不敢侮鳏寡"）

10. 《尚书精义》卷三十四《周书·康诰》

（宋）黄伦撰

（归善斋按，见"王若曰，孟侯，朕其弟，小子封"）

11. 《尚书详解》卷二十九《周书·康诰》

（宋）陈经撰

（归善斋按，见"王若曰，孟侯，朕其弟，小子封"）

12. 《融堂书解》卷十二《周书·康诰》

（宋）钱时撰

（归善斋按，见"王若曰，孟侯，朕其弟，小子封"）

13. 《尚书要义》

（宋）魏了翁撰

（归善斋按，原缺）

14. 《书集传或问》卷下《康诰》

（宋）陈大猷撰

（归善斋按，未解）

15. 《尚书详解》卷八《周书·康诰第十一》

（宋）胡士行撰

（归善斋按，见"王若曰，孟侯，朕其弟，小子封"）

16. 《书纂言》卷四上《周书·康诰》

（元）吴澄撰

(归善斋按，见"王若曰，孟侯，朕其弟，小子封")

17. 《书集传纂疏》卷四下《朱子订定蔡氏集传·周书·康诰》

（元）陈栎撰

(归善斋按，见"不敢侮鳏寡")

18. 《读书丛说》卷六《康诰》

（元）许谦撰

(归善斋按，未解)

19. 《书传辑录纂注》卷四《周书·康诰》

（元）董鼎撰

(归善斋按，见"不敢侮鳏寡")

20. 《尚书句解》卷八《周书·康诰第十一》

（元）朱祖义撰

天乃大命文王，殪戎殷（天乃大命文王，殪灭戎殷殪翳），诞受厥命（大受其天命）。

21. 《尚书日记》卷十一《周书·康诰》

（明）王樵撰

(归善斋按，见"不敢侮鳏寡")

22. 《日讲书经解义》卷八《周书·康诰》

（清）库勒纳等撰

(归善斋按，见"不敢侮鳏寡")

《五诰解》卷一《康诰》

（宋）杨简撰

（归善斋按，见"我西土唯时怙冒"）

越厥邦厥民，唯时叙

1. 《尚书注疏》卷十三《周书》

（汉）孔氏传，（唐）陆德明音义，（唐）孔颖达疏

越厥邦厥民，唯时叙。

传，于其国于其民，唯是次序，皆文王教。

疏，正义曰，其所受二分者，于其国，于其民，唯是皆有次序，以文王之教故也。

2. 《书传》卷十二《周书》

（宋）苏轼撰

（归善斋按，见"天乃大命文王，殪戎殷"）

3. 《尚书全解》卷二十八

（宋）林之奇撰

（归善斋按，见"王若曰，孟侯，朕其弟，小子封"）

4. 《尚书讲义》卷十四

（宋）史浩撰

（归善斋按，见"王若曰，孟侯，朕其弟，小子封"）

5. 《尚书详解》卷十九《周书·康诰》

（宋）夏僎撰

（归善斋按，见"王若曰，孟侯，朕其弟，小子封"）

6. 《增修东莱书说》卷二十《周书·康诰第十一》

(宋) 吕祖谦撰，(宋) 石澜增修
(归善斋按，见"王若曰，孟侯，朕其弟，小子封")

7. 《尚书说》卷五《周书·康诰》

(宋) 黄度撰
(归善斋按，见"王若曰，孟侯，朕其弟，小子封")

8. 《絜斋家塾书钞》卷十《周书·康诰》

(宋) 袁燮撰
(归善斋按，见"王若曰，孟侯，朕其弟，小子封")

9. 《书经集传》卷四《周书·康诰》

(宋) 蔡沈撰
(归善斋按，见"不敢侮鳏寡")

10. 《尚书精义》卷三十四《周书·康诰》

(宋) 黄伦撰
(归善斋按，见"王若曰，孟侯，朕其弟，小子封")

11. 《尚书详解》卷二十九《周书·康诰》

(宋) 陈经撰
(归善斋按，见"王若曰，孟侯，朕其弟，小子封")

12. 《融堂书解》卷十二《周书·康诰》

(宋) 钱时撰
(归善斋按，见"王若曰，孟侯，朕其弟，小子封")

13. 《尚书要义》

（宋）魏了翁撰

（归善斋按，原缺）

14. 《书集传或问》卷下《康诰》

（宋）陈大猷撰

（归善斋按，未解）

15. 《尚书详解》卷八《周书·康诰第十一》

（宋）胡士行撰

（归善斋按，见"王若曰，孟侯，朕其弟，小子封"）

16. 《书纂言》卷四上《周书·康诰》

（元）吴澄撰

（归善斋按，见"王若曰，孟侯，朕其弟，小子封"）

17. 《书集传纂疏》卷四下《朱子订定蔡氏集传·周书·康诰》

（元）陈栎撰

（归善斋按，见"不敢侮鳏寡"）

18. 《读书丛说》卷六《康诰》

（元）许谦撰

（归善斋按，未解）

19. 《书传辑录纂注》卷四《周书·康诰》

（元）董鼎撰

（归善斋按，见"不敢侮鳏寡"）

20.《尚书句解》卷八《周书·康诰第十一》

（元）朱祖义撰

越厥邦厥民（及其国之民），唯时叙（皆得其叙，无有不满之望）。

21.《尚书日记》卷十一《周书·康诰》

（明）王樵撰

（归善斋按，见"不敢侮鳏寡"）

22.《日讲书经解义》卷八《周书·康诰》

（清）库勒纳等撰

（归善斋按，见"不敢侮鳏寡"）

《五诰解》卷一《康诰》

（宋）杨简撰

越厥邦厥民，唯时叙。乃寡兄勖，肆汝小子封，在兹东土。

寡兄，谓武王。武王之为诸侯也，常自称寡人，故周公称之曰寡兄。勖者，勉也，谓武王能遵行文王之道，故汝小子封，得国于东土也。至是益验东坡之说为是。盖封康叔时，未营洛邑，若在洛邑之后始封康叔，当言北土，不当言东土，卫在洛之北。

乃寡兄勖，肆汝小子封，在兹东土

1.《尚书注疏》卷十三《周书》

（汉）孔氏传，（唐）陆德明音义，（唐）孔颖达疏

乃寡兄勖，肆汝小子封，在兹东土。

传，汝寡有之兄武王，勉行文王之道，故汝小子封，得在此东土为诸侯。

音义，勖，许玉反。

疏，正义曰，汝寡有之兄武王，勉行文王之道，故受命克殷。今汝小子封，故得在此东土为诸侯，是文王之道明德慎罚，既用受命武王，无所复加，以为勉行，所以汝必法之。

2.《书传》卷十二《周书》

（宋）苏轼撰

（归善斋按，见"天乃大命文王，殪戎殷"）

3.《尚书全解》卷二十八

（宋）林之奇撰

（归善斋按，见"王若曰，孟侯，朕其弟，小子封"）

4.《尚书讲义》卷十四

（宋）史浩撰

（归善斋按，见"王若曰，孟侯，朕其弟，小子封"）

5.《尚书详解》卷十九《周书·康诰》

（宋）夏僎撰

（归善斋按，见"王若曰，孟侯，朕其弟，小子封"）

6.《增修东莱书说》卷二十《周书·康诰第十一》

（宋）吕祖谦撰，（宋）石𬱃增修

（归善斋按，见"王若曰，孟侯，朕其弟，小子封"）

7.《尚书说》卷五《周书·康诰》

（宋）黄度撰

（归善斋按，见"王若曰，孟侯，朕其弟，小子封"）

8.《絜斋家塾书钞》卷十《周书·康诰》

（宋）袁燮撰

（归善斋按，见"王若曰，孟侯，朕其弟，小子封"）

9. 《书经集传》卷四《周书·康诰》

（宋）蔡沈撰

(归善斋按,见"不敢侮鳏寡")

10. 《尚书精义》卷三十四《周书·康诰》

（宋）黄伦撰

(归善斋按,见"王若曰,孟侯,朕其弟,小子封")

11. 《尚书详解》卷二十九《周书·康诰》

（宋）陈经撰

(归善斋按,见"王若曰,孟侯,朕其弟,小子封")

12. 《融堂书解》卷十二《周书·康诰》

（宋）钱时撰

(归善斋按,见"王若曰,孟侯,朕其弟,小子封")

13. 《尚书要义》

（宋）魏了翁撰

(归善斋按,原缺)

14. 《书集传或问》卷下《康诰》

（宋）陈大猷撰

(归善斋按,未解)

15. 《尚书详解》卷八《周书·康诰第十一》

（宋）胡士行撰

(归善斋按,见"王若曰,孟侯,朕其弟,小子封")

16.《书纂言》卷四上《周书·康诰》

（元）吴澄撰

（归善斋按，见"王若曰，孟侯，朕其弟，小子封"）

17.《书集传纂疏》卷四下《朱子订定蔡氏集传·周书·康诰》

（元）陈栎撰

（归善斋按，见"不敢侮鳏寡"）

18.《读书丛说》卷六《康诰》

（元）许谦撰

（归善斋按，未解）

19.《书传辑录纂注》卷四《周书·康诰》

（元）董鼎撰

（归善斋按，见"不敢侮鳏寡"）

20.《尚书句解》卷八《周书·康诰第十一》

（元）朱祖义撰

乃寡兄勖（汝少德如此之兄武王，又能勉懋继文王而有天下），肆汝小子封（故汝小子名封），在兹东土（今得在此王室之东，为守土之诸侯）。

21.《尚书日记》卷十一《周书·康诰》

（明）王樵撰

（归善斋按，见"不敢侮鳏寡"）

22.《日讲书经解义》卷八《周书·康诰》

（清）库勒纳等撰

（归善斋按，见"不敢侮鳏寡"）

《五诰解》卷一《康诰》

（宋）杨简撰

（归善斋按，见"越厥邦厥民，唯时叙"）

王曰：呜呼！封，汝念哉

1.《尚书注疏》卷十三《周书》

（汉）孔氏传，（唐）陆德明音义，（唐）孔颖达疏

王曰，呜呼！封，汝念哉。

传，念我所以告汝之言。

疏，正义曰，既言文王明德慎罚之训，武王尚行之，汝既得为君，方别陈明德之事，故称王命而言曰，呜呼！封，汝常念我所以告汝之言哉。

2.《书传》卷十二《周书》

（宋）苏轼撰

王曰，呜呼！封，汝念哉。今民，将在祗遹乃文考，绍闻衣德言。

遹，循也。绍，继也。衣，服也。继其所闻，而服行其德言也。

3.《尚书全解》卷二十八

（宋）林之奇撰

王曰，呜呼！封，汝念哉。今民，将在祗遹乃文考，绍闻衣德言。往，敷求于殷先哲王，用保乂民。汝丕远唯商耇成人，宅心知训，别求闻由古先哲王，用康保民。弘于天，若德裕，乃身不废在王命。

夫文王之造周室，岂一朝一夕之故哉。盖其积德累功，自百里而起。"明德慎罚，不敢侮鳏寡"，以致其不忍人之心，而又能"庸庸，祗祗，威威"，则贤人聚于朝，而不仁者不得以播其恶，于众民之归之也，若水之就下，故为上天之所眷佑。武王因之应天顺人，以有天下。汝康叔于是

得以懿亲而为东土之诸侯，将使其知父兄之艰难，则其享之也，乌可以不念之哉。然其所以念之者，亦不在于他也，既以文王之余庆，而享其福禄，则其举而措之，以治斯民者，亦唯文王是法而已。《诗》曰"伐柯伐柯，其则不远"，既享文王之余庆，则遵文王之道，以施之于民，其则亦岂远哉？故告之以今之治，当在敬循汝考文王之旧，继其所闻，而服其德言。所闻者，即德言也。继之，则有以传于后，而不泯然。又不可以徒继之而已，又当服其言于身，而允蹈之。"衣德言"，若《说命》所谓"说乃言唯服"是也。祇遹文考而服膺其言，则其于治民，盖不难矣。然自文考以前，亦岂无哲王哉？去周之近者，莫如殷自汤至于武丁，贤圣之君六七作。其立政、立事，尽善尽美，流风善政，亦犹有存者。故不可不往而遍求之，用以安治斯民也。既遍求殷先哲王所以安治斯民者而用之矣。然当其先哲王之抚柔天下也，朝廷之上，公卿之位，盖必有老成人，年弥高而德弥邵，其深谋远虑以佐其君，而图回四海者，汝当大远而思之，宅之于心，而忖度之，则知夫所以训民之术矣。夫唯殷之圣君、圣臣，规模在兹，既已遍求而远思，则其学于古训者，不为不至也。然自殷以前，自夏禹而下，岂无善政，其可舍之而不求哉？则在于古先哲王之道，又当别敷求而闻由之，以安斯民也。由者，谓行之也。《孟子》曰，"一乡之善士，斯友一乡之善士；一国之善士，斯友一国之善士；天下之善士，斯友天下之善士"。以友天下之善士为未足，又尚论古之人，颂其诗、读其书，不知其人可乎？是以论其世也，是尚友也。夫以一乡之善士为未足，又推之于一国；以一国之士为未足，又推之于天下；以天下之士为未足，又推之以尚论古人，则尚友之心岂有既哉？今成王之诰康叔，既使之祇遹文考矣，自文考推而上之，又使之敷求殷先哲王，及丕远唯商耇成人。自殷先哲王，及商耇成人，推而上之，则使之别求闻由古先哲王，此所以尚论古人之世者也。然其于殷先哲王，则曰"往敷求"；于商耇成人，则曰"远唯"；于古先哲王，则曰"别求"；于殷先哲王，则曰"保乂"；于古先哲王，则曰"康保"，此盖经纬其文，以成述作之体。正如《舜典》记载舜之巡守，于南巡，则曰如岱礼；于西巡，则曰如初；于北巡，则曰如西礼，不必求其义也。而王氏诸家皆从而为之说，其言破碎附会，不足取信。然经之大意，盖不在是也。如必以此等语为各有其义，则于先哲王，曰殷；于商耉成人，曰商，亦必有说矣。

既别求于古先王，则其孳孳为善，不自任其聪明，以沦乱斯民者，至矣尽矣，而又继之曰弘于天。弘者，广而大之之谓也。薛氏曰，人各有天，如火始然、如泉始达，在广而充之，此说是也。盖康叔之治民，固不可不取法于文考，然文考必取法于殷先哲王，及商耉成人，故既祗遹文王，则当敷求殷先哲王，远唯商耉成人也。殷先哲王、商耉成人必取法于古先哲王，故既敷求殷先哲王，远唯商耉成人，则当别求古先哲王也。古先哲王必取法于天，故别求古先哲王，则当弘于天也。至于弘于天，则无以复加矣。道之大，原出于天故也。《召诰》曰"今冲子嗣，则无遗寿耉。曰，其稽我古人之德，矧曰其有能稽谋自天"，亦此意。能弘于天，则能顺性命之理，以成其德而可以裕乃身矣。《孟子》曰"君子所性，仁义礼智根于心。其生色也，睟然见于面，盎于背，施于四体，四体不言而喻"，此皆若德裕乃身之效也。自"祗遹文考"，引而伸之，触类而长之，以至于"弘于天"，于是存心养性之道盖心广体胖，而民无有不被其泽，如此则永绥厥位，不见废于王命矣。

4.《尚书讲义》卷十四

（宋）史浩撰

（归善斋按，见"王若曰，孟侯，朕其弟，小子封"）

5.《尚书详解》卷十九《周书·康诰》

（宋）夏僎撰

王曰，呜呼！封，汝念哉。今民，将在祗遹乃文考，绍闻衣德言。往，敷求于殷先哲王，用保乂民。汝丕远唯商耉成人，宅心知训。别求闻由古先哲王，用康保民。弘于天，若德裕，乃身不废在王命。

成王上既言文王"明德慎罚"，以至武王又加之以勤，故汝小子封，遂得启土有国，则汝往，即乃封，诚不可不念也。故于是又嗟叹而呼名曰，汝念哉，谓当念上文所陈文、武积累之艰难也。盖今日之民，唯在于敬循汝文武之旧，继绍其所闻，佩服其德言。谓文王之善言，康叔当奉行之也。其大意则谓，文武闻之于耳，言之于口者，康叔当祗适之也。既

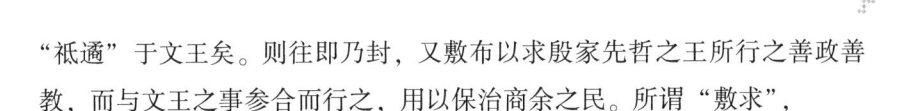

"祗遹"于文王矣。则往即乃封，又敷布以求殷家先哲之王所行之善政善教，而与文王之事参合而行之，用以保治商余之民。所谓"敷求"，

6.《增修东莱书说》卷二十《周书·康诰第十一》

（宋）吕祖谦撰，（宋）石澜增修

王曰，呜呼！封，汝念哉，今民，将在祗遹乃文考，绍闻衣德言。往，敷求于殷先哲王，用保乂民。汝丕远唯商耇成人，宅心知训，别求闻由古先哲王，用康保民。弘于天，若德裕，乃身不废在王命。

康叔闻周公之言，固已悚动，周公又叹息而言之，使念其告戒之意。今商之民，在康叔能率行文王之事耳。何者，民见文王之子来临为侯，必以能"祗遹"文王之事望之。"祗遹"者，敬而述之也。商民之望如此，为康叔者，当绍其所闻，使承续而不间断。夫文王为之父，武王、周公为之兄，闻父兄道德之言熟矣，一旦出，侯所临既新，则旧闻不相承续，而道德之旨日忘矣。如人在父兄之侧，所闻必正，离父兄之侧，则异闻或有以害其正者。康叔于此，当佩服先王之道，德言日夕覆被在身，使所闻相绍，则足以副民之望。此周公告康叔之至切也。尔之所往，商之故地也。商贤圣之君六七作，遗风旧典，岂无存者，必于其地，敷而求之。况商民之情素，安乎商先哲王之训，循而行之，必可以保乂商民矣。又当求商耇老成人之训，商贤圣之君，必有老成人为之辅就而询焉。广大深远而思唯之。盖老成之言，初若无味，思唯至于广大深远，方有所得。如武帝忽申公之言，申公诚耇成人矣。武帝少，丕远唯也。宅心知训者，人心未宅，则一念溃乱，虽有老成之言，无由知之；言之精微，听而不悟。未造阃域，则阃域之中，固不知也。唯有所宅，则有所知，虚静而不碍故也。康叔所见所闻，不为不至矣。既已承续佩服文王之训，又广敷求商先王之典，又远唯商耇老成人之训，家之所闻，绍之不忘，商土之遗风旧典，复不失坠，可以足矣。犹以为未也，复使之别求羲皇、尧、舜、禹、汤之法，此工夫无穷也。后世之人，或守其师之一说，或信其书之一义，自以为有余，与周公告康叔之意，广狭大相远矣。周公欲康叔求之先王，求之殷先哲王，求之商耇成人，又求之古先哲王。凡群圣心传之妙，制作之法悉闻而悉见，如学者多识前言，往行则有得于无穷之理会。古昔康保民之

道，治民无余蕴矣。康叔果能多求遍师，众理该通，学问精深，至于与天同其大，自然心逸日休，绰绰而有余裕，近于圣人之地，方免废王命之责。夫遍求前圣学问经历如此，既与天同大，有心广体胖之效，可谓盖世之功业。周公谓乃能不废王命，仅可免过而已。人臣之职分，岂易尽哉。必如舜与曾子，方能不废父命；必如舜与周公，方能不废君命，则为诸侯者，可安然而在人上乎。

7.《尚书说》卷五《周书·康诰》

(宋) 黄度撰

王曰，呜呼！封，汝念哉。今民，将在祗遹乃文考，绍闻衣德言。往，敷求于殷先哲王，用保乂民。汝丕远唯商耇成人，宅心知训，别求闻由古先哲王，用康保民。弘于天，若德裕，乃身不废在王命。

念哉，念之不可忘也。遹，述也。今此民，将在汝敬述文考之事，继其令闻，服行其道德之言。文王之化，行乎江汉之国，唯殷土未蒙被，然其闻誉，固已洋溢矣。是宜继绍而服行之。汝往之汝国，必布求殷先哲王之保治斯民者，殷故家遗俗流风善政犹可求也。汝又当自期于远大，唯商之老成人师事之，以宅心知训，别求所闻，用古先哲王尧、舜、禹、汤之安保斯民者，凡此皆所以恢弘天理，而顺于德，以宽裕汝身。夫识量浅狭，则不如此身之可与天地参也。闻见虽多，而不能体之于其身，则非所以协于克一也。汝能如是，则诚为念之，不废常在王之所以命汝者矣。敷求，遍求之也。别求，求之不一，犹曰"更求"之也。"克宅厥心"，则知训矣。"诲尔谆谆，听我藐藐"，此心安在。

8.《絜斋家塾书钞》卷十《周书·康诰》

(宋) 袁燮撰

王曰，呜呼！封，汝念哉。今民，将在祗遹乃文考，绍闻衣德言。往，敷求于殷先哲王，用保乂民。汝丕远唯商耇成人，宅心知训，别求闻由古先哲王，用康保民。弘于天，若德裕，乃身不废在王命。

祗遹者，敬述文王之所为也。绍，接续也。衣，佩服也。言不徒闻之于耳，必佩服于身，如衣服之未尝少离焉。曰祗遹，曰绍，曰衣，其间有工夫，能"绍闻衣德言"，方是"祗遹乃文考"，处"闻"与"德言"在文王者，"绍"与"衣"在我者。文王既有所闻矣，我又从而接续之，是之谓"绍"。孔子曰"朝闻道，夕死可矣"，实有所得谓之"闻"。今人谁不有耳，而实未尝有闻入于耳，而不得于心，非闻也。文王有此德，我又须当佩服之。佩服者，不徒闻而知之，便以为已也。夫能"祗遹文王"如是亦足矣。而以为未也，又必往敷求于殷先哲王，所以康乂民者。犹以为未也，又必远唯商耆成人，所以宅心知训者。犹以为未也，又必别求闻由古先哲王，则是上自伏羲、神农、黄帝、尧、舜、禹、汤，无所往而不取也。既求之，又闻之，又由而行之，是之谓"求""闻""由"。读此一段，须仔细玩味古人所以无所不取之意。《孟子》称舜"以为自耕稼陶渔至于帝，无非取诸人者"，若如常人之见，只是"祗遹乃文考"亦自了得。而周公之言，深切如此。盖不若是，不可以治民。古人内而修身，外而建功立业。若远，若近，皆无所往而不取。如此方才至当，方才契勘得是。后世苟简灭裂，安能望古人之治。古人之治，光明隽伟，久而无弊。后世之治，卑污塞浅，毫无足观，分于此而已矣。学者为学，亦当如是。此周公于此做工夫，故举以诰康叔以上所言者，皆"弘于天"也。天，天德也。有是天德，须当从而弘之。弘者，恢洪而广大之也。子曰"人能弘道，非道弘人"，孟子论人皆有是"四端"，以为"知皆扩而充之也，若火之始然，泉之始达，苟能充之，足以保四海"。曾子论孝以为"置之而塞乎天地，溥之而横乎四海，施诸后世而无朝夕"，推而放诸四海而准，皆弘乎天之意也。欲识此理，但观《中庸》所言"今夫天斯昭昭之多，及其无穷也。日月星辰系焉，万物覆焉。今夫地一撮土之多，及其广厚，载华岳而不重，振河海而不洩，万物载焉。今夫山一卷石之多，及其广大，草木生之，禽兽居之，宝藏兴焉。今夫水一勺之多，及其不测，鼋鼍蛟龙鱼鳖生焉，货财殖焉"。知此，则知所谓"弘于天"矣。顺我之德，至于沛然有余于身，是之谓"裕"。"裕"者，言其充足饱满，绰绰然有余裕也。曰弘，曰裕，此等字，皆当仔细玩味。大抵欲出而有为于世，须是在我者有余，方能有所建立。古人全尽此道，特时出而用之耳。其所用者，盖不能加毫末也。如此，方才不废王命，不然皆是废王命也。

9.《书经集传》卷四《周书·康诰》

(宋)蔡沈撰

王曰，呜呼！封，汝念哉。今民，将在祗遹乃文考，绍闻衣德言。往，敷求于殷先哲王，用保乂民。汝丕远唯商耇成人，宅心知训，别求闻由古先哲王，用康保民。弘于天，若德裕，乃身不废在王命。

遹，音聿音，述。此下"明德"也，遹述衣服也。今治民，将在敬述文考之事，继其所闻，而服行文王之德言也。往，之国也。宅心，处心也，"安汝止"之意。知训。知所以训民也。由，行也。曰保乂，曰知训，曰康保，经纬以成文尔。武王既欲康叔"祗遹文考"，又欲"敷求殷先哲王"，又"丕远唯商耇成人"，又"别闻由古先哲王"，近述诸今，远稽诸古，不一而足，以见义理之无尽。《易》曰，"君子多识前言往行，以蓄其德"。弘者，廓而大之也。天者，理之所从出也。康叔博学以聚之，集义以生之，真积力久，众理该通，此心之天理之所从出者，始恢廓而有余用矣。若是，则心广体胖，动无违礼，斯能不废在王之命也。

吕氏曰，康叔力求圣贤问学，至于弘于天，德裕身，可谓盛矣。止能不废王命，才可免过而已。此见人臣职分之难尽，若欲为子，必须如舜与曾、闵，方能不废父命；若欲为臣，必须如舜与周公，方能不废君命。

10.《尚书精义》卷三十四《周书·康诰》

(宋)黄伦撰

王曰，呜呼！封，汝念哉。今民，将在祗遹乃文考，绍闻衣德言。往，敷求于殷先哲王，用保乂民。汝丕远唯商耇成人，宅心知训，别求闻由古先哲王，用康保民。弘于天，若德裕，乃身不废在王命。

无垢曰，盖念，则能"明德慎罚"；不念，则私欲滋炽，安知在己无玷"待物以宽"之理乎。言今民，将在康叔敬循文王明德之心，绍闻明德之事，躬行明德之言。绍闻者，谓今闻于我，当常存诸心，汲汲以文考在念，继求所闻，使不断续以增广其德也。"衣"之为言，若衣服在体，躬行而佩服之也。天下一理也，古今一理也。明德之法，当广备众体，盖学有多门，不可以一涂取；学无止法，不可以一节拘。如德行言语，政事文学，皆为孔子门人，虽所造有浅深，概乎皆有所得也。故"祗遹文考"未可止也，更当敷求殷先哲王，保乂斯民之心。以敷求殷王未可止也，故又当大远唯商家前老成人。所以宅心者，在于何地，则吾德愈广矣。吾德愈广，则天下之理如烛照、数计，随民之病在于何处，从而训之，无不如所志者。盖唯明德，则见理；见理，则知训民之要矣。以远唯商老成人，宅心未可止也，故又当别求闻由殷以上古先哲王，若夏，若虞，若唐，所以康保民之心，用以治卫地，乃为当耳。天，即吾性也。《孟子》曰，"尽其心者，知其性也，知其性，则知天矣"。邵尧夫作尽心知性，赞曰，廓然心境无大伦，尽此规模有几人，我性即天，天即性，皆于微处起，经纶至矣哉。斯言夫心即性，性即天心，体甚大，尽之者少耳。故唯学问为可以弘之。盖"祗遹文考"，天在文考而止耳。敷求哲王，天又在殷王焉；远唯商老成人，天又在老成人焉；别求古先哲王，天又在古先哲王焉。如此，则吾之性，天愈觉其无所不在矣。非文王、殷王、商老成人、古哲王；能增吾之性，天也。吾性天本大，特因文王、殷王、商老成人、古先哲王发之耳。天既弘大，则吾所顺者，皆德。而吾貌言视听思，皆为肃、乂、晢、谋。圣之用，足以时风雨，叙燠寒，顺阴阳，而移造化。裕然取足于身，而无事于外求。如此，则心亦广大高明矣。然何以验其实乎，止在不废王命而已。故能奉承王命，不作聪明以乱旧章，不敢以闻言而改厥度，则若德之实也。

张氏曰徒善不足以为政，徒法不能以自行为政，不因先王之道者亦徒法、徒善而已。此周公之诰康叔使之祗遹文考敷求于殷先哲王，盖欲因先王之道，以为政故也。若德者，顺性命之理而无违也。能顺性命之理而无违，则万物皆备于我注之。不满酌之不竭，岂不绰绰有余裕哉。虽然人臣之道在于奉君之命而行之者也，故于此又戒之，以不废在王命。在者存而有察意，故于王命能存之、察之而不敢废，然后可以保其禄位矣。

吕氏曰，周公叹息，以成王之命告戒康叔曰，汝念哉，不可有一毫怠忽之心。今卫国之民，全在望康叔将率行文王之事，何故？盖卫国之民，闻文王之事，见文王之子来临诸侯，必以祗遹望康叔了。为康叔者，须常接续所闻，佩服道德之言，不要断绝。康叔，文王之子，武王、周公之弟，朝夕在父兄之侧，其闻道德之言不为不多。今既为卫侯，远父兄去，周公恐他有间断忘了，故戒之以"绍闻衣德言"，使他知接续前人之所闻，佩服前人之德言，如此方可副殷民之望。

11.《尚书详解》卷二十九《周书·康诰》

（宋）陈经撰

王曰，呜呼！封汝念哉。今民，将在祗遹乃文考，绍闻衣德言。往，敷求于殷先哲王，用保乂民。汝丕远唯商耇成人，宅心知训，别求闻由古先哲王，用康保民。弘于天，若德裕，乃身不废在王命。

上文既使康叔知文武所以"明德慎罚"之由，此又教之以考古人以为法，不当有自足之心。叹而言曰，汝封，当念之不忘。苟斯须而忘此念，则是心之有间断矣。今治商民，大概在敬述乃文王之所为者。何为"祗遹"，即"绍闻衣德言"是也。文王先有所闻善事，汝当继续而行之；文王有德言，汝当衣而佩服。曰绍，曰衣，自非力行之至，何以能。然敬述文王所为矣，可以已乎，曰未也。往之卫国，当广求商家先哲王贤圣六七作之君，用其所以保乂民之道。既敷求殷先王矣，可以已乎？曰未也。汝大能为长远之思，商家老成人所以宅安其心，而知训民之道者。此心之不安，则是非之不明，何以训民哉。唯商老成人，能安其心，如此昭晰无疑，然后知所以训民。汝当远而思之，老成人所见者深，所谋者长，不为浅近之计，非远唯之，则不足以得所法。既远唯商耇成人矣，可以已乎？曰未也，别求其所以闻由乎古先哲王，如夏商，如唐虞而上者，用其所以康保民之道。闻之于人，行之于己。然则，既敷求古先哲王，则是无所不学，无所不考善，有可法从，而法之无有古今之间，如此是其考诸古人者，不一而足，故能恢弘其天理，不使一毫人欲间之。若文考，若商先王，若商耇成人，若古先哲王，其事迹虽殊，而皆所以为天理也。大顺之德，绰然裕于吾身，则心逸日休，左右逢源，自然无所废事，而常在王命。虽尔身在外，乃心罔不在王室矣。此章乃周公恢廓康叔之心，使之求善不已，不可止于仅足也。

12.《融堂书解》卷十二《周书·康诰》

(宋)钱时撰

王曰,呜呼!封,汝念哉。今民,将在祗遹乃文考,绍闻衣德言。往,敷求于殷先哲王,用保乂民。汝丕远唯商耇成人,宅心知训,别求闻由古先哲王,用康保民。弘于天,若德裕。乃身不废在王命。

上文语毕,而又再诰,故再著"王曰",以明更端,后皆准此,此下两节,告康叔以"明德"之事也。虽然知所以明德,而不知达其明德之用,则犹未也。汝之往也,更须敷求殷先哲王之所以保乂其民者而用,以保乂之。抑犹未也,一国之民,必有一国之习俗。而一国之习俗,唯一国之老成知之,教化诱掖之,方疾徐缓急之,宜必有切中其会者。然老成之虑多,若迟缓,决非徇小、课近者,所可与议。汝当大远,一唯商之老成人,止宅其心,无所变乱,则知所以为训矣。夫治商民,而求诸殷先哲王,谋诸商耇成人,可谓之切。犹未尽也,自商而上,又有古先哲王所以安民、治民之道,不止一端,皆可取法,又须别求闻而行之,而用以康乂商民可也。呜呼!至哉。后世论德而不及治,论治而不及德,安知德即治也;治即德也。虽然,抑犹未也,未至与天同大,是本心犹有亏也;是明德之功,犹未至也。一日而觉,豁然开明,范围发育,乃其本心所自有,谓之"弘于天"。信乎其大无间于天也。如此方是了康叔分内事,方是不废王命。

13.《尚书要义》

(宋)魏了翁撰
(归善斋按,原缺)

14.《书集传或问》卷下《康诰》

(宋)陈大猷撰
(归善斋按,未解)

15. 《尚书详解》卷八《周书·康诰第十一》

（宋）胡士行撰

王曰，呜呼！封，汝念哉。今民，将在（在叔）祗（敬）遹（述）乃文考，绍（继）闻（所闻）衣（佩服）德言（父兄道德之言），往，敷（广）求于殷先哲王（贤圣之君六七作），用保乂民。汝丕远唯商耇（老）成人（故家遗老，犹有存者），宅（安宅）心知训（老成之训，一云训民有所宅，则有所知，虚静不碍，诚而明也），别（又）求闻（多闻）由（用）古先哲王（羲、黄、尧、舜、禹、汤之法），用康保民。弘（学问广充）于天（与天同大），若德裕（足），乃身（粹面盎背）不废在王命。

遹文考矣，又求之殷哲王，商耇成人，犹未已也，又求之古先哲王。凡群圣心传之妙，制作之法，悉闻悉见，则学问精深，众理该贯，道之大原，其出于天者，裕然在乃身，而后王命可以不废矣。曰"不废"者，言至此，仅可免过而已。人臣职分，岂易尽哉，必如舜与曾子，方能不废父命；必如舜与周公，方能不废君命。叔懋之哉。

16. 《书纂言》卷四上《周书·康诰》

（元）吴澄撰

王曰，呜呼！封，汝念哉。今民，将在祗遹乃文考，绍闻衣德言。往，敷求于殷先哲王，用保乂民。汝丕远唯商耇成人，宅心知训，别求闻由古先哲王，用康保民。弘于天，若德裕，乃身不废在王命。

此以下"王曰"者二，欲康叔"明德"也。念谓不可忽忘，将语辞遹述也。绍，继也。闻衣，谓闻而服之于身，犹下文言"闻由"也。往，之国也。敷求，广求也。宅心，谓居官之心。如《立政》所言"克厥宅心"也。训，古训也。弘，充广也。裕，饶益也，言汝今治民，在敬述文王所绍，所闻，所衣之德言，盖文王虽生知安行之圣，亦闻而知之。故《孟子》曰，"由汤至于文王五百有余岁"，"若文王则闻而知之"。因文王之所闻，又往敷求殷家先哲王所用以保乂其民之道，以证文王所闻之德言。汝大远唯商之老成人居官者，所知之古训；因商臣之所知，又更求知行古昔先哲王所用以康保其民之道，以证商臣所知之古训。然未可自足也，又当扩充其德，与天为一。若德足乎已，则王之命，汝者永不废矣。

17.《书集传纂疏》卷四下《朱子订定蔡氏集传·周书·康诰》

（元）陈栎撰

王曰，呜呼！封，汝念哉。今民，将在祇遹乃文考，绍闻衣德言。往，敷求于殷先哲王，用保乂民。汝丕远唯商耇成人，宅心知训，别求闻由古先哲王，用康保民。弘于天，若德裕，乃身不废在王命。

此下"明德"也。遹，述；衣，服也。今治民，将在敬述文考之事，继其所闻，而服行文王之德言也。往，之国也。宅心，处心也，"安汝止"之意。知训，知所以训民也。由，行也。曰保乂，曰知训，曰康保，经纬以成文尔。武王既欲康叔祇遹文考，又欲敷求殷先哲王，又丕远唯商耇成人，又别闻由古先哲王，近述诸今，远稽诸古，不一而足，以见义理之无尽。《易》曰，"君子多识，前言往行，以畜其德"。弘者，廓而大之也。天者，理之所从出也。康叔博学以聚之，集义以生之。真积力久，众理该通。此心之天理之所从出者，始恢廓而有余用矣，若是，则心广体胖，动无违礼，斯能不废在王之命也。

吕氏曰，康叔历求圣贤问学，至于弘于天，德裕身，可谓盛矣，止能不废王命，才可免过而已。此见人臣职分之难尽。若欲为子，必须如舜与曾、闵，方能不废父命；若欲为臣，必须如舜与周公，方能不废君命。

纂疏：

林氏曰，虽求老成，法往古，又当弘于天。《召诰》则无遗寿耇，其稽我古人之德，又能稽谋自天，即此意。

18.《读书丛说》卷六《康诰》

（元）许谦撰

（归善斋按，未解）

19.《书传辑录纂注》卷四《周书·康诰》

(元) 董鼎撰

王曰，呜呼！封，汝念哉。今民，将在祇遹乃文考，绍闻衣德言，往，敷求于殷先哲王，用保乂民。汝丕远唯商耇成人，宅心知训，别求闻由古先哲王，用康保民。弘于天，若德裕，乃身不废在王命。

此下"明德"也。遹，述，衣，服也。今治民，将在敬述文考之事，继其所闻，而服行文王之德言也。往，之国也。宅心，处心也，"安汝止"之意。知训，知所以训民也。由，行也。曰保乂，曰知训，曰康保，经绎以成文尔。武王既欲康叔祇遹文考，又欲敷求殷先哲王，又丕远唯商耇成人，又别闻由古先哲王，近述诸今，远稽诸古，不一而足，以见义理之无尽。《易》曰，"君子多识，前言往行，以蓄其德"。弘者，廓而大之也，天者理之所从出也。康叔博学以聚之，集义以生之。真积力久，众理该通，此心之天理之所从出者，始恢廓而有余用矣。若是，则心广体胖，动无违理，斯能不废在王之命也。

吕氏曰，康叔历求圣贤问学，至于弘于天，德裕身，可谓盛矣，止能不废王命，才可免过而已。此见人臣职分之难尽。若欲为子，必须如舜与曾、闵，方能不废父命；若欲为臣，必须如舜与周公，方能不废君命。

纂注：

林氏曰，虽求老成，法往古，又当弘于天，《召诰》曰"则无遗寿耇，其稽我古人之德，又能稽谋自天"，即此意。吴氏曰，荀卿以弘于天，谓弘覆于天。谓欲康叔保乂民，如天之弘覆。

20.《尚书句解》卷八《周书·康诰第十一》

(元) 朱祖义撰

王曰，呜呼！封 (呼康叔名)，汝念哉 (汝当念上文所陈文武积累之艰难)。

21.《尚书日记》卷十一《周书·康诰》

（明）王樵撰

"王曰，呜呼！封，汝念哉"至"不废在王命"。

此下欲康叔"明德"也。"今民"二字贯至末，近述远稽皆法，其明德以治民也。凡所谓民，皆指卫一国之民也。商民见文王之子来临为侯，必以能敬述文王之事，望之康叔闻父兄道德之言，熟矣。一旦出而为侯，既离父兄之侧，恐旧闻不相承续，而异闻或有害正，故当尊绍其闻，衣被先王之德言，而体之于身也。祗、述、绍、闻，不出于家庭，又欲其广求之殷先哲王，盖汝今所往商之故地也，居商之地，治商之民，而无其德，将何以保乂其民乎？商贤圣之君六七作，皆有耇成人为之辅，其宅心训民，皆有成法，汝当大为之规，远为之法，亦以宅汝之心，而知所以训民也。敷求、远唯，犹在于近代，又欲其上求于古，若唐虞、夏后，其前言往行，有可闻而益吾之知，有可由而资吾之行者，汝尤当别求闻由，以康保其民可也。夫义理无穷，所以近述诸今，远稽诸古者，正以此理，皆吾心之所固有，而天者理之所从出，不博不足以聚之，而弘于天也。博学以聚之，集义以生之，真积力久，众理该通，则此心之天理之所从出者，始恢廓而有余用矣。不如是，不足以言得于心也。既得于心，则心广体胖，动无违礼，而德之在身，始见其从容而有余裕矣。不如是，不足以言有诸身也。明德至此，始为不废在王之命。若德未至此，则所谓祗遹、敷求、远唯、别求者，犹为虚言，而将以望于保乂、康保，宅心知训难矣，岂王之命汝之意耶？唯尊所闻而不忘，即是绍其闻，忘则间断矣。绍者，继续不间断也。衣德言，德言即所闻衣者，体之于身也。下文"闻由"二字，闻，即绍闻；由，即"衣德言"也。

"保乂""康保"中，俱有"宅心知训"意。盖三者互见耳。

弘于天之说，蔡氏实本程子《易传》之意，《易》曰"天在山中，大畜君子，以多识前言、往行，以畜其德"。程子曰，天为至大，而在山之中所蓄，至大之象，君子观象以大其蕴蓄，人之蕴蓄由学问而大，在多闻前古圣贤之言，与行考迹，以观其用，察言以求其心，识而得之，以蓄成其德，乃大蓄之义也。

愚谓，大畜，即所谓"弘于天"也。天者。理之所从出。而吾心之体，无不该考迹，而知古人之致用；察言而得古人之用心。积之之多。至于一旦豁然贯通焉，斯可以言"弘于天"矣。

金氏曰，"弘于天"，《荀子》引此，作"弘覆于天"。义理无穷，康叔本之家学，参之国俗之旧，且又远求之古先哲，则所以保乂其民者，可谓"弘于天"矣。德之在我者。该贯浑全动有余用，是谓能不废王命，按此亦一说

22.《日讲书经解义》卷八《周书·康诰》

（清）库勒纳等撰

王曰，呜呼！封，汝念哉。今民，将在祗遹乃文考，绍闻衣德言。往，敷求于殷先哲王，用保乂民。汝丕远唯商耇成人，宅心知训，别求闻由古先哲王，用康保民，弘于天，若德裕，乃身不废在王命。

此以下三节书，皆申言"明德"之意。而此一节书，是欲康叔博学以"明德"也。祗遹，敬述也。绍，继也。衣者，服行之意。耇成人，谓老成之人。训，谓训民。武王叹息呼其名而言曰，凡我所语汝文王明德之事，汝其念之而勿忘哉。昔我文考，爱民好士之德，不唯施诸政事，而为德行，亦尝发诸训词，而为德言，汝固尝闻之家庭间矣。今汝治民，将敬述文考之绪，务取所闻之德言，继绍而服行之，如衣之被身，遵循勿替可也。然此特当代耳，犹未求诸前代也。今汝所莅之地，乃殷之旧都也，昔殷先哲王，由汤至于武丁贤圣之君六七作，其遗风善政，犹有存者。汝往之国，又当广求殷先哲王修身治人之道，用为保治斯民之准则也。然此特前代之君耳，犹未求诸前代硕辅也，若商家伊尹、傅说诸臣，所谓老成人也，其品行德业，至今称颂不衰，汝又当推广而远思之。凡处心积虑，咸取法乎。商耇成人焉，庶知所以训民乎，然此犹特近代耳，尚未别求诸上古也。古先哲王如尧、舜、禹以道相传，其大经、大法，垂宪万世，迄今可考也。汝当别求所闻，而率由之，用为安保斯民之模范焉。诚能如此，则知行兼尽，体用俱备。凡帝德王功之盛，圣君贤相之猷，无不统会于我性之天，自然心逸日休，绰有余裕。明德既积于中，德辉自彰于外，将泛应曲当，无所处而不宜，临民出政，随所施而尽善，职业修举，斯能

不废在王之命也。汝可不尽明德之功哉。夫治道与学问相为表里，博求古今之理，以会通于一心，此政之大原所由立，而千变万化皆从此出也与。

《五诰解》卷一《康诰》

（宋）杨简撰

王曰，呜呼！封，汝念哉。今民，将在祗遹乃文考，绍闻衣德言。往，敷求于殷先哲王，用保乂民。

今民，指康叔新封国内之民，言汝不可不祗敬，以述汝文考之治也。方将之国，故曰"将"。绍者，继也，服膺有德之言，如衣服之在于身，谓以身行德，非空言也。汝往之本国，更广求殷先哲王之言行，殷民必知之，庶可以保乂殷民矣。

今民，将在祗遹乃文考，绍闻衣德言

1.《尚书注疏》卷十三《周书》

（汉）孔氏传，（唐）陆德明音义，（唐）孔颖达疏

今民，将在祗遹乃文考，绍闻衣德言。

传，今治民，将在敬循汝文德之父，继其所闻，服行其德言，以为政教。

音义，遹音聿，又音述，马云述也。衣如字，徐于既反。

疏，正义曰，今治民，所行将在敬循汝文德之父，继其所闻者，服行其德，言以为政教。

传，正义曰，继其所闻，服行其德，言者，谓文王。先有所闻善事，今令康叔继续其文王所闻善事，被服而施行其德，言以为政教也。

2.《书传》卷十二《周书》

（宋）苏轼撰

（归善斋按，见"王曰，呜呼！封汝念哉"）

3.《尚书全解》卷二十八

（宋）林之奇撰
(归善斋按，见"王曰，呜呼！封汝念哉")

4.《尚书讲义》卷十四

（宋）史浩撰
(归善斋按，见"王若曰，孟侯，朕其弟，小子封")

5.《尚书详解》卷十九《周书·康诰》

（宋）夏僎撰
(归善斋按，见"王曰，呜呼！封汝念哉")

6.《增修东莱书说》卷二十《周书·康诰第十一》

（宋）吕祖谦撰，（宋）石澜增修
(归善斋按，见"王曰，呜呼！封汝念哉")

7.《尚书说》卷五《周书·康诰》

（宋）黄度撰
(归善斋按，见"王曰，呜呼！封汝念哉")

8.《絜斋家塾书钞》卷十《周书·康诰》

（宋）袁燮撰
(归善斋按，见"王曰，呜呼！封汝念哉")

9.《书经集传》卷四《周书·康诰》

（宋）蔡沈撰
(归善斋按，见"王曰，呜呼！封汝念哉")

10. 《尚书精义》卷三十四《周书·康诰》

（宋）黄伦撰

（归善斋按，见"王曰，呜呼！封汝念哉"）

11. 《尚书详解》卷二十九《周书·康诰》

（宋）陈经撰

（归善斋按，见"王曰，呜呼！封汝念哉"）

12. 《融堂书解》卷十二《周书·康诰》

（宋）钱时撰

（归善斋按，见"王曰，呜呼！封汝念哉"）

13. 《尚书要义》

（宋）魏了翁撰

（归善斋按，原缺）

14. 《书集传或问》卷下《康诰》

（宋）陈大猷撰

（归善斋按，未解）

15. 《尚书详解》卷八《周书·康诰第十一》

（宋）胡士行撰

（归善斋按，见"王曰，呜呼！封汝念哉"）

16. 《书纂言》卷四上《周书·康诰》

（元）吴澄撰

（归善斋按，见"王曰，呜呼！封汝念哉"）

17. 《书集传纂疏》卷四下《朱子订定蔡氏集传·周书·康诰》

(元) 陈栎撰

(归善斋按,见"王曰,呜呼!封汝念哉")

18. 《读书丛说》卷六《康诰》

(元) 许谦撰

(归善斋按,未解)

19. 《书传辑录纂注》卷四《周书·康诰》

(元) 董鼎撰

(归善斋按,见"王曰,呜呼!封汝念哉")

20. 《尚书句解》卷八《周书·康诰第十一》

(元) 朱祖义撰

今民将在祇遹乃文考(今治商民,大概在敬述汝文德之父文王所为),绍闻衣德言(绍而继行其所闻,衣而佩服其德言。衣,去声)。

21. 《尚书日记》卷十一《周书·康诰》

(明) 王樵撰

(归善斋按,见"王曰,呜呼!封汝念哉")

22. 《日讲书经解义》卷八《周书·康诰》

(清) 库勒纳等撰

(归善斋按,见"王曰,呜呼!封汝念哉")

《书义断法》卷四《周书·康诰》

(元) 陈悦道撰

今民,将在祇遹乃文考,绍闻衣德言。往,敷求于殷先哲王,用保乂民。汝丕远唯商耇成人,宅心知训,别求闻由古先哲王,用康保民。

此武王告康叔以"明德"之实也。德无常师，其于义理之无穷，体用之周遍，岂可以一言尽哉。近守家法，既欲其祗述文考之事，绍其所闻而服其德言矣。远师圣哲，复欲其求之殷先王，又远为商耇成人，又别求闻古先哲王，皆所以探索义理之本原，而推广实德之功用。其"绍闻"以行文王之言，"宅心"以加教诲之道，皆所以修己也。"用保乂民"，"用康保民"，皆所以治人也。此四语者互言修己治人之事，经纬以成文，非谓师文王尊商耇，止为修己；求殷先哲与古先哲，止为治人。合而观之，则可以语"明德"之学矣。

《尚书疑义》卷五《康诰》

（明）马明衡撰

今民，将在祗遹乃文考。

蔡传谓，今治民，将在敬述文考之事。愚以为，今民，即作"今治民"于文义不通。又"遹"字古注训"述"，不知何所出。《大雅》文王有声，遹字甚多。朱子以为其义未详，疑与"聿"可为语助之辞，亦是以意会之，大抵古字不可解者亦多，今必欲随字生义释之，亦有何难，但终不是古人意思，只当大段会其大旨为是。此句谓文王之德入人之深，今民将在敬念乃文考，汝当断前闻而服行其德，言则可以慰民而安民矣。

《五诰解》卷一《康诰》

（宋）杨简撰

（归善斋按，见"王曰，呜呼！封汝念哉"）

往，敷求于殷先哲王，用保乂民

1. 《尚书注疏》卷十三《周书》

（汉）孔氏传，（唐）陆德明音义，（唐）孔颖达疏

往，敷求于殷先哲王，用保乂民。

传,汝往之国,当布求殷先智王之道,用安治民。

疏,正义曰,汝往之国,当分布求于殷先智王之道,用安治民。

2.《书传》卷十二《周书》

(宋)苏轼撰

往,敷求于殷先哲王用保乂民。汝丕远唯商耇成人,宅心知训,别求闻由古先哲王,用康保民。

文王与殷先哲王,及商耇成人之德,皆远而易法。有以居已而知训矣,则更求殷以前古先哲王之道,以安民也。

3.《尚书全解》卷二十八

(宋)林之奇撰

(归善斋按,见"王曰,呜呼!封汝念哉")

4.《尚书讲义》卷十四

(宋)史浩撰

(归善斋按,见"王若曰,孟侯,朕其弟,小子封")

5.《尚书详解》卷十九《周书·康诰》

(宋)夏僎撰

(归善斋按,见"王曰,呜呼!封汝念哉")

6.《增修东莱书说》卷二十《周书·康诰第十一》

(宋)吕祖谦撰,(宋)石澜增修

(归善斋按,见"王曰,呜呼!封汝念哉")

7.《尚书说》卷五《周书·康诰》

(宋)黄度撰

(归善斋按,见"王曰,呜呼!封汝念哉")

8. 《絜斋家塾书钞》卷十《周书·康诰》

（宋）袁燮撰
（归善斋按，见"王曰，呜呼！封汝念哉"）

9. 《书经集传》卷四《周书·康诰》

（宋）蔡沈撰
（归善斋按，见"王曰，呜呼！封汝念哉"）

10. 《尚书精义》卷三十四《周书·康诰》

（宋）黄伦撰
（归善斋按，见"王曰，呜呼！封汝念哉"）

11. 《尚书详解》卷二十九《周书·康诰》

（宋）陈经撰
（归善斋按，见"王曰，呜呼！封汝念哉"）

12. 《融堂书解》卷十二《周书·康诰》

（宋）钱时撰
（归善斋按，见"王曰，呜呼！封汝念哉"）

13. 《尚书要义》

（宋）魏了翁撰
（归善斋按，原缺）

14. 《书集传或问》卷下《康诰》

（宋）陈大猷撰
（归善斋按，未解）

15. 《尚书详解》卷八《周书·康诰第十一》

（宋）胡士行撰

（归善斋按，见"王曰，呜呼！封汝念哉"）

16. 《书纂言》卷四上《周书·康诰》

（元）吴澄撰

（归善斋按，见"王曰，呜呼！封汝念哉"）

17. 《书集传纂疏》卷四下《朱子订定蔡氏集传·周书·康诰》

（元）陈栎撰

（归善斋按，见"王曰，呜呼！封汝念哉"）

18. 《读书丛说》卷六《康诰》

（元）许谦撰

（归善斋按，未解）

19. 《书传辑录纂注》卷四《周书·康诰》

（元）董鼎撰

（归善斋按，见"王曰，呜呼！封汝念哉"）

20. 《尚书句解》卷八《周书·康诰第十一》

（元）朱祖义撰

往，敷求于殷先哲王（往即乃封，又敷布遍求殷家先哲之王所行善政、善教），用保乂民（用以安治商之余民）。

21. 《尚书日记》卷十一《周书·康诰》

（明）王樵撰

（归善斋按，见"王曰，呜呼！封汝念哉"）

22. 《日讲书经解义》卷八《周书·康诰》

（清）库勒纳等撰
（归善斋按，见"王曰，呜呼！封汝念哉"）

《书义断法》卷四《周书·康诰》

（元）陈悦道撰
（归善斋按，见"今民，将在祗遹乃文考"）

《五诰解》卷一《康诰》

（宋）杨简撰
（归善斋按，见"王曰，呜呼！封汝念哉"）

汝丕远唯商耇成人，宅心知训

1. 《尚书注疏》卷十三《周书》

（汉）孔氏传，（唐）陆德明音义，（唐）孔颖达疏
汝丕远唯商耇成人，宅心知训。
传，汝当大远求商家耇老成人之道，常以居心，则知训民。
音义，耇，音狗。
疏，正义曰，不但法其先君，汝又当须大远求商家耇老成人之道，居之于心，即知训民矣。
传，正义曰，上云"敷求殷先哲王"，谓求殷之贤君；此言"求商家耇老成人"，谓求殷之贤臣。大远者备遍求之。

2. 《书传》卷十二《周书》

（宋）苏轼撰
（归善斋按，见"往，敷求于殷先哲王，用保乂民"）

3.《尚书全解》卷二十八

（宋）林之奇撰
（归善斋按，见"王曰，呜呼！封汝念哉"）

4.《尚书讲义》卷十四

（宋）史浩撰
（归善斋按，见"王若曰，孟侯，朕其弟，小子封"）

5.《尚书详解》卷十九《周书·康诰》

（宋）夏僎撰
（归善斋按，见"王曰，呜呼！封汝念哉"）

6.《增修东莱书说》卷二十《周书·康诰第十一》

（宋）吕祖谦撰，（宋）石澜增修
（归善斋按，见"王曰，呜呼！封汝念哉"）

7.《尚书说》卷五《周书·康诰》

（宋）黄度撰
（归善斋按，见"王曰，呜呼！封汝念哉"）

8.《絜斋家塾书钞》卷十《周书·康诰》

（宋）袁燮撰
（归善斋按，见"王曰，呜呼！封汝念哉"）

9.《书经集传》卷四《周书·康诰》

（宋）蔡沈撰
（归善斋按，见"王曰，呜呼！封汝念哉"）

10. 《尚书精义》卷三十四《周书·康诰》

（宋）黄伦撰

（归善斋按，见"王曰，呜呼！封汝念哉"）

11. 《尚书详解》卷二十九《周书·康诰》

（宋）陈经撰

（归善斋按，见"王曰，呜呼！封汝念哉"）

12. 《融堂书解》卷十二《周书·康诰》

（宋）钱时撰

（归善斋按，见"王曰，呜呼！封汝念哉"）

13. 《尚书要义》

（宋）魏了翁撰

（归善斋按，原缺）

14. 《书集传或问》卷下《康诰》

（宋）陈大猷撰

（归善斋按，未解）

15. 《尚书详解》卷八《周书·康诰第十一》

（宋）胡士行撰

（归善斋按，见"王曰，呜呼！封汝念哉"）

16. 《书纂言》卷四上《周书·康诰》

（元）吴澄撰

（归善斋按，见"王曰，呜呼！封汝念哉"）

17.《书集传纂疏》卷四下《朱子订定蔡氏集传·周书·康诰》

（元）陈栎撰

（归善斋按，见"王曰，呜呼！封汝念哉"）

18.《读书丛说》卷六《康诰》

（元）许谦撰

（归善斋按，未解）

19.《书传辑录纂注》卷四《周书·康诰》

（元）董鼎撰

（归善斋按，见"王曰，呜呼！封汝念哉"）

20.《尚书句解》卷八《周书·康诰第十一》

（元）朱祖义撰

汝丕远唯商耇成人（汝又大远思唯商之老成人），宅心知训（所以能处心而知训民之道者）。

21.《尚书日记》卷十一《周书·康诰》

（明）王樵撰

（归善斋按，见"王曰，呜呼！封汝念哉"）

22.《日讲书经解义》卷八《周书·康诰》

（清）库勒纳等撰

（归善斋按，见"王曰，呜呼！封汝念哉"）

《书义断法》卷四《周书·康诰》

（元）陈悦道撰

汝丕远唯商耇成人，宅心知训，别求闻由古先哲王，用康保民。弘于天，若德裕，乃身不废在王命。

无遗商耇，以端治本，而明化源，稽我古人之德，以安万民而保一国，然后此身之理，能究其所从出，此身之德能充其有余，可以不坠吾君分土、分民之命矣。然止能不废在王命，才可免过而已。非以为己是也。则康叔之尊贤，而稽古弘道蓄德者，岂可有一息之不勉，而不思王命之重哉。

（归善斋按，另见"今民，将在祇遹乃文考"）

《五诰解》卷一《康诰》

（宋）杨简撰

汝丕远唯商耇成人，宅心知训。

商家先成人，谓之"耇"。造德虽远在前世，当笃志大求其遗训而观之也。宅心者，安乎本心。心既安而不起私意，则能知古人之训旨矣。禹告舜曰"安汝止"，伊尹告太甲曰"钦厥止"。至文王之教，亦唯在"宅心"。盖人心本静，止而不动。喜怒哀乐，视听言动，皆其变化，如鉴中生万象，而鉴无思为，唯动乎私意，故至昏乱。

别求闻由古先哲王，用康保民

1. 《尚书注疏》卷十三《周书》

（汉）孔氏传，（唐）陆德明音义，（唐）孔颖达疏

别求闻由古先哲王，用康保民。

传，又当别求所闻父兄，用古先智王之道，用其安者以安民。

疏，正义曰，其外又更当别求所闻父兄，用古先智王之道，用其安者，以安民，即古虞夏之道也。

传，正义曰，别求所闻者，以父兄，乃所居殷外，故云别求。上只言遹，乃文考。并言兄者，以上云"寡兄勖"，则以文、武道同，言文，可以兼武，故并言父兄也。古先哲，王、郑云，虞、夏也，孔亦当然。以上代与今事，远不可以同，故言用其安者。

2. 《书传》卷十二《周书》

（宋）苏轼撰

(归善斋按，见"往，敷求于殷先哲王用保乂民")

3. 《尚书全解》卷二十八

（宋）林之奇撰

(归善斋按，见"王曰，呜呼！封汝念哉")

4. 《尚书讲义》卷十四

（宋）史浩撰

(归善斋按，见"王若曰，孟侯，朕其弟，小子封")

5. 《尚书详解》卷十九《周书·康诰》

（宋）夏僎撰

(归善斋按，见"王曰，呜呼！封汝念哉")

6. 《增修东莱书说》卷二十《周书·康诰第十一》

（宋）吕祖谦撰，（宋）石澜增修

(归善斋按，见"王曰，呜呼！封汝念哉")

7. 《尚书说》卷五《周书·康诰》

（宋）黄度撰

(归善斋按，见"王曰，呜呼！封汝念哉")

8. 《絜斋家塾书钞》卷十《周书·康诰》

（宋）袁燮撰

(归善斋按，见"王曰，呜呼！封汝念哉")

9.《书经集传》卷四《周书·康诰》

（宋）蔡沈撰
（归善斋按，见"王曰，呜呼！封汝念哉"）

10.《尚书精义》卷三十四《周书·康诰》

（宋）黄伦撰
（归善斋按，见"王曰，呜呼！封汝念哉"）

11.《尚书详解》卷二十九《周书·康诰》

（宋）陈经撰
（归善斋按，见"王曰，呜呼！封汝念哉"）

12.《融堂书解》卷十二《周书·康诰》

（宋）钱时撰
（归善斋按，见"王曰，呜呼！封汝念哉"）

13.《尚书要义》

（宋）魏了翁撰
（归善斋按，原缺）

14.《书集传或问》卷下《康诰》

（宋）陈大猷撰
（归善斋按，未解）

15.《尚书详解》卷八《周书·康诰第十一》

（宋）胡士行撰
（归善斋按，见"王曰，呜呼！封汝念哉"）

16. 《书纂言》卷四上《周书·康诰》

(元) 吴澄撰

(归善斋按,见"王曰,呜呼!封汝念哉")

17. 《书集传纂疏》卷四下《朱子订定蔡氏集传·周书·康诰》

(元) 陈栎撰

(归善斋按,见"王曰,呜呼!封汝念哉")

18. 《读书丛说》卷六《康诰》

(元) 许谦撰

(归善斋按,未解)

19. 《书传辑录纂注》卷四《周书·康诰》

(元) 董鼎撰

(归善斋按,见"王曰,呜呼!封汝念哉")

20. 《尚书句解》卷八《周书·康诰第十一》

(元) 朱祖义撰

别求闻由古先哲王(又别遍求,以审闻由行夏商以上古先智哲之王之道),用康保民(合是二者,用安保康民)。

21. 《尚书日记》卷十一《周书·康诰》

(明) 王樵撰

(归善斋按,见"王曰,呜呼!封汝念哉")

22. 《日讲书经解义》卷八《周书·康诰》

(清) 库勒纳等撰

(归善斋按,见"王曰,呜呼!封汝念哉")

《书义断法》卷四《周书·康诰》

（元）陈悦道撰

（归善斋按，见"今民，将在祗遹乃文考"，另见"汝丕远唯商耇成人"）

《五诰解》卷一《康诰》

（宋）杨简撰

别求闻由古先哲王，用康保民。

别更求所闻，自殷而上古先哲王之言行，用以治民。

弘于天，若德裕，乃身不废在王命

1. 《尚书注疏》卷十三《周书》

（汉）孔氏传，（唐）陆德明音义，（唐）孔颖达疏

弘于天，若德裕，乃身不废在王命，

传，大于天为顺德，则不见废，常在王命。

疏，正义曰，人事既然，又阐大于天之道，而为顺德，又加之宽容，则汝身不见废，常在王命。

传，正义曰，大于天者，以天道人用，而光大之故，因云"大"也。其文王及殷古先哲王，与天其道不异，以前后圣迹虽殊，同天不二也。以康叔亚圣大贤，治殷余恶，故使之用天道，为顺德也。

2. 《书传》卷十二《周书》

（宋）苏轼撰

弘于天，若德裕，乃身不废在王命。

既求古圣贤，以弘大汝天性，顺成其德，则汝身绰绰然有余裕矣，然终不废用天子之法令，此所谓虽有庇民之大德，而有事君之小心也。

3.《尚书全解》卷二十八

（宋）林之奇撰
（归善斋按，见"王曰，呜呼！封汝念哉"）

4.《尚书讲义》卷十四

（宋）史浩撰
（归善斋按，见"王若曰，孟侯，朕其弟，小子封"）

5.《尚书详解》卷十九《周书·康诰》

（宋）夏僎撰
（归善斋按，见"王曰，呜呼！封汝念哉"）

6.《增修东莱书说》卷二十《周书·康诰第十一》

（宋）吕祖谦撰，（宋）石澜增修
（归善斋按，见"王曰，呜呼！封汝念哉"）

7.《尚书说》卷五《周书·康诰》

（宋）黄度撰
（归善斋按，见"王曰，呜呼！封汝念哉"）

8.《絜斋家塾书钞》卷十《周书·康诰》

（宋）袁燮撰
（归善斋按，见"王曰，呜呼！封汝念哉"）

9.《书经集传》卷四《周书·康诰》

（宋）蔡沈撰
（归善斋按，见"王曰，呜呼！封汝念哉"）

10. 《尚书精义》卷三十四《周书·康诰》

(宋) 黄伦撰
(归善斋按, 见"王曰, 呜呼! 封汝念哉")

11. 《尚书详解》卷二十九《周书·康诰》

(宋) 陈经撰
(归善斋按, 见"王曰, 呜呼! 封汝念哉")

12. 《融堂书解》卷十二《周书·康诰》

(宋) 钱时撰
(归善斋按, 见"王曰, 呜呼! 封汝念哉")

13. 《尚书要义》

(宋) 魏了翁撰
(归善斋按, 原缺)

14. 《书集传或问》卷下《康诰》

(宋) 陈大猷撰
(归善斋按, 未解)

15. 《尚书详解》卷八《周书·康诰第十一》

(宋) 胡士行撰
(归善斋按, 见"王曰, 呜呼! 封汝念哉")

16. 《书纂言》卷四上《周书·康诰》

(元) 吴澄撰
(归善斋按, 见"王曰, 呜呼! 封汝念哉")

17.《书集传纂疏》卷四下《朱子订定蔡氏集传·周书·康诰》

（元）陈栎撰

（归善斋按，见"王曰，呜呼！封汝念哉"）

18.《读书丛说》卷六《康诰》

（元）许谦撰

（归善斋按，未解）

19.《书传辑录纂注》卷四《周书·康诰》

（元）董鼎撰

（归善斋按，见"王曰，呜呼！封汝念哉"）

20.《尚书句解》卷八《周书·康诰第十一》

（元）朱祖义撰

弘于天（所闻所求，广而充之，一概以天理），若德裕，乃身（顺天赋自然之德，使绰然有余裕于汝身）不废在王命（则康叔所能仰副成王丁宁之意，而在上之命，可以不废矣）。

21.《尚书日记》卷十一《周书·康诰》

（明）王樵撰

（归善斋按，见"王曰，呜呼！封汝念哉"）

22.《日讲书经解义》卷八《周书·康诰》

（清）库勒纳等撰

（归善斋按，见"王曰，呜呼！封汝念哉"）

《书义断法》卷四《周书·康诰》

(元) 陈悦道撰

(归善斋按,见"汝丕远唯商耇成人")

《尚书疑义》卷五《康诰》

(明) 马明衡撰

"弘于天"与下"乃服唯弘王"意亦同。谓弘乃天道。古人终日只是事天,故无时不言天。天道即王道也。蔡说天者,理之所从以出,以太拘,亦太深求耳。"天畏棐忱","棐"字以上,通改作"辅"字。文公谓《汉书》颜师古,棐、匪通用。如是,则此当云,天可畏而难信,民情可见而难保也。

《五诰解》卷一《康诰》

(宋) 杨简撰

弘于天。

既使康叔学文王,又使学殷先哲王,又学商耇成人,又使别求殷以上古先哲王言行,"用康保民"。于是又使弘大而学天。盖以三才之道,一而已矣。有一不与天相似,则必有未尽乎道。宅心之久,纯粹精一,则能合乎天矣。盖此心即道,故舜曰"道心"。文王"不识不知",即"无思无为"之妙。孔子曰"夫孝天之经也,地之义也,民之行也",又曰"礼本于天",又曰"礼本于太一",又曰"人者,天地之心",又曰"心之精神是谓圣"。变化云为"无方无体",如日月之光,初无思为,而无所不照。故《诗》云"学有缉熙于光明",《易》曰"日新其德",又曰"君子行此四德者,故曰乾元亨利贞"。诸象,多以天地、日月、四时为言,皆所以教人,以三才之道本一也,违之则失道矣。

若德裕,乃身不废在王命。

若汝身之德宽裕广大,则于王命为不废矣。

王曰：呜呼！小子封，恫瘝乃身，敬哉

1. 《尚书注疏》卷十三《周书》

（汉）孔氏传，（唐）陆德明音义，（唐）孔颖达疏

王曰：呜呼！小子封，恫瘝乃身，敬哉。

传，恫，痛；瘝，病。治民，务除恶政，当如痛病在汝身，欲去之。敬行我言。

音义，恫，音通，又敕动反。瘝，古顽反。

疏，正义曰，所明而云行天人之德者，其要在于治民，故言，王曰：呜呼！小子封，治民为善而除恶政，当如痛病在汝身，欲去之。敬行我言哉。

传，正义曰，"恫"声类于"痛"，故"恫"为"痛"也。瘝，病，《释诂》文。以痛病在汝身，以述治民，故务除恶政，如己病也。戒之而言敬，故知敬行我言也。郑玄云"刑罚及己为痛病"，其义不及去恶若己病也。

《尚书注疏》卷十三《考证》

"王曰，呜呼！小子封"疏，所明而云行天人之德者。

臣浩按，"所明而云"四字理不可解。玩文义，似当云，上文所云，行天人之德者，但各本俱误仍之。

2. 《书传》卷十二《周书》

（宋）苏轼撰

王曰，呜呼！小子封，恫瘝乃身，敬哉。

恫，痛也。瘝，疾也。常若有疾痛在身，不忘治也。

3. 《尚书全解》卷二十八

（宋）林之奇撰

王曰，呜呼！小子封，恫瘝乃身，敬哉。天畏棐忱，民情大可见，小人难保，往，尽乃心，无康好逸豫，乃其乂民。

恫，痛也。瘝，病也。言康叔之治民，不可以不敬，当常如疾痛在汝之身也。"子之所慎，齐战疾"。人之疾痛在身者，自非狂惑失志，未有不致其慎者。故兢兢战战，唯恐不及。汝之敬于治民，其心当如此，不可以须臾忘也。人之常情，天之高，高而在上者，固以为可畏。至于下民，林林然而在下，则其心必轻而忽之矣。故戒之以"天畏棐忱，民情大可见，小人难保"，言"天难谌，命靡常"，甚可畏也。然有德，则亲之；有道，则享之。诚意孚于此，而天意应于彼。盖疾于桴鼓之应，以其所辅者，诚也。民之情，好安而恶危，好治而恶乱，固大可见矣。然而抚之则后，虐之则雠，离合之间，不容毫发之差，则小人岂不难保乎。能保小民，则天必辅之矣。苟唯肆于民，上以纵其淫，而弃天地之性，则民心未附，其何以得天之心哉？则民之可畏，盖与天之可畏无以异也。故汝之往治之也，则无以民为可忽，必尽汝之心，以治其国，毋怀燕安而肆其逸豫之情，乃可以治斯民矣，此所以为不可不敬也。

4.《尚书讲义》卷十四

（宋）史浩撰

（归善斋按，见"王若曰，孟侯，朕其弟，小子封"）

5.《尚书详解》卷十九《周书·康诰》

（宋）夏僎撰

王曰，呜呼！小子封，恫瘝乃身，敬哉。天畏棐忱，民情大可见，小人难保。往，尽乃心，无康好逸豫，乃其乂民。我闻曰，怨不在大，亦不在小。惠不惠，懋不懋。已！汝唯小子乃服，唯弘王，应保殷民，亦唯助王宅天命，作新民。

此又一节告戒之辞，盖古者戒饬臣下，非如今作成一篇之文，涣号而告之，或今日以此，明日又告以彼，史官叙为一篇，故凡言王曰者，皆自为一节也。恫，痛也。瘝，病也。王叹而呼康叔谓，汝未膺民之寄，则休戚为无预。今有人民社稷，则民之休戚，汝之休戚也。是今日之封，非为汝荣，乃所以疾痛于汝身，汝不可不敬也。成王既戒使之敬，故遂言所当敬之事，谓天威可畏，常辅至诚，观之民情之向背，则可见矣。盖能治民则民归之，民归之则天必与之；不能治民则民不与，民不与则天亦不与。是天之辅与不辅，皆即民情而可见也。天之所辅，既因于民，则民不可不求有以保之，亦明矣。奈何小民之情，抚后虐雠，又复难保，则为康叔者当如何哉？"往，尽其心"，而不敢安然好为逸乐游豫之事，则乃可以治民矣。此盖康叔所当敬者也。成王既告康叔，使无康好逸乐，乃其乂民，于是举其所闻于古人之言，以告戒之曰，凡所行不善，致怨于民，不在于大，亦不在于小，皆足以召乱，唯无怨则善。苟有之，则大亦致乱，小亦致乱，不可不慎也。然则，欲无怨非他，唯则取其不顺于理者，当有以顺之，使循于理。取其不勉于善者，当有以勉之，使勤于善。如此则不顺者顺，不勉者勉，尚谁敢怨哉。成王既以所闻于古者言之，则又叹曰，已乎，汝小子康叔，乃所服者，唯在乎弘大吾人君所以应保殷民之道。所谓应保者，谓顺而安之，若人情欲寿，则生而不伤；欲富，则厚而不困者是也。汝既保殷民，则亦以助王安定，所服之天命而作新天下之民。盖邦之安，非唯兹商士、商民之安，乃周民之安也。时康叔实以卫侯为王司寇，则保殷民与新周民者，皆其责也，故成王告之以此。

6.《增修东莱书说》卷二十《周书·康诰第十一》

（宋）吕祖谦撰，（宋）石澜增修

王曰，呜呼！小子封，恫瘝乃身，敬哉。天畏棐忱，民情大可见，小人难保。往，尽乃心，无康好逸豫，乃其乂民。我闻曰，怨不在大，亦不在小。惠不惠，懋不懋。已！汝唯小子乃服，唯弘王，应保殷民，亦唯助王宅天命，作新民。

周公复以王命叹息言之，今命尔为诸侯，非欲富贵尔身，乃委疾痛于尔身耳。以商民累汝，不可认以为富贵之具也。盖为诸侯，岂易事哉。上有天命之可畏，唯至诚者辅之，则将奉天者，不可有一毫欺伪之心，是奉天实难也。下有民情显然可见，抚我则后，虐我则雠，而小人之心最为难保，是安民尤难也。天心难奉，民心难安，岂非"恫瘝乃身"乎？尔自此以往，当尽其诚心，不可安康而好逸豫，忧责之重，岂暇为游畋声色之乐，以自娱此心，当专一于治民，乃其乂民者，用志不分之意也。此心不分于逸豫，则必专于乂民，乂民之工既专，即所以奉天也。我闻自古怨不在大，亦不在小，但不可有耳。当惠所不惠，如鳏寡孤独人所易虐，能抚摩之，是惠所不惠也。懋所不懋，纤悉微小人所易忽，能力行之，是懋所不懋也。所以然者，正以为弭怨之道。汝能服行其事，乃可以光大王室，应保商民。应者，内外相应也。盖康叔能保商之余民，则商之新民，由兹而可保。康叔之治，与周公之治相应，则商土之民情，与洛邑之民情相应，然则周公之告康叔者，即其师保之道也。殷民之保，则新民自是而作矣。作者，彼此相视而兴起之谓也。如此乃所以辅成我一人宅天命。当时王室安危所系，正在商民。民得保养，则王业巩固，而天命可必其定矣。新民者，所迁之民也。新迁之民在洛邑，周公既师保之，何与于康叔，盖商民大家世族，虽已迁洛，其朋友、亲属、故旧、交游，多在故地，相去虽远，而人情未尝不相通贯。周公虽化导新民，而商故地之民，或不得其化，则洛邑之民亦不能不动其心。唯康叔能保商民，而使之安定，则新邑之民，观感于外，亦得以自慰，则周公之与康叔表里相应，内外相济，而作之之责，反在康叔也。

7.《尚书说》卷五《周书·康诰》

（宋）黄度撰

王曰，呜呼！小子封，恫瘝乃身，敬哉。天畏棐忱，民情大可见，小人难保。往，尽乃心，无康好逸豫，乃其乂民。我闻曰，怨不在大，亦不在小。惠不惠，懋不懋。已！汝唯小子乃服，唯弘王，应保殷民，亦唯助王宅天命，作新民。

恫，痛；瘝，病。《记》曰"未有学养子而后嫁者也"，心诚求之，虽不中不远，故凡民之痛苦疾疴，皆于乃身察之。其大要则在乎敬而已。天之威可畏，而所辅者诚也。民之情大可见，而难保者小人也。今汝往，必尽乃心，无自安好逸豫，其专务治民。自安好逸，岂能尽其心哉？我闻于昔之人曰，怨不在大，亦不在小。怨大怨小，皆为失人心耳，故必顺其所不顺，勉其所不勉，以远于怨己乎。汝唯小子乃能服行，此则"唯弘王，应保殷民，亦唯助王宅居天命，作新其民"。殷民迪屡未同，天命为未定也。殷多士将迁洛，其遗民在殷者，康叔实统治之，诚使仁渐义摩，无一夫阻隔王化，岂非弘王应保殷民哉。诚使天之佑周者不庸释，而殷民亦遂日迁善远罪而不知，岂非助王宅天命，作新民哉。

8.《絜斋家塾书钞》卷十《周书·康诰》

（宋）袁燮撰

王曰，呜呼！小子封，恫瘝乃身，敬哉。天畏棐忱，民情大可见，小人难保。往，尽乃心。无康好逸豫，乃其乂民。我闻曰，怨不在大，亦不在小。惠不惠。懋不懋。

恫，痛也。瘝，疾也。言当常如疾痛之在身也。且康叔以孟侯之尊，处富贵之位，岂使之逸豫以自奉其一己哉。位愈尊，而责愈重。诸侯之所取法，下民之所视傚也。恐恐然，常若抱疾痛于其身，此意岂可少忘哉。呜呼！非周公何以言之深切如此。天虽明可畏，而忱诚之人，天必辅之。民情虽大可见，而难保莫甚焉。以言民之难保甚于天之可畏也。常人但知小人难保而已，今周公直以为民之难保，甚于天之可畏，其言尤深切焉。论至于此，如何不是恫瘝乃身。"往，尽乃心"，即"弘于天"也。人有此心，不可不尽。"无康好逸豫"，即"恫瘝乃身"也。尽心竭力，而逸豫之念不萌。如此，方可以治民矣。故曰"乃其乂民"。不在大、亦不在小，言怨之大固不可，怨之小亦不可，无小无大，皆不可也。孔子告仲弓曰"在邦无怨，在家无怨"，人岂可有怨于人哉。况为一国之君，至于民皆怨其上，是岂小事。夫民之怨心易萌，所谓夏暑雨，小民唯曰怨咨；冬祁寒，小民亦唯曰怨咨。厥唯艰哉。古人唯恐民有一毫怨其上之心，故曰小人怨汝，詈汝，则皇自敬德。盖深知夫怨之必有也。怨岂在明不见是图。太康之所以失邦，亦只是结怨于民，其初怨之亦小，日复一日，怨之愈大，是以卒至于黎民咸贰。吁！可不惧哉。"惠不惠"者，常人之所不加惠，吾从而惠之也；"懋不懋"者，常人至此不加勉，吾愈知所自勉也。人所不惠者惠之，人所不勉者勉之，果能此道矣，岂复有怨于人。故"惠不惠，懋不懋"，此止怨之道也。

9. 《书经集传》卷四《周书·康诰》

(宋) 蔡沈撰

王曰，呜呼！小子封，恫瘝乃身，敬哉。天畏棐忱，民情大可见，小人难保。往，尽乃心，无康好逸豫，乃其乂民。我闻曰，怨不在大，亦不在小。惠不惠，懋不懋。

恫，音通；瘝，姑还反。恫，痛；瘝，病也。视民之不安，如疾痛之在乃身，不可不敬之也。天命不常，虽甚可畏。然诚则辅之。民情好恶虽大可见，而小民至为难保。汝往之国，所以治之者，非他，唯尽汝心，无自安而好逸豫，乃其所以治民也。古人言，怨不在大，亦不在小。唯在顺不顺，勉不勉耳。顺者，顺于理；勉者，勉于行。即上文所谓"往，尽乃心，无康好逸豫"者也。

10. 《尚书精义》卷三十四《周书·康诰》

(宋) 黄伦撰

王曰，呜呼！小子封，恫瘝乃身，敬哉。天畏棐忱，民情大可见，小人难保。往，尽乃心，无康好逸豫，乃其乂民。我闻曰，怨不在大，亦不在小。惠不惠，懋不懋。已！汝唯小子乃服，唯弘王，应保殷民，亦唯助王宅天命，作新民。

无垢曰：恫，痛也。瘝，疾也。不知"祗遹文考"以至"别求古先哲王"，则邵尧夫所谓"微处起经纶"者也，人欲滋炽，所乡皆恶。未问物论邦刑，以痛疾其身。其心纷纭扰乱，大则为名好胜，小则为利患失，又其下为淫为侈，为决其堤防。疑沮，曾不得须□宁人，见其平体慢肤，若从容无事者，而不知其心如此其蹙迫也。天可畏，而所辅者在诚，吾勉求诚之所在，可也。小人难保，其情大可见，吾勉求其情之所在，可也。吾之诚，民之情欲求之者无他焉，自敬而入耳。欲求诚，自此以往当尽乃心，尽心则诚见矣。尽心，即《孟子》"尽心"之说也。心，体甚大，能尽之者少。唯能尽，则人欲断绝，天理昭著。天正在此，吾何往而不得天哉。欲求民情，当无安逸豫。盖勤俭，则得民心；逸豫，则失民心。民心不可保也，勤俭则聚，逸豫则去，安有常心哉。故乂民之道，正在不好逸豫耳。尽心不好逸豫之道，在敬而已矣。小人难保，故多怨。民怨，则天所不佑。夫民怨君，不在大，恶或起于小事，不专在小事，多由于大恶。勿以谓起于小事，而苛察细务，简忽大体也；亦勿谓由于大恶，而简忽细行，专务大体也。如贯高之图，高祖徒以简忽张敖耳，果怨在大乎？隋文帝亲临万机，至卫士传餐，而以喜怒生杀一传而灭，怨果在小乎。然则，几微之祸如此，可不专去逸豫，而勉其不勉之心乎？已乎，汝康叔虽小子，然其任重大，所事者，弘王应保殷民，助王宅天命，作新民，岂可忽哉。

东坡曰，武庚之乱征伐之，余民流徙者，无常居。故康叔之国，有新民也。方三监叛周，天命盖岌岌矣。黜殷而封康叔，天命乃定。

史氏曰，人之性，孰不有道。而商民不顺于道；孰不有德，而商民不勉于德，皆其君不能顺之、勉之之故。狃于奸宄，败常乱俗，其不顺于道；骄淫矜夸，怙侈灭义，其不勉于德如此，是皆习于商政故也。康叔之居是邦也，无俟于他求，因其固有之性顺以导之，则昔之不顺者，于是而亦顺；因其固有之性勉以劝之，则昔之不勉者，何患乎不勉，又焉用忿疾于顽过为刑戮，以招怨谤哉。

11. 《尚书详解》卷二十九《周书·康诰》

（宋）陈经撰

王曰，呜呼！小子封，恫瘝乃身，敬哉。天畏棐忱，民情大可见，小人难保。往，尽乃心，无康好逸豫，乃其乂民。我闻曰，怨不在大，亦不在小。惠不惠，懋不懋。已！汝唯小子乃服，唯弘王，应保殷民，亦唯助王宅天命，作新民。

此一段，皆言"明德"也。"小子封，恫瘝乃身"，恫，痛也。瘝，病也。汝康叔当以商民合作一体观之，疾痛疴痒，切于吾身可也。若不以一体观之，商民之利害安危，于己无与焉，是犹医家所谓手足不知痛痒，为不仁者也。既知疾痛切于吾身，则自然知所敬，而不敢忽。"天畏棐忱，民情大可见"，此又合天人之理以告之。天有可畏之理，唯诚者是辅之。然天道幽隐，何从而见？于民情而大可见矣。民心之所向，即天意之所福；民心之所背，即天意之所弃。虽然天之可畏，固在乎民情。然民之难保,当求之吾心。暑雨祈寒,不免怨咨,此小人之难保也。然民心无常,但知尽吾心而已。所谓尽心者,有一毫之忽,则不得谓之尽。所谓尽心者,无求自安而好为逸豫。民有一利当勤而兴之;民有一害,当勤而去之。此即又民之道也。成王之言,自天而考之民,自民而求之心,可谓至要。康叔不必求之天可也,求之民可也,不必求之民可也,求之心可也。我闻之古人有言曰,怨不在大,以其起于细微也;亦不在小,以其由小可至大也。诸侯之化民,使民至于怨己,则皆己之所未至也。欲知寡怨之方,唯顺其所不顺,而逆民之事不敢为;勉其所不勉,而在己之职不敢怠。如此而后,可以无怨。"已乎,汝唯小子乃服。唯弘王,应保殷民,亦唯助王宅天命,作新民",谓汝诸侯之事,唯在于恢弘成王之心,而推之以应保殷民而已。应其民而安之,即观民而设教也。亦唯在于辅助成王居天命之安,作新民之旧俗而已。盖商民之安危,即天命之安危。而商民之旧染,亦当作而新之,俾之舍旧而唯新是图也。应保殷民者,成王之心;而弘之者,康叔也。宅天命作新民者,成王之事,而助之者,康叔也。观"弘""助"二字,足以尽人臣事上之道。

12.《融堂书解》卷十二《周书·康诰》

(宋) 钱时撰

王曰,呜呼!小子封,恫瘝乃身,敬哉。天畏棐忱,民情大可见,小人难保。往,尽乃心,无康好逸豫,乃其又民。我闻曰,怨不在大,亦不在小。惠不惠,懋不懋。已!汝唯小子乃服,唯弘王,应保殷民,亦唯助王宅天命,作新民。

上文诰康叔以"明德",而通论讲求治民之法,固已备。至此节,则又切民之情,并指其为德之累者,而诰之工夫尤更精密也。怨不在大小,但顺吾之不顺,勉吾之不勉,足矣。此正"尽心"要旨。"应保殷民",应,如医家应病用药之应,切中其情之谓也。

13.《尚书要义》

(宋) 魏了翁撰

(归善斋按,原缺)

14. 《书集传或问》卷下《康诰》

(宋) 陈大猷撰

(归善斋按, 未解)

15. 《尚书详解》卷八《周书·康诰第十一》

(宋) 胡士行撰

王曰, 呜呼! 小子封, 恫 (痛) 瘝 (病) 乃身, 敬哉。天畏 (明畏) 棐忱, 民情大可见 (明威), 小人难保 (抚后虐雠)。往, 尽乃心, 无康 (安) 好逸豫, 乃其乂民 (民乂则天棐在其中)。我闻曰, 怨不在大, 亦不在小 (无大无小, 皆可治乱)。惠 (当顺) 不惠 (不顺者), 懋 (勉) 不懋。已! 汝唯小子乃服 (所服行政教), 唯弘 (大) 王 (王道), 应 (答) 保 (安) 殷民, 亦唯助王宅 (安顺) 天命, 作 (兴) 新民。

卫之封, 以商民恫瘝, 汝非可忽以为富贵之具也。天可畏而难谌, 民可见而难保, 皆尔侯忧责也。可二尔心乎? 乂民, 亦所以奉天也。民情难保, 召怨之端, 不在大小, 必于其不顺、不勉者而顺之、勉之焉, 则庶几可以无怨矣。于以弘王, 助王应保作新, 定宅天命, 皆以汝小子是望, 可不勉诸。

16. 《书纂言》卷四上《周书·康诰》

(元) 吴澄撰

王曰, 呜呼! 小子封, 恫瘝乃身, 敬哉。天畏棐忱, 民情大可见, 小人难保。往, 尽乃心, 无康好逸豫, 乃其乂民。我闻曰, 怨不在大, 亦不在小。惠不惠, 懋不懋。已! 汝唯小子乃服, 唯弘王, 应保殷民, 亦唯助王宅天命, 作新民。

恫, 痛; 瘝, 病。戒慎恐惧, 常若病痛之在身, 则无所不敬矣。畏、威通。棐, 朱子从颜氏《汉书》注与"匪"同, 后并仿此。忱, 信也。天之威, 非可信, 其常佑助民之情大可见者。"小人难保", 其常怀服也。然天之视, 听自民。民情所向, 即天所佑; 民情所背, 即天所弃。汝往就国, 当尽汝之心, 毋自安而好逸豫, 乃可以治民。又申言小人难保之意,我闻人有言曰，凡民不当使之有怨，怨无大小，皆能为患。不在大者，大起于小；不在小者，小至于大。汝之德，虽已惠爱于人，犹自以为不惠；虽已懋勉于己，犹自以为不懋，歉然不自足，唯恐失民之心。如此庶可使民无怨也。应，谓顺其心；宅，谓已得天命而居守之也。作，谓振起而变化之也。新民，殷民之新附者。汝所服行，唯弘广王之所以应保殷民者，亦唯佐助王之所以守天命，而动化其新民者。

17.《书集传纂疏》卷四下《朱子订定蔡氏集传·周书·康诰》

（元）陈栎撰

王曰，呜呼！小子封，恫瘝乃身，敬哉。天畏棐忱，民情大可见，小人难保。往，尽乃心，无康好逸豫，乃其乂民。我闻曰，怨不在大，亦不在小。惠不惠，懋不懋。

恫，痛；瘝，病也。视民之不安，如疾痛之在乃身，不可不敬之也。天命不常，虽甚可畏，然诚则辅之。民情好恶虽大可见，而小民至为难保。汝往之国，所以治之者，非他，唯尽汝心，无自安而好逸豫，乃其所以治民也。古人言，怨不在大，亦不在小。唯在顺不顺，勉不勉耳。顺者，顺于理；勉者，勉于行，即上文所谓"往，尽乃心，无康好逸豫"者也。

纂疏：

"天畏棐忱"，犹曰"天难谌"。

问，"惠不惠，懋不懋"。曰，顺其所不当顺，勉其所不当勉。一说，当顺者不顺，当勉者不勉。

夏氏曰，民之休戚，汝之休戚也，故曰"恫瘝乃身，敬哉"。下文即当"敬"之事。

吕氏曰，俟尔，非富贵之，乃委痛病于汝身耳。上则天难忱，下则民难保，非恫瘝乃身乎？

孔氏曰，怨不在大，起于小；不在小，小至于大。当使不顺者顺，不勉者勉。

林氏曰，当顺而不顺，当勉而不勉，皆足以致怨。必顺于人，而勉于己，怨庶可弭。

吴氏曰，惠鲜鳏寡，惠所不惠也；克勤小物，懋所不懋也。如是则可无怨。

张氏曰，惠所不必惠，无所不惠矣；懋所不必懋，无所不懋矣。

18.《读书丛说》卷六《康诰》

（元）许谦撰

（归善斋按，未解）

19.《书传辑录纂注》卷四《周书·康诰》

（元）董鼎撰

王曰，呜呼！小子封，恫瘝乃身，敬哉。天畏棐忱，民情大可见，小人难保。往，尽乃心，无康好逸豫，乃其乂民。我闻曰，怨不在大，亦不在小。惠不惠，懋不懋。

恫，痛；瘝，病也。视民之不安，如疾痛之在乃身，不可不敬之也。天命不常，虽甚可畏，然诚则辅之。民情好恶虽大可见，而小民至为难保。汝往之国，所以治之者，非他，唯尽汝心，无自安而好逸豫，乃其所以乂民也。古人言，怨不在大，亦不在小，唯在顺不顺、勉不勉耳。顺者，顺于理；勉者，勉于行，即上文所谓"往，尽乃心，无康好逸豫"者也。

辑录：

恫瘝，常如疾痛之在身，则无不觉矣。"天畏棐忱"，犹曰，天难谌尔。问"惠不惠，懋不懋"。曰，顺其所不当顺，勉其所不当勉，亦通。当顺者不顺，当勉者不勉，此说长。广。

纂注：

孔氏曰，治民，务除恶政，当如痛病在汝身，欲去之。

夏氏曰，民之休戚，汝之休戚也。故曰"恫瘝乃身，敬哉"，其下即当敬之事。

吕氏曰，命尔为侯，非富贵之也，乃委痛病于尔身。尔上则天难忱，下则民难保，非恫瘝乃身乎？

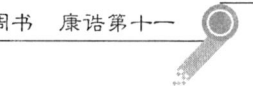

陈氏经曰，不必求之天，求之民可也；不必求之民，求之心可也。

孔氏曰，怨不在大，起于小；不在小，小至于大。当使不顺者顺，不勉者勉。

林氏曰，致怨无小无大，皆足以召乱。当顺而不顺，当勉而不勉，皆致怨之道，必顺于人，而勉于己，怨庶可弭也。

吴氏曰，惠鲜鳏寡，惠所不惠也。克勤小物，懋所不懋也，如是则可无怨。

张氏曰，惠所不必惠，无所不惠矣；懋所不必懋，无所不懋矣。

20.《尚书句解》卷八《周书·康诰第十一》

（元）朱祖义撰

王曰，呜呼！小子封（嗟叹，幼小之子，名封），恫瘝乃身（商民未化，如有痛疾在汝之身。恫，通；瘝，官），敬哉（可不敬哉）。

21.《尚书日记》卷十一《周书·康诰》

（明）王樵撰

"王曰，呜呼！小子封，恫瘝"至"懋不懋"。

"恫瘝乃身"，诸家以为封尔侯国，非富贵之也。俗顽责重，乃委劳苦于乃身也。此于敬哉。意似顺然，不如蔡传就"保民"上说，为亲切也。君民之势，才以贵高自待，视其休戚，便不甚切于身，必真知百姓为己之百姓，一一与他吃疼，始得曰"恫瘝"。而承之曰"敬哉"，敬，即此心常醒而无不觉。忽则昏，而一膜之外，与己不相关矣。

22.《日讲书经解义》卷八《周书·康诰》

（清）库勒纳等撰

王曰，呜呼！小子封，恫瘝乃身，敬哉。天畏棐忱，民情大可见，小人难保。往，尽乃心，无康好逸豫，乃其乂民。我闻曰，怨不在大，亦不在小。惠不惠，懋不懋。

此一节书，是欲康叔尽"明德"之功以治民也。恫，痛也。瘝，病也。棐，辅也。忱，信也。言唯诚信则辅之也。往，谓之国。惠，顺也；

懋，勉也。武王又叹息，呼其名而言曰，为人上者，固与民休戚相关，而如一体者也。视民之不得所，即如疾痛之在乃身，务除去而调护之，其可不敬哉？盖尔之一身，昭昭在上者，则有天；纷纷在下者，则有民。所恃以承天而化民者，则唯乃心。虽天命靡常，甚为可畏，然以诚格之，则天必眷佑。至民情好恶，虽大略可见，然小民之心，抚我则后，虐我则雠，最为难保。汝往之国，必竭尽汝爱民之心，轸其艰难，恤其疾苦，慎毋晏然偷安，好为逸乐之事。是乃所以治民之道乎？我闻古人有言曰，上之取怨于民，不在事之大，亦不在事之小，但顾其理之顺与不顺，行之勉与不勉何如耳。一有不顺、不勉，则人情拂，而怨蘖兴矣。古人之言如此，可见为人上者，不好逸豫，而后能尽心；尽心而后，能弭民之怨；弭民之怨而后，可以保民；可以保民而后，可以格天。天可畏，而民难保，尔其可不敬乎哉？夫君所以治民也，民不免于困苦，则君亦不免于疾痛。今命康叔为侯，非以富贵加其身，直以疾痛加其身矣。诚能所欲与聚，所恶勿施，去其召怨之由，而尽其弭怨之道，庶几疾痛其有瘳乎？

《读书管见》卷下《康诰》

（元）王充耘撰

恫瘝乃身。

"恫瘝乃身，敬哉"，言使汝有国者，非富贵汝也，以民社之重寄之汝，适所以病汝也。下文言天威可畏，"小人难保，往，尽乃心，无康好逸豫，乃其乂民"，此即所谓恫瘝汝身也。谓视民不安，如疾痛在己者，非是"天畏棐忱"，只是天可畏，其去就无常，唯诚则辅之，犹"皇天无亲，克敬唯亲"之义。

《书经衷论》卷三《周书·康诰》

（清）张英撰

武王以大君锡命，康叔以介弟受封。当开国之初，处尊亲之位，最惧者，骄淫；最易者，满假。又治殷之故墟，犯法罹罪者多，故篇中诰戒之词，极言民社之艰难，如"痌瘝乃"，"若有疾"，"爽唯天其罚殛我"等语，兢兢然，若疾痛困苦之加于其身，尚何骄逸之敢作乎？人能常以此为念，自无贵而忘贱，尊而忘卑，视民草菅之患。篇中言"用罚"独详，其矜慎钦恤之意，盖与《吕刑》之言相表里也。

《五诰解》卷一《康诰》

（宋）杨简撰

王曰，呜呼！小子封，恫瘝乃身，敬哉。天畏棐忱，民情大可见，小人难保。往，尽乃心，无康好逸豫，乃其乂民。

恫瘝，痛病也，汝身自视，当如有痛病也。尧、舜二典，多言"咨"者，咨嗟，亦"恫瘝"之意。《大禹谟》曰"克艰"，《皋陶》曰"兢兢业业"，《诗》云"战战兢兢"，此继曰"敬哉"。天畏，道善则得之，不善则失之也。棐，辅也。天唯辅佑忱诚，诚实无伪，纯实无杂，即合天道。民心无常，善则称善，一失其道，即日生怨。小人难保如此。"天视自我民视，天听自我民听"，天命之去来，由人心之向背也。汝往，尽汝心，无自安康而好逸豫，乃能治乂其民也。后人于此，疑恫瘝无逸豫之心，殆不可以言"宅"，言"止"也。既言"宅心""安止""弘天"，疑与此不合。呜呼！此唯自明其心者知之，唯"克艰""兢兢"，如"恫瘝"在身，则心不放逸，忱诚而正直矣。"恫瘝"之心，即道心。"恫瘝"，战兢，乃变化之妙用，非动乎意，而放逸之谓也。康叔虽贤，未必如周公之大圣，而圣贤同心，故下文曰"朕心朕德，唯乃知"。

天畏棐忱，民情大可见，小人难保

1. 《尚书注疏》卷十三《周书》

（汉）孔氏传，（唐）陆德明音义，（唐）孔颖达疏

天畏棐忱，民情大可见，小人难保。

传，天德可畏，以其辅诚，人情大可见，以小人难安。

音义，棐，音匪，又芳鬼反。忱，市林反。

疏，正义曰，所以去恶政者，以天德可畏，所以可畏者，以其辅诚故

也。以民情大率可见，所以可见者，以小人难安也。

传，正义曰，人情所以大可见者，以小人难安为可见，故须安之。《尚书注疏》卷十三《考证》

又以天德可畏，所以可畏者

监本脱"所以可畏"四字，今从旧本添补。

2. 《书传》卷十二《周书》

（宋）苏轼撰

天畏棐忱，民情大可见，小人难保。往，尽乃心，无康好逸豫，乃其乂民。

天威可畏也，然可恃以安者，辅诚也。诚则天与之者可必矣。民归有道，怀有德，其情大略可见也。然不可恃以安者，小人也，故尽心于诚，以求天辅，不可好逸豫，以远小人也。

3. 《尚书全解》卷二十八

（宋）林之奇撰

（归善斋按，见"王曰，呜呼！小子封，恫瘝乃身，敬哉"）

4. 《尚书讲义》卷十四

（宋）史浩撰

（归善斋按，见"王若曰，孟侯，朕其弟，小子封"）

5. 《尚书详解》卷十九《周书·康诰》

（宋）夏僎撰

（归善斋按，见"王曰，呜呼！小子封，恫瘝乃身，敬哉"）

6. 《增修东莱书说》卷二十《周书·康诰第十一》

（宋）吕祖谦撰，（宋）石𬞟增修

（归善斋按，见"王曰，呜呼！小子封，恫瘝乃身，敬哉"）

7. 《尚书说》卷五《周书·康诰》

(宋)黄度撰

(归善斋按,见"王曰,呜呼!小子封,恫瘝乃身,敬哉")

8. 《絜斋家塾书钞》卷十《周书·康诰》

(宋)袁燮撰

(归善斋按,见"王曰,呜呼!小子封,恫瘝乃身,敬哉")

9. 《书经集传》卷四《周书·康诰》

(宋)蔡沈撰

(归善斋按,见"王曰,呜呼!小子封,恫瘝乃身,敬哉")

10. 《尚书精义》卷三十四《周书·康诰》

(宋)黄伦撰

(归善斋按,见"王曰,呜呼!小子封,恫瘝乃身,敬哉")

11. 《尚书详解》卷二十九《周书·康诰》

(宋)陈经撰

(归善斋按,见"王曰,呜呼!小子封,恫瘝乃身,敬哉")

12. 《融堂书解》卷十二《周书·康诰》

(宋)钱时撰

(归善斋按,见"王曰,呜呼!小子封,恫瘝乃身,敬哉")

13. 《尚书要义》

(宋)魏了翁撰

(归善斋按,原缺)

14. 《书集传或问》卷下《康诰》

（宋）陈大猷撰

（归善斋按，未解）

15. 《尚书详解》卷八《周书·康诰第十一》

（宋）胡士行撰

（归善斋按，见"王曰，呜呼！小子封，恫瘝乃身，敬哉"）

16. 《书纂言》卷四上《周书·康诰》

（元）吴澄撰

（归善斋按，见"王曰，呜呼！小子封，恫瘝乃身，敬哉"）

17. 《书集传纂疏》卷四下《朱子订定蔡氏集传·周书·康诰》

（元）陈栎撰

（归善斋按，见"王曰，呜呼！小子封，恫瘝乃身，敬哉"）

18. 《读书丛说》卷六《康诰》

（元）许谦撰

（归善斋按，未解）

19. 《书传辑录纂注》卷四《周书·康诰》

（元）董鼎撰

（归善斋按，见"王曰，呜呼！小子封，恫瘝乃身，敬哉"）

20. 《尚书句解》卷八《周书·康诰第十一》

（元）朱祖义撰

天畏棐忱（天威虽可畏，常辅人至诚），民情大可见（观民情向背，大可见天之辅不辅），小人难保（小民之情，无常难安）。

21. 《尚书日记》卷十一《周书·康诰》

（明）王樵撰
（归善斋按，见"王曰，呜呼！小子封，恫瘝乃身，敬哉"）

22. 《日讲书经解义》卷八《周书·康诰》

（清）库勒纳等撰
（归善斋按，见"王曰，呜呼！小子封，恫瘝乃身，敬哉"）

《五诰解》卷一《康诰》

（宋）杨简撰
（归善斋按，见"王曰，呜呼！小子封，恫瘝乃身，敬哉"）

往，尽乃心，无康好逸豫，乃其乂民

1. 《尚书注疏》卷十三《周书》

（汉）孔氏传，（唐）陆德明音义，（唐）孔颖达疏
往，尽乃心，无康好逸豫，乃其乂民。
传，往，当尽汝心为政，无自安好逸豫，宽身其乃治民。
音义，尽，徐子忍反。好，呼报反。
疏，正义曰，安之既难，其往治之，当尽汝心。为政无自安好逸豫，而宽纵乃其可以治民。

2. 《书传》卷十二《周书》

（宋）苏轼撰
（归善斋按，见"天畏棐忱，民情大可见"）

3.《尚书全解》卷二十八

（宋）林之奇撰

（归善斋按，见"王曰，呜呼！小子封"）

4.《尚书讲义》卷十四

（宋）史浩撰

（归善斋按，见"王若曰，孟侯，朕其弟，小子封"）

5.《尚书详解》卷十九《周书·康诰》

（宋）夏僎撰

（归善斋按，见"王曰，呜呼！小子封，恫瘝乃身，敬哉"）

6.《增修东莱书说》卷二十《周书·康诰第十一》

（宋）吕祖谦撰，（宋）石澜增修

（归善斋按，见"王曰，呜呼！小子封，恫瘝乃身，敬哉"）

7.《尚书说》卷五《周书·康诰》

（宋）黄度撰

（归善斋按，见"王曰，呜呼！小子封，恫瘝乃身，absolute哉"）

（归善斋按，见"王曰，呜呼！小子封，恫瘝乃身，敬哉"）

8.《絜斋家塾书钞》卷十《周书·康诰》

（宋）袁燮撰

（归善斋按，见"王曰，呜呼！小子封，恫瘝乃身，敬哉"）

9.《书经集传》卷四《周书·康诰》

（宋）蔡沈撰

（归善斋按，见"王曰，呜呼！小子封，恫瘝乃身，敬哉"）

10. 《尚书精义》卷三十四《周书·康诰》

（宋）黄伦撰

(归善斋按，见"王曰，呜呼！小子封，恫瘝乃身，敬哉")

11. 《尚书详解》卷二十九《周书·康诰》

（宋）陈经撰

(归善斋按，见"王曰，呜呼！小子封，恫瘝乃身，敬哉")

12. 《融堂书解》卷十二《周书·康诰》

（宋）钱时撰

(归善斋按，见"王曰，呜呼！小子封，恫瘝乃身，敬哉")

13. 《尚书要义》

（宋）魏了翁撰

(归善斋按，原缺)

14. 《书集传或问》卷下《康诰》

（宋）陈大猷撰

(归善斋按，未解)

15. 《尚书详解》卷八《周书·康诰第十一》

（宋）胡士行撰

(归善斋按，见"王曰，呜呼！小子封，恫瘝乃身，敬哉")

16. 《书纂言》卷四上《周书·康诰》

（元）吴澄撰

(归善斋按，见"王曰，呜呼！小子封，恫瘝乃身，敬哉")

17. 《书集传纂疏》卷四下《朱子订定蔡氏集传·周书·康诰》

（元）陈栎撰

（归善斋按，见"王曰，呜呼！小子封，恫瘝乃身，敬哉"）

18. 《读书丛说》卷六《康诰》

（元）许谦撰

（归善斋按，未解）

19. 《书传辑录纂注》卷四《周书·康诰》

（元）董鼎撰

（归善斋按，见"王曰，呜呼！小子封，恫瘝乃身，敬哉"）

20. 《尚书句解》卷八《周书·康诰第十一》

（元）朱祖义撰

往尽乃心（往汝卫国，唯尽汝之心），无康好逸豫（无敢安然好为逸乐游豫之事），乃其乂民（乃可以治民）。

21. 《尚书日记》卷十一《周书·康诰》

（明）王樵撰

（归善斋按，见"王曰，呜呼！小子封，恫瘝乃身，敬哉"）

22. 《日讲书经解义》卷八《周书·康诰》

（清）库勒纳等撰

（归善斋按，见"王曰，呜呼！小子封，恫瘝乃身，敬哉"）

《五诰解》卷一《康诰》

（宋）杨简撰

（归善斋按，见"王曰，呜呼！小子封，恫瘝乃身，敬哉"）

我闻曰：怨不在大，亦不在小；惠不惠，懋不懋

1.《尚书注疏》卷十三《周书》

（汉）孔氏传，（唐）陆德明音义，（唐）孔颖达疏

我闻曰：怨不在大，亦不在小；惠不惠，懋不懋。

传，不在大，起于小；不在小，小至于大，言怨不可为。故当使不顺者顺。不勉者勉。

音义，懋，音茂。

疏，正义曰，我闻古遗言曰，人之怨不在事大，或由小事而起。虽由小事而起，亦不恒在事小，因小至大，是为民所怨事不可为。当使施顺，令不顺者顺；勉力劝行，令不勉者勉，则其怨小大都消。

传，正义曰，不在大者，以致怨恐谓由大恶，故云不在大；起于小，言怨由小事起；不在小者，谓为怨不恒在小，言其初小，渐至于大怨。故使不顺者顺，不勉者勉，其怨自消也。

2.《书传》卷十二《周书》

（宋）苏轼撰

我闻曰，怨不在大，亦不在小。惠不惠，懋不懋。

怨无大小，不顺不勉，皆足以致怨。

3.《尚书全解》卷二十八

（宋）林之奇撰

我闻曰，怨不在大，亦不在小，惠不惠，懋不懋。已！汝唯小子乃服，唯弘王，应保殷民，亦唯助王宅天命，作新民。

此盖言，汝之所以敬于治民，不可使之有怨也。故引其所闻于古人之言以戒之。言致怨之道，无小无大，皆足以召乱。唯其不可使之有怨而已，无以为大而后可畏；无以为小而不知恤。《五子之歌》曰"怨岂在

明，不见是图"，言当图所以远怨之道而已。当顺而不顺，当勉而不勉，皆致怨之道也。盖治其国者，必顺于人，而勉于己。不顺于人，则暴戾悖乱以咈百姓之心；不勉于己，则般乐怠傲，以纵一己之欲，怨安得而不聚哉？此所以在乎惠其所当惠，懋其所当懋也。欲惠其惠，懋其懋，则汝小子，唯当大我所以应保殷民之道。应保者，徇民之情而安之也。晁错曰"人情莫不欲寿，三王生而不伤；人情莫不欲富，三王厚而不困；人情莫不欲安，三王扶而不危"，如此之类皆所以"应保"之也。王者之于民，一视而同仁，固无间于彼此，虽殷之余民，皆吾之赤子也。故其应保之心，未尝必替。汝既为君，必当有以洪而大之。洪而大之，则所以治其国者，尽于此矣。又当助我宅天命，以作新民也。盖康叔以卫侯为司寇，既为王之六卿，分职而治，则王之宅天命以作新民，其可不致其协赞之力哉？唯其以"弘王，应保殷民"，与"助王宅天命，作新民"分而为二，则成王得以司寇之职，而告戒之，盖可见矣。曰"弘王，应保殷民"，"助王宅天命，作新民"，皆以王言之者，盖此篇，虽称王命以诰，其实周公之辞，犹曰"朕其弟，小子封"也。

4.《尚书讲义》卷十四

（宋）史浩撰

（归善斋按，见"王若曰，孟侯，朕其弟，小子封"）

5.《尚书详解》卷十九《周书·康诰》

（宋）夏僎撰

（归善斋按，见"王曰，呜呼！小子封，恫瘝乃身，敬哉"）

6.《增修东莱书说》卷二十《周书·康诰第十一》

（宋）吕祖谦撰，（宋）石澜增修

（归善斋按，见"王曰，呜呼！小子封，恫瘝乃身，敬哉"）

7. 《尚书说》卷五《周书·康诰》

(宋) 黄度撰

(归善斋按,见"王曰,呜呼!小子封,恫瘝乃身,敬哉")

8. 《絜斋家塾书钞》卷十《周书·康诰》

(宋) 袁燮撰

(归善斋按,见"王曰,呜呼!小子封,恫瘝乃身,敬哉")

9. 《书经集传》卷四《周书·康诰》

(宋) 蔡沈撰

(归善斋按,见"王曰,呜呼!小子封,恫瘝乃身,敬哉")

10. 《尚书精义》卷三十四《周书·康诰》

(宋) 黄伦撰

(归善斋按,见"王曰,呜呼!小子封,恫瘝乃身,敬哉")

11. 《尚书详解》卷二十九《周书·康诰》

(宋) 陈经撰

(归善斋按,见"王曰,呜呼!小子封,恫瘝乃身,敬哉")

12. 《融堂书解》卷十二《周书·康诰》

(宋) 钱时撰

(归善斋按,见"王曰,呜呼!小子封,恫瘝乃身,敬哉")

13. 《尚书要义》

(宋) 魏了翁撰

(归善斋按,原缺)

14. 《书集传或问》卷下《康诰》

（宋）陈大猷撰
（归善斋按，未解）

15. 《尚书详解》卷八《周书·康诰第十一》

（宋）胡士行撰
（归善斋按，见"王曰，呜呼！小子封，恫瘝乃身，敬哉"）

16. 《书纂言》卷四上《周书·康诰》

（元）吴澄撰
（归善斋按，见"王曰，呜呼！小子封，恫瘝乃身，敬哉"）

17. 《书集传纂疏》卷四下《朱子订定蔡氏集传·周书·康诰》

（元）陈栎撰
（归善斋按，见"王曰，呜呼！小子封，恫瘝乃身，敬哉"）

18. 《读书丛说》卷六《康诰》

（元）许谦撰
（归善斋按，未解）

19. 《书传辑录纂注》卷四《周书·康诰》

（元）董鼎撰
（归善斋按，见"王曰，呜呼！小子封，恫瘝乃身，敬哉"）

20. 《尚书句解》卷八《周书·康诰第十一》

（元）朱祖义撰

我闻曰（我闻古人之言），怨不在大（民怨不在于大），亦不在小（亦不在于小，皆足以召乱）。惠不惠（唯顺其所不顺，而逆民之事不

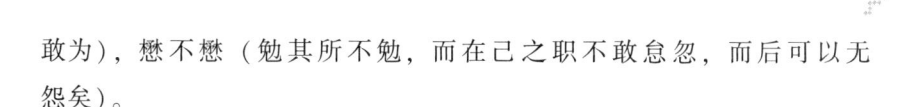

敢为），懋不懋（勉其所不勉，而在己之职不敢怠忽，而后可以无怨矣）。

21.《尚书日记》卷十一《周书·康诰》

（明）王樵撰

（归善斋按，见"王曰，呜呼！小子封，恫瘝乃身，敬哉"）

22.《日讲书经解义》卷八《周书·康诰》

（清）库勒纳等撰

（归善斋按，见"王曰，呜呼！小子封，恫瘝乃身，敬哉"）

《五诰解》卷一《康诰》

（宋）杨简撰

我闻曰，怨不在大，亦不在小。

微有过失，民即怨矣，可畏哉。

惠不惠，懋不懋。

惠，顺也。懋，勉也。汝自觉汝心，有不顺即改而为顺；自觉此心，有不勤，即勉而为勤，无可待也。使稍有期待之心，即非天理之至。

已！汝唯小子乃服，唯弘王，应保殷民

1.《尚书注疏》卷十三《周书》

（汉）孔氏传，（唐）陆德明音义，（唐）孔颖达疏

已！汝唯小子乃服，唯弘王，应保殷民。

传，已乎！汝唯小子乃当服行德政。唯弘大王道，上以应天，下以安我所受殷之民众。

音义，应，"应对"之"应"，注同，徐于甑反。

疏，正义曰，令汝消怨者，已乎！汝唯小子乃当服行政德。唯弘大王

道，上以应天，下以安我所受殷民。

传，正义曰，亦所以唯助王者，言非直康叔身行有益，亦唯助王者，居顺天命，为民日新之教，谓渐致太平，政教日日益新也。

2.《书传》卷十二《周书》

（宋）苏轼撰

已！汝唯小子乃服，唯弘王，应保殷民，亦唯助王宅天命，作新民。

服，事也。弘，广也。应者，观民设教也。作，治也。殷民，卫之旧民也。武庚之乱，征伐之，余民流徙无常居，故康叔之国，有新民也。新诛武庚，故命康叔曰，汝之事，在广天子之意，观民设教，以保安殷民，又当助王宅天命，治新民也。方三监叛周之初，天命盖岌岌矣。黜殷而封康叔，天命乃定。

3.《尚书全解》卷二十八

（宋）林之奇撰

（归善斋按，见"我闻曰，怨不在大，亦不在小"）

4.《尚书讲义》卷十四

（宋）史浩撰

（归善斋按，见"王若曰，孟侯，朕其弟，小子封"）

5.《尚书详解》卷十九《周书·康诰》

（宋）夏僎撰

（归善斋按，见"王曰，呜呼！小子封，恫瘝乃身，敬哉"）

6.《增修东莱书说》卷二十《周书·康诰第十一》

（宋）吕祖谦撰，（宋）石澜增修

（归善斋按，见"王曰，呜呼！小子封，恫瘝乃身，敬哉"）

7.《尚书说》卷五《周书·康诰》

（宋）黄度撰

（归善斋按，见"王曰，呜呼！小子封，恫瘝乃身，敬哉"）

8.《絜斋家塾书钞》卷十《周书·康诰》

（宋）袁燮撰

已！汝唯小子乃服，唯弘王，应保殷民，亦唯助王宅天命，作新民。

此指康叔以所服之事也。人莫不有所服，上自天子之尊，下至一介之士，皆有所服之事。则为诸侯者，所服果何事哉？"弘王，应保殷民"，"助王宅天命"，斯其所服也。应，如"丕应徯志"之"应"。民以怀保之道，望于我，我能应民心而保之，是王之心也。汝当弘而大之。弘之一字，其意甚远，不止于此而遂已，更欲恢而广之，所谓"弘于天"是也。周家之安危治乱，系于商民，康叔若能抚安商民，不唯卫国可治，王室亦有赖焉。商民安，则周家之天命，亦可以常治而不乱，常安而不危矣。所谓宅也，夫康叔所治者卫国尔，而周家之安危去就系焉，则其责岂不甚重，而其所服之事岂不甚难也哉？此成王所以明指而告之也。

9.《书经集传》卷四《周书·康诰》

（宋）蔡沈撰

已！汝唯小子乃服，唯弘王应保殷民，亦唯助王宅天命，作新民。

服，事；应，和也。汝之事，唯在广上德意，和保殷民，使之不失其所，以助王安定天命，而作新斯民也。此言"明德"之终也。《大学》言"明德"亦举"新民"终之。

10.《尚书精义》卷三十四《周书·康诰》

（宋）黄伦撰

（归善斋按，见"王曰，呜呼！小子封，恫瘝乃身，敬哉"）

11. 《尚书详解》卷二十九《周书·康诰》

（宋）陈经撰

(归善斋按，见"王曰，呜呼！小子封，恫瘝乃身，敬哉")

12. 《融堂书解》卷十二《周书·康诰》

（宋）钱时撰

(归善斋按，见"王曰，呜呼！小子封，恫瘝乃身，敬哉")

13. 《尚书要义》

（宋）魏了翁撰

(归善斋按，原缺)

14. 《书集传或问》卷下《康诰》

（宋）陈大猷撰

(归善斋按，未解)

15. 《尚书详解》卷八《周书·康诰第十一》

（宋）胡士行撰

(归善斋按，见"王曰，呜呼！小子封，恫瘝乃身，敬哉")

16. 《书纂言》卷四上《周书·康诰》

（元）吴澄撰

(归善斋按，见"王曰，呜呼！小子封，恫瘝乃身，敬哉")

17. 《书集传纂疏》卷四下《朱子订定蔡氏集传·周书·康诰》

（元）陈栎撰

已！汝唯小子乃服，唯弘王，应保殷民，亦唯助王宅天命，作新民。服，事；应，和也。汝之事，唯在广上德意，和保殷民，使之不失其所，以助王安定天命，而作新斯民也。此言"明德"之终也。《大学》言"明德"亦举"新民"终之。

纂疏：

鼓之，舞之之谓"作"，言振起其自新之民也。

鼓之，舞之，如击鼓然，自然使人跳舞踊跃，然民所以感动，由其本有此理。上之人提撕警发之，则下民观瞻感化，各自有以兴起其同然之善心，而不能自已耳。

林氏曰，应保者，因人情而安之，谓应其所欲也。如人情莫不欲寿，则生之而不伤；人情莫不欲富，则厚之而不困；人情莫不欲安，则扶之而不危。所欲与聚，所恶勿施，皆所以应而保之也。

18.《读书丛说》卷六《康诰》

（元）许谦撰

乃服，唯弘王，应保殷民，亦唯助王宅天命，作新民。

言汝之所当服者，唯在广王德意，和保殷民，亦唯助王宅定天命，作新斯民。应保，养之也；作新，化之也。上有"唯"字，下亦有"唯"字，语意若曰唯当如此，又当如此。

19.《书传辑录纂注》卷四《周书·康诰》

（元）董鼎撰

已！汝唯小子乃服，唯弘王，应保殷民，亦唯助王宅天命，作新民。

服，事；应，和也。汝之事，唯在广上德意，和保殷民，使之不失其所，以助王安定天命，而作新斯民也。此言"明德"之终也。《大学》言"明德"亦举"新民"终之。

辑录：

鼓之，舞之之谓"作"，言振起其自新之民也。《大学章句》。鼓之，舞之之谓"作"，曰如击鼓然，自然使人跳舞踊跃。然民之所以感动者，由其本有此理。但上之人，既自有以明其明德，时时提撕警发，则下之观瞻感化，各自有以兴起其同然之善心，而不能已耳。僩。

纂注：

林氏曰，应保者，因人情而安之谓"应"，其所欲也。如人情莫不欲寿，则生之而不伤；人情莫不欲富，则扶之而不危；所欲与聚，所恶勿施，皆所以应而保之也。

陈氏大猷曰，殷民，乃天命所视以去留，人心所视以观化，保殷民所以助王宅天命，而作新民也。

20.《尚书句解》卷八《周书·康诰第十一》

（元）朱祖义撰

已！汝唯小子（已矣乎！汝唯幼小之子）乃服，唯弘王，应保殷民（今汝所服行，唯在于弘大王道，以应殷民所欲，而保安）。

21.《尚书日记》卷十一《周书·康诰》

（明）王樵撰

"已！汝唯小子"至"天命作新民"。

已！汝唯小子，汝知汝事之所专重者哉，唯以德化民，而不恃刑罚以为治。此上之德意也，当广此德意，以和保殷民，于以助我安定天命，而作新斯民。盖我承文考诞受之命，则有安定之责。我受文考时叙之民，则有作新之责，皆于殷民既化卜之。夫以事之在汝者，而有助于我；以责之在我者，而有赖于汝。此寄托之重，而期望之深也。蔡传云此言"明德"之终。按，明德，自新也。新民，明明德于天下也。德至明于天下始尽，故曰"明德"之终也。

22.《日讲书经解义》卷八《周书·康诰》

（清）库勒纳等撰

已！汝唯小子乃服，唯弘王，应保殷民，亦唯助王宅天命，作新民。

此一节书，是言"明德"之极功以终之也。服，事也。弘，廓而大之也。应，和也。武王又曰，我告汝，于君民之间，益惓惓而不能已也。盖奉天以惠民者，人君之事；代君以弘化者，人臣之分。故汝唯小子，尔职之所系，盖綦重矣。唯在弘广朝廷之德意，以调和保安此殷邦之民，使之各得其所，化其顽梗之习，而归于德教之中此乃职也。夫此殷民，乃天命所视以去留，人心所视以观化者也。虽天眷我周，其命维新，然殷民安，则天命俱安；殷民危，则天命与之俱危。汝诚能赞襄于下，取殷民而应保之，则所以上助天子，永保天命者，亦唯此矣。民自归周以来，商俗固已少变，然殷民向善，则斯民莫不鼓舞，徯应殷民未知又何从而观感乎。汝诚能宣力于外，取殷民而应保之，则所以上助天子作新斯民者，亦唯此矣。夫必至于保命新民，而后为"明德"之极功也。此"明德"之终也。夫民易于因循，亦不难于鼓舞。作之之权要，唯在上。《书》曰"黎民于变"，又曰"四方风动"，尧舜之治不外于作新民如此。

《书义断法》卷四《周书·康诰》

（元）陈悦道撰

乃服，唯弘王，应保殷民，亦唯助王宅天命，作新民。

殷民之关系甚重，康叔之责任非轻。盖弘王化，以和保殷民者，此民也。助王室以安宅天命者，亦此民也。深思夫承宣、夹辅之寄，而反复乎人心、天命之由。其必思所以作兴，鼓舞其民，而去其旧染之污矣。以殷民之旧俗，而康叔能作新之，则夫乃服之事无大于此者。此《大学》"克明德"，亦引《康诰》"作新民"之语以明之也。

《读书管见》卷下《康诰》

（元）王充耘撰

乃服唯弘王。

乃服，唯弘王，应保殷民，亦唯助王宅天命，作新民。

言汝职事不在乎他，广宣上德，以和保殷民者，汝之职也。助王以安定天命，而作新斯民者，亦汝之职也。盖康叔所治者殷民，而殷民叛服，关天命去留，系四方治乱。当时武王虽已灭殷受命，然天命犹未固，四方犹未丕变也。故武王犹以宅天命为忧。观后来三监倡乱，而四国动摇，周公破斧缺斨，久而后定，然后知武王之虑非过也。康叔不从管蔡之乱，盖能心武王之心者。武王之戒饬康叔如此，其命三监得无告戒之言乎？岂以三监既叛，而史遂削之欤，是不可考也已。

《尚书疑义》卷五《康诰》

(明) 马明衡撰

"乃服,唯弘王",语意当承上云,乃服行此言,唯恢弘王道,保殷民也。

《五诰解》卷一《康诰》

(宋) 杨简撰

已!汝唯小子乃服,唯弘王,应保殷民,亦唯助王宅天命,作新民。
已者,今俗言休也。凡训戒多有此。言汝能服行惠懋,则能弘大王道,可保殷民,亦足以助王安定天命矣。宅者,不复他之也,助王作新殷民,俾脱旧习,乃所以宅天命也。

亦唯助王宅天命,作新民

1. 《尚书注疏》卷十三《周书》

(汉) 孔氏传,(唐) 陆德明音义,(唐) 孔颖达疏
亦唯助王宅天命,作新民。
传,弘王道安殷民,亦所以唯助王者。居顺天命。为民日新之教。
疏,正义曰,不但汝身所当行此,亦唯助王者,居顺天命,为民日新之教。

2. 《书传》卷十二《周书》

(宋) 苏轼撰
(归善斋按,见"已!汝唯小子乃服")

3. 《尚书全解》卷二十八

(宋) 林之奇撰
(归善斋按,见"我闻曰,怨不在大,亦不在小")

4.《尚书讲义》卷十四

（宋）史浩撰
（归善斋按，见"王若曰，孟侯，朕其弟，小子封"）

5.《尚书详解》卷十九《周书·康诰》

（宋）夏僎撰
（归善斋按，见"王曰，呜呼！小子封，恫瘝乃身，敬哉"）

6.《增修东莱书说》卷二十《周书·康诰第十一》

（宋）吕祖谦撰，（宋）石澜增修
（归善斋按，见"王曰，呜呼！小子封，恫瘝乃身，敬哉"）

7.《尚书说》卷五《周书·康诰》

（宋）黄度撰
（归善斋按，见"王曰，呜呼！小子封，恫瘝乃身，敬哉"）

8.《絜斋家塾书钞》卷十《周书·康诰》

（宋）袁燮撰
（归善斋按，见"已！汝唯小子乃服"）

9.《书经集传》卷四《周书·康诰》

（宋）蔡沈撰
（归善斋按，见"已！汝唯小子乃服"）

10.《尚书精义》卷三十四《周书·康诰》

（宋）黄伦撰
（归善斋按，见"王曰，呜呼！小子封，恫瘝乃身，敬哉"）

11. 《尚书详解》卷二十九《周书·康诰》

(宋) 陈经撰
(归善斋按,见"王曰,呜呼！小子封,恫瘝乃身,敬哉")

12. 《融堂书解》卷十二《周书·康诰》

(宋) 钱时撰
(归善斋按,见"王曰,呜呼！小子封,恫瘝乃身,敬哉")

13. 《尚书要义》

(宋) 魏了翁撰
(归善斋按,原缺)

14. 《书集传或问》卷下《康诰》

(宋) 陈大猷撰
(归善斋按,未解)

15. 《尚书详解》卷八《周书·康诰第十一》

(宋) 胡士行撰
(归善斋按,见"王曰,呜呼！小子封,恫瘝乃身,敬哉")

16. 《书纂言》卷四上《周书·康诰》

(元) 吴澄撰
(归善斋按,见"王曰,呜呼！小子封,恫瘝乃身,敬哉")

17. 《书集传纂疏》卷四下《朱子订定蔡氏集传·周书·康诰》

(元) 陈栎撰
(归善斋按,见"已！汝唯小子乃服")

18. 《读书丛说》卷六《康诰》

（元）许谦撰
（归善斋按，见"已！汝唯小子乃服"）

19. 《书传辑录纂注》卷四《周书·康诰》

（元）董鼎撰
（归善斋按，见"已！汝唯小子乃服"）

20. 《尚书句解》卷八《周书·康诰第十一》

（元）朱祖义撰

亦唯助王宅天命（亦以辅助成王安处天命），作新民（作新商民旧俗）。

21. 《尚书日记》卷十一《周书·康诰》

（明）王樵撰
（归善斋按，见"已！汝唯小子乃服"）

22. 《日讲书经解义》卷八《周书·康诰》

（清）库勒纳等撰
（归善斋按，见"已！汝唯小子乃服"）

《书义断法》卷四《周书·康诰》

（元）陈悦道撰

《读书管见》卷下《康诰》

（元）王充耘撰
（归善斋按，见"已！汝唯小子乃服"）

《五诰解》卷一《康诰》

(宋) 杨简撰

(归善斋按,见"已!汝唯小子乃服")

王曰:呜呼!封,敬明乃罚

1. 《尚书注疏》卷十三《周书》

(汉) 孔氏传,(唐) 陆德明音义,(唐) 孔颖达疏

王曰,呜呼!封,敬明乃罚。

传,叹而敕之,凡行刑罚,汝必敬明之,欲其重慎。

疏,正义曰,以上既言明德之理,故此又云慎罚之义。而王言曰,呜呼!封又当敬明汝所行刑罚,须明其犯意。

2. 《书传》卷十二《周书》

(宋) 苏轼撰

王曰,呜呼!封敬明乃罚。人有小罪,非眚,乃唯终,自作不典,式尔,有厥罪小,乃不可不杀。乃有大罪,非终,乃唯眚灾,适尔,既道极厥辜,时乃不可杀。

近时学者解此书,其意以谓人有小罪,非过眚也,唯终成其恶,非诖误也,乃唯自作不善,原其情,乃唯不以尔为典式,是人当杀之无赦。乃有大罪,非能终成其恶也,乃唯过眚,原其情乃唯适尔,非敢不以尔为典式也,是人当赦之不可杀。信如此言,周公虐刑杀非死罪,且教康叔以人之向背以为喜怒,而出入其生死也。法当死,原情以生之可也;法不当死,而原情以杀之可乎?情之轻重,寄于有司之手,则人人可杀矣。虽大无道嗜杀人之君,不立此法,而谓周公为之欤。吾尝问之知法者,曰此假设法也。周公设为甲乙二人,皆犯死罪,而议其轻重也,甲之罪小于乙之谓也,非谓其罪不至死也。然其罪乃非眚灾,而唯终之,乃唯自作不法,

而曰法固当尔如是者，当据法杀之，不可谳也。乙之罪虽大，然非终之者，乃唯眚灾，适尔。适尔者，适会其如此也，是则真可谳也。末世法坏，违经背礼，然终无许有司论杀小罪之法，况使诸侯自以向背为喜怒，而专杀非死罪者欤？以今世之法考之，谋杀已伤，虽未杀皆死；虽未伤，而置人于必死之地，亦死。斗杀、故杀虽已杀，而情可愍者；谳过失杀，虽已杀，皆赎。夫以未伤未杀，而皆云既杀，岂非小罪杀，而大罪赦乎？岂可以非死罪为小罪也？所谓既道极辜者，是人之罪重情轻，尽道以责备，则信有大罪矣，而以常情恕之，则不可杀。《孟子》曰"夫谓非其有而取之，为盗"者，是"充类至义之尽也"。夫"充类至义"，则《书》之所谓尽道也。予恐后世好杀者，以周公为口实，故具论之。

3. 《尚书全解》卷二十八

（宋）林之奇撰

王曰，呜呼！封，敬明乃罚。

唯康叔以列侯入仕于周，厕于六卿之列，则夫宅天命以作新斯民者，固当有以助王矣。而其分职也，乃《周官》之司寇。司寇之职。掌邦禁以诘奸慝，刑暴乱者也。既为司寇之官，则不可不尽夫司寇之职。故又嗟叹而戒敕之，言汝之所以行其刑罚，当致其"敬明"也。盖用刑之道，唯敬故明。王制曰，刑者，侀也。侀者，成也，一成而不可变。故君子尽心焉。唯尽心而不苟，则既致其敬矣。既致其敬，则其意论轻重之序，谨测深浅之量，岂有不明者哉。王氏曰，"敬明乃罚"者，教康叔以作新民之道也。民习旧俗，"小大好草窃奸宄，卿士师师非度"，而一日欲作而新之。其变诈强梗，将无所不为，非有以惩之，则不知所畏，故当"敬明乃罚"也。为王氏之学者，遂因其说，以谓殷之顽民，难以仁怀，易以威服，此言甚非先王之所以爱民之意。夫秦自商鞅，乃遗礼义，弃仁恩，并心于进取。秦俗日败，盖不减于殷之顽民也。汉承秦后，而萧何、曹参为相，以清静宽厚为天下率。"破觚为圜，斫雕为朴，号为网漏吞舟之鱼"，而黎民安义，作为《画一》之歌。夫汉于秦之余民，尚不忍以刑罚而绳之，孰谓周公而肯为此乎？彼盖见此篇所言多及于敬刑慎罚之事，求其说而不可得，故为此说耳。

4.《尚书讲义》卷十四

（宋）史浩撰

（归善斋按，见"王若曰，孟侯，朕其弟，小子封"）

5.《尚书详解》卷十九《周书·康诰》

（宋）夏僎撰

王曰，呜呼！封，敬明乃罚。人有小罪非眚，乃唯终，自作不典，式尔，有厥罪小，乃不可不杀。乃有大罪，非终，乃唯眚灾，适尔，既道极厥辜，时乃不可杀。

此又一节，林少颖谓，按《史记》康叔虽封于卫，实以卫侯为周司寇。司寇之职，掌邦禁，诘奸慝，刑暴乱。故成王于此又嗟叹而戒之曰，汝行刑罚当致其"敬明"也。敬，则用之不敢忽；明，则能得人之情。刑者，人命所在，故尤贵于"敬明"也。此下皆告以"敬明"之事。苏氏谓，此乃周公设为甲乙二人皆犯死罪，而议轻重，其说极然。盖此言小罪，苟故意为之，则必杀；大罪，苟误为之，则必赦。世之犯罪，亦有不至于死者，岂可谓苟出于故意者，尽置于死乎？故知苏氏谓为甲乙二人犯死罪，以议轻重，其说当也。盖周公之意，谓如甲有小罪，所谓小罪，非谓罪之小者也，谓甲有罪，乃小于乙，虽小于乙，然非眚灾过误，所为乃其意之所终，自作不典法之事至于此。式，用也。如此者，有其罪虽小于乙，而甲则不可不杀。或乙有罪，乃大于甲，虽大于甲，然非其意之所终，乃是眚灾过误所致，适然如此，既是过误，又能自首，自说尽其辜罪，不敢隐匿，如此者，故其罪虽大于甲，则不可杀。此二条，正如诸葛亮治蜀，服罪输情者，虽重必释，游辞巧饰者，虽轻必戮也。

6.《增修东莱书说》卷二十《周书·康诰第十一》

（宋）吕祖谦撰，（宋）石澜增修

王曰，呜呼！封，敬明乃罚。人有小罪，非眚，乃唯终，自作不典，式尔，有厥罪小，乃不可不杀。乃有大罪，非终，乃唯眚灾，适尔，既道极厥辜，时乃不可杀。

康叔以卫侯为周室司寇之官。司寇，刑官也，故《康诰》一篇，多言明刑之理。"敬明乃罚"者，使之于刑罚之事，加钦谨省察之心，轻重之际，权不可忽也。有罪虽甚小，而非不幸之过，乃故意自作乱常败俗，乃不可不杀，《舜典》"怙终贼刑，刑故无小"是也。又有罪之大者，而非故意为之，不幸至此，既称道其罪以著之，论定之余，乃原情以赦之，"时乃不可杀"，《舜典》"宥过无大，罪疑唯轻"是也。虽然"宥过无大"，固无可疑；小罪不可不杀，岂小罪皆杀之乎？盖败常乱俗之人，或系社稷之安危，其罪虽小，其情乃乱之原，不杀则为害甚大，故虽小，亦不可不杀。曰有者，谓小罪之中，或有之，乃不可不杀。若其它小罪不杀，固宜。至于既曰"眚"矣，又必"道极其辜"，何哉？盖大罪过误，苟即赦之，起人舞法之心。蔽罪不可不论法，有司不可不奉法。临时斟酌，圣德运用，不测之权也。圣人虑事之周密如此。

7.《尚书说》卷五《周书·康诰》

（宋）黄度撰

王曰，呜呼！封，敬明乃罚。人有小罪，非眚，乃唯终，自作不典，式尔，有厥罪小，乃不可不杀；乃有大罪，非终，乃唯眚灾，适尔，既道极厥辜，时乃不可杀。

皋陶曰"眚灾肆赦，怙终贼刑"，此其辞之详者也。敬尽己心，明尽物理而后罚，为可行。典法式用，罪小不可不杀。非唯其尽当杀也，或轻或重，亦各以其罪耳。死人之所矜，今至于杀亦不赦，以见法之为必行，举重以明轻也。"既道极厥辜"，言以理穷其罪状也。事之似是而非，为难察，故适迩者，加详焉。

8.《絜斋家塾书钞》卷十《周书·康诰》

（宋）袁燮撰

王曰，呜呼！封，敬明乃罚。人有小罪，非眚，乃唯终，自作不典，式尔，有厥罪小，乃不可不杀；乃有大罪，非终，乃唯眚灾，适尔，既道极厥辜，时乃不可杀。

怙终者，虽小必刑；过眚者，虽大必赦。所谓"眚灾肆赦，怙终贼刑"是也。此是唐虞三代之用刑，异于后世之用刑矣。后世之用刑也，不过观其迹；古人之用刑也，必深察其情。后世，罪大者加之大刑，罪小者加之小刑。其情之所在，未尝深究也。古人原情定罪，固有入于大辟之刑，而情非怙终，则从而赦之者；亦有所犯不至于死，而情非过眚，则从而杀之者。故曰，此唐虞三代之用刑，非后世之用刑也。且唐虞三代之盛，"四方风动，民协于中"，陶冶天下人，人有士君子之行。彼果何道以致之，只观其用刑一事，便可见矣。过眚者，虽大必赦，则人谁敢不迁善远罪；怙终者，虽小必刑，则天下谁敢故意为恶。所以能使民协于中，只是此道理。人皆言古人尚宽，不知此乃至严处。观其"人有小罪，非眚，自作不典"，又自以为合于法度，虽是小罪，不可不杀，非严而何？至宽之中，固有至严者存也。后世严者，皆非真严。只如汉宣帝、明帝非不严也，然当时，怙终为恶而刑反不加者，何可胜计，乌得为严。古人之严，所谓真严者也。至于所犯罪大，若几不可恕矣，而深究其情，实非怙终，适然冒法，乃在可宥，虽然"既道极厥辜"，又须有这一句，方可"极厥辜"者。极其罪也，既明正其罪矣，而察其真情，实是过眚，然后从而赦之。不然下之人，并缘为奸，凡有罪者，孰不以为眚灾，而求幸免乎，故必有此一句乃可。

9.《书经集传》卷四《周书·康诰》

（宋）蔡沈撰

王曰，呜呼！封敬明乃罚。人有小罪，非眚，乃唯终，自作不典，式尔，有厥罪小，乃不可不杀；乃有大罪，非终，乃唯眚灾，适尔，既道极厥辜，时乃不可杀。

此下谨罚也。式，用；适，偶也。人有小罪，非过误，乃其固为乱常之事，用意如此，其罪虽小，乃不可不杀，即《舜典》所谓"刑故无小"也。人有大罪，非是故犯，乃其过误，出于不幸，偶尔如此，既自称道，尽输其情，不敢隐匿，罪虽大，"时乃不可杀"，即《舜典》所谓"宥过无大"也。诸葛孔明治蜀，服罪输情者，虽重必释，其"既道极厥辜，时乃不可杀"之意欤。

10. 《尚书精义》卷三十四《周书·康诰》

（宋）黄伦撰

王曰，呜呼！封，敬明乃罚。人有小罪，非眚，乃唯终，自作不典，式尔，有厥罪小，乃不可不杀；乃有大罪，非终，乃唯眚灾，适尔，既道极厥辜，时乃不可杀。

无垢曰，夫明德，则曰敬哉；明罚，则又曰敬明，是"明德慎罚"专在"敬"而已矣。敬胜百邪，故在己无玷而德自明。待物以恕，而罚是敬，乃能"明德慎罚"之门户也。

东坡曰，近时学者解此书，其意以谓人有小罪，非过眚，乃唯终成大恶，非诖误也，乃唯自作不善，原其情，乃唯不以尔为典式，是人当杀之无赦；乃有大罪，非能终成其恶也，乃唯过眚，原其情，乃唯适尔，非敢不以尔为典式也，是人当赦之不可杀。信乎此言，是周公虐刑，杀非死罪，且教康叔以人之向背，以为喜怒，而出入生死也。法当死，原情以生之，法不当死，而原情以杀之，情之轻重寄于有司之手，则人人可杀矣。虽大无道嗜杀人之君，不立此法，而谓周公为之欤。吾尝问之知法者，曰，此假设法也。

张氏曰，目病谓之眚。眚者，过失之谓也。人有小罪，非眚，则其故为可知矣。乃唯终，则非为人之所诖误也，乃唯自作，则其恶出于自为者也，原其情，则不以君为典式，是不法乎上之政令者也。如此，则其人罪虽小，然出于有为，故不可不杀，所谓"刑故无小"是也。"乃有大罪，非终，乃唯眚灾，适尔，既道极厥辜，时乃不可杀"者，乃有大罪，非终成其人恶乃无过眚以灾害于人与所谓唯终自作者异矣。原其情，则归之于汝，与所谓"不典，式尔"异矣。明其道，以责之，则极厥辜，如是之人，其罪虽大，然出于过误，在于不可杀，所谓"宥过无大"是也。

11. 《尚书详解》卷二十九《周书·康诰》

（宋）陈经撰

王曰，呜呼！封，敬明乃罚。人有小罪，非眚，乃唯终，自作不典，式尔，有厥罪小，乃不可不杀；乃有大罪，非终，乃唯眚灾，适尔，既道极厥辜,时乃不可杀。

此一段言,"慎罚"之事也。"敬明乃罚",唯"敬",则能"明"。盖不敬则怠忽之心蔽之,而用刑必有不得其当者矣。上言"明德"亦曰"敬哉",此言"慎罚",亦曰"敬明"是敬心无时而敢忘也。人有小罪,不可不杀;乃有大罪,时乃不可杀,非是罪之小者必杀之也。若罪之小而教之,不可不杀,虽申、商、韩非之法,亦未必然。而谓成王、周公为之乎?其曰"罪小"者,谓均是杀人之罪,但甲之罪,比之乙之罪为次尔,故曰小罪。人有罪,非眚,乃唯终。眚者,无目,谓过误为之也。今此人之罪,非过误为之,乃唯终于为恶,而不肯改悔者也,自作不合典常之事矣。且曰法固当尔,是人也,其罪虽比之他死罪为轻,而其情则实重,不可不杀,即典、谟所谓"怙终贼刑,刑故无小"是也。乃有大罪,乙之罪比于甲之罪为大也,非终于为恶者,乃唯眚灾。眚者,误为之;灾者,出于天灾,适然如此,非其本意。既,尽也,尽道以责之,则信有大罪,而极厥辜,然以情恕之,则不可杀,此即典、谟所谓"眚灾肆赦,宥过无大"是也。因其罪之大小,而考其其情之轻重,若是而加刑罚焉,万不失一矣。

12. 《融堂书解》卷十二《周书·康诰》

(宋) 钱时撰

王曰,呜呼!封,敬明乃罚。人有小罪,非眚,乃唯终,自作不典,式尔,有厥罪小,乃不可不杀;乃有大罪,非终,乃唯眚灾,适尔,既道极厥辜,时乃不可杀。

按《史记》"冉季、康叔,皆有美行,于是周公举康叔为周司寇,冉季为周司空,以佐成王,皆有令名于天下"。左氏亦曰武王母弟八人,康叔为司寇,是康叔以王朝司寇,出封卫侯也。而此书又特详于谨罚一事,盖殷民习恶,梗化弗顺,况当叛乱之余,人心方未帖息,犯法必众,使任君国之寄者,不间于典宪,则轻重上下,一以意为之,而民愈无所措手足矣。出司寇而临商民,非尚刑也,乃圣人好生之至仁,所以处商民之深旨也。"敬明"二字,即谨罚之要。不敬则慢忽,不明则蔽,于是非何由能谨?然所谨罚者,则尤莫重于生杀,莫难于疑似,故首明"小罪非眚",

"大罪非终"两端以诰之。

13.《尚书要义》

（宋）魏了翁撰

（归善斋按，原缺）

14.《书集传或问》卷下《康诰》

（宋）陈大猷撰

或问，林氏、蔡氏论康叔为司寇事，如何（林曰，《左传》《史记》言康叔为周司寇。康命之书，叙卫侯居第五，是犹为司寇，故此书多言及刑罚。蔡氏曰，篇中言"往，敷求"，"往，尽乃心"，终曰"往哉，封"，皆令其之国之辞，而未见其留王朝之意。详此篇康叔，盖深于法者，异时成王，或举以任司寇，而此则未然也）？曰蔡氏之说是也。司寇，系天下之命，不可兼出侯国以治民；化殷，系周室之本，不可兼入王朝以治狱。且古无此明证，其必不然。如蔡氏之说，与经传亦无抵牾。观《君陈》之书亦言刑，则可见矣。

15.《尚书详解》卷八《周书·康诰第十一》

（宋）胡士行撰

王曰，呜呼！封，敬明乃罚。人有小罪，非眚（过失），乃唯终（怙终不悛），自作（注绝句）不典（常），式（用）尔（知此），有厥罪小，乃不可不杀；乃有大罪，非终，乃唯眚灾（横过），适（偶）尔，既道（说）极（尽）厥辜（罪），时（是）乃不可杀。

此司寇事也，《虞书》宥过、刑故之义。

16.《书纂言》卷四上《周书·康诰》

（元）吴澄撰

王曰，呜呼！封，敬明乃罚。人有小罪，非眚，乃唯终，自作不典式尔，有厥罪小，乃不可不杀；乃有大罪，非终，乃唯眚灾，适尔，既道极厥辜，时乃不可杀。

此以下"王曰"者六，欲康叔"慎罚"也。敬，则慎重，所以能明。小、大，犹言轻、重。眚，谓误犯；终，谓故犯。典式，谓以常法，为法式也。"自作不典式"，谓自为不法之事。眚灾，谓因过误而罹灾祸；适尔，适然如此也。苏氏曰，此设为死罪之大小，以明其情之有轻重，非谓小罪为可杀也。如甲乙皆犯死罪，而甲之罪小于乙，非谓其罪不至死也。今世之法，谋杀已伤，虽未杀皆死，虽未伤而置人于必死之地亦死；过失杀虽已杀皆赎，与此意略相似。

17.《书集传纂疏》卷四下《朱子订定蔡氏集传·周书·康诰》

(元) 陈栎撰

王曰，呜呼！封，敬明乃罚。人有小罪，非眚，乃唯终，自作不典，式尔，有厥罪小，乃不可不杀；乃有大罪，非终，乃唯眚灾，适尔，既道极厥辜，时乃不可杀。

此下谨罚也。式，用；适，偶也。人有小罪，非过误，乃其固为乱常之事，用意如此，其罪虽小乃不可不杀，即《舜典》所谓"刑故无小"也。人有大罪，非是故犯，乃其过误，出于不幸，偶尔如此，既自称道，尽输其情，不敢隐匿，罪虽大，"时乃不可杀"，即《舜典》所谓"宥过无大"也。诸葛孔明治蜀，服罪输情者，虽重必释。其"既道极厥辜，时乃不可杀"之意欤。

纂疏：

愚谓，小罪不可不杀，小罪怙终，刑之可也，杀之无乃过乎？盖败常越礼，其罪难小，其情乃乱之原，不杀则为害将甚大，正以不典者，败伦纪，乱纲常之事也。宜于"不典"二字味之。

18.《读书丛说》卷六《康诰》

(元) 许谦撰

(归善斋按，未解)

19.《书传辑录纂注》卷四《周书·康诰》

(元)董鼎撰

王曰,呜呼!封,敬明乃罚。人有小罪,非眚,乃唯终,自作不典,式尔,有厥罪小,乃不可不杀;乃有大罪,非终,乃唯眚灾,适尔,既道极厥辜,时乃不可杀。

此下谨罚也。式,用;适,偶也。人有小罪,非过误,乃其固为乱常之事,用意如此,其罪虽小,乃不可不杀,即《舜典》所谓"刑故无小"也。人有大罪,非是故犯,乃其过误,出于不幸,偶尔如此,既自称道尽,输其情,不敢隐匿,罪虽大,"时乃不可杀",即《舜典》所谓"宥过无大"也。诸葛孔明治蜀,服罪输情者,虽重必释,其"既道极厥辜,时乃不可杀"之意欤。

辑录:

"不典式尔",古注"式"训"勉"。苏云,尔,是人自言法当如此,皆迂。王氏曰云云,予谓此不可晓,大概是宥过、刑故之意。广。

纂注:

蔡氏元度曰,"钦哉,钦哉",用刑不可不"敬"也。"唯明克允",用刑不可不"明"也。

吕氏曰,式,法也,"不典式"固为败常乱法事也。

新安陈氏曰,小罪不可不杀,小罪怙终刑之可也,杀之无乃过乎?盖败常越轨,其罪虽小,其情乃乱之原,不杀则为害将甚大。曰"有"者,谓小罪中有如此者,非谓凡有小罪而怙终者,皆杀之也。此又宜于作"不典"观之。

20.《尚书句解》卷八《周书·康诰第十一》

(元)朱祖义撰

王曰,呜呼!封(又叹而呼叔名),敬明乃罚(康叔虽封于卫,实以卫侯为周司寇,故成王戒以敬谨明,审汝所用之罚)。

21. 《尚书日记》卷十一《周书·康诰》

（明）王樵撰

"王曰，呜呼！封，敬明乃罚"至"时乃不可杀"。

此下欲康叔谨罚也。作新民在德，然人情趋向未易齐，罚亦不可废，故言谨罚之道，以敬明法意为先。"式尔"，"适尔"，犹今法之所谓"故""误"也。人有小罪以下，此设为甲乙二人，皆犯死罪，而议其轻重也。谓如甲有所犯罪，虽小于乙，而其情罪非出过误，乃唯怙终，自作不法，用意如此，虽罪小乃不可不杀。又如乙有所犯，罪虽大于甲，而其情本非怙终，乃唯过误，或为人所误，偶尔如此，既服罪输情，乃不可杀。过、误之中，过自己生，为眚；罪自外，至为灾。此章即《虞书》"眚灾肆赦，怙终贼刑"，"宥过无大，刑故无小"之意。但《虞书》所谓"肆赦"与"宥乃降"等之义，非直免之也。所谓刑乃随其罪，而制其轻重，非尽杀之也。此章，一则曰"乃不可不杀"，一则曰"乃不可杀"，则是以罪至于杀者，言之以例其余尔，非谓罪不至死，而但有"怙终"之情者，皆可杀也。此条乃用法之权衡，五刑之属三千之断例，不知此而能"敬明"者，未之有也，故首言之。

"敬明乃罚"一句是纲领，下举"罚"有两端以见例，"有叙"，"大明服"以下，则言"敬明"之事也。

22. 《日讲书经解义》卷八《周书·康诰》

（清）库勒纳等撰

王曰，呜呼！封，敬明乃罚。人有小罪，非眚，乃唯终，自作不典，式尔，有厥罪小，乃不可不杀；乃有大罪，非终，乃唯眚灾，适尔，既道极厥辜，时乃不可杀。

此以下十二节书，皆申言"慎罚"之意。而此一节书，是欲康叔原情以定罪也。眚，谓过误；终，谓故犯；不典谓不法；式，用也。适者，偶尔之谓。"道极厥辜"，自言其罪也。武王又叹息呼其名而言曰，刑罚乃整齐斯民之具，固为治所不废，然民命攸关，不可不慎也。苟一念不敬，则有失出、失入之事；一毫不明，则有冤抑莫伸之虞。汝于乃罚，务敬慎详明，毋或率意任情可也。"敬明"之道当如何？人之犯罪不同，而其情亦异。唯察其情之轻重，以定罪之出入，斯为得之。夫人之情罪俱重者，在所当杀，不必言矣。有所犯之罪虽小，初非过误，乃怙终不悛，自己甘作不法之事，是用意为恶者，如是之人，其罪虽小，其情当诛，乃不可不杀，所谓"刑故无小"，杀一以警百也。人之情罪俱轻者，在所当宥，又不必言矣。乃有所犯之罪虽大，初非故犯，乃是过误，出于不幸，盖偶然陷于罪，且能输情服罪，略无所隐，如是之人，其罪虽大，其情实可矜，是乃不可杀，所谓"宥过无大"，先教而后诛也。一宥一辟，此以权合经，仁义兼济之道也，所谓"敬明乃罚"者如此。

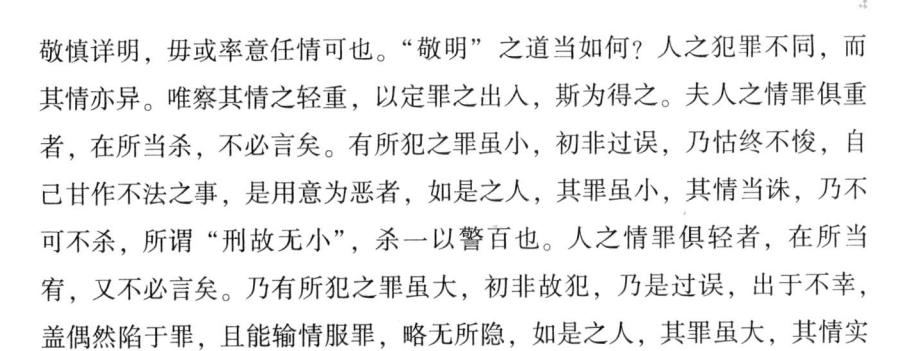

《读书管见》卷下《康诰》

（元）王充耘撰

敬明乃罚。

"敬明乃罚"，所谓"慎罚"也。式，敬尔。由狱"唯敬五刑"，用刑不可不"敬"也；"唯明克允"，用刑不可不"明"也。

《书经衷论》卷三《周书·康诰》

（清）张英撰

"敬明乃罚"一节，不外《虞典》"宥过无大，刑故无小"之意，而文字繁简不同，则古今之异也，亦见古人定律，但制其大略，而轻重出入，则付之执法之人。后世任法而不任人，详审于故、误之间者，盖亦鲜矣。

《五诰解》卷一《康诰》

（宋）杨简撰

王曰，呜呼！封，敬明乃罚。人有小罪，非眚，乃唯终，自作不典，式尔，有厥罪小，乃不可不杀；乃有大罪，非终，乃唯眚灾，适尔，既道极厥辜，时乃不可杀。

首言"轻罚"而并及于轻刑者，见轻刑尚当"敬明"，而况重刑乎？眚者，过、误也。终者，不改悔也。典，常道也。式，敬也。言人有小罪，非他人使作，乃"自作不典式"之罪，其罪虽小，而当杀者，不杀则他日必为大恶矣。其有罪虽大，而旋即知悔，不终成其事，乃因眚灾，适尔得罪，非其本心，虽辜罪至于极，是则不可杀。时，是也。以上皆原情定罪。

人有小罪，非眚，乃唯终自作不典，式尔

1.《尚书注疏》卷十三《周书》

（汉）孔氏传，（唐）陆德明音义，（唐）孔颖达疏

人有小罪非眚，乃唯终自作不典，式尔。

传，小罪非过失，乃唯终自行之，自为不常，用犯汝。

音义，眚，所领反，本亦作省。

疏，正义曰，人有小罪非过误为之，乃唯终身自为不常之行，用犯汝。

2.《书传》卷十二《周书》

（宋）苏轼撰

（归善斋按，见"王曰，呜呼！封敬明乃罚"）

3.《尚书全解》卷二十八

（宋）林之奇撰

人有小罪，非眚，乃唯终，自作不典，式尔，有厥罪小，乃不可不杀；乃有大罪，非终，乃唯眚灾，适尔，既道极厥辜，时乃不可杀。

此则"敬明乃罚"之事也。夫唯天下之罪戾，别白而不可掩，暴露而不可解。大罪则加之以大刑，小罪则加之以小罚，如权衡焉，不可以毫厘差，则夫所以敬而明之，固为易也。唯其疑狱之难决者，则不可以不加意也。故周公以此戒之。苏氏以谓，周公设为甲乙二人，皆犯死罪，而议其轻重。甲之罪小，小于乙之谓也，非其罪不至死也。然其罪，乃非眚

灾，而唯终之，乃唯自作不法，而曰法固当尔。如是当据法，杀不可谳也。乙之罪大，然非终之者，乃"唯眚灾，适尔"，适尔者，适会其如此也。是真可谳也。此说是也。然于"既道极厥辜"，则以为人之罪，法重情轻，尽道以责备，则信有大罪矣。而以常情恕之，则不可杀。然经言"既道极厥辜"，即继以"时乃不可杀"。如苏氏之说，则当于其中间，更加以常情恕之之意，而后文义乃足也。此盖罪之小者，既终之，而自作不法，而又以为法当尔，故不可不杀。罪之大者，非终而眚灾适尔，而又自以为己之辜。故不可杀。若今之律，所谓自首者原其情之类也。"既道极厥辜"者，盖"既自以为有罪"云耳。此盖所以原情而定罪也。使用法者，不原情而定罪。则取必于一定之法。则刑辟之及与不及。唯系于幸与不幸之间耳。诸葛孔明之治蜀也，"服罪输情者，虽重必释；游辞巧饰者，虽轻必戮"。"自作不典，式尔"，"游辞巧饰"之谓。"既道极厥辜"，"服罪输情"之谓也。《虞书》曰"眚灾肆赦，怙终贼刑"，又曰"宥过无大，刑故无小"，亦此意也。然辞简而意足，此篇自"人有小罪"至"时乃不可杀"意，与《虞书》同，而文则衍矣。此浑浑噩噩之异也、唐孔氏尝引陈寿之言曰，皋陶之谟略而雅，周公之诰烦而悉，何则？皋陶与舜、禹陈谟，周公与群下矢誓也，其意亦或然乎。而谓《君奭》《康诰》，乃与召公、康叔语，其辞亦甚委悉，抑亦当时设语，好相烦复也。此其评陈寿之失则是矣，而以为好烦复亦未悟夫浑浑噩噩之体，自有详略之不同也。

4.《尚书讲义》卷十四

（宋）史浩撰

（归善斋按，见"王若曰，孟侯，朕其弟，小子封"）

5.《尚书详解》卷十九《周书·康诰》

（宋）夏僎撰

（归善斋按，见"王曰，呜呼！封敬明乃罚"）

6.《增修东莱书说》卷二十《周书·康诰第十一》

（宋）吕祖谦撰，（宋）石澜增修
（归善斋按，见"王曰，呜呼！封敬明乃罚"）

7.《尚书说》卷五《周书·康诰》

（宋）黄度撰
（归善斋按，见"王曰，呜呼！封敬明乃罚"）

8.《絜斋家塾书钞》卷十《周书·康诰》

（宋）袁燮撰
（归善斋按，见"王曰，呜呼！封敬明乃罚"）

9.《书经集传》卷四《周书·康诰》

（宋）蔡沈撰
（归善斋按，见"王曰，呜呼！封敬明乃罚"）

10.《尚书精义》卷三十四《周书·康诰》

（宋）黄伦撰

11.《尚书详解》卷二十九《周书·康诰》

（宋）陈经撰
（归善斋按，见"王曰，呜呼！封敬明乃罚"）

12.《融堂书解》卷十二《周书·康诰》

（宋）钱时撰
（归善斋按，见"王曰，呜呼！封敬明乃罚"）

13. 《尚书要义》

（宋）魏了翁撰

（归善斋按，原缺）

14. 《书集传或问》卷下《康诰》

（宋）陈大猷撰

（归善斋按，未解）

15. 《尚书详解》卷八《周书·康诰第十一》

（宋）胡士行撰

（归善斋按，见"王曰，呜呼！封敬明乃罚"）

16. 《书纂言》卷四上《周书·康诰》

（元）吴澄撰

（归善斋按，见"王曰，呜呼！封敬明乃罚"）

17. 《书集传纂疏》卷四下《朱子订定蔡氏集传·周书·康诰》

（元）陈栎撰

（归善斋按，见"王曰，呜呼！封敬明乃罚"）

18. 《读书丛说》卷六《康诰》

（元）许谦撰

（归善斋按，未解）

19. 《书传辑录纂注》卷四《周书·康诰》

（元）董鼎撰

（归善斋按，见"王曰，呜呼！封敬明乃罚"）

20. 《尚书句解》卷八《周书·康诰第十一》

（元）朱祖义撰

人有小罪，非眚（乙人有罪小于甲，然非如无目为眚，而过误为之），乃唯终（终于为恶不肯改悔），自作不典，式尔（自为不合典常之事，且曰法固当尔）。

21. 《尚书日记》卷十一《周书·康诰》

（明）王樵撰

（归善斋按，见"王曰，呜呼！封敬明乃罚"）

22. 《日讲书经解义》卷八《周书·康诰》

（清）库勒纳等撰

（归善斋按，见"王曰，呜呼！封敬明乃罚"）

《五诰解》卷一《康诰》

（宋）杨简撰

（归善斋按，见"王曰，呜呼！封敬明乃罚"）

有厥罪小，乃不可不杀；乃有大罪，非终，乃唯眚灾，适尔，既道极厥辜，时乃不可杀

1. 《尚书注疏》卷十三《周书》

（汉）孔氏传，（唐）陆德明音义，（唐）孔颖达疏

有厥罪小，乃不可不杀；乃有大罪，非终，乃唯眚灾，适尔，既道极厥辜时，乃不可杀。

传，汝尽听讼之理，以极其罪，是人所犯，亦不可杀，当以罚宥论之。

音义，宥，于救反。

疏，正义曰，如此者，有其罪小，乃不可不杀，以故犯而不可赦。若人乃有大罪，非终行之，乃唯过误为之，以此故，汝当尽断狱之道，以穷极其罪。是人所犯乃不可以杀，当以罚宥论之，以误故也。即原心定罪，断狱之本，所以须敬明之也。

2.《书传》卷十二《周书》

（宋）苏轼撰

（归善斋按，见"王曰，呜呼！封敬明乃罚"）

3.《尚书全解》卷二十八

（宋）林之奇撰

（归善斋按，见"人有小罪，非眚"）

4.《尚书讲义》卷十四

（宋）史浩撰

（归善斋按，见"王若曰，孟侯，朕其弟，小子封"）

5.《尚书详解》卷十九《周书·康诰》

（宋）夏僎撰

（归善斋按，见"王曰，呜呼！封敬明乃罚"）

6.《增修东莱书说》卷二十《周书·康诰第十一》

（宋）吕祖谦撰，（宋）石澜增修

（归善斋按，见"王曰，呜呼！封敬明乃罚"）

7.《尚书说》卷五《周书·康诰》

（宋）黄度撰

（归善斋按，见"王曰，呜呼！封敬明乃罚"）

8.《絜斋家塾书钞》卷十《周书·康诰》

（宋）袁燮撰

（归善斋按，见"王曰，呜呼！封敬明乃罚"）

9.《书经集传》卷四《周书·康诰》

（宋）蔡沈撰

（归善斋按，见"王曰，呜呼！封敬明乃罚"）

10.《尚书精义》卷三十四《周书·康诰》

（宋）黄伦撰

（归善斋按，见"王曰，呜呼！封敬明乃罚"）

11.《尚书详解》卷二十九《周书·康诰》

（宋）陈经撰

（归善斋按，见"王曰，呜呼！封敬明乃罚"）

12.《融堂书解》卷十二《周书·康诰》

（宋）钱时撰

（归善斋按，见"王曰，呜呼！封敬明乃罚"）

13.《尚书要义》

（宋）魏了翁撰

（归善斋按，原缺）

14.《书集传或问》卷下《康诰》

（宋）陈大猷撰

（归善斋按，未解）

15. 《尚书详解》卷八《周书·康诰第十一》

(宋) 胡士行撰
(归善斋按，见"王曰，呜呼！封敬明乃罚")

16. 《书纂言》卷四上《周书·康诰》

(元) 吴澄撰
(归善斋按，见"王曰，呜呼！封敬明乃罚")

17. 《书集传纂疏》卷四下《朱子订定蔡氏集传·周书·康诰》

(元) 陈栎撰
(归善斋按，见"王曰，呜呼！封敬明乃罚")

18. 《读书丛说》卷六《康诰》

(元) 许谦撰
(归善斋按，未解)

19. 《书传辑录纂注》卷四《周书·康诰》

(元) 董鼎撰
(归善斋按，见"王曰，呜呼！封敬明乃罚")

20. 《尚书句解》卷八《周书·康诰第十一》

(元) 朱祖义撰
有厥罪小（虽乙有罪小于甲），乃不可不杀（乃罪轻情重，不可不杀）；乃有大罪，非终（乃甲人有罪大于乙，然非终于怙恶不悛），乃唯眚灾，适尔（乃如无目，误为天灾，适然如此），既道极厥辜（虽尽道以责之，信所犯重，而极其罪），时乃不可杀（是乃罪重情轻，不可杀）。

21.《尚书日记》卷十一《周书·康诰》

（明）王樵撰
(归善斋按，见"王曰，呜呼！封敬明乃罚")

22.《日讲书经解义》卷八《周书·康诰》

（清）库勒纳等撰
(归善斋按，见"王曰，呜呼！封敬明乃罚")

《五诰解》卷一《康诰》

（宋）杨简撰
(归善斋按，见"王曰，呜呼！封敬明乃罚")

王曰：呜呼！封，有叙，时乃大明服

1.《尚书注疏》卷十三《周书》

（汉）孔氏传，（唐）陆德明音义，（唐）孔颖达疏
王曰，呜呼！封，有叙，时乃大明服。
传，叹政教有次叙，是乃治理大明，则民服。
疏，正义曰：以刑者，政之助，不得已，即用之，非情好杀害。故又本于政，不可以滥刑。而王言曰，呜呼！封，欲正刑之本要，而汝政教有次序，是乃治理大明，则民服。

2.《书传》卷十二《周书》

（宋）苏轼撰
王曰，呜呼！封，有叙。
如此，则刑有叙也。
时乃大明服。

《春秋传》曰"乃大明服,已则不明,而杀人以逞,不亦难乎?"

3.《尚书全解》卷二十八

(宋)林之奇撰

王曰,呜呼!封,有叙,时乃大明服。唯民其敕,懋和,若有疾,唯民其毕弃咎,若保赤子,唯民其康乂。

如上文所言,小罪而非眚者,不可以幸免;大罪而非终者,不至于滥及,或杀,或否,各有轻重之叙,则是汝之大明于事,而有以服民也。盖前告之以"敬明乃罚",故此以为有其叙,则是汝能明之也。刑既明,则民服矣,故天下莫不晓然,知上之好恶,此所以相戒敕懋勉,而莫不和平也。既明于刑,以纳斯民于和平之域,则汝之为司寇也,可谓尽其职矣。然汝之用法,必常有不忍人之心,而后可。盖司寇之职掌,"建邦之六典,以佐王刑邦国,诘四方",则其心往往易流而入于忍也。然先王之所以建典刑之官,其本意唯欲使天下亡一人之狱,囹圄空虚,刑措不用而已矣,如舜之于九官,播百谷者,则必欲其百谷之丰;敷五教之明典三礼者,则欲其三礼之举,以至虞工之属莫不皆然。至于皋陶虽命之"以明五刑",而其意则在于"刑期于无刑"而已。周公之诰康叔以"敬明乃罚",其意亦然也。故既言"乃大明服",则又继之以"若有疾,唯民其毕弃咎;若保赤子,唯民其康乂","若有疾","若保赤子",皆出于中心之所诚然,不期然而然者也。《大学》曰"《康诰》曰若保赤子,心诚求之虽不中不远矣",《孟子》曰"今人乍见孺子将入于井,皆有怵惕恻隐之心,非所以内交于孺子之父母也,非所以要誉于乡党朋友也,非恶其声而然也"。盖人之有疾而欲去之,有赤子而保之,此岂可以伪为也哉?举斯心以加诸彼,则无往而不为仁,故"若有疾",则民莫不迁善远罪,而弃其过咎矣,故曰"唯民其毕弃咎";"若保赤子",则民莫不安居乐业,而各得其所矣,故曰"唯民其康乂"。既已"弃咎",既已"康乂"则孰有陷于罪,而丽于刑,此正先王之所以建刑官之本意也。故虽命康叔以"敬明乃罚",而其意,则唯欲康叔以是而存心也。后之典狱者存心则不然矣。故班孟坚曰"今之狱吏,上下相驱,以刻为明。深者获功名,平者多害患"。谚曰"鬻棺者欲岁之疫",非憎人欲杀之,利在于人死故也。今治狱吏，欲陷害人，亦犹此也。此固狱吏之罪，然亦上之人，所以循名而责其实者，不知使其以是而存心也。

4.《尚书讲义》卷十四

（宋）史浩撰

（归善斋按，见"王若曰，孟侯，朕其弟，小子封"）

5.《尚书详解》卷十九《周书·康诰》

（宋）夏僎撰

王曰，呜呼！封，有叙时，乃大明服。唯民其敕，懋和，若有疾，唯民其毕弃咎；若保赤子，唯民其康乂。非汝封刑人杀人，无或刑人杀人；非汝封又曰劓刵人，无或劓刵人。

此又一节，王嗟叹呼康叔名而告之也。"有叙"者，谓上行则下效，君先则民从，各有次序也。下文所言者是矣。成王谓，汝于是能大明其事，谓所行得其当，则民皆化之，一归于正，又相勉于和。汝于民之有恶，若汝身之有疾，务调治而速去之，则民之化之，皆毕弃其恶，而归于善；汝于民之有善，若保汝之赤子，常加抚养，不敢伤害，则民之化之，皆跻于治安之域。此即上所谓有叙之事也。成王既告康叔以事之"有叙"如此，又因而及于刑戮之事。盖康叔实为司寇，刑戮，人命所系，故又详以告之也。"非汝封刑人杀人"者，谓刑人杀人，国自有法，非汝封得刑人杀人也。然虽非汝封得刑人杀人，而为司寇，苟又当刑当杀者，汝自当以法决之，又不可使刑人杀人，不出于汝，而假之于它人也。成王既言非汝封当自刑人杀人，又不可使刑人杀人不出于汝封，故又言劓刵之事。劓，谓劓鼻；刵，谓割耳。刑杀之轻者，盖言其重者，因及于轻者也。又曰"劓刵人，无或劓刵人"者，亦如上文言，非汝封可以自劓刵人，然亦不可使劓刵人之事，出于它人，而不出于汝封。但因上成文，略"非汝封"三字耳。此说出于苏氏，诸儒皆宗之彼。孔氏则以"非汝封刑人杀人"为一句，"无或刑人杀人"为一句，"非汝封又曰劓刵人"为一句，"无或劓刵人"为一句。王氏则又以"又曰"加于"非汝封"之上，移易经文，今皆不从也。

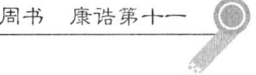

6.《增修东莱书说》卷二十《周书·康诰第十一》

（宋）吕祖谦撰，（宋）石澜增修

王曰，呜呼！封，有叙，时乃大明服。唯民其敕，懋和，若有疾，唯民其毕弃咎；若保赤子，唯民其康乂。非汝封刑人杀人，无或刑人杀人；非汝封又曰劓刵人，无或劓刵人。

周公又总言为治有序，汝当大明天下之服。服，事也。唯民其相正敕，相劝勉，皆协和矣。"若有疾"者，治民，如有疾者之调护医治，民将改心易虑，不为罪咎，而迁善远罪矣。"若保赤子"者，保民，如赤子之未能言，不可以苛法治，当衣则衣，当食则食，用心切至，则民其可以康宁安治之矣。此为治之叙，不可易之理也。"非汝封"以下，殷勤告戒反复之辞也。"非汝封刑人杀人"，刑人杀人皆天讨也，岂汝封之权乎？"无或刑人杀人"，申戒之辞，不可或有刑人之意。又言"非汝封杀人"者，总说两句，非汝之权也。"又曰劓刵人，无或劓刵人"，史官记周公勤勤谆复之意，言不特于大罪如此，劓刵微罪，亦不可时有自用之心。周公恐其大罪谨之，而小罪轻之也。

7.《尚书说》卷五《周书·康诰》

（宋）黄度撰

王曰，呜呼！封，有叙，时乃大明服。唯民其敕，懋和，若有疾，唯民其毕弃咎；若保赤子，唯民其康乂。非汝封刑人杀人，无或刑人杀人；非汝封又曰劓刵人，无或劓刵人。

"有叙"，言有本末也。舜曰"迪朕德，时乃功唯叙。皋陶方祗厥叙，方施象刑，唯明"，即此"叙"也。汝大明其德而服行之，则民敕正而勉于和；去恶如去疾，示之以好恶也，故民皆弃咎，而迁善；赤子匍匐，将入井，非赤子之罪也。是故罔民之不为，则民安治。此其"叙"为甚"明"也。刑不得已而用之。要为奉行天讨，吾何容心焉。故曰"非汝封刑人杀人"，"非汝封劓刵人"。劓刵轻，又曰丁宁之辞，刑轻人亦轻用之，故丁宁之如此。劓，截鼻；刵，截耳。《周官》五刑，无刵。《吕刑》曰"劓刵□黥"，劓刵相属，岂二罪同科，而有轻重欤？郑康成谓臣从君,坐人刑,未见所据。

8.《絜斋家塾书钞》卷十《周书·康诰》

(宋)袁燮撰

王曰,呜呼!封,有叙,时乃大明服,唯民其敕,懋和,若有疾唯民其毕弃咎;若保赤子,唯民其康乂。

叙,伦叙也。天下事岂能逃这伦叙。《吕刑》曰,"唯齐非齐,有伦有要"。所谓"伦",即此"叙"也。"皋陶,方祗厥叙,方施象刑,唯明"。皋陶用刑,亦只是一个次叙,何谓"叙",罪大者,加之大刑;罪小者,加之小刑;此"叙"也。罪大而眚灾者,赦之;罪小而怙终者,杀之,亦"叙"也。用刑有序,则能大明其所服。服,如"上刑适轻,下服;下刑适重,上服"之"服"。"敕懋和"者,民皆相戒相勉,以为和顺,而无有乖争悖乱之风也。不得已而用刑,常如疾痛在身,急欲去之。吾设心如是,民其肯犯我乎?凡有过咎,将毕弃之,亦如疾痛之在身,欲其速去矣。古人用刑分明,如疾痛之在身,盖以刑待天下,岂是美事。曾子曰,"上失其道,民散久矣,如得其情,则哀矜而勿喜"。曾子哀矜勿喜之意,即此所谓"若有疾"之意也。《大学》曰"若保赤子,心诚求之,虽不中,不远矣"。赤子口不能言,而慈母能知其所欲,心诚求之故也。故曰"民不求其所欲而得之之谓信"。民无求于上,而上能求其民,可谓信矣。康叔保养斯民,必如慈母之保赤子可也。必曰"若保赤子",以言其爱民之笃切恳至如此,夫然后民无有不康乂者也。此三句一节,"时乃大明服",亦未见刑之为不美,至于"若有疾",则深以刑为不得已,而去之唯恐不速。至于"若保赤子",则刑将措而不用矣。成王之望康叔岂不甚深。

9.《书经集传》卷四《周书·康诰》

(宋)蔡沈撰

王曰,呜呼!封,有叙,时乃大明服。唯民其敕,懋和,若有疾,唯民其毕弃咎;若保赤子,唯民其康乂。

"有叙"者,刑罚有次序也。"明"者,明其罚;"服"者,服其民也。左氏曰"乃大明服，己则不明而杀人以逞，不亦难乎？"敕，戒敕也。民其戒敕而勉于和顺也。"若有疾"者，以去疾之心去恶也，故民皆"弃咎"。"若保赤子"者，以保赤子之心，保善也，故民其安治。

10.《尚书精义》卷三十四《周书·康诰》

（宋）黄伦撰

王曰，呜呼！封，有叙，时乃大明服。唯民其敕，懋和，若有疾，唯民其毕弃咎；若保赤子，唯民其康乂。

无垢曰，断狱之道，如上文所谓，若二人犯死罪，其一若罪小，而出于无赖；其一若罪大，而出于偶尔。无赖者，据法以杀之；偶尔者，援情以生之。如此，用刑乃为"有叙"。夫何故以得法外意也，人皆知法当死者，以死断为有"叙"，而不知法当死者，以权其死生者，为有"叙"。故夫非得法外意者，不能尔也，得法外意以断狱，则民知无赖之不可为，而"无辜者之必生，如此，则奸心消缩，善意自生。唯奸心消缩，此所以皆谨敕，而不敢放肆；唯善意自生，此所以皆相勉为和乐，而不敢为狠戾也。无赖而犯死罪者，杀之不留，如疾之在躬，必务绝其根本，如此则人知恶之不可为，而尽弃去之，唯恐污染，率为谨敕，而不敢肆意矣。偶尔而犯死罪者，务有以保全之，如赤子之赴井，务有以救护之如此，则人知善之不可不为，皆行乎礼义安治之路，率相勉为和乐，而不敢履危涂矣。

张氏曰，"有叙"者，刑罚之施有轻重，不失其先后之序也。小罪非眚而杀，大罪非终而赦；上刑适轻而下服，下刑适重而上服，唯其刑罚之施，不失其序，则小人莫不畏服。此民之所以"敕懋和"也。"敕"，则莫敢放肆；"和"则无有乖戾。然刑罚足以制人之形，而不足以制人之心。疾者，人情之所同恶，攻之而欲其亟去之。赤子，人情之所同爱，保之而欲其不伤也。人君恶恶，欲去如有疾，然则，民莫不尽"弃咎"而为善。人君爱民，欲存如保赤子，则民莫不尽归于康乂，而不扰刑罚。

11.《尚书详解》卷二九《周书·康诰》

（宋）陈经撰

王曰，呜呼！封，有叙，时乃大明服。唯民其敕，懋和，若有疾，唯民其毕弃咎；若保赤子，唯民其康乂。非汝封刑人杀人，无或刑人杀人；非汝封又曰劓刵人，无或劓刵人。

"有叙"者，谓其治道当有次叙，以渐行之也，而不可以急迫也。《传》曰"己则不明，而杀人以逞，不亦难乎？"唯自明其德者，可以服人，故"乃大明服"则民自然相敕正劝勉，以趋于至和，而无有乖争者矣。"有疾"者，不忘于攻治之，言政教足以化恶为善者，若有疾而去之，则民皆去其咎恶，而不蹈旧染矣。"保赤子"者，抚摩矜恤之，言政教之养人，如保赤子，则民安治而不复有危乱者矣。康叔所当先务者，明德以化民。至于刑罚，则有不得已而用者，用之亦不可以轻易，非汝封得以刑人杀人者乎。杀人罪之至于死刑者，未至于死也。盖刑人杀人之权，实汝康叔。"无或刑人杀人"，谓无以得专刑杀之故，而或至于滥刑杀人也。"非汝封又曰劓刵人"，劓刵之刑，非汝康叔之所得用乎？"无或劓刵人"，无以得专劓刵之故，而或至于滥刑劓刵人也。既曰刑杀人，又曰劓刵，此重复之意。此一段亦言"明德慎罚"之事，要使康叔知为治之叙，在于用德而不用刑，在于宽缓和柔而不在于急迫躁切。"乃大明服"示之以所好，使民"敕懋和"矣，又从而示之所恶若有疾，而使之"毕弃咎"焉。既使之果弃"咎"矣，又怀之以所爱，使之"康乂"焉。其委曲多端。不欲骤然。使民之速化，而遽至于用刑也。

12.《融堂书解》卷十二《周书·康诰》

（宋）钱时撰

王曰，呜呼！封，有叙，时乃大明服。唯民其敕，懋和，若有疾，唯民其毕弃咎；若保赤子，唯民其康乂。非汝封刑人杀人，无或刑人杀人；非汝封又曰劓刵人，无或劓刵人。

此节虽再更端，而实承上文"有叙"者，言可杀不可杀之叙，轻重上下秩然不紊也。

13.《尚书要义》

（宋）魏了翁撰

（归善斋按，原缺）

14. 《书集传或问》卷下《康诰》

（宋）陈大猷撰

（归善斋按，未解）

15. 《尚书详解》卷八《周书·康诰第十一》

（宋）胡士行撰

王曰，呜呼！封有叙（为治有叙），时（是）乃大明（明其事）服（民服）。唯民其敕（相正），懋（相勉）和（协），若有疾（视民如身调护医治），唯民其毕（尽）弃（远）咎（罪）；若保赤子（保民如子心诚求之），唯民其康乂。非汝封刑人杀人（刑杀天讨，非汝得私），无或刑人杀人（戒其刑杀）。非汝封又曰劓（割鼻）刵（割耳）人，（劓刵轻刑，亦非汝得私），无或劓刵人（戒其劓刵）。

"若疾""若子"，以待吾民可也。刑可轻刑杀、劓刵之乎？一说非汝封得刑杀人也，又不可使刑杀人不出于汝封，句。"又曰"下亦如上文，非汝封得劓刵也，又不可使劓刵人，不出于汝封，承上省文耳。

16. 《书纂言》卷四上《周书·康诰》

（元）吴澄撰

王曰，呜呼！封，有叙，时乃大明服。唯民其敕，懋和，若有疾，唯民其毕弃咎；若保赤子，唯民其康乂。

"有叙"，谓刑罚中伦皆得其宜，是汝能"大明"而有以服民也。明不可欺，而民畏服，其必敕正懋勉，不敢乖戾以犯法。然此特道之以政而已。故民之和者，勉强为之。"若有疾""若保赤子"，道之以德也，止民之恶者，如去己之疾，则调护无所不至，民必远罪而尽弃其咎矣。保民之善者，如保己之赤子，则爱养无所不至，民必迁善而厎于康乂矣。先言"有疾"后言"赤子"，盖民"弃咎"，而后可"康乂"也。

17. 《书集传纂疏》卷四下《朱子订定蔡氏集传·周书·康诰》

（元）陈栎撰

王曰，呜呼！封，有叙，时乃大明服。唯民其敕，懋和，若有疾，唯民其毕弃咎；若保赤子，唯民其康乂。

"有叙"者，刑罚有次序也。明者，明其罚；服者，服其明也。左氏曰"乃大明服，己则不明而杀人以逞，不亦难乎？"。敕，戒敕也。民其戒敕，而勉于和顺也。"若有疾"者，以去疾之心去恶也，故民皆"弃咎"；"若保赤子"者，以保赤子之心保善也，故民其安治。

纂疏：

张氏曰，刑罚足以制人之形，不足以服人之心，必不紊刑之伦序，时乃大明刑罚，而足以服其心，宜民敕懋而且和也。

林氏曰，"若有疾"，"若保赤子"，皆出于中心之诚然。盖人有疾欲去之，有赤子欲保之，此岂可以伪为。举斯心以加诸彼，则无往非仁矣。

陈氏大猷曰，去民之恶如去己疾，则调治无不至，必尽弃其咎矣。保民如保己之赤子，则爱护无不至，民必康且乂矣。先言"有疾"，后言"赤子"，盖民"弃咎"，然后可"康乂"也。

愚谓，三言"唯民"，其必加以后之二譬，使民"弃咎""康乂"而后可全其"敕懋和"也。

18. 《读书丛说》卷六《康诰》

（元）许谦撰

（归善斋按，未解）

19. 《书传辑录纂注》卷四《周书·康诰》

（元）董鼎撰

王曰，呜呼！封，有叙，时乃大明服。唯民其敕，懋和，若有疾，唯民其毕弃咎；若保赤子，唯民其康乂。

"有叙"者，刑罚有次序也。明者，明其罚；服者，服其民也。左氏曰"乃大明服，己则不明，而杀人以逞，不亦难乎？"敕，戒敕也。民其戒敕，而勉于和顺也。"若有疾"者，以去疾之心去恶也，故民皆"弃咎"。"若保赤子"者，以保赤子之心保善也，故民其安治。

辑录：

"若有疾"，刑人如痛在己，又"恫瘝"之意。

纂注：

张氏曰，刑罚足以制人之形，而不足以服人之心，必不紊刑之伦序，时乃大明刑罚，而足以服其心，宜民敕，懋而且和也。

林氏曰，"若有疾"，"若保赤子"，皆出于中心之诚。然盖人有疾。而欲去之，有赤子而欲保之，此岂可以伪为，举斯心以加诸彼，则无所往而不为仁矣。

陈氏大猷曰，去民之恶，如去己疾，则调治无所不至，必尽弃其咎矣。保其民如保己之赤子，则爱护无所不至，民必康且乂矣。先言"疾"，后言"赤子"，盖民"弃咎"然后可"康乂"也。

新安陈氏曰，此处三言"唯民"，其必加以后之二譬，使民"弃咎""康乂"，而后可全其"敕懋和"也。

20.《尚书句解》卷八《周书·康诰第十一》

（元）朱祖义撰

王曰，呜呼！封（又呼名以告），有叙（治有次叙），时乃大明服（于是大明政事之次序而行之）。

21.《尚书日记》卷十一《周书·康诰》

（明）王樵撰

"王曰，呜呼！封，有叙时"至"唯民其康"。

又"有叙"言，五刑之条，轻重各有伦叙也。明，犹"唯明克允"之"明"；服，犹"五刑有服"之"服"，谓得其情，而施之当，则民自敕正，而勉于和也。传曰"己则不明而杀人以逞，不亦难乎？"下以取舍两端，言"明服"之意。盖民之未肯"毕弃咎"，以上之徒法以□之耳。视民之不善，如疾之在己，则攻治针砭，无非所以为德也。以此心待民，民自知恶之不可为，而毕舍其咎矣。民之已陷于恶者，既以去疾之心去之；民之未陷于恶者，当以保赤子之心保之。赤子若无人保，则虽有陷阱在前，蹈之而不知，岂赤子之罪哉。心诚求之，得其不言之欲，止其未形之邪，与之作主，全在保者，以此心待民，民自慕于善，而无不安治矣。

玩三个"唯民"，其字分明三段。

据《孟子》引"若保赤子"，以为小民无知而犯法，犹赤子无知而入井，则分取舍两边为是。蔡传云"以保子之心保善"，"保善"二字须要活看。盖对去恶而言，则凡情有可恕而恕之者，皆为"保善"耳。

如保赤子，为其无知也，常以无知恕之，则虽有可怒之事，亦无所施其怒；如是，而刑有妄加者乎？有得情而喜者乎？此处形容谨罚之心，曲尽真圣人之言也。

22.《日讲书经解义》卷八《周书·康诰》

（清）库勒纳等撰

王曰呜呼！封，有叙，时乃大明服。唯民其敕，懋和，若有疾，唯民其毕弃咎；若保赤子，唯民其康乂。

此一节书，是欲康叔慎罚以化民也。"有叙"，谓刑罚有次序；明者，明其轻重之等；服，服其民；敕者，戒饬之意；懋，和，谓相勉而归于和顺也。武王又叹息呼其名而言曰，刑罚之中，本有一定之叙，固秩然而不紊也。第人不能深究其次序，是以轻重失宜，冤抑者多。何怪乎民之不能迁善远罪也。汝必大明其轻重之等，使下情洞烛，法纪昭然，不徒足以制民之形，而实有以畏服民之心志，则小民自然互相戒敕，勉于和顺，孰敢轻犯有司之法哉？然又必有至诚恳切之意，行于其间，夫而后民可得而化也。于去民之恶也，如疾之有于身，务除去之，又从而哀矜调护之，唯恐其不速改，则民知上之杀之者，乃所以生之也。将翻然悔悟，尽弃其平日之咎恶矣。于保民之善也，如慈母之于赤子，既珍爱之，又从而劳来辅翼之，唯恐其或陷于罪，则民知上之教之者，乃所以成之也。将鼓舞自新，莫不安且治矣。刑之足以化民如此，此罚之不可不慎也。夫刑罚不足以服人，所以服人在用刑罚者之心耳。不紊其轻重之防，而深致其刑期无刑之意，此刑赏所以皆归于忠厚也。

《书义断法》卷四《周书·康诰》

（元）陈悦道撰

时乃大明服。唯民其敕，懋和。若有疾，唯民其毕弃咎；若保赤子，唯民其康乂。

明罚，以服人心之公，戒敕以勉人心之和。和则安矣。未有安而不治者也。人唯心服，是以心和；是以去疾之心去恶；以保赤子之心，保善。久安长治之计，常必由此。此犹足以见"明德慎罚"之效。人心感通之速，不可以商俗之污，而谓其不可以安且治也。明服，如"四罪咸服"；"敕懋和"，如"戒之用休，劝之以九歌"；去疾，如沉疴之去体；"保赤子"，如"心诚求之，不中不远"，皆人心自然之感应也。

《读书管见》卷下《康诰》

（元）王充耘撰

有叙，时乃大明服。

有叙，时乃大明服。唯民其敕，懋和。

"有叙"者，言立法制刑，其重轻大小，固有次叙。如所谓"五刑有服，五服三就，五流有宅，五宅三居"，何尝不截然各有次第。然用刑者，必明其所服民，方有所戒敕，而勉于和。服，即"五刑有服"，上服下服之"服"。盖当罪受刑之谓也。所谓"明"者，何盖刑有故焉，有过焉，二者不可不审也。去恶如去疾，斩然断制，而无姑息之意。所谓"'刑故无小，怙终贼刑'，则民知恶之不可为"，而"毕弃咎"矣。保民如赤子，盖小民无知而犯法，犹赤子无知而入井，在所哀矜，而非可加以罪者也。则赦宥而全之，使得自新，如所谓"宥过无大，眚灾肆赦"，则良民不至无所措手足，而自康乂矣。罚之贵于明者如此。

《五诰解》卷一《康诰》

（宋）杨简撰

王曰，呜呼！封，有叙，时乃大明服。唯民其敕，懋和，若有疾，唯民其毕弃咎；若保赤子，唯民其康乂。

如已上所诰，一一遵行有叙，则民深信而心服矣。大明，谓深信不疑也。君有实德，民应如响，即敕正而无邪，即懋勉而无怠，即和顺而无乖，如有疾病，脱然尽失其疾，毕弃其过咎；若保赤子，而安康治义矣。《大禹谟》曰"后克艰"，"臣克艰"，"政乃乂，黎民敏德"。后世士大夫每忽其难者，不修实德也。唯圣人达此。

唯民其敕，懋和

1.《尚书注疏》卷十三《周书》

（汉）孔氏传，（唐）陆德明音义，（唐）孔颖达疏

唯民其敕，懋和。

传，民既服化，乃其自敕正，勉为和。

疏，正义曰，唯民既服从化，其自敕正，勉力而平和。

2.《书传》卷十二《周书》

（宋）苏轼撰

唯民其敕，懋和。

敕，正也。

3.《尚书全解》卷二十八

（宋）林之奇撰

（归善斋按，见"王曰，呜呼！封，有叙，时乃大明服"）

4.《尚书讲义》卷十四

（宋）史浩撰

（归善斋按，见"王若曰，孟侯，朕其弟，小子封"）

5.《尚书详解》卷十九《周书·康诰》

(宋）夏僎撰
(归善斋按，见"王曰，呜呼！封，有叙，时乃大明服"）

6.《增修东莱书说》卷二十《周书·康诰第十一》

(宋）吕祖谦撰，(宋）石澜增修
(归善斋按，见"王曰，呜呼！封，有叙，时乃大明服"）

7.《尚书说》卷五《周书·康诰》

(宋）黄度撰
(归善斋按，见"王曰，呜呼！封，有叙，时乃大明服"）

8.《絜斋家塾书钞》卷十《周书·康诰》

(宋）袁燮撰
(归善斋按，见"王曰，呜呼！封，有叙，时乃大明服"）

9.《书经集传》卷四《周书·康诰》

(宋）蔡沈撰
(归善斋按，见"王曰，呜呼！封，有叙，时乃大明服"）

10.《尚书精义》卷三十四《周书·康诰》

(宋）黄伦撰
(归善斋按，见"王曰，呜呼！封，有叙，时乃大明服"）

11.《尚书详解》卷二十九《周书·康诰》

(宋）陈经撰
(归善斋按，见"王曰，呜呼！封，有叙，时乃大明服"）

12.《融堂书解》卷十二《周书·康诰》

（宋）钱时撰

（归善斋按，见"王曰，呜呼！封，有叙，时乃大明服"）

13.《尚书要义》

（宋）魏了翁撰

（归善斋按，原缺）

14.《书集传或问》卷下《康诰》

（宋）陈大猷撰

（归善斋按，未解）

15.《尚书详解》卷八《周书·康诰第十一》

（宋）胡士行撰

（归善斋按，见"王曰，呜呼！封，有叙，时乃大明服"）

16.《书纂言》卷四上《周书·康诰》

（元）吴澄撰

（归善斋按，见"王曰，呜呼！封，有叙，时乃大明服"）

17.《书集传纂疏》卷四下《朱子订定蔡氏集传·周书·康诰》

（元）陈栎撰

（归善斋按，见"王曰，呜呼！封，有叙，时乃大明服"）

18.《读书丛说》卷六《康诰》

（元）许谦撰

（归善斋按，未解）

19.《书传辑录纂注》卷四《周书·康诰》

（元）董鼎撰

（归善斋按，见"王曰，呜呼！封，有叙，时乃大明服"）

20.《尚书句解》卷八《周书·康诰第十一》

（元）朱祖义撰

唯民其敕，懋和（则民自然相敕正，劝勉以趋于至和）。

21.《尚书日记》卷十一《周书·康诰》

（明）王樵撰

（归善斋按，见"王曰，呜呼！封，有叙，时乃大明服"）

22.《日讲书经解义》卷八《周书·康诰》

（清）库勒纳等撰

（归善斋按，见"王曰，呜呼！封，有叙，时乃大明服"）

《书义断法》卷四《周书·康诰》

（元）陈悦道撰

（归善斋按，见"王曰，呜呼！封，有叙，时乃大明服"）

《五诰解》卷一《康诰》

（宋）杨简撰

（归善斋按，见"王曰，呜呼！封，有叙，时乃大明服"）

《读书管见》卷下《康诰》

（元）王充耘撰

（归善斋按，见"王曰，呜呼！封，有叙，时乃大明服"）

若有疾，唯民其毕弃咎

1.《尚书注疏》卷十三《周书》

（汉）孔氏传，（唐）陆德明音义，（唐）孔颖达疏

若有疾，唯民其毕弃咎。

传，化恶为善，如欲去疾，治之以理，则唯民其尽弃恶修善。

音义，咎，其九反。

疏，正义曰，然政之化恶为善，若有病而欲去之，治之以理，则唯民其尽弃恶而修善。

传，正义曰，人之有疾，治之以理，则疾去。人之有恶，化之以道，则恶除。

2.《书传》卷十二《周书》

（宋）苏轼撰

若有疾，唯民其毕弃咎；若保赤子，唯民其康乂。非汝封刑人杀人。刑人杀人者，法也，非汝意也。

3.《尚书全解》卷二十八

（宋）林之奇撰

（归善斋按，见"王曰，呜呼！封，有叙，时乃大明服"）

4.《尚书讲义》卷十四

（宋）史浩撰

（归善斋按，见"王若曰，孟侯，朕其弟，小子封"）

5.《尚书详解》卷十九《周书·康诰》

（宋）夏僎撰

（归善斋按，见"王曰，呜呼！封，有叙，时乃大明服"）

6.《增修东莱书说》卷二十《周书·康诰第十一》

（宋）吕祖谦撰，（宋）石㳉增修
(归善斋按，见"王曰，呜呼！封，有叙，时乃大明服")

7.《尚书说》卷五《周书·康诰》

（宋）黄度撰
(归善斋按，见"王曰，呜呼！封，有叙，时乃大明服")

8.《絜斋家塾书钞》卷十《周书·康诰》

（宋）袁燮撰
(归善斋按，见"王曰，呜呼！封，有叙，时乃大明服")

9.《书经集传》卷四《周书·康诰》

（宋）蔡沈撰
(归善斋按，见"王曰，呜呼！封，有叙，时乃大明服")

10.《尚书精义》卷三十四《周书·康诰》

（宋）黄伦撰
(归善斋按，见"王曰，呜呼！封，有叙，时乃大明服")

11.《尚书详解》卷二十九《周书·康诰》

（宋）陈经撰
(归善斋按，见"王曰，呜呼！封，有叙，时乃大明服")

12.《融堂书解》卷十二《周书·康诰》

（宋）钱时撰
(归善斋按，见"王曰，呜呼！封，有叙，时乃大明服")

13. 《尚书要义》

（宋）魏了翁撰

（归善斋按，原缺）

14. 《书集传或问》卷下《康诰》

（宋）陈大猷撰

（归善斋按，未解）

15. 《尚书详解》卷八《周书·康诰第十一》

（宋）胡士行撰

（归善斋按，见"王曰，呜呼！封，有叙，时乃大明服"）

16. 《书纂言》卷四上《周书·康诰》

（元）吴澄撰

（归善斋按，见"王曰，呜呼！封，有叙，时乃大明服"）

17. 《书集传纂疏》卷四下《朱子订定蔡氏集传·周书·康诰》

（元）陈栎撰

（归善斋按，见"王曰，呜呼！封，有叙，时乃大明服"）

18. 《读书丛说》卷六《康诰》

（元）许谦撰

（归善斋按，未解）

19. 《书传辑录纂注》卷四《周书·康诰》

（元）董鼎撰

（归善斋按，见"王曰，呜呼！封，有叙，时乃大明服"）

20.《尚书句解》卷八《周书·康诰第十一》

（元）朱祖义撰

若有疾（如汝身有病，务调治之，今推去病之术以去民恶），唯民其毕弃咎（则民尽弃恶而归善）。

21.《尚书日记》卷十一《周书·康诰》

（明）王樵撰

（归善斋按，见"王曰，呜呼！封，有叙，时乃大明服"）

22.《日讲书经解义》卷八《周书·康诰》

（清）库勒纳等撰

（归善斋按，见"王曰，呜呼！封，有叙，时乃大明服"）

《书义断法》卷四《周书·康诰》

（元）陈悦道撰

（归善斋按，见"王曰，呜呼！封，有叙，时乃大明服"）

《五诰解》卷一《康诰》

（宋）杨简撰

（归善斋按，见"王曰，呜呼！封，有叙，时乃大明服"）

若保赤子，唯民其康乂

1.《尚书注疏》卷十三《周书》

（汉）孔氏传，（唐）陆德明音义，（唐）孔颖达疏

若保赤子，唯民其康乂。

传，爱养人，如安孩儿赤子，不失其欲，唯民其皆安治。

音义，孩，亥才反。

疏，正义曰，言爱养人，若母之安赤子。唯民为善，其皆安治。

传，正义曰，既去恶，乃须爱养之为善。人为上养，则化所行，故言其皆安治。子生赤色故言赤子。

2.《书传》卷十二《周书》

（宋）苏轼撰

（归善斋按，见"若有疾，唯民其毕弃咎"）

3.《尚书全解》卷二十八

（宋）林之奇撰

（归善斋按，见"王曰，呜呼！封，有叙，时乃大明服"）

4.《尚书讲义》卷十四

（宋）史浩撰

（归善斋按，见"王若曰，孟侯，朕其弟，小子封"）

5.《尚书详解》卷十九《周书·康诰》

（宋）夏僎撰

（归善斋按，见"王曰，呜呼！封，有叙，时乃大明服"）

6.《增修东莱书说》卷二十《周书·康诰第十一》

（宋）吕祖谦撰，（宋）石澜增修

（归善斋按，见"王曰，呜呼！封，有叙，时乃大明服"）

7.《尚书说》卷五《周书·康诰》

（宋）黄度撰

（归善斋按，见"王曰，呜呼！封，有叙，时乃大明服"）

8. 《絜斋家塾书钞》卷十《周书·康诰》

（宋）袁燮撰

(归善斋按，见"王曰，呜呼！封，有叙，时乃大明服"）

9. 《书经集传》卷四《周书·康诰》

（宋）蔡沈撰

(归善斋按，见"王曰，呜呼！封，有叙，时乃大明服"）

10. 《尚书精义》卷三十四《周书·康诰》

（宋）黄伦撰

(归善斋按，见"王曰，呜呼！封，有叙，时乃大明服"）

11. 《尚书详解》卷二十九《周书·康诰》

（宋）陈经撰

(归善斋按，见"王曰，呜呼！封，有叙，时乃大明服"）

12. 《融堂书解》卷十二《周书·康诰》

（宋）钱时撰

(归善斋按，见"王曰，呜呼！封，有叙，时乃大明服"）

13. 《尚书要义》

（宋）魏了翁撰
(归善斋按，原缺)

14. 《书集传或问》卷下《康诰》

（宋）陈大猷撰
(归善斋按，未解)

15. 《尚书详解》卷八《周书·康诰第十一》

（宋）胡士行撰

（归善斋按，见"王曰，呜呼！封，有叙，时乃大明服"）

16. 《书纂言》卷四上《周书·康诰》

（元）吴澄撰

（归善斋按，见"王曰，呜呼！封，有叙，时乃大明服"）

17. 《书集传纂疏》卷四下《朱子订定蔡氏集传·周书·康诰》

（元）陈栎撰

（归善斋按，见"王曰，呜呼！封，有叙，时乃大明服"）

18. 《读书丛说》卷六《康诰》

（元）许谦撰

（归善斋按，未解）

19. 《书传辑录纂注》卷四《周书·康诰》

（元）董鼎撰

（归善斋按，见"王曰，呜呼！封，有叙，时乃大明服"）

20. 《尚书句解》卷八《周书·康诰第十一》

（元）朱祖义撰

若保赤子（如赤子，常加保抱抚养之恩，今推保赤子之情以保民），唯民其康乂（则民皆跻治安之域）。

21. 《尚书日记》卷十一《周书·康诰》

（明）王樵撰

（归善斋按，见"王曰，呜呼！封，有叙，时乃大明服"）

22.《日讲书经解义》卷八《周书·康诰》

（清）库勒纳等撰

（归善斋按，见"王曰，呜呼！封，有叙，时乃大明服"）

《书义断法》卷四《周书·康诰》

（元）陈悦道撰

（归善斋按，见"王曰，呜呼！封，有叙，时乃大明服"）

《五诰解》卷一《康诰》

（宋）杨简撰

（归善斋按，见"王曰，呜呼！封，有叙，时乃大明服"）

非汝封刑人杀人

1.《尚书注疏》卷十三《周书》

（汉）孔氏传，（唐）陆德明音义，（唐）孔颖达疏

非汝封刑人杀人。

传，言得刑杀罪人。

疏，正义曰，为政保民之如此，不可行以淫刑，岂非汝封得刑人杀人乎？言得刑杀。

2.《书传》卷十二《周书》

（宋）苏轼撰

（归善斋按，见"若有疾，唯民其毕弃咎"）

3.《尚书全解》卷二十八

（宋）林之奇撰

非汝封刑人杀人，无或刑人杀人；非汝封又曰劓刵人，无或劓刵人。

自此以上，则其恤刑慎罚，以不忍人之心为心者，可谓至矣。故又戒之以慎法也。孔氏以"无或刑人杀人"为绝句，"非汝封"则以属于"又曰"为下句。"非汝封刑人杀人"，汉孔氏曰，言得刑杀罪人，夫经之言曰"非汝封刑人杀人"，孔氏以为得刑杀罪人可乎？王氏曰"刑人杀人，非汝所刑杀，乃天讨有罪，汝无或妄刑杀人也"，则其言胜于先儒，然其于"非汝封又曰劓刵人"，则疑其当云"又曰非汝封劓刵人"，此则改易经文，以就己意，非缺疑之义。唐孔氏以"又曰"为周公述康叔之自言其说，亦迂回宛转，不甚平易。唯苏氏以"非汝封"为绝句，不以冠于又曰之上，则其义明白矣。其说曰，刑人杀人者法也，非汝意也。虽非汝意，然生杀必听汝，不可使在人也。至于劓刵人，则曰非汝独生杀也，劓刵亦如之。其文略，盖因前之辞也。此说可谓尽之矣。盖司寇之职，掌邦禁，以惩夫不轨之民。然法者，天子之所与，天下共之也。天子犹不可以上下其手，况司寇乎？是则，刑人杀人，非汝封之私意也。然不任其私意者，则其弊易至于废弛厥职，而他人或得以窃其权而用之矣。汝既为司寇之官，岂可或移之他人哉？劓，截鼻也，五刑之一。刵，《说文》曰断耳也，虽不在于五刑，然亦劓之类，比于刑人杀人，皆轻刑也。

4. 《尚书讲义》卷十四

（宋）史浩撰

（归善斋按，见"王若曰，孟侯，朕其弟，小子封"）

5. 《尚书详解》卷十九《周书·康诰》

（宋）夏僎撰

（归善斋按，见"王曰，呜呼！封，有叙，时乃大明服"）

6. 《增修东莱书说》卷二十《周书·康诰第十一》

（宋）吕祖谦撰，（宋）石澜增修

（归善斋按，见"王曰，呜呼！封，有叙，时乃大明服"）

7.《尚书说》卷五《周书·康诰》

（宋）黄度撰

（归善斋按，见"王曰，呜呼！封，有叙，时乃大明服"）

8.《絜斋家塾书钞》卷十《周书·康诰》

（宋）袁燮撰

非汝封刑人杀人，无或刑人杀人；非汝封又曰劓刵人，无或劓刵人。

康叔擅一国之生杀，则夫刑人杀人者，非汝封乎？然犹有刑杀不足贵也，至于无或刑人杀人，又非汝封乎？劓刵人汝封也，至于无或劓刵人亦汝封也。不言非汝封，省文也。劓刵刑之轻者，虽刑之轻者，亦以无为贵。有虞之治，"好生之德洽于民心，兹用不犯于有司"。成康之时，刑措四十年不用。盖犹有刑罚，终非盛世之美事。措刑不用，方是致治之极，教化之行，至于比屋可封。人人有士君子之行，虽有刑，将安所施哉。

9.《书经集传》卷四《周书·康诰》

（宋）蔡沈撰

非汝封刑人杀人，无或刑人杀人；非汝封又曰劓刵人，无或劓刵人。

刑杀者，天之所以讨有罪，非汝封得以刑之杀之也。汝无或以己而刑杀之。刵，截耳也。刑杀，刑之大者；劓刵，刑之小者，兼举小大，以申戒之也。"又曰"，当在"无或刑人杀人"之下。又按，刵，《周官》五刑所无，《吕刑》以为苗民所制。

10.《尚书精义》卷三十四《周书·康诰》

（宋）黄伦撰

非汝封刑人杀人，无或刑人杀人；非汝封又曰劓刵人，无或劓刵人。

无垢曰，刑，谓刲宫之类；杀，谓大辟之类。劓，截鼻；刵，截耳，古谓轻刑。呜呼！缺者，不可复全；断者，不可复续。刀锯所临，痛楚切骨。彼亦人子也。使其毁残父母遗体，谓之轻刑可乎？诚谓轻刑，劓刵也，亦一国之人以谓当劓刵，非康叔私得劓刵也。人者，天地之德，阴阳之交，鬼神之会，五行之秀，气岂容有偶，藉父兄所庇。因有爵土，使在人上，妄行刑杀劓刵，取快其意，荼毒斯民哉，必不容也。康叔，贤者也，岂容有是。然而舜大圣人，即位至九十余岁，益方有罔失，罔淫，罔游之戒，而况康叔乎。

张氏曰，经曰"天讨有罪，五刑五用"哉，则刑罚皆出于天讨。为人君者，奉将之而已矣。此成王之诰康叔，以谓非汝封得以刑人杀人，汝无或妄有刑人杀人；非汝封得以劓刵于人，汝无或妄有劓刵于人。其所以刑杀、劓刵，一禀之天意，非己所敢私也。劓刵者，五刑之最轻也，非特其重者，在所当慎，虽劓刵之轻，犹不敢妄，则其大可知矣。

11.《尚书详解》卷二十九《周书·康诰》

（宋）陈经撰

（归善斋按，见"王曰，呜呼！封，有叙，时乃大明服"）

12.《融堂书解》卷十二《周书·康诰》

（宋）钱时撰

（归善斋按，见"王曰，呜呼！封，有叙，时乃大明服"）

13.《尚书要义》

（宋）魏了翁撰

（归善斋按，原缺）

14.《书集传或问》卷下《康诰》

（宋）陈大猷撰

（归善斋按，未解）

15.《尚书详解》卷八《周书·康诰第十一》

（宋）胡士行撰

（归善斋按，见"王曰，呜呼！封，有叙，时乃大明服"）

16.《书纂言》卷四上《周书·康诰》

（元）吴澄撰

非汝封刑人杀人，无或刑人杀人；非汝封又曰劓刵人，无或劓刵人。

非汝封刑此人，杀此人，则无或敢有刑人杀人者；非汝封又言当劓此人，刵此人，则无或敢有劓刵人者。言用刑之权，唯汝得专，不可轻用也。刑杀，刑之重者；劓刵，刑之轻者。刑人之刑，轻于杀，重于劓刵。盖指刵、宫二刑而言也。孔疏曰，此"又曰"述康叔之文"曰"，下章仿此。

17.《书集传纂疏》卷四下《朱子订定蔡氏集传·周书·康诰》

（元）陈栎撰

非汝封刑人杀人，无或刑人杀人；非汝封又曰劓刵人，无或劓刵人。

刑杀者，天之所以讨有罪，非汝封得以刑之杀之也。汝无或以己而刑杀之。刵，截耳也。刑杀，刑之大者；劓刵，刑之小者，兼举小大，以申戒之也。"又曰"，当在"无或刑人杀人"之下。又按，"刵"，《周官》五刑所无，《吕刑》以为苗民所制。

纂疏：

康叔为周司寇，故一篇多说用刑。须改其句，"非汝封刑人杀人"，则无或敢有刑人杀人者，"又曰非汝封劓刵人"，则无或敢有劓刵人者。言用刑之权，正在康叔，不可不谨之意。苏氏破句读之，误矣。苏氏以"无或刑人杀人，非汝封"为句。

18.《读书丛说》卷六《康诰》

（元）许谦撰

"非汝封"四句。刑杀者，天所以讨有罪，非汝封可以私意刑人杀人，无或以私意刑人杀人；非汝封又言可以私意劓刵人，无或以私意劓刵人。盖谓非独刑之大者，不可私；刑之小者，亦不可以私意用也。

19.《书传辑录纂注》卷四《周书·康诰》

(元) 董鼎撰

非汝封刑人杀人，无或刑人杀人；非汝封又曰劓刵人，无或劓刵人。

刑杀者，天之所以讨有罪，非汝封得以刑之杀之也。汝无或以己而刑杀之。刵，截耳也。刑杀，刑之大者；劓刵，刑之小者，兼举小大，以申戒之也。"又曰"，当在"无或刑人杀人"之下。又按。刵，《周官》五刑所无，《吕刑》以为苗民所制。

辑录：

"非汝封刑人杀人"止"无或劓刵人"。康叔为周司寇，故一篇多说用刑，此但言，"非汝封刑人杀人"，则无或敢有刑人杀人者。盖言用刑之权，正在康叔，不可不谨之意耳。广。"非汝封刑人杀人"，则"无或刑人杀人"矣。"非汝封又曰劓刵人"，则"无或劓刵人"矣。言其责之在己也。须改其句，只是说"非汝封刑人杀人"，则人亦无敢刑人杀人；非汝封劓刵人，则人亦无敢劓刵人耳。先儒作四句读，故不得其说。而苏氏破句读之，陈、林宗之，误矣。按，苏氏以"无或刑人杀人非汝封"为一句。广。

20.《尚书句解》卷八《周书·康诰第十一》

(元) 朱祖义撰

非汝封刑人杀人（刑杀，固自有法，非汝封得刑人杀人也）。

21.《尚书日记》卷十一《周书·康诰》

(明) 王樵撰

"非汝封刑人杀人"至"无或劓刵人"。

"又曰"二字，蔡传以为当在"无或刑人杀人"之下。朱子谓。当在"非汝封"三字之上，皆谓又曰二字在腰也。以愚意，当在首与。下条"又曰要囚，服念五六日"一例。大小皆天讨，非汝封之权也。

22.《日讲书经解义》卷八《周书·康诰》

(清) 库勒纳等撰

非汝封刑人杀人,无或刑人杀人;非汝封又曰劓刵人,无或劓刵人。

此一节书,是戒康叔徇己之私也。武王又曰,刑罚者,天讨所在,人君代天而行之。至人臣为天子守法者也,又乌可有一毫之私行于其间哉? 如大罪有当刑者,有当杀者,虽系汝封所定,要不过奉朝廷之法,以从事,非汝封所得而刑之杀之也。务念死者不可复生,一以至公至虚之心处之,无或作威而滥及无辜也。又小罪,或当劓而割人之鼻,或当刵而截人之耳,虽系汝封剖决,要不过据情法所宜而施行,非汝封所得而劓之刵之也。务念断者不可复续,一以至公至虚之心处之,无或恣意而残民以逞也。如是则奉法而行,我无所与,庶称法之平而无冤民矣,汝其慎之。

《五诰解》卷一《康诰》

(宋) 杨简撰

非汝封刑人杀人,无或刑人杀人;非汝封又曰劓刵人,无或劓刵人。

至哉圣言。孔子曰"毋我",即此周公告康叔,以谓人之常情。凡百事皆曰,我虽贤者不能免也,唯道心无体无我,唯有光明照物。苟微动乎意,即有差失矣。道心发用,刑杀劓刵,乃变化如秋冬之霜雪,如水鉴之照物,无容有意也。微动乎意,即致怨蘁,怨不在大,圣训至矣。

无或刑人杀人

1.《尚书注疏》卷十三《周书》

(汉) 孔氏传,(唐) 陆德明音义,(唐) 孔颖达疏

无或刑人杀人。

传,无以得刑杀人,而有妄刑杀非辜者。

疏,正义曰,不可以得故而有滥,刑人、杀人无辜也。

2. 《书传》卷十二《周书》

（宋）苏轼撰

无或刑人杀人非汝封。

虽非汝意，然生杀必听汝，不可使在人也。

3. 《尚书全解》卷二十八

（宋）林之奇撰

（归善斋按，见"非汝封刑人杀人"）

4. 《尚书讲义》卷十四

（宋）史浩撰

（归善斋按，见"王若曰，孟侯，朕其弟，小子封"）

5. 《尚书详解》卷十九《周书·康诰》

（宋）夏僎撰

（归善斋按，见"王曰，呜呼！封，有叙，时乃大明服"）

6. 《增修东莱书说》卷二十《周书·康诰第十一》

（宋）吕祖谦撰，（宋）石澜增修

（归善斋按，见"王曰，呜呼！封，有叙，时乃大明服"）

7. 《尚书说》卷五《周书·康诰》

（宋）黄度撰

（归善斋按，见"王曰，呜呼！封，有叙，时乃大明服"）

8. 《絜斋家塾书钞》卷十《周书·康诰》

（宋）袁燮撰

（归善斋按，见"非汝封刑人杀人"）

9.《书经集传》卷四《周书·康诰》

（宋）蔡沈撰

(归善斋按，见"非汝封刑人杀人")

10.《尚书精义》卷三十四《周书·康诰》

（宋）黄伦撰

(归善斋按，见"非汝封刑人杀人")

11.《尚书详解》卷二十九《周书·康诰》

（宋）陈经撰

(归善斋按，见"王曰，呜呼！封，有叙，时乃大明服")

12.《融堂书解》卷十二《周书·康诰》

（宋）钱时撰

(归善斋按，见"王曰，呜呼！封，有叙，时乃大明服")

13.《尚书要义》

（宋）魏了翁撰

(归善斋按，原缺)

14.《书集传或问》卷下《康诰》

（宋）陈大猷撰

(归善斋按，未解)

15.《尚书详解》卷八《周书·康诰第十一》

（宋）胡士行撰

(归善斋按，见"王曰，呜呼！封，有叙，时乃大明服")

16. 《书纂言》卷四上《周书·康诰》

（元）吴澄撰

（归善斋按，见"非汝封刑人杀人"）

17. 《书集传纂疏》卷四下《朱子订定蔡氏集传·周书·康诰》

（元）陈栎撰

（归善斋按，见"非汝封刑人杀人"）

18. 《读书丛说》卷六《康诰》

（元）许谦撰

（归善斋按，见"非汝封刑人杀人"）

19. 《书传辑录纂注》卷四《周书·康诰》

（元）董鼎撰

（归善斋按，见"非汝封刑人杀人"）

20. 《尚书句解》卷八《周书·康诰第十一》

（元）朱祖义撰

无或刑人杀人（然虽非汝得刑杀，而汝为司寇，又不可使刑杀不出于汝，而假之或人也）。

21. 《尚书日记》卷十一《周书·康诰》

（明）王樵撰

（归善斋按，见"非汝封刑人杀人"）

22. 《日讲书经解义》卷八《周书·康诰》

（清）库勒纳等撰

（归善斋按，见"非汝封刑人杀人"）

《五诰解》卷一《康诰》

（宋）杨简撰

（归善斋按，见"非汝封刑人杀人"）

非汝封又曰劓刵人

1.《尚书注疏》卷十三《周书》

（汉）孔氏传，（唐）陆德明音义，（唐）孔颖达疏

非汝封又曰劓刵人。

传，劓，截鼻；刵，截耳，刑之轻者，亦言所得行。

音义，劓，鱼器反。刵，如志反。

疏，正义曰，非汝封又曰劓刵人。

传，正义曰，云刑之轻者得行者，以国君，故得专刑杀于国中，而不可滥其刑，即墨、劓、剕、宫也。劓，在五刑为截鼻。而有刵者，《周官》五刑所无，而《吕刑》亦云"劓刵"。《易·噬嗑》上九云"何校灭耳"。郑玄以臣从君坐之刑孔意然否未明。要有"刵"而不在五刑之类。言"又曰"者，周公述康叔，岂非汝封又自言曰得劓刵人。此"又曰"者，述康叔之"又曰"。

2.《书传》卷十二《周书》

（宋）苏轼撰

又曰劓刵人，无或劓刵人

劓，割鼻。刵，割耳也。言非独生杀也，劓刵亦如此，其文略，盖因前之辞也。

3.《尚书全解》卷二十八

（宋）林之奇撰

（归善斋按，见"非汝封刑人杀人"）

4. 《尚书讲义》卷十四

（宋）史浩撰

（归善斋按，见"王若曰，孟侯，朕其弟，小子封"）

5. 《尚书详解》卷十九《周书·康诰》

（宋）夏僎撰

（归善斋按，见"王曰，呜呼！封，有叙，时乃大明服"）

6. 《增修东莱书说》卷二十《周书·康诰第十一》

（宋）吕祖谦撰，（宋）石澜增修

（归善斋按，见"王曰，呜呼！封，有叙，时乃大明服"）

7. 《尚书说》卷五《周书·康诰》

（宋）黄度撰

（归善斋按，见"王曰，呜呼！封，有叙，时乃大明服"）

8. 《絜斋家塾书钞》卷十《周书·康诰》

（宋）袁燮撰

（归善斋按，见"非汝封刑人杀人"）

9. 《书经集传》卷四《周书·康诰》

（宋）蔡沈撰

（归善斋按，见"非汝封刑人杀人"）

10. 《尚书精义》卷三十四《周书·康诰》

（宋）黄伦撰

（归善斋按，见"非汝封刑人杀人"）

11. 《尚书详解》卷二十九《周书·康诰》

（宋）陈经撰

（归善斋按，见"王曰，呜呼！封，有叙，时乃大明服"）

12. 《融堂书解》卷十二《周书·康诰》

（宋）钱时撰

（归善斋按，见"王曰，呜呼！封，有叙，时乃大明服"）

13. 《尚书要义》

（宋）魏了翁撰

（归善斋按，原缺）

14. 《书集传或问》卷下《康诰》

（宋）陈大猷撰

（归善斋按，未解）

15. 《尚书详解》卷八《周书·康诰第十一》

（宋）胡士行撰

（归善斋按，见"王曰，呜呼！封，有叙，时乃大明服"）

16. 《书纂言》卷四上《周书·康诰》

（元）吴澄撰

（归善斋按，见"非汝封刑人杀人"）

17. 《书集传纂疏》卷四下《朱子订定蔡氏集传·周书·康诰》

（元）陈栎撰

（归善斋按，见"非汝封刑人杀人"）

18. 《读书丛说》卷六《康诰》

（元）许谦撰

（归善斋按，见"非汝封刑人杀人"）

19. 《书传辑录纂注》卷四《周书·康诰》

（元）董鼎撰

（归善斋按，见"非汝封刑人杀人"）

20. 《尚书句解》卷八《周书·康诰第十一》

（元）朱祖义撰

非汝封又曰劓刵人，无或劓刵人（又曰非汝封可以自劓刵人，亦不可使劓刵人之事，或出于他人，而不出于汝封。劓，（音）艺；刵，音饵）。

21. 《尚书日记》卷十一《周书·康诰》

（明）王樵撰

（归善斋按，见"非汝封刑人杀人"）

22. 《日讲书经解义》卷八《周书·康诰》

（清）库勒纳等撰

（归善斋按，见"非汝封刑人杀人"）

23. 《五诰解》卷一《康诰》

（宋）杨简撰

（归善斋按，见"非汝封刑人杀人"）

无或劓刵人

1. 《尚书注疏》卷十三《周书》

（汉）孔氏传，（唐）陆德明音义，（唐）孔颖达疏

无或劓刵人。

传，所以举轻以戒，为人轻行之。

疏，正义曰，无以得故而有所滥，剸刵人之无罪者也。

3.《尚书全解》卷二十八

（宋）林之奇撰
（归善斋按，见"非汝封刑人杀人"）

4.《尚书讲义》卷十四

（宋）史浩撰
（归善斋按，见"王若曰，孟侯，朕其弟，小子封"）

5.《尚书详解》卷十九《周书·康诰》

（宋）夏僎撰
（归善斋按，见"王曰，呜呼！封，有叙，时乃大明服"）

6.《增修东莱书说》卷二十《周书·康诰第十一》

（宋）吕祖谦撰，（宋）石澜增修
（归善斋按，见"王曰，呜呼！封，有叙，时乃大明服"）

7.《尚书说》卷五《周书·康诰》

（宋）黄度撰
（归善斋按，见"王曰，呜呼！封，有叙，时乃大明服"）

8.《絜斋家塾书钞》卷十《周书·康诰》

（宋）袁燮撰
（归善斋按，见"非汝封刑人杀人"）

9.《书经集传》卷四《周书·康诰》

（宋）蔡沈撰
（归善斋按，见"非汝封刑人杀人"）

10. 《尚书精义》卷三十四《周书·康诰》

（宋）黄伦撰

（归善斋按，见"非汝封刑人杀人"）

11. 《尚书详解》卷二十九《周书·康诰》

（宋）陈经撰

（归善斋按，见"王曰，呜呼！封，有叙，时乃大明服"）

12. 《融堂书解》卷十二《周书·康诰》

（宋）钱时撰

（归善斋按，见"王曰，呜呼！封，有叙，时乃大明服"）

13. 《尚书要义》

（宋）魏了翁撰

（归善斋按，原缺）

14. 《书集传或问》卷下《康诰》

（宋）陈大猷撰

（归善斋按，未解）

15. 《尚书详解》卷八《周书·康诰第十一》

（宋）胡士行撰

（归善斋按，见"王曰，呜呼！封，有叙，时乃大明服"）

16. 《书纂言》卷四上《周书·康诰》

（元）吴澄撰

（归善斋按，见"非汝封刑人杀人"）

17.《书集传纂疏》卷四下《朱子订定蔡氏集传·周书·康诰》

（元）陈栎撰

（归善斋按，见"非汝封刑人杀人"）

18.《读书丛说》卷六《康诰》

（元）许谦撰

（归善斋按，见"非汝封刑人杀人"）

19.《书传辑录纂注》卷四《周书·康诰》

（元）董鼎撰

（归善斋按，见"非汝封刑人杀人"）

20.《尚书句解》卷八《周书·康诰第十一》

（元）朱祖义撰

（归善斋按，见"非汝封又曰劓刵人"）

21.《尚书日记》卷十一《周书·康诰》

（明）王樵撰

（归善斋按，见"非汝封刑人杀人"）

22.《日讲书经解义》卷八《周书·康诰》

（清）库勒纳等撰

（归善斋按，见"非汝封刑人杀人"）

《五诰解》卷一《康诰》

（宋）杨简撰

（归善斋按，见"非汝封刑人杀人"）

王曰：外事，汝陈时臬司师，兹殷罚有伦

1.《尚书注疏》卷十三《周书》

（汉）孔氏传，（唐）陆德明音义，（唐）孔颖达疏

王曰，外事，汝陈时臬司师，兹殷罚有伦。

传，言外土诸侯奉王事，汝当布陈是法，司牧其众，及此殷家刑罚有伦理者，兼用之。

音义，臬，鱼列反。

疏，正义曰，言不滥刑，不但国内，而王言曰，若外土诸侯奉王事，以至汝当布陈是刑法，以司牧其众，及此殷家刑罚有伦理者，兼用之。

传，正义曰，外土以狱事上于州牧之官，为奉王事，汝当用刑书为布陈是刑法，为司牧其众，故受而听。之既卫居殷墟，又周承于殷后，刑书相因，故兼用其有理者，谓当时刑书或无正条，而殷有故事可兼用，若今律无条求故事之比也。臬为准限之义，故为法也。

2.《书传》卷十二《周书》

（宋）苏轼撰

王曰，外事汝陈时臬。

德为内，政为外。臬，阈也。凡政事，汝当陈此法，以为限节也。

司师，兹殷罚有伦。

司，专也。专师此，则殷罚有伦矣。

3.《尚书全解》卷二十八

（宋）林之奇撰

王曰，外事，汝陈时臬司师，兹殷罚有伦。又曰，要囚，服念五六日，至于旬时，丕蔽要囚。

"外事"者，王氏曰，人君以正德为内事，正法为外事。上所戒者，

正德之事，于是戒之以正法之事。以德与法而分内外，既已非矣。然自此以上，是亦正法之事也，安得为至此后方言"外事"乎。苏氏亦以德为内，政为外。唯先儒以为"外事"，诸侯奉王之事，其说似之矣，而未之尽也。盖上所言者，司寇之事，内事也。外事者，卫侯之事也。以卫侯入为大司寇，故兼内外之事言之。左传定四年，卫祝鸵曰"成王分康叔以大路，少帛，綪茷，旃旌，封于殷虚，启以商政，疆以周索"。下言"殷罚""殷彝"，所谓"启以商政"也，则"外事"，乃卫之事，盖灼然也。周公前既以康叔为司寇典刑之官，故命以恤刑慎罚之事，于是又谓不独司寇之掌邦禁为然也，卫之刑禁，亦当然尔。"汝陈时臬事"者，汝布陈是法以司牧其众。此殷家之刑罚，先后轻重，各有伦叙，当守而用之也。臬，法也。要，狱辞也。殷家之罚，信有伦矣。囚之要辞，固丽于法矣，然汝犹未必能得其情也，当服而念之，自五六日，至于一旬；又其久者，则至于一时，法固然矣，罪亦然矣，无可生之道矣，乃可大断其辞，而加以刑罚也。夫死者，不可复生；断者，不可复续。一有不当，悔之何及，故不可不审也。唐太宗问群臣曰，死者不可复生。决囚，虽三覆奏，而顷刻之间，何暇思虑，自今宜二日五覆奏，正得周公之遗意也。

4.《尚书讲义》卷十四

（宋）史浩撰

（归善斋按，见"王若曰，孟侯，朕其弟，小子封"）

5.《尚书详解》卷十九《周书·康诰》

（宋）夏僎撰

王曰，外事汝陈时臬司，师兹殷罚有伦。又曰，要囚，服念五六日，至于旬时，丕蔽要囚。

上所言皆康叔为周司寇所当慎之刑。此言慎卫国之刑也，故言"外事"，以别之。谓司寇乃内事，卫事乃外事也。成王谓汝身为司寇，于内于王国之刑，汝固身任其责，至于外而卫国之事，汝但设其法官以治之，而其治之之道，则师兹殷先哲王罚之有伦叙者，足矣。孔氏则以"外事，汝陈时臬司师"为一句。谓外而奉王事，当陈是法，以司主其众，"及兹殷罚有伦"者，而兼用之。果如此，则"兹殷罚有伦"上加"及"，下加"兼用"二字，非经意，不敢从。成王既告康叔以治外事之道，于是又详断狱之事。"要囚"者，囚辞之要者也，谓于囚狱之辞，反复考核，已得其要，是狱之已成者也，汝亦未可遽使决之，又当服而念之，自五六日至于一旬，与一时之久。其情其辞果然如此，然后大断其要囚，此盖慎之至也。

6.《增修东莱书说》卷二十《周书·康诰第十一》

（宋）吕祖谦撰，（宋）石澜增修

王曰，外事汝陈时臬司，师兹殷罚有伦，又曰，要囚服念五六日，至于旬时，丕蔽要囚。

外事，康叔本国之事也。外对内言。内者，康叔所掌司寇之职于王朝者也。谓汝列是法，以司牧有众，商之旧刑自有伦次。若周室之法，天下通用，司寇所掌是也。邦国之法，从民之便罚之，在商而有伦者可从也。又申言，有囚当断，要察其情矣，将断之时，又思念五六日，至于旬时，深思洞察，毕见其理，方可断罪。周公恐康叔于本国事有易心，所以告之如此其切也。

7.《尚书说》卷五《周书·康诰》

（宋）黄度撰

王曰，外事，汝陈时臬司，师兹殷罚有伦，又曰，要囚服念五六日，至于旬时，丕蔽要囚。

外事，非其国事，诸侯之以狱请者，今谓之"谳"是也。臬，射的也，孔氏训为"法"。"法"之为"臬"者，言议"法"，如射之有的，必求其中，此因物立义也。臬，谳，音近，汉以来称"谳狱"，恐今人缘义而易欤。或曰阛，谳音同，谳为阛。阛，门捆，言有限节也。自侯国上监牧，自监牧上朝廷，有限节，犹"阛"也。按《周官·大司马》建牧立监，以维邦国，制军诘禁，以纠邦国。布宪掌宪邦之刑禁，正月之吉，执旌节以宣布于四方，而宪邦之刑禁，以诘四方邦国。诘，谓诘其不如法令者，若汉行春使者举冤狱也。布宪诘禁，通乎大司马之职，而大司马条于"建牧立监"之下,又以《康诰》参考之,则邦国之狱,请于牧监牧监裁决之,为足证也。周公谓,康叔汝所统国,犹以狱请,汝陈是法,以司察其所监临之众,此殷罚之为有伦者。谓之"殷罚",其事始于殷也。"又曰"属上之说,而史略其文也,犹曰,又若要囚,蔽断之有期日,则亦为殷法之良。要囚,死狱之要节也,服膺念之,自五六日,至十日,又至三月,而后大断之。《周官》乡士,掌国中,辨其狱讼,异其死刑之罪而要之,旬而职听于朝;遂士,掌四郊,辨其狱讼,异其死刑之罪而要之,二旬而职听于朝。凡士之治有期日,国中一旬,郊二旬,野三旬,都三月,邦国期。期内之治听,期外不听,不使造次立断,而为之期服念之,反复求其情理,而后大断焉,言其慎也。

8.《絜斋家塾书钞》卷十《周书·康诰》

(宋)袁燮撰

王曰,外事,汝陈时臬司,师兹殷罚有伦。

如上所言告之既悉矣,然此外更有事焉,故谓之"外事",陈列也。断狱之际,凡臬司,皆陈列于此,如《周官》所谓"群士司刑皆在",欲其合众论,不专于一己之见也。"师兹殷罚有伦",有伦,即所谓"有叙"也。"师兹殷罚",此意思甚好。康叔为周之诸侯,固当用周罚,今乃使之,唯商之罚是师,盖商周之刑罚大略固同,然一旦以周之刑罚治之,则终扞格而难入。以殷罚治之,则皆其耳目之所习熟者,于是乎民心安矣。此可见古人为政,知变通处。若胶固不通,遽律之以我周家之刑法,固无有不可者,而民盖亦扰矣。古者,有九州岛之戎,便以戎索治之。左氏所谓"疆以戎索"是也。无他,正欲其安,且便尔,所以为治,不可不知变通。胶柱调瑟,其可得而调哉。

9.《书经集传》卷四《周书·康诰》

(宋)蔡沈撰

王曰,外事,汝陈时臬司,师兹殷罚有伦。

"外事",未详。陈氏曰,外事,有司之事也。臬,法也,为准限之义,言汝于外事,但陈列是法,使有司师此殷罚之有伦者用之尔。吕氏曰,外事,卫国事也。《史记》言康叔为周司寇。司寇王朝之官职,任内事,故以卫国对言,为"外事"。今按篇中,言"往,敷求""往,尽乃心";篇终曰"往哉,封"皆令其之国之辞,而未见其留王朝之意。但详此篇,康叔盖深于法者,异时成王或举以任司寇之职,而此则未必然也。

10. 《尚书精义》卷三十四《周书·康诰》

（宋）黄伦撰

王曰,外事汝陈时臬司,师兹殷罚有伦。又曰,要囚,服念五六日至于旬时,丕蔽要囚。

无垢曰,前告康叔以刑杀,既称王曰而告以劓刵,则称又曰今告"外事",既称"王曰"而告以要囚,则又称"又曰",以此知成王之告,有未尽理者。周公又杂而告之也。"王曰"乃成王告之;而"又曰"乃周公告之也。"外事",诸侯以狱事来上,康叔当观囚之要辞以断之。要囚者,若杀人一等也,而有谋杀者,有故杀者,有斗杀者,有误杀者,有为人所诬迫于棰楚而自诬者,傥将断狱,而不得其要领,则将有冤枉者矣。天下之重,莫重于人命,此所以于囚之要辞,当服膺不舍,当念虑不忽,当反复寻绎,终始考究,揆之以人情,验之以事实,察之于意外,辨之于证佐,求之于岁月,至于五六日而不已,又至于旬,又至于三月,其要辞果实情,而无冤枉矣,然后大断其罪而不复有丝发之疑焉。

张氏曰,德,本也;刑,末也。德,内也,刑,外也。故人君以德为内事,以刑为外事。

11. 《尚书详解》卷二十九《周书·康诰》

（宋）陈经撰

王曰,外事,汝陈时臬司,师兹殷罚有伦。又曰,要囚,服念五六日,至于旬时,丕蔽要囚。王曰,汝陈时臬事,罚蔽殷彝,用其义刑义杀,勿庸以次汝封,乃汝尽逊曰,时叙,唯曰未有逊事。

自此以下又专言慎罚之事。外事者,外土之诸侯,以狱事来上于周牧也。康叔居牧伯之职,故曰外事。汝于是陈布其法,以司牧其众。臬,有防限之义,故为法也。不特布陈是刑书已也。商人之罚,有合于伦理者,又当兼采而用之。盖卫乃商之故地，所治者又商之余民，周承商之后，故商罚有伦者，不可不用之也。"又曰，要囚，服念五六日，至于旬时，丕蔽要囚"，要者，狱之要辞也。察其要囚，须当服念之五日、六日，又至于一旬十日，又至于一时三月之久，念之不忘如此，反复重复如此，果无滥矣，然后丕大蔽断其要囚。"王曰，汝陈时臬事，罚蔽殷彝"，此又申上文"汝陈时臬司，师兹殷罚有伦"之意也。成王之意若曰，汝之所陈之法，与乎所用之殷彝，二者皆当用，其宜于刑，宜于杀者，不可以就汝封之私意也。次，就也。所陈之法，与殷彝无非合于义也。用私意以刑杀，不若依法以刑杀也。乃汝尽顺其事，自谓能得其叙，无一不合义矣，犹当曰，未能顺其事。此戒康叔以不自足之意。苟萌自足之心，易至于轻忽。轻忽，则必有滥刑者矣。

12.《融堂书解》卷十二《周书·康诰》

（宋）钱时撰

王曰，外事，汝陈时臬司，师兹殷罚有伦。又曰，要囚，服念五六日，至于旬时，丕蔽要囚。王曰，汝陈时臬事，罚蔽殷彝，用其义刑义杀，勿庸以次汝封，乃汝尽逊曰，时叙，唯曰未有逊事。已！汝唯小子，未其有若汝封之心，朕心朕德，唯乃知。凡民自得罪，寇攘奸宄，杀越人于货暨不畏死，罔弗憝。

两著"王曰"，本合作两节看。详玩前面首提"外事"，而曰"汝陈时臬司"，后面直曰"汝陈时臬事"，则是虽分两节，其实皆主外事而言也。外事者，卫国之事也。臬者，射之准的，故谓法曰"臬"也。"臬司"者，主法之官也。臬事者，丽法之事也。"又曰"语接上文也。要者，要约也。要囚，犹言已结正之囚。服，用也，谓罪囚虽已如殷法结正，须用审思。夫此心，人人所同，何谓未有若康叔之心者，他人昏之，而康叔觉之；他人失之，而康叔全之，所以不若钦。唯无若康叔之心，故周公之心之德，唯康叔知之。呜呼！康叔亦甚高矣。上文两节，拳拳欲用殷罚者，只为殷民未谙周之典宪，故就以其法治之。此圣人忠厚之意，最要体认，最不可不仔细，所以最难。其人不是有康叔之心，又知得周公之心，周公亦不付托，康叔亦如何承当。若夫罔弗憝者，虽不用殷罚可也。

举此一例，正是提醒康叔所以用殷罚之意。

13.《尚书要义》

（宋）魏了翁撰

（归善斋按，原缺）

14.《书集传或问》卷下《康诰》

（宋）陈大猷撰

（归善斋按，未解）

15.《尚书详解》卷八《周书·康诰第十一》

（宋）胡士行撰

王曰，外事（司寇、王官，为内；卫国所封为外）。汝陈（列）时（是）臬（法）司（官）师，（法，注绝句）。兹殷罚有伦（叙）。又曰，要（察）囚（情），服（服膺）念（思）五六日，至于旬（十日）时（三月），丕（大）蔽（断）要囚。

此卫国事也。周法，天下通用。然殷罚，又卫之民所素习也，故师之服，念之久，谨之至。孔云，司师绝句。司主师众也。

16.《书纂言》卷四上《周书·康诰》

（元）吴澄撰

王曰，外事，汝陈时臬司，师兹殷罚有伦。又曰，要囚，服念五六日，至于旬时，丕蔽要囚。

外事，谓都邑之事。天子地方千里，六乡、六遂，在方四百里内者，为国中。公邑、家邑、小都、大都，在方四百里外者，为野。诸侯大国，地方百里，方四十里内为国中，其外为野。次国，地方七十里，小国地方五十里，方三十里内为国中，其外为野。野之狱讼，各有大夫、士自治其事，不属国中，故曰"外事"。盖如鲁之费郈，楚之申息，齐之平陆灵邱也。臬，法也。立木为射之的，故谓法为臬。都邑之事，在司之者得其人，汝陈列任法之司，使之师此殷罚之有伦理者。殷法，乃殷民所习，知故师之以治殷民。言罚,不言刑,举其轻者言也。要,谓诘罪之辞囚,谓拘系之人,汝又与有司言及,罪已诘定,明征其辞,而囚系其人以待决断者,当服著于心,而思念之五六日,至十日,至三月,详察审覆,情理无差,则上其狱,而丕断。此要囚之人也。按《周官》乡遂之外,县野有县士,都家有方士,掌王城二百里以外,至五百里之狱讼,各辩其罪,而要之或二旬,或三旬,或三月,而上其狱于国司寇听之,盖与此诰之意相似。

17.《书集传纂疏》卷四下《朱子订定蔡氏集传·周书·康诰》

(元)陈栎撰

王曰,外事,汝陈时臬司,师兹殷罚有伦。

外事,未详。陈氏曰,外事,有司之事也,臬,法也,为准限之意,言汝于外事,但陈列是法,使有司师此殷罚之有伦者用之尔。吕氏曰,外事,卫国事也。《史记》言康叔为周司寇。司寇,王朝之官职,任内事,故以卫国对言,为"外事"。今按篇中,言"往,敷求","往,尽乃心";篇终曰"往哉,封",皆令其之国之辞,而未见其留王朝之意。但详此篇,康叔盖深于法者,异时成王或举以司寇之职,而此则未必然也。

纂疏:

陈氏大猷曰,上章盖言用刑,此专言卫国之刑,故以"外事"别之,犹下文言"外庶子","外正"也。臬,门梱也,有限准之义,故以训"法",犹谓法为律也。汝陈列是掌臬法之有司,当师此殷罚之有伦序者。卫居殷墟,殷法乃殷民所安也。

愚按,左氏定四年曰"武王之母弟八人,周公为太宰,康叔为司寇",则康叔以诸侯入为王卿明矣。为司寇与即卫封,两不相妨,往来朝廷、邦国之间,何往不可。况卫事,自有卫之有司,如外庶子,外正者,付之陈列之法司,身为司寇甚便。吕、陈内事外事之说甚当。蔡氏疑之,乃添异时成王或举以任司寇一句,今正辞成王封康叔之说,乃自为反复何也。封以殷墟,姑用殷罚,乃与新国之民相安,正是武王初得天下初,分封时事。若是后来天下已定,法制通行,何以师用殷罚为哉?昧"师殷罚有伦"句，愈见得此为武王命康叔之辞。"司"字属下句未顺。

18.《读书丛说》卷六《康诰》

（元）许谦撰

（归善斋按，未解）

19.《书传辑录纂注》卷四《周书·康诰》

（元）董鼎撰

王曰，外事，汝陈时臬司，师兹殷罚有伦。

外事，未详。陈氏曰，外事有司之事也。臬，法也，为准限之义，言汝于外事，但陈列是法，使有司师此殷罚之有伦者用之尔。吕氏曰，外事，卫国事也。《史记》言康叔为周司寇。司寇，王朝之官职，任内事，故以卫国对言，为"外事"。今按篇中，言"往，敷求"，"往，尽乃心"，篇终曰"往哉，封"，皆令其之国之辞，而未见其留王朝之意。但详此篇，康叔盖深于法者，异时成王或举以任司寇之职，而此则未必然也。

纂注：

吕氏曰，汝列是法，以司牧有众。商之旧刑自有伦叙。若周室之法，则天下通用，司寇所掌是也。邦国之法，从殷民之便，殷罚之有伦者可从也。

陈氏大猷曰，上章概言用刑，此章专言卫国之刑，故以"外事"别之，犹下文言"外庶子"，"外正"也。臬，门梱也，有限准之意，故以训"法"，犹谓"法"为"律"也。

新安陈氏曰，《左传·定公四年》有曰"武王之母弟八人，周公为太宰，康叔为司寇"，则康叔以诸侯入为王朝之卿明矣。为司寇，与即卫封两不相妨，往来乎朝廷、邦国之间，何往不可？吕、陈"内事""外事""外庶子"之说极当。蔡氏何必疑之，而乃添出异时成王或举以任司寇之职一句。朱子正辟成王封康叔之说，乃自伸一足与人拖之，何也？权用殷罚有伦者，正是初得天下，初分封时事，若是后来，何必师用殷罚为哉？味此语，愈见得此为武王之书也。司字属下句，亦未顺。

20.《尚书句解》卷八《周书·康诰第十一》

（元）朱祖义撰

王曰，外事（王所言，皆叔为司寇所当谨之刑，此言谨卫国之刑，故以纣事列之），汝陈时臬（王国之刑汝身任其责，至外而卫国之事，汝但当设是法官以治之。臬，啮），司师兹殷罚有伦（治之之道，则师兹殷先王罚之有伦叙者）。

21.《尚书日记》卷十一《周书·康诰》

（明）王樵撰

王曰，外事，汝陈时臬司，师兹殷罚有伦。

外事，孔颖达以为外土诸侯，以狱事上于州牧之官。盖康叔时，为方伯也。林氏以为，康叔以外侯入为大司寇，则内事者，司寇之事也；外事者，卫事也。二说皆佳。而蔡仲默不从，采陈氏之说，曰外事有司之事也。盖狱之未成，在有司，而未达于康叔者，有司之事也。要囚，狱之已成，而达于康叔者，此则康叔之事也。有司之事，非康叔所能尽亲，则陈列其准的，使有司永知所守，而其所师者，亦殷罚之有伦者而已。盖卫居商墟，周承商后，刑书相因，故兼用其有理者。殷法，殷民服习已久，非轻重失伦，则不必更也。准限既定，康叔所亲者。要囚，"服念""丕蔽"之外，其余皆付之有司矣。

正义曰，臬为准限之义，故为法也。

22.《日讲书经解义》卷八《周书·康诰》

（清）库勒纳等撰

王曰，外事，汝陈时臬司，师兹殷罚有伦。

此一节书，是欲康叔以殷罚治殷民也。外事，在外有司之事。臬，法也。司，谓有司。殷罚，殷朝之罚有伦，谓有伦叙。武王又曰，制预定，则下易于遵守；法相因，则民乐于信从，此必然之势也。今汝往治尔国，凡外，而有司狱讼之事，必欲一一躬亲综理，势有所不能，若不预取法令而详定之，昭示属僚，则有司将有任意出入者矣。汝务讲求画一之规，陈列而颁布之，使晓然确有所守，易以为治。然是法也，不必别出意见，创立条款也。但取殷罚以治殷民可矣。盖此殷罚，乃殷先哲王之所几经审定，而殷民素所服习者，宜取成规所遗井然有伦叙可行者，使有司讲求，而师法之，用之于讯鞫之际，俾法有所准，而民乐从，此不可不慎也。

《书蔡氏传旁通》卷四下《周书·康诰》

（元）陈师凯撰

吕氏曰，外事，卫国事也。《史记》言康叔为周司寇，职任内事，故以卫国对言，为"外事"云云。异时成王或举以任司寇之职，而此未必然也。

新安陈氏曰，《左传·定公四年》有曰"武王之母弟八人，周公为大宰，康叔为司寇"，则康叔以诸侯入为王朝之卿明矣。为司寇与即卫封。两不相妨。往来乎朝廷、邦国之间，何往不可？吕氏内事、外事之说极当。蔡氏何必疑之，而乃添出异时成王或举以任司寇之职一句。适以助后世成王封康叔之说，何也？权用殷罚有伦者，正是初得天下，初分封时事，若是后来何必师用殷罚为哉。味此语，愈见得此为武王之书也。

《尚书疑义》卷五《康诰》

（明）马明衡撰

外事，汝陈时臬司，师兹殷罚有伦。

窃谓此是欲其敕用法之有司，当"司"字为句。下文"陈时臬事"，则戒其自用法也。当"事"字为句语，意谓汝陈列是用法之司，当令其师殷之有伦者，汝自家陈列用法之事，则当以义行之，不可用汝之私意，又有自矜之心也。

《五诰解》卷一《康诰》

（宋）杨简撰

王曰，外事，汝陈时臬司，师兹殷罚有伦。

前所告者，切指康叔之心；此则告以外事。臬，条法也，当先陈布以示民，使民知大法而畏忌也。《周礼》悬刑象之法于象魏，使万民观刑象。司师者，司刑罚之官师也。司师不一，分布各司，一一皆当得其人也。苟非其人，不足以言司师。此殷国刑罚之法，自有伦序，治殷民当因用殷法。

又曰，要囚，服念五六日至于旬、时，丕蔽要囚

1.《尚书注疏》卷十三《周书》

（汉）孔氏传，（唐）陆德明音义，（唐）孔颖达疏

又曰，要囚，服念五六日至于旬、时，丕蔽要囚。

传，要囚，谓察其要辞，以断狱。既得其辞，服膺思念五六日至于十日，至于三月，乃大断之，言必反复思念重刑之至也。

音义，要，于宵反。蔽必世反。断，丁乱反，下及篇末同。覆，芳服反。

疏，正义曰，周公又重言曰，既用刑法，要察囚情，得其要辞，以断其狱，当须服膺思念之五日六日，次至于十日，远至于三月一时，乃大断囚之要辞，言必反复重之如此，乃得无滥故耳。

传，正义曰，言要囚，明取要辞于囚，以思讫事定，故言乃大断之。多至三月，故云反复思念重刑之至。顾氏云，"又曰"者，周公重言之也。

2.《书传》卷十二《周书》

（宋）苏轼撰

又曰，要囚，服念五六日，至于旬时，丕蔽要囚。

要，狱辞也。服念至旬时为囚求生道也，求之旬时而终无生道，乃可杀。

3.《尚书全解》卷二十八

（宋）林之奇撰

（归善斋按，见"外事，汝陈时臬司师"）

4.《尚书讲义》卷十四

（宋）史浩撰

（归善斋按，见"王若曰，孟侯，朕其弟，小子封"）

5.《尚书详解》卷十九《周书·康诰》

（宋）夏僎撰

（归善斋按，见"外事，汝陈时臬司师"）

6.《增修东莱书说》卷二十《周书·康诰第十一》

（宋）吕祖谦撰，（宋）石澜增修

（归善斋按，见"外事，汝陈时臬司师"）

7.《尚书说》卷五《周书·康诰》

（宋）黄度撰

（归善斋按，见"外事，汝陈时臬司师"）

8.《絜斋家塾书钞》卷十《周书·康诰》

（宋）袁燮撰

又曰，要囚，服念五六日，至于旬时，丕蔽要囚。

要囚，狱辞之已成者。狱辞虽已成，然不可便轻断，须当反复思念之。此处可以深见古人之心，且念之五六日亦足矣，而犹以为未也，必至于旬日，以旬日为未也，甚者至于一时之久焉。其详审谨重有如此者，则刑罚之，用安得有错，此所以"民协于中"也。此成王、周公之心也。曾子曰"上失其道，民散久矣。如得其情则哀矜而勿喜"，深味"服念五六日至于旬时"之言，其哀矜恻怛爱民之心为何如哉？学者玩诵此处，以想象成王周公之用心，古圣王用心端的处于此见之矣。

9.《书经集传》卷四《周书·康诰》

(宋)蔡沈撰

又曰,要囚服念五六日,至于旬时,丕蔽要囚。

要囚,狱词之要者也。服念,服膺而念之。旬,十日;时,三月,为囚求生道也。蔽,断也。

10.《尚书精义》卷三十四《周书·康诰》

(宋)黄伦撰
(归善斋按,见"外事,汝陈时臬司师")

11.《尚书详解》卷二十九《周书·康诰》

(宋)陈经撰
(归善斋按,见"外事,汝陈时臬司师")

12.《融堂书解》卷十二《周书·康诰》

(宋)钱时撰
(归善斋按,见"外事,汝陈时臬司师")

13.《尚书要义》

(宋)魏了翁撰
(归善斋按,原缺)

14.《书集传或问》卷下《康诰》

(宋)陈大猷撰

或问要囚诸家之说不一。曰,叶、苏皆以"要"为狱辞(叶氏曰,狱成而上其罪法之要辞也),则"要"当作平声,犹今世判结也。二音各不同。而孔氏谓,察其要辞以断狱,则含两说,而"要"字却从平声,煳模难辨。愚谓,经文但云"要囚",而不云"要辞",则如今说差稳耳。《周礼》司寇之属,乡士、遂士、县士,皆言听"其狱讼,异其死刑之罪，而要之"。郑氏注云，"要之"为其罪法之要辞，如今"劾"矣。愚按此说，即如今世狱官之拟判结罪也（此"要"亦当从平声）。夏氏谓，要囚，乃要勒拘囚之也。然"要囚"、《书》有四处，《康诰》二、《多士》二。若如夏说，要勒拘囚之，其文固顺。以之说，其它三处"要囚"，则不协。盖夏氏只将"要囚"二字作连绵字说去，恐无所据。

15.《尚书详解》卷八《周书·康诰第十一》

（宋）胡士行撰

（归善斋按，见"外事，汝陈时臬司师"）

16.《书纂言》卷四上《周书·康诰》

（元）吴澄撰

（归善斋按，见"外事，汝陈时臬司师"）

17.《书集传纂疏》卷四下《朱子订定蔡氏集传·周书·康诰》

（元）陈栎撰

又曰，要囚，服念五六日，至于旬时，丕蔽要囚。

要囚，狱辞之要者也。服念，服膺而念之。旬，十日；时，三月，为囚求生道也。蔽，断也

纂疏：

唐孔氏曰，要囚，取要辞于囚。

陈氏大猷曰，要者，结罪之辞，与《周礼》卿士"异其死刑之罪而要之"之"要"同。要囚，谓结定其囚之罪也。"蔽要囚"，断其所结定之囚，犹今世引断也。今世大辟，囚已结罪后，犹有审覆经年者。

苏氏曰，服念，为囚求生道也，求之旬时而终无生道，乃可杀。

林氏曰，唐太宗谓群臣曰，死者不可复生，决囚虽三覆奏，顷刻之间，何暇思虑，自今宜五日一覆奏，正得《康诰》之意。

愚按，欧阳公《泷冈墓表》载其父崇公任狱官，每为囚求生道，尝曰为之求生道，而不得夫，然后我与死者可以俱无憾矣，正合此意。

18. 《读书丛说》卷六《康诰》

（元）许谦撰

（归善斋按，未解）

19. 《书传辑录纂注》卷四《周书·康诰》

（元）董鼎撰

又曰，要囚，服念五六日，至于旬时，丕蔽要囚。

要囚，狱辞之要者也。服念，服膺而念之。旬，十日；时，三月，为囚求生道也。蔽，断也。

纂注：

陈氏大猷曰，要者，结罪之辞，《周礼》卿士"异其死刑之罪而要之"之"要"同。郑注，要之，为其罪法之要辞，如今"劾"矣。要囚，谓结定其囚之罪也。"蔽要囚"，谓断其所结定之囚，犹今世引断也。今世大辟，囚已结罪后，犹有审覆经年者。

林氏曰，唐太宗谓群臣曰，死者不可复生，决囚须三覆奏，顷刻之间，何暇思虑，自今宜五覆奏，正得《康诰》"要囚"之意。

新安陈氏曰，按欧阳公《泷冈阡表》，载其父崇公任狱官，每为囚求生道，尝曰，为之求生道而不得，夫然后我与死者，可以俱无憾矣，亦合此意。

20. 《尚书句解》卷八《周书·康诰第十一》

（元）朱祖义撰

又曰，要囚，服念五六日（又言囚辞考核已得其要，未可遽决，当佩服思念至五六日），至于旬时（至于一旬十日，又至一时三月），丕蔽要囚（然后大断其囚狱之要辞）。

21. 《尚书日记》卷十一《周书·康诰》

（明）王樵撰

又曰，要囚，服念五六日，至于旬时，丕蔽要囚。

"又曰"者，周公重言之也。为囚求生道，而不可得，乃可断。蔽，断也。孔氏曰，要囚，谓察其要辞以断狱。既得其辞，服膺思念五六日，至于十日，至于三月，乃大断之。言必反复思念，重刑之至也。欧阳公曰，求其生而不得，则我与死者俱无憾也。

正义曰，言要明取要辞于囚，以思讫事定，故言乃大断之。

今按，要囚，说见《多方》当以彼说为定。

22.《日讲书经解义》卷八《周书·康诰》

（清）库勒纳等撰

又曰，要囚，服念五六日，至于旬时，丕蔽要囚。

此一节书，是欲康叔致审于己也。要囚，狱词之要者。旬，十日；时，三月。丕蔽，谓大奋威断也。武王又曰，刑罚之用，一成而不变，不可不尽心也。倘审虑未详，其间少有冤抑，遽尔加之，以刑后虽知其枉，而悔之亦何济之有？此在小事，尚不可，如是况狱囚之紧要者乎。自今凡狱囚之要者，虽其罪状昭然，供据明确，不可遽置之于法也。务必服膺而想念之，求其有无冤抑之处，求其有无可矜可疑之处，或求之五六日而不得其可生之理，不妨迟之十日也；或求之十日而不得其可生之理，又不妨迟之三月之久也。夫至求之三月之久，而究不得，是果情真罪当，而终无可生之理也，然后大奋威断，加以重典，庶刑不枉，而人心悦我，与死者俱可无憾矣。此尤罚之不可不慎者也。

《书蔡氏传旁通》卷四下《周书·康诰》

（元）陈师凯撰

要囚，狱辞之要者也。

东斋陈氏曰，要者，结罪之辞。要囚，谓结定其囚之罪也。蔽要囚，谓断其所结定之囚，犹今世引断也。今世大辟，囚已结罪，后犹有审覆经年者。

《尚书疑义》卷五《康诰》

（明）马明衡撰

要囚，作狱辞之要，恐未知《周礼》"异其死刑之罪而要之，旬而职听于朝，即此事也。

《五诰解》卷一《康诰》

（宋）杨简撰

又曰，要囚，服念五六日，至于旬时，丕蔽要囚。

要囚者，狱之囚辞已定，而将断之也，服膺思念，自五六日，或至于旬时，谓至于十日左右也。十日曰旬。孔安国，谓三月简思其意，诚为慎重，恐太过不可行。行安国之说，则服念三月乃断，则终岁仅断四罪，非周公本旨也。司师皆得其人。皆能审听囚辞，尽心竭诚矣。又康叔服膺思念至五六日，其于心未能已，或至旬时，亦至，矣尽，乃大断要囚也。蔽，断也。

王曰：汝陈时臬事，罚蔽殷彝

1. 《尚书注疏》卷十三《周书》

（汉）孔氏传，（唐）陆德明音义，（唐）孔颖达疏

王曰，汝陈时臬事，罚蔽殷彝。

传，陈是法事，其刑罚断狱用殷家常法，谓典刑故事。

音义，彝，以支反。

疏，正义曰，此又申上，既要囚思念，定其大断，若为而王言曰，汝当陈是刑书之法，以行事。

传，正义曰，"陈是法事"，即上"汝陈时臬事"；"罚蔽殷彝"，即上"殷罚有伦"。上据有初思念得失，此据临时行事也。

2. 《书传》卷十二《周书》

（宋）苏轼撰

王曰，汝陈时臬事，罚蔽殷彝。

汝陈此，以限节事，罚以蔽殷之常法也。

3.《尚书全解》卷二十八

（宋）林之奇撰

王曰，汝陈时臬事，罚蔽殷彝。用其义刑义杀，勿庸以次汝封，乃汝尽逊，曰时叙，唯曰未有逊事。

言汝陈是法事，其罚之所断，则必以殷家之常法也。既服念之久，然后丕蔽其囚也，必以殷彝，言不可以逞一己之喜怒也。前言"殷罚有伦"，盖言殷家之罚，固有其伦也。此言"罚蔽殷彝"，则谓汝之断罚，必以殷之常法也，言"殷罚殷彝"。唐孔氏曰，卫居殷墟，又周承殷后，刑书相因，故兼用其有理者，谓当时刑书，或无正条，而有殷故事可兼用者，若今律无条，求故书之比也。"用其义刑义杀"，言汝康叔以殷家之常法刑人杀人，固当用其合宜者，勿用以就汝封之心所欲也。"殷罚有伦"，"罚蔽殷彝"即上文所谓"有叙"也。"用其义刑义杀，勿庸以次汝封"，即上文所谓"非汝封刑人杀人"也。为司寇于内，既当如此，而卫之刑用于外者，亦当如是也。汝之于刑罚，既能深思熟虑，合于天下公心，而不以逞其私意，则汝之所为，可谓尽顺，而"有叙"矣。然而汝当曰，我未有能顺之事也。夫苟无所不顺，而哓哓然以告人曰，此我之能顺其事也，则与夫不顺者其何以异哉？盖自言其顺者，适足以掩其美；不言其顺者则其所顺之事，亦岂顿然而减哉？孔子曰，"如有周公之才之美，使骄且吝，其余不足观也"。已尽逊而有叙，固为美矣，骄心一生，则其美不足观矣。故周公告康叔以"唯曰未有逊事"，乃所以保其美也。舜称禹曰，"汝唯不矜，天下莫与汝争能；汝唯不伐，天下莫与汝争功"。盖矜，则人与之争能；伐，则人与之争功。自言其有逊事，则必将有不逊之事矣。

4.《尚书讲义》卷十四

（宋）史浩撰

（归善斋按，见"王若曰，孟侯，朕其弟，小子封"）

5.《尚书详解》卷十九《周书·康诰》

（宋）夏僎撰

王曰，汝陈时臬事，罚蔽殷彝。用其义刑义杀，勿庸以次汝封，乃汝尽逊，曰时叙，唯曰未有逊事。

成王又申明上意，谓上言"外事"，汝当设是掌法之司，以师法商罚之有伦叙者，此固善矣，然未必其能合义，故此又言"汝陈时臬事，罚蔽殷彝，用其义刑义杀，勿庸以次汝封"，盖谓，汝当陈设是法事，其罚必断以殷之常法，此固善矣，然所断又须用其刑之合于义，与杀之合于义者，而刑杀之，不可使是法司观望于汝，遂屈法以就汝意。此意正谓"罚蔽殷彝"固善矣，须又用其义者，尤善也。成王既教康叔以用刑之说，又恐其用刑既当，必自矜伐，故又戒之曰，若如所言服而行之，则凡汝所行必皆尽顺于理。既顺于理，或有人曰"时有叙"矣，汝则曰未有顺理之事，盖所为虽顺于理，亦当自谓不顺，不可使自言顺。苟自言顺，则与不顺无以异矣。林少颖谓自言其顺者，适足以掩其美，不言不顺，则所顺之事，岂顿然为减哉？

6.《增修东莱书说》卷二十《周书·康诰第十一》

（宋）吕祖谦撰，（宋）石澜增修

王曰，汝陈时臬事，罚蔽殷彝。用其义刑义杀，勿庸以次汝封。乃汝尽逊，曰时叙，唯曰未有逊事。已！汝唯小子，未其有若汝封之心，朕心朕德，唯乃知。凡民自得罪，寇攘奸宄，杀越人于货，暋不畏死，罔弗憝。

前章言康叔治民当用商刑，不可轻。此章又申其意，谓汝当铺陈其法与事，两者相当，然后用刑断之，又必于商家常法之中，用其可行之刑，与可行之杀。何者？商法固不可不用，其有不合宜者，则其法不足以定当时之罪，故当用其刑杀之合义者，又不可有所迁就，以从己意。次者，"次舍"之"次"也。用殷彝以舍于己之意，是舞法也。"唯克天德，自作元命"，至公无私，此心与天同体，方无愧于用刑而治心之工夫，当自逊始。唯逊顺谦下，不萌傲念，此心则虚；虚则平；平则公；公则明。虽已尽，无一毫不顺，井井然有条理矣，亦不可自居其逊。若未有一毫逊顺之事，心常不足，则虚明公正之体不失。"已！汝唯小子"者，言汝固小子，我观群臣之中，忠诚为善，未有如汝之心者，而我之心德，亦唯汝知。康叔既禀本心之善，又能知圣人之心德，周公所以付之尽逊之功，因其存心先已有所用力也。"凡民自得罪"以下数句，说者以为与上文不协，盖周公举一端以为证验也，岂不见常人自犯罪作孽，非人陷之也。如盗贼奸恶，杀夺人财货，刚强勇悍，又不畏死，人皆恶之，刑法加焉，岂庸以次汝封乎？刑加于自犯之罪也。凡所用刑皆然，则契公理矣；所刑非人所共恶，是移法就己也。

7.《尚书说》卷五《周书·康诰》

(宋) 黄度撰

王曰，汝陈时臬事，罚蔽殷彝。用其义刑义杀，勿庸以次汝封，乃汝尽逊，曰时叙，唯曰未有逊事。已！汝唯小子，未其有若汝封之心，朕心朕德，唯乃知。

"汝陈时臬事，罚蔽"，覆说上"汝陈时臬司师"，"丕蔽要囚"二语也。"臬""蔽"，为殷常法，而必当"用其义刑义杀"。次，就，勿用以就汝也。狱情轻重，可以迁就不由义断，则害治矣。正使汝陈臬蔽断，皆顺是叙，则亦曰未有顺事，诚恐犹有逆于理者也，如此，则其心广大虚明，无所偏倚，必能制义矣。周公因四方和会，大诰治道，而建康叔为庶殷长，则以其心，人未有若之者，而周公之心与其德，康叔实能知之。

8.《絜斋家塾书钞》卷十《周书·康诰》

(宋) 袁燮撰

王曰，汝陈时臬事，罚蔽殷彝。用其义刑义杀，勿庸以次汝封。乃汝尽逊，曰时叙，唯曰未有逊事。

"臬事"，谓刑罚之事也。"罚蔽殷彝"，即"师兹殷罚有伦"之意。义者，理所当然也。凡有刑杀，皆当观其理之何如？不可以己与乎其间也。次，就也，不可迁就汝之意。古人治天下，皆只是顺行乎义理之当然，未尝以己参焉。所谓"巍巍乎舜禹之有天下而不与"也。先说"臬司"，后说"枲事"，枲司，刑法之官也；枲事，刑法之事也。此便见古人，任人不专任法处。《吕刑》多说得人，亦是此意。后世只缘任法，而不任人，所以胥吏得执其权。顺于理之谓"逊"；无所不顺之谓"尽逊"。能如上之所言，可谓"尽逊"矣，可谓得其叙矣。然不可以为足也，必当常若未有逊焉。此处皆可以见古人之心。且如成王、周公之告康叔，既如是其详且悉矣，而犹以为未也，又曰，此外更有事焉，既使之陈时枲司，又使之"陈时枲事"，又使之"服念五六日，至于旬时"，可谓尽逊，而方且告之以"唯曰未有逊事"。盖才说道如此而止，即是"有其善，丧厥善；矜其能，丧厥功"。"维天之命，于穆不已"，盖曰天之所以为天也；"于乎不显，文王之德之纯"，盖曰文王之所以为文也、只这可已而不已，便是圣人苟有一毫自满之念，岂古人之心也哉？

然不可以为足也，必当常若未有逊焉。此处皆可以见古人之心。且如成王、周公之告康叔，既如是其详且悉矣，而犹以为未也，又曰，此外更有事焉，既使之陈时枲司，又使之"陈时枲事"，又使之"服念五六日，至于旬时"，可谓尽逊，而方且告之以"唯曰未有逊事"。盖才说道如此而止，即是"有其善，丧厥善；矜其能，丧厥功"。"维天之命，于穆不已"，盖曰天之所以为天也；"于乎不显，文王之德之纯"，盖曰文王之所以为文也、只这可已而不已，便是圣人苟有一毫自满之念，岂古人之心也哉？

9.《书经集传》卷四《周书·康诰》

（宋）蔡沈撰

王曰，汝陈时枲事，罚蔽殷彝。用其义刑义杀，勿庸以次汝封，乃汝尽逊，曰时叙，唯曰未有逊事。

义，宜也。次，"次舍"之"次"；逊，顺也。申言敷陈是法与事，罚断以殷之常法矣。又虑其泥古而不通，又谓其刑其杀，必察其宜于时者而后用之。既又虑其趋时而徇己，又谓刑杀不可以就汝封之意。既又虑其刑杀虽已当罪，而矜喜之心乘之，又谓使汝刑杀尽顺于义，虽曰是有次叙，汝当唯谓未有顺义之事。盖矜喜之心生，乃怠惰之心起，刑杀之所由不中也，可不戒哉。

10.《尚书精义》卷三十四《周书·康诰》

(宋)黄伦撰

王曰,汝陈时臬事,罚蔽殷彝。用其义刑义杀,勿庸以次汝封,乃汝尽逊,曰时叙,唯曰未有逊事。已!汝唯小子,未其有若汝封之心,朕心朕德,唯乃知。

无垢曰,汝陈周家法事,断以殷家故事,当知天下公义,以刑以杀,勿得以汝封私意也。此教康叔以行周法,用殷法之理也。夫自高者义昏,自卑者义明。自高,则唯知一己之尊,而不知理之所在此义,之所以昏也。自卑则不见一身之长,汲汲然求天下之理,而佩服之此义,之所以明也。使康叔断狱尽顺于理,事事有叙,康叔傥以此一毫自置于心,则自高之心生,而义昏矣。唯尽顺于理,事事有叙,乃自处而思曰,我岂于断狱之间,有未顺于理者乎?得无有冤枉者乎?日日自省,唯恐其不顺于公义也。如此,则处心积虑,唯善言是从,善道是思,义于是而明矣。夫君臣所以相与成治功者,以相知而不相疑尔。成王知康叔之心,所以付之以重任而不疑。康叔知成王之心之德,所以受此重任而不疑。且成王知康叔之心,而不及德;康叔知成王之心,而又言德者,此有深意。盖康叔心,可以为贤者,而未有所得。成王则有所得矣。德者,得也。唯有所得,则见天下之理,如烛照数计。故凡所以告康叔者,以"明德慎罚"之说,而推演文王之意者,皆以成王、周公实有所得而然也。

张氏曰,且夫康叔所居者,商之故都;所治者,商之顽民,故其刑罚之所施,必以殷之彝伦为监,亦"政由旧"之谓也。"用其义刑义杀",使之随其成心而师之者也。然而,"义刑义杀"之道,不可任一人之私意好恶喜怒。要之,合乎至公而已。汝虽小子,其心之善,故非众人所能及也。"朕心朕德唯乃知"者,言我之心德,亦汝所知,则我之所为,汝无不知之也。未有若封之心,则汝宜为诸侯而"在兹东土"。"朕心朕德唯乃知",则我之所以告汝者,皆所能行,汝故知之,而不可不听从之也。

11. 《尚书详解》卷二十九《周书·康诰》

（宋）陈经撰

（归善斋按，见"外事，汝陈时臬司师"）

12. 《融堂书解》卷十二《周书·康诰》

（宋）钱时撰

（归善斋按，见"外事，汝陈时臬司师"）

13. 《尚书要义》

（宋）魏了翁撰

（归善斋按，原缺）

14. 《书集传或问》卷下《康诰》

（宋）陈大猷撰

（归善斋按，未解）

15. 《尚书详解》卷八《周书·康诰第十一》

（宋）胡士行撰

王曰，汝陈时臬事，罚蔽殷彝（常法）。用其义（合义）刑义杀，勿庸（用）以次（就）汝封（私意），乃汝尽逊（用刑尽顺于理），曰时（是）叙（有条理），唯曰（当自谦曰）未有逊事。

此申言上意也。

16. 《书纂言》卷四上《周书·康诰》

（元）吴澄撰

王曰，汝陈时臬事，罚蔽殷彝。用其义刑义杀，勿庸以次汝封，乃汝尽逊，曰时叙，唯曰未有逊事。

此言国中康叔自决之事，汝陈列用法之事，其轻而当罚，则断以殷家之常法，其重而当刑当杀，则择用殷法之合于宜者，不可移就汝之意。此

"刑"字，兼墨、劓、剕、宫。次，犹"次舍"之"次"。汝所用之法，尽逊顺于理，曰是有叙矣，唯当曰未有逊顺之事。盖道民以德，刑措不用，乃为极治。法之当，未足言也。

17.《书集传纂疏》卷四下《朱子订定蔡氏集传·周书·康诰》

（元）陈栎撰

王曰，汝陈时臬事，罚蔽殷彝。用其义刑义杀，勿庸以次汝封，乃汝尽逊，曰时叙，唯曰未有逊事。

义，宜也。次，"次舍"之"次"；逊，顺也。申言敷陈是法与事，罚断以殷之常法矣。又虑其泥古而不通，又谓其刑其杀，必察其宜于时者而后用之。既又虑其趋时而徇己，又谓刑杀不可以就汝封之意。既又虑其刑杀虽已当罪，而矜喜之心乘之，又谓使汝刑杀尽顺于义，虽曰是有次叙，汝当唯谓，未有顺义之事。盖矜喜之心生，乃怠惰之心起，刑杀之所由以不中也，可不戒哉？

纂疏：

陈氏大猷曰，罚，独言则兼"刑杀"，"殷罚有伦"是也；与刑杀对言，则罚轻，刑重，杀尤重也。

夏氏曰，不可使法司观望于汝，遂屈法以就汝意。

愚谓，虽尽逊而唯曰未逊，心常不自足，则虚明公正之体不失，而审慎矜恤之念常存，刑罚之不中者鲜矣，即《吕刑》所谓"虽休勿休"；曾子所谓"如得其情，则哀矜而勿喜"也。

18.《读书丛说》卷六《康诰》

（元）许谦撰

（归善斋按，未解）

19.《书传辑录纂注》卷四《周书·康诰》

（元）董鼎撰

王曰，汝陈时臬事，罚蔽殷彝。用其义刑义杀，勿庸以次汝封。乃汝尽逊，曰时叙，唯曰未有逊事。

义，宜也。次，"次舍"之"次"；逊，顺也。申言敷陈是法与事，罚断以殷之常法矣。又虑其泥古而不通，又谓其刑其杀，必察其宜于时者而后用之。既又虑其趋时而徇己，又谓刑杀不可以就汝封之意。既又虑其刑杀虽已当罪而矜喜之心乘之，又谓使汝刑杀尽顺于义，虽曰是有次叙，汝当唯谓，未有顺义之事。盖矜喜之心生，乃怠惰之心起，刑杀之所由不中也，可不戒哉？

纂注：

孔氏曰，用旧法典刑宜于时世者。

陈氏大猷曰，罚，独言之，则兼刑杀，上文"殷罚有伦"是也；与刑杀对言，则罚轻，刑重，杀尤重也。

夏氏曰，又须用其刑杀之合于义者，不可使是法司观望于汝，遂屈法以就汝意。

新安陈氏曰，虽尽逊而唯曰未逊，心常不自足，则虚明公正之体不失，而审慎矜恤之念常存，刑罚之不中者鲜矣，即《吕刑》所谓"虽休勿休"，曾子所谓"如得其情，则哀矜而勿喜"也。

20.《尚书句解》卷八《周书·康诰第十一》

（元）朱祖义撰

王曰，汝陈时臬事（又言汝陈是刑法之事以治民），罚蔽殷彝（其罚必断以殷之常法，此周善矣）。

21.《尚书日记》卷十一《周书·康诰》

（明）王樵撰

"王曰，汝陈时臬事，罚蔽殷彝"至"唯曰未有逊事"。

条定之初，因事而为之法；用法之际，取法以比是事，故此承上文言，汝之听狱，既陈是法与事，必法与事相当而断以殷之常法矣。然泥古而不通，不可也。当于其中用其义刑者刑，义杀者杀。义者，时之宜也。其取舍固权之己矣，然趋时而徇己又不可也，当勿用以就汝封之意。盖苟不当罪，是移情就己也。然则，所谓义者，归于当其罪而已。然使自以为当，而矜喜之心或生，则怠忽之心将乘之矣，刑杀所由以不中也。故使尽顺于义，"曰时叙，唯曰未有逊事"可焉。丘文庄公曰，刑杀关乎民命，一人负冤天地为之感动，阴阳为之失和，乌可以轻忽哉？武王欲康叔之心常常不足已逊而犹曰未逊，已尽而常如未尽，则不敢轻视民命。而苟具狱辞，刑杀无不中者矣。

22.《日讲书经解义》卷八《周书·康诰》

（清）库勒纳等撰

王曰，汝陈时臬事，罚蔽殷彝。用其义刑义杀，勿庸以次汝封，乃汝尽逊，曰时叙，唯曰未有逊事。

此一节书，是申明上二节之意，而历致其警也。殷彝，殷之常法。义，宜也。次者，迁就己私之意。逊，顺也。武王又曰，用刑之道，不可有一毫之偏也。若有一毫之偏，则有无穷之失。汝于外事，固陈列是法与事，而有罪者断以殷之常法矣。然人之情罪，各别时势不同，若但拘已往之成规，而不知随时以合宜，则刑杀之不当者可胜言哉？故其刑其杀，又必察其义之合于时者而用之，求不失先王之意可也。然过于随时，将必任情而自用，其不至以喜怒为轻重者，又几何哉？故其刑其杀，万勿以朝廷之公法，就汝一己之私情也。慎之于未用刑之先，宜如此。夫不泥于古，则必无执拗拘牵之失；又不徇乎己，则必无任情率意之愆。庶刑罚尽顺于义，可云得其次序矣。然使矜喜之心或起，则怠惰之念必至，而乖错从此生矣。汝唯尝自念曰，吾之刑罚未有顺义之事，此心时时不自安，则虚明公正之体不失，而审慎钦恤之念常存，刑罚安有不中者哉。慎之于既用刑之后，又宜如此。大抵残忍锲薄，皆出于自满之一念；哀矜恻怛，皆本于自歉之一心。常存一未逊之心，则常存一钦恤审慎之意，而狱之不得其平者少矣。推之，凡事无不皆然，圣王所以贵乎"不自满假"也。

《书蔡氏传旁通》卷四下《周书·康诰》

（元）陈师凯撰

臬，法也，为准限之义。

东斋陈氏曰，臬，门捆也，有限准之义，故以训"法"，犹谓法为

"律"也。

愚按，律，即黄钟十二律也，毫厘不可差，刑法亦然，故称法为"律"。

《五诰解》卷一《康诰》

（宋）杨简撰

王曰，汝陈时臬事，罚蔽殷彝。用其义刑义杀，勿庸以次汝封。乃汝尽逊，曰时叙，唯曰未有逊事。

此章丁宁至于再也。彝，常法也。刑杀皆以义断，不可以就汝封之心。孔安国亦以"次"为"就"也。汝至于一一皆有叙，汝尽逊让而不敢当如此尽逊，而犹曰我未有逊事。呜呼！圣训至矣。如此诲康叔，涤尽胸中有我之意，纤微不存。呜呼！非周公安能及此。

《读书管见》卷下《康诰》

（元）王充耘撰

汝陈时臬事。

汝陈时臬事，罚蔽殷彝，用其义刑义，杀勿庸以次汝封。

言用法之际，必取是法与是事，比并而陈之。按法如此，而事如彼，则合与不合，昭然可见矣。必法与事相当，然后断之。所治者殷民，则不得不用殷法，然谓之常法，必汤所制，可以常行，而非商纣之虐法也。或轻而刑，或重而杀，必适于义。义者，宜也。宜刑则刑，宜杀则杀。顾其所犯何如耳，不可曲法以迁就汝喜怒之私。若使就得汝心，则刑杀必不合宜矣。无所谓恐其泥古不通，趋时而徇己之说也

用其义刑义杀，勿庸以次汝封

1. 《尚书注疏》卷十三《周书》

（汉）孔氏传，（唐）陆德明音义，（唐）孔颖达疏

用其义刑义杀，勿庸以次汝封。

传,义,宜也。用旧法典刑,宜于时世者以刑杀,勿用以就汝封之心所安。

疏,正义曰,其刑法断狱,用殷家所行常法故事。其陈法殷彝,皆用其合宜者以刑杀,勿用以就汝封意之所安而自行也,以用心不如依法故耳。

2.《书传》卷十二《周书》

(宋)苏轼撰

用其义刑义杀,勿庸以次汝封。

次,就也。

3.《尚书全解》卷二十八

(宋)林之奇撰

(归善斋按,见"王曰,汝陈时臬事")

4.《尚书讲义》卷十四

(宋)史浩撰

(归善斋按,见"王若曰,孟侯,朕其弟,小子封")

5.《尚书详解》卷十九《周书·康诰》

(宋)夏僎撰

(归善斋按,见"王曰,汝陈时臬事")

6.《增修东莱书说》卷二十《周书·康诰第十一》

(宋)吕祖谦撰,(宋)石澜增修

(归善斋按,见"王曰,汝陈时臬事")

7.《尚书说》卷五《周书·康诰》

(宋)黄度撰

(归善斋按,见"王曰,汝陈时臬事")

8. 《絜斋家塾书钞》卷十《周书·康诰》

（宋）袁燮撰
（归善斋按，见"王曰，汝陈时臬事"）

9. 《书经集传》卷四《周书·康诰》

（宋）蔡沈撰
（归善斋按，见"王曰，汝陈时臬事"）

10. 《尚书精义》卷三十四《周书·康诰》

（宋）黄伦撰
（归善斋按，见"王曰，汝陈时臬事"）

11. 《尚书详解》卷二十九《周书·康诰》

（宋）陈经撰
（归善斋按，见"外事，汝陈时臬司师"）

12. 《融堂书解》卷十二《周书·康诰》

（宋）钱时撰
（归善斋按，见"外事，汝陈时臬司师"）

13. 《尚书要义》

（宋）魏了翁撰
（归善斋按，原缺）

14. 《书集传或问》卷下《康诰》

（宋）陈大猷撰
（归善斋按，未解）

15. 《尚书详解》卷八《周书·康诰第十一》

（宋）胡士行撰

（归善斋按，见"王曰，汝陈时臬事"）

16. 《书纂言》卷四上《周书·康诰》

（元）吴澄撰

（归善斋按，见"王曰，汝陈时臬事"）

17. 《书集传纂疏》卷四下《朱子订定蔡氏集传·周书·康诰》

（元）陈栎撰

（归善斋按，见"王曰，汝陈时臬事"）

18. 《读书丛说》卷六《康诰》

（元）许谦撰

（归善斋按，未解）

19. 《书传辑录纂注》卷四《周书·康诰》

（元）董鼎撰

（归善斋按，见"王曰，汝陈时臬事"）

20. 《尚书句解》卷八《周书·康诰第十一》

（元）朱祖义撰

用其义刑义杀（然所断又须用其刑之合于义，杀之而合于义者），勿庸以次汝封（不可使法司观望于汝，遂屈法以就汝意）。

21. 《尚书日记》卷十一《周书·康诰》

（明）王樵撰

（归善斋按，见"王曰，汝陈时臬事"）

22.《日讲书经解义》卷八《周书·康诰》

（清）库勒纳等撰
（归善斋按，见"王曰，汝陈时臬事"）

《五诰解》卷一《康诰》

（宋）杨简撰
（归善斋按，见"王曰，汝陈时臬事"）

《读书管见》卷下《康诰》

（元）王充耘撰
（归善斋按，见"王曰，汝陈时臬事"）

乃汝尽逊，曰时叙，唯曰未有逊事

1.《尚书注疏》卷十三《周书》

（汉）孔氏传，（唐）陆德明音义，（唐）孔颖达疏
乃汝尽逊，曰时叙，唯曰未有逊事。
传，乃使汝所行尽顺，曰是有次叙，唯当自谓未有顺事，君子将兴，自以为不足。
疏，正义曰，言汝不但依法，乃使汝所行尽顺，曰是有次叙，犹当自唯曰未有顺事，其有余，若不足故耳，必期汝于大幸。

2.《书传》卷十二《周书》

（宋）苏轼撰
乃汝尽逊，曰时叙，唯曰未有逊事。
常自以为不足也。

3.《尚书全解》卷二十八

（宋）林之奇撰

(归善斋按，见"王曰，汝陈时臬事")

4.《尚书讲义》卷十四

（宋）史浩撰

(归善斋按，见"王若曰，孟侯，朕其弟，小子封")

5.《尚书详解》卷十九《周书·康诰》

（宋）夏僎撰

(归善斋按，见"王曰，汝陈时臬事")

6.《增修东莱书说》卷二十《周书·康诰第十一》

（宋）吕祖谦撰，（宋）石澜增修

(归善斋按，见"王曰，汝陈时臬事")

7.《尚书说》卷五《周书·康诰》

（宋）黄度撰

(归善斋按，见"王曰，汝陈时臬事")

8.《絜斋家塾书钞》卷十《周书·康诰》

（宋）袁燮撰

(归善斋按，见"王曰，汝陈时臬事")

9.《书经集传》卷四《周书·康诰》

（宋）蔡沈撰

(归善斋按，见"王曰，汝陈时臬事")

10.《尚书精义》卷三十四《周书·康诰》

（宋）黄伦撰
（归善斋按，见"王曰，汝陈时臬事"）

11.《尚书详解》卷二十九《周书·康诰》

（宋）陈经撰
（归善斋按，见"外事，汝陈时臬司师"）

12.《融堂书解》卷十二《周书·康诰》

（宋）钱时撰
（归善斋按，见"外事，汝陈时臬司师"）

13.《尚书要义》

（宋）魏了翁撰
（归善斋按，原缺）

14.《书集传或问》卷下《康诰》

（宋）陈大猷撰
（归善斋按，未解）

15.《尚书详解》卷八《周书·康诰第十一》

（宋）胡士行撰
（归善斋按，见"王曰，汝陈时臬事"）

16.《书纂言》卷四上《周书·康诰》

（元）吴澄撰
（归善斋按，见"王曰，汝陈时臬事"）

17.《书集传纂疏》卷四下《朱子订定蔡氏集传·周书·康诰》

(元)陈栎撰

(归善斋按,见"王曰,汝陈时臬事")

18.《读书丛说》卷六《康诰》

(元)许谦撰

(归善斋按,未解)

19.《书传辑录纂注》卷四《周书·康诰》

(元)董鼎撰

(归善斋按,见"王曰,汝陈时臬事")

20.《尚书句解》卷八《周书·康诰第十一》

(元)朱祖义撰

乃汝尽逊(乃汝所用刑杀尽顺殷之常法)曰时叙(人言皆有次序矣),唯曰未有逊事(汝则言未有逊顺之事)

21.《尚书日记》卷十一《周书·康诰》

(明)王樵撰

(归善斋按,见"王曰,汝陈时臬事")

22.《日讲书经解义》卷八《周书·康诰》

(清)库勒纳等撰

(归善斋按,见"王曰,汝陈时臬事")

《五诰解》卷一《康诰》

(宋)杨简撰

(归善斋按,见"王曰,汝陈时臬事")

已！汝唯小子，未其有若汝封之心，朕心朕德，唯乃知

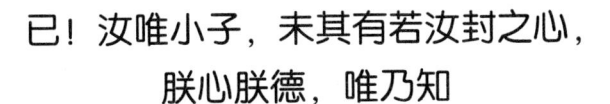

1.《尚书注疏》卷十三《周书》

（汉）孔氏传，（唐）陆德明音义，（唐）孔颖达疏

已！汝唯小子，未其有若汝封之心，朕心朕德，唯乃知。

传，已乎！他人未其有若汝封之心，言汝心最善，我心我德，唯汝所知，欲其明成王所以命己之款心。

音义，款，苦管反。

疏，正义曰，已乎！汝唯小子耳，而他人未其有若汝封之心，言汝心最善。汝心既善，我心我德，唯汝所悉知也。

传，正义曰，云我心我德者，此言"我"，我王也，以王命故言"王"。为我以康叔为"已"。若汝不善，我王家心德，汝所不知，则我不顺命汝款曲之心。只由汝最善，我王心德，汝所遍知。故我王命汝以款曲之心。述康叔为言，故云亦欲令康叔明识此意也。

2.《书传》卷十二《周书》

（宋）苏轼撰

已！汝唯小子，未其有若汝封之心，朕心朕德，唯乃知。

将有以深告之，故言我与汝相知如此。

3.《尚书全解》卷二十八

（宋）林之奇撰

已！汝唯小子，未其有若汝封之心，朕心朕德唯乃知。

康叔以肺腑之亲，出则为诸侯之长，入则列六卿之位，兼此二职，以为天子之佐，而治殷之余民。周公既告以恤刑慎罚之事，使之明于小大轻重之序，乃可以无忝于司寇之所掌，而卫之刑罚，亦得其当，又当谦恭自

牧，而不自以为能，则其所以丁宁告敕之者，可谓尽矣。然卫之民，染纣之化，风俗颓败，父子兄弟之伦悖乱，而不顺久矣。此非刑罚之所可得而禁，亦非岁月之所可得而革也。唯其待之以宽，持之以久，优游训迪，使之迁善远罪，复其所固有之性，则刑罚不试，而风俗丕变矣。故自此以下，又告之以先教化，后刑罚，渐摩浸渍，以革卫之恶俗也。已者，起语之辞，谓汝虽小子，然未有若汝之心，有志于善也。成王既谓未有若汝封之心，则康叔之心，成王盖深知之矣。成王既知康叔之心，而成王之心与夫所修之德，亦汝康叔之所深知也。我知汝之心，则我之所以告汝者，皆汝之所能行也。汝知我之心，则汝之所闻于我者，当以此为可行也。《家语》曰，"非其人而语之，如会聋而鼓之；是其人而语之，如聚沙而雨之"。成王知康叔之心，康叔又知成王之心，则其告之也，岂不如聚沙而雨之乎？苏氏曰，将有以深告之，故言我与汝相知如此。此说是也、既言我之与汝相知如此，故遂从而诰之所以治殷顽民之道也。

4.《尚书讲义》卷十四

（宋）史浩撰

（归善斋按，见"王若曰，孟侯，朕其弟，小子封"）

5.《尚书详解》卷十九《周书·康诰》

（宋）夏僎撰

已！汝唯小子，未其有若汝封之心，朕心朕德，唯乃知。凡民自得罪，寇攘奸宄，杀越人于货，暋不畏死，罔弗憝。王曰，封元恶大憝，矧唯不孝不友，子弗祗服厥父，事大伤厥考心。于父不能字厥子，乃疾厥子；于弟弗念天显，乃弗克恭厥兄；兄亦不念鞠子哀，大不友于弟。唯吊兹，不于我政人得罪。天唯与我民彝大泯乱，曰，乃其速由文王作罚，刑兹无赦，不率大戛。

成王上与康叔反复言"明德慎罚"之事，其施于王朝与卫国者备矣。故此又言，已乎！重发端详述治商民之事。盖商余之民，染纣之化，风俗伤败，父子兄弟之伦，悖乱不顺，非刑罚可禁。唯宽以化之，使渐入于善，又不可如前所言一一加之以刑也。欲告以宽以化民，必先言，"汝唯小子，未其有若汝封之心，朕心朕德，唯乃知"者，盖成王之心，不欲康叔任刑齐民，唯以教化缓以化之，故言康叔汝虽小子，而我之心我之德，唯汝知之。盖谓我意唯在先教化，后刑罚，汝实知之也。成王既言我先教化，后刑罚之意，汝实知之。故遂言所以欲先教化，后刑罚之事，"凡民自得罪"以下是也。谓凡民自己所为不善，而得罪于天下，非由上人教化所致者。即以寇攘奸宄，杀越人以取货者也。窃取，曰盗；强取，曰攘；外为奸媚。以取人物，曰奸；内怀诈欺。以取人物，曰宄。杀，即杀人至死者也。越，即违道驱人，或刃人未死者也。成王谓为寇攘奸宄，与杀人越人之事，以取人之货者，此等人皆强而不畏死者，人无不恶之。成王之意，盖谓此等人，则当不待教而诛之。故又曰"元恶大憝"。盖深言此等人，实为大恶大可恶者。既言"元恶大憝"，又言"矧唯不孝不友"者，盖谓"元恶"既可恶，若不孝不友，则尤可恶者。下文所言，即不孝不友之事也。盖子当敬父，今乃不能敬行其父之事，以伤其父之心，是子不子也。父当慈子，今乃不能慈爱其子，乃憎恶其子，是父不父也。弟当敬兄，今不念天之明，谓天尊地卑，明有尊卑之分，今不念之，遂至不恭其兄，是弟不弟也。兄当念弟，今不念鞠幼之可哀，大不友爱其弟，是兄不兄也。盖子之初生，必以帛鞠敛之故，幼子谓之鞠子。父不父，子不子，兄不兄，弟不弟，自迹论之，比之元恶之人，固尤为可恶。然以理论之，则非凡民之自得罪，乃上之人教化之者不至，故如此等，唯当闵之。闵，吊也。若不闵此，乃谓此民之自作，非我之罪，不于我政人之身自以为得罪，乃天与民之常性，而民自泯没乱坏，且自言曰，乃今疾用文王作罚之法，刑此等人，不赦其不率大常之罪。夏，常也。如此，则是责民而不责己，齐民以刑，而不能以教化缓而化之者也。诸儒多以为，成王言元恶固可恶，不孝不友者尤可恶。故民之至此者，非我政人之罪，乃天与民以常性，而民自泯乱，故当以刑齐之，不可赦。审如此说，于经文虽顺，但非成王待商民之本意，故不敢从。

6.《增修东莱书说》卷二十《周书·康诰第十一》

（宋）吕祖谦撰，（宋）石澜增修

（归善斋按，见"王曰，汝陈时臬事"）

7.《尚书说》卷五《周书·康诰》

（宋）黄度撰

（归善斋按，见"王曰，汝陈时臬事"）

8.《絜斋家塾书钞》卷十《周书·康诰》

（宋）袁燮撰

已！汝唯小子，未其有若汝封之心，朕心朕德，唯乃知。

周公谓，我遍察举朝之臣，无有若尔用心之善者，大抵古人用人未论他外面如何，且要他心术端正。康叔少年小子，而成王、周公便使之为方伯连帅，居诸侯之长，缘察其心术之正尔。深味此一句，康叔之为人何如哉？真所谓仰不愧于天，俯不怍于人者也。唯其心如是，所以"朕心朕德"，唯汝知之。

9.《书经集传》卷四《周书·康诰》

（宋）蔡沈撰

已！汝唯小子，未其有若汝封之心，朕心朕德，唯乃知。

已者，语辞之不能已也。小子，幼小之称，言年虽少而心独善也。尔心之善，固朕知之。朕心朕德，亦唯尔知之。将言用罚之事，故先发其良心焉。

10.《尚书精义》卷三十四《周书·康诰》

（宋）黄伦撰

（归善斋按，见"王曰，汝陈时臬事"）

11.《尚书详解》卷二十九《周书·康诰》

（宋）陈经撰

已！汝唯小子，未其有若汝封之心。朕心朕德唯乃知。凡民自得罪，寇攘奸宄，杀越人于货。暋不畏死，罔弗憝。

已乎，汝唯小子，未有如封之心者，此康叔之心，成王之所知也。朕

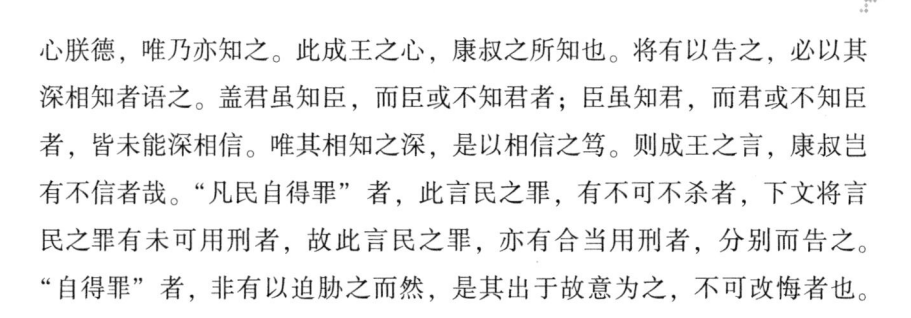

心朕德,唯乃亦知之。此成王之心,康叔之所知也。将有以告之,必以其深相知者语之。盖君虽知臣,而臣或不知君者;臣虽知君,而君或不知臣者,皆未能深相信。唯其相知之深,是以相信之笃。则成王之言,康叔岂有不信者哉。"凡民自得罪"者,此言民之罪,有不可不杀者,下文将言民之罪有未可用刑者,故此言民之罪,亦有合当用刑者,分别而告之。"自得罪"者,非有以迫胁之而然,是其出于故意为之,不可改悔者也。为寇盗攘窃者,为奸宄于内外者,杀人颠越人以助其利者,暋强而为之,为恶之力如此,虽死且不畏,若此等人,凡民罔不憝恶之,刑安得而赦之哉?《孟子》曰"是不待教而诛"者,此也。

12.《融堂书解》卷十二《周书·康诰》

(宋)钱时撰
(归善斋按,见"外事,汝陈时臬司师")

13.《尚书要义》

(宋)魏了翁撰
(归善斋按,原缺)

14.《书集传或问》卷下《康诰》

(宋)陈大猷撰
(归善斋按,未解)

15.《尚书详解》卷八《周书·康诰第十一》

(宋)胡士行撰

已,汝唯(虽)小子,未其有(有人)若(如)汝封之心(善),朕心朕德,唯(独)乃(汝)知。凡民自得(作)罪(孽),寇(窃取)攘(强取)奸(外乱)宄(内乱),杀越(取)人于货(取其财),暋(强凶)不畏死,罔弗憝(恶)。

以汝之心,知朕之心尚德不尚刑而已。民有自得罪而人无不恶,以至不得不刑焉,此岂朕心也哉。

16.《书纂言》卷四上《周书·康诰》

（元）吴澄撰

已！汝唯小子，未其有若汝封之心，朕心朕德，唯乃知。

已者，毕前起后之辞。汝虽年小，他人未有能若汝之心者。至于我之心我之德，唯期于无刑，亦唯汝能知之也。

17.《书集传纂疏》卷四下《朱子订定蔡氏集传·周书·康诰》

（元）陈栎撰

已！汝唯小子，未其有若汝封之心，朕心朕德，唯乃知。

已者，语辞之不能已也。小子，幼小之称，言年虽少，而心独善也。尔心之善，固朕知之。朕心朕德，亦唯尔知之。将言用罚之事，故先发其良心焉。

18.《读书丛说》卷六《康诰》

（元）许谦撰

（归善斋按，未解）

19.《书传辑录纂注》卷四《周书·康诰》

（元）董鼎撰

已！汝唯小子，未其有若汝封之心，朕心朕德，唯乃知。

已者，语辞之不能已也。小子，幼小之称。言年虽少，而心独善也。尔心之善，固朕知之。朕心朕德，亦唯尔知之。将言用罚之事，故先发其良心焉。

纂注：

新安胡氏曰，能慎罚者，汝之心；欲汝慎罚者，我之心。我之心，唯欲以德行罚耳。我之与汝心，实相知，所以深相孚契，相戒饬也。

20.《尚书句解》卷八《周书·康诰第十一》

（元）朱祖义撰

已！汝唯小子（已矣乎，汝康叔为幼小之子），未其有若汝封之心。朕心朕德，唯乃知（未有如汝心之明。我心我德，唯汝知之，谓我意先教化，后刑罚）。

21.《尚书日记》卷十一《周书·康诰》

（明）王樵撰

已！汝唯小子，未其有若汝封之心，朕心朕德，唯乃知。

平日之处心，又用刑之本也。慈祥恻怛之人，用刑则能虚心察情，而以义处法，当于人心，合于天意。《吕刑》所谓"唯良折狱"也。苟无是心，则虽悉其聪明，得其情实，以言乎不失有罪则可耳；以言乎"若有疾"，能使民"毕弃咎"则难矣。人谓康叔深于法，不知武王取之，正以其心之良尔。正义曰，言汝心最善，汝心既善，我心我德，唯汝所悉知也。

下文言用罚之事，"元恶大憝"一也；"不率大戛"二也，皆因商俗，而用惩恶之重典，故于此先发其良心，欲其以此心，为用罚之本也。

22.《日讲书经解义》卷八《周书·康诰》

（清）库勒纳等撰

已！汝唯小子，未其有若汝封之心。朕心朕德，唯乃知。

此一节书，是探用罚之本，以感动康叔也。武王又曰，我告汝慎罚之事。盖惓惓而不能已也，用刑之道，唯在存心。存心仁慈，则刑罚亦出于忠厚；存心苛刻，则刑罚必至于惨酷。是心者，用刑之本也。我观汝年虽少，而心则慈祥恺悌，未有若汝封之存心者。是汝之心，唯我能知之耳。至我不忍之心，好生之德，亦唯汝能知之。汝宜推广汝之良心，深体我之用心，以此用刑，庶几明允乎。

《五诰解》卷一《康诰》

(宋)杨简撰

已！汝唯小子，未其有若汝封之心。朕心朕德，唯乃知。

周公之心，周公之德，唯康叔知之能知。大圣心德，宜他人莫及。

凡民自得罪，寇攘奸宄，杀越人于货

1. 《尚书注疏》卷十三《周书》

(汉)孔氏传，(唐)陆德明音义，(唐)孔颖达疏

凡民自得罪，寇攘奸宄，杀越人于货。

传，凡民用得罪，为寇盗，攘窃，奸宄，杀人，颠越人，于是以取货利。

音义，攘，如羊反。宄，音轨。

疏，正义曰，言人所慎刑者，以凡民所用得罪者，寇盗攘窃于外奸内宄，而杀害及颠越于人，以取货利也。

传，正义曰，自，用也，言所用得罪者，由寇攘也，而为之于外内，既有劫窃。其劫窃，皆有杀有伤。越人，谓不死而伤，皆为之而取货利故也。

2. 《书传》卷十二《周书》

(宋)苏轼撰

凡民自得罪，寇攘奸宄，杀越人于货，暋不畏死。

越，颠越也。暋，强也。

罔弗憝。

憝，恶也，人无不恶之者。

3. 《尚书全解》卷二十八

（宋）林之奇撰

凡民自得罪，寇攘奸宄，杀越人于货。暋不畏死，罔弗憝。王曰，封，元恶大憝，矧唯不孝不友。子弗祗服厥父事，大伤厥考心；于父不能字厥子，乃疾厥子；于弟弗念天显，乃弗克恭厥兄；兄亦不念鞠子哀，大不友于弟。唯吊兹，不于我政人得罪。天唯与我民彝大泯乱。曰，乃其速由文王作罚，刑兹无赦，不率大戛。

"凡民自得罪"者，言其得罪于天下，自已而招之，而非上之人有以使之然也。如所谓"自作孽"是也。而其所谓"罪"者，则寇攘奸宄，靡所不为，又且杀人殒越人，而自取其货，以为己有。且其自强于为恶，而不畏死也。夫好生而恶死者。天下之真情也。人唯畏死，然后可以死惧之。既不畏死矣，则何所不至哉？此其所以犯天下之所共怒，而无不恶之也。周公将告康叔，以卫之风俗，自弃于人伦，而拂其天性之爱，汝当适之以美教，而不可遽齐以刑，故先设此以为言，而以其轻重相较，以发明其意也。故继之曰"元恶大憝，矧唯不孝不友"，言寇攘奸宄之人，是诚元恶也，人固已大恶之矣。况于不孝不友之人，其恶为尤大，而人之恶之也，当愈甚矣。人之恶不孝不友者，固当在于寇攘奸宄之上，然寇攘奸宄之人，则可以致之死而无憾，而不孝不友者，汝则当有以自责，而未可以全罪于民也。盖凡民之自暴自弃，陷于大恶，干国宪而犯众怒，以至于暋不畏死，是诚所谓无忌惮者也。此诚教化之所不可加。盖其"自得罪"故也，是诚可憝也。可憝则可杀矣。若乃为人子，而不能敬行其所以事父之事，以失其父之心，是子不子也。为人父，而无恻隐怵惕之心，以抚爱其子，乃憎而疾之，是父不父也。为人弟，而不念天之明有此长幼之分，而不恭其兄，是弟不弟。为人兄，而不念父母之鞠子为可哀，而不友其弟，是兄不兄也。夫父慈而教，然后尽父道；子孝而恭，然后尽子道；兄爱而友，然后尽兄道；弟钦而顺，然后尽弟道。故父虽不慈，子不可以不孝；兄虽不友，弟不可以不恭。父之于子，兄之于弟，各自尽其道，不可以不孝、不恭之，故而爱友之心遂替也。苟其为父者曰，子既不孝矣，我何以慈为哉？其为兄者曰，弟既不恭矣，我何以友为哉？子也，弟也，亦以是而存心，则父子、兄弟而俱失其道矣。父子、兄弟俱失其道，虽悖天伦，反人理，若为可憨，然实可憨，而不可憨也。盖非其"自得罪"故也。夫父子、兄弟之伦，皆其所受于天命之性，无有智愚贤不肖之别也。而乃汩没其所受于天者，此岂无所自而然哉？盖上失其道，教化不明，不能使斯民复其本性，以驯致于士君子之域，则无乃我政之罪乎。"吊"先儒以训"至"，今当读为"吊闵"之"吊"。唯其我政之罪，故可"吊闵"而不可"憨"是必"引愆自咎"，冀其感悟，而归于忠厚为可。苟为不于我政人以为得罪，彼天之与我民以常性，而其泯乱至此，曾不思其所以然之故，乃曰吾当速用文王所作之罚，刑以绳之，罔有所赦，民既不知夫自新之路，而迫之于刑罚，则其不肖之心浸淫日甚，亦将终不循乎大常矣。故曰"不率大戛"。《尔雅》曰，戛，常也。速由罚刑而无赦。而民之不率，盖自若也，则刑罚不足恃也审矣。何以多杀为哉？《孟子》常引此篇。"杀越人于货，暋不畏死"，凡民"罔不憨"以为是"不待教而诛"，则夫不孝，不慈，不友，不恭之人，其必教之不改，然后诛之，而未可遽诛也。昔舜之命皋陶作士，寇攘奸宄，则使之明五刑以治之。至于"百姓不亲，五品不逊"，则几于禽兽，舜不以与"寇贼奸宄"之人同弃于皋陶之刑，而乃使契为司徒，"敷五教"以导之，且以在宽为戒。诚以五品至于不逊者，非斯民之辜也。故周公使康叔于元恶，则当憨之。而至于不孝、不友，则闵之。正舜之用心也。孔子为鲁司寇，"有父子讼者，夫子同狴执之，三月不别，其父请止，夫子赦之。季孙闻之不悦曰，司寇欺余。曩告予曰，国家必以孝。余今戮一不孝，以教民孝，不亦可乎？而又赦之，何哉？冉有以告，孔子喟然叹曰，上失其道而杀其下，非理也。不教以孝，而听其狱，是杀不辜"。乱其教，烦其刑，使民迷惑而陷焉，又从而制之，故刑虽烦，而益不胜也。夫以不孝、不友、不慈、不悌之人，固为大恶矣，苟为不教而杀，则是夫子之所谓"不辜"也．而先儒乃以为"速由兹文王作罚刑"，谓周公使康叔按法而诛之。王氏亦同此说，信如此言，则夫子赦父子之讼，为纵恶，而季孙之言为合于周公也。故不如苏氏之说为胜也。下文言父子、兄弟之皆失其道，而其上文特言"不孝不友"者盖其文先言子之"不祗服厥父事"；次及于兄，又次及于弟，然后及于兄之不友，故其初，但言"不孝不友"者，举上下以包之也。

4.《尚书讲义》卷十四

（宋）史浩撰
（归善斋按，见"王若曰，孟侯，朕其弟，小子封"）

5.《尚书详解》卷十九《周书·康诰》

（宋）夏僎撰
（归善斋按，见"已！汝唯小子，未其有若汝封之心"）

6.《增修东莱书说》卷二十《周书·康诰第十一》

（宋）吕祖谦撰，（宋）石澜增修
（归善斋按，见"王曰，汝陈时臬事"）

7.《尚书说》卷五《周书·康诰》

（宋）黄度撰
凡民自得罪，寇攘奸宄，杀越人于货。暋不畏死，罔弗憝。
自此以下，皆陈臬、罚蔽之大端也。暋，强；憝恶。凡民之寇盗攘窃，为奸宄，杀人颠越人以取货，强不畏死者，人所共恶之，皆得讨之。《朝士》曰"凡盗贼军、乡邑及家人，杀之无罪"，孟子曰"不待教而诛之"是也。

8.《絜斋家塾书钞》卷十《周书·康诰》

（宋）袁燮撰
凡民自得罪，寇攘奸宄，杀越人于货。暋不畏死，罔弗憝。王曰封元恶大憝，矧唯不孝不友。子弗祗服厥父事，大伤厥考心；于父不能字厥子，乃疾厥子；于弟弗念天显，乃弗克恭厥兄；兄亦不念鞠子哀，大不友于弟。唯吊兹，不于我政人得罪，天唯与我民彝大泯乱，曰，乃其速由文王作罚，刑兹无赦，不率大戛。

"杀越人于货"者，众罔不憝之。况不孝不友之人乎？虽然元恶之人，杀之而已。父子兄弟之间，无绝法也。子弗孝，而罪其子；弟弗恭而罪其弟，则父子兄弟之间，终身不可复合矣。此事关系教化，教化不明，至于民彝泯乱，此乃我为政之人有罪而致此，方当自反之不暇，而又何罪云乎哉？若以其有罪，便以文王之罚刑之，是不率其常也。戛，常也。文王之罚，固无不善矣，然民彝之泯乱，却不可便用刑治之，此处亦可见古人之变通处。《周官》八刑有不孝之刑，不弟之刑，此固国家之常法，然以为常法，而便以其罪罪之，岂不大伤父子、兄弟之情，大坏天下之风俗哉？《王制》曰"凡听五刑之讼，必原父子之亲，立君臣之义以权之"。又曰"凡制五刑，必即天伦"。孔子为鲁司寇，有父子讼者，拘之三月，其父请止。季孙以为言，孔子曰三军大败不可斩也，狱犴不治不可刑也。罪不在民故也。骨肉亲戚之刑。岂与其它事相似、拘之三月，而父子之天性终不可泯灭所以其父请止，从而赦之，则父子复合矣。

9.《书经集传》卷四《周书·康诰》

(宋)蔡沈撰

凡民自得罪，寇攘奸宄，杀越人于货。暋不畏死，罔弗憝。

暋，音敏；憝，徒怼反。越，颠越也。《盘庚》云"颠越不恭。暋强憝恶"也。"自得罪"，非为人诱陷以得罪也。凡民自犯罪，为盗贼奸宄，杀人、颠越人以取财货，强狠亡命者，人无不憎恶之也。用罚而加是人，则人无不服，以其出乎人之同恶，而非即乎吾之私心也。特举此以明用罚之当罪。

10.《尚书精义》卷三十四《周书·康诰》

(宋)黄伦撰

凡民自得罪，寇攘奸宄，杀越人于货。暋不畏死，罔弗憝。

无垢曰，吉人为善，唯日不足；凶人为不善，亦唯日不足。暋，强也。寇攘奸宄，杀越人，其凶如此，是乃强于为恶，唯日不足，不以死为可畏者也。逆天下之大情，如此等人，谁不恶之。憝，恶也。盖人性本善，故见孝悌、忠信、仁义、礼智之人，人皆爱之，是人性本善也；见寇攘奸宄，杀越人于货者，无不恶之，是非人性所有，乃禽兽豺狼异类也。

人之所恶,圣人亦恶之。此刑之所以制也。

张氏曰,"自得罪"者,罪,自己致,非为人之所诱陷也。"凡民之自得罪",有寇攘者,有为奸宄者,有杀越人于货者。完而支之之谓"寇";以手胜物谓之"攘";柔聚于外谓之"奸";刚穷于内谓之"宄"。

11.《尚书详解》卷二十九《周书·康诰》

(宋)陈经撰

(归善斋按,见"已!汝唯小子,未其有若汝封之心")

12.《融堂书解》卷十二《周书·康诰》

(宋)钱时撰

(归善斋按,见"外事,汝陈时臬司师")

13.《尚书要义》

(宋)魏了翁撰

(归善斋按,原缺)

14.《书集传或问》卷下《康诰》

(宋)陈大猷撰

(归善斋按,未解)

15.《尚书详解》卷八《周书·康诰第十一》

(宋)胡士行撰

(归善斋按,见"已!汝唯小子,未其有若汝封之心")

16.《书纂言》卷四上《周书·康诰》

(元)吴澄撰

凡民,自得罪,寇攘奸宄,杀越人于货。暋不畏死,罔弗憝。

凡民,句绝,言凡人之情皆如此也。"自得罪",犹上言"自作不典式"。《太甲》"自作孽"之"自",谓其得罪,皆由己稔恶,非因人致灾也。越人，犹颠越人，即上文"历人""败人"，孔疏谓"不死而伤"是也。"于货"，谓所以杀伤人者于其货也。暋，昏愚强暴也。憝，恶也。凡人之情，于怙终为恶，寇攘之奸宄，甚至杀人、伤人而取其货，强悍不畏死者，无不恶之。《孟子》引此"凡民"二字，在"罔弗憝"上，语意尤明。上文言戕杀败历之奸宄，亦或有时宥之。盖其情理之可悯者耳。若此"自得罪"不畏死之奸宄，凡民罔不恶之，则必刑，必杀而不可宥。《孟子》所谓"不待教而诛"者也。

17.《书集传纂疏》卷四下《朱子订定蔡氏集传·周书·康诰》

（元）陈栎撰

凡民自得罪，寇攘奸宄，杀越人于货。暋不畏死，罔弗憝。

越，颠越也。《盘庚》云"颠越不恭"，"暋强憝恶"也。"自得罪"，非为人诱陷以得罪也。凡民自犯罪，为盗贼奸宄，杀人颠越人，以取财货，强狠亡命者，人无不憎恶之也。用罚而加是人，则人无不服，以其出乎人之同恶，而非即乎吾之私心也。特举此，以明用罚之当罪。

纂疏：

陈氏大猷曰，此一节上下疑有缺文。

愚按，此段实与上文不贯，缺之是。

18.《读书丛说》卷六《康诰》

（元）许谦撰

（归善斋按，未解）

19.《书传辑录纂注》卷四《周书·康诰》

（元）董鼎撰

凡民自得罪，寇攘奸宄，杀越人于货。暋不畏死，罔弗憝。

越，颠越也。《盘庚》云"颠越不恭"，"暋强憝恶"也。"自得罪"，非为人诱陷以得罪也。凡民自犯罪，为盗贼奸宄，杀人、颠越人以取财货，强狠亡命者，人无不憎恶之也。用罚而加是人，则人无不服，以其出乎人之同恶，而非即乎吾之私心也。特举此，以明用罚之当罪。

纂注：

唐孔氏曰，颠越人，谓不死而伤。

夏氏曰，此"不待教而诛之"者也。

陈氏大猷曰，此一节上下疑有缺文。

吕氏曰，说者以"凡民自得罪"以下与上文不协，盖举一端以为证验也。盖谓如此等罪之人，人所同恶而刑加焉，岂容以次汝封乎。所谓刑加于自犯之罪也，用刑皆如此，则契公理矣。所刑苟非人所同恶，是移法就己也。

新安陈氏曰，吕说奇，蔡亦略取之，然平心读此五句，实与上文不贯，缺之良是。

20.《尚书句解》卷八《周书·康诰第十一》

（元）朱祖义撰

凡民自得罪（凡民自为不善，得罪于天下者），寇攘奸宄（以其窃取为寇；强取为攘；外为奸媚，以取人物为奸；内怀诈欺以取人物为宄），杀越人于货（杀人至死，又违道殴人，取人之货财）。

21.《尚书日记》卷十一《周书·康诰》

（明）王樵撰

"凡民自得罪"至"罔弗憝"。

此武王举一端以为例也。岂不见凡民自犯罪作孽，非人陷之也，为寇攘奸宄，杀人、颠越人以取其货。颠越，谓不死而伤。于，取也。如"昼尔于茅"之"于"。"暋不畏死"，言其心强狠殊，不畏死也。"罔弗憝"，言如此之人，众所共恶也，刑法加焉，非庸以次汝封也。刑加乎自犯之罪也，凡所用法皆然，则契公理矣，所刑非人所共恶，是移法就己也。

22.《日讲书经解义》卷八《周书·康诰》

（清）库勒纳等撰

凡民自得罪，寇攘奸宄，杀越人于货。暋不畏死，罔弗憝。

此一节书，是特举大恶以例用罚之当也。越，颠越也。暋，谓强狠；憝，憎恶也。武王又曰，用刑之道，在因人情之所恶而施之，则刑当而无不服。凡民得罪，或因他人引诱陷于罪戾，其情犹可原也。若甘自冒法网，毫无忌惮，或劫人为寇，或夺人为攘，或在外为奸，或在内为宄，甚至杀人、颠越人以取人之财货。此殆强悍不悛。不畏死亡之人也。如此之人，人情无不深恶而痛疾之，而亦圣王之所"不待教而诛之"者也，而后罚加焉，斯慎之至矣。

《书蔡氏传旁通》卷四下《周书·康诰》

（元）陈师凯撰

颠越人。

疏云，谓不死而伤。

《书经衷论》卷三《周书·康诰》

（清）张英撰

从"凡民自得罪"，是言"寇攘奸宄"之当刑，所谓"元恶大憝"也。进此则不友不弟之刑，所以重人纪也。进此则有"弗念弗庸，瘝厥君"之刑，所以励臣工也。然君身者，臣民之表率，故又有"唯君唯长"一段，所以重身教也，其立言之序如此。

《五诰解》卷一《康诰》

（宋）杨简撰

凡民自得罪，寇攘奸宄，杀越人于货。暋不畏死，罔弗憝。王曰，封元恶大憝。矧唯不孝不友。子弗祗服厥父事，大伤厥考心。于父不能字厥子，乃疾厥子；于弟弗念天显，乃弗克恭厥兄；兄亦不念鞠子哀，大不友于弟。唯吊兹，不于我政人得罪，天唯与我民彝大泯乱，曰，乃其速由文王作罚，刑兹无赦，不率大戛。

周公前既告康叔，以赦宥慎罚，可谓详复矣。至此又虑康叔一概宽宥，反滋凶恶，故又及此数条大恶也。

"自得罪"，亦犹前言"自作"也。宄，亦奸也。寇盗攘夺奸宄，与夫杀人取货，暋然不畏，凡民，"罔弗憝"是"不待教而诛"者也。王曰，此乃元恶大憝，又况不孝不友，子不祗敬服勤父事，大伤父心；父不能字养厥子，乃疾厥子；弟弗念天道明显可畏，乃敢弗恭厥兄；兄亦弗念父母，鞠养其弟，爱育之，忧念之，至于哀言鞠子，则父母可见。"大不友于弟"，"大"言其甚也。吊，至也。至此，则非我为政之人有不能治民之罪也。夫天降衷以彝性与民，民乃入泯乱至于如此。数条大恶，断无疑虑当速用文王所作罚法刑之，不可赦也。盖此乃不率循大法。戛。法也。彝伦大法，断不可乱，治乱由此，故圣人谨之。

暋不畏死，罔弗憝

1.《尚书注疏》卷十三《周书》

（汉）孔氏传，（唐）陆德明音义，（唐）孔颖达疏

暋不畏死，罔弗憝。

传，暋，强也。自强为恶而不畏死，人无不恶之者，言当消绝之。

音义，暋，音敏。憝，徒对反，徐，徒猥反。强，其丈反。"无不恶"，乌路反。下所大恶、疾恶、亦恶并同。

疏，正义曰，自强为之，而不畏死，此为人无不恶之者，以此须刑绝之，故当慎刑罚耳。

传，正义曰，暋，强也。《盘庚》已训，而此重详之。以由此得罪当须绝之。

2.《书传》卷十二《周书》

（宋）苏轼撰

（归善斋按，见"凡民自得罪"）

3.《尚书全解》卷二十八

（宋）林之奇撰

（归善斋按，见"凡民自得罪"）

4.《尚书讲义》卷十四

（宋）史浩撰

（归善斋按，见"王若曰，孟侯，朕其弟，小子封"）

5.《尚书详解》卷十九《周书·康诰》

（宋）夏僎撰

（归善斋按，见"已！汝唯小子，未其有若汝封之心"）

6.《增修东莱书说》卷二十《周书·康诰第十一》

（宋）吕祖谦撰，（宋）石澜增修

（归善斋按，见"王曰，汝陈时臬事"）

7.《尚书说》卷五《周书·康诰》

（宋）黄度撰

（归善斋按，见"凡民自得罪"）

8.《絜斋家塾书钞》卷十《周书·康诰》

（宋）袁燮撰

（归善斋按，见"凡民自得罪"）

9.《书经集传》卷四《周书·康诰》

（宋）蔡沈撰

（归善斋按，见"凡民自得罪"）

10. 《尚书精义》卷三十四《周书·康诰》

（宋）黄伦撰
（归善斋按，见"凡民自得罪"）

11. 《尚书详解》卷二十九《周书·康诰》

（宋）陈经撰
（归善斋按，见"已！汝唯小子，未其有若汝封之心"）

12. 《融堂书解》卷十二《周书·康诰》

（宋）钱时撰
（归善斋按，见"外事，汝陈时臬司师"）

13. 《尚书要义》

（宋）魏了翁撰
（归善斋按，原缺）

14. 《书集传或问》卷下《康诰》

（宋）陈大猷撰
（归善斋按，未解）

15. 《尚书详解》卷八《周书·康诰第十一》

（宋）胡士行撰
（归善斋按，见"已！汝唯小子，未其有若汝封之心"）

16. 《书纂言》卷四上《周书·康诰》

（元）吴澄撰
（归善斋按，见"凡民自得罪"）

17. 《书集传纂疏》卷四下《朱子订定蔡氏集传·周书·康诰》

（元）陈栎撰

（归善斋按，见"凡民自得罪"）

18. 《读书丛说》卷六《康诰》

（元）许谦撰

（归善斋按，未解）

19. 《书传辑录纂注》卷四《周书·康诰》

（元）董鼎撰

（归善斋按，见"凡民自得罪"）

20. 《尚书句解》卷八《周书·康诰第十一》

（元）朱祖义撰

暋不畏死（皆强而不畏死。暋，敏），罔弗憝（人无不恶之。憝，音队）。

21. 《尚书日记》卷十一《周书·康诰》

（明）王樵撰

（归善斋按，见"凡民自得罪"）

22. 《日讲书经解义》卷八《周书·康诰》

（清）库勒纳等撰

（归善斋按，见"凡民自得罪"）

《五诰解》卷一《康诰》

(宋)杨简撰

(归善斋按,见"凡民自得罪")

王曰:封,元恶大憝,矧唯不孝不友

1.《尚书注疏》卷十三《周书》

(汉)孔氏传,(唐)陆德明音义,(唐)孔颖达疏

王曰,封,元恶大憝,矧唯不孝不友。

传,大恶之人,犹为人所大恶,况不善父母、不友兄弟者乎?言人之罪恶,莫大于不孝、不友。

疏,正义曰,以是所用得其罪,不但寇盗,王命而言曰,封,非于骨肉之人,为大恶,犹尚为人所大恶之,况唯不孝父母,不友兄弟者乎?其罪莫大于不孝也。

传,正义曰,言将有作奸宄大恶,犹为人所大恶,况不孝父母,不善兄弟者乎?《孝经》云"五刑之属三千,而罪莫大于不孝"是也。《释亲》云,善父母为孝,善兄弟为友。下文不言"母",母同于父。父子尊卑而异等,故孝名上,不通于下。其兄弟虽有长幼而同伦,故共"友"名也云。

2.《书传》卷十二《周书》

(宋)苏轼撰

王曰,封,元恶大憝,矧唯不孝不友。子弗祇服厥父事,大伤厥考心;于父不能字厥子,乃疾厥子;于弟弗念天显,乃弗克恭厥兄;兄亦不念鞠子哀,大不友于弟。唯吊兹,不于我政人得罪。天唯与我民彝大泯乱,曰,乃其速由文王作罚,刑兹无赦,不率大戛

商纣之后,三监之世,殷人之父子、兄弟以相贼虐为俗。周公之意,

盖曰，孝友民之天性也。不孝、不友必有以使之子弟固有罪矣，而父兄独无过乎。故曰，凡民有自弃于奸宄者，此固为"元恶大憝"矣，政刑之所治也。至于父子、兄弟相与为逆乱，则治之当有道，不可与寇攘同法。我将诲其子曰，汝不服父事，岂不大伤父心，又诲其父曰，此非汝子乎？何疾之深也。又诲其弟曰，长幼天命也，其可不顺。又诲其兄曰，此汝弟也，独不念先父母鞠养劬劳之哀乎？人非木石禽犊，稍假以日月，须其善心油然而生，未有不为君子也。我独吊闵此人不幸，而得罪于三监之世，不得罪于我政人之手。天与我民五常之性，而吏不知训，以大泯乱乃迫而蹙之曰，乃其速由文王作罚，刑兹无赦，则民将辟罪不暇，而父子兄弟益相忿疾，至于贼杀而后已。虽大戛击痛伤之，民不率也。舜命契为司徒曰，"敬敷五教在宽"。宽之言缓也。五教所以复其天性，当缓而不当速也。

3.《尚书全解》卷二十八

（宋）林之奇撰

（归善斋按，见"凡民自得罪"）

4.《尚书讲义》卷十四

（宋）史浩撰

（归善斋按，见"王若曰，孟侯，朕其弟，小子封"）

5.《尚书详解》卷十九《周书·康诰》

（宋）夏僎撰

（归善斋按，见"已！汝唯小子，未其有若汝封之心"）

6.《增修东莱书说》卷二十《周书·康诰第十一》

（宋）吕祖谦撰，（宋）石澜增修

王曰，封，元恶大憝，矧唯不孝不友。子弗祗服厥父事，大伤厥考心；于父不能字厥子，乃疾厥子；于弟弗念天显，乃弗克恭厥兄；兄亦不念鞠子哀，大不友于弟。唯吊兹，不于我政人得罪。天唯与我民彝大泯乱，曰，乃其速由文王作，罚刑兹无赦，不率大戛。矧唯外庶子训人，唯厥正人，越小臣诸节，乃别播敷，造民大誉，弗念弗庸，瘝厥君，时乃引恶，唯朕憝。已！汝乃其速由兹义率杀，亦唯君唯长。不能厥家人，越厥小臣、外正；唯威唯虐，大放王命，乃非德用乂。汝亦罔不克敬典，乃由裕民，唯文王之敬忌，乃裕民曰我唯有及，则予一人以怿。

周公以王命告康叔用刑之本意，盖"明于五刑，以弼五教"，所以维持人之大伦也。"元恶大憝"，巨奸极恶也。五刑之属三千，其罪莫大于不孝，况"子弗祗服厥父事，大伤厥考心；于父不能字厥子，乃疾厥子；于弟弗念天显，乃弗克恭厥兄；兄亦不念鞠子哀，大不友于弟"，是人伦颠倒，相戕相贼矣。夫为人子者，干父之蛊供。为子职不敬顺其事，反大忧伤其父之心。父又不能爱养其子，反疾恶之。父子交相怨也。弟不思夫天叙至明之理，长幼自然之序，乃傲狠不恭其兄。兄亦不念父母之鞠养，大弗友于弟。兄弟交相戕也。"唯吊兹"，吊，至也。至于此地，岂不为我正人得罪。夫天之立君、立师，纲维人伦，使民知教化，父子、兄弟，各安其分也、今戕贼至此，则为之正人，如卿大夫者，岂不负天之责耶？天之降衷秉彝以与民者，亦大泯乱矣。商民染纣之流风败政，人伦废坏，至于此极，纣率天下以恶，其罪既不可免矣。今商土余民，旧染未忘，苟复至此，则为我正者，亦必得罪。必也昭明整理，使三纲五常复其常经，犹有违者，用文王所行之罚，以刑之无赦。前言殷罚曰"彝"，此改文王之罚而曰"作"者，殷先王之言罚，常行焉耳。经纣之恶，人伦戕贼，文王忧之，想于维持纲常之罚加作焉。"作"者，创立之，谓深救而力惩之也。见于《周礼·司徒》不孝不弟之刑，岂其所"作"耶。故大略用殷罚，父子、兄弟之际则用文王之作罚。以殷罚治殷俗，因人情之所安也。以周罚蔽殷罪，拨殷乱之所在也。康叔不以身率之，则又大难。戛者，戛戛乎，其难之谓也。何则？文王先自治，其在我"刑于寡妻，至于兄弟，以御于家邦"，此文王之所以能作罚也。不用文王自治之道，徒用文王自作之罚，何由致民心之服。"外庶子"者，非王朝之人也。又况汝国有庶子，以尽训导之职者，有正人为官之正者，又小臣凡有符节者，皆汝所统属，当有以为之表率，不然则不体上之意，各立门户。"乃别播敷，造民大誉"，收恩买名，自植私党。弗念上之意，弗用上之命，合以病其君。君臣上下，皆相牵引入于恶地，至于此时，成王、周公乃大不满，而唯康叔是恶，非所望以治卫之意也。为康叔者，当"速由兹义率杀"。曰"率"者，与上"率"字相应，由此义以表率之。表率不从，然后不得已而杀之。此乃"为君为长之"道。苟康叔不能自治其家人，及小臣、外正、左右执事之人，徒用威虐，以胁其从，何以得其诚心之应，是大放弃王命，纵使民畏而强服。其治已非用德，故曰"乃非德用乂"。既先以身率之，然后用刑，康叔又当无不克敬其典。"典"者，常也，君臣、父子、兄弟是也。"乃由裕民"者，宽裕之道，诚敬之功不可迫蹙也。"唯文王之敬忌"者，"敬忌"之念，宽裕之理也。文王之"刑妻"至于家邦，"敬忌"之念至矣。康叔而不深唯焉敬典，裕民之道安在哉？尔尚心口相语，我庶几有及，乃常恐不及之意，如此则成王与周公方有以自慰其心矣。"以怿"与"朕懋"相应，周公言康叔之治至于引恶，则康叔为成王周公所懋；康叔之言至于有及，则成王周公因康叔以怿，言君臣内外关系一体之至也。

7.《尚书说》卷五《周书·康诰》

（宋）黄度撰

王曰，封元恶大憝，矧唯不孝不友。子弗祗服厥父事，大伤厥考心；于父不能字厥子，乃疾厥子；于弟弗念天显，乃弗克恭厥兄；兄亦不念鞠子哀，大不友于弟。唯吊兹，不于我政人得罪。天唯与我民彝大泯乱。

"寇攘奸宄，杀越人于货"，犹为"大憝"，而况于父子、兄弟之相贼害者。字，爱也。长幼之序，天有显道。鞠，养也，父母遗体，为可哀也。吊，至。唯人之至于不孝，不慈，弗恭，弗友，岂有不于我为政之人得罪者。天与我民五常而大泯乱之，得罪宜矣。

8.《絜斋家塾书钞》卷十《周书·康诰》

（宋）袁燮撰

（归善斋按，见"凡民自得罪"）

9.《书经集传》卷四《周书·康诰》

(宋)蔡沈撰

王曰,封元恶大憝,矧唯不孝不友。子弗祗服厥父事,大伤厥考心;于父不能字厥子,乃疾厥子;于弟弗念天显,乃弗克恭厥兄;兄亦不念鞠子哀,大不友于弟。唯吊兹,不于我政人得罪。天唯与我民彝大泯乱,曰,乃其速由文王作罚,刑兹无赦。

吊,音的。"大憝",即上文之"罔弗憝",言"寇攘奸宄",固为大恶,而大可恶矣,况不孝不友之人而尤为可恶者。当商之季,礼义不明,人纪废坏。子不敬事,其父大伤父心,父不能爱子,乃疾恶其子,是父子相夷也。"天显",犹《孝经》所谓"天明尊卑显然之序"也。弟不念尊卑之序,而不能敬其兄。兄亦不念父母鞠养之劳,而大不友其弟,是兄弟相贼也。父子、兄弟至于如此,苟不于我为政之人而得罪焉,则天之与我民彝必大泯灭而紊乱矣。"曰"者,言如此,则汝其速由文王作罚,刑此无赦,而惩戒之不可缓也。

10.《尚书精义》卷三十五《周书·康诰》

(宋)黄伦撰

王曰,封,元恶大憝,矧唯不孝不友。子弗祗服厥父事,大伤厥考心;于父不能字厥子,乃疾厥子;于弟弗念天显,乃弗克恭厥兄;兄亦不念鞠子哀,大不友于弟。唯吊兹,不于我政人得罪。天唯与我民彝大泯乱,曰,乃其速由文王作罚,刑兹无赦,不率大戛。

东坡曰,商纣之后,三监之世,殷人父子、兄弟以相贼虐为俗。周公之意盖曰,孝友民之天性也。不孝不友,必有以使之子弟固有罪矣。而父兄独无过乎?故曰,凡民有自弃于奸宄者,此固为"元恶大憝"矣。政刑之所治也。至于父子、兄弟,相与为逆乱,则治之当有道,不可与寇攘同法。我将诲其子曰,汝不服父事,岂不大伤父心;又诲其父曰,此非汝子乎?何疾之深也。又诲其弟曰,长幼天命也,其可不顺。又诲其兄曰,此汝弟也,独不念先父母鞠养劬劳之哀乎?人非土木禽犊,稍假以日月,须其善心油然而生,未有不为君子也。我独吊闵此人不幸,而得罪于三监之世，不得罪于我政人之手。天与我民五常之性，而吏不知训，以大泯乱，乃迫而蹙之曰，乃其速由文王作罚，刑兹无赦，则民将避罪不暇，父子、兄弟益相忿戾，至于贼杀而后已。虽大戛击痛伤，民愈不率也。舜命契为司徒曰"敬敷五教，在宽"，宽之言缓也。五教所以复其天性，当缓而不当速也。

11.《尚书详解》卷二十九《周书·康诰》

（宋）陈经撰

王曰，封元恶大憝，矧唯不孝不友。子弗祗服厥父事，大伤厥考心；于父不能字厥子，乃疾厥子；于弟弗念天显，乃弗克恭厥兄；兄亦不念鞠子哀，大不友于弟。唯吊兹，不于我政人得罪。天唯与我民彝大泯乱，曰，乃其速由文王作罚，刑兹无赦，不率大戛。

自此以下言父子、兄弟人伦之大经。商民至于相反如此，其患皆在上之人感化之未至，而非民之罪。"王曰，封，元恶大憝"，如上文所谓"寇攘奸宄，杀越人于货"者。"元恶"之所谓大恶也。"矧唯不孝不友"之人，此岂可与元恶之人同科哉？盖人性本善，父慈，子孝，兄友，弟恭者，又皆其良知，良能。今也，商民为子者，不能祗敬奉行其父之事，以至于大伤其父之心者，是为子而不孝也。为父者不能字育其子，乃疾恶其子，是为父而不慈也。为弟者，不知念五教乃天之明道，以至于不敬其兄，是为弟而不恭也。为兄者亦不念父母之所以鞠养其子之可哀，而吾与兄弟盖同气者，今也乃不友爱其弟，是为兄而不友也。吊，至也。商民之所以不孝、不慈、不恭、不友而至于此者，岂不于为政之人得罪乎。政者，正也。上之人率之以正，则民莫不正。民至于如此，则为政者可知矣。民以彝常之性，皆天所与也。天与我民以秉彝，而今也至于大泯灭而坏乱之，且曰速用文王当时所作之罚，刑于此乱常者，无得赦之，是虽大戛害于民，而民愈不率教矣。文王所由作刑罚者，教之不从，令之不可不得已而用也。常民所以至此乱常者，教之不以其道者也，安可遽用文王之刑哉？康叔知此意，则商民之不孝、不友者，未可以刑治之，当优游宽缓以教之，迟之以岁月之久，以感悟之。人情谁独无是亲爱之心哉？久当自化矣。

12.《融堂书解》卷十二《周书·康诰》

(宋)钱时撰

王曰,封,元恶大憝。矧唯不孝不友。子弗祗服厥父事,大伤厥考心;于父不能字厥子,乃疾厥子;于弟弗念天显,乃弗克恭厥兄;兄亦不念鞠子哀,大不友于弟。唯吊兹,不于我政人得罪。天唯与我民彝大泯乱,曰,乃其速由文王作罚,刑兹无赦,不率大戛。矧唯外庶子、训人,唯厥正人,越小臣诸节,乃别播敷,造民大誉,弗念弗庸,瘝厥君,时乃引恶,唯朕憝。已!汝乃其速由兹义率杀,亦唯君唯长。不能厥家人,越厥小臣、外正,唯威唯虐,大放王命,乃非德用乂,汝亦罔不克敬典,乃由裕民,唯文王之敬忌。乃裕民曰我唯有及,则予一人以怿。

此节专论天伦之罪,万世大法所不赦,却不拘于殷罚一断之,以文王之罚刑可也。"明于五刑,以弼五教",圣人立罚,正为明伦而设,所以于此发明,最为详密。然须分作三截看方明白。自"元恶大憝"而下,是言民之"泯乱"天伦。康叔不可不速治。自"不率大戛"而下,是言诸臣不训民以天伦,反违道干誉上病,其君康叔亦不可不速治。自"亦唯君唯长"而下,是言君长不自正其天伦,反与诸臣为恶,放弃王命,康叔则不可不反求诸己。曰民彝,曰大戛,曰家人,曰敬典,皆是言天伦一事。始训专说民,次及臣之病君,又次及君之放王命。一节溯一节,然后却本诸风化之原,归宿在康叔身上,次第分剖,文义晓白。圣人立言其精密矣哉。子之初生,以帛鞠敛之,故曰鞠子。始言"不孝不友",下文乃兼不慈不恭言之者,盖总提孝、友之两端,则慈恭在其中矣已。而条陈之故,具言也。观此节者,须看"唯吊兹"句,与"刑兹无赦"相应,方识得圣人之意。唯其罪已至此,所以无赦。此乃据所犯而言,却不是说敷教也。戛,常也。大戛,即天伦之大常也。"外庶子、训人"者,训公族之官,以其在卫,故曰外,以其职在训人,故曰训人、正人,即庶官之正长。"小臣诸节",谓小臣之有符节,为官行文书者,若大若小,皆于康叔分任化民之责者也。"速由兹义",盖指言此文王作罚刑之义也。"小臣、外正",即上文"小臣诸节"与"正人外庶子"也。周公谓,汝康叔亦自无不能敬典矣,乃由此典以裕民可也。一"裕"字,正周公化商民之深旨。康叔敬典，固可由此以裕民，又须唯文王之敬忌可也。大凡人之不及前圣者。皆生于不敬。而败于无所忌。敬则知勉，忌则有所畏而不敢违。"敬忌"二字，正是夹持康叔敬典之绳墨，乃宽裕其民，而念念自期曰，唯我欲有及于文王，如是则予一人以为怿矣。此节专以文王为法。"速由"者，所以正其罪；"敬忌"者，所以正其原。曰"憝"，曰"怿"之不同；曰"速"，曰"裕"之有异，阳开阴阖，秋杀春生，道并行而不相悖也。自"敬明乃罚"至此，皆谨罚之事。

13.《尚书要义》

（宋）魏了翁撰

（归善斋按，原缺）

14.《书集传或问》卷下《康诰》

（宋）陈大猷撰

（归善斋按，未解）

15.《尚书详解》卷八《周书·康诰第十一》

（宋）胡士行撰

王曰，封，元恶（自得罪为大恶）大憝（已大可恶），矧唯不孝不友。子弗祗（敬）服（干）厥父事，大伤厥考心；于父不能字（养）厥子，乃疾厥子；于弟弗念天显，乃弗克恭厥兄；兄亦不念鞠（养）子哀（劬劳），大不友于弟。唯吊兹（至此），不于我政人（为政之人，卿大夫）得罪（不教之罪乎）。天唯与我民彝（天降秉彝）大泯（没）乱（上不教以致泯乱），曰（上不自责而曰），乃其速由（用）文王作（所立）罚（注绝句），刑（不孝不友之刑）兹无赦，不率（身率而徒欲）大戛（击之可乎）。

"自得罪"者，人可恶，刑之已非朕心。况不孝不友，而乱民彝者，乃政人不教之罪，于此不自责，而思正身以率之，乃徒欲罪而戛击之，又可乎哉。

16. 《书纂言》卷四上《周书·康诰》

(元) 吴澄撰

王曰，封，元恶大憝，矧唯不孝不友。子弗祗服厥父事，大伤厥考心；于父不能字厥子，乃疾厥子；于弟弗念天显，乃弗克恭厥兄；兄亦不念鞠子哀，大不友于弟。唯吊兹，不于我政人得罪。天唯与我民彝大泯乱，曰，乃其速由文王作罚，刑兹无赦。

"元恶"，"杀越人于货"者也。"大憝"，凡民罔不憝也。善父母，为孝；善兄弟，为友。"不孝"，总言父子失道；"不友"，总言兄弟失道。下乃分言之也。字，抚爱也。天显，长幼之分，乃天之显道也。鞠子，幼而未离鞠养之子也。哀，矜怜也。吊，至也。上文所指"元恶"，人所大恶也，况于不孝不友之人。父因子之不孝，遂不慈其子；兄因弟之不恭，遂不友其弟。其敎伦悖理至此，岂不于我为政之人而得罪乎。天所与斯民之常理，大泯绝紊乱矣。然则，如之何哉？汝其曰，速由文王所作之罚，刑以罚之刑之，而于此无所赦乎，盖不可也。

17. 《书集传纂疏》卷四下《朱子订定蔡氏集传·周书·康诰》

(元) 陈栎撰

王曰，封，元恶大憝，矧唯不孝不友。子弗祗服厥父事，大伤厥考心；于父不能字厥子，乃疾厥子；于弟弗念天显，乃弗克恭厥兄；兄亦不念鞠子哀，大不友于弟。唯吊兹，不于我政人得罪。天唯与我民彝大泯乱，曰，乃其速由文王作罚，刑兹无赦。

"大憝"，即上文之"罔弗憝"，言"寇攘奸宄"，固为大恶而大可恶矣，况不孝不友之人，而尤为可恶者。当商之季，礼义不明，人纪废坏。子不敬事其父，大伤父心；父不能爱子，而乃疾恶其子，是父子相夷也。天显，犹《孝经》所谓"天明尊卑显然之序"也。弟不念尊卑之序，而不能敬其兄；兄亦不念父母鞠养之劳，而大不友其弟，是兄弟相贼也。父子、兄弟至于如此，苟不于我为政之人而得罪焉，则天之与我民彝，必大泯灭而紊乱矣。"曰"者，言如此，则汝其速由文王作罚，刑此无赦而惩戒之，不可缓也。

纂疏：

蔡氏元度曰，先责子之不孝，然后及父之不慈；先责弟之不恭，然后及兄之不友。周礼有不孝不弟之刑，而无不慈不友之罪，即此意也。

林氏曰，吊，读如"吊闵"之"吊"，闵其悖人伦也。

吕氏曰，前言"殷罚"，"殷彝"，此言文王作罚，盖殷罚常行。用之父子兄弟之狱，则用文王之法。经纣之恶，人伦戕败，文武维持纲常而作罚刑，如《地官》不孝、不弟之刑之类。故以殷罚治殷俗，因人情之所安也；以文王罚刑，诛不孝不友，拨殷乱之所在也。

愚谓，前已告康叔明德以作新民矣，此言慎罚而速惩不孝友者，盖已致新民之化，不率而后方严齐民之刑也。此章孔注甚明，蔡传从之。

18.《读书丛说》卷六《康诰》

（元）许谦撰

（归善斋按，未解）

19.《书传辑录纂注》卷四《周书·康诰》

（元）董鼎撰

王曰，封，元恶大憝，矧唯不孝不友。子弗祗服厥父事，大伤厥考心；于父不能字厥子，乃疾厥子；于弟弗念天显，乃弗克恭厥兄；兄亦不念鞠子哀，大不友于弟。唯吊兹，不于我政人得罪。天唯与我民彝大泯乱，曰乃其速由文王作罚，刑兹无赦。

"大憝"，即上文之"罔弗憝"言，"寇攘奸宄"，固为大恶而大可恶矣，况不孝不友之人，而尤为可恶者。当商之季，礼义不明，人纪废坏，子不敬事其父，大伤父心；父不能爱子，乃疾恶其子，是父子相夷也。天显，犹《孝经》所谓"天明尊卑显然之序"也。弟不念尊卑之序，而不能敬其兄，兄亦不念父母鞠养之劳，而大不友其弟，是兄弟相贼也。父子、兄弟至于如此，苟不于我为政之人而得罪焉，则天之与我民彝，必大泯灭而紊乱矣。"曰"者，言如此则汝其"速由文王作罚，刑此无赦"而惩戒之，不可缓也。

辑录：

"元恶大憝"，详文意，当从王氏。"唯吊兹"，唯痛悯此得罪之人也。"不于我政人得罪"，悯痛之深，恨不"自我得罪"也。叶说虽好，然不罪之，则民彝泯乱也。广。

纂注：

蔡氏元度曰，先责子之不孝，然后责父之不慈；先责弟之不恭，然后责兄之不友。《周礼》有不孝、不弟之刑，而无不慈、不友之罪即此意也。

林氏曰，吊，读为"吊闵"之"吊"，吊悯其悖人伦如此，无乃我正人之罪乎。

张氏曰，民之秉彝，民彝，常性之谓也。

吕氏曰，前言殷罚、殷彝，此言"文王作罚刑"者，殷罚常事；用之父子兄弟之狱，则用文王之法。经纣之恶，人伦戕败，文王于维持纲常之罚有作焉。如《地官》不孝、不弟之刑之类，故以殷罚治殷俗，因人情之所安也，以文王罚刑，诛不孝、不友，拨殷乱之所在也。

新安陈氏曰，按前已告康叔明德以作新民矣，此言慎罚，而速惩不孝不友者，盖已致新民之功，不率而后方严齐民之刑，何用法峻急之有。又按此章，孔注甚明，蔡传从之，当矣。

20.《尚书句解》卷八《周书·康诰第十一》

（元）朱祖义撰

王曰，封（又呼康叔名而言），元恶大憝（此等人实为大恶，大可恶者），矧唯不孝不友（况如不孝不友，尤可恶，如下文所言）。

21.《尚书日记》卷十一《周书·康诰》

（明）王樵撰

"王曰，封，元恶大憝"至"刑兹无赦"。

"寇攘奸宄"，固为大恶而大可恶矣。然民所以至此者。先由不孝、不弟始。有子尝言，"其为人也，孝弟而好犯上者鲜矣，好作乱者未之有也"。由是言之，伦理不明，而父子兄弟之间先悖理伤道之事多，固作乱之所由出也。为人上者，若视为泛常，而不甚恶，则何以正化源而止乱萌乎？故子而有"弗祗服厥父事，大伤厥考心"，而有"不能字厥子，乃疾厥子"；弟而有"弗念天显"，而"弗克恭厥兄"；兄而有"不念鞠子哀，大不友于弟"者，皆文王之刑所不赦也。使是四者而不于我政人得罪焉，则民将视为当然，而天与我民彝，必至于大泯乱。盖父子、兄弟之间，更有人所不忍言者矣。

本文"矧"字意要认得出。盖杀人于货之盗，固罪死不赦，而事关伦理者，尤所当加之意。盖此教化本原所在也。如今律告言咒骂祖父母、父母、舅姑，别籍异财，奉养有缺，居丧嫁娶，闻丧不举哀，及殴告大功以上尊长，小功尊属，俱入十恶，常赦不原。若论罪，则其中岂无轻于杀人于货者，唯其事关伦理，故强盗不入十恶，而不孝、不睦、不义、内乱入十恶。以此观之，则知经文"矧"字之意矣。

闾井小人，稍知黑白者，不肯为穿窬之事。至于父子、兄弟之常，则往往为之自以为无伤也。风俗由是而坏，争乱由是而起，乃知文王之作罚，所虑者远矣。然亦预教养之后，惩其怙终者耳。若教养之不素，而徒以不失有罪为明，是法乃所以猎民而尽之也。

圣人之治，以彝伦为急务，所谓"明德"者，"明"此而已；所谓"慎罚"者"弼"此而已。

吕氏曰，前言殷罚曰"彝"，此言文王之罚曰"作"者，殷法，常行者耳。经纬之恶，人伦废坏，文王忧之于维持纲常之法，必有创立者。《周礼·大司徒》有不孝、不弟之刑，岂其所作耶。故常事用殷罚，人伦之际则用文王之罚，此拨乱之道也。

按《孟子》尝引"杀越人于货，暋不畏死"，以为"不待教而诛"者也。此为不待教而诛，则由文王作罚者，为教之而不改者可知矣。观舜以"蛮夷猾夏，寇贼奸宄"，属之皋陶，是"元恶大憝"直命皋陶刑之而已。至于"百姓不亲，五品不逊"，则属之契，不以其不亲、不逊而遽忿疾之也。而教之，教之而又在宽焉，则文王之罚，其所以先后乎，此者可知矣。先儒不了此旨，故此章说多不同。今录苏氏之说，及朱子、真西山评之之语于后。

苏氏曰，商纣之后，三监之世，商人父子、兄弟，以相残虐为俗。周公之意盖曰，孝友，民之天性也。不孝、不友，必有以使之子弟固有罪矣，父兄独无过乎？故曰，凡民有自弃于奸宄者，此固为元恶大憝矣，刑政之所治也。至于父子、兄弟相与为逆乱，则治之当有道，不可与寇攘同法。我将诲其子曰，汝不服父事，岂不大伤父心；又诲其父曰，此非汝子乎？何疾之深也。又诲其弟曰，长幼，天命也，其可不顺。又诲其兄曰，此汝弟也，独不念父母鞠养劬劳之哀乎？人非木石禽犊，稍假以日月，须其善心油然而生，未有不为君子也。我独吊闵（悯）此人不幸，而得罪于三监之世，不得罪于正人之手。天与我民五常之性，而吏不知训，以大泯乱，乃迫而蹙之，曰，"乃其速由文王作罚，刑兹无赦"，则民将避罪不暇，而父子兄弟益相忿戾，至于贼杀而后已。虽大戛击痛伤之，民不率也。

张氏曰，东坡之论，真有补于教化者。昔鲁有父子讼者，孔子置之狴犴三月俟，其悔而释之，其意正与此合。盖父子、兄弟之讼，不与凡民同，当有教化以感动之，使自悔悟，知其出于天性可也。若一以法断之，则用一法吏足矣。不必吾儒也。

朱子曰，苏氏之说，惩王氏之弊，一概以宽为说，非先王刑人正法之意。

真氏曰，朱子之言当矣，然苏说亦不可废。

正义曰，父子，尊卑异等，故孝名上，不通于下。兄弟，虽有长幼而同伦，故共友名。

22.《日讲书经解义》卷八《周书·康诰》

（清）库勒纳等撰

王曰，封，元恶大憝，矧唯不孝不友。子弗祗服厥父事，大伤厥考心；于父不能字厥子，乃疾厥子；于弟弗念天显，乃弗克恭厥兄；兄亦不念鞠子哀，大不友于弟。唯吊兹，不于我政人得罪。天唯与我民彝大泯乱，曰，乃其速由文王作罚，刑兹无赦。

此一节书，是欲康叔用罚以严之民也。字，爱也。天显，天伦显然之序。鞠，养也。"吊兹"者，至此之谓。政人，为政之人也。民彝，民之常道。武王又呼其名而言曰，如"寇攘奸宄"之大恶，固大可痛恨矣。然劫夺人之财货，犹未至灭绝人之大伦也，其罪已不容缓，况夫不孝、不友之人乎？盖孝友，乃天伦之乐事，人性之自然，固油然动于中，而不容自已者也。若为子者，不能敬尽其事父之事，大伤其父之心，以致为父者，亦不能爱惜其子，乃恶疾其子，是父子之伦几灭也。若为弟者，弗念天伦显然之序，竟不能恭敬其兄，以致为兄者，亦不念父母鞠养其弟之哀劳，大不友爱其弟，是兄弟之伦几灭也。夫废弃人伦，灭绝天理至于如此，较之"寇攘奸宄"，其恶尤甚使我为政之人视为固然，不加之以罪，则人心无从劝惩，风俗何由丕变，将天所与我民之常性，不大泯灭而紊乱乎？夫此不孝、不友之人，即在文王当日，亦所深恶而必刑者，汝速用文王所作之义刑，将此不孝、不友之人，刑之无赦，庶足以维人心，而移风俗乎？夫刑者，所以辅教之不逮者也。教莫大于孝弟，则五刑之属，罪亦莫大于不孝、不弟。教以劝之，而刑以防之，所以扶植伦纪者，深矣。

《五诰解》卷一《康诰》

（宋）杨简撰

（归善斋按，见"凡民自得罪"）

子弗祗服厥父事，大伤厥考心

1.《尚书注疏》卷十三《周书》

（汉）孔氏传，（唐）陆德明音义，（唐）孔颖达疏

子弗祗服厥父事，大伤厥考心。

传，为人子不能敬身服行父道，而怠忽其业，大伤其父心，是不孝。

疏，正义曰，何者，为人之子，不能敬身服行其父事，而怠忽其业，大伤其父心，是不孝也。

传，正义曰，厥考者，考亦通生死，即此文及《酒诰》是也。下《曲礼》云死曰考，是对例耳。人子以述成父事为孝，怠忽其业，即其肯曰我有后不弃基，故为大伤父心，即是上不孝也。则子不述父事，当轻于盗杀，况以为甚者。此圣人缘心立法，人莫不缘身本于父母也，自亲以及

物，天然之理。故《孝经》曰，不爱其亲，而爱他人者，谓之悖德；不敬其亲，而敬他人者，谓之悖礼。以顺则逆，民无则焉。不在于善，而皆在于凶德，是也。以此言，贼杀他人，罪小于骨肉相乖阻。但于他人言，其极者；于亲言，其小者。小则有不和，嚚争、斗讼、相伤者也。于亲，小则伤心，大乃逆命。殴骂、杀害，互相发起，而可知也。上文不言不慈，意以不孝为总焉。

2.《书传》卷十二《周书》

（宋）苏轼撰

（归善斋按，见"王曰，封，元恶大憝，矧唯不孝不友"）

3.《尚书全解》卷二十八

（宋）林之奇撰

（归善斋按，见"凡民自得罪"）

4.《尚书讲义》卷十四

（宋）史浩撰

（归善斋按，见"王若曰，孟侯，朕其弟，小子封"）

5.《尚书详解》卷十九《周书·康诰》

（宋）夏僎撰

（归善斋按，见"已！汝唯小子，未其有若汝封之心"）

6.《增修东莱书说》卷二十《周书·康诰第十一》

（宋）吕祖谦撰，（宋）石𬹩增修

（归善斋按，见"王曰，封，元恶大憝，矧唯不孝不友"）

7.《尚书说》卷五《周书·康诰》

（宋）黄度撰

（归善斋按，见"王曰，封，元恶大憝，矧唯不孝不友"）

8. 《絜斋家塾书钞》卷十《周书·康诰》

（宋）袁燮撰

（归善斋按，见"凡民自得罪"）

9. 《书经集传》卷四《周书·康诰》

（宋）蔡沈撰

（归善斋按，见"王曰，封，元恶大憝，矧唯不孝不友"）

10. 《尚书精义》卷三十五《周书·康诰》

（宋）黄伦撰

（归善斋按，见"王曰，封，元恶大憝，矧唯不孝不友"）

11. 《尚书详解》卷二十九《周书·康诰》

（宋）陈经撰

（归善斋按，见"王曰，封，元恶大憝，矧唯不孝不友"）

12. 《融堂书解》卷十二《周书·康诰》

（宋）钱时撰

（归善斋按，见"王曰，封，元恶大憝，矧唯不孝不友"）

13. 《尚书要义》

（宋）魏了翁撰

（归善斋按，原缺）

14. 《书集传或问》卷下《康诰》

（宋）陈大猷撰

（归善斋按，未解）

15.《尚书详解》卷八《周书·康诰第十一》

（宋）胡士行撰

（归善斋按，见"王曰，封，元恶大憝，矧唯不孝不友"）

16.《书纂言》卷四上《周书·康诰》

（元）吴澄撰

（归善斋按，见"王曰，封，元恶大憝，矧唯不孝不友"）

17.《书集传纂疏》卷四下《朱子订定蔡氏集传·周书·康诰》

（元）陈栎撰

（归善斋按，见"王曰，封，元恶大憝，矧唯不孝不友"）

18.《读书丛说》卷六《康诰》

（元）许谦撰

（归善斋按，未解）

19.《书传辑录纂注》卷四《周书·康诰》

（元）董鼎撰

（归善斋按，见"王曰，封，元恶大憝，矧唯不孝不友"）

20.《尚书句解》卷八《周书·康诰第十一》

（元）朱祖义撰

子弗祗服厥父事（为人子不能敬行其父之事），大伤厥考心（大伤害其父心）。

21.《尚书日记》卷十一《周书·康诰》

（明）王樵撰

（归善斋按，见"王曰，封，元恶大憝，矧唯不孝不友"）

22.《日讲书经解义》卷八《周书·康诰》

（清）库勒纳等撰

（归善斋按，见"王曰，封，元恶大憝，矧唯不孝不友"）

《五诰解》卷一《康诰》

（宋）杨简撰

（归善斋按，见"凡民自得罪"）

于父不能字厥子，乃疾厥子

1.《尚书注疏》卷十三《周书》

（汉）孔氏传，（唐）陆德明音义，（唐）孔颖达疏

于父不能字厥子，乃疾厥子。

传，于为人父不能字爱其子，乃疾恶其子，是不慈。

疏，正义曰，于为人父不能自爱其子，乃疾恶其子，是不慈也。

传，正义曰，父当言义，而云不慈者，以父母于子，并为慈。因父有爱敬多少而分之。言父义、母慈，而由慈以义，故虽义言不慈，且见父兼母耳。

2.《书传》卷十二《周书》

（宋）苏轼撰

（归善斋按，见"王曰，封，元恶大憝，矧唯不孝不友"）

3.《尚书全解》卷二十八

（宋）林之奇撰

（归善斋按，见"凡民自得罪"）

4. 《尚书讲义》卷十四

（宋）史浩撰

(归善斋按，见"王若曰，孟侯，朕其弟，小子封")

5. 《尚书详解》卷十九《周书·康诰》

（宋）夏僎撰

(归善斋按，见"已！汝唯小子，未其有若汝封之心")

6. 《增修东莱书说》卷二十《周书·康诰第十一》

（宋）吕祖谦撰，（宋）石澜增修

(归善斋按，见"王曰，封，元恶大憝，矧唯不孝不友")

7. 《尚书说》卷五《周书·康诰》

（宋）黄度撰

(归善斋按，见"王曰，封，元恶大憝，矧唯不孝不友")

8. 《絜斋家塾书钞》卷十《周书·康诰》

（宋）袁燮撰

(归善斋按，见"凡民自得罪")

9. 《书经集传》卷四《周书·康诰》

（宋）蔡沈撰

(归善斋按，见"王曰，封，元恶大憝，矧唯不孝不友")

10. 《尚书精义》卷三十五《周书·康诰》

（宋）黄伦撰

(归善斋按，见"王曰，封，元恶大憝，矧唯不孝不友")

11. 《尚书详解》卷二十九《周书·康诰》

（宋）陈经撰
（归善斋按，见"王曰，封，元恶大憝，矧唯不孝不友"）

12. 《融堂书解》卷十二《周书·康诰》

（宋）钱时撰
（归善斋按，见"王曰，封，元恶大憝，矧唯不孝不友"）

13. 《尚书要义》

（宋）魏了翁撰
（归善斋按，原缺）

14. 《书集传或问》卷下《康诰》

（宋）陈大猷撰
（归善斋按，未解）

15. 《尚书详解》卷八《周书·康诰第十一》

（宋）胡士行撰
（归善斋按，见"王曰，封，元恶大憝，矧唯不孝不友"）

16. 《书纂言》卷四上《周书·康诰》

（元）吴澄撰
（归善斋按，见"王曰，封，元恶大憝，矧唯不孝不友"）

17. 《书集传纂疏》卷四下《朱子订定蔡氏集传·周书·康诰》

（元）陈栎撰
（归善斋按，见"王曰，封，元恶大憝，矧唯不孝不友"）

18.《读书丛说》卷六《康诰》

（元）许谦撰
（归善斋按，未解）

19.《书传辑录纂注》卷四《周书·康诰》

（元）董鼎撰
（归善斋按，见"王曰，封，元恶大憝，矧唯不孝不友"）

20.《尚书句解》卷八《周书·康诰第十一》

（元）朱祖义撰
于父不能字厥子（为人父不能字育其子），乃疾厥子（乃疾恶其子）。

21.《尚书日记》卷十一《周书·康诰》

（明）王樵撰
（归善斋按，见"王曰，封，元恶大憝，矧唯不孝不友"）

22.《日讲书经解义》卷八《周书·康诰》

（清）库勒纳等撰
（归善斋按，见"王曰，封，元恶大憝，矧唯不孝不友"）

《五诰解》卷一《康诰》

（宋）杨简撰
（归善斋按，见"凡民自得罪"）

于弟弗念天显，乃弗克恭厥兄

1.《尚书注疏》卷十三《周书》

（汉）孔氏传，（唐）陆德明音义，（唐）孔颖达疏
于弟弗念天显，乃弗克恭厥兄。

传,于为人弟,不念天之明道,乃不能恭事其兄,是不恭。

疏,正义曰,于为人弟,不能念天之明道,故乃不能恭事其兄,是不恭也。

传:正义曰,善兄弟曰"友",此言不恭者,"友"思念之辞,兄弟同伦,故俱言友。虽同伦而有长幼,其心友而貌恭,故因兄弟而分友,文为二而言恭也。"五教",即《左传·文公十八年》史克言也。于此言"天之明道"者,父子天性不嫌,非天明,故于兄弟言之。因上先言不孝,先言子于父,故此不友,先言弟于兄者,举中以见上下,故此言天明,见五教皆是,即《孝经》云"则天之明",《左传·文公十八年》云"为父子兄弟姻媾以象天明",是于天理常然,为天明白之道。

2.《书传》卷十二《周书》

(宋)苏轼撰

(归善斋按,见"王曰,封,元恶大憝,矧唯不孝不友")

3.《尚书全解》卷二十八

(宋)林之奇撰

(归善斋按,见"凡民自得罪")

4.《尚书讲义》卷十四

(宋)史浩撰

(归善斋按,见"王若曰,孟侯,朕其弟,小子封")

5.《尚书详解》卷十九《周书·康诰》

(宋)夏僎撰

(归善斋按,见"已!汝唯小子,未其有若汝封之心")

6.《增修东莱书说》卷二十《周书·康诰第十一》

(宋)吕祖谦撰,(宋)石澜增修

(归善斋按,见"王曰,封,元恶大憝,矧唯不孝不友")

7.《尚书说》卷五《周书·康诰》

(宋) 黄度撰

(归善斋按,见"王曰,封,元恶大憝,矧唯不孝不友")

8.《絜斋家塾书钞》卷十《周书·康诰》

(宋) 袁燮撰

(归善斋按,见"凡民自得罪")

9.《书经集传》卷四《周书·康诰》

(宋) 蔡沈撰

(归善斋按,见"王曰,封,元恶大憝,矧唯不孝不友")

10.《尚书精义》卷三十五《周书·康诰》

(宋) 黄伦撰

(归善斋按,见"王曰,封,元恶大憝,矧唯不孝不友")

11.《尚书详解》卷二十九《周书·康诰》

(宋) 陈经撰

(归善斋按,见"王曰,封,元恶大憝,矧唯不孝不友")

12.《融堂书解》卷十二《周书·康诰》

(宋) 钱时撰

(归善斋按,见"王曰,封,元恶大憝,矧唯不孝不友")

13.《尚书要义》

(宋) 魏了翁撰
(归善斋按,原缺)

14. 《书集传或问》卷下《康诰》

（宋）陈大猷撰
（归善斋按，未解）

15. 《尚书详解》卷八《周书·康诰第十一》

（宋）胡士行撰
（归善斋按，见"王曰，封，元恶大憝，矧唯不孝不友"）

16. 《书纂言》卷四上《周书·康诰》

（元）吴澄撰
（归善斋按，见"王曰，封，元恶大憝，矧唯不孝不友"）

17. 《书集传纂疏》卷四下《朱子订定蔡氏集传·周书·康诰》

（元）陈栎撰
（归善斋按，见"王曰，封，元恶大憝，矧唯不孝不友"）

18. 《读书丛说》卷六《康诰》

（元）许谦撰
（归善斋按，未解）

19. 《书传辑录纂注》卷四《周书·康诰》

（元）董鼎撰
（归善斋按，见"王曰，封，元恶大憝，矧唯不孝不友"）

20. 《尚书句解》卷八《周书·康诰第十一》

（元）朱祖义撰
于弟弗念天显（为人弟不思念天伦之明分），乃弗克恭厥兄（乃不能敬其兄）。

21.《尚书日记》卷十一《周书·康诰》

(明)王樵撰

(归善斋按,见"王曰,封,元恶大憝,矧唯不孝不友")

22.《日讲书经解义》卷八《周书·康诰》

(清)库勒纳等撰

(归善斋按,见"王曰,封,元恶大憝,矧唯不孝不友")

《五诰解》卷一《康诰》

(宋)杨简撰

(归善斋按,见"凡民自得罪")

兄亦不念鞠子哀,大不友于弟

1.《尚书注疏》卷十三《周书》

(汉)孔氏传,(唐)陆德明音义,(唐)孔颖达疏

兄亦不念鞠子哀,大不友于弟。

传,为人兄亦不念稚子之可哀,大不笃友于弟,是不友。

音义,鞠,居六反。

疏,正义曰,为人兄亦不能念稚子之可哀哉,大不友爱于弟,是不友也。

2.《书传》卷十二《周书》

(宋)苏轼撰

(归善斋按,见"王曰,封,元恶大憝,矧唯不孝不友")

3.《尚书全解》卷二十八

（宋）林之奇撰

（归善斋按，见"凡民自得罪"）

4.《尚书讲义》卷十四

（宋）史浩撰

（归善斋按，见"王若曰，孟侯，朕其弟，小子封"）

5.《尚书详解》卷十九《周书·康诰》

（宋）夏僎撰

（归善斋按，见"已！汝唯小子，未其有若汝封之心"）

6.《增修东莱书说》卷二十《周书·康诰第十一》

（宋）吕祖谦撰，（宋）石澜增修

（归善斋按，见"王曰，封，元恶大憝，矧唯不孝不友"）

7.《尚书说》卷五《周书·康诰》

（宋）黄度撰

（归善斋按，见"王曰，封，元恶大憝，矧唯不孝不友"）

8.《絜斋家塾书钞》卷十《周书·康诰》

（宋）袁燮撰

（归善斋按，见"凡民自得罪"）

9.《书经集传》卷四《周书·康诰》

（宋）蔡沈撰

（归善斋按，见"王曰，封，元恶大憝，矧唯不孝不友"）

10. 《尚书精义》卷三十五《周书·康诰》

(宋) 黄伦撰
(归善斋按,见"王曰,封,元恶大憝,矧唯不孝不友")

11. 《尚书详解》卷二十九《周书·康诰》

(宋) 陈经撰
(归善斋按,见"王曰,封,元恶大憝,矧唯不孝不友")

12. 《融堂书解》卷十二《周书·康诰》

(宋) 钱时撰
(归善斋按,见"王曰,封,元恶大憝,矧唯不孝不友")

13. 《尚书要义》

(宋) 魏了翁撰
(归善斋按,原缺)

14. 《书集传或问》卷下《康诰》

(宋) 陈大猷撰
(归善斋按,未解)

15. 《尚书详解》卷八《周书·康诰第十一》

(宋) 胡士行撰
(归善斋按,见"王曰,封,元恶大憝,矧唯不孝不友")

16. 《书纂言》卷四上《周书·康诰》

(元) 吴澄撰
(归善斋按,见"王曰,封,元恶大憝,矧唯不孝不友")

17.《书集传纂疏》卷四下《朱子订定蔡氏集传·周书·康诰》

（元）陈栎撰

（归善斋按，见"王曰，封，元恶大憝，矧唯不孝不友"）

18.《读书丛说》卷六《康诰》

（元）许谦撰

（归善斋按，未解）

19.《书传辑录纂注》卷四《周书·康诰》

（元）董鼎撰

（归善斋按，见"王曰，封，元恶大憝，矧唯不孝不友"）

20.《尚书句解》卷八《周书·康诰第十一》

（元）朱祖义撰

兄亦不念鞠子哀（为兄亦不矜念父母鞠养幼子之可哀怜），大不友于弟（大不友爱其弟）。

21.《尚书日记》卷十一《周书·康诰》

（明）王樵撰

（归善斋按，见"王曰，封，元恶大憝，矧唯不孝不友"）

22.《日讲书经解义》卷八《周书·康诰》

（清）库勒纳等撰

（归善斋按，见"王曰，封，元恶大憝，矧唯不孝不友"）

《读书管见》卷下《康诰》

（元）王充耘撰

兄亦不念鞠子哀。

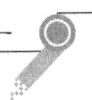

"兄亦不念鞠子哀",言兄亦不思其弟之可怜耳,谓弟为"鞠子"者,言其幼小,尚未离鞠养,犹言小子也。观康王自云"无遗鞠子羞"可见。传谓兄不念父母鞠养之劳者,非也。父不慈,子不孝,兄不友,弟不恭如此,而不于我政人得罪焉,是为民上者坐视其伤风败俗而不问,则天之与我民彝,几何其不泯乱乎?民彝,即彝伦。圣人之治以叙彝伦为急务,所谓"明德"者明此而已,所谓"慎罚"者以弼此而已。

《五诰解》卷一《康诰》

(宋)杨简撰

(归善斋按,见"凡民自得罪")

唯吊兹,不于我政人得罪

1.《尚书注疏》卷十三《周书》

(汉)孔氏传,(唐)陆德明音义,(唐)孔颖达疏

唯吊兹,不于我政人得罪。

传,唯人至此,不孝、不慈、弗友、不恭,不于我执政之人得罪乎?道教不至所致。

音义,吊,音的。

疏,正义曰,唯人所行以至此不孝、不友者,岂不由我执政之人道教不至,以得此罪乎?

2.《书传》卷十二《周书》

(宋)苏轼撰

(归善斋按,见"王曰,封,元恶大憝,矧唯不孝不友")

3. 《尚书全解》卷二十八

（宋）林之奇撰

（归善斋按，见"凡民自得罪"）

4. 《尚书讲义》卷十四

（宋）史浩撰

（归善斋按，见"王若曰，孟侯，朕其弟，小子封"）

5. 《尚书详解》卷十九《周书·康诰》

（宋）夏僎撰

（归善斋按，见"已！汝唯小子，未其有若汝封之心"）

6. 《增修东莱书说》卷二十《周书·康诰第十一》

（宋）吕祖谦撰，（宋）石澜增修

（归善斋按，见"王曰，封，元恶大憝，矧唯不孝不友"）

7. 《尚书说》卷五《周书·康诰》

（宋）黄度撰

（归善斋按，见"王曰，封，元恶大憝，矧唯不孝不友"）

8. 《絜斋家塾书钞》卷十《周书·康诰》

（宋）袁燮撰

（归善斋按，见"凡民自得罪"）

9. 《书经集传》卷四《周书·康诰》

（宋）蔡沈撰

（归善斋按，见"王曰，封，元恶大憝，矧唯不孝不友"）

10. 《尚书精义》卷三十五《周书·康诰》

（宋）黄伦撰

（归善斋按，见"王曰，封，元恶大憝，矧唯不孝不友"）

11. 《尚书详解》卷二十九《周书·康诰》

（宋）陈经撰

（归善斋按，见"王曰，封，元恶大憝，矧唯不孝不友"）

12. 《融堂书解》卷十二《周书·康诰》

（宋）钱时撰

（归善斋按，见"王曰，封，元恶大憝，矧唯不孝不友"）

13. 《尚书要义》

（宋）魏了翁撰

（归善斋按，原缺）

14. 《书集传或问》卷下《康诰》

（宋）陈大猷撰

（归善斋按，未解）

15. 《尚书详解》卷八《周书·康诰第十一》

（宋）胡士行撰

（归善斋按，见"王曰，封，元恶大憝，矧唯不孝不友"）

16. 《书纂言》卷四上《周书·康诰》

（元）吴澄撰

（归善斋按，见"王曰，封，元恶大憝，矧唯不孝不友"）

17.《书集传纂疏》卷四下《朱子订定蔡氏集传·周书·康诰》

（元）陈栎撰

（归善斋按，见"王曰，封，元恶大憝，矧唯不孝不友"）

18.《读书丛说》卷六《康诰》

（元）许谦撰

（归善斋按，未解）

19.《书传辑录纂注》卷四《周书·康诰》

（元）董鼎撰

（归善斋按，见"王曰，封，元恶大憝，矧唯不孝不友"）

20.《尚书句解》卷八《周书·康诰第十一》

（元）朱祖义撰

唯吊兹（是皆上之教化有未至，而民至于此。吊，的），不于我政人得罪（乃以为此，皆"凡民自得"，非"于我政之人得罪"）。

21.《尚书日记》卷十一《周书·康诰》

（明）王樵撰

（归善斋按，见"王曰，封，元恶大憝，矧唯不孝不友"）

22.《日讲书经解义》卷八《周书·康诰》

（清）库勒纳等撰

（归善斋按，见"王曰，封，元恶大憝，矧唯不孝不友"）

《五诰解》卷一《康诰》

（宋）杨简撰

（归善斋按，见"凡民自得罪"）

天唯与我民彝大泯乱

1.《尚书注疏》卷十三《周书》

（汉）孔氏传，（唐）陆德明音义，（唐）孔颖达疏

天唯与我民彝大泯乱。

传，天与我民五常，使父义、母慈、兄友、弟恭、子孝，而废弃不行，是大灭乱天道。

音义，泯，徐武轸反。

疏，正义曰，既人罪由不教而致，天唯与我民以五常之性，使有恭、孝废弃不行，是大灭乱天道也。

传，正义曰，兄亦不念鞠子哀，言"亦"者，以兄弟同等而相亦，所谓《周书》云"父子兄弟，罪不相及"，即此文也。不孝罪子，非及于父之辈，理所当然。而《周官》邻保以比伍相及，而赵商疑而发问，郑答云，《周礼》太平制，此为居殷乱而言，斯不然矣。《康诰》所云，以骨肉之亲，得相容隐，故《左传》云"父子兄弟，罪不相及"。《周礼》所云，据疏人相督率之法，故相连获罪。故今之律令，大功已上得相容隐，邻保罪有相及是也。

2.《书传》卷十二《周书》

（宋）苏轼撰

（归善斋按，见"王曰，封，元恶大憝，矧唯不孝不友"）

3.《尚书全解》卷二十八

（宋）林之奇撰

（归善斋按，见"凡民自得罪"）

4.《尚书讲义》卷十四

（宋）史浩撰

（归善斋按，见"王若曰，孟侯，朕其弟，小子封"）

5. 《尚书详解》卷十九《周书·康诰》

(宋) 夏僎撰

(归善斋按, 见 "已！汝唯小子, 未其有若汝封之心")

6. 《增修东莱书说》卷二十《周书·康诰第十一》

(宋) 吕祖谦撰, (宋) 石澜增修

(归善斋按, 见 "王曰, 封, 元恶大憝, 矧唯不孝不友")

7. 《尚书说》卷五《周书·康诰》

(宋) 黄度撰

(归善斋按, 见 "王曰, 封, 元恶大憝, 矧唯不孝不友")

8. 《絜斋家塾书钞》卷十《周书·康诰》

(宋) 袁燮撰

(归善斋按, 见 "凡民自得罪")

9. 《书经集传》卷四《周书·康诰》

(宋) 蔡沈撰

(归善斋按, 见 "王曰, 封, 元恶大憝, 矧唯不孝不友")

10. 《尚书精义》卷三十五《周书·康诰》

(宋) 黄伦撰

(归善斋按, 见 "王曰, 封, 元恶大憝, 矧唯不孝不友")

11. 《尚书详解》卷二十九《周书·康诰》

(宋) 陈经撰

(归善斋按, 见 "王曰, 封, 元恶大憝, 矧唯不孝不友")

12. 《融堂书解》卷十二《周书·康诰》

(宋) 钱时撰

(归善斋按, 见 "王曰, 封, 元恶大憝, 矧唯不孝不友")

13. 《尚书要义》

（宋）魏了翁撰

（归善斋按，原缺）

14. 《书集传或问》卷下《康诰》

（宋）陈大猷撰

（归善斋按，未解）

15. 《尚书详解》卷八《周书·康诰第十一》

（宋）胡士行撰

（归善斋按，见"王曰，封，元恶大憝，矧唯不孝不友"）

16. 《书纂言》卷四上《周书·康诰》

（元）吴澄撰

（归善斋按，见"王曰，封，元恶大憝，矧唯不孝不友"）

17. 《书集传纂疏》卷四下《朱子订定蔡氏集传·周书·康诰》

（元）陈栎撰

（归善斋按，见"王曰，封，元恶大憝，矧唯不孝不友"）

18. 《读书丛说》卷六《康诰》

（元）许谦撰

（归善斋按，未解）

19. 《书传辑录纂注》卷四《周书·康诰》

（元）董鼎撰

（归善斋按，见"王曰，封，元恶大憝，矧唯不孝不友"）

20. 《尚书句解》卷八《周书·康诰第十一》

（元）朱祖义撰

天唯与我民彝大泯乱（至于天之所与我民父子兄弟之常伦，大泯绝坏乱）。

21. 《尚书日记》卷十一《周书·康诰》

（明）王樵撰

（归善斋按，见"王曰，封，元恶大憝，矧唯不孝不友"）

22. 《日讲书经解义》卷八《周书·康诰》

（清）库勒纳等撰

（归善斋按，见"王曰，封，元恶大憝，矧唯不孝不友"）

《五诰解》卷一《康诰》

（宋）杨简撰

（归善斋按，见"凡民自得罪"）

曰：乃其速由文王作罚，刑兹无赦

1. 《尚书注疏》卷十三《周书》

（汉）孔氏传，（唐）陆德明音义，（唐）孔颖达疏

曰，乃其速由文王作罚，刑兹无赦。

传，言当速用文王所作违教之罚，刑此乱五常者，无得赦。

疏，正义曰，以由我灭乱，曰，乃其疾用文王所作违教之罚，刑此乱五常者，不可赦放也。

2. 《书传》卷十二《周书》

（宋）苏轼撰

（归善斋按，见"王曰，封，元恶大憝，矧唯不孝不友"）

3.《尚书全解》卷二十八

（宋）林之奇撰

（归善斋按，见"凡民自得罪"）

4.《尚书讲义》卷十四

（宋）史浩撰

（归善斋按，见"王若曰，孟侯，朕其弟，小子封"）

5.《尚书详解》卷十九《周书·康诰》

（宋）夏僎撰

（归善斋按，见"已！汝唯小子，未其有若汝封之心"）

6.《增修东莱书说》卷二十《周书·康诰第十一》

（宋）吕祖谦撰，（宋）石𬩽增修

（归善斋按，见"王曰，封，元恶大憝，矧唯不孝不友"）

7.《尚书说》卷五《周书·康诰》

（宋）黄度撰

曰，乃其速由文王作罚，刑兹无赦。不率大戛，矧唯外庶子、训人。唯厥正人，越小臣诸节，乃别播敷，造民大誉，弗念弗庸，瘝厥君，时乃引恶，唯朕憝。

泯乱民彝，速用文王所作罚刑此，必无赦。戛，轹也，以其不率典常，陵（凌）轹德义，是固当刑之然。此"凡民"也，况唯外庶子、训人之官。言"外"者对下文"家人"也。庶子，《周官》诸子掌教治国子，诸侯异其名，称"庶子"。正人，长官。《周官》小臣，上士，掌王之小命，王燕出入前驱。又有内小臣奄，上士，掌王后礼事。正内人礼事，掌王之阴事、阴令。诸节，阍寺、内竖，限节内外者，乃皆别异条，品播布敷，施政化作民，而立之风声。今乃弗念厥职，弗庸厥道，以病其君。吏奉君之法以治人者也，而出礼丽法，则君病矣。引，导也。是方导民为患，而岂能化民成俗乎？罔不憝，夫人而得治之也，唯朕憝，非王莫可治也。诸侯之臣功罪，王诛赏之。《臣工》曰"王厘尔成"。庶子为称，首教治国之子弟为功也。特出"小臣诸节"，内外正位。《关雎》《鹊巢》之盛，由此出也。

8. 《絜斋家塾书钞》卷十《周书·康诰》

（宋）袁燮撰
（归善斋按，见"凡民自得罪"）

9. 《书经集传》卷四《周书·康诰》

（宋）蔡沈撰
（归善斋按，见"王曰，封，元恶大憝，矧唯不孝不友"）

10. 《尚书精义》卷三十五《周书·康诰》

（宋）黄伦撰
（归善斋按，见"王曰，封，元恶大憝，矧唯不孝不友"）

11. 《尚书详解》卷二十九《周书·康诰》

（宋）陈经撰
（归善斋按，见"王曰，封，元恶大憝，矧唯不孝不友"）

12. 《融堂书解》卷十二《周书·康诰》

（宋）钱时撰
（归善斋按，见"王曰，封，元恶大憝，矧唯不孝不友"）

13. 《尚书要义》

（宋）魏了翁撰
（归善斋按，原缺）

14. 《书集传或问》卷下《康诰》

(宋)陈大猷撰

或问,今以由文王作罚刑,为非,然则文王之刑罚,不可用欤?曰,文王教化已至,而犹或有不孝、不友者,则制为刑罚以警之。今殷民桀纣之恶,陷溺至此,教化未加,不责臣以敷教,而遽欲用文王之刑罚以加之,而不赦其可乎?

15. 《尚书详解》卷八《周书·康诰第十一》

(宋)胡士行撰

(归善斋按,见"王曰,封,元恶大憝,矧唯不孝不友")

16. 《书纂言》卷四上《周书·康诰》

(元)吴澄撰

(归善斋按,见"王曰,封,元恶大憝,矧唯不孝不友")

17. 《书集传纂疏》卷四下《朱子订定蔡氏集传·周书·康诰》

(元)陈栎撰

(归善斋按,见"王曰,封,元恶大憝,矧唯不孝不友")

18. 《读书丛说》卷六《康诰》

(元)许谦撰

(归善斋按,未解)

19. 《书传辑录纂注》卷四《周书·康诰》

(元)董鼎撰

(归善斋按,见"王曰,封,元恶大憝,矧唯不孝不友")

20.《尚书句解》卷八《周书·康诰第十一》

（元）朱祖义撰

曰（且言），乃其速由文王作罚（汝其速用文王当时所作之罚刑），刑兹无赦（以如此乱常者，无得赦之）。

21.《尚书日记》卷十一《周书·康诰》

（明）王樵撰

（归善斋按，见"王曰，封，元恶大憝，矧唯不孝不友"）

22.《日讲书经解义》卷八《周书·康诰》

（清）库勒纳等撰

（归善斋按，见"王曰，封，元恶大憝，矧唯不孝不友"）

《五诰解》卷一《康诰》

（宋）杨简撰

（归善斋按，见"凡民自得罪"）

不率大戛，矧唯外庶子训人

1.《尚书注疏》卷十三《周书》

（汉）孔氏传，（唐）陆德明音义，（唐）孔颖达疏

不率大戛，矧唯外庶子训人。

传，戛，常也。凡民不循大常之教，犹刑之无赦，况在外掌众子之官，主训民者，而亲犯乎？

音义，戛，简八反。

疏，正义曰，言灭五常之害当除。凡民不循大道五常之教犹刑之，况在外土掌庶子之官，主于训民。

传，正义曰，戛，犹楷也，言为楷模之常，故"戛"为"常"也。述上"凡民自得罪"，故言凡民不循大常之教也犹刑之，即上云"刑兹无赦"故也。亦愚以况智，故言况在外掌众子之官主训民者而亲犯乎？即《周官》云诸子文王世子云"庶子"也。以致教诸子，故为训人。《周礼》诸子之官，亦是王朝之臣，言在外者，对父子、兄弟为外。唯举庶子之官者，以其教训公卿子弟，最为急故也。郑玄以训人为师长，亦各一家之道也。

2.《书传》卷十二《周书》

（宋）苏轼撰

（归善斋按，另见"王曰，封，元恶大憝，矧唯不孝不友"）

矧唯外庶人训人。

《礼》曰"庶子之正于公族者，教之以孝弟睦友子爱，明父子之义、长幼之序"，言治之以峻急，虽国君不能，况庶子乎？

3.《尚书全解》卷二十八

（宋）林之奇撰

矧唯外庶人训人，唯厥正人越小臣诸节，乃别播敷，造民大誉，弗念弗庸，瘝厥君，时乃引恶，唯朕憝。已！汝乃其速由兹义率杀，亦唯君唯长。不能厥家人，越厥小臣外正，唯威唯虐，大放王命，乃非德用乂。

"外庶子训人"者，薛博士曰，"庶子"者，公族之官也。《周官》"诸子掌国子之倅"，《燕义》以谓天子之官有庶子之官，《文王世子》谓庶子之正于公族者，教之以孝悌睦友子爱，明于父子之义，长幼之序，然则庶子即诸子也。天子谓之"诸子"，诸侯谓之"庶子"，其所掌，则诸侯与天子之官同，故《燕义》之所掌与《周官》无异也。所谓"训人"，即如《文王世子》所言是也。此其谓所掌与天子之官同，则是矣。至其以天子谓之"诸子"，诸侯谓之"庶子"，未必然也。《燕义》既言天子之官有"庶子"之官，则天子亦谓之"庶子"矣。以"外"云者，指卫而言也。正，长也。"正人"，谓众官之长。若《周官》宫正，主宫中官之长；司会主天下之大计之官长是也。"越小臣诸节"者，谓正人之下诸小臣有符节者。唐孔氏曰，"符节"者，非要行道之符节，若为官行文书，而有"符"，今之印是也。康叔锡壤于王，以君一国，一国之化所自出也。今苟不能宣明教化，去污染而与之唯新，使斯民之不孝、不慈、不友、不恭之人，旷然大变，以趋于礼义之域，是汝正人之罪也。汝正人，若不引愆于己，自以为罪，而乃不忍斯民之悖戾，欲一旦举而纳之于刑，固不足以使斯民知改过而率乎大戛矣。况夫汝卫国之臣，受爵禄于汝，以助汝之训迪黎民，如庶子之官，其职以训人为主，以至夫众官之长，及诸小臣有符节之人，是皆有位于朝者也，乃当分别其善恶，以立斯民之善誉，不使其恶名之彰也，然后可以无旷厥职。苟为不念此，不用此，而无以助其君，则是病其君矣。彼乃长于为恶，我亦将恶之也。周公之所以言此者，盖为不能训导商之余民，去其不善而长其善，遽以刑罚诛杀之，非特康叔正人之得罪，亦汝诸臣之罪也。此主于教民而言，故先言"庶子"于"正人"之上也。汝若不能优游渐渍，将之以久，以驱民于善，乃速用此义，循而杀之，则是汝为君为长，而不能其家人及其小臣外正也。"率杀"，若所谓按法诛之是也。"小臣、外正"，即上文所谓"正人、小臣诸节"是也。其曰"外正"，亦犹"外庶子"云也。夫天下之本在国，国之本在家，故《易》家人之象曰，父父、子子、兄兄、弟弟、夫夫、妇妇，而家道正。正家而天下定矣。盖使其一家之中，父子有亲，兄弟有序，举斯心以加诸彼，则天下之为父子、兄弟者定矣。此其本末先后之序，作于此者，必有应于彼，其机然也。今卫之遗民，其不孝、不慈、不友、不恭，陷于大恶而不能自反，必以之施于家者未尽，既不能齐其家，又不能倡率其臣，使小臣、外正播敷教化，以立民之善誉，而其所恃以治民者，唯有"速由兹义率杀"而已，是汝唯肆为威虐以整齐之，放弃王之所以命汝者，而不达之于民，乃汝康叔以非德而用之以治民也。"不能厥家人，越小臣、外正"，犹《左氏传》所谓"不能其大夫至于君祖母以及国人"也。孔子曰"道之以政，齐之以刑，民免而无耻；道之以德，齐之以礼，有耻且格"。夫以德化民，则民知善之可为，而不善之不可为，如水之寒，火之热，故有耻。有耻，则虽驱之以为不善，亦不肯为矣。以刑齐民，则民未必知不善之不可为，特强制之而已，故无耻。无耻，则欺诈诞慢之心生，凡可以苟免者，无不为也。其犯上作乱，何所不至哉。今也，率杀而无赦，则为非德乂民，以非德，则虽用文王之罚刑，汝亦无以使民之率大戛矣。

（归善斋按，另见"凡民自得罪"）

4.《尚书讲义》卷十四

（宋）史浩撰

（归善斋按，见"王若曰，孟侯，朕其弟，小子封"）

5.《尚书详解》卷十九《周书·康诰》

（宋）夏僎撰

矧唯外庶子训人，唯厥正人越小臣诸节，乃别播敷，造民大誉，弗念弗庸，瘝厥君，时乃引恶，唯朕憝。已！汝乃其速由兹义率杀，亦唯君唯长，不能厥家人，越厥小臣、外正，唯威唯虐，大放王命，乃非德用乂。汝亦罔不克敬典，乃由裕民，唯文王之敬忌。乃裕民曰，我唯有及，则予一人以怿。

成王上既言康叔于民之不孝、不友者，唯当悯恤不可谓非己之罪，而轻欲诛之，故此遂言，非唯康叔不可如此，虽康叔之臣，如外庶人训人者，亦不可如此。庶子，如《周官》所谓"诸子"之官也。"诸子掌国子之倅"，则"外庶子训人"者，即训公族之官也。以其在卫，故谓之"外庶子"；以其职在"训人"，故谓之"训人"。正人，即庶官之正长也。小臣诸节，谓小臣之有符节，为官行文书者也。成王之意，谓此不孝、不友之人，非唯康叔不可不责己，而外庶子者，职在训人，与庶官之正长，及小臣之有符节者，亦当分别以播敷教化，以造成斯民之善誉也。今乃不能念此，不能用此，徒瘝病于君。盖君建此官，将以善民，则君不可无忧。今不能念用君命，故病其君也。为臣而敢于如此，则长于为恶，乃我一人之所恶者，岂特如"元恶"为人所恶哉？如为臣既不能教化于民如此，而汝乃速由兹义，皆诛杀之。此"义"谓，前言"不于我政人得罪，天唯与我民彝大泯乱，曰，乃其速由文王作罚，刑兹无赦，不率大戛"者是也，谓康叔欲用此意以杀人也。康叔若果然用此意而皆诛杀之，则是为君为长，不能教化，善其一家之人。为君，谓康叔；为长，谓外庶子等臣。

盖天下之本在国，国之本在家。家正则天下定。今康叔于不孝、不友者，不能化之，使善于其家，则是不知正家而天下定。故谓不能厥家人，乃与其小臣、外正之官为刑威，为暴虐，以大放弃人君之命也。盖成王之意在于，先教化而后刑罚。今乃率杀之，是弃王命也。此小臣、外正，即前所谓"外庶子"与"正人"及"小臣诸节"等人也。成王既责康叔以不可如此，故遂言汝今日唯当无不敬典。所谓"典"者，即天秩之典，父子兄弟之常道也。盖民之所以不孝不友者，皆是典之不明，不可骤诛，唯敬是典，以宽裕其民，使之缓而自化，唯以文王所敬忌者为法而已。潘博士谓，敬，则有所尊，则能顺其所为；忌，则有所畏，则能戒其所不为。此说是也。故汝之宽裕，其民果能有及于文王，则我一人必说矣。故曰"予一人以怿"。

（归善斋按，另见"已！汝唯小子，未其有若汝封之心"）

6.《增修东莱书说》卷二十《周书·康诰第十一》

（宋）吕祖谦撰，（宋）石澜增修

（归善斋按，见"王曰，封，元恶大憝，矧唯不孝不友"）

7.《尚书说》卷五《周书·康诰》

（宋）黄度撰

（归善斋按，见"曰，乃其速由文王作罚，刑兹无赦"）

8.《絜斋家塾书钞》卷十《周书·康诰》

（宋）袁燮撰

矧唯外庶子训人，唯厥正人，越小臣诸节，乃别播敷，造民大誉，弗念弗庸，瘝厥君，时乃引恶，唯朕憝。已！汝乃其速由兹义率杀，亦唯君唯长，不能厥家人，越厥小臣、外正，唯威唯虐，大放王命，乃非德用乂。汝亦罔不克敬典，乃由裕民。唯文王之敬忌，乃裕民曰，我唯有及，则予一人以怿。

庶子，训人之官，如《周官》诸子之官是也。正人、小臣诸节，此卫国之臣僚。如或不遵国君之号令，而别有所播敷，以要民誉之归己，弗庸其君，而病其君。所以致此者，皆汝君长不能，朕实憝之。而汝乃速由兹义率杀，不知汝为君长，不能安厥家人，此汝当自反者，而可遽以刑杀加诸人哉？小臣、外正，并为威虐，"大放王命"，亦汝非德用乂之故，不可以罪人也。

自"凡民自得罪"至此，凡三节。"寇攘奸宄，杀越人于货"如此者，固众之所憝也；至于父子、兄弟之间，不孝、不慈、不友、不恭，则事关风俗，民彝泯乱，此又甚于"寇攘奸宄"。然民彝泯乱，固是风俗不美，至于臣下敢自为号令，要求美名，"唯威唯虐，大放王命"则纪纲荡然矣，尚可为国乎？此又关系之至大者也。故曰"矧唯不孝不友"，又曰"矧唯外庶子训人"。观二"矧"字可见矣。然父子、兄弟之不睦，不可便以文王之罚刑之。臣下之不遵教令，亦不可便由兹义率杀。既不可加之刑，然则，当如何？曰，"汝亦罔不克敬典，乃由裕民，唯文王之敬忌。乃裕民曰，我唯有及，则予一人以怿"。此康叔之所当尽心也。典，常道也。敬此常道，以宽裕其民，优而柔之，厌而饫之，渐摩抚育，使斯民日入于善而不自知，此所谓"裕"也。文王所敬者，德；所忌者，刑。忌，言其畏忌也。文王虽作为刑罚，曷尝敢轻用哉？康叔而能取法于文王之敬忌，务德而不务刑，则有以慰我一人之心，而我其有怿矣。今观周公告康叔文王之罚，则欲其不用文王之敬忌，则欲其取法焉？熟味此处，可以识治道矣。后世言遵祖宗之法者，皆以为祖宗法令明具，吾从而遵用之。今于文王之罚，周公则欲康叔勿用焉？此便见古人为政，与后世不同处。若一以法令从事，不孝、不恭者有刑，造民大誉者有刑，唯威唯虐者有刑，亦整齐矣，然有甚意思。故曰"道之以政，齐之以刑，民免而无耻；道之以德，齐之以礼，有耻且格"，亦必有德礼以感动之可也。政刑其可专用哉？

（归善斋按，另见"凡民自得罪"）

9.《书经集传》卷四《周书·康诰》

（宋）蔡沈撰

不率大戛，矧唯外庶子训人。唯厥正人，越小臣诸节，乃别播敷，造民大誉，弗念弗庸，瘝厥君，时乃引恶，唯朕憝。已！汝乃其速由兹义率杀。

戛,讫黠反。戛,法也,言民之不率教者,固可大置之法矣。况外庶子以训人为职,与庶官之长,及小臣之有符节者,乃别布条教,违道干誉,弗念其君,弗用其法,以病君上,是乃长恶于下,我之所深恶也。臣之不忠如此,刑其可已乎?汝其速由此义,而率以诛戮之可也。按上言民不孝、不友,则"速由文王作罚,刑兹无赦",此言外庶子、正人、小臣背上立私,则"速由兹义率杀"。其曰刑,曰杀,若用法峻急者,盖殷之臣民,化纣之恶,父子兄弟之无其亲;君臣上下之无其义,非防之以法,示之以威,殷民孰知不孝不义之不可干哉?《周礼》所谓"刑乱国用重典"者是也。然曰"速由文王",曰"速由兹义",则其刑其罚,亦仁厚而已矣。

10.《尚书精义》卷三十五《周书·康诰》

(宋)黄伦撰

矧唯外庶子训人。唯厥正人,越小臣诸节,乃别播敷,造民大誉,弗念弗庸,瘝厥君,时乃引恶,唯朕憝。已!汝乃其速由兹义率杀,亦唯君唯长。不能厥家人越厥小臣、外正,唯威唯虐,大放王命,乃非德用义。

东坡曰,《礼》云"庶子之正于公族者,教之以孝悌,睦友,子爱,明父子之义长幼之序",言治之以峻急,虽国君不能,况庶子乎?

无垢曰,既以私意教民,而不念圣王之意,不用圣王所以道民之法;徒以私意道民,而不由天性,上害君治,下长民恶,事至于此,此成王、周公所以大恶也。君长不能行圣王之道,乃用私意率民而杀之,则为小臣者,与夫在外为正人之官者,视上所为皆以淫威酷虐为治,大弃文王所以教化之命,是乃以非德治民也。

张氏曰,"不率大戛",犹且刑之无赦。况夫庶子训人,与正人、小臣诸节者乎?夫自"庶子"至于"小臣诸节",其职在于分别善恶,播敷政教,以造民大誉,今乃不念上之所教,不为上之所用,则是有以病其君矣。欲治其国,先齐其家,古之人谓正家而天下治,故不能正厥家人,则小臣之与外正,犹且不足以治之,况其远者乎,此所以"唯威唯虐",而不能道上之德化,"大放王命"而不能禀上之政令,乃非德用人,则其所以乂民者，皆不由德也，如是则康叔之治，故当正家以先之。

（归善斋按，另见"王曰，封，元恶大憝，矧唯不孝不友"）

11.《尚书详解》卷二十九《周书·康诰》

（宋）陈经撰

矧唯外庶子训人。唯厥正人，越小臣诸节，乃别播敷，造民大誉，弗念弗庸，瘝厥君，时乃引恶，唯朕憝。已！汝乃其速由兹义率杀，亦唯君唯长，不能厥家人，越厥小臣、外正，唯威唯虐，大放王命，乃非德用乂。

《礼》曰"庶子之正于公族者，教之以孝悌、睦友、子爱"，是"庶子"之在外以教化为职者也。"正人"者，百官之长也。小臣，有符节以号令者。成王之意以谓，商民不孝、不友，皆唯为政之人不能教人，又何况在外为庶子，而训人者，与乎为正人之官者，与乎小臣之有符节者，又不能以常理教其民，方且别出私意，以敷布其教令，违道以要民之誉，曾不念教民自有常理，亦不知所以用其常理。上以累其君之治而瘝厥君；下以长其民之恶而为引恶。若此等人者，皆朕之所恶也。夫以商民之乱常如此，而三监与其臣下，又各出私意以教民，今汝又速由用此义，以私意率而杀之，是罔民者也。苟如此，则亦尔为之君长者，不能先正其家，使父子有亲，长幼有叙，故使为之小臣者，与在外为正人之官者，更相视效，亦肆为刑威暴虐，大废弃其王命，此岂以德而治民者之所为哉？然则，为康叔者，如之何？先正其家人，使孝、慈、恭、友行之于上，而化之于下。凡为卫国之臣者，亦宜如此意，以德治其民，不可如三监之臣，更相效仿，别敷播以造民，则商民之性向之所谓不孝、不友者，将皆反而为孝友矣。此一章无非反复极言"慎罚"，使康叔无滥刑矣。

（归善斋按，另见"王曰，封，元恶大憝，矧唯不孝不友"）

12.《融堂书解》卷十二《周书·康诰》

（宋）钱时撰

（归善斋按，见"王曰，封，元恶大憝，矧唯不孝不友"）

13.《尚书要义》

（宋）魏了翁撰

（归善斋按，原缺）

14.《书集传或问》卷下《康诰》

（宋）陈大猷撰

（归善斋按，未解）

15.《尚书详解》卷八《周书·康诰第十一》

（宋）胡士行撰

矧唯外（卫）庶子（训公族之官）训人（掌教人），唯厥正人（长人者），越小臣诸节（有符节者），乃（当）别（分）播（散）敷（布），造（成）民大誉（称颂），弗念（念此）弗庸（用此），瘝（病）厥君，时（是）乃引（长）恶，唯朕憝。已！汝乃其速由兹义率（皆）杀，亦唯君唯长，不能（善教）厥家人，越（及）厥小臣、外（卫）正（官长），唯威唯虐，大放王命，乃非德用义。汝亦罔不克敬（敬敷）典（五常之教），乃由（用）裕（在宽）民，唯文王之敬忌（慎罚）。乃裕民曰（叔曰），我唯有及（及文王）。则予一人以怿（喜）。

民彝泯乱，且当自责，矧庶子、正人、诸节，乃臣职之当播敷造誉者，顾不念庸，以病其君焉。于是以其可恶，而速杀之，是汝为人君长，不能正家以正人，徒尚威虐，而小臣、外正亦效之矣，岂天命汝以德义之意乎？汝知刑之不足尚，则必"敬敷五教在宽"，而以文王之"慎罚"为法可也。汝能法文王之"敬忌"，而自任曰有及焉，是乃予尚德之意也，而予云胡不怿乎？

（归善斋按，另见"王曰，封，元恶大憝，矧唯不孝不友"）

16.《书纂言》卷四上《周书·康诰》

（元）吴澄撰

不率大戛，矧唯外庶子训人，唯厥正人，越小臣诸节，乃别播敷，造民大誉，弗念弗庸，瘝厥君，时乃引恶，唯朕憝。已！汝乃其速由兹义率杀。

不率，不孝、不友者也。戛，击也。大戛，谓罚之，刑之而不赦也。外，谓都邑之官也。庶子，卿大夫士之庶子为士者。训人，犹《周官》土训、诵训、训方氏之类，多见闻，能道说古今远近之事者。正人，如《周官》宫正、酒正、之类，为一官之长者。诸节，如符节、玺节、旌节之类，小臣持以出入者。引，犹"引弓"之"引"，言满盈其恶。义，谓君臣之义。上文所指一家父子、兄弟之不率，且欲大治之也，况于不令之臣哉。夫为臣者，当承宣君之政教，今则别有所播扬敷布，以造大誉于民间，乱政改作，违道干誉，弗念弗用其君之命，以病其君，是乃长恶之人，为上之人所恶。然则如之何哉？汝乃其速用此君臣之义律之，而率皆杀之乎，盖不可也。

17.《书集传纂疏》卷四下《朱子订定蔡氏集传·周书·康诰》

(元) 陈栎撰

不率大戛，矧唯外庶子训人，唯厥正人，越小臣诸节，乃别播敷，造民大誉，弗念弗庸，瘝厥君，时乃引恶，唯朕憝。已！汝乃其速由兹义率杀。

戛，法也，言民之不率教者，固可大置之法矣，况外庶子以训人为职，与庶官之长，及小臣之有符节者，乃别布条教，违道干誉，弗念其君，弗用其法，以病君上，是乃长恶于下，我之所深恶也。臣之不忠如此，刑其可已乎？汝其速由此义而率以诛戮之可也。

按上言民不孝、不友，则"速由文王作罚，刑兹无赦"，此言外庶子、正人、小臣背上立私，则"速由兹义率杀"。其曰刑，曰杀，若用法峻急者，盖殷之臣民，化纣之恶，父子、兄弟之无其亲，君臣上下之无其义，非防之以法，示之以威，殷民孰知不孝、不义之不可干哉？《周礼》所谓"刑乱国用重典"者是也。然曰"速由文王"，曰"速由兹义"，则其刑、其罚，亦仁厚而已矣。

纂疏：

孔氏曰，夏，常也，民不率大常之教，犹"刑之无赦"。

吕氏曰，然叔不以身率之，则亦大夏夏乎？其难哉。

真氏曰，吕说似得之，与下段相应。盖夏者，二物相击之谓。

或曰，夏，击也。承上文如此，而犹不率从，乃大夏击，以痛惩也。上文"寇攘""杀越"，乃不待教而诛者，此则教之不改而后诛之者也。

愚按，"不率大夏"，或以属上文，或以属下文，不胜异说。孔训"夏"为"常"，固非；训为"法"，亦未见所本。后一说庶几焉，然此句合缺之。

林氏曰，况汝卫国之臣，如庶子者，与众官之长，及诸小臣，皆当分别善恶，以播敷教化，而造成斯民善誉，始无旷职。苟不念此，不用此，以病其君，是乃长于为恶，朕亦将恶之矣。率杀，按法杀之也。

王氏曰休曰，前言"由文王罚刑"，此言"由兹义率杀"，其即文王之"义刑义杀"乎？

18.《读书丛说》卷六《康诰》

（元）许谦撰

（归善斋按，未解）

19.《书传辑录纂注》卷四《周书·康诰》

（元）董鼎撰

不率大夏，矧唯外庶子训人，唯厥正人，越小臣诸节，乃别播敷，造民大誉，弗念弗庸，瘝厥君，时乃引恶，唯朕憝。已！汝乃其速由兹义率杀。

夏。法也，言民之不率教者，固可大置之法矣，况外庶子以训人为职，与庶官之长，及小臣之有符节者，乃别布条教，违道干誉，弗念其君，弗用其法，以病君上，是乃长恶于下，我之所深恶也。臣之不忠如此，刑其可已乎？汝其速由此义，而率以诛戮之可也。按，上言民不孝、不友，则"速由文王作罚，刑兹无赦"，此言外庶子、正人、小臣，背上立私，则"速由兹义率杀"。其曰刑，曰杀，若用法峻急者，盖殷之臣民，化纣之恶，父子、兄弟之无其亲，君臣上下之无其义，非绳之以法，示之以威，殷民孰知不孝、不义之不可干哉。《周礼》所谓"刑乱国用重典"者是也。然曰"速由文王"，曰"速由兹义"，则其刑、其罚，亦仁厚而已矣。

纂注：

孔氏曰，戛，常也。凡民不循大常之教，犹刑之无赦。

吕氏曰，然叔不以身率之，则亦大戛戛乎，其难哉。

真氏曰，吕说似得之，与下段相应，盖戛者二物相击之谓。

一说戛，击也。承上文如此，而犹不率从，乃大戛击以痛惩之。上文"寇攘""杀越"，乃不待教而诛者，此则教之不改而后诛之者也。

新安陈氏曰，"不率大戛"一句，或以属上文，或以属下文，不胜异说。孔训"戛"为"常"固不通，蔡训"戛"为"法"亦未见所本。后一说，其庶几乎？然此句合缺疑。

孔氏曰，今往之国，当分别播布德教，以立民大善之誉。

林氏曰，况汝卫国之臣，如庶子者，与众官之长，及诸小臣，皆当分别其善恶，以播敷教化，而造成斯民善誉，然后无旷其职。苟不念此，不用此，以病其君，是乃长于为恶，朕亦将恶之矣。率杀，谓按法杀之也。

吴氏曰，"速由兹义率杀"，即前文王所"作罚刑"，无非义也。

王氏曰休曰，前言"速由文王作罚刑"，此言"兹义"，岂非指文王之"义刑"乎？

20.《尚书句解》卷八《周书·康诰第十一》

（元）朱祖义撰

不率大戛（是虽大戛害于民，而民愈不率教矣。戛，结），矧唯外庶子训人（况在外土为庶子而训人者）。

21.《尚书日记》卷十一《周书·康诰》

（明）王樵撰

"不率大戛"至"速由兹义率杀"。"不率大戛"一句，或以属上，或以属下，不胜异说。以文势考之，属下为优。盖此节去此一句，则"矧"字无所承也。不率，指不孝、不友也。观"寇攘奸宄"，目之为"元恶"；

"不孝、不友"目之为"不率",不率者,不率教也。则不待教而诛,与教之不改而后诛之之意,经已有明文矣,特人忽之耳。庶子,官名,掌正公族教训公卿子弟者也。外,指卫而言。下"外正",同正官之人,若《周礼》三百六十职之长。小臣有符节,若为官行文书而有符,如今之印章,非行道之符节也。乃"别播敷,造民大誉"者,商人安于薄俗,不知伦纪之重,习以为常,为之官长师帅者,若以修明教化为迂,不敷先王之正教,而别播敷以诳炫愚俗,徇其苟且自恣之心,以邀其大誉,岂非不体上心,不用上令,而病其君乎?是乃长恶于下,我之所深恶也。汝其速由兹义以率杀可焉。"兹义"者,文王未有其法,武王制其义,以为当杀也。盖上者下之导人,知风俗之坏于下,而不知其由于上引恶之,诛所以不得不重也。

22.《日讲书经解义》卷八《周书·康诰》

(清)库勒纳等撰

不率大戛,矧唯外庶子训人,唯厥正人,越小臣诸节,乃别播敷,造民大誉,弗念弗庸,瘝厥君,时乃引恶,唯朕憝。已!汝乃其速由兹义率杀。

此一节书,是欲康叔用罚以严之臣也。戛,法也。瘝,病也。武王又曰,下民以率教为善,人臣以守法为忠。彼民之不孝、不友而不率教化者,固当大置之法矣,况为臣有教民之责,如外庶子,职在训人,为风化所系,与庶官之长,曰正人,为纲纪所关,及小臣之有符节者,为职掌所在,此与百姓又不同,宜各恪遵朝廷之教令,宣扬上意,以劝导小民,使之改恶而向善,始克胜任,而无愧。若敢辄任私意,别为条教而颁布之,取悦时俗,要求众誉,将君上委任之意,全不体念,并国家官守之法,咸废格不用,徒知违道干誉,以病其君,动摇国是,惑乱人心,是乃倡引其恶于下之人,我所深恶者。此尤不忠之甚者也。而谓刑可或已乎?盖如此不忠之臣,即在文王当日,亦所必杀者。汝乃速用文王所作之义刑,杀之无赦,庶足为人臣诬上、行私之戒乎?

《书蔡氏传旁通》卷四下《周书·康诰》

(元)陈师凯撰

戛,法也。

新安陈氏曰，蔡训"戛"为法，未见所本。愚按，《释诂》以典、彝、法、则、律、戛，皆训"常"，郭注云，皆谓常法耳。疏引"不率大戛"，蔡氏盖据此也

《五诰解》卷一《康诰》

（宋）杨简撰

（归善斋按，另见"凡民自得罪"）

矧唯外庶子训人，唯厥正人，越小臣诸节，乃别播敷，造民大誉，弗念弗庸，瘝厥君，时乃引恶，唯朕憝。已！汝乃其速由兹义率杀，亦唯君唯长。不能厥家人，越厥小臣、外正，唯威唯虐，大放王命，乃非德用乂。

凡民之"不率大戛"者，尚在不赦，而况卿大夫士之子乎？"庶"言其众，兼及训民之臣也。"人"，谓有司兼及官司之长，故曰"正"。越，及也，下及小臣及诸行节者，皆官之属，异乎凡民，当别播敷教令，使皆修谨，致民大誉者也。其有弗念教令，弗用教令，瘝病其君，反为其君之患害，是乃引诱众人为恶，此朕所憝恨者。汝当速由此义，而速杀之。此亦君长之道也。盖以官司之属下所仿效，义当尤致其严。俗以不和协，为不相能。今若与家人及小臣及凡在外官司正长，不相能，唯用威虐，大放弃王命，乃非以德义治。康叔必不至此，而富贵易于放肆，微动乎意，安保其末流不至此乎？亦犹禹戒舜以"无若丹朱傲"。

唯厥正人，越小臣诸节

1.《尚书注疏》卷十三《周书》

（汉）孔氏传，（唐）陆德明音义，（唐）孔颖达疏
唯厥正人，越小臣诸节。
传，唯其正官之人，于小臣诸有符节之吏，及外庶子，其有不循大常

者，则亦在无赦之科。

疏，正义曰，唯其正官之人及于小臣，犹有符节者，并为教首，其心不循大常，岂可赦也。

传，正义曰，正官之人，若《周官》三百六十职正官之首。于小臣诸有符节者，谓正人之下，非长官之身，下至符吏诸有符节，为教人之故，故言有"符节"者。非要行道之符节，若为官行文书，而有符，今之印者也。以上况之，故言不循大常亦在无赦之科矣。在军者，有旌节，亦得为有符节耳。

2.《书传》卷十二《周书》

（宋）苏轼撰

唯厥正人，越小臣诸节

正人，官长也。诸节，诸符节之吏也。

3.《尚书全解》卷二十八

（宋）林之奇撰

（归善斋按，见"不率大戛"）

4.《尚书讲义》卷十四

（宋）史浩撰

（归善斋按，见"王若曰，孟侯，朕其弟，小子封"）

5.《尚书详解》卷十九《周书·康诰》

（宋）夏僎撰

（归善斋按，见"不率大戛"）

6.《增修东莱书说》卷二十《周书·康诰第十一》

（宋）吕祖谦撰，（宋）石澜增修

（归善斋按，见"王曰，封，元恶大憝，矧唯不孝不友"）

7.《尚书说》卷五《周书·康诰》

(宋)黄度撰

(归善斋按,见"曰,乃其速由文王作罚,刑兹无赦")

8.《絜斋家塾书钞》卷十《周书·康诰》

(宋)袁燮撰

(归善斋按,见"不率大戛")

9.《书经集传》卷四《周书·康诰》

(宋)蔡沈撰

(归善斋按,见"不率大戛")

10.《尚书精义》卷三十五《周书·康诰》

(宋)黄伦撰

(归善斋按,见"不率大戛")

11.《尚书详解》卷二十九《周书·康诰》

(宋)陈经撰

(归善斋按,见"不率大戛")

12.《融堂书解》卷十二《周书·康诰》

(宋)钱时撰

(归善斋按,见"王曰,封,元恶大憝,矧唯不孝不友")

13.《尚书要义》

(宋)魏了翁撰

(归善斋按,原缺)

14. 《书集传或问》卷下《康诰》

（宋）陈大猷撰

（归善斋按，未解）

15. 《尚书详解》卷八《周书·康诰第十一》

（宋）胡士行撰

（归善斋按，见"不率大戛"）

16. 《书纂言》卷四上《周书·康诰》

（元）吴澄撰

（归善斋按，见"不率大戛"）

17. 《书集传纂疏》卷四下《朱子订定蔡氏集传·周书·康诰》

（元）陈栎撰

（归善斋按，见"不率大戛"）

18. 《读书丛说》卷六《康诰》

（元）许谦撰

（归善斋按，未解）

19. 《书传辑录纂注》卷四《周书·康诰》

（元）董鼎撰

（归善斋按，见"不率大戛"）

20. 《尚书句解》卷八《周书·康诰第十一》

（元）朱祖义撰

唯厥正人（与乎为正人之官者），越小臣诸节（及小臣有符节者）。

21.《尚书日记》卷十一《周书·康诰》

(明)王樵撰

(归善斋按,见"不率大戛")

22.《日讲书经解义》卷八《周书·康诰》

(清)库勒纳等撰

(归善斋按,见"不率大戛")

《五诰解》卷一《康诰》

(宋)杨简撰

(归善斋按,见"不率大戛")

乃别播敷,造民大誉,弗念弗庸,瘝厥君,时乃引恶,唯朕憝

1.《尚书注疏》卷十三《周书》

(汉)孔氏传,(唐)陆德明音义,(唐)孔颖达疏

乃别播敷,造民大誉,弗念弗庸,瘝厥君,时乃引恶,唯朕憝。

传,汝今往之国,当分别播布德教,以立民大善之誉。若不念我言,不用我法者,病其君道,是汝长恶,唯我亦恶汝。

音义,别,彼列反,注同。汝长,丁丈反,下同。

疏,正义曰,以人之须有五常,汝今往之国,乃当分别播布德教,以立民大善之誉。若不念我言,不用我法,即病其为君之道,是汝长为恶

矣。以此，唯我亦恶汝也。

传，正义曰，分别播布德教，谓分遣卿大夫为之，教民使善而已。有善誉，是立民以大善之誉。

2.《书传》卷十二《周书》

（宋）苏轼撰

乃别播敷，造民大誉，弗念弗庸，瘝厥君，时乃引恶，唯朕憝。

汝既不由此道，诸臣等又各出私意，以布教令要一切之誉不念人之不庸以病，厥君如是长恶，我亦恶之矣。

3.《尚书全解》卷二十八

（宋）林之奇撰

（归善斋按，见"不率大戛"）

4.《尚书讲义》卷十四

（宋）史浩撰

（归善斋按，见"王若曰，孟侯，朕其弟，小子封"）

5.《尚书详解》卷十九《周书·康诰》

（宋）夏僎撰

（归善斋按，见"不率大戛"）

6.《增修东莱书说》卷二十《周书·康诰第十一》

（宋）吕祖谦撰，（宋）石澜增修

（归善斋按，见"王曰，封，元恶大憝，矧唯不孝不友"）

7.《尚书说》卷五《周书·康诰》

（宋）黄度撰

（归善斋按，见"曰，乃其速由文王作罚，刑兹无赦"）

8.《絜斋家塾书钞》卷十《周书·康诰》

（宋）袁燮撰

（归善斋按，见"不率大戛"）

9.《书经集传》卷四《周书·康诰》

（宋）蔡沈撰

（归善斋按，见"不率大戛"）

10.《尚书精义》卷三十五《周书·康诰》

（宋）黄伦撰

（归善斋按，见"不率大戛"）

11.《尚书详解》卷二十九《周书·康诰》

（宋）陈经撰

（归善斋按，见"不率大戛"）

12.《融堂书解》卷十二《周书·康诰》

（宋）钱时撰

（归善斋按，见"王曰，封，元恶大憝，矧唯不孝不友"）

13.《尚书要义》

（宋）魏了翁撰

（归善斋按，原缺）

14.《书集传或问》卷下《康诰》

（宋）陈大猷撰

（归善斋按，未解）

15.《尚书详解》卷八《周书·康诰第十一》

（宋）胡士行撰

（归善斋按，见"不率大戛"）

16.《书纂言》卷四上《周书·康诰》

（元）吴澄撰

（归善斋按，见"不率大戛"）

17.《书集传纂疏》卷四下《朱子订定蔡氏集传·周书·康诰》

（元）陈栎撰

（归善斋按，见"不率大戛"）

18.《读书丛说》卷六《康诰》

（元）许谦撰

（归善斋按，未解）

19.《书传辑录纂注》卷四《周书·康诰》

（元）董鼎撰

（归善斋按，见"不率大戛"）

20.《尚书句解》卷八《周书·康诰第十一》

（元）朱祖义撰

乃别播敷（乃相与别出私意，以播敷其教令），造民大誉（百端造作，违道以要民之大誉），弗念弗庸（曾不念不用常道以训民），瘝厥君（则上以病君之道），时乃引恶（下以长民之恶），唯朕憝（若此等人皆朕

21. 《尚书日记》卷十一《周书·康诰》

（明）王樵撰

（归善斋按，见"不率大戛"）

22. 《日讲书经解义》卷八《周书·康诰》

（清）库勒纳等撰

（归善斋按，见"不率大戛"）

《五诰解》卷一《康诰》

（宋）杨简撰

（归善斋按，见"不率大戛"）

已！汝乃其速由兹义率杀，亦唯君唯长

1. 《尚书注疏》卷十三《周书》

（汉）孔氏传，（唐）陆德明音义，（唐）孔颖达疏

已！汝乃其速由兹义率杀，亦唯君唯长。

传，汝乃其速用此典，刑宜于时世者，循理以刑杀，则亦唯君长之正道。

疏，正义曰，已乎！既恶不可为，汝乃其疾用此典刑宜于时世者，循理以刑杀乱常者，则亦唯为人君，唯为人长之正道。

传，正义曰，此用宜于时以刑杀上不循五常之道者。其君长，对则大夫为长；散则人君为长，君而居之，是"君"亦与"长"为一。《孝经》

对例，以长为大夫耳。

2.《书传》卷十二《周书》

（宋）苏轼撰

已！汝乃其速由兹义率杀，亦唯君唯长，不能厥家人。

汝若速用此道，以率民，民不率，则杀之，乃是汝为人君长，而不能治其家人也。

3.《尚书全解》卷二十八

（宋）林之奇撰

（归善斋按，见"不率大戛"）

4.《尚书讲义》卷十四

（宋）史浩撰

（归善斋按，见"王若曰，孟侯，朕其弟，小子封"）

5.《尚书详解》卷十九《周书·康诰》

（宋）夏僎撰

（归善斋按，见"不率大戛"）

6.《增修东莱书说》卷二十《周书·康诰第十一》

（宋）吕祖谦撰，（宋）时澜增修

（归善斋按，见"王曰，封，元恶大憝，矧唯不孝不友"）

7.《尚书说》卷五《周书·康诰》

（宋）黄度撰

已！汝乃其速由兹义率杀，亦唯君唯长，不能厥家人，越厥小臣、外正，唯威唯虐，大放王命，乃非德用义。

已！止也，事止此耳，过此则有难言者矣。吏"弗念弗庸，瘝厥君，速用此义率杀之"，非谓尽当杀，亦举重也。民称刑，吏称杀，轻重可见。虽然事犹当知所自始也，则亦唯其君其长，不能于其家人，言身不行道，不行于妻子也。夫不能于其家人，故于其小臣，及其外正长官，崇尚威虐，大废放王命，乃不用德治民，是以其民强暴奸宄，废弃典常，弗克用，又以至于此。"元恶大憝"人皆得治之。泯乱民彝，政人治之。吏导民为恶，王治之。"唯君唯长"，而不能厥家人，遂使诸臣废放王命，不用德治其谁之咎哉？此所谓难言者也。大抵《康诰》论德刑之叙，推其极，必使人君正心，以正朝廷；正朝廷，以正百官；正百官，以正万民。本末先后，昭然可睹。其言盖与三谟相表里，自外而入者，小臣也；自内而出者，亦小臣也，故两见之。

8.《絜斋家塾书钞》卷十《周书·康诰》

（宋）袁燮撰

（归善斋按，见"不率大戛"）

9.《书经集传》卷四《周书·康诰》

（宋）蔡沈撰

（归善斋按，另见"不率大戛"）

亦唯君唯长，不能厥家人，越厥小臣、外正，唯威唯虐，大放王命，乃非德用乂。

君、长，指康叔而言也。康叔而不能齐其家，不能训其臣，"唯威唯虐"，大废弃天子之命，乃欲以非德用治，是康叔且不能用上命矣。亦何以责其臣之"瘝厥君"也哉。

10. 《尚书精义》卷三十五《周书·康诰》

（宋）黄伦撰

（归善斋按，见"不率大戛"）

11. 《尚书详解》卷二十九《周书·康诰》

（宋）陈经撰

（归善斋按，见"不率大戛"）

12. 《融堂书解》卷十二《周书·康诰》

（宋）钱时撰

（归善斋按，见"王曰，封，元恶大憝，矧唯不孝不友"）

13. 《尚书要义》

（宋）魏了翁撰

（归善斋按，原缺）

14. 《书集传或问》卷下《康诰》

（宋）陈大猷撰

（归善斋按，未解）

15. 《尚书详解》卷八《周书·康诰第十一》

（宋）胡士行撰

（归善斋按，见"不率大戛"）

16. 《书纂言》卷四上《周书·康诰》

（元）吴澄撰

（归善斋按，另见"不率大戛"）

亦惟君惟长，不能厥家人，越厥小臣、外正，惟威惟虐，大放王命，乃非德用乂。汝亦罔不克敬典，乃由裕民。惟文王之敬忌，乃裕民曰我惟有及，则予一人以怿。

君、长，谓康叔也。能，如"柔远能迩"之"能"，谓化诲而和顺之意也。家人，谓父子、兄弟一家之人。小臣，即小臣诸节。外正，即外庶子训人。正人也，举其长以包其次也。威虐，谓无赦率杀也。放，废弃也。典，谓五典，父子之亲，兄弟之序，君臣之义，在乎以身先之。有"不孝不友"之民，"弗念弗庸"之臣者，亦是汝为君为长，不以德化顺彼一家之人，与此小臣、外正之官，乃唯用威虐以刑杀之，是大废弃王命，而非以德为治矣。王之命，欲以德乂，汝不用德，而用威虐，废弃王命也。汝亦无不敬行五典，以道其民。汝所用以裕其民者，唯当用文王敬畏之德，汝之裕民曰，我唯求有以及于文王，则我之所喜也。

17.《书集传纂疏》卷四下《朱子订定蔡氏集传·周书·康诰》

（元）陈栎撰

（归善斋按，另见"不率大戛"）

亦惟君惟长，不能厥家人，越厥小臣、外正，惟威惟虐，大放王命，乃非德用乂。

君、长，指康叔而言也。康叔而不能齐其家，不能训其臣，"惟威惟虐"，大废弃天子之命，乃欲以非德用治，是康叔且不能用上命矣，亦何以责其臣之瘝厥君也哉？

纂疏：

林氏曰，不能厥家人，越厥云云，如《左传》"不能其大夫，至于君祖母以及国人"也。

18. 《读书丛说》卷六《康诰》

（元）许谦撰

（归善斋按，未解）

19. 《书传辑录纂注》卷四《周书·康诰》

（元）董鼎撰

（归善斋按，另见"不率大戛"）

亦唯君唯长，不能厥家人，越厥小臣、外正，唯威唯虐，大放王命，乃非德用乂。

君、长，指康叔而言也。康叔而不能齐其家，不能训其臣，"唯威唯虐"，大废弃天子之命，乃欲以非德用治，是康叔且不能用上命矣，亦何以责其臣之"瘝厥君"也哉？

辑录：

"乃非德用乂"，言汝若宽纵，则小臣、外正，皆得为威虐。汝之为此，欲以德乂民，而实非德也，姑息而已。苏等说惩王氏之弊，一概以宽为说，恐非圣人刑人正法之意也。

纂注：

林氏曰，"不能厥家人"，如《左传》云"不能其大夫至于君祖母以及国人"也。

薛氏曰，"能"，与"柔远能迩"之"能"同。

20. 《尚书句解》卷八《周书·康诰第十一》

（元）朱祖义撰

已！汝乃其速由兹义率杀（已！而汝乃速由义义，皆诛杀之），亦唯君唯长（抑不思是亦汝康叔之为君，庶子等为长）。

21.《尚书日记》卷十一《周书·康诰》

（明）王樵撰

"亦唯君唯长"至"乃非德用乂"。

君、长，指康叔也。能，犹《左传》云"不能其大夫至于君祖母"之"能"。臣者，民之表，故责民之不孝、不友，其本在臣。君者，臣之表，故责臣之不忠，其本又在君。君身正，则"能厥家人"，所谓身修而家齐也。能厥小臣、外正所谓"唯臣钦若"也，何假于威虐，而以非德用乂哉？唯君而不克君，长而不克长，于是无若之何于厥家人矣，无若之何于小臣、外正矣。乃"唯威唯虐，大放王命"，而欲以非德用乂，不可得也。小臣，即小臣诸节；外正，即庶子训人，唯厥正人也。为君若此，则岂无由文王曰兹乂以议其罚者乎？

（归善斋按，另见"不率大戛"）

22.《日讲书经解义》卷八《周书·康诰》

（清）库勒纳等撰

（归善斋按，另见"不率大戛"）

亦唯君唯长，不能厥家人，越厥小臣、外正，唯威唯虐，大放王命，乃非德用乂。

此一节书，是欲康叔本诸身，以为臣民之表也。放，谓放弃。武王又曰，欲流之清，必先洁其源；欲影之直，必预端其表，此一定之理。夫为人上者，非即臣民之表与源乎？能临驭一国之谓君；能仪型一国之谓长。今汝既为君、长，诚能正己率属本孝友以齐其家，由忠义以训其臣，则倡率有本，虽不事威虐之末，以绳其下，而下之人，有不观感而化者哉？设使汝为君长者，不能齐其一家之人，俾皆兴仁兴让，以为国人之模范，又不能训其小臣、外正之臣，俾各奉公守法，以为百姓之准则，徒知倚势作威，依法为虐，是汝不能仰体天子委任之意，大废君上之命，乃欲以非德为齐治臣民之具矣。汝或如此，将何以责臣之"瘝厥君"而望民之从化也耶？夫刑者不得已而用之，所以辅治，非所以为治也。不先之以表率，而纯任刑罚，是非德用乂，终不能康乂。盖匪独民免无耻之为弊矣。

《五诰解》卷一《康诰》

（宋）杨简撰

（归善斋按，见"不率大戛"）

不能厥家人越厥小臣、外正；唯威唯虐，大放王命；乃非德用乂

1. 《尚书注疏》卷十三《周书》

（汉）孔氏传，（唐）陆德明音义，（唐）孔颖达疏

不能厥家人越厥小臣、外正，唯威唯虐，大放王命，乃非德用乂。

传，为人君长，而不能治其家人之道，则于其小臣、外正官之吏，并为威虐，大放弃王命，乃由非德用治之故。

疏，正义曰，既为人君长，不能治其五教，施于家人之道，则于其卑小臣、外土正官之吏，唯为威暴，唯为酷虐，大放弃王命矣，如是乃由汝非以道德用治之故。

传，正义曰，不能治其家人之道者，以五常，父、母、兄、弟、子，即家人之道。《易》有家人卦，亦与此同也。不行五教，为不能治家人之道。家人不治，则君不明。君既不明，则不察下，故则于其小臣外正官之吏，并为威虐，大放弃王命，非德用治，是不明为臣德也。

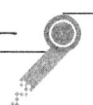

2.《书传》卷十二《周书》

（宋）苏轼撰

越厥小臣、外正，唯威唯虐，大放王命，乃非德用乂。

至于小臣，皆为威虐，放弃王命，此速由兹义率杀之致也。

3.《尚书全解》卷二十八

（宋）林之奇撰

（归善斋按，见"不率大戛"）

4.《尚书讲义》卷十四

（宋）史浩撰

（归善斋按，见"王若曰，孟侯，朕其弟，小子封"）

5.《尚书详解》卷十九《周书·康诰》

（宋）夏僎撰

（归善斋按，见"不率大戛"）

6.《增修东莱书说》卷二十《周书·康诰第十一》

（宋）吕祖谦撰，（宋）石澜增修

（归善斋按，见"王曰，封，元恶大憝，矧唯不孝不友"）

7.《尚书说》卷五《周书·康诰》

（宋）黄度撰

（归善斋按，见"已！汝乃其速由兹义率杀"）

8.《絜斋家塾书钞》卷十《周书·康诰》

（宋）袁燮撰

（归善斋按，见"不率大戛"）

9. 《书经集传》卷四《周书·康诰》

（宋）蔡沈撰

（归善斋按，见"已！汝乃其速由兹义率杀"）

10. 《尚书精义》卷三十五《周书·康诰》

（宋）黄伦撰

（归善斋按，见"不率大戛"）

11. 《尚书详解》卷二十九《周书·康诰》

（宋）陈经撰

（归善斋按，见"不率大戛"）

12. 《融堂书解》卷十二《周书·康诰》

（宋）钱时撰

（归善斋按，见"王曰，封，元恶大憝，矧唯不孝不友"）

13. 《尚书要义》

（宋）魏了翁撰

（归善斋按，原缺）

14. 《书集传或问》卷下《康诰》

（宋）陈大猷撰

（归善斋按，未解）

15. 《尚书详解》卷八《周书·康诰第十一》

（宋）胡士行撰

（归善斋按，见"不率大戛"）

16. 《书纂言》卷四上《周书·康诰》

(元) 吴澄撰

(归善斋按,见"已!汝乃其速由兹义率杀")

17. 《书集传纂疏》卷四下《朱子订定蔡氏集传·周书·康诰》

(元) 陈栎撰

(归善斋按,见"已!汝乃其速由兹义率杀")

18. 《读书丛说》卷六《康诰》

(元) 许谦撰

(归善斋按,未解)

19. 《书传辑录纂注》卷四《周书·康诰》

(元) 董鼎撰

(归善斋按,见"已!汝乃其速由兹义率杀")

20. 《尚书句解》卷八《周书·康诰第十一》

(元) 朱祖义撰

不能厥家人(不能先正其家人,使父子有亲,长幼有序),越厥小臣、外正(乃与其小臣,及在外为正人之官者),唯威唯虐(更相视效,肆为刑威暴虐),大放王命(大废弃其王命),乃非德用乂(此乃非以德而治民)。

21. 《尚书日记》卷十一《周书·康诰》

(明) 王樵撰

(归善斋按,见"已!汝乃其速由兹义率杀")

22. 《日讲书经解义》卷八《周书·康诰》

（清）库勒纳等撰

（归善斋按，见"已！汝乃其速由兹义率杀"）

《读书管见》卷下《康诰》

（元）王充耘撰

不能厥家人，越厥小臣、外正。

能，如"柔远能迩"之"能"，谓化诲扰复之也。

《五诰解》卷一《康诰》

（宋）杨简撰

（归善斋按，见"不率大戛"）

汝亦罔不克敬典，乃由裕民，唯文王之敬忌

1. 《尚书注疏》卷十三《周书》

（汉）孔氏传，（唐）陆德明音义，（唐）孔颖达疏

汝亦罔不克敬典，乃由裕民，唯文王之敬忌。

传，常事，人之所轻，故戒以无不能敬常，汝用宽民之道，当唯念文王之所敬忌而法之。

音义，忌，其记反。

疏，正义曰，由此，汝亦无得不能敬其常事，汝用宽民之道，当思唯念用文王之所敬畏而法之。

传，正义曰，常事，常所行之事也，人见寻常，不为异，故轻之。而以为戒。文王所敬忌，即敬德忌刑。郑云"祗祗、威威"是也。

2.《书传》卷十二《周书》

（宋）苏轼撰

汝亦罔不克敬典，乃由裕民。唯文王之敬忌，乃裕民曰我唯有及，则予一人以怿。

居敬而行宽裕。先法文王之所敬畏，乃裕民曰我唯有及，缓之至也。欲速者，唯恐不及。

3.《尚书全解》卷二十八

（宋）林之奇撰

汝亦罔不克敬典，乃由裕民。唯文王之敬忌，乃裕民曰我唯有及，则予一人以怿。

典，先儒以训"常"，谓常事，人之所轻，故戒以无不能敬常。王氏则曰，《周官》以六典待邦国之治，故为诸侯当先敬典。予窃以为不然。典者，天叙之典，即父子、兄弟之常道也。敬典者，"敬敷五教"是也。"乃由裕民"者，在宽是也，既不可以严刑峻罚以迫切之，则无不敬典，而用以裕民，宽以诱之，"则易直子谅之心油然而生矣"。然尔之所以裕民者，亦岂可他求哉？唯文王之敬忌已。潘博士曰，敬，则有所尊，而能顺其所为；忌，则有所畏，而能戒其所不为。此说是也。夫成王之所以望于康叔者，固欲其祗遹文考，而率由其旧，不愆不忘也。使其于不孝不友之人，而"速由文王之罚刑"，是亦祗遹文考，而非所以祗遹之矣。唯其裕民，而唯文王之敬忌，则得其所以祗遹之道也。盖不敬忌于文王，而以之裕民，乃曰"其速由文王作罚，刑兹无赦"，是罔民也。尔之所以裕民，苟曰我唯有及于此，无不至也，则予一人安得而不悦哉？夫成王谓正人之弗念，不教而诛其民，亦岂成王之所欲哉？"弗念弗庸"，既以为憝矣，故敬忌以裕民，则我心悦怿。成王之所好恶，盖在于此，而其德皆康叔之所知，则康叔之所择术，当如何哉？此所以先言"朕心朕德，唯乃知"，而后告之以此也。夫《周诰》《商盘》，虽若诘曲聱牙，而不可晓及，反复而考之，则未尝不错综经纬，而有条理也，学者不可不知。

4.《尚书讲义》卷十四

（宋）史浩撰

（归善斋按，见"王若曰，孟侯，朕其弟，小子封"）

5.《尚书详解》卷十九《周书·康诰》

（宋）夏僎撰

（归善斋按，见"不率大戛"）

6.《增修东莱书说》卷二十《周书·康诰第十一》

（宋）吕祖谦撰，（宋）石澜增修

（归善斋按，见"王曰，封，元恶大憝，矧唯不孝不友"）

7.《尚书说》卷五《周书·康诰》

（宋）黄度撰

汝亦罔不克敬典，乃由裕民。唯文王之敬忌，乃裕民曰我唯有及，则予一人以怿。

汝亦宜自反，无不克敬典，常用以裕民裕宽。舜命司徒曰"敬敷五教在宽"。唯文王之所敬者，敬之；其所忌者，忌之，乃以裕其民曰，视我为法，我亦庶几能有及于文王，则天子予一人悦怿，汝矣勉之。

8.《絜斋家塾书钞》卷十《周书·康诰》

（宋）袁燮撰

（归善斋按，见"不率大戛"）

9.《书经集传》卷四《周书·康诰》

（宋）蔡沈撰

汝亦罔不克敬典，乃由裕民。唯文王之敬忌，乃裕民曰我唯有及，则予一人以怿。

汝罔不能敬守国之常法，由是而求裕民之道。唯文王之敬忌，敬，则有所不忽；忌则有所不敢。期裕其民曰，我唯有及于文王，则予一人以悦怿矣。此言"谨罚"之终也。穆王训刑，亦曰"敬忌"云。

10. 《尚书精义》卷三十五《周书·康诰》

（宋）黄伦撰

汝亦罔不克敬典，乃由裕民。唯文王之敬忌，乃裕民曰我唯有及，则予一人以怿。

无垢曰：典，即父子、兄弟之典也。文王于德，则在所敬；于罚，则在所忌。忌，即慎也。我以文王为法，则知所敬，知所忌矣。乃宽裕以训民，曰我所以不敢峻刑以治汝不孝不友之罪者，我将追文王所以教化天下之意，而不事刑也。夫文王能使江汉游女，无思犯礼；伐条妇人，勉夫以正；虞芮争田，入其境而心化，岂容有不孝不友之人乎？如此用心，则合成王、周公之心，此成王所以悦怿。

11. 《尚书详解》卷二十九《周书·康诰》

（宋）陈经撰

汝亦罔不克敬典，乃由裕民。唯文王之敬忌，乃裕民曰我唯有及，则予一人以怿。

上章既言康叔未可用刑罚以治商民之不孝不友，此章又言敬典裕民之意。典，即常行之理，父子、君臣、兄弟、夫妇是也。汝当无不能敬其典，则是反身以率民，至如民之未化，则以宽裕待之，则舜典"敬敷五教在宽"之意也。详于治己而，略于责人，则能敬典裕民矣。为治己之意略，而责人者详，是典之在吾身者，未知敬，而刑罚急迫之政，所以责望于民。必深唯文王之敬忌，文王当时所敬者，在德；所忌者，刑罚。汝康叔之敬忌，亦如文王之敬忌可也。乃裕民曰，我唯及汝能宽裕化民，自言曰，我唯有及于文王之裕民，则我一人悦怿于心。我之所望尔康叔者，正在于是，而尔能副我所望，岂有不悦者哉？引恶者，朕所憝；裕民者，予所怿。以己之好恶，而示康叔者如此。

12. 《融堂书解》卷十二《周书·康诰》

（宋）钱时撰
（归善斋按，见"王曰，封，元恶大憝，矧唯不孝不友"）

13. 《尚书要义》

（宋）魏了翁撰
（归善斋按，原缺）

14. 《书集传或问》卷下《康诰》

（宋）陈大猷撰
（归善斋按，未解）

15. 《尚书详解》卷八《周书·康诰第十一》

（宋）胡士行撰
（归善斋按，见"不率大戛"）

16. 《书纂言》卷四上《周书·康诰》

（元）吴澄撰
（归善斋按，见"已！汝乃其速由兹义率杀"）

17. 《书集传纂疏》卷四下《朱子订定蔡氏集传·周书·康诰》

（元）陈栎撰

汝亦罔不克敬典，乃由裕民。唯文王之敬忌，乃裕民曰我唯有及，则予一人以怿。

汝罔不能敬守国之常法，由是而求裕民之道，唯文王之敬忌。敬，则有所不忽；忌，则有所不敢。期裕其民曰我唯有及于文王，则予一人以悦怿矣。此言"谨罚"之终也。穆王训刑，亦曰"敬忌"云。

纂疏：

林氏曰，典者，天叙之典，即父子、兄弟之常道。敬典，"敬敷五教"也。裕民，即在宽也。

愚谓，前言"速由文王罚刑"，"速由兹义率杀"两言，"速由"，何其急速也。此言"乃由裕民"，"乃裕民"两言，"乃裕"又何其宽缓也。始欲其以刑齐民，以惩戒人之恶习；终欲其以身率人，以容养人之善心，其急其缓，并行而不相悖也。

陈氏大猷曰，此上三节疑有错简。

18.《读书丛说》卷六《康诰》

（元）许谦撰

（归善斋按，未解）

19.《书传辑录纂注》卷四《周书·康诰》

（元）董鼎撰

汝亦罔不克敬典，乃由裕民。唯文王之敬忌，乃裕民曰我唯有及，则予一人以怿。

汝罔不能敬守国之常法，由是而求裕民之道。唯文王之敬忌，敬，则有所不忽；忌则有所不敢。期裕其民曰，我唯有及于文王，则予一人以悦怿矣。此言"谨罚"之终也。穆王训刑，亦曰"敬忌"云。

辑录：

文王之敬忌，忌恶也。

纂注：

林氏曰，典者，天叙之典，即父子、兄弟之常道。敬典者，"敬敷五教"也。裕民，即在宽是也。不专以严刑峻罚迫切之，则无不敬典，而用以裕民，宽以诱之，"则易直子谅之心油然生"矣。然尔之裕民，岂他求哉？唯文王之"敬忌"而已。敬，则有所尊，而能顺其所为；忌，则有所畏，而能戒其所不为。

陈氏大猷曰，民之不孝不友，由不知敬五典也。敬，则律己严而感率者尽；裕则待人宽，而从容自从。然敬典而不知忌刑，亦非所以全裕民之道。唯法文王之敬典忌刑，乃能裕民耳。"弗念弗庸"，既以为朕，则敬忌裕民，人其有不怿乎？

唐孔氏曰，敬忌，谓敬德、忌刑。

新安陈氏曰，前之"速由文王罚刑"，"速由兹义率杀"，两言"速由"，何其速也。始欲其以刑齐民，以惩戒人之恶习。终欲其以身率人，以容养人之善心，其急其缓并行，而不相悖也。

陈氏大猷曰，此上三节，疑有错简，诸家皆意其然耳。

20.《尚书句解》卷八《周书·康诰第十一》

（元）朱祖义撰

汝亦罔不克敬典（今汝康叔当无不能敬行五常之道），乃由裕民（乃可以宽裕待民之自化），唯文王之敬忌（思文王当时所敬者，在德；所忌者，在刑罚）。

21.《尚书日记》卷十一《周书·康诰》

（明）王樵撰

"汝亦罔不克敬典"至"则予一人以怿"

法，由前古而至我周，讲画至精至备，皆天讨不易之定理，国之常典也。汝亦罔不能敬守之，由是而求裕民之道。"裕"云者，典以弼教，本欲民知所趋避，而从容于德化之中，非以操切之也。"唯文王之敬忌"者，敬忌之心，裕民之道也。文王"视民如伤"，"不务咎"，"罔攸兼于庶狱"，"罔敢知于兹"，唯恐误之，"敬忌"之至也。"乃裕民曰我唯有及于文王。则予一人以怿"矣。"唯有及"，谓如文王之"敬忌"也。敬，如文王；忌，如文王，故无既失之悔，而兆民所以咸赖。敬典者知以此心为法，唯恐不及，庶乎可以言"裕民"矣。

此示"慎罚"之标准。文王"克明德"，语其实曰"敬止"；"克慎罚"，语其要曰"敬忌"。后之欲"明德慎罚"者，师文王而已矣。

明德，以作新民终之；慎罚，以敬忌终之者。明德，自内而验之外；慎罚，自外而本之心也。

22.《日讲书经解义》卷八《周书·康诰》

（清）库勒纳等撰

汝亦罔不克敬典，乃由裕民，唯文王之敬忌，乃裕民曰我唯有及，则予一人以怿。

此一节书，是言裕民为慎罚之极功，以终之也。典，谓国之常典；由，用也。裕，和顺也。怿，是喜悦之意。武王又曰，立法创制，虽始于前古，至我周而后大备，要皆天讨不易之定理，国之常典也。汝欲仰承王命，凡用刑之际，亦无往而不敬守国之常典。即由此敬典，以化民，惩其不率之习，兴其孝友之良，优游驯扰，使从容归于德化之中可耳。然亦不必远求也，但取法乎文王而已。夫"视民如伤"，"不侮鳏寡"，文王之"敬"也；庶狱罔兼，咎恶不务，文王之"忌"也。汝唯思文王之敬谨，而戒慎恐惧，无一念之或怠。唯思文王之畏忌，而钦恤哀矜，无一念之或纵。由是而求裕其民，尝自念曰，我唯求能及文王之裕民斯已矣。如是庶能尽君长之责，而无负王命也。予一人，望汝之心不亦快然悦怿矣乎？盖典者，文王之良法；而敬忌者，即文王之良心。此"慎罚"之终也。

《书义断法》卷四《周书·康诰》

(元) 陈悦道撰

汝亦罔不克敬典，乃由裕民。唯文王之敬忌，乃裕民曰我唯有及，则予一人以怿。

敬典者，一国之常法。敬以持之，固可以裕民矣。敬忌者，一代之家法，敬而有戒慎，则庶几可及乎文王之裕民也。而"敬敷五教在宽"之意，皆所以宽容养其善心，而终免于刑罚。能如文王之发政施仁，美化行乎江汉，彼裕我民，岂不绰绰乎有余裕。以此治殷民，此则武王建国治民初意，庶几其可以少慰怿也。此武王《康诰》之书，所以终"慎罚"之义如此，而拳拳有望于康叔云。

《读书管见》卷下《康诰》

(元) 王充耘撰

汝亦罔不克敬典，乃由裕民。唯文王之敬忌，乃裕民曰我唯有及，则予一人以怿。

由，训"用"；"唯"训"思"，言汝亦罔不克敬典，用以裕民，当思唯文王之敬忌，以至裕民，而心之所期者，曰我思跂及于文王，则予一人以怿矣。盖必有《关雎》《麟趾》之意，而后可以行《周官》六典之法度。典，固国之常典，使无文王敬忌之心以行之，则徒法而已矣，民何自而得其安哉。敬忌者，慎罚条目之工夫也，故《吕刑》云"敬忌，罔有择言在身"。

《五诰解》卷一《康诰》

（宋）杨简撰

汝亦罔不克敬典，乃由裕民。唯文王之敬忌，乃裕民曰我唯有及，则予一人以怿。

前言"非德用乂"，乃致戒"汝亦罔不克敬典"也。典，常也。汝既"克敬典"，当严于修身。至于临民，则当用宽裕。舜"御众以宽"，孔子曰"居上不宽"，"吾何以观"。汝虽"敬典"，又当学文王之"敬忌"也。文王小心翼翼，"不闻亦式，不谏亦入"，"不识不知，顺帝之则"，此文王之"裕民""敬忌"也，裕民虽同，而有圣贤之异。周公之心，召公犹不尽知，则文王之心，康叔宜勤于学，唯进德亹亹，而至于曰，我今几及文王矣，则予一人为之悦怿也。

乃裕民曰我唯有及，则予一人以怿

1.《尚书注疏》卷十三《周书》

（汉）孔氏传，（唐）陆德明音义，（唐）孔颖达疏

乃裕民曰我唯有及，则予一人以怿。

传，汝行宽民之政，曰我唯有及于古，则我一人，以此悦怿汝德。

音义，怿，音亦。

疏，正义曰，汝以此行宽民之政，曰我愿唯有及于古，则我一人天子，以此悦怿汝德矣。汝唯宜勤之。

传，正义曰，宽则得众，故五教在宽，上既言"乃由裕民"，此又叠之"汝行宽民之政"，曰我唯有及于古，即古贤诸侯。汝恶我则恶之。汝

善我则爱之,以此我一人悦怿汝德也。

2.《书传》卷十二《周书》

(宋)苏轼撰
(归善斋按,见"汝亦罔不克敬典")

3.《尚书全解》卷二十八

(宋)林之奇撰
(归善斋按,见"汝亦罔不克敬典")

4.《尚书讲义》卷十四

(宋)史浩撰
(归善斋按,见"王若曰,孟侯,朕其弟,小子封")

5.《尚书详解》卷十九《周书·康诰》

(宋)夏僎撰
(归善斋按,见"不率大戛")

6.《增修东莱书说》卷二十《周书·康诰第十一》

(宋)吕祖谦撰,(宋)石澜增修
(归善斋按,见"王曰,封,元恶大憝,矧唯不孝不友")

7.《尚书说》卷五《周书·康诰》

(宋)黄度撰
(归善斋按,见"汝亦罔不克敬典")

8.《絜斋家塾书钞》卷十《周书·康诰》

(宋)袁燮撰
(归善斋按,见"不率大戛")

9. 《书经集传》卷四《周书·康诰》

（宋）蔡沈撰

（归善斋按，见"汝亦罔不克敬典"）

10. 《尚书精义》卷三十五《周书·康诰》

（宋）黄伦撰

（归善斋按，见"汝亦罔不克敬典"）

11. 《尚书详解》卷二十九《周书·康诰》

（宋）陈经撰

（归善斋按，见"汝亦罔不克敬典"）

12. 《融堂书解》卷十二《周书·康诰》

（宋）钱时撰

（归善斋按，见"王曰，封，元恶大憝，矧唯不孝不友"）

13. 《尚书要义》

（宋）魏了翁撰

（归善斋按，原缺）

14. 《书集传或问》卷下《康诰》

（宋）陈大猷撰

（归善斋按，未解）

15. 《尚书详解》卷八《周书·康诰第十一》

（宋）胡士行撰

（归善斋按，见"不率大戛"）

16.《书纂言》卷四上《周书·康诰》

（元）吴澄撰

（归善斋按，见"已！汝乃其速由兹义率杀"）

17.《书集传纂疏》卷四下《朱子订定蔡氏集传·周书·康诰》

（元）陈栎撰

（归善斋按，见"汝亦罔不克敬典"）

18.《读书丛说》卷六《康诰》

（元）许谦撰

（归善斋按，未解）

19.《书传辑录纂注》卷四《周书·康诰》

（元）董鼎撰

（归善斋按，见"汝亦罔不克敬典"）

20.《尚书句解》卷八《周书·康诰第十一》

（元）朱祖义撰

乃裕民（乃能宽裕待民之化）曰我唯有及（自言我思有及于文王之敬忌），则予一人以怿（则我一人心悦矣）。

21.《尚书日记》卷十一《周书·康诰》

（明）王樵撰

（归善斋按，见"汝亦罔不克敬典"）

22.《日讲书经解义》卷八《周书·康诰》

（清）库勒纳等撰

（归善斋按，见"汝亦罔不克敬典"）

《书义断法》卷四《周书·康诰》

（元）陈悦道撰

（归善斋按，见"汝亦罔不克敬典"）

《五诰解》卷一《康诰》

（宋）杨简撰

（归善斋按，见"汝亦罔不克敬典"）

王曰：封，爽唯民迪吉康

1.《尚书注疏》卷十三《周书》

（汉）孔氏传，（唐）陆德明音义，（唐）孔颖达疏

王曰，封，爽唯民迪吉康。

传，明唯治民之道，而善安之。

疏，正义曰，既言德刑事，终而总言之，我所以令汝明德慎罚，以施政者，王命所以言曰，封，为人君，当明唯为治民之道，而善安之。故我以是须汝善安民。

传，正义曰，以慎德刑，为明治民之道，教之五常为善，富而不扰，为安也。郑以"迪"为下读，各为一通也。

2.《书传》卷十二《周书》

（宋）苏轼撰

王曰，封，爽唯民迪吉康。

明哉，民之迪于吉且安也。

3.《尚书全解》卷二十八

（宋）林之奇撰

王曰，封，爽唯民迪吉康。我时其唯殷先哲王德，用康乂民作求，矧

今民罔迪不适。不迪，则罔政在厥邦。

　　成王既以殷之遗俗，染纣之化，不孝不友，大泯乱于民彝，当于汝康叔政人得罪，斯民苟陷溺其良心，而不能自反于善，则汝康叔固不可以逃其责矣。何者？斯民之所以至此者，汝不知敬典以裕之故也。然分土列爵以司牧殷之遗民者，康叔也。履至尊，制六合，溥天之下，罔不率服，虽殷之余民，亦皆归于囊籥之中者，成王也。既以此为康叔之罪，成王独无责乎哉？故自此以下，又皆成王以训迪厥俗，使之生其善心者，而自任于己也。昔孔距心为齐平陆大夫，而其民以凶年饥岁之故，老弱转乎沟壑，壮者散而之四方。孟子既以失伍责之，而距心自以为罪矣。他日，孟子为齐王诵之，而齐王亦自以为罪也。盖以平陆言之，责固在于距心；以齐国言之，责岂不在于王乎。故以卫国言之，则康叔固当敬典以裕民；以天下言之，则成王独可恝然不以为意哉？成王之告康叔，谓我之所以朝思夕虑，以康乂殷民，未尝有须臾废其牧养之宜，一有不至，则天降之罚，我当顺受而不敢怨也。我既以此而自任矣，尔康叔当如何哉？"爽唯民迪吉康"者，言唯民当迪导以吉康之，道其理甚明也。夫尧舜之民仁寿，非其民自尔也。迪之者以其道故也。桀纣之民鄙夭。非其民自尔也，迪之者非其道故也。夫殷之遗民，不孝、不友，以大泯乱于民彝，为不吉，孰甚焉。如此，则将陷于囹圄，以危其身，丧其家，其为不安，孰甚焉。然原夫殷民，当其受天地之中以生，良心未丧之前，孰不知吉康之不可一日舍，而凶危之不可一日就哉。其所以至此者，盖上之人无以迪之耳。苟能以其所固有之性，而还以治之，则其不去凶危而就吉康未之有也。唯夫民之于吉康，必在夫有以迪之而后能秉彝而好德。故我其思，殷之先世哲王之德，所可用以安治斯民者，作而求之也。先儒以"求"为"求而等之"；王氏以为"作而求我所为"；苏氏以为民所求皆非本义。盖求与"好古敏以求之"之"求"同。作，起也。起而求商先哲王所以康乂民者，而行之也。王博士曰，圣人不欲康乂天下之民则已，如欲康乂天下之民，而不知求先王之德，未见其能至也。《诗》云"王配于京，世德作求"。夫武王之所以配于京者，以三后在天故也，此作求之谓也。盖成王戒康叔，唯文王之敬忌以裕民，则其自处可知矣。而此言，"我时其唯殷先哲王德，用康乂民作求"也，此说为善。此篇言，"汝虽小子，乃服唯弘王，应保殷民"，谓成王之于殷民，固未尝不加意拊循，以尽其应保之政。汝康叔当唯我之德意以弘之而已，则夫求殷哲王德之康乂民者，正成王之本心也。"矧今民罔迪不适"者，无以殷之民其不孝不友，与肺腑俱生不可以革也，未有迪之而不适者。盖上之化下，下之从上，如泥之在钧，唯甄者之所为；如金之在镕，唯冶者之所铸。岂有迪之而不适从者哉？迪之于仁寿，则仁寿；迪之于鄙夭，则鄙夭。苟以为自暴自弃，不可变革，而无以迪之，则无政在于厥邦矣。盖邦之所以为邦者，以有政也。无以迪民，则何政之有？故我之作求殷哲王之德，举而措之于天下者，凡以邦之政，不得不然也。

4.《尚书讲义》卷十四

（宋）史浩撰

（归善斋按，见"王若曰，孟侯，朕其弟，小子封"）

5.《尚书详解》卷十九《周书·康诰》

（宋）夏僎撰

王曰，封，爽唯民迪吉康，我时其唯殷先哲王德，用康乂民作求，矧今民罔迪不适。不迪，则罔政在厥邦。

成王上既告康叔于民之不孝不友者，当教之而不可刑，故以此训迪之事为己任。盖分土列爵，以司牧商民者，虽康叔之任，而履至尊，制六合，使殷民以归橐籥之中者，实成王之责。故上文既以之责康叔至此，则又以之自责也。"爽唯民迪吉康"者，爽，明也，言明思治民之道，唯当导迪以吉康之道。盖民之有生，无不好善，无不好安。或陷于凶危，皆上之人不能迪之耳。唯民在于迪之以吉康，故成王谓，我于是其思殷先哲王之德可用以安治斯民者，则作起而求之。言思其为美，遂作起而求之，不敢荒宁也。况今之民，无有迪之以善，而不适于善者。其意盖谓，不孝、不友之民，其不善之心，非与生俱生也，但无人迪之耳。苟迪之，则无有不适从者。尧舜迪之以仁寿，则仁寿；桀纣迪之以夭鄙，则夭鄙，是无迪之不适也。苟可迪而不能迪，则谓之无政在其邦。盖邦之所以为邦者，以其有政以迪民，今不能迪之，是无政也。

6.《增修东莱书说》卷二十《周书·康诰第十一》

（宋）吕祖谦撰，（宋）石澜增修

王曰，封，爽唯民迪吉康，我时其唯殷先哲王德，用康乂民作求，矧今民罔迪不适。不迪，则罔政在厥邦。

前既责之民，又责之臣，又责之康叔，自此以下，成王所以自责也。爽，明也。我明而思之，见得治民，必有以开导之，而后可以至吉康之地。迪者，其责在人君也。我又思商先哲王之德，用康宁保乂其民，作而求之。今之民无以开导之，何由以至于安稳吉康？无以开迪百姓，则尔卫国亦为无政矣。终言身率之意也。后世人君，风俗败坏，忿嫉百姓。圣人则皆于吾身求之。"元恶大憝"，唯我正人得罪，虽以文王之罚刑之，必正身以表率之，至是又以导迪之责归于及，深知人君之职分也。

7.《尚书说》卷五《周书·康诰》

（宋）黄度撰

王曰，封，爽唯民迪吉康。我时其唯殷先哲王德，用康乂民作求。矧今民罔迪不适。不迪，则罔政在厥邦。

爽，明也。明者，非自明而已也，所以明民也。迪，蹈；吉，善；康，安。明民，则能使蹈于安善，故我于殷先哲王之有德能用以安治民者，起而求之。《大雅》曰"世德作求"，况今民无能蹈道，而皆冥行不能有所适。夫不能迪民，则为无政在其国矣。此王自谓未能乂殷民，故其下有"天罚殛我"之言。

8.《絜斋家塾书钞》卷十《周书·康诰》

（宋）袁燮撰

王曰，封，爽唯民迪吉康。我时其唯殷先哲王德，用康乂民作求。矧今民罔迪不适。不迪，则罔政在厥邦。

爽，明也。有以导之，则民皆吉康，此理之至明者也。我今亦唯取法于殷先哲王之德，用康乂斯民，以作天下之求。汝康叔今所治者商民，可不唯商先哲王之是式乎？故曰"往，敷求于殷先哲王"，又曰"汝丕远唯商耇成人，宅心知训"，又曰"罚蔽殷彝"，又曰"师兹殷罚有伦"，谆谆以商为言者，盖纣自无道而绝灭，商先王岂可不知取法哉？成王、周公既"唯殷先哲王德，用康乂民"，康叔又可不知所取法乎？民之良心，无不可感动者，有以导迪之，则必归于道矣。罔迪不适者有之，无有迪而不适者也。苟为国家而不知导民为务，其为无政也大矣。

9.《书经集传》卷四《周书·康诰》

（宋）蔡沈撰

王曰，封，爽唯民迪吉康。我时其唯殷先哲王德，用康乂民作求。矧今民罔迪不适。不迪，则罔政在厥邦。

此下欲其以德用罚也。求，等也。《诗》曰"世德作求"，言明思夫民当开导之以吉康。我亦时其唯殷先哲王之德，用以安治其民，为等匹于商先王也。迪，即"迪吉康"之"迪"。况今民无导之而不从者，苟不有以导之，则为无政于国矣。迪言德，而政言刑也。前既严之民，又严之臣，又严之康叔，此则武王之自严畏也。

10.《尚书精义》卷三十五《周书·康诰》

（宋）黄伦撰

王曰，封，爽唯民迪吉康。我时其唯殷先哲王德，用康乂民作求。矧今民罔迪不适。不迪，则罔政在厥邦。

无垢曰，化殷民，当法殷先哲王。盖由汤至于武丁，贤圣之君六七作。天下归殷久矣。傥求殷先哲王所以化民之德以率之，则宜于民心，而应天下之求矣。此"求"，当如"童蒙求我"之"求"。盖寒者，求我而得衣；馁者，求我而得食；不得其所者，求我而安；不由其道者，求我而适正路。傥不先合其心，其肯求我乎？迪者，道也。道之于吉康之地，则适吉康；道之于危亡之地，则适危亡。此理之自然也。所以迪之者，何政而已矣。能迪民于吉康，则一国之纪纲可知。不能迪民，而使之人于危亡之地，是国无政，而纪纲紊乱矣。

张氏曰，好吉而恶凶，好安而恶危，民情之常也。然其愚而无知，非上之明为民以迪之，则莫知所由矣。若夫上不能迪民，使之趋于吉康，而民将沉陷于凶危之域，如此则无政在厥邦，盖政在迪民故也。

11.《尚书详解》卷二十九《周书·康诰》

（宋）陈经撰

王曰，封，爽唯民迪吉康。我时其唯殷先哲王德，用康乂民作求。矧今民罔迪不适。不迪，则罔政在厥邦。

爽，明也。民之本性，未尝不明。所以不明者，有以使之而非其本然也。知民之本明，当迪之于吉康之地。"吉"对"凶"而言；"康"对"危"而言。为善则吉而安，为恶则凶而危。迪导之以吉康。虽在上之人。然所以能使之吉康者，自非民性本明，安能如此。我时其唯商家哲王之德，用以安治于其民，以作民之求。君者，民之所求也。寒者，求衣；饥者，求食。康叔所治商民，商民思念贤圣之君久矣。故《康诰》之篇，大率使康叔法商先王，以应民之求。谓因其民不易其俗，行商王之德，庶几可以慰商民之望，民之所求者无不获矣。况今商民，无有迪道之而不适于善者。良心，民所固有。不能还其所固有者，其咎皆在上之人不能迪导之。是谓有国而无政矣。政者，正也。有政则能正其民固也。商民不孝不友之俗，如彼成王、周公略无忿疾之心，唯见其民之所以善，而不见其民之所以恶，其所以责备于康叔之身详矣。

12.《融堂书解》卷十二《周书·康诰》

（宋）钱时撰

王曰，封，爽唯民迪吉康。我时其唯殷先哲王德，用康乂民作求。矧今民罔迪不适。不迪，则罔政在厥邦。

此书纲领在法文王"明德谨罚"，言"明德谨罚"可谓明备矣。此节乃拳拳乎一"迪"字，"迪"者，所以导之，使知所趋也。昏愚之民，日颠倒乎凶危之境，亦唯上之人有以迪之耳。周公谓康叔。今日分明唯在迪民于吉康。迪之如何？曰德而已。我时复思念殷先哲王。专是用德安治其民，以作民之所求。况今殷民习乱梗化，又非前日之比。无以迪之，则冥然莫知所适从。若不能迪，则无以为政矣。

13. 《尚书要义》

（宋）魏了翁撰

（归善斋按，原缺）

14. 《书集传或问》卷下《康诰》

（宋）陈大猷撰

（归善斋按，未解）

15. 《尚书详解》卷八《周书·康诰第十一》

（宋）胡士行撰

王曰，封，爽（明）唯（思）民（当）迪（导以）吉康（之道）。我时（是）其唯殷先哲王德，用康乂民作（起）求。矧今民罔迪不适（之善）。不迪，则罔政在厥邦。

刑不可尚，则有迪之以德而已。人无有不善，无迪之而不从者。若不迪，则是上之人自无善政，非可徒咎之民也。

16. 《书纂言》卷四上《周书·康诰》

（元）吴澄撰

王曰，封，爽唯民迪吉康。我时其唯殷先哲王德，用康乂民作求。矧今民罔迪不适。不迪，则罔政在厥邦。

武王既戒康叔矣，又自责于身。爽，明也，明知斯民导迪之，则吉康。我欲迪民，于是唯殷先哲王之德，所用以安治其民者，起而求也。况今殷民，无以迪之，则不能自适于吉康之地。不迪其民，则非唯民陷于凶危，而我国亦无政矣。

17. 《书集传纂疏》卷四下《朱子订定蔡氏集传·周书·康诰》

（元）陈栎撰

王曰，封，爽唯民迪吉康。我时其唯殷先哲王德，用康乂民作求。矧今民罔迪不适。不迪，则罔政在厥邦。

此下欲其以德用罚也。求，等也。《诗》曰"世德作求"，言明思夫民，当开导之吉康。我亦时其唯殷先哲王之德，用以安治其民，为等匹于商先王也。迪，即"迪吉康"之"迪"。况今民，无导之而不从者。苟不有以导之，则为无政于国矣。迪言德，而政言刑也。前既严之民，又严之臣，又严之康叔，此则武王之自严畏也。

纂疏：

林氏曰，我今其唯殷先哲王之德，可用以康乂民者，作起而求之。"求"如"敏以求之"之"求"。

真氏曰，欲导民于吉康，其何以哉？唯于殷先哲王之德，用以康乂民者，作而求之而已。殷先王之所为，无非导民吉康之道，导以仁义，而民趋于仁义；导以孝弟，而民趋于孝弟。此所谓"迪吉康"也。政所以正民，不能导民，俾知所适，尚何政之有？古之政，合教化而言；后之政，离教化而言。

愚按，作求，真广，林说为优。

18.《读书丛说》卷六《康诰》

（元）许谦撰

（归善斋按，未解）

19.《书传辑录纂注》卷四《周书·康诰》

（元）董鼎撰

王曰，封，爽唯民迪吉康。我时其唯殷先哲王德，用康乂民作求。矧今民罔迪不适。不迪，则罔政在厥邦。

此下欲其以德用罚也。求，等也。《诗》曰"世德作求"，言明思夫民，当开导之吉康，我亦时其唯殷先哲王之德，用以安治其民，为等匹于商先王也。迪，即"迪吉康"之"迪"。况今民无导之而不从者。苟不有以导之。则为无政于国矣。迪言德。而政言刑也、前既严之民。又严之臣，又严之康叔。此则武王之自严畏也。

纂注：

孔氏曰，明，唯治民之道而善安之。治民乃欲求等商先智王。

林氏曰，我今其唯殷先哲王之德可用以安治斯民者，作起而求之。求，如"敏以求之"之"求"。

陈氏曰，以作民之求。君者，民之所求也。王弼曰，无者求有；有者不求于无。危者求安；安者不求于危。

真氏曰，欲导民于吉康，其何以哉？唯于殷先哲王之德。用以康乂民者，作而求之而已。盖先哲王之所为，无非导民吉康之道也。导之以仁义，而民趋于仁义；导之以孝弟，而民趋于孝弟。此则所谓"吉康"也。政者，所以正民。不能导民，俾知所适尚，何政之有？古之所谓政者，合教化而言；后世所谓政者，离教化而言。

新安陈氏曰，作求，林说为优。

20.《尚书句解》卷八《周书·康诰第十一》

（元）朱祖义撰

王曰，封（呼康叔言），爽唯民（未尝不明者，民之性），迪吉康（唯在上之人导迪于吉善安康之地）。

21.《尚书日记》卷十一《周书·康诰》

（明）王樵撰

"王曰，封，爽唯民迪吉康"至"不迪则罔政在厥邦"。

此下欲其以德用罚也。吕氏曰，我明而思之，见得治民必开导之以吉康。林氏曰，尧舜之民仁寿，桀纣之民鄙夭，非其自尔也。上之人迪之者以其道，与非其道故也。真氏曰，然则，欲导民于吉康，其何以哉？唯于殷先哲王之德，用于康乂民者，作而求之而已。盖殷先哲王之所为，无非导民吉康之道也。导之以仁义，而民趋于仁义；导之以孝弟，而民趋于孝弟。此所谓"吉康"也。政者，所以正民也。不能导民，俾知所适，尚何政之有？盖古之所谓政者，合教化而言；后之所谓政者离教化而言也。按，真氏以"康乂民"属殷先哲王，以"作"为"起"，与蔡传小殊，而辞义尤明快。

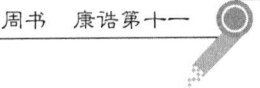

22.《日讲书经解义》卷八《周书·康诰》

(清)库勒纳等撰

王曰,封,爽唯民迪吉康。我时其唯殷先哲王德,用康乂民作求。矧今民罔迪不适。不迪则罔政在厥邦。

此一节书,是武王自严,以励康叔,欲其本德用罚也。爽,明也。唯,思也。迪,谓引导。"时"字解作"是"字。康乂,安治也。求,谓与之等。适,从也。武王又呼其名而言曰,德与罚,固为治所不容偏废,但刑禁民于已然之后;德则格民于未然之先。其轻重当自有辨。我明思夫民,非可但恃严刑峻法以为治也,唯当导之以德,使之群归于礼义,相安于孝友,以渐臻夫吉祥安康之地,自可无事刑罚之加耳。在昔殷先哲王,莫不用此道以化民。其德泽之感人,深远也。我今唯是远法殷先哲王导民之德,用以安治其民,而期媲美于商先王焉。此我今日之责也。况今此殷民,虽习染污俗,至其本然之常性,未尝灭息也。诚导之以事亲,则孝之心油然以生;导之以敬长,则悌之心,沛然而发,岂有导之而不从者哉?夫政者,原合教化而言,所以正民之不正也,若徒严刑以驱之,而不知本德以导之,则法令日繁,而犯者愈众,安在其为政于国耶夫?德之与刑,有本末先后。武王之诰康叔也,先之以明德,而卒又归本于迪德,所以示之本要者深矣。至其一则曰文王,再则曰文王,而于殷先哲王,亦三致意焉。所以戒自用之专,而示以远稽近述之道者,又如此。

《书义断法》卷四《周书·康诰》

(元)陈悦道撰

爽唯民迪吉康。我时其唯殷先哲王德,用康乂民作求。

爽,明也。唯,思也。迪,导也。求,等也。明思治民之道,而导之于吉康之地,固治民者之责。然武王之心,未尝不求诸己,未尝不明其德,深思久安长治之本原。而殷先哲王为等匹躬行践履,实已足为标准于天下,而非一告之康叔也。《康诰》之书,大要言明德以慎罚,故始责康叔以迪民,而终身自任以康乂,亦可谓深知治本矣,民何幸欤。

《读书管见》卷下《康诰》

(元)王充耘撰

爽唯民迪吉康。

"爽唯民迪吉康"以下,依旧是明德,非欲其以德用罚也。"我时其唯殷先哲王德","唯"字当训作"思",言我亦思唯殷先哲王德,用以康乂其民,庶可与殷哲王为求匹耳。"不迪,则罔有政在厥邦",言人君政事,止是导民于吉康,所谓"制其田里,教之树畜,申以孝弟之义"之类是也。若不能导民。何政事之有?传谓迪言德,而政言刑,殊不可晓。

《尚书疑义》卷五《康诰》

(明)马明衡撰

"爽唯民迪吉康"者,谓当明其道民于吉康者。夫在上者,以德化民,民化于德,乃吉康之道。故我亦唯殷先哲王之德,用以康乂其民,作而求之而已。况今民皆染纣之恶,无有迪于吉康之道者,故皆不知所遹,然则为人上者,不有以迪之,则何以为政哉?

《五诰解》卷一《康诰》

(宋)杨简撰

王曰,封,爽唯民迪吉康。我时其唯殷先哲王德,用康乂民作求。矧今民罔迪不适。不迪,则罔政在厥邦。

爽者,明之甚也。迪,行也。吉,善也。时,是也。适,从也。君上躬行,则民吉善而康安。民心不善,则乱根本于君身。孔子曰"为政以德,譬如北辰居其所,而众星拱之",又曰"其身正,不令而行;其身不正,虽令不从"。自古人君知此者寡,或知之而不甚明。汝若明知,民行则吉康。我不躬行,则彼何由吉康?我是唯殷先哲王之德,是"用康乂民为务"。求,务也。康乂民之务,在乎行德而已,不在乎他。周公前使康叔"往敷求殷先哲王,用保乂民"。今应前言,殷先哲王德,即文王德。用者,行其德也。自知我用殷先哲王德,如鱼饮水,冷暖自知。"用"之一字,说出圣贤躬行之情。我用德,即所以"康乂民"也。矧今民无有躬行而不适从者。汝不躬行则无政矣。

我时其唯殷先哲王德,用康乂民作求

1. 《尚书注疏》卷十三《周书》

(汉)孔氏传,(唐)陆德明音义,(唐)孔颖达疏

我时其唯殷先哲王德,用康乂民作求。

传,我是其唯殷先智王之德,安治民为求等。

音义,为,于伪反。

疏,正义曰,故我其唯念殷先智圣王之德,用安治民,为求而等之。

传,正义曰,我时其唯殷先哲王德者,以己喻康叔,言我未治之时,乃欲求等殷先智王以致太平者。

2. 《书传》卷十二《周书》

(宋)苏轼撰

我时其唯殷先哲王德,用康乂民作求。

作求者,为民所求也。王弼曰,无者求有,有者不求;所与危者求安,安者不求。所保火有其炎,寒者附之。已苟安焉,则不宁方来矣,是之谓作求。

3. 《尚书全解》卷二十八

(宋)林之奇撰

(归善斋按,见"王曰,封,爽唯民迪吉康")

4. 《尚书讲义》卷十四

(宋)史浩撰

(归善斋按,见"王若曰,孟侯,朕其弟,小子封")

5.《尚书详解》卷十九《周书·康诰》

（宋）夏僎撰

（归善斋按，见"王曰，封，爽唯民迪吉康"）

6.《增修东莱书说》卷二十《周书·康诰第十一》

（宋）吕祖谦撰，（宋）石澜增修

（归善斋按，见"王曰，封，爽唯民迪吉康"）

7.《尚书说》卷五《周书·康诰》

（宋）黄度撰

（归善斋按，见"王曰，封，爽唯民迪吉康"）

8.《絜斋家塾书钞》卷十《周书·康诰》

（宋）袁燮撰

（归善斋按，见"王曰，封，爽唯民迪吉康"）

9.《书经集传》卷四《周书·康诰》

（宋）蔡沈撰

（归善斋按，见"王曰，封，爽唯民迪吉康"）

10.《尚书精义》卷三十五《周书·康诰》

（宋）黄伦撰

（归善斋按，见"王曰，封，爽唯民迪吉康"）

11.《尚书详解》卷二十九《周书·康诰》

（宋）陈经撰

（归善斋按，见"王曰，封，爽唯民迪吉康"）

12. 《融堂书解》卷十二《周书·康诰》

（宋）钱时撰
（归善斋按，见"王曰，封，爽唯民迪吉康"）

13. 《尚书要义》

（宋）魏了翁撰
（归善斋按，原缺）

14. 《书集传或问》卷下《康诰》

（宋）陈大猷撰
（归善斋按，未解）

15. 《尚书详解》卷八《周书·康诰第十一》

（宋）胡士行撰
（归善斋按，见"王曰，封，爽唯民迪吉康"）

16. 《书纂言》卷四上《周书·康诰》

（元）吴澄撰
（归善斋按，见"王曰，封，爽唯民迪吉康"）

17. 《书集传纂疏》卷四下《朱子订定蔡氏集传·周书·康诰》

（元）陈栎撰
（归善斋按，见"王曰，封，爽唯民迪吉康"）

18. 《读书丛说》卷六《康诰》

（元）许谦撰
（归善斋按，未解）

19.《书传辑录纂注》卷四《周书·康诰》

（元）董鼎撰

（归善斋按，见"王曰，封，爽唯民迪吉康"）

20.《尚书句解》卷八《周书·康诰第十一》

（元）朱祖义撰

我时其唯殷先哲王德（我时其唯法商家哲王之德），用康乂民作求（可用以安治斯民者，则作起而求之）。

21.《尚书日记》卷十一《周书·康诰》

（明）王樵撰

（归善斋按，见"王曰，封，爽唯民迪吉康"）

22.《日讲书经解义》卷八《周书·康诰》

（清）库勒纳等撰

（归善斋按，见"王曰，封，爽唯民迪吉康"）

《读书管见》卷下《康诰》

（元）王充耘撰

（归善斋按，见"王曰，封，爽唯民迪吉康"）

《尚书疑义》卷五《康诰》

（明）马明衡撰

（归善斋按，见"王曰，封，爽唯民迪吉康"）

《书义断法》卷四《周书·康诰》

（元）陈悦道撰

（归善斋按，见"王曰，封，爽唯民迪吉康"）

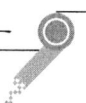

《五诰解》卷一《康诰》

(宋）杨简撰
(归善斋按，见"王曰，封，爽唯民迪吉康"）

矧今民罔迪不适。不迪，则罔政在厥邦

1.《尚书注疏》卷十三《周书》

(汉）孔氏传，（唐）陆德明音义，（唐）孔颖达疏
矧今民罔迪不适。不迪，则罔政在厥邦。
传，治民乃欲求等殷先智王，况今民无道不之，言从教也。不以道训之，则无善政在其国。
疏，正义曰，我于民未治之时，尚求等殷先智王，况今民无道不之，而易化，汝若不以道训之，则无善政在其国，所以须安民以德刑也。
传，正义曰，况今民无道不之，言易从教，不以正道训民，民不知"道"，故无善政在其国，为无吉康也。

2.《书传》卷十二《周书》

(宋）苏轼撰
矧今民罔迪不适。不迪，则罔政在厥邦。
适，从也。矧今民无有道之而不从者，若听其所为而莫之道，则是罔为政也。

3.《尚书全解》卷二十八

(宋）林之奇撰
(归善斋按，见"王曰，封，爽唯民迪吉康"）

4.《尚书讲义》卷十四

（宋）史浩撰

（归善斋按，见"王若曰，孟侯，朕其弟，小子封"）

5.《尚书详解》卷十九《周书·康诰》

（宋）夏僎撰

（归善斋按，见"王曰，封，爽唯民迪吉康"）

6.《增修东莱书说》卷二十《周书·康诰第十一》

（宋）吕祖谦撰，（宋）石澜增修

（归善斋按，见"王曰，封，爽唯民迪吉康"）

7.《尚书说》卷五《周书·康诰》

（宋）黄度撰

（归善斋按，见"王曰，封，爽唯民迪吉康"）

8.《絜斋家塾书钞》卷十《周书·康诰》

（宋）袁燮撰

（归善斋按，见"王曰，封，爽唯民迪吉康"）

9.《书经集传》卷四《周书·康诰》

（宋）蔡沈撰

（归善斋按，见"王曰，封，爽唯民迪吉康"）

10.《尚书精义》卷三十五《周书·康诰》

（宋）黄伦撰

（归善斋按，见"王曰，封，爽唯民迪吉康"）

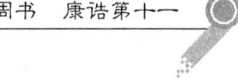

11.《尚书详解》卷二十九《周书·康诰》

(宋)陈经撰

(归善斋按,见"王曰,封,爽唯民迪吉康")

12.《融堂书解》卷十二《周书·康诰》

(宋)钱时撰

(归善斋按,见"王曰,封,爽唯民迪吉康")

13.《尚书要义》

(宋)魏了翁撰

(归善斋按,原缺)

14.《书集传或问》卷下《康诰》

(宋)陈大猷撰

(归善斋按,未解)

15.《尚书详解》卷八《周书·康诰第十一》

(宋)胡士行撰

(归善斋按,见"王曰,封,爽唯民迪吉康")

16.《书纂言》卷四上《周书·康诰》

(元)吴澄撰

(归善斋按,见"王曰,封,爽唯民迪吉康")

17.《书集传纂疏》卷四下《朱子订定蔡氏集传·周书·康诰》

(元)陈栎撰

(归善斋按,见"王曰,封,爽唯民迪吉康")

18. 《读书丛说》卷六《康诰》

（元）许谦撰

（归善斋按，未解）

19. 《书传辑录纂注》卷四《周书·康诰》

（元）董鼎撰

（归善斋按，见"王曰，封，爽唯民迪吉康"）

20. 《尚书句解》卷八《周书·康诰第十一》

（元）朱祖义撰

矧今民罔迪不适（况今之民无有导迪而不往于善者）。不迪，则罔政在厥邦（不能导迪，则是无善政在其国）。

21. 《尚书日记》卷十一《周书·康诰》

（明）王樵撰

（归善斋按，见"王曰，封，爽唯民迪吉康"）

22. 《日讲书经解义》卷八《周书·康诰》

（清）库勒纳等撰

（归善斋按，见"王曰，封，爽唯民迪吉康"）

《读书管见》卷下《康诰》

（元）王充耘撰

（归善斋按，见"王曰，封，爽唯民迪吉康"）

《尚书疑义》卷五《康诰》

（明）马明衡撰

（归善斋按，见"王曰，封，爽唯民迪吉康"）

《五诰解》卷一《康诰》

（宋）杨简撰

（归善斋按，见"王曰，封，爽唯民迪吉康"）

王曰，封，予唯不可不监，告汝德之说，于罚之行

1.《尚书注疏》卷十三《周书》

（汉）孔氏传，（唐）陆德明音义，（唐）孔颖达疏

王曰，封，予唯不可不监，告汝德之说，于罚之行。

传，我唯不可不监视古义，告汝施德之说，于罚之所行，欲其勤德慎刑。

音义，说，如字，徐始锐反。

疏，正义曰，以汝须善政在国，令我民安，当为政以慎德刑为教。故王又命之曰，封，我唯不可不视古义告汝施德之说，于罚之所行，欲其勤德慎刑也。

传，正义曰，以敷求殷先哲王，及别求古先哲王，为已视古义也。德由说，而罚须行。故德之言说，而罚言行也。以事终而结上，故云德刑也。

2.《书传》卷十二《周书》

（宋）苏轼撰

王曰，封，予唯不可不监，告汝德之说，于罚之行。

"德之说"，"说"者，其理之谓也。《易》曰"和顺于道德而理于义"。作德而不知其所以然之理，则其德若假贷然，非已有也。已且不能有安能移诸人，此罚所以不行也。

3. 《尚书全解》卷二十八

（宋）林之奇撰

王曰，封，予唯不可不监，告汝德之说，于罚之行。今唯民不静，未戾厥心，迪屡未同。爽唯天其罚殛我，我其不怨。唯厥罪无在大，亦无在多。矧曰其尚显闻于天。

先儒曰，我唯不可不监视古人，告汝施德之说，于罚之所行，欲其勤德谨刑。此说是也。盖言我之所以丁宁而告汝者，皆监于古。所谓德之说也，德者，本也；罚者其辅助也。不本于德，其何以行罚哉，故罚之行必本于德之说也。王曰，民悦汝德，乃以汝罚之行也。有罪而不能罚，则小人无所惩艾，骄陵放横，责望其上无已，虽加以德未肯心说，故于罚行，然后说德也。王既于"乃其速由文王作罚，刑无赦"，以为此父子兄弟所以为无可赦之道，意谓殷俗之薄，非罚不能齐整其民，而使之迁善，故其说不得不然也。然观王此言，盖其新法之行，不附己者，皆私斥逐，故以此借口耳。我既不可不以德之说，而谆谆然告之矣。然今天下之民，未底于静，以复其天性。盖以其心未有所止戾也。《礼记》曰能定然后能静，苟其心未定，则感于物而动矣，其能静乎？唯其未定，以主之于中，故上之人，虽有以迪之之屡，丁宁晓譬，至于再三，而犹未喻也。夫迪之之屡，而民犹未同，似为民之罪也。然天佑下民，作之君，作之师，唯其克相上帝，宠绥四方。盖天之于民，固欲其各正性命，保合大和，以应其上，然天之所以诱民者，岂谆谆然而告之哉？唯立之君师，以司牧之。君师能修教于上，以纳斯民于士、君子之域，然后可以助夫上帝之宠绥四方，而不旷乎天职也。今乃使民不定其心，以底于静，则虽迪屡，而民之未同者，乃其所也，岂民之罪哉？盖我不能尽其君师之道，以助乎上帝而已矣。故明唯天之必罚殛我，我既负天之所以委付于我者，则其罚殛之，盖将顺受之，岂敢怨哉？夫人之所以治其己者，不可使其身有可指之罪，无以罪之小，为无伤也。小或积而成大；无以罪之少为无伤也，少或累而为多。则夫戒慎恐惧之心，当如何哉？唯其微疵细过，皆可以致患害而招为殃也。况夫积之而至于显，闻于天，而天其罚殛之，皆我自取之也，岂敢怨哉？成王之诰康叔，固欲康叔"负罪引慝"，无以斯民之泯乱民彝不可愍，而当以为可悯也。既以民之不孝不友而归罪于康叔矣，则为成王者，宜如何哉？此所以自谓其迪屡未同，则天以致罚殛于我也。盖成王此言有成汤"栗栗危惧，若将陨于深渊"之意。汤之言曰"罪当朕躬弗敢自赦"；成王之言曰"爽唯天其罚殛我，我其不怨"，此皆自任天下之重，而不分过于其臣者也。为康叔者，既知我之心与德矣，则其闻是言也，岂不深思熟虑，求其所以敬与裕民之道，以丕变旧俗哉。

4.《尚书讲义》卷十四

（宋）史浩撰

（归善斋按，见"王若曰，孟侯，朕其弟，小子封"）

5.《尚书详解》卷十九《周书·康诰》

（宋）夏僎撰

王曰，封，予唯不可不监，告汝德之说，于罚之行。今唯民不静，未戾厥心迪屡未同，爽唯天其罚殛我，我其不怨。唯厥罪无在大，亦无在多。矧曰其尚显闻于天。

成王既自责己，于是又呼康叔而告之曰，我之所告汝，我乃不可不监视省察，故告汝以修德之说，于罚之所以行，欲其"明德慎罚"也。盖康叔"明德慎罚"，以治天下之民，则成王亦可以无愧。故前之所以告者，皆自视其利害关涉于己，故有是告也。一说谓不可不自监视，故告汝以德之施，悦于罚之所行。盖德者，民之所乐；刑者，民之所畏，故用德所以悦于罚之行也。成王此意，欲康叔先德后刑，故有此说。据此，则"说"字为"喜悦"之"悦"。前则以"说"字为"言说"之"说"皆可通，故并存之。"今唯民不静，未戾厥心，迪屡未同"者，成王谓我所以告汝修德之说，于罚之所以行者，今民自武庚蠢动不静之后至今，心有所未定，止导迪之，虽至于再三，而尚违悖未能为一，谓人尚异意也。"爽唯天其罚殛我，我其不怨"者，成王谓天之立君，将以导民于善，今民不静，迪之不能使和合为一，则是君不能助上帝，以绥四方，天必罚之。故成王谓民之未化如此，我亦明思天或降罚以诛殛于我，我亦不敢怨。成王所以自责者如此，则康叔之所以自责当如何？盖责己乃所以深责康叔也。

成王既自责，谓天必降罚，故又言大抵人之为人，唯不可以使已有可指之罪，苟有可指，则虽小罪，亦可以灭身。盖由小以至大，由少必至多。积之不已，尚将显显然闻于上天，岂可谓小恶无伤而不去哉。

6.《增修东莱书说》卷二十《周书·康诰第十一》

（宋）吕祖谦撰，（宋）石澜增修

王曰，封，予唯不可不监，告汝德之说，于罚之行。今唯民不静，未戾厥心，迪屡未同。爽唯天其罚殛我，我其不怨。唯厥罪无在大，亦无在多，矧曰其尚显闻于天。

周公又叙成王之意，以命康叔，谓我不可不监文王与商先哲王于用刑中。"告汝德之说，于罚之行"，所谓"德之说"者，即"不率大戛"，"文王敬忌"之谓也。今民未安静，其心放荡未知所止。戾，止也。开导至于再三矣，尚未翕然大同，以从化。夫开导再三，而民心不同，周公不谓民顽，乃言我国家开导未至，则周公不敢一毫轻伤于民可知矣。我显然思唯天其有罚，以殛绝我以不能治民之故，我何敢怨。此成王、周公自反以感动康叔也。夫开导虽已再三而民心既未同，必诚意未至，德教未修，而君职不尽。若天罚我，实无可怨之理。成王、周公尚尔，则为康叔者，当如何耶？己之有罪，亦不在大，亦不在多，苟有一毫未尽，则不足以化民，况已显闻于天乎？盖诚之不可掩，一念之间，天实鉴之，而君子之自反，苟有一毫之过，如上帝之临乎其前也。

7.《尚书说》卷五《周书·康诰》

（宋）黄度撰

王曰，封，予唯不可不监，告汝德之说，于罚之行。今唯民不静，未戾厥心，迪屡未同。爽唯天其罚殛我，我其不怨。唯厥罪无在大，亦无在多，矧曰其尚显闻于天。

予唯不可不有所监观，而后"告汝德之说，于罚之行"，言德刑之叙，古先哲王莫不可监观也。夫子教我以正，夫子未出于正，其何能行罚之行由德也。"四罪而天下咸服"，夫是之谓行。戾，止也。民之不尽由其心之未有所止也。训迪虽数，而犹未齐同，为君师者，实任其咎，天之明必，且罚殛我，我实不能其又奰怨。凡罪虽小且寡，无不得祸罚，而况显闻于天乎。汤曰"罪在朕躬，不敢自赦"，夫天子奉天道，而不克若天，天罚之，不敢怨。诸侯奉天子，用不克乂民，天子讨之，而又何辞焉？此终不能厌家人义。故其下曰"不汝瑕殄"又曰"无我殄享"皆此意也。此不唯告戒康叔，凡庶殷君长，皆感厉之。

8. 《絜斋家塾书钞》卷十《周书·康诰》

（宋）袁燮撰

王曰，封，予唯不可不监，告汝德之说，于罚之行。

监，监观也。周监于"二代郁郁乎文哉"，"监于先王成宪，其永无愆"。古人凡事皆有所监观，其得其失，其是，其非，皆以前人为监，则岂复有所过差。"监"之一字，不可轻看。是心不存，安能监观。不能监观，便是我之私意以之立政、立事，有多少病痛。夫所谓"监"者，固非规规然求合于前人也，随时损益，固亦有之，或有未善，亦必更改，但当常惺惺著以看前代之治乱得失如此，参而用之，方可以无过矣。"告汝德之说，于罚之行"，所谓"德之说"，即"罚之行"是也。大抵刑罚有行，有不行。罚施于上，而人心皆服，此"罚之行"也。罚施于上，而人心或有不服，是罚之不行也。"罚之行"，由吾有德以为之本也。罚之不行，由吾德之不足故也。有德以为之本，轻重各当，人心咸服，非"罚之行"乎？罚一人，而千万人惧，非"罚之行"乎？教化所渐，民将不犯于有司，非"罚之行"乎。后世非无刑罚，而人心未必皆帖然服从，此无德以寓乎其间也。

9. 《书经集传》卷四《周书·康诰》

（宋）蔡沈撰

王曰，封，予唯不可不监，告汝德之说，于罚之行。今唯民不静，未戻厥心，迪屡未同。爽唯天其罚殛我，我其不怨。唯厥罪无在大，亦无在多。矧曰其尚显闻于天。

戻，止也。又言民不安静，未能止其心之很疾。迪之者虽屡，而未能使之上同乎治。明思天其殛罚我，我何最怨乎？唯民之罪不在大，亦不在多，苟为有罪，即在朕躬。况曰，今庶群腥秽之德，其尚显闻于天乎。

10.《尚书精义》卷三十五《周书·康诰》

（宋）黄伦撰

王曰，封，予惟不可不监，告汝德之说，于罚之行。今惟民不静，未戾厥心，迪屡未同。爽惟天其罚殛我，我其不怨。惟厥罪无在大，亦无在多。矧曰其尚显闻于天。

无垢曰，天立国君以道民也，民不静不同，是我道之者非其理也。非其理，国君得无罪哉？国君有罪，天将罚殛之，罚当其罪，何所怨乎？呜呼！古之言天者，皆责备于己，而不求全于人也。夫民不静不同，天不罪民，而罪道民者，则以民之本心，罔有迪之而不从者，今迪之而未同，必我所以迪之者非其理也。迪之非其理，是逆天也。逆天者，亡罚殛何疑？成王明告之曰，天之罚殛，不在大，罪虽小必行；不在多，罪虽少不赦。此古人所以慎独，而于屋漏暗室之间，不敢忽也。夫罪小而非大，罪少而非多，天犹且罚殛，矧不止藏于心术之间，而显然著在人上，腥闻于天者乎。夫显闻于天，乃心术不慎，自小积而为大，自少积而为多也。木披其枝者，本之摇也；水浑其流者，源之浊也。端本澄源，其在慎独乎？君子不可不知也。

张氏曰，成王以我不可不监民之情，而告汝以迪民之道，则我所以告汝者，皆视乎民情而已。然而民之所畏服如是，而后迪之以德，则莫不心悦而听从矣。先王之于天下，先德而后刑，则刑者所以辅德也。今卫地习纣故俗，骄淫矜夸，草窃奸宄，无所不至，苟非先之以刑，欲其悦德也难矣。

陈氏曰，罪无微而不著，无小而不积。毫厘之微，皆不可逃，况今天以罚殛我，我何可逃乎？成王之自责至矣。

11.《尚书详解》卷二十九《周书·康诰》

（宋）陈经撰

王曰，封，予惟不可不监，告汝德之说，于罚之行。今惟民不静，未戾厥心，迪屡未同。爽惟天其罚殛我，我其不怨。惟厥罪无在大，亦无在多。矧曰其上显闻于天。

前既分别"明德慎罚"告之矣，此而总言之曰予唯不可不监视古人已行之迹，而告汝以"明德"之说，与其"慎罚"之行。盖"明德慎罚"，非成王之私意，告汝如文王，如商先哲王，皆其所监也。今之民，苟有不得其安，而其心未有定止，虽迪导之屡矣，而民心犹未和同纯一，岂民之罪哉？我无以安之，定之，同之故也。天有爽明之道在上，必降罚以诛殛我，我其何辞以怨天哉？汝康叔不可专咎于民，以谓我教导之屡矣，而所以未同者，皆民之过，非我之过。苟如此，则是汝心未有尽处。汝之心有毫发之不尽，则刑之于民者，必无感化之理。唯罪初不在于大，以其生于细微也；亦不在多，以其生于寡少也。汝康叔之心，勿谓其罪在于大，而忽于微；罪在于多，而忽于少。其毫发之未尽也，皆足以为罪，何况自小而积，可至于大；自少而积，可至于多，而显闻于天者乎。古人所以齐心服刑于宫庭屋漏之中，而感民于耕桑陇亩之上者，如此者也。

12.《融堂书解》卷十二《周书·康诰》

（宋）钱时撰

王曰，封，予唯不可不监，告汝德之说，于罚之行。今唯民不静，未戾厥心，迪屡未同。爽唯天其罚殛我，我其不怨。唯厥罪无在大，亦无在多。矧曰其尚显闻于天。

前面"明德谨罚"，大概都是作两项开陈。上节论"民迪吉康"，既专以殷先哲王之德为说矣，又恐康叔将德、罚分作两事看，则大不可。皋陶为士，实"迈种德"。《吕刑》云"朕敬于刑，有德唯刑"。古圣悯斯人横罹凶害，以伤其生，故立之罚以辅教化之所不逮。是故罚即所以为德，非德自德，罚自罚也。后世德不足，而罚是用，是罚而已，不复知有德矣，岂不甚可叹哉？周公于是，将"明德谨罚"通作一事言之，最为紧切。故曰"予不可不监，告汝德之说，于罚之行"。监告者，言监观古昔，告汝以德之说，以行其罚也，且殷民不静，固是难化，然其本心，实未尝乖戾，但道迪屡屡之功，未至于同，所以不静耳。若到同处，即是斯人同然之心，习恶消除，本心固自无恶，何乖戾之有？然则，康叔今日行罚，无非道迪之妙，岂可非德而妄用也。且如分明上天以罚殛我，我甘受之，必无所怨。罚出于天，以"以德行罚"之谓。若吾之罚，如天之罚，则民安得而怨也。夫民之罪，无在大与多，况曰其尚显闻于天，则是吾之罚，即所以行天之罚，又可非德而妄用乎。

13.《尚书要义》

（宋）魏了翁撰

（归善斋按，原缺）

14.《书集传或问》卷下《康诰》

（宋）陈大猷撰

（归善斋按，未解）

15.《尚书详解》卷八《周书·康诰第十一》

（宋）胡士行撰

王曰，封，予唯不可不监（商先王）告汝德（尚德）之说，于罚（慎罚）之行（事）。今唯民不静（安），未戾（定）厥心，迪（导）屡（数四矣）未同（皆化）。爽（明）唯（思）天其（或）罚殛我（不能化民），我其不（不敢）怨（怨天）。唯厥罪（己有罪）无在大，亦无在多（不大不多且不可）。矧曰其尚（犹）显（大）闻（上闻）于天。

既不咎民，则当自责而已。先王之"明德慎罚"，不可不监也。民之迪而未同，是我君师之责未尽，天且罚我，我不敢怨也。王曰责如此，叔当如何？罪未有不自微而著者，叔其兢兢焉可也。

16.《书纂言》卷四上《周书·康诰》

（元）吴澄撰

王曰，封，予唯不可不监，告汝德之说，于罚之行。今唯民不静，未戾厥心，迪屡未同。爽唯天其罚殛我，我其不怨。唯厥罪无在大，亦无在多。矧曰其尚显闻于天。

我唯不可不监视于古，告汝以德之说，于罚之行，盖德者，本也。告汝以"罚之行"，必本于"德之说"，所谓"德"者，即上文"求殷先哲

王以康乂民"之德是也。戾，定也。今殷民不安静，未定其心，道迪之屡屡矣，犹未齐同。此皆我道民之德未至也，不能奉天作君师之意。天其降罚而殛我，我不敢怨天。我之罪无在于大，亦无在于多，虽小寡亦不可，矧至于章显而上闻于天，为天所罚殛，则罪大且多矣，尚何敢怨乎？此亦王自责以儆康叔。

17. 《书集传纂疏》卷四下《朱子订定蔡氏集传·周书·康诰》

（元）陈栎撰

王曰，封，予唯不可不监，告汝德之说，于罚之行。今唯民不静，未戾厥心，迪屡未同。爽唯天其罚殛我，我其不怨。唯厥罪无在大，亦无在多。矧曰其尚显闻于天。

戾，止也。又言民不安静，未能止其心之狠戾。迪之者虽屡，而未能使之上同乎治。明思天其殛罚我，我何敢怨乎？唯民之罪不在大，亦不在多，苟为有罪，即在朕躬。况曰今庶群腥秽之德，其尚显闻于天乎？

纂疏：

愚谓此章之意，谓我唯不可不监视古义，即指文王"明德慎罚"之义，告汝以"德之说，于罚之行"之时，盖欲"以德行罚"也。今唯民不安静，未定其心，迪之虽屡，而犹未协同。民之未静、未同，天将不罪民，而罪导民者，故爽明唯天其将罚殛我矣，我其不当怨也。唯其罪不在大与多，一毫不尽，且为有罪，况曰其已上显闻于天，而欲逭天之罚殛可乎？"爽唯"与"爽唯民"，疑当时语。此王责己，以励康叔也。要之，此篇语言多不可强解，而解者欠明，反益甚之。

18. 《读书丛说》卷六《康诰》

（元）许谦撰

（归善斋按，未解）

19. 《书传辑录纂注》卷四《周书·康诰》

(元) 董鼎撰

王曰,封,予唯不可不监,告汝德之说,于罚之行。今唯民不静,未戾厥心,迪屡未同。爽唯天其罚殛我,我其不怨。唯厥罪无在大,亦无在多。矧曰其尚显闻于天。

戾,止也。又言民不安静,未能止其心之狠戾。迪之者虽屡,而未能使之上同乎治。明思天其殛罚我,我何敢怨乎?唯民之罪,不在大,亦不在多。苟为有罪,即在朕躬。况曰今庶群腥秽之德,其尚显闻于天乎?

纂注:

新安陈氏,合孔、林、陈三说,以补之曰,我唯不可不监视古义,即指文王"明德慎罚"之义,故告汝以"德之说,于罚之行"之时,盖欲"以德行罚"。而非"以罚行罚"也。今唯民不安静,未定其心,迪之虽屡,而犹未同。民之不静、未同,天将不罪民,而罪导民者,故爽明唯天,其将殛罚我矣,我其不当怨也。唯其罪不在大与多,一毫不尽,且为有罪。况曰其已上显闻于天,而欲逭天之罚殛可乎?"爽唯天其罚殛我",与"爽唯民迪吉康"同,"爽唯",盖当时语。此王责己,以励康叔也。要之,此等语言多不可强解,难通者,不如缺之。

20. 《尚书句解》卷八《周书·康诰第十一》

(元) 朱祖义撰

王曰(王又呼叔告之),封,予唯不可不监(我唯不可不监视古人已行之迹)告汝德之说(告汝以"明德"之说),于罚之行(与其"谨罚"之行)。

21. 《尚书日记》卷十一《周书·康诰》

(明) 王樵撰

"王曰,封,予唯不可不监"至"矧曰其尚显闻于天"。

张氏曰,我不可不监观文王"明德慎罚"之意,而告汝。上文所告,皆是也。"德之说""罚之行"并以告康叔矣。

邹氏曰，按蔡传，但释"今唯民不静"以下，盖上四句元自作一章，自有传文，后逸其传文，故遂以经文合于下章耳。下章传首，有"人言"二字，可见今补之。曰言我不可不监视文王之明德慎罚，故告汝以"德之说"，使汝用德于行罚之际，则哀矜而不滥，所谓"以德行罚"也。戾，止也。又言民不安静云云。

我唯不可不监视古义，故告汝以"德之说，于罚之行"之时，盖欲"以德用罚"，而非"以罚行罚"也。今唯民不安静，未定其心，导之虽屡，犹未攸同。民之"不静""未同"，天将不罪民，而罪导民者，我不当怨也。唯民之罪，不在大与多，苟为有罪，在予一人。况曰旧染之恶，其尚显闻于天乎？

22.《日讲书经解义》卷八《周书·康诰》

（清）库勒纳等撰

王曰，封，予唯不可不监，告汝德之说，于罚之行。今唯民不静，未戾厥心，迪屡未同。爽唯天其罚殛我，我其不怨。唯厥罪无在大，亦无在多。矧曰其尚显闻于天。

此一节书，是武王厚于责己，以励康叔也。戾，解作"止"。武王又呼其名而言曰，监古可以知今，而治民莫如德化。殷先哲王以德化民，此诚我之所不可不监者也。唯汝同有康乂殷民之责，故我告汝"以德行罚"之说，欲共知所监耳。所以然者，天之所甚爱者，唯民；民之所恃以安全者，唯君，故为君者，必使下民各安其生，各复其性，然后天之心始慰，君之责始尽，庶可告无罪于天。今此殷民大不安静，其心狠疾未能或止，虽屡经开导，究未能同归于治，是我有负上天付托之重，而有愧君师教养之任矣。明思天其罚殛我，我亦何敢怨乎？盖"万方有罪，在予一人"。唯厥小民无知，而陷于罪，不在于大，亦不在于多，即至微至纤，皆上人失教之所致也。况今"元恶大憝""不孝不友"之俗，尚显然彰闻于天乎。此我之所以甘受天罚，而不敢怨也。则我欲监前代"以德行罚"之说。汝其共勉之哉。

《读书管见》卷下《康诰》

（元）王充耘撰

予唯不可不监，告汝德之说。

"予唯不可不监，告汝德之说，于罚之行"，依旧是以"明德慎罚"并言。

《五诰解》卷一《康诰》

（宋）杨简撰

王曰，封，予唯不可不监，告汝德之说，于罚之行。

予唯不可不监于古，言监，则监古可知。予监往古善否治乱，故告汝"德之说"与"罚之行"如前。治以德为本，其施行"慎罚"为重务。赏之有差，利害犹轻；罚不当罪，则善无所劝，恶无所惩，沮善长恶，为害甚大。

今唯民不静，未戾厥心，迪屡未同

1.《尚书注疏》卷十三《周书》

（汉）孔氏传，（唐）陆德明音义，（唐）孔颖达疏

今唯民不静，未戾厥心，迪屡未同。

传，假令今天下民不安，未定其心，于周教道，屡数而未和同。设事之言。

音义，令，力呈反。数，所角反。

疏，正义曰，假令唯天下民不安，未定其心于周教道，屡数而未和同。

传，正义曰，天下不安为总说，所以不安犹未定其心于周道，屡数而未和同也。时以大和会，故言"假令"，设不和同事言耳。顾氏云，明唯天者，言天明察，在上见民不安，乃以刑罚诛戮于我，此总德刑而直云不

慎罚者。

2. 《书传》卷十二《周书》

（宋）苏轼撰

今唯民不静，未戾厥心，迪屡未同。爽唯天其罚殛我，我其不怨。唯厥罪无在大，亦无在多。矧曰其尚显闻于天。

同，从也。戾，止也。今殷民不静其心，无所止戾，道之而屡不从者，罪在我也。天其罚殛我明矣，我其敢怨无，曰我无罪。罪岂在大与多乎？言行之失，毫厘为千里，况其显闻于天者乎。

3. 《尚书全解》卷二十八

（宋）林之奇撰

（归善斋按，见"王曰，封，予唯不可不监，告汝德之说"）

4. 《尚书讲义》卷十四

（宋）史浩撰

（归善斋按，见"王若曰，孟侯，朕其弟，小子封"）

5. 《尚书详解》卷十九《周书·康诰》

（宋）夏僎撰

（归善斋按，见"王曰，封，予唯不可不监，告汝德之说"）

6. 《增修东莱书说》卷二十《周书·康诰第十一》

（宋）吕祖谦撰，（宋）石澜增修
（归善斋按，见"王曰，封，予唯不可不监，告汝德之说"）

7. 《尚书说》卷五《周书·康诰》

（宋）黄度撰
（归善斋按，见"王曰，封，予唯不可不监，告汝德之说"）

8.《絜斋家塾书钞》卷十《周书·康诰》

（宋）袁燮撰

今唯民不静，未戾厥心，迪屡未同。爽唯天其罚殛我，我其不怨。唯厥罪无在大，亦无在多。矧曰其尚显闻于天。

民心未有所止戾，屡迪之而未至于大同。盖或有为善，或有为恶，未到这大同田地。夫人主代天司牧，使天下皆勿失其性，是人主之职分也。有一人未入于善，便是旷司牧之职。吾代天司牧，而至于旷其职焉，失天之心矣。失天之心，天必罚殛我，我亦何敢怨哉？成王、周公言此，所以深警康叔也，谓我尚如此尔，康叔当如之何？是必前日沉湎之俗，与夫强暴不识道理。风俗翕然丕变，无一人之不化，则上有以合天之心，而卫国可保矣。不然失天之心，天必罚殛之，而国岂其国乎？观此处，便见古圣贤求所以自尽其职分，不敢有毫厘之不到，如此，且所谓迪屡未同，又非民皆狃于恶习，不过未至于翕然大同尔，而古人便以为天其罚殛我。盖见得这道理甚明。所谓代天司牧，专在使之勿失其性。苟不自尽其职，天安不得罚殛之。后世为天下者，皆不知此理。彼固以为便有未到，亦未至于如何使其明见此理，岂容有一人不归于善者乎？罚无在大，亦无在多，言其不可有毫厘之罪也。《易》曰，"小人以小善为无益而勿为也，以小恶为无伤而弗去也"。大抵善最不可以为小而弗为；恶最不可以为小而不去。且方其为善，虽若甚小，然当是时，此心即千古圣贤之心；方其为恶，虽若甚小，然当是时，便是有罪，但省察为善之时，此心如何？为恶之时，此心又如何？则可见其不在大与多矣。不在大，虽小亦不可也；不在多，虽少亦不可也。小罪且不可有，况于职分之不尽，而显闻于天者。其罪为大，天安得不罚殛之乎？呜呼成王畏天之心可谓至矣。其所以警康叔者，可谓切矣。

9.《书经集传》卷四《周书·康诰》

（宋）蔡沈撰

（归善斋按，见"王曰，封，予唯不可不监，告汝德之说"）

10. 《尚书精义》卷三十五《周书·康诰》

（宋）黄伦撰

(归善斋按，见"王曰，封，予唯不可不监，告汝德之说")

11. 《尚书详解》卷二十九《周书·康诰》

（宋）陈经撰

(归善斋按，见"王曰，封，予唯不可不监，告汝德之说")

12. 《融堂书解》卷十二《周书·康诰》

（宋）钱时撰

(归善斋按，见"王曰，封，予唯不可不监，告汝德之说")

13. 《尚书要义》

（宋）魏了翁撰

(归善斋按，原缺)

14. 《书集传或问》卷下《康诰》

（宋）陈大猷撰

(归善斋按，未解)

15. 《尚书详解》卷八《周书·康诰第十一》

（宋）胡士行撰

(归善斋按，见"王曰，封，予唯不可不监，告汝德之说")

16. 《书纂言》卷四上《周书·康诰》

（元）吴澄撰

(归善斋按，见"王曰，封，予唯不可不监，告汝德之说")

17. 《书集传纂疏》卷四下《朱子订定蔡氏集传·周书·康诰》

（元）陈栎撰

（归善斋按，见"王曰，封，予唯不可不监，告汝德之说"）

18. 《读书丛说》卷六《康诰》

（元）许谦撰

（归善斋按，未解）

19. 《书传辑录纂注》卷四《周书·康诰》

（元）董鼎撰

（归善斋按，见"王曰，封，予唯不可不监，告汝德之说"）

20. 《尚书句解》卷八《周书·康诰第十一》

（元）朱祖义撰

今唯民不静（今民自武庚蠢动不安静之后），未戾厥心（至今心未有所定止），迪屡未同（虽迪导之屡矣，犹未和同纯一）。

21. 《尚书日记》卷十一《周书·康诰》

（明）王樵撰

（归善斋按，见"王曰，封，予唯不可不监，告汝德之说"）

22. 《日讲书经解义》卷八《周书·康诰》

（清）库勒纳等撰

（归善斋按，见"王曰，封，予唯不可不监，告汝德之说"）

《尚书疑义》卷五《康诰》

（明）马明衡撰

"今唯民不静，未戾厥心"，亦宜就康叔说，谓今唯民未能安静，未止其心，虽屡有迪之，未能同归于善。则明明上天以为其责在于道民者之罪，其罚殛我，我何敢怨乎？故罪不在大与多。小有违天之事，亦即是罪而罚之矣。况使民不静，不从化，则愈积愈盛，其丑秽之德，显闻于天，是其罪大矣。罚殛安可逃乎？盖深念商俗之恶，欲康叔尽反其旧俗，而导以从善，至于大同而后已也。

《五诰解》卷一《康诰》

（宋）杨简撰

今唯民不静，未戾厥心，迪屡未同。爽唯天其罚殛我，我其不怨。

当时三监及淮夷畔，民不安康曰"予复！反鄙我周邦"也。周人东征，"罪人斯得"，其曰"不静"者，叛虽定，而其心犹未定也。戾，至也，取"丽"字音义，"丽"者，附着也，故有至义行者。未定，至则"定"矣。故"戾"亦有"定"义。《书》"疾"为"聖"，《诗》"截"为"节"，则"丽"与"戾"同也。屡有施行，存抚教告之，而殷民犹未齐同，亦有未心服者，非文王、武王、周公德未至，以纣恶所染凶徒，间有未服，未同于众，我明知人事所成，即天命所至，殷民之叛，即天罚殛我，我不敢怨也？夫叛者，常情必怒，群凶党恶，思所以屠戮之。而周公不怨，方且归之于天，略无怨心。今康叔临殷民，宜同此心也。

爽唯天其罚殛我，我其不怨

1. 《尚书注疏》卷十三《周书》

（汉）孔氏传，（唐）陆德明音义，（唐）孔颖达疏

爽唯天其罚殛我，我其不怨。

传，明唯天其以民不安，罚诛我，我其不怨天。汝不治，我罚汝，汝亦不可怨我。

音义，殛，纪力反。

疏，正义曰，明唯天其以民不安，其罚诛我，我其不怨于天；则汝不

治，是其罪，我罚汝，汝亦不可怨我。

传，正义曰，政以德为主，不嫌不明，政失由于滥刑，故举罚以言之，下言"无作怨"，以失罚为罪大。

2.《书传》卷十二《周书》

（宋）苏轼撰

（归善斋按，见"今唯民不静"）

3.《尚书全解》卷二十八

（宋）林之奇撰

（归善斋按，见"王曰，封，予唯不可不监，告汝德之说"）

4.《尚书讲义》卷十四

（宋）史浩撰

（归善斋按，见"王若曰，孟侯，朕其弟，小子封"）

5.《尚书详解》卷十九《周书·康诰》

（宋）夏僎撰

（归善斋按，见"王曰，封，予唯不可不监，告汝德之说"）

6.《增修东莱书说》卷二十《周书·康诰第十一》

（宋）吕祖谦撰，（宋）石澜增修

（归善斋按，见"王曰，封，予唯不可不监，告汝德之说"）

7.《尚书说》卷五《周书·康诰》

（宋）黄度撰

（归善斋按，见"王曰，封，予唯不可不监，告汝德之说"）

8. 《絜斋家塾书钞》卷十《周书·康诰》

（宋）袁燮撰

（归善斋按，见"今唯民不静"）

9. 《书经集传》卷四《周书·康诰》

（宋）蔡沈撰

（归善斋按，见"王曰，封，予唯不可不监，告汝德之说"）

10. 《尚书精义》卷三十五《周书·康诰》

（宋）黄伦撰

（归善斋按，见"王曰，封，予唯不可不监，告汝德之说"）

11. 《尚书详解》卷二十九《周书·康诰》

（宋）陈经撰

（归善斋按，见"王曰，封，予唯不可不监，告汝德之说"）

12. 《融堂书解》卷十二《周书·康诰》

（宋）钱时撰

（归善斋按，见"王曰，封，予唯不可不监，告汝德之说"）

13. 《尚书要义》

（宋）魏了翁撰

（归善斋按，原缺）

14. 《书集传或问》卷下《康诰》

（宋）陈大猷撰

（归善斋按，未解）

15.《尚书详解》卷八《周书·康诰第十一》

（宋）胡士行撰

（归善斋按，见"王曰，封，予唯不可不监，告汝德之说"）

16.《书纂言》卷四上《周书·康诰》

（元）吴澄撰

（归善斋按，见"王曰，封，予唯不可不监，告汝德之说"）

17.《书集传纂疏》卷四下《朱子订定蔡氏集传·周书·康诰》

（元）陈栎撰

（归善斋按，见"王曰，封，予唯不可不监，告汝德之说"）

18.《读书丛说》卷六《康诰》

（元）许谦撰

（归善斋按，未解）

19.《书传辑录纂注》卷四《周书·康诰》

（元）董鼎撰

（归善斋按，见"王曰，封，予唯不可不监，告汝德之说"）

20.《尚书句解》卷八《周书·康诰第十一》

（元）朱祖义撰

爽唯天其罚殛我（是我不能助上帝以绥四方，用思天必降罚以诛殛我。殛，音棘），我其不怨（我其何敢以怨天哉）

21.《尚书日记》卷十一《周书·康诰》

（明）王樵撰

（归善斋按，见"王曰，封，予唯不可不监，告汝德之说"）

22.《日讲书经解义》卷八《周书·康诰》

（清）库勒纳等撰

（归善斋按，见"王曰，封，予唯不可不监，告汝德之说"）

《五诰解》卷一《康诰》

（宋）杨简撰

（归善斋按，见"今唯民不静"）

唯厥罪无在大，亦无在多，矧曰其尚显闻于天

1.《尚书注疏》卷十三《周书》

（汉）孔氏传，（唐）陆德明音义，（唐）孔颖达疏

唯厥罪无在大，亦无在多，矧曰其尚显闻于天。

传，民之不安，虽小邑少民，犹有罚诛，不在多大，况曰不慎罚明闻于天者乎？言罪大。

疏，正义曰，我以民之不安，唯其罚之，无在大邑，无在多民，以少犹诛罚，况曰为君不慎德刑，有上明闻于天，是为罪大不可赦。

2.《书传》卷十二《周书》

（宋）苏轼撰

（归善斋按，见"今唯民不静"）

3.《尚书全解》卷二十八

（宋）林之奇撰

（归善斋按，见"王曰，封，予唯不可不监，告汝德之说"）

4. 《尚书讲义》卷十四

（宋）史浩撰

（归善斋按，见"王若曰，孟侯，朕其弟，小子封"）

5. 《尚书详解》卷十九《周书·康诰》

（宋）夏僎撰

（归善斋按，见"王曰，封，予唯不可不监，告汝德之说"）

6. 《增修东莱书说》卷二十《周书·康诰第十一》

（宋）吕祖谦撰，（宋）石澜增修

（归善斋按，见"王曰，封，予唯不可不监，告汝德之说"）

7. 《尚书说》卷五《周书·康诰》

（宋）黄度撰

（归善斋按，见"王曰，封，予唯不可不监，告汝德之说"）

8. 《絜斋家塾书钞》卷十《周书·康诰》

（宋）袁燮撰

（归善斋按，见"今唯民不静"）

9. 《书经集传》卷四《周书·康诰》

（宋）蔡沈撰

（归善斋按，见"王曰，封，予唯不可不监，告汝德之说"）

10. 《尚书精义》卷三十五《周书·康诰》

（宋）黄伦撰

（归善斋按，见"王曰，封，予唯不可不监，告汝德之说"）

11. 《尚书详解》卷二十九《周书·康诰》

（宋）陈经撰
（归善斋按，见"王曰，封，予唯不可不监，告汝德之说"）

12. 《融堂书解》卷十二《周书·康诰》

（宋）钱时撰
（归善斋按，见"王曰，封，予唯不可不监，告汝德之说"）

13. 《尚书要义》

（宋）魏了翁撰
（归善斋按，原缺）

14. 《书集传或问》卷下《康诰》

（宋）陈大猷撰
（归善斋按，未解）

15. 《尚书详解》卷八《周书·康诰第十一》

（宋）胡士行撰
（归善斋按，见"王曰，封，予唯不可不监，告汝德之说"）

16. 《书纂言》卷四上《周书·康诰》

（元）吴澄撰
（归善斋按，见"王曰，封，予唯不可不监，告汝德之说"）

17. 《书集传纂疏》卷四下《朱子订定蔡氏集传·周书·康诰》

（元）陈栎撰
（归善斋按，见"王曰，封，予唯不可不监，告汝德之说"）

18. 《读书丛说》卷六《康诰》

（元）许谦撰

（归善斋按，未解）

19. 《书传辑录纂注》卷四《周书·康诰》

（元）董鼎撰

（归善斋按，见"王曰，封，予唯不可不监，告汝德之说"）

20. 《尚书句解》卷八《周书·康诰第十一》

（元）朱祖义撰

唯厥罪无在大（唯其罪，初不在大以其生于微细也），亦无在多（亦不在于多，以其生于寡少也）。矧曰（况曰）其尚显闻于天（由小必至大，由少必至多，积之不已，尚将显然闻于上天）。

21. 《尚书日记》卷十一《周书·康诰》

（明）王樵撰

（归善斋按，见"王曰，封，予唯不可不监，告汝德之说"）

22. 《日讲书经解义》卷八《周书·康诰》

（清）库勒纳等撰

（归善斋按，见"王曰，封，予唯不可不监，告汝德之说"）

《五诰解》卷一《康诰》

（宋）杨简撰

唯厥罪无在大，亦无在多。

鲁隐以不学不明，而遭弑；郑昭以不学不智，而出；鲁闵以不禁公傅夺卜齮田，而卜齮贼之；梁伯以好土工而亡国。

矧曰其尚显闻于天。

况罪恶明著上闻于天，祸即至矣。

王曰：呜呼！封，敬哉！无作怨，勿用非谋、非彝

1.《尚书注疏》卷十三《周书》

（汉）孔氏传，（唐）陆德明音义，（唐）孔颖达疏

王曰，呜呼！封，敬哉，无作怨，勿用非谋、非彝。

传，言当修己以敬，无为可怨之事，勿用非善谋、非常法。

疏，正义曰：以罚不可失，故王命言曰，呜呼！封，当修己以敬哉，无为可怨之事，勿用非善谋、非常法。

2.《书传》卷十二《周书》

（宋）苏轼撰

王曰，呜呼！封，敬哉！无作怨，勿用非谋、非彝，蔽时忱，丕则敏德。

非谋，不与众谋者也；非彝，非故常者也。非谋、非彝，事之危疑者也。忱，言所信者也。汝当以所信者决危疑，不当以危疑决所信也。

3.《尚书全解》卷二十八

（宋）林之奇撰

王曰，呜呼！封，敬哉！无作怨，勿用非谋、非彝，蔽时忱，丕则敏德。用康乃心，顾乃德，远乃猷，裕乃以民宁，不汝瑕殄。

"敬哉"者，言我之所以告汝者，汝无以为陈言而不敬也。尔当推不忍之心，以治斯民，无为可怨之事也。民之于君，所赖以安其居，而乐其生者也。岂欲怨之哉？唯君有以作怨，则民怨之矣。故戒以无作怨也。若使康叔不裕民以文王之敬忌，而唯以文王之罚刑用之，则有以作怨矣。非谋，非善谋也；非彝，非故常也。非善谋而从之，非故常而行之，则必至于败事而作怨，故戒以"勿用"也。汝但断之以至诚，大法于敏德，则怨何自而兴哉？"蔽"与"一言以蔽之"之"蔽"同，言"非谋、非彝"

不可用，而唯当蔽之以此也。薛氏曰，"时忱"者，至诚之道也；"敏德"者，至健之德也。唯至诚，故能守；唯至健，故能为。此说是也。盖古之人，所以大有为于天下者，唯诚与敏而已，守之以诚，而行之以敏，则岂有不"裕"者乎？汝当用此以安汝之心，省汝之德，远汝之谋，则可以裕民而民自宁矣。我之所以分民而与之共治者，唯欲其安宁，而无危亡之患也。今汝能裕民，而使之宁，则我不以汝为瑕疵，而殄绝之也。

4. 《尚书讲义》卷十四

（宋）史浩撰

（归善斋按，见"王若曰，孟侯，朕其弟，小子封"）

5. 《尚书详解》卷十九《周书·康诰》

（宋）夏僎撰

王曰，呜呼！封，敬哉！无作怨，勿用非谋、非彝，蔽时忱，丕则敏德。用康乃心，顾乃德，远乃猷，裕乃以民宁，不汝瑕殄。

此又成王呼康叔，使敬下文所言也。"无作怨"者，谓不可作可怨之事也。盖民之于君，恃之以安，岂能怨之。唯君作其怨则怨之矣。故戒以"无作怨，勿用非谋、非彝"者，谓不可用狂妄不谋之言，与奇异不常之事也。盖人君举动系国休戚，为民向背。不谋之谋不可用；非常之事不可举。成王之意，谓康叔当敬慎。于可怨之事，则不可作；于非谋、非彝之人，则不可用。凡所举动，唯当先断以是，至诚，度利果及民，而非"怨"；果善言常道，而非"非谋、非彝"，然后大法敏疾之德，敏而行之可也。盖能行，而不能先断以诚，则必至于妄行，能诚而不能继之以敏，则必致于失机。故唯持之以至诚，而决以力行，则无不善也。薛氏谓，诚故能守；敏故能行。其说颇然。故成王又谓，汝康叔唯用此道，以安汝之心，使不汩于外物；省汝之德，使无谬戾；远汝之谋猷，使不徇目前之利，则优游暇裕，虽不事督促，而民乃自此安矣。汝既能安民，则我所以责汝者，得矣。我岂以汝为瑕疵，而殄绝于汝哉。

6. 《增修东莱书说》卷二十《周书·康诰第十一》

(宋) 吕祖谦撰,(宋) 石澜增修

王曰,呜呼!封,敬哉!无作怨,勿用非谋、非彝,蔽时忱,丕则敏德,用康乃心,顾乃德,远乃猷,裕乃以民宁,不汝瑕殄。

教康叔以用工之地也。凡民之怨,皆上之人有以召之,故曰,作为人君者,视民如子,唯恐伤之。凡有一毫致民之怨者,皆不可作。"勿用非谋、非彝",教康叔明善之理也。人之为善者多,为异端邪说所惑必也,非先王之言不从,非先王之法不遵,久必断之以我之诚。盖"非谋、非彝",紫之夺朱,郑之乱雅,最难辨也。若不能断之以诚,则是"非";相去其间,不能以寸,将有受其欺者矣。"天行健,君子以自强不息",进学作圣,亦必自强不息。乍出乍入,学何所得。唯大为规摹,乃能敏德,用安康其心,顾省其德。"顾"者,省察自验,君子三省、九思之道也。是以谋虑深长,治道宽裕,致民于宁。盖修己有余,百姓方安。使为君者至诚有亏,敏德有间,心不康,德不顾,猷不远,则民无由安一身之中,皆瑕疵矣。康叔能此,则已至成己、成物,合内外之地。君方亲爱之,何由指其有瑕疵,而殄绝之乎?自"乃汝尽逊"以下,皆自反之意也。

7. 《尚书说》卷五《周书·康诰》

(宋) 黄度撰

王曰,呜呼!封,敬哉!无作怨,勿用非谋、非彝,蔽时忱,丕则敏德,用康乃心,顾乃德,远乃猷裕,乃以民宁,不汝瑕殄。

不慎厥德,怨之所由作也。谋必可用,必可常,凡所断制,必于是诚,致其广大而敏于德。敏,日新也。康,平易也。顾,省察也。远,使可继也。优柔而使自得之,各止于其所止,裕乃以民宁也。如此,则不汝瑕疵殄绝矣。

8. 《絜斋家塾书钞》卷十《周书·康诰》

(宋) 袁燮撰

王曰,呜呼!封,敬哉!无作怨,勿用非谋、非彝,蔽时忱,丕则敏德。用康乃心，顾乃德，远乃猷，裕乃以民宁，不汝瑕殄。

蔽，断也。诚信之道，断然在所必行也。后世之人，虽心知善之在所当为，然往往病于无断，所以德之不进，实由于此。月攘一鸡，以待来年然后已，此无断者也。当为便为，既无疑惑，更无等待，是之谓"蔽"。"敏德"者，日进无疆之意也。

9.《书经集传》卷四《周书·康诰》

（宋）蔡沈撰

王曰，呜呼！封，敬哉！无作怨，勿用非谋、非彝，蔽时忱，丕则敏德。用康乃心，顾乃德，远乃猷，裕乃以民宁，不汝瑕殄。

此欲其不用罚而用德也。叹息言，汝敬哉！毋作可怨之事，勿用非善之谋，非常之法，唯断以是诚大法。古人之敏德，用以安汝之心，省汝之德，远汝之谋，宽裕不迫，以待民之自安。若是，则不汝瑕疵而弃绝矣。

10.《尚书精义》卷三十五《周书·康诰》

（宋）黄伦撰

王曰，呜呼！封，敬哉！无作怨，勿用非谋、非彝，蔽时忱，丕则敏德。用康乃心，顾乃德，远乃猷，裕乃以民宁，不汝瑕殄。

无垢曰，不敬则忽，故不恤天下之情而作怨，至"于罚"为不慎；不敬则昏，故不烛天下之理，而用非合道之谋画（划），非先王之典彝，至"于德"为不明。唯敬则慎，岂敢作怨；唯敬则明，岂至于用"非谋、非彝"哉？此信敬之心，以大则文王之敏德。何谓敏德，文王于德则明，于罚则慎，适中其几，可谓敏矣。吾能断行是信、敬之心，以文王为准的，以卜敬之进否，梦寐文王，羹墙文王，则文王之心，尽见于吾心矣。内信于敬，外法文王，则行无玷而德明矣。盖敬胜百邪，故可以康我心；敬则三省，故可以顾我德；敬则深思，故可以远我谋。敬之为用如此，康叔其可忽哉？内信此敬，外法文王，则待物以恕而罚慎矣。盖敬则践履，而知难易。此所以能裕民，裕民则民宁，民宁则我亦宁于位，而不为上所瑕疵，上所殄绝矣。

史氏曰，善为国者，必先明立政、用人之道；善行道者，斯能尽治己、爱人之方。古之告戒其臣与。善事其君者，盖常以是为本也。无严刑重赋，以作其怨；勿搔民变古，以用其非彝，立政之道审矣。听断于至诚者而不疑，取法于有德者而不慢，任人之道至矣。能推是道以行之，则可以安康其心而不乱。顾省其德而不流，恢远其猷而不狭，宽裕其民而不暴。举是数者行而不悖，非尽治己爱人之方，能如此乎？以是为国，则过怨自绝之罪，无自而至矣。

11.《尚书详解》卷二十九《周书·康诰》

（宋）陈经撰

王曰，呜呼！封，敬哉！无作怨，勿用非谋、非彝，蔽时忱，丕则敏德。用康乃心，顾乃德，远乃猷，裕乃以民宁，不汝瑕殄。

"明德慎罚"者，当致敬。唯敬则德自明，罚自远。"作怨"者，滥刑以敛民怨也；"非谋"者，不合于众人之情，而为谋者也；"非彝"者，非其所谓常行之道也。既不作怨，又不用非谋、非彝，则康叔有所当为者矣。人有不为也，而后可以有为。康叔所当为者何在？曰"蔽时忱，丕则敏德"是也。诚者，物之终始，悠久不息者也。"敏德"者，速于为德，而无有迟回疑贰者也。唯断之以诚，则可以大法古人之敏德。诚，则能敏；不诚，则有间断，有作辍，安在其能敏哉？唯能以诚而敏德，故能用此以"康乃心"，用此以"顾乃德"，用之以"远乃猷"。心之不安，则必喜异而厌常；德之不顾，则无内省之实；猷之不远，则贪目前之利，忘他日之患。凡此皆基于不诚者也。所以"康乃心，顾乃德，远乃猷"者，亦以宽裕乎民，而使之安尔。谓之裕民则刑罚急迫之政岂所宜用哉绰乎，其有余宽乎？其有容者，皆裕民之理也。康叔能如此，则我周家不汝瑕疵，不汝殄绝矣。

12.《融堂书解》卷十二《周书·康诰》

（宋）钱时撰

王曰，呜呼！封，敬哉！无作怨，勿用非谋、非彝，蔽时忱，丕则敏德。用康乃心，顾乃德，远乃猷，裕乃以民宁，不汝瑕殄。王曰：呜呼，肆汝小子封，惟命不于常，汝念哉。无我殄享，明乃服命，高乃听，用康乂民。王若曰，往哉，封，勿替敬典，听朕告汝，乃以殷民世享。

此下乃"德之说"，前面文王明德，殷先哲王德，既告之详矣。至此方是指康叔丕则工夫，实用力处，正所谓"德之说"也。上文"我其不怨"至"矧曰其尚显闻于天"，辞旨未尽，于是遂叹曰，无用非德之罚，以作民之怨也。"小民难保"，怨最易生。怨詈，咨嗟，乃其常态。然有以作之，则大不可。蔽，断也。断者，决定不易之辞也。本心所发，未尝不诚，唯不能断，是以所见不定，所守易摇。唯断此诚，方有力量，方能"丕则敏德"。"丕则"如何？"用康乃心"是也。禹曰"安汝止，唯几唯康"。康心之功，日用融怡，蒙养□升，非思非为。然不可不省察也。时时省察，则观过精微，鞭勉不懈。不康，必不能顾；不顾，则易于不康。此日用工夫，不可须臾偏废者。若夫出而临民，见之行事，其谋猷，则又不可不远。服，即孟侯之服我所以命汝。此服者，果为何事？汝宜明我服命之本旨，高汝之听，而用以安治殷民可也。"用康乂民"与"裕乃以民宁"，相应而言也。"丕则敏德"，至此发挥已尽，于是复申"敬典"之训，前所谓"尔亦罔不克敬典"。则敬典者，乃康叔所已能也。虽然汝之往也，勿替此"敬典"可也，以终一篇之意，非德之外，他有所谓典也，即所以为德也。

此书以"明德谨罚"为纲领，及至篇末。自"敏德"之外，无余说，又其末也；自"敬典"之外，无余德。曰"不汝瑕殄"，曰"无我殄享"，曰"乃以殷民世享"，三节语脉联贯不断，前面正提"大放王命"而不罚，至此三语，方发挥尽，都只归宿在"敬典"上，所以警康叔者深矣。

13.《尚书要义》

（宋）魏了翁撰

（归善斋按，原缺）

14.《书集传或问》卷下《康诰》

（宋）陈大猷撰

（归善斋按，未解）

15.《尚书详解》卷八《周书·康诰第十一》

（宋）胡士行撰

王曰，呜呼！封，敬哉！无作怨（结怨），勿用非谋（正言）、非彝（常道），蔽（断以）时（是）忱（至诚不息），丕（大）则（法）敏（疾）德。用康（安定）乃心，顾（日月省）乃德，远（深长）乃猷（谋），裕（宽）乃以民宁，不汝瑕（疵）殄（绝）。

"非谋、非彝"，则结怨于民矣，不可用也。唯明善，而守之以诚，康焉，顾焉，远焉，躬自厚，而薄责于民，宽裕优柔，纳民宁谧，则汝予嘉，而肯瑕殄之乎？

16.《书纂言》卷四上《周书·康诰》

（元）吴澄撰

王曰，呜呼！封，敬哉！无作怨，勿用非谋、非彝，蔽时忱；丕则敏德。用康乃心，顾乃德，远乃猷，裕乃以民宁，不汝瑕殄。

戒康叔敬而无忽，无作致怨于民之事。非善谋，非常道者，勿用。唯断以是心之诚，大则在于敏修其德。诚，则揆诸心而安。顾，谓常目在之。敏，则不怠，是以能顾。"非谋、非彝"，猷之不远者。能饶益其民，民乃砥于宁，而我不瑕疵绝汝矣。

17.《书集传纂疏》卷四下《朱子订定蔡氏集传·周书·康诰》

（元）陈栎撰

王曰，呜呼！封，敬哉！无作怨，勿用非谋、非彝，蔽时忱，丕则敏德。用康乃心，顾乃德，远乃猷，裕乃以民宁，不汝瑕殄。

此欲其不用罚而用德也。叹息言，汝敬哉，毋作可怨之事，毋用非善之谋、非常之法。唯断以是诚，大法古人之敏德，用以安汝之心，省汝之德，远汝之谋，宽裕不迫，以待民之自安。若是，则不汝瑕疵而弃绝矣。

纂疏：

陈氏经曰，用"非谋、非彝"，皆致怨之道也。蔽，如"一言以蔽"

之"蔽"。唯断以至诚,则不惑于"非谋非彝"矣。

陈氏大猷曰,大法古人之敏德,如法文王之明德,"作求殷先哲王德"是也。虑其悠悠,故以敏德言。又恐其欲速,故以安汝心言。安,则恐其警省不至,故又以回顾汝德言。顾,又恐其察虑太迫,故又以弘远汝谋,宽裕安民言。民必不瑕绝汝矣。

真氏曰,为善未至于优裕,皆勉强也,与前"德裕乃身"之"裕"同。至此,则不言用罚,而纯言用德矣。

18.《读书丛说》卷六《康诰》

(元) 许谦撰

(归善斋按,未解)

19.《书传辑录纂注》卷四《周书·康诰》

(元) 董鼎撰

王曰,呜呼!封,敬哉!无作怨,勿用非谋、非彝,蔽时忱,丕则敏德。用康乃心,顾乃德,远乃猷,裕乃以民宁,不汝瑕殄。

此欲其不用罚而用德也。叹息言,汝敬哉!毋作可怨之事,勿用非善之谋、非常之法。唯断以是诚,大法古人之敏德,用以安汝之心,省汝之德,远汝之谋,宽裕不迫,以待民之自安。如是,则不汝瑕疵而弃绝矣。

辑录:

"蔽时忱",陈说陋,至诚为小人所卖。

纂注:

陈氏曰,毋作致怨之事。用败事之谋、变常之法,皆起怨之道也。蔽,如"一言以蔽之"之"蔽"。唯断以至诚,则能不惑于"非谋、非彝"矣。心之不安,则必喜异而厌常。德之不顾,则无内省之实;猷之不远,则贪目前之利,忘他日之患。凡此皆塞于不诚也。

陈氏大猷曰,为治有不易之定论,通行之常道,"明德慎罚"是也。舍是则为"非谋、非彝"。王恐叔惑于邪说异术,谓民难以德化,易以刑服。如封德彝之惑太宗者,故戒以勿用,而唯断以至诚也。"丕则敏德",大法古人之敏德,如上章法文王之明德,"作求殷先哲王德"是也。虑其悠悠，而欲其汲汲，故以敏德言，又恐其欲速也，故又欲其安汝心。安，则恐其警省不至也，故又欲其回顾汝德。顾，则又恐其察虑之太迫也，故又欲其弘远汝谋，庶能优游宽裕，而与民相安矣。

真氏曰，"裕乃以民宁"，不必言行宽政，但自"无作怨"以下数句，行之优裕，即所以致民之宁，而民不瑕绝之也。盖为善未至于优裕，皆勉强也。与前"德裕乃身"之"裕"同。至此，则不言用罚，而纯言用德矣。

20.《尚书句解》卷八《周书·康诰第十一》

（元）朱祖义撰

王曰，呜呼！封，敬哉（王又呼康叔使敬下所言），无作怨（无作成民怨），勿用非谋、非彝（不可用狂妄不谋之言，与奇异不常之事）。

21.《尚书日记》卷十一《周书·康诰》

（明）王樵撰

"王曰，呜呼！封，敬哉！无作怨"至"不汝瑕殄"。此欲其不用罚而用德也。作怨，非谋、非彝，皆以德刑相形，言任刑而不任德，是为"作怨"，是为"非谋"，是为"非彝"，不可不戒。唯断以诚意，大法古人之敏德者，即祗遹文考，敷求殷先哲王之属是也。古人之德，由敏而成，法古之道，才怠缓悠游，便不济，事必以圣人，为必可及古，治为必可复。果以行之，确以守之，而后可以言有其诚矣。古之敏德者，心固安于所止，德固稽于中，正谋固出于远大，而我心则未必安，德则未必中，谋则未必远也，故用以康乃之心，谓安于义理，而不动于非几也。省汝之德，谓知其不足，勉其所不及也。远汝之谋，谓必以至极自期，而不以近小自限也。一心于德，而宽裕不迫，以待民之自安，若是则不汝瑕疵而弃绝矣。

"非谋、非彝"，盖有谓民难以德化，易以刑服，如封德彝之惑太宗者，则必不能安己心矣，必不遑省己德矣，为谋则不远矣。唯断以诚意，大法古人之敏德者，使此心唯安于义理，而无得以迁摇之者，常有以自省己德，而知其所未至，其谋则远大，而无复有非谋之杂此道也，裕以民宁之道也。刑罚，非裕也。"敬典"之中，有裕民之道，故曰乃由裕民，道德本裕也。纯用德化而民自安，故曰裕民以宁。欧阳氏论教化，谓以不倦之意，待迟久之功，"裕以民宁"之谓也。

按，"明德慎罚"，初以二事分言，其实慎罚亦德也，故终言"以德用罚"，然曰用罚则罚，犹未能无也。刑期于无刑，必至于不用而后为极致，故终言不用罚而用德，此一篇之大意也。蔡传引《左传》务崇务去之说，最得要领。

22.《日讲书经解义》卷八《周书·康诰》

（清）库勒纳等撰

王曰，呜呼！封，敬哉！无作怨，勿用非谋、非彝，蔽时忱，丕则敏德。用康乃心，顾乃德，远乃猷，裕乃以民宁，不汝瑕殄。

此一节书，是欲康叔不用罚而用德也。蔽，断然也。忱，诚也。顾，省也。瑕，瑕疵也。殄，弃绝也。武王又叹息呼其名而言曰，天下事未有不成于兢业，而堕于怠荒者也。汝今之国，尚其敬之哉。夫为治之道，莫善于德化，莫不善于刑威。莫但恃严刑，以督责乎民，则民将不知所措，而怨咨者众。汝慎毋作此可怨之事也。有谓民心不古，难以德化，易以刑服。其说似是而实非，非谋之善者也。况刑者，所以齐民之具，俾我为一日之用而已，岂常用之法哉。如此等非善之谋、非常之法，汝宜屏绝之而勿用也。唯是古人之敏于德者，断然以至诚之心，而大法则之，毋始勤而终怠，毋自安于小成，用此以安定汝之心，而端化民之本，庶不为邪说所摇。用此以省察汝之德，而握化民之要，庶不至功力有间。且用此以弘远汝之，猷而定化民之谋，庶不徇日前之计，而忘后日之患，由是宽裕不迫，使民日渐月摩，相安于善而不自知。此德化之至耳。诚能"敏德"至于"裕民"，如此，则汝德既纯，我必不以汝有瑕疵而殄绝之。庶克长保尔国矣，尔可不敬哉？德足以化刑，心足以立德，训刑之终归本于德，见导民之具在此，不在彼也。修德之要，归本于心，见内省之实，正心以修身也。唐太宗一行仁义，而几致刑措，况文王之"明德"而"谨罚"哉。

《读书管见》卷下《康诰》

(元) 王充耘撰

封,敬哉!无作怨。

"封,敬哉!无作怨,勿用非谋、非彝,蔽时忱",欲其"慎罚"也。盖彝,即罚,"蔽殷彝"之"彝"。蔽,即"丕蔽要囚"之"蔽",正指用罚而言也。"丕则敏德"以下,欲其"明德"也。罚能谨。而德能明,我之所求于汝者,此而已。果能是,虽欲瑕之,而无可疵;虽欲殄之,而无可殄。盖诸侯而不称职,轻则贬爵、削地,重则六师移之。武王之于康叔,分则君臣,亲则兄弟,而告戒之严,凛然有不可以私恩贷公法之意者,何也?盖殷民叛服,系天命去留,关国家治乱,不得不严为之戒敕也。故下文又申以命不于常,无我殄享,而末复教以"勿替敬典,听朕诰汝,乃以殷民世享。仁人之于兄弟,亲之,欲其贵,爱之欲其富,而唯恐其不能保有禄位如此夫。

《五诰解》卷一《康诰》

(宋) 杨简撰

王曰,呜呼!封,敬哉!无作怨,勿用非谋、非彝,蔽时忱,丕则敏德。用康乃心,顾乃德,远乃猷,裕乃以民宁,不汝瑕殄。

事不询谋,切勿遽用;事虽尚谋,又不可求之过,而失彝常之道,非彝不可用也。既不用非谋,又不可用非彝,于此虑康叔莫知所适从,故周公教之唯断以忱诚之心,大哉忱诚之心乎?忱,诚者,不过人所常有诚实之心而已。孔子谓忠信大道,正以明此也。即此忱诚之心以往,即天则是谓。丕则,由此心以行事。亲自孝,事长自弟,与朋友自信,于夫妇自别于民自爱,于万事自能,可可否否,谋虑曲折允当,即此忱诚之心,不劳作意,而无体无方,无限量。外物自莫能转移,澄然虚明。而变化云为,万善皆备,则于德,岂不益敏乎?呜呼!唯大圣人则能如此善教也。周公尚虑康叔于此未大明,又教以"康乃心"。康者,和平之谓。和平,即忱诚之心也。顾者,省观也。贤者,德未至于大成,旧习或间之,恐或蔽而不觉,故使之顾省。又曰"远乃猷"者,前言祗遹文考,"用殷先哲王德",又"由古先哲王",又"弘于天",可谓"远"矣。有一不合于古,不合于天,犹为未尽道。恐其或忘之,故又曰"远乃猷",则前旨复明。宽裕则民宁,尽遵公言,则王不瑕殄汝矣,过小则瑕,罪大则殄绝,此诰亦严矣。

蔽时忱,丕则敏德

1. 《尚书注疏》卷十三《周书》

(汉)孔氏传,(唐)陆德明音义,(唐)孔颖达疏

蔽时忱,丕则敏德。

传,断行是诚道,大法敏德。信则人任焉,敏则有功。

疏,正义曰,而以决断行是诚信之道,大当法为机敏之德。

传,正义曰,以诚在于心,故决断行之亦心。诚而行敏,为见事之速,事有善而须德法,故云大法敏德也。正以此二者。以信则人任焉,敏则有功故也,《论语》文。

2. 《书传》卷十二《周书》

(宋)苏轼撰

(归善斋按,见"王曰,呜呼!封,敬哉!无作怨,勿用非谋、非彝")

3. 《尚书全解》卷二十八

(宋)林之奇撰

(归善斋按,见"王曰,呜呼!封,敬哉!无作怨,勿用非谋、非彝")

4. 《尚书讲义》卷十四

(宋)史浩撰

(归善斋按,见"王若曰,孟侯,朕其弟,小子封")

5.《尚书详解》卷十九《周书·康诰》

（宋）夏僎撰

（归善斋按，见"王曰，呜呼！封，敬哉！无作怨，勿用非谋、非彝"）

6.《增修东莱书说》卷二十《周书·康诰第十一》

（宋）吕祖谦撰，（宋）石澜增修

（归善斋按，见"王曰，呜呼！封，敬哉！无作怨，勿用非谋、非彝"）

7.《尚书说》卷五《周书·康诰》

（宋）黄度撰

（归善斋按，见"王曰，呜呼！封，敬哉！无作怨，勿用非谋、非彝"）

8.《絜斋家塾书钞》卷十《周书·康诰》

（宋）袁燮撰

（归善斋按，见"王曰，呜呼！封，敬哉！无作怨，勿用非谋、非彝"）

9.《书经集传》卷四《周书·康诰》

（宋）蔡沈撰

（归善斋按，见"王曰，呜呼！封，敬哉！无作怨，勿用非谋、非彝"）

10.《尚书精义》卷三十五《周书·康诰》

（宋）黄伦撰

（归善斋按，见"王曰，呜呼！封，敬哉！无作怨，勿用非谋、非彝"）

11. 《尚书详解》卷二十九《周书·康诰》

（宋）陈经撰

（归善斋按，见"王曰，呜呼！封，敬哉！无作怨，勿用非谋、非彝"）

12. 《融堂书解》卷十二《周书·康诰》

（宋）钱时撰

（归善斋按，见"王曰，呜呼！封，敬哉！无作怨，勿用非谋、非彝"）

13. 《尚书要义》

（宋）魏了翁撰

（归善斋按，原缺）

14. 《书集传或问》卷下《康诰》

（宋）陈大猷撰

（归善斋按，未解）

15. 《尚书详解》卷八《周书·康诰第十一》

（宋）胡士行撰

（归善斋按，见"王曰，呜呼！封，敬哉！无作怨，勿用非谋、非彝"）

16. 《书纂言》卷四上《周书·康诰》

（元）吴澄撰

（归善斋按，见"王曰，呜呼！封，敬哉！无作怨，勿用非谋、非彝"）

17. 《书集传纂疏》卷四下《朱子订定蔡氏集传·周书·康诰》

（元）陈栎撰

（归善斋按，见"王曰，呜呼！封，敬哉！无作怨，勿用非谋、非彝"）

18. 《读书丛说》卷六《康诰》

（元）许谦撰

（归善斋按，未解）

19. 《书传辑录纂注》卷四《周书·康诰》

（元）董鼎撰

（归善斋按，见"王曰，呜呼！封，敬哉！无作怨，勿用非谋、非彝"）

20. 《尚书句解》卷八《周书·康诰第十一》

（元）朱祖义撰

蔽时忱（断以是诚），丕则敏德（则可大法古人敏疾修德之心）。

21. 《尚书日记》卷十一《周书·康诰》

（明）王樵撰

（归善斋按，见"王曰，呜呼！封，敬哉！无作怨，勿用非谋、非彝"）

22. 《日讲书经解义》卷八《周书·康诰》

（清）库勒纳等撰

（归善斋按，见"王曰，呜呼！封，敬哉！无作怨，勿用非谋、非彝"）

《读书管见》卷下《康诰》

（元）王充耘撰

（归善斋按，见"王曰，呜呼！封，敬哉！无作怨，勿用非谋、非彝"）

《五诰解》卷一《康诰》

（宋）杨简撰

（归善斋按，见"王曰，呜呼！封，敬哉！无作怨，勿用非谋、非彝"）

用康乃心，顾乃德，远乃猷

1. 《尚书注疏》卷十三《周书》

（汉）孔氏传，（唐）陆德明音义，（唐）孔颖达疏

用康乃心，顾乃德，远乃猷。

传，用是诚道，安汝心；顾省汝德，无令有非远汝谋，思为长久。

疏，正义曰，用是信敏，安汝心；顾省汝德，广远汝谋。

传，正义曰，上文有忱有敏。此唯云"用是诚道"，不云"敏"者，"敏"在"诚"下，亦用之可知。

2. 《书传》卷十二《周书》

（宋）苏轼撰

用康乃心，顾乃德，远乃猷，裕乃以民宁，不汝瑕殄。

汝唯宽裕则民安，不汝瑕疵，亦不汝远绝也。

3.《尚书全解》卷二十八

（宋）林之奇撰
(归善斋按，见"王曰，呜呼！封，敬哉！无作怨，勿用非谋、非彝"）

4.《尚书讲义》卷十四

（宋）史浩撰
(归善斋按，见"王若曰，孟侯，朕其弟，小子封"）

5.《尚书详解》卷十九《周书·康诰》

（宋）夏僎撰
(归善斋按，见"王曰，呜呼！封，敬哉！无作怨，勿用非谋、非彝"）

6.《增修东莱书说》卷二十《周书·康诰第十一》

（宋）吕祖谦撰，（宋）石澜增修
(归善斋按，见"王曰，呜呼！封，敬哉！无作怨，勿用非谋、非彝"）

7.《尚书说》卷五《周书·康诰》

（宋）黄度撰
(归善斋按，见"王曰，呜呼！封，敬哉！无作怨，勿用非谋、非彝"）

8.《絜斋家塾书钞》卷十《周书·康诰》

（宋）袁燮撰
(归善斋按，见"王曰，呜呼！封，敬哉！无作怨，勿用非谋、非彝"）

9.《书经集传》卷四《周书·康诰》

（宋）蔡沈撰

（归善斋按，见"王曰，呜呼！封，敬哉！无作怨，勿用非谋、非彝"）

10.《尚书精义》卷三十五《周书·康诰》

（宋）黄伦撰

（归善斋按，见"王曰，呜呼！封，敬哉！无作怨，勿用非谋、非彝"）

11.《尚书详解》卷二十九《周书·康诰》

（宋）陈经撰

（归善斋按，见"王曰，呜呼！封，敬哉！无作怨，勿用非谋、非彝"）

12.《融堂书解》卷十二《周书·康诰》

（宋）钱时撰

（归善斋按，见"王曰，呜呼！封，敬哉！无作怨，勿用非谋、非彝"）

13.《尚书要义》

（宋）魏了翁撰
（归善斋按，原缺）

14.《书集传或问》卷下《康诰》

（宋）陈大猷撰
（归善斋按，未解）

15.《尚书详解》卷八《周书·康诰第十一》

（宋）胡士行撰

（归善斋按，见"王曰，呜呼！封，敬哉！无作怨，勿用非谋、非彝"）

16.《书纂言》卷四上《周书·康诰》

（元）吴澄撰

（归善斋按，见"王曰，呜呼！封，敬哉！无作怨，勿用非谋、非彝"）

17.《书集传纂疏》卷四下《朱子订定蔡氏集传·周书·康诰》

（元）陈栎撰

（归善斋按，见"王曰，呜呼！封，敬哉！无作怨，勿用非谋、非彝"）

18.《读书丛说》卷六《康诰》

（元）许谦撰

（归善斋按，未解）

19.《书传辑录纂注》卷四《周书·康诰》

（元）董鼎撰

（归善斋按，见"王曰，呜呼！封，敬哉！无作怨，勿用非谋、非彝"）

（元）朱祖义撰

20.《尚书句解》卷八《周书·康诰第十一》

用康乃心（用此以安汝心，不汩外物），顾乃德（用此以省汝德，而无失德之累），远乃猷（用此以远汝谋，不徇目前之利）。

21. 《尚书日记》卷十一《周书·康诰》

（明）王樵撰

（归善斋按，见"王曰，呜呼！封，敬哉！无作怨，勿用非谋、非彝"）

22. 《日讲书经解义》卷八《周书·康诰》

（清）库勒纳等撰

（归善斋按，见"王曰，呜呼！封，敬哉！无作怨，勿用非谋、非彝"）

《读书管见》卷下《康诰》

（元）王充耘撰

（归善斋按，见"王曰，呜呼！封，敬哉！无作怨，勿用非谋、非彝"）

《五诰解》卷一《康诰》

（宋）杨简撰

（归善斋按，见"王曰，呜呼！封，敬哉！无作怨，勿用非谋、非彝"）

裕乃以民宁，不汝瑕殄

1. 《尚书注疏》卷十三《周书》

（汉）孔氏传，（唐）陆德明音义，（唐）孔颖达疏
裕乃以民宁，不汝瑕殄。
传，行宽政，乃以民安，则我不汝罪过，不绝亡汝。
疏，正义曰，能行宽政，乃以民安，则我不于汝罪过，而绝亡汝。

2.《书传》卷十二《周书》

(宋）苏轼撰

(归善斋按，见"用康乃心，顾乃德，远乃猷"）

3.《尚书全解》卷二十八

(宋）林之奇撰

(归善斋按，见"王曰，呜呼！封，敬哉！无作怨，勿用非谋、非彝"）

4.《尚书讲义》卷十四

(宋）史浩撰

(归善斋按，见"王若曰，孟侯，朕其弟，小子封"）

5.《尚书详解》卷十九《周书·康诰》

(宋）夏僎撰

(归善斋按，见"王曰，呜呼！封，敬哉！无作怨，勿用非谋、非彝"）

6.《增修东莱书说》卷二十《周书·康诰第十一》

(宋）吕祖谦撰，(宋）石澜增修

(归善斋按，见"王曰，呜呼！封，敬哉！无作怨，勿用非谋、非彝"）

7.《尚书说》卷五《周书·康诰》

(宋）黄度撰

(归善斋按，见"王曰，呜呼！封，敬哉！无作怨，勿用非谋、非彝"）

8. 《絜斋家塾书钞》卷十《周书·康诰》

（宋）袁燮撰

（归善斋按，见"王曰，呜呼！封，敬哉！无作怨，勿用非谋、非彝"）

9. 《书经集传》卷四《周书·康诰》

（宋）蔡沈撰

（归善斋按，见"王曰，呜呼！封，敬哉！无作怨，勿用非谋、非彝"）

10. 《尚书精义》卷三十五《周书·康诰》

（宋）黄伦撰

（归善斋按，见"王曰，呜呼！封，敬哉！无作怨，勿用非谋、非彝"）

11. 《尚书详解》卷二十九《周书·康诰》

（宋）陈经撰

（归善斋按，见"王曰，呜呼！封，敬哉！无作怨，勿用非谋、非彝"）

12. 《融堂书解》卷十二《周书·康诰》

（宋）钱时撰

（归善斋按，见"王曰，呜呼！封，敬哉！无作怨，勿用非谋、非彝"）

13. 《尚书要义》

（宋）魏了翁撰

（归善斋按，原缺）

14.《书集传或问》卷下《康诰》

（宋）陈大猷撰

（归善斋按，未解）

15.《尚书详解》卷八《周书·康诰第十一》

（宋）胡士行撰

（归善斋按，见"王曰，呜呼！封，敬哉！无作怨，勿用非谋、非彝"）

16.《书纂言》卷四上《周书·康诰》

（元）吴澄撰

（归善斋按，见"王曰，呜呼！封，敬哉！无作怨，勿用非谋、非彝"）

17.《书集传纂疏》卷四下《朱子订定蔡氏集传·周书·康诰》

（元）陈栎撰

（归善斋按，见"王曰，呜呼！封，敬哉！无作怨，勿用非谋、非彝"）

18.《读书丛说》卷六《康诰》

（元）许谦撰

（归善斋按，未解）

19.《书传辑录纂注》卷四《周书·康诰》

（元）董鼎撰

（归善斋按，见"王曰，呜呼！封，敬哉！无作怨，勿用非谋、非彝"）

20.《尚书句解》卷八《周书·康诰第十一》

（元）朱祖义撰

裕乃以民宁（则优游暇豫，不事督促而民乃自此安矣），不汝瑕殄（我何从求汝瑕疵，而殄绝于汝）。

21.《尚书日记》卷十一《周书·康诰》

（明）王樵撰

（归善斋按，见"王曰，呜呼！封，敬哉！无作怨，勿用非谋、非彝"）

22.《日讲书经解义》卷八《周书·康诰》

（清）库勒纳等撰

（归善斋按，见"王曰，呜呼！封，敬哉！无作怨，勿用非谋、非彝"）

《读书管见》卷下《康诰》

（元）王充耘撰

（归善斋按，见"王曰，呜呼！封，敬哉！无作怨，勿用非谋、非彝"）

《五诰解》卷一《康诰》

（宋）杨简撰

（归善斋按，见"王曰，呜呼！封，敬哉！无作怨，勿用非谋、非彝"）

王曰，呜呼！肆汝小子封，唯命不于常

1.《尚书注疏》卷十三《周书》

（汉）孔氏传，（唐）陆德明音义，（唐）孔颖达疏

王曰，呜呼！肆汝小子封，唯命不于常。

传，以民安，则不绝亡汝，故当念天命之不于常，汝行善则得之；行恶则失之。

疏，正义曰，与上相首引，王命言曰，呜呼！以民安，则不汝绝亡之。故汝小子封，当念天命之不于常也。唯行善则得之，行恶则失之。

2.《书传》卷十二《周书》

（宋）苏轼撰

王曰，呜呼！肆汝小子封，唯命不于常。汝念哉，无我殄享。

无自绝天享也。

3.《尚书全解》卷二十八

（宋）林之奇撰

王曰，呜呼！肆汝小子封，唯命不于常。汝念哉！无我殄。享明乃服命，高乃听，用康乂民。王若曰，往哉，封，勿替敬典，听朕告，汝乃以殷民世享。

王曰，小子从父兄，奉令承教，则拘。出而为人君，则肆；肆而罔念，或至于殄享，以天命无常故也。王于《大诰》"肆哉"，其说亦然皆牵强，不足取。《大诰》之言曰"肆哉"，而后曰"尔庶邦君，越尔御事"，则其文势以为肆而不拘，虽非其本义犹可为说，至此章曰"肆汝小子封，而亦为肆而不拘，岂可通哉。肆，今也。成王之诰康叔反复详尽，开其为此，而禁其为彼。其言可无余蕴矣。又告之以天命之无常，戒谨之不可息，故言今小子封也。夫天之福禄灾祥，至难谌也。有德则兴，无德

则亡，如影响然，无毫厘之差，岂可以为常有，而不失哉？汝无谓我既锡汝以爵，分汝以土，则卫国可长保也。汝能"敬典"以"裕民"，则子子孙孙，继世长久，虽与周相为终始可也。其苟用"非谋、非彝"以作怨于民，则汝身之所不能保，何有于后人。故汝当念之，无使我有以殄绝之也。"享明乃服命"，先儒曰，享有国土，尝明汝所服行之命令是也。"高乃听"者，听于古先也。夫成王之告康叔，自祗遹文考，推而上之，至于"敷求殷先哲王"，及"远唯商耇成人"；自"远唯商耇成人"推而上之，至于"别求闻由先哲王"，则其听岂不高乎。"用康乂民"，即上文所谓"用康保民"是也。唯听之高，则可以"康乂民"矣，言汝往之国，当"敬典"以"裕民"使民之有父子、兄弟之爱、则易直子谅之心油然而生。当常行而勿废也。欲不废其所以"敬典"之事也。能听朕告汝者，服膺而不失，则以殷民世世享国矣。夫殷民者，染纣之化，陷于大恶。其受衷于天者，皆泯乱而不复存矣。若不可以与之一朝居也。然"众非元后，何戴？后非众，罔与守邦"，使其以殷民暴戾之故，严刑峻法以冀其改，虽刑者相望于道，而"不孝不友"之人自若也。其谁与守邦也哉？唯其"敬典"于上，以夫民之所固有者，还以导之，则殷民虽泯于民彝，而其终也，必将去其放辟邪侈之事，以自反于善，以之世享，岂不可哉。昔唐太宗尝叹曰，今大乱之后，其难治矣。魏征曰，大乱易治，譬如饥人之易食也。封德彝曰，不然三代之后，浇诡日滋，秦任刑法，汉杂霸道，皆欲治不能，非能治不欲。征，书生，好虚论，徒乱国家，不可听。征曰，五帝三王，不易民而教，行帝道而帝，行王道而王，顾所行如何耳。若人渐浇诡，不复返朴，今当为鬼为魅，尚安得而化哉。德彝不能对。魏征之心，盖以君子之道待天下，而不以小人之道待天下。谓天下无不可化之人，唯在上之人所以化之者，如何耳？如德彝之言，则是刑罚可以遏乱原，而纳之治也。太宗从征，而不从德彝，先教化而后刑罚，是以四年而遂致太平。成王之告康叔。亦不欲鄙其民。而宽以待之。故其始终之间。而以告之。者唯曰钦典以裕民而已。盖不钦典，则斯民不知父子、兄弟之亲而可爱。钦典而不裕民，则民不能优游餍饫而善心自生，与不钦典何以异哉？唯其钦典而裕民，则其始也，虽不孝、不友，天下之所共弃，而其终也，必将迁善远罪，陶陶然而不自知矣。其与刑罚，岂可同日而语哉。

尝观秦之末，俗借父耰锄，虑有德色，母取箕帚，立而谇语，抱哺其子，与公并倨，妇姑不相悦，则反唇而相稽。至于汉兴，遗俗益甚，及文帝之世，盖秦灭者五六十年矣，而杀父兄者，犹相继甚哉。秦俗之似商俗也，然汉之君臣，特以簿书，期会不报之间，以为大，故至于流俗，失世败坏，因恬而不知怪。故秦之旧俗，迄不悛革，历千余年而卒未有以复文、武、成、康之旧。唯成王以钦典裕民而告康叔，推其言而行之，则其丕变于忠厚，岂难也哉？不观诸汉，无以知成王之言为当时之要务也。

4.《尚书讲义》卷十四

（宋）史浩撰

（归善斋按，见"王若曰，孟侯，朕其弟，小子封"）

5.《尚书详解》卷十九《周书·康诰》

（宋）夏僎撰

王曰，呜呼！肆汝小子封，唯命不于常，汝念哉！无我殄享。明乃服命，高乃听，用康乂民。王若曰，往哉，封勿替敬典。听朕告，汝乃以殷民世享。

此"肆"字承上文而言也。盖成王与康叔"无作怨，勿用非谋、非彝，蔽时忱，丕则敏德，用康乃心，顾乃德，远乃猷裕，乃以民宁"，其事甚繁而且重大，故又嗟叹以见其事果大，遂言"肆汝小子封，唯命不于常，汝念哉"，谓我所命汝事甚大，故汝小子封，当知我此命之之言，不能常常告汝，谓告之之辞，唯今日耳。自今日以往，各往就国，虽欲常告之不可得也，汝可不念哉，唯当念之不忘，而不于我有殄绝其享上之意，明汝所服孟侯之命。高其耳以听，谓成王前所告以祗遹文考，敷求殷先哲王，汝丕远唯商耇成人，与别求闻由古先哲王，皆远大之事，非高其听，则不能以古人为师也。常用此以康治其民，不可忽也。此言"王若曰"，又更端以告也。此书前言"王若曰"，后言"王若曰"，中皆言"王曰"，所以见周公之言，谓成王之意"若曰"也。成王又谓，汝往就国，当勿废"敬典"，即前所谓"汝亦罔不克敬典"者是也。大意盖谓，不孝、不友，非敬五典之教，则不能使之去不孝不友之习，而归慈孝弟友之美故也。然则,康叔今日当如何?但听成王所教之言,则可以用殷民世享传国之美也矣。

6. 《增修东莱书说》卷二十《周书·康诰第十一》

（宋）吕祖谦撰,（宋）石澜增修

王曰,呜呼!肆汝小子封,唯命不于常,汝念哉。无我殄享,明乃服命,高乃听,用康乂民。

自反既至皇天,复何亲哉,命之无常固也,知天命之无穷,念念不忘终始,此心兢兢不息,以保天命可也,不可弃绝我之言。享者,如享五味八珍之享,使味其言也。明者,使不昏迷其意也。服命者,所戒全篇之命也,又当尊其所闻,方可用以康乂其民。若不尊所闻,则听之轻慢,安能康乂民也。

7. 《尚书说》卷五《周书·康诰》

（宋）黄度撰

王曰,呜呼!肆汝小子封,唯命不于常,汝念哉,无我殄享。明乃服,命高乃听,用康乂民。

唯命不于常,汝必自念此,无使我殄绝汝享王室是赖,而殄绝之,岂吾心哉。汝当明此服命。康叔侯伯,七命其服,自鷩冕而下,为牧则加一命。玄衮及黻,皆有典章。明,明有德也五,服五章也。高乃听,则道德仁义之言日闻,推之以安治民,其则不远矣。

8. 《絜斋家塾书钞》卷十《周书·康诰》

（宋）袁燮撰

王曰,呜呼!肆汝小子封,唯命不于常,汝念哉!无我殄享。明乃服命,高乃听,用康乂民。

上帝之命,何常之有?汝康叔须当念之,无殄绝其享上之义。明其所当服行之事也。前所谓"已!汝唯小子乃服。唯弘王,应保殷民"是也。人之听不可卑污,听德唯聪必,有德之言方可听。听无稽之言,听馋谄面谀之言,则其听卑矣。故听不可以不高如此,而后能康乂民矣。

9. 《书经集传》卷四《周书·康诰》

(宋)蔡沈撰

王曰，呜呼！肆汝小子封，唯命不于常，汝念哉，无我殄享。明乃服命，高乃听，用康乂民。

肆，未详。唯命不于常，善则得之，不善则失之。汝其念哉！毋我殄绝所享之国也。明汝侯国服命。高其听不可卑忽我言，用安治尔民也。

10. 《尚书精义》卷三十五《周书·康诰》

(宋)黄伦撰

王曰，呜呼！肆汝小子封，唯命不于常，汝念哉！无我殄享。明乃服命，高乃听，用康乂民。

无垢曰，命，天命也。天命，则爵位也。岂有常哉？"明德慎罚"，则爵位可保，无德滥刑，则爵位殄绝，此理之自然者也，岂有常哉？念天命之不常，则警戒恐惧，而"明德慎罚"，常不绝朝觐之礼矣。"享"，当如"享礼"之"享"也，倘唯不念天命，放肆怠傲，无德滥刑，则将摈黜灭亡，以绝朝觐之礼，无从得望天子之清光矣。服，谓诸侯之服命，谓诸侯之命，若"上公九命"之类。明服命之不可轻。高其听，以法先王，以言非文王与殷先哲之德刑，则弗听也。其听如此，岂不高哉？明服命之不可轻，高其听而不卑下，则其心尊严远大，用此以康治民，夫何难哉？

张氏曰，康叔之封于妹邦，有君道焉。其制节，则在我，而无所拘，故告之以"肆哉"，曰"唯命不于常，汝念哉"，汝不能念天之不常，则我以罪绝于汝，使汝不得为诸侯而享止，此所谓"殄享"者也。

11. 《尚书详解》卷二十九《周书·康诰》

(宋)陈经撰

王曰，呜呼！肆汝小子封，唯命不于常，汝念哉！无我殄享。明乃服命，高乃听，用康乂民。王若曰，往哉，封，勿替敬典。听朕告，汝乃以殷民世享。

汝小子当知天命之无常，为善则得福，为恶则得祸。民安，则国君有安之理；民危，则国君有危之理。命岂可常哉？汝当念念不忘。"无我殄享"者，谓朝觐也。汝为诸侯，能安其民，则长得以通朝觐，奉上之礼，而无以殄绝矣。"明乃服命"，服者，侯伯之服；命者，侯伯之命。明察汝之服命，所以责望于侯伯者，何事哉？为民而已。"高乃听"，则其所听者，当听先王之格言，而无溺于卑污塞浅之见，以此而康乂其民可也。"王若曰，往哉，封勿替敬典"，成王之望康叔也深，故其为言也不厌其重复。自今往卫国，不替废其所以"敬典"。敬典即常行之道，谓君臣、父子、兄弟、夫妇是也。商民不孝、不友之俗，正在上之人敬行其典以率之，听我所以告汝之言，则汝长享卫国，由子及孙矣。既曰"不汝瑕殄"，又曰"唯命不于常"，又曰"乃以殷民世享"，似若动之以祸福利害者，盖诸侯之职，在于保其社稷，长守贵也。民之安危而祸福之理存焉，岂以利害之故，而有所避就哉。

12. 《融堂书解》卷十二《周书·康诰》

（宋）钱时撰

（归善斋按，见"王曰，呜呼！封，敬哉！无作怨，勿用非谋、非彝"）

13. 《尚书要义》

（宋）魏了翁撰

（归善斋按，原缺）

14. 《书集传或问》卷下《康诰》

（宋）陈大猷撰

（归善斋按，未解）

15. 《尚书详解》卷八《周书·康诰第十一》

（宋）胡士行撰

王曰，呜呼！肆（陈告）汝小子封，唯命（我所命尔）不于常（大而非常），汝念哉！无我殄（弃绝我言）享（知未八殄），明（不迷其意）乃服命（所戒全篇之命），高（尊）乃听（所闻），用康乂民。

此篇将终，警叔以深领其诰命也。孔云，天命不于常，享有国土，当明汝服行之命。夏云，无殄绝其享上之意，高听殷上古王远大之事。

16.《书纂言》卷四上《周书·康诰》

（元）吴澄撰

王曰，呜呼！肆汝小子封，唯命不于常，汝念哉！无我殄享。明乃服命，高乃听，用康乂民。

命，谓命为诸侯之命。"不于常"，谓不可常保。殄享，谓失国而绝朝享天子之礼。当明汝所服之王命，谓不可昏忘也。高汝所听，谓当听我所告文考及先哲王之道，不可卑污也。

17.《书集传纂疏》卷四下《朱子订定蔡氏集传·周书·康诰》

（元）陈栎撰

王曰，呜呼！肆汝小子封，唯命不于常，汝念哉！无我殄享。明乃服命，高乃听，用康乂民。

肆，未详。唯命不于常，善则得之；不善则失之。汝其念哉！毋我殄绝所享之国也。明汝侯国服命，高其听，不可卑忽我言，用安治尔民也。

纂疏：

《尔雅》肆今也，

董氏曰，肆语辞，如"肆徂""肆往"，皆语辞也。

陈氏大猷曰，无使我所与尔之爵土殄绝，而不能享也。服命，即所服受之诰命。高乃听，犹曰"尊所闻"。

苏氏曰，告以文考、先哲王所听，岂为不高。

18.《读书丛说》卷六《康诰》

（元）许谦撰

（归善斋按，未解）

19.《书传辑录纂注》卷四《周书·康诰》

（元）董鼎撰

王曰，呜呼！肆汝小子封，唯命不于常，汝念哉！无我殄享，明乃服命，高乃听，用康乂民。

肆，未详。唯命不于常，善则得之，不善则失之。汝其念哉！毋我殄绝所享之国也。明汝侯国服命，高其听，不可卑忽我言，用安治尔民也。

纂注：

《尔雅》曰，肆，今也。

复斋董氏曰，肆，语辞，如"肆徂"，"厥敬劳"，"肆往奸宄"，皆语辞也。

陈氏大猷曰，无使我所与尔之爵土殄绝，而不能享也。服命，即所服受之诰命。"高乃听"，犹尊所闻。

孔氏曰，"高汝听"听先王道德之言。

苏氏曰，"高乃听"，听于古也。告以文考先哲王之道，所听岂不高乎。

20.《尚书句解》卷八《周书·康诰第十一》

（元）朱祖义撰

王曰，呜呼！肆汝小子封（此"肆"字承上文而言，上文自"无作怨"以下，其事甚大，故又嗟叹以见其事果大，遂言"肆汝小子封"），唯命不于常（当知我命汝之言，不能不常告汝）。

21.《尚书日记》卷十一《周书·康诰》

（明）王樵撰

"王曰，呜呼肆汝小子封"至"乃以殷民世享"。

终以"天命""殷民"结之。

始言由文考之德得天得民，肆汝小子封，得以"在兹东土"，有"天命""殷民"之寄。中再以"助王宅天命，作新民"期之。故此复以"天命""殷民"结之。"殄享""世享"对言。上以"天命"言，而欲其

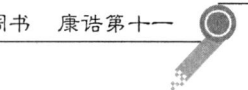

"明乃复命，高乃听，康乂其民，以保有天命，而不至于殄享。下以殷民言，而欲其"勿替敬典"。听我所告，以保有殷民而世享之也。

明服命，与微子同，是特插说"高乃听"，指篇中所言勿卑忽之。民康乂，则天命有常矣。"敬典"与"罔不克敬典"同。错综申说，听朕告汝，则又总举篇中所言。

陈大猷解"服命"谓，所服受之诰命，非也。蔡传明曰，侯国服命。

陈新安解"不替敬典"为"五典"，亦非也。此不过摘上文语而申之，若指五典，则蔡传当曰常道，不曰常法矣。但"敬典"实兼"明德慎罚"而言。德罚非判然两事，须有文王之"敬忌"以守其典。始谓之"敬典"，而慎罚皆德也，故言"敬典"，则德刑咸举之矣。

22.《日讲书经解义》卷八《周书·康诰》

(清) 库勒纳等撰

王曰，呜呼！肆汝小子封，唯命不于常，汝念哉！无我殄享。明乃服命，高乃听，用康乂民。

此一节书，是以天命警戒康叔也。"唯命"之"命"，谓"天命"。"服命"，谓受君命也。武王又叹息呼其名而言曰，今尔之爵土，虽命之自君，实命之自天也。天意难谌，去留靡常，甚可畏也。如尔所为尽善，则天必眷佑之。尔所为或不善，则天即弃绝之矣。汝其思念之，而弗忘哉。毋或不念，使自我而殄绝所享之国也。凡我之所以命汝者，若"明德"，若"慎罚"，亦既谆谆谕之矣。汝宜精白乃心，明汝所受于我之诰命，尊所闻而敬行之，不可卑忽我言，用以安治其民，使皆入于德而出于刑。如此，则民获安，而君命无违，将天命亦因之孔固矣，汝其念哉。

《五诰解》卷一《康诰》

(宋) 杨简撰

王曰，呜呼！肆汝小子封，唯命不于常，汝念哉！无我殄。享明乃服命，高乃听，用康乂民。

肆，故也。承上所言，故天命不常。凡人对语至详畅时间有此类。

"无我殄",谓无殄弃遗忘而失道,我所志在道也。明,谓天明,福善祸淫甚明也。"享明",亦犹"克享天心"。享有奉意,乃服受天命。听我所诰与,凡听人之言,高则不卑,如前所诰,皆高卑之分。圣贤所自知,非训释所能解,学古圣,学天服,周公之训,则知之矣。"高乃听",即"远乃猷"申言之,用此以"康乂民"也。

汝念哉！无我殄享

1. 《尚书注疏》卷十三《周书》

(汉)孔氏传,(唐)陆德明音义,(唐)孔颖达疏
汝念哉,无我殄。
传,无绝弃我言,而不念享。
疏,正义曰,汝念此无常哉,无绝弃我言而不念。
传,正义曰,以不瑕殄,即享有国土也。

2. 《书传》卷十二《周书》

(宋)苏轼撰
(归善斋按,见"王曰,呜呼,肆汝小子封,唯命不于常")

3. 《尚书全解》卷二十八

(宋)林之奇撰
(归善斋按,见"王曰,呜呼,肆汝小子封,唯命不于常")

4. 《尚书讲义》卷十四

(宋)史浩撰
(归善斋按,见"王若曰,孟侯,朕其弟,小子封")

5.《尚书详解》卷十九《周书·康诰》

（宋）夏僎撰
（归善斋按，见"王曰，呜呼，肆汝小子封，唯命不于常"）

6.《增修东莱书说》卷二十《周书·康诰第十一》

（宋）吕祖谦撰，（宋）时澜增修
（归善斋按，见"王曰，呜呼，肆汝小子封，唯命不于常"）

7.《尚书说》卷五《周书·康诰》

（宋）黄度撰
（归善斋按，见"王曰，呜呼，肆汝小子封，唯命不于常"）

8.《絜斋家塾书钞》卷十《周书·康诰》

（宋）袁燮撰
（归善斋按，见"王曰，呜呼，肆汝小子封，唯命不于常"）

9.《书经集传》卷四《周书·康诰》

（宋）蔡沈撰
（归善斋按，见"王曰，呜呼，肆汝小子封，唯命不于常"）

10.《尚书精义》卷三十五《周书·康诰》

（宋）黄伦撰
（归善斋按，见"王曰，呜呼，肆汝小子封，唯命不于常"）

11.《尚书详解》卷二十九《周书·康诰》

（宋）陈经撰
（归善斋按，见"王曰，呜呼，肆汝小子封，唯命不于常"）

12. 《融堂书解》卷十二《周书·康诰》

（宋）钱时撰

（归善斋按，见"王曰，呜呼！封，敬哉！无作怨，勿用非谋、非彝"）

13. 《尚书要义》

（宋）魏了翁撰

（归善斋按，原缺）

14. 《书集传或问》卷下《康诰》

（宋）陈大猷撰

（归善斋按，未解）

15. 《尚书详解》卷八《周书·康诰第十一》

（宋）胡士行撰

（归善斋按，见"王曰，呜呼，肆汝小子封，唯命不于常"）

16. 《书纂言》卷四上《周书·康诰》

（元）吴澄撰

（归善斋按，见"王曰，呜呼，肆汝小子封，唯命不于常"）

17. 《书集传纂疏》卷四下《朱子订定蔡氏集传·周书·康诰》

（元）陈栎撰

（归善斋按，见"王曰，呜呼，肆汝小子封，唯命不于常"）

18. 《读书丛说》卷六《康诰》

（元）许谦撰

（归善斋按，未解）

19.《书传辑录纂注》卷四《周书·康诰》

（元）董鼎撰
（归善斋按，见"王曰，呜呼，肆汝小子封，唯命不于常"）

20.《尚书句解》卷八《周书·康诰第十一》

（元）朱祖义撰
汝念哉（汝当念之不忘），无我殄享（无于我殄绝其奉上之意）。

21.《尚书日记》卷十一《周书·康诰》

（明）王樵撰
（归善斋按，见"王曰，呜呼，肆汝小子封，唯命不于常"）

22.《日讲书经解义》卷八《周书·康诰》

（清）库勒纳等撰
（归善斋按，见"王曰，呜呼，肆汝小子封，唯命不于常"）

《五诰解》卷一《康诰》

（宋）杨简撰
（归善斋按，见"王曰，呜呼，肆汝小子封，唯命不于常"）

明乃服命

1.《尚书注疏》卷十三《周书》

（汉）孔氏传，（唐）陆德明音义，（唐）孔颖达疏
明乃服命。
传，享有国土，当明汝所服行之命，令使可则。
疏，正义曰，若享有国土，当明汝服行之教令，使可法。

传，正义曰，服行之命，谓德刑也。

2.《书传》卷十二《周书》

（宋）苏轼撰

明乃服命。

明汝车服教令。

3.《尚书全解》卷二十八

（宋）林之奇撰

（归善斋按，见"王曰，呜呼，肆汝小子封，唯命不于常"）

4.《尚书讲义》卷十四

（宋）史浩撰

（归善斋按，见"王若曰，孟侯，朕其弟，小子封"）

5.《尚书详解》卷十九《周书·康诰》

（宋）夏僎撰

（归善斋按，见"王曰，呜呼，肆汝小子封，唯命不于常"）

6.《增修东莱书说》卷二十《周书·康诰第十一》

（宋）吕祖谦撰，（宋）时澜增修

（归善斋按，见"王曰，呜呼，肆汝小子封，唯命不于常"）

7.《尚书说》卷五《周书·康诰》

（宋）黄度撰

（归善斋按，见"王曰，呜呼，肆汝小子封，唯命不于常"）

8.《絜斋家塾书钞》卷十《周书·康诰》

（宋）袁燮撰

（归善斋按，见"王曰，呜呼，肆汝小子封，唯命不于常"）

9. 《书经集传》卷四《周书·康诰》

（宋）蔡沈撰
（归善斋按，见"王曰，呜呼，肆汝小子封，唯命不于常"）

10. 《尚书精义》卷三十五《周书·康诰》

（宋）黄伦撰
（归善斋按，见"王曰，呜呼，肆汝小子封，唯命不于常"）

11. 《尚书详解》卷二十九《周书·康诰》

（宋）陈经撰
（归善斋按，见"王曰，呜呼，肆汝小子封，唯命不于常"）

12. 《融堂书解》卷十二《周书·康诰》

（宋）钱时撰
（归善斋按，见"王曰，呜呼！封，敬哉！无作怨，勿用非谋、非彝"）

13. 《尚书要义》

（宋）魏了翁撰
（归善斋按，原缺）

14. 《书集传或问》卷下《康诰》

（宋）陈大猷撰
（归善斋按，未解）

15. 《尚书详解》卷八《周书·康诰第十一》

（宋）胡士行撰
（归善斋按，见"王曰，呜呼，肆汝小子封，唯命不于常"）

16. 《书纂言》卷四上《周书·康诰》

（元）吴澄撰

(归善斋按，见"王曰，呜呼，肆汝小子封，唯命不于常")

17. 《书集传纂疏》卷四下《朱子订定蔡氏集传·周书·康诰》

（元）陈栎撰

(归善斋按，见"王曰，呜呼，肆汝小子封，唯命不于常")

18. 《读书丛说》卷六《康诰》

（元）许谦撰

(归善斋按，未解)

19. 《书传辑录纂注》卷四《周书·康诰》

（元）董鼎撰

(归善斋按，见"王曰，呜呼，肆汝小子封，唯命不于常")

20. 《尚书句解》卷八《周书·康诰第十一》

（元）朱祖义撰

明乃服命（明汝所服孟侯之命）。

21. 《尚书日记》卷十一《周书·康诰》

（明）王樵撰

(归善斋按，见"王曰，呜呼，肆汝小子封，唯命不于常")

22. 《日讲书经解义》卷八《周书·康诰》

（清）库勒纳等撰

(归善斋按，见"王曰，呜呼，肆汝小子封，唯命不于常")

《五诰解》卷一《康诰》

(宋)杨简撰
(归善斋按,见"王曰,呜呼,肆汝小子封,唯命不于常")

高乃听,用康乂民

1.《尚书注疏》卷十三《周书》

(汉)孔氏传,(唐)陆德明音义,(唐)孔颖达疏
高乃听,用康乂民。
传,高汝听,听先王道德之言,以安治民。
疏,正义曰,高大汝所听,用先王道德之言,以安治民也。

2.《书传》卷十二《周书》

(宋)苏轼撰
高乃听。
听于先王为高。
用康乂民。

3.《尚书全解》卷二十八

(宋)林之奇撰
(归善斋按,见"王曰,呜呼,肆汝小子封,唯命不于常")

4.《尚书讲义》卷十四

(宋)史浩撰
(归善斋按,见"王若曰,孟侯,朕其弟,小子封")

5. 《尚书详解》卷十九《周书·康诰》

（宋）夏僎撰

（归善斋按，见"王曰，呜呼，肆汝小子封，唯命不于常"）

6. 《增修东莱书说》卷二十《周书·康诰第十一》

（宋）吕祖谦撰，（宋）石澜增修

（归善斋按，见"王曰，呜呼，肆汝小子封，唯命不于常"）

7. 《尚书说》卷五《周书·康诰》

（宋）黄度撰

（归善斋按，见"王曰，呜呼，肆汝小子封，唯命不于常"）

8. 《絜斋家塾书钞》卷十《周书·康诰》

（宋）袁燮撰

（归善斋按，见"王曰，呜呼，肆汝小子封，唯命不于常"）

9. 《书经集传》卷四《周书·康诰》

（宋）蔡沈撰

（归善斋按，见"王曰，呜呼，肆汝小子封，唯命不于常"）

10. 《尚书精义》卷三十五《周书·康诰》

（宋）黄伦撰

（归善斋按，见"王曰，呜呼，肆汝小子封，唯命不于常"）

11. 《尚书详解》卷二十九《周书·康诰》

（宋）陈经撰

（归善斋按，见"王曰，呜呼，肆汝小子封，唯命不于常"）

12.《融堂书解》卷十二《周书·康诰》

（宋）钱时撰

（归善斋按，见"王曰，呜呼！封，敬哉！无作怨，勿用非谋、非彝"）

13.《尚书要义》

（宋）魏了翁撰

（归善斋按，原缺）

14.《书集传或问》卷下《康诰》

（宋）陈大猷撰

（归善斋按，未解）

15.《尚书详解》卷八《周书·康诰第十一》

（宋）胡士行撰

（归善斋按，见"王曰，呜呼，肆汝小子封，唯命不于常"）

16.《书纂言》卷四上《周书·康诰》

（元）吴澄撰

（归善斋按，见"王曰，呜呼，肆汝小子封，唯命不于常"）

17.《书集传纂疏》卷四下《朱子订定蔡氏集传·周书·康诰》

（元）陈栎撰

（归善斋按，见"王曰，呜呼，肆汝小子封，唯命不于常"）

18.《读书丛说》卷六《康诰》

（元）许谦撰

（归善斋按，未解）

19. 《书传辑录纂注》卷四《周书·康诰》

（元）董鼎撰

（归善斋按，见"王曰，呜呼，肆汝小子封，唯命不于常"）

20. 《尚书句解》卷八《周书·康诰第十一》

（元）朱祖义撰

高乃听（高汝之耳，以听先王之格言），用康乂民（用此以安治其民）。

21. 《尚书日记》卷十一《周书·康诰》

（明）王樵撰

（归善斋按，见"王曰，呜呼，肆汝小子封，唯命不于常"）

22. 《日讲书经解义》卷八《周书·康诰》

（清）库勒纳等撰

（归善斋按，见"王曰，呜呼，肆汝小子封，唯命不于常"）

23. 《五诰解》卷一《康诰》

（宋）杨简撰

（归善斋按，见"王曰，呜呼，肆汝小子封，唯命不于常"）

王若曰：往哉！封，勿替敬典

1. 《尚书注疏》卷十三《周书》

（汉）孔氏传，（唐）陆德明音义，（唐）孔颖达疏

王若曰，往哉，封，勿替敬典。

传，汝往之国，勿废所宜敬之常法。

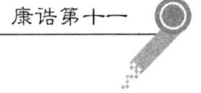

疏，正义曰，以须高听治民，故王命顺其德而言曰，汝往之国哉，封乎，勿废所宜敬之常法。即听用我诰是也。

2.《书传》卷十二《周书》

（宋）苏轼撰
（归善斋按，未解）

3.《尚书全解》卷二十八

（宋）林之奇撰
（归善斋按，见"王曰，呜呼，肆汝小子封，唯命不于常"）

4.《尚书讲义》卷十四

（宋）史浩撰
（归善斋按，见"王若曰，孟侯，朕其弟，小子封"）

5.《尚书详解》卷十九《周书·康诰》

（宋）夏僎撰
（归善斋按，见"王曰，呜呼，肆汝小子封，唯命不于常"）

6.《增修东莱书说》卷二十《周书·康诰第十一》

（宋）吕祖谦撰，（宋）石澜增修
王若曰，往哉，封勿替敬典，听朕告汝，乃以殷民世享。
不可替慢所敬之典，果能听我告汝之言，方可世享其国。夫康叔以眇然小子，一旦受封，闻周公大圣人之告语，其敢不听。周公之慭恳，若恐康叔之不听何耶？期望之切至也。

7.《尚书说》卷五《周书·康诰》

（宋）黄度撰
王若曰，往哉，封勿替敬典，听朕诰汝，乃以殷民世享。
告戒已尽，又顺道而申儆之，其大要则在于"勿替敬典"一语而已。

告语不过如此，唯汝能听我，则遂为卫太祖，以殷民世享。前曰"无我殄"，后曰"乃以殷民世享"，戒劝之。

8.《絜斋家塾书钞》卷十《周书·康诰》

（宋）袁燮撰

王若曰，往哉，封，勿替敬典。听朕告汝，乃以殷民世享。

前告之以"汝亦罔不克敬典"，故此告之以"勿替"。典，常道也。道不可须臾离一日。"替敬典"之心，是离乎道也。离乎道，何以为人。"乃以殷民世享"，世世享有卫国也。"享"之一字，富贵亦在其中。然不特富贵，虽处贫贱，亦有可享者。颜子箪瓢陋卷，不改其乐，享孰大焉。此天爵，良贵。富贵，特外物尔。

9.《书经集传》卷四《周书·康诰》

（宋）蔡沈撰

王若曰，往哉，封，勿替敬典，听朕告汝，乃以殷民世享。

勿废其所敬之常法，听我所命而服行之，乃能以殷民而世享其国也。"世享"对上文"殄享"而言。

10.《尚书精义》卷三十五《周书·康诰》

（宋）黄伦撰

王若曰，往哉，封，勿替敬典。听朕告汝，乃以殷民世享。

无垢曰，成王告康叔，其宗旨，止在一"敬"字而已。倪康叔听其所告，"念兹在兹"，不忘于屋漏暗室之间，则德性常尊，学问有本，而高明广大，常有尊严南面之象，以此殷民，世世子孙践履此道，享爵禄于国家，夫何疑哉。

张氏曰，诸侯所以保其国，以享天子者，岂他道哉，钦典听命而已。

11.《尚书详解》卷二十九《周书·康诰》

（宋）陈经撰

（归善斋按，见"王曰，呜呼，肆汝小子封，唯命不于常"）

12.《融堂书解》卷十二《周书·康诰》

（宋）钱时撰

(归善斋按，见"王曰，呜呼！封，敬哉！无作怨，勿用非谋、非彝")

13.《尚书要义》

（宋）魏了翁撰

(归善斋按，原缺)

14.《书集传或问》卷下《康诰》

（宋）陈大猷撰

(归善斋按，未解)

15.《尚书详解》卷八《周书·康诰第十一》

（宋）胡士行撰

王若曰，往哉，封，勿替（废）敬典（前所谓"罔不克敬典"），听朕诰汝，乃以殷民世享（世世享国）。

此申前意，而期以无穷之效也。

16.《书纂言》卷四上《周书·康诰》

（元）吴澄撰

王若曰，往哉，封，勿替敬典，听朕告汝，乃以殷民世享。

五典者，率性之道，汝敬而行之，勿或失坠。听我告汝之言，乃以殷民，世世为国君，而享于天子矣。

17.《书集传纂疏》卷四下《朱子订定蔡氏集传·周书·康诰》

（元）陈栎撰

王若曰，往哉，封，勿替敬典，听朕告汝，乃以殷民世享。

勿废其所敬之常法，听我所命而服行之，乃能以殷民，而世享其国也。"世享"对上文"殄享"而言。

纂疏：

李氏杞曰，《康诰》一篇始终以"敬哉""敬典"为言。致敬之道，乃修身治民之本。康叔所以化商民之纲，要莫大于此。

愚谓，商民不孝、不友，化之本，在于敬五典耳。勿替所当敬之典，即前所谓"罔不克敬典"，篇终复申言之。《大学》引"唯命不于常"，而断之曰"道善则得之，不善则失之矣"。弗念弗克，则殄享不善而失之也。"敬典"，"听告"则"世享"，善而得之也。武王封康叔，拳拳反复于文王"明德慎罚"之家法，无虑数百言，末复以天命之无常，享国之难，必者警戒之，康叔乃能敬听而力行焉。卫之享国，卒与周家相为长久。吁！岂偶然哉。

18. 《读书丛说》卷六《康诰》

（元）许谦撰

（归善斋按，未解）

19. 《书传辑录纂注》卷四《周书·康诰》

（元）董鼎撰

王若曰，往哉，封，勿替敬典，听朕告汝，乃以殷民世享。

勿废其所敬之常法，听我所命而服行之，乃能以殷民而世享其国也。"世享"对上文"殄享"而言。

辑录：

"殄享""世享"，皆享于天子。

纂注：

李氏杞曰，《康诰》一篇始终以"敬哉""敬典"为言，是知致敬之道，乃修身治民之本。康叔所以化商民之纲，要莫大于此。

新安陈氏曰，勿替所当敬之典。常，即前所谓"罔不克敬典"者。篇将终，复申言之。《大学》引"唯命不于常"，而断之曰"道善则得之；不善则失之矣"。弗念弗听，则殄享不善而失之也。"敬典"，"听告"，则世享,善则得之也。武王封康叔,拳拳反复于文王"明德慎罚"之家法,无虑数百言,末复以"天命"之无常,享国之难,必者警戒之,康叔实能敬听而力行其言,卫之享国,卒与周家相为长久。吁!岂偶然哉。

20.《尚书句解》卷八《周书·康诰第十一》

(元)朱祖义撰

王若曰(此书前言"王若曰",后言"王曰",中皆言"王曰",所以见周公之言,谓成王之意"若曰"),往哉(往汝卫国),封(呼叔名),勿替敬典(当勿废我在前"敬"之命,而敬行五常之道以治民)。

21.《尚书日记》卷十一《周书·康诰》

(明)王樵撰

(归善斋按,见"王曰,呜呼,肆汝小子封,唯命不于常")

22.《日讲书经解义》卷八《周书·康诰》

(清)库勒纳等撰

王若曰,往哉,封,勿替敬典,听朕告汝,乃以殷民世享。

此一节书,是饬遣康叔之国,而终戒勉之也。替,废也。武王之言曰,汝今往之藩服,将有君国子民之责矣。"明德慎罚",在当日,为祖德者,在今日,即为侯度,是即汝所当敬之典也。汝其谨守勿废。朕之谆谆告汝者,详矣。汝其听之,德务其明,罚务其慎,诚如此,乃能新有殷之民,世世享有禄位,而无殄矣。按此章,首言文王之"明德慎罚",欲康叔之取法,继又欲其"以德行罚",终又欲其用德,而不用罚。反复训诫,盖德以化导之于先,而罚以整齐之于后。《大学》明德、新民之说,实本于此。此即文、武之心传,治天下与治国,无二理也。

《五诰解》卷一《康诰》

(宋)杨简撰

王若曰,往哉,封,勿替敬典,听朕告汝,乃以殷民世享。

此皆丁宁申谕。

听朕告，汝乃以殷民世享

1. 《尚书注疏》卷十三《周书》

（汉）孔氏传，（唐）陆德明音义，（唐）孔颖达疏

听朕告汝，乃以殷民世享。

传，顺从我所告之言，即汝乃以殷民，世世享国福，流后世。

疏，正义曰，汝如此，则汝乃得以殷民，世享殷国，而言不绝，国祚短长由德也，又言"王若曰"者，一篇终始言之，明于中亦有若也。

2. 《书传》卷十二《周书》

（宋）苏轼撰

（归善斋按，未解）

3. 《尚书全解》卷二十八

（宋）林之奇撰

（归善斋按，见"王曰，呜呼，肆汝小子封，唯命不于常"）

4. 《尚书讲义》卷十四

（宋）史浩撰

（归善斋按，见"王若曰，孟侯，朕其弟，小子封"）

5. 《尚书详解》卷十九《周书·康诰》

（宋）夏僎撰

（归善斋按，见"王曰，呜呼，肆汝小子封，唯命不于常"）

6.《增修东莱书说》卷二十《周书·康诰第十一》

（宋）吕祖谦撰，（宋）石澜增修
（归善斋按，见"王若曰，往哉，封勿替敬典"）

7.《尚书说》卷五《周书·康诰》

（宋）黄度撰
（归善斋按，见"王若曰，往哉，封勿替敬典"）

8.《絜斋家塾书钞》卷十《周书·康诰》

（宋）袁燮撰
（归善斋按，见"王若曰，往哉，封勿替敬典"）

9.《书经集传》卷四《周书·康诰》

（宋）蔡沈撰
（归善斋按，见"王若曰，往哉，封勿替敬典"）

10.《尚书精义》卷三十五《周书·康诰》

（宋）黄伦撰
（归善斋按，见"王若曰，往哉，封勿替敬典"）

11.《尚书详解》卷二十九《周书·康诰》

（宋）陈经撰
（归善斋按，见"王曰，呜呼，肆汝小子封，唯命不于常"）

12.《融堂书解》卷十二《周书·康诰》

（宋）钱时撰
（归善斋按，见"王曰，呜呼！封，敬哉！无作怨，勿用非谋、非彝"）

13.《尚书要义》

（宋）魏了翁撰

（归善斋按，原缺）

14.《书集传或问》卷下《康诰》

（宋）陈大猷撰

（归善斋按，未解）

15.《尚书详解》卷八《周书·康诰第十一》

（宋）胡士行撰

（归善斋按，见"王若曰，往哉，封勿替敬典"）

16.《书纂言》卷四上《周书·康诰》

（元）吴澄撰

（归善斋按，见"王若曰，往哉，封勿替敬典"）

17.《书集传纂疏》卷四下《朱子订定蔡氏集传·周书·康诰》

（元）陈栎撰

（归善斋按，见"王若曰，往哉，封勿替敬典"）

18.《读书丛说》卷六《康诰》

（元）许谦撰

（归善斋按，未解）

19.《书传辑录纂注》卷四《周书·康诰》

（元）董鼎撰

（归善斋按，见"王若曰，往哉，封勿替敬典"）

20. 《尚书句解》卷八《周书·康诰第十一》

（元）朱祖义撰

听朕告汝（听我所以告汝之言），乃以殷民世享（则汝以殷民，世世享有卫国，由子及孙矣）。

21. 《尚书日记》卷十一《周书·康诰》

（明）王樵撰
（归善斋按，见"王曰，呜呼，肆汝小子封，唯命不于常"）

22. 《日讲书经解义》卷八《周书·康诰》

（清）库勒纳等撰
（归善斋按，见"王若曰，往哉，封勿替敬典"）

《五诰解》卷一《康诰》

（宋）杨简撰
（归善斋按，见"王若曰，往哉，封勿替敬典"）

周书　酒诰第十二

《尚书详解》卷八《周书·酒诰第十二》

（宋）胡士行撰

纣为长夜之饮，臣下化之，此当时大病，故一书专戒之。

《尚书句解》卷八《周书·酒诰第十二》

（元）朱祖义撰

《酒诰第十二》（纣好淫乐，为长夜饮，民化之，无不沉湎于酒。观《泰誓》谓"淫酗肆虐，臣下化之"，则上下皆湎于酒可知矣。今纣虽灭，而余习则未殄。成王以其余民封康叔，所最急者此耳）。

《酒诰》

《尚书注疏》卷十三《周书》

（汉）孔氏传，（唐）陆德明音义，（唐）孔颖达疏《酒诰》。

传，康叔监殷民，殷民化纣嗜酒，故以戒酒诰。

音义，嗜，市志反。

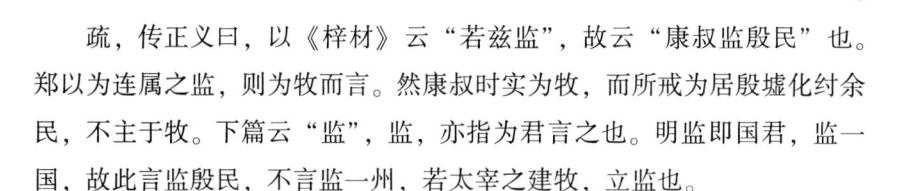

疏，传正义曰，以《梓材》云"若兹监"，故云"康叔监殷民"也。郑以为连属之监，则为牧而言。然康叔时实为牧，而所戒为居殷墟化纣余民，不主于牧。下篇云"监"，监，亦指为君言之也。明监即国君，监一国，故此言监殷民，不言监一州，若太宰之建牧，立监也。

《尚书注疏》卷十三《考证》

《酒诰》。

王应麟曰：扬子《法言》谓，《酒诰》之篇俄空焉。按《酒诰》古今文皆有之，岂子云未见欤。《艺文志》云，刘向以中古文校欧阳、大小夏侯三家经文，《酒诰》脱简一，而《大传》引《酒诰》曰"封，若圭璧"，今无此句，岂即脱简欤。

《尚书讲义》卷十四

（宋）史浩撰

《酒诰》。

此篇成王告康叔，以商人化纣之沉湎，当明酒禁，故以《酒诰》别之。其实亦告康叔之辞，故一篇之义，莫非戒酒。先王设酒醴，本为祭祀、养老、合欢，皆欲成礼。若夫流连荒亡，至于败国、丧家、亡人，岂先王之意哉。纣之不善，唯此为�甚。此《酒诰》之所以作也。

《絜斋家塾书钞》卷十一《周书·酒诰》

（宋）袁燮撰

《酒诰》。

读《酒诰》一书，须看饮酒不过一事，周公何故专作一书。周公之为此，所以重其事也。盖方纣在上，天下皆化为沉湎之俗，今将痛革其弊，此岂易事。若杂于他篇之中，则言之不力，所以专作一书，反复详明事理，都尽其用意深矣。古之善治国家者，正犹良医之善用药。人之病也，或在表，或在里。良医者，察脉观色，灼知其病之所在，然后投方七之剂，药与病对，而人无不愈矣。善治国者，亦然须知其病之所在，方有下手处。周公灼然见当时之俗，只在沉湎，见之既明，故直截只来理会他这事，所以一篇之书，反复深切如此。

《书经集传》卷四《周书·酒诰》

(宋) 蔡沈撰

《酒诰》。

商受酗酒,天下化之。妹土,商之都邑,其染恶尤甚。武王以其地封康叔,故作书诰教之云。今文古文皆有。

按,吴氏曰,《酒诰》一书,本是两书,以其皆为酒而诰,故误合而为一。自"王若曰,明大命于妹邦"以下,武王诰受故都之书也;自"王曰,封,我西土棐徂邦君"以下,武王诰康叔之书也。书之体,为一人而作则,首称其人;为众人而作,则首称其众;为一方而作,则首称一方;为天下而作,则首称天下。《君奭》书首称君奭;《君陈》书首称君陈,为一人而作也。《甘誓》首称六事之人;《汤誓》首称"格汝众",此为众人而作也。《汤诰》首称"万方有众";《大诰》首称"大诰多邦",此为天下而作也。《多方》书为四国而作,则首称四国。《多士》书为多士而作,则首称多士。今《酒诰》为妹邦而作,故首言"明大命于妹邦"。其自为一书无疑。按吴氏分篇引证,固为明甚。但既谓专诰毖妹邦,不应有"乃穆考文王"之语。意《酒诰》专为妹邦而作,而妹邦在康叔封圻之内,则明大命之责,康叔实任之,故篇首专以"妹邦"为称。至中篇始名康叔,以致诰其曰"尚克用文王教"者,亦申言首章"文王诰毖"之意。其事则主于妹邦,其书则付之康叔,虽若二篇,而实为一书。虽若二事,而实相首尾,反复参究,盖自为书之一体也。

《尚书详解》卷三十《周书·酒诰》

(宋) 陈经撰

《酒诰》。

商民化纣之恶,以酒而丧德。成王、周公知其受病处在于酒,故专作《酒诰》之书,使康叔抚卫,封禁民之饮酒,如曰"群饮尽执拘以归于周,予其杀"。且周家以仁得天下,饮酒末节也,而遂至于杀,得无淫刑乎?予因是以知古人之刑,古人之教化也。民以酒而迷其性,丧其德,则淫辟之心生,将无所不至矣。故上之人严为之刑,而其教自行。由汉以来榷酤之法兴，刑愈烦而犯者不止。是何周人之《酒诰》能行于染纣之商民，而武帝之榷酤，不能禁夫人之不犯。均是禁酒也，古人以之教其民，而后世因之以夺民利，此商民之所以服，而后世之所以不服也。

《书纂言》卷四上《周书·酒诰》

（元）吴澄撰

《酒诰》。

商纣酗酒，其下化之。康叔封于纣，都就封之时，武王有诰之之辞，载之《康诰》之篇矣，又特诰之以此，俾往妹土，教戒其臣民，勿湎于酒，而别为《酒诰》之篇。

《书集传纂疏》卷四下《朱子订定蔡氏集传·周书·酒诰》

（元）陈栎撰

《酒诰》。

商受酗酒，天下化之。妹土，商之都邑，其染恶尤甚。武王以其地封康叔，故作书诰教之云。今文古文皆有。

按，吴氏曰，《酒诰》一书，本是两书，以其皆为酒而诰，故误合而为一。自"王若曰，明大命于妹邦"以下，武王诰受故都之书也；自"王曰，封，我西土棐徂邦君"以下，武王诰康叔之书也。书之体，为一人而作则，首称其人；为众人而作，则首称其众；为一方而作，则首称一方；为天下而作，则首称天下。《君奭》书首称君奭；《君陈》书首称君陈，为一人而作也。《甘誓》首称六事之人；《汤誓》首称"格汝众"，此为众人而作也。《汤诰》首称"万方有众"；《大诰》首称"大诰多邦"，此为天下而作也。《多方》书为四国而作，则首称四国。《多士》书为多士而作，则首称多士。今《酒诰》为妹邦而作，故首言"明大命于妹邦"。其自为一书无疑。按吴氏分篇引证，固为明甚。但既谓专诰毖妹邦，不应有"乃穆考文王"之语。意《酒诰》专为妹邦而作，而妹邦在康叔封圻之内，则明大命之责，康叔实任之，故篇首专以"妹邦"为称。至中篇始名康叔，以致诰其曰"尚克用文王教"者，亦申言首章"文王诰悉"之意。其事则主于妹邦，其书则付之康叔，虽若二篇，而实为一书。虽若二事，而实相首尾，反复参究，盖自为书之一体也。

纂疏：

问，扬子云言，《酒诰》之篇俄空焉。曰，孔书以巫蛊事，不曾传。汉儒不曾见者多，如郑康成、晋杜预皆然，想得扬子云，亦不曾见。

林氏曰，纣以酒亡国，余习犹存，《酒诰》所以作也。

愚谓，此篇初以酗酒戒妹土之人，不专为康叔言，但责之康叔，使明戒酒之命于国人，后方名呼康叔，以丁宁之。末云"矧汝刚制于酒"则专戒康叔之身，欲康叔以身率国人也。

《书传辑录纂注》卷四《周书·酒诰》

（元）董鼎撰

《酒诰》。

商受酗酒，天下化之。妹土，商之都邑，其染恶尤甚，武王以其地封康叔，故作书诰教之云。今文古文皆有。

按，吴氏曰，《酒诰》一书，本是两书，以其皆为酒而诰，故误合而为一。自"王若曰，明大命于妹邦"以下，武王诰受故都之书也；自"王曰，封，我西土棐徂邦君"以下，武王诰康叔之书也。书之体，为一人而作则，首称其人；为众人而作，则首称其众；为一方而作，则首称一方；为天下而作，则首称天下。《君奭》书首称君奭；《君陈》书首称君陈，为一人而作也。《甘誓》首称六事之人；《汤誓》首称"格汝众"，此为众人而作也。《汤诰》首称"万方有众"；《大诰》首称"大诰多邦"，此为天下而作也。《多方》书为四国而作，则首称四国。《多士》书为多士而作，则首称多士。今《酒诰》为妹邦而作，故首言"明大命于妹邦"。其自为一书无疑。按吴氏分篇引证，固为明甚。但既谓专诰悉妹邦，不应有"乃穆考文王"之语。意《酒诰》专为妹邦而作，而妹邦在康叔封圻之内，则明大命之责，康叔实任之，故篇首专以"妹邦"为称。至中篇始名康叔，以致诰其曰"尚克用文王教"者，亦申言首章"文王诰悉"之意。其事则主于妹邦，其书则付之康叔，虽若二篇，而实为一书。虽若二事，而实相首尾，反复参究，盖自为书之一体也。

辑录：

当初，周公使管、蔡者，想见那时好在，必不疑他。后来必是武庚与商之顽民，每日将酒去灌□他，乘醉以语言离间之曰：你是兄，却出来在此；周公是弟，反执大权，以临天下。管、蔡呆想得被这几个唤动了，所以流言说，公将不利于孺子。这个都是武庚与商之顽民教他，所以使得这管、蔡如此。后来周公所以做《酒诰》丁宁如此，必是当日因酒做出许多事，中间想煞有说话，而今书传只载得大概，其中更有几多机变曲折在。僴。徐孟宝问，扬子云言，《酒诰》之篇俄空焉。答曰，孔书以巫蛊事不曾传，汉儒不曾见者多，如郑康成，晋杜预皆然，想扬子云亦不曾见《大雅》。

纂注：

林氏曰，纣以酒亡国，余习犹存，《酒诰》所以作也。

新安陈氏曰，此篇初以酗酒戒妹土之人，不专为康叔言，后方呼康叔名，以丁宁之至。末云"矧汝刚制于酒"，则专戒康叔之身，欲其以身率国人也。

《尚书句解》卷八《周书·酒诰第十二》

（元）朱祖义撰

《酒诰》（竹简所标题）。

《尚书日记》卷十一《周书·酒诰》

（明）王樵撰

《酒诰》。

孔氏曰，康叔监殷民，殷民化纣嗜酒，故以戒酒诰。

《日讲书经解义》卷八《周书·酒诰》

（清）库勒纳等撰

《酒诰》。

武王封康叔于卫，以其为有商故都妹土之地，其臣民化于商纣之恶，酗酒败德，故武王戒勉康叔，欲其变易习俗，作《酒诰》。

《书经衷论》卷三《周书·酒诰》

（清）张英撰

《酒诰》。

商纣之恶，大约成于酒，所谓"纣据笪姬，作长夜之饮"是也。观《无逸》之戒亦曰"无若殷王受之迷乱酗于酒德哉"，可见饮酒之失，在当时为一大害。《小雅·宴乐》之诗多言饮酒，然每当宴饮之时，亦必曰"莫不令德，莫不令仪"。而抑戒一篇，则专以此为训，可见古人之重以沉湎为虑矣。尝读《郑氏家训》"男子非三十酒不入唇"，其严也如此。故累世为孝义之门。又尝读汉诏酒醪，以縻谷者多，故古人重酒税，以其縻谷而抑之也。凶年禁民无得酿酒，亦爱惜物力之一端欤。

《尚书大传》卷三《酒诰传》

（清）孙之騄辑

《酒诰》曰，王曰，封，唯曰若圭璧（盖脱简之文也。《法言》曰《酒诰》之篇俄空焉。今亡夫）。

王若曰：明大命于妹邦

1.《尚书注疏》卷十三《周书》

（汉）孔氏传，（唐）陆德明音义，（唐）孔颖达疏

王若曰，明大命于妹邦。

传，周公以成王命，诰康叔，顺其事而言之，欲令明施大教命于妹国。妹，地名，纣所都朝歌以北是。

音义，"王若"，马本作"成王若曰"，注云，言成王者未闻也。俗儒以为成王骨节始成，曰成王，或曰以成王为少成二圣之功，生号曰成王，没因为谥。卫、贾以为戒成康叔以慎酒，成就人之道也，故曰成。此三者，吾无取焉。吾以为后录书者加之，未敢专从，故曰未闻也。妹邦，马

云，妹邦即牧养之地。"欲令"，力呈反，下"始令""勿令"同。

疏，正义曰，周公以王命诰康叔，顺其事而言曰，汝当明施大教命于妹国，而戒之以酒。

传，正义曰，此为下之目，故言明施大教命于妹国。此"妹"与"沬"一也，故"沬"为地名，纣所都朝歌以北。但"妹"为朝歌之所居也。朝歌近妹邑之南，故云"以北是"。《诗》又云，"沬之东矣""沬之乡矣"，即东与北，为乡也。妹属墉，纣所都在沬，又在北与东，是地不方平，偏在墉多故也。马郑王本以文涉三家而有成字。郑玄云成王所言成道之王；三家云王年长骨节成立，皆为妄也。

《尚书注疏》卷十三《考证》

"明大命于妹邦"传，妹，地名，纣所都朝歌以北是。疏，但妹为朝歌之所居也。

臣召南按，疏此段脱误不一，即上文"此妹与沬一也"，"沬"字上脱"墉风桑中之"五字，"沬"字下脱"乡"字。"但妹为朝歌之所居也"，应作为"殷纣之所都也"，"朝歌"及"居"字并误。下文"是《诗》又云沬之东矣，沬之乡矣"，"乡"字，应是"北"字之讹。又按《诗》疏引《酒诰》注"沬邦，纣之都所处也"，孔传无此文，必郑注也。

2. 《书传》卷十二《周书》

（宋）苏轼撰

王若曰，明大命于妹邦。

妹，沬也。《诗》所谓沬之乡矣，在朝歌以北。俗化纣德，沉湎于酒，故以酒戒。

3. 《尚书全解》卷二十九《周书·酒诰》

（宋）林之奇撰

《酒诰》。

王若曰，明大命于妹邦，乃穆考文王。

《史记·殷本记》曰"纣好色淫乐，嬖于妇人"，"爱妲己，大聚乐戏于沙丘，以酒为池，县（悬）肉为林。使男女裸相逐于其间，为长夜饮。

百姓怨望，而诸侯有畔者"；《列女传》曰"纣好酒淫乐，不离妲己为长夜饮，妲己好之，百姓怨望而诸侯有畔者。妲己曰，罚轻诛薄，威不立耳。纣乃重刑辟为炮烙之法，妲己乃笑"，则知纣之所以肆志于民上，而恣其淫欲。百姓离散，而无复有爱上之诚；诸侯携贰，而无复有尊王之义者，唯其为长夜之饮故也，则商之祸岂不自于酒乎？《五子之歌》引《皇祖之训》曰"内作色荒，外作禽荒，酣酒嗜音，峻宇凋墙，有一于此未或不亡"。晏子之告齐景公有曰"从流下而忘反，谓之流；从流上而忘反，谓之连；从兽无厌，谓之荒；乐酒无厌，谓之亡。先王无流连之乐，荒亡之行"。纣为长夜之饮，可谓"酣酒"矣，可谓"乐酒无厌"矣，安得而不亡哉？纣既沉湎于酒，则其臣其民皆翕然而化之，习以成俗。武王之誓师曰"淫酗肆虐，臣下化之"是也。按传记所载，纣醉而忘其日辰甲子，问左右皆不知。问于箕子，箕子曰，为天下主，而一国失日，天下其危矣。一国皆不知，而吾独知之，吾其危矣，亦辞以醉而不知。以是观之，则纣之时，君臣上下无非沉湎之人也。纣既以是覆宗绝祀矣，而其余习犹存。成王既以殷之余民，封康叔于卫，则将使敷仁义之教，以革贪顽之俗。殷之俗其所以不美者，以酒为之祸故耳。将遏其祸源以反正，此《酒诰》之所以作也。盖此三篇之作，虽主于诰康叔，而其诰之也，正当夫新作大邑，而四方和会之时，盖欲斯民倾耳而听，作其善心，以改过迁善也。然此三篇虽皆所以诰康叔，而史官之命名则唯取此字，以为简册之别耳，不可以一例拘也。篇既以康叔加"康"字于"诰"字之上，以志其篇，使此篇亦以康叔之故而，以康叔名之，则何以为简册之别哉？唯此篇之所言者，殷民嗜酒之俗，不可以不革，故以"酒诰"名其篇也。或取其所告之人，或取其所述之事，皆其一时史官之旨而已矣，非有他义也。

"妹邦"者，汉孔氏曰，妹，地名，纣所都朝歌以北，是。某按，墉，《国风·桑中》诗曰"沬之乡矣"，"沬之北矣"，"沬之东矣"。此所谓"妹"，即《诗》之所谓"沬"也。唐孔氏曰，妹为纣都，故名"妹邦"。后三分殷畿，则纣都属墉，纣都朝歌即妹也，则妹与朝歌一也。成王既以遗民封康叔，则康叔之所都者，正纣之故都沬邦也。沬邦之人，莫不染纣之化，沉湎于酒。故周公之诰康叔，则使之明施教命于此沬之国，而戒之也。"穆考"者，文王于庙次为穆也。古者宗庙之制，自太祖而下，一昭一穆，父为昭，子为穆。昭与昭齿，穆与穆齿。周以后稷为太祖，自不窋始为昭，传而至于文王，则当为穆也。《左传》曰"太伯虞仲太王之昭也"，"虢仲虢叔王季之穆也"，又曰管、蔡、郕、霍、鲁、卫、毛、聃、郜、雍、曹、滕、毕、原、酆、郇，文王之昭也。盖虢仲、虢叔，文王之弟也。王季为昭，故虢仲虢叔与文王同为穆也。文王既为穆矣，故十六国与武王同为昭也，是知穆考者，盖推其世次而称之也。王氏谓，诰毖、诰教以敬事，故曰"穆考"。夫以"穆"为"敬"，则与《康诰》之称"丕显考"同，而《诗》又有"穆穆文王"之语。其说亦通。然不若先儒以为"昭穆"之"穆"为不费辞也。至于王氏又曰，言文王克明显民，曰"丕显考"，言文王诰毖、诰教臣民以酒，则曰"穆考"。此则凿矣。

4.《尚书讲义》卷十四

（宋）史浩撰

王若曰，明大命于妹邦。乃穆考文王，肇国在西土。厥诰毖庶邦庶士，越少正、御事，朝夕曰，祀兹酒。唯天降命，肇我民，唯元祀。天降威，我民用大乱丧德，亦罔非酒唯行；越小大邦用丧，亦罔非酒唯辜。文王诰教小子，有正，有事，无彝酒；越庶国，饮唯祀，德将无醉。唯曰我民迪小子，唯土物爱，厥心臧。聪听祖考之彝训，越小大德，小子唯一。妹土嗣尔股肱纯。其艺黍稷奔走，事厥考厥长。肇牵车牛，远服贾，用孝养厥父母。厥父母庆，自洗腆，致用酒。庶士有正，越庶伯君子，其尔典听朕教。尔大克羞耇唯君，尔乃饮食醉饱。丕唯曰：尔克永观省，作稽中德。尔尚克羞馈祀，尔乃自介用逸。兹乃允唯王正事之臣，兹亦唯天若元德，永不忘在王家。王曰，封，我西土棐徂邦君、御事、小子，尚克用文王教，不腆于酒。故我至于今克受殷之命。王曰，封，我闻唯曰，在昔殷先哲王，迪畏天，显小民。经德秉哲，自成汤，咸至于帝乙，成王畏相。唯御事，厥棐有恭，不敢自暇自逸。矧曰其敢崇饮。越在外服，侯、甸、男、卫邦伯；越在内服，百僚庶尹，唯亚唯服宗工；越百姓里居，罔敢湎于酒，不唯不敢亦不暇。唯助成王德显，越尹人祗辟。我闻亦唯曰，在今后嗣王酣身，厥命罔显于民，祇保越怨不易。诞唯厥纵淫泆于非彝，用燕丧威仪，民罔不尽伤心。唯荒腆于酒，不唯自息乃逸。厥心疾狠，不克畏死。辜在商邑，越殷国灭无罹。弗唯德馨香祀，登闻于天，诞唯民怨。庶群自酒，腥闻在上，故天降丧于殷，罔爱于殷，唯逸。天非虐，唯民自速辜。王曰，封，予不唯若兹多诰。古人有言曰，人无于水监，当于民监。今唯殷坠厥命，我其可不大监，抚于时。予唯曰，汝劼毖殷献臣，侯、甸、男、卫。矧太史友、内史友、越献臣百宗工。矧唯尔事服休、服采；矧唯若畴圻父，薄违农父，若保宏父定辟，矧汝刚制于酒，厥或诰曰群饮，汝勿佚，尽执拘，以归于周，予其杀。又唯殷之迪诸臣、唯工，乃湎于酒，勿庸杀之，姑唯教之。有斯明享，乃不用我教辞，唯我一人弗恤弗蠲，汝事时同于杀。王曰，封，汝典听朕毖，勿辩乃司民湎于酒。

"明大命于妹邦"者，欲令康叔明其大教于纣之邦。妹邦，朝歌，纣之旧都。成王、周公既已迁其民于洛，则土著不去者，皆余民也。既居其地，风俗未易革，不得不谆谆告戒之也。"穆考"者，文王在周世次为"穆"，故武王为"昭"，载见之《诗》曰"率见昭考"，谓武王也。西土，豳、岐镐之地。庶邦诸侯庶士，诸大夫少正、御事，群小臣也，皆得以酒祀其先。"唯天降命，肇我民唯元祀"者，若曰，有生以来，唯闻以酒为祀，未闻许之饮也。以乱而丧德，皆因后世嗜之而忘反，故曰"亦罔非酒为行"。以罪而丧邦，皆因后世嗜之而生祸，故曰"亦罔非酒唯辜"。"文王诰教小子"，教其臣下有正有事，无以酒为常庶邦之饮。唯祀事讫，始得饮福。一献之礼，宾主百拜焉，是以德将之，而无酒祸也。今"唯曰我民迪小子"，民皆视汝以为唱也。唯"土物"者。妹土之人物也，谓商民本善，其所以不善，非民之罪，纣之不善所化也。"爱厥心臧"者，惜其本善之心，为纣所化，故欲使之聪听祖考之彝训而化，汝之德小大之人，与汝为一，安得酒困乎？此"德将"之谓也。"妹土，嗣尔股肱纯"者，商民若继以汝股肱，而辅翼其纯德，则必能艺其黍稷，勤劳以事父兄，所谓壮者，以暇日修其孝弟也。"肇牵车牛，远服贾，用孝养厥父母"者，又能懋迁其有无，以致养厥父母。父母乃喜，咸自洗腆。"洗腆"者，萧散优游之貌。于时，可以致用酒矣。"庶士有正"，"庶伯君子"者，皆士大夫也。在尔常听我教，"尔大克羞耇唯君"，盖能明养老之义，则克尽为君之道。尔乃可以饮食醉饱矣。其大者，"唯曰尔克永观省"祖考之彝训，考中正之德，犹不忘元祀，"克羞馈祀"，则尔自大其道。"兹乃允唯王有正有事之臣"，有正者，大臣；有事者，小臣。小大之德，与尔为一矣。天亦顺尔元德，令尔永不忘在王家。以此观之，酒唯祭祀、养老得用之。民其可饮乎？"西土棐徂"，棐徂者，不远也。诸侯御事，"小子尚克用文王教"，不厚于酒。故我得至于今克受天命。王曰，我闻商先哲王，迪畏上天，明著小民。"经德"，常德也，"秉哲"，持智也。自汤至帝乙，"成王畏相"者，能成王德，以畏相故也。"畏相"者，重其辅相也。唯御事之臣，亦能行恭敬之德，无敢暇逸，其敢有心于会饮乎？外之诸侯既不敢，内之百官众尹宗工与夫里居之士夫庶姓，皆不敢湎于酒。"不唯不敢，亦不暇"者，既各有职、有事，以助王之显德，是上欲祗君，下欲辟民，岂暇饮酒乎？"在今后嗣王酣身"者纣，既沉湎，六府漫漫，四支绵绵，不知其身之属我也，愦愦然，岂复能造命以事天乎，其祗其保，皆怀怨不可变易。大唯其纵肆，淫泆于非常，用燕安以丧其威仪，民罔不尽然伤心。夫抑抑威仪，唯德之隅，纣既酣身，是无德以将，荡荡然矣，民乌得不伤心乎？既荒腆于酒，不思自止其过，乃恣厥心之疾狠，"不克畏死"，又乌知天命之难谌乎？彼方使民攘窃其牺牷牲，用以容，将食无灾，安能荐酒醴为馨香之祀乎？去先王为酒之义远矣。天之监观，岂不闻乎民之怨气，登闻于天，庶群酣酒腥闻在上，故天降丧于商，而无爱商之心矣。天非虐，商人自取之尔。予非多诰，"人无于水监，当于民监"，夫水之监形，不过别其妍丑，民之为监，以其治乱兴亡无一不在也。商既坠命，我其可不监以抚于时乎？此教康叔以商监不远之义也。予自以告汝以"劼毖"之道。劼，固；毖，谨也。与商之善臣，侯甸、男、卫之诸侯，况又有太史、内史为汝之友乎？彼善臣百宗工，况唯尔事服休之贤者，服采之能者乎？况又有圻父、农父、宏父之三卿乎？夫大国三卿。圻父，司马也，可顺以畴咨；农父，司徒也，可教以远罪；宏父，司空也，可顺以安民。"定辟"者，可以安其君位。而"制于酒"，则沉湎之俗可移矣。刚制者，强禁之若欲丕变其习，不可不以"刚制"也。既曰"刚制"，又虑康叔为己甚之政，勇于杀人，则又为之法曰，"厥或告曰群饮"，群饮者，君既禁酒人，当畏戢而尚群饮，实无忌惮也，有告之者，当不可纵勿使之遁逃也。"尽执拘以归于周，予其杀"者，不用康叔专杀也。予其杀，若今之法当议处斩，非皆杀之也。禁止之辞，欲其知畏，当如是言也。何以知之，至言商之臣工湎于酒，则曰"勿庸杀之，姑唯教之，此成王之本心也，此周家之忠厚也"。唯其如此，则汝当斯明享，明享其国也。若不用我教辞，我亦弗恤汝，不明汝事，其罪亦同于杀。汝当常听朕毖听念，而笃行之。"勿辩"者，不必哓哓"乃司民湎于酒"。尔民不湎于酒，则汝之职举矣。然则成王勤勤以作诰，为何事哉，"司民湎于酒"而已，又何言哉，此所以戒其勿辩也。

5.《尚书详解》卷十九《周书·酒诰》

（宋）夏僎撰

《酒诰》。

王若曰，明大命于妹邦，乃穆考文王，肇国在西土。厥诰毖庶邦庶士，越少正、御事，朝夕曰，祀兹酒。唯天降命，肇我民，唯元祀。天降威，我民用大乱丧德，亦罔非酒唯行；越大小邦用丧，亦罔非酒唯辜。文王诰教小子，有正，有事，无彝酒。越庶国，饮唯祀，德将无醉。唯曰我民迪小子，唯土物爱，厥心臧，聪听祖考之彝训，越小大德，小子唯一。

纣好酒淫乐，为长夜之饮，民之化之，无不沉湎于酒。观《泰誓》所谓"淫酗肆虐，臣下化之"，则上下皆湎于酒可知矣。今纣虽灭，而余习则未殄。成王以其余民封康叔，则其所最急者，唯此耳。此《酒诰》所以作也。此三篇虽皆所以告康叔，然前篇既谓之《康诰》矣，则此篇不可复以《康诰》名之，故即此篇大意以戒酒为言，故以《酒诰》二字为简编之别耳，非有他义也。此篇亦周公之言，故言"王若曰"亦谓王之意"若曰"也。"明大命于妹邦"者，妹，卫地，纣所都朝歌以北是也。妹为卫都，故名"妹邦"。成王谓康叔，今当施其至大之教命于此妹邦也。所谓教命者，即禁民不得崇饮也。故下遂引文王之事以告之。文王谓之"穆考"者，谓其有敬德也。《诗》云"穆穆文王"，则文王为"穆考"可知矣。而孔氏以"穆"为"昭穆"之"穆"，谓自后稷至文王十五世，于世次为"穆"，故谓之"穆考"。此说虽可通，然前言"丕显考"，谓"有明德"之考，则此当为"有敬德"之考。成王谓康叔，今日不可不明大教训，汝岂不见敬德之文王。敬德之文王，当时继王季，始有国在西方之时，其所以作诰戒慎众邦之君，及上、中、下之众士，及少正，谓官之副贰，若小司马、小司寇之类，及诸治事之官，其朝夕训饬。唯曰祭祀，则用此酒，非祭祀则不可非时饮酒。所以如此者，以天之降命，始使人造酒者，唯在于大祀则用之，故天或降威，而民至于放辟邪侈大乱，以丧亡其德，无非以酒为行，谓其所行常在酒也。非特民如此，凡小邦大邦，用以自贻丧亡国土者，无非因酒而得辜罪。林少颖谓，酒者，人之所为也，而以为天之降命，民之因酒丧德，君之因酒丧邦，亦人之所为也。而以为天降威者，盖古人于事之成败，未有不归于天，盖以非人力所能致故也。亦犹曰"天叙有典"，"天秩有礼"也。此皆文王告庶邦与众士等之言也，成王既举文王告庶邦等之言矣，于是又举文王告民之言，谓文王之诰教民之子孙，则曰汝上之则有正，谓各有官长以治之，下之则有事，谓各有所事。若三农九谷之类。有正，则不敢饮；有事则不暇饮。汝岂可常于酒哉。此又文王告民子孙之言也。唯文王教庶邦者，如此教民者，又如此，故当时庶国饮酒，亦唯在于祭祀之时。然又须将持之以德，而不至于醉，所谓以"德将"者，正如宾主百拜，而酒三行，盖持之以威仪也。《祭义》云"尸饮五，君洗玉爵献卿；尸饮七，以瑶爵献大夫；尸饮九，以散爵献士"，是卿之下皆献尸，得饮唯祀也。庶国既化文王，而不敢彝酒。故其在本国亦多自训其民曰，我民皆训迪其子孙，能唯土物是爱，则其心善矣。盖土物，秫稻之类。若爱土物，则不敢槁秫稻于酒浆，则必不贪酒以丧德，此心所以善也。故当时为子孙者，当聪其耳，以听父母之常训，不湎于酒，小大之德，皆至于纯一，而无二三之失，所谓小大之德者，谓尊卑、长幼，皆能一其德。林少颖谓，《诗》言"其未醉止，威仪抑抑，曰既醉止，威仪怭怭"。夫未醉之初，与既醉之后，而威仪在身，如二人所为。则不湎于酒，宜其小大之德，皆至于纯一也。成王言此一节，盖谓文王能教诰庶邦庶士与少正、御事，及民之小子。既如此之诚切，故一时邦君皆化之，而亦能各归其国。以教训其民，而民亦能化之。至于"小子唯一"，自上率下，皆本乎一人之训，盖欲康叔勤于训迪也。文王时，为西伯，统西方诸侯。又三分天下有其二，诸侯归者不一，故有庶邦可教也。

6. 《增修东莱书说》卷二十一《周书·酒诰第十二》

（宋）吕祖谦撰，（宋）石澜增修

王若曰，明大命于妹邦。

酒，小事尔，周公乃为之作一篇之书，何也？盖酒之为病，在后世视之，则甚轻，当时视之则甚重大。抵有一身之病，有一世之病。或病于强，或病于弱，此一身之病。东汉之病在矫激，西汉之病在虚浮。此举世之病。商举世之病在酒，周公所以《大诰》之也。

7. 《尚书说》卷五《周书·酒诰》

（宋）黄度撰

王若曰，明大命于妹邦。

殷民化纣，沉湎于酒。周公使康叔禁之，特作书谓之大命，见其为戒令之大者也。妹，沬，古字通。沬水，在卫之北。沬邦，纣都。庶殷无不嗜酒，而风化始于纣都，故使明大命于此。《卫诗》既变淫俗，复作桑中，所称沬乡是也。

8. 《絜斋家塾书钞》卷十一《周书·酒诰》

（宋）袁燮撰

王若曰，明大命于妹邦。乃穆考文王，肇国在西土。厥诰毖庶邦庶士，越少正、御事，朝夕曰，祀兹酒。

妹邦，纣之国都，康叔之所治者也。文王为方伯，故能诰庶邦及于庶士、少正、御事。朝夕谆谆而诰之，使之毋得非时饮酒。唯因祭祀而后可饮焉。大抵古人饮酒，自有时节。盖一切禁之，则是绝人之，而不可以通行于天下，非道也。然苟非时而饮，沉湎是务，则足以丧德，亦岂可哉？所以唯祭祀，则有酒；唯燕飨；则有酒。祭祀而饮酒，所以受福而饮酒焉，非酒也，饮福也。若非祭祀，非燕飨，古人何尝非时而饮。《诗》所谓"醉酒饱德，人人有士君子之行"。《乡党》称孔子"唯酒无量，不及乱"，亦唯其时时而已。故《诗》曰"发彼有的，以祈尔爵"，而《记》以为祈求也，求中以辞爵也。酒者，所以养老也，所以养病也。"求中以

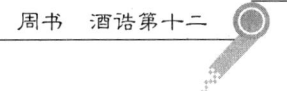

辞"者，辞，养也，盖将以养老、养病而岂常用之物耶？

9.《书经集传》卷四《周书·酒诰》

（宋）蔡沈撰

王若曰明大命于妹邦。

妹邦，即《诗》所谓沫乡。篇首称妹邦者，诰命专为妹邦发也。

10.《尚书精义》卷三十五《周书·酒诰》

（宋）黄伦撰

《酒诰》。

王若曰，明大命于妹邦，乃穆考文王，肇国在西土，厥诰毖庶邦庶士，越少正、御事，朝夕曰，祀兹酒。唯天降命，肇我民，唯元祀。天降威，我民用大乱丧德，亦罔非酒唯行；越小大邦用丧，亦罔非酒唯辜。

无垢曰，妹邦，纣所都，其俗染纣之化为深，沉湎之习犹在，故周公、成王，令康叔推明《酒诰》，大明于妹邦，使知酒之为害也。又曰文王在西土，为西伯，得以号令诸侯，故有"诰毖庶邦"之事也。"诰毖"者，诰以所慎之事也。夫其"诰毖庶邦"也，非特其君而已，自庶士，以至御事皆诰之。所慎者何事也？朝夕诰曰，祀祭方用此酒，非因祭祀不用也。夫因祭祀所以用酒者，以酒可以发和气，而通神明。然人之饮酒不可过其量。过量则为沉湎矣。是以古人饮不过三爵。一酬一献一酢，而以礼将之，可见圣王之意矣。又曰"天降命"，为酒唯以祭祀天地鬼神尔，而我民以天地鬼神所享之物纵之，而至有酒祸，是因饮酒而大乱丧德也。大乱，谓放辟邪侈，淫酗肆虐。由是遂丧平生名节，不可复齿于士君子之列，其为丧德大矣。民饮酒则丧德，诸侯饮酒则丧邦，非酒为不祥物也，以祭天地鬼神之物，人不可僭饮也。如太常衮冕，王所服用，人僭用之，其得罪如何？非太常衮冕为不祥物也。以王者所服，用凡民不可僭也。酒，亦若此，其可僭乎？

东坡曰，酒行于天下，非薄物细故也，故本之天，天始令民作酒者，本为祭祀而已。

张氏曰，酒所以养阳气，饮而无节，亦足以速祸。先王之于酒，既立之监，使守焉，又佐之史，使之识其过而防其乱也。至于器用之间，于彝有舟，舟以载为事；于樽有罍，罍以鼓为事。载有量，鼓有节，则其防乱之意，益可见矣。或至大乱丧德者，无非以酒为行；其甚至于丧邦者，无非以酒为辜。

吕氏曰，天当初所以教人置酒之本意，只为祭祀设，不为人酣饮设。到后来，人不知元初置酒之本意，乃纵于酒，至于大乱丧其德，元不是缘酒所使然。至于大邦、小邦，所以丧灭者，亦皆是酒上得罪。此自人饮酒后，至于如此，何故却说天降威，以此知天之不在人心外。民为酒所使，为酒得罪，便是天降威处文。

11.《尚书详解》卷三十《周书·酒诰》

(宋) 陈经撰

王若曰，明大命于妹邦，乃穆考文王，肇国在西土。厥诰毖庶邦庶士，越少正、御事，朝夕曰祀兹酒。唯天降命，肇我民唯元祀。天降威，我民用大乱丧德，亦罔非酒唯行；越小大邦用丧，亦罔非酒唯辜。文王诰教小子，有正、有事，无彝酒。

《康诰》《酒诰》《梓材》三篇之书，前既总叙矣，此不复叙成王之意"若曰"，汝康叔当明其教命于妹邦，即纣所都朝歌以北是也。商民习见纣之沉湎，而未知酒之不可饮。傥非康叔明而示之以教命，则商民何自知之。"乃穆考文王，肇国在西土"，将言饮酒之为恶，必原文王所以禁酒之由。文王于周之庙次，当为穆也。王季为昭，文王则为穆。汝之穆考文王，始立国于西土岐周之地，其所诰教有邦诸侯与民亦详矣。曰"诰毖"者，使知所畏谨也。庶邦，诸侯也。庶士，诸侯之朝臣也。少正者，官之副贰也。御事者，治事之吏也。文王诰庶邦诸侯，并及其庶士、少正、御事之臣，朝夕所丁宁之意，"曰祀兹酒"，唯祭祀之时得用此酒。盖所以荐馨香以达神明，若《诗》所谓"为酒为醴，烝畀祖妣"是也。唯天降下命令于人，始令我民唯元祀得以用酒。古者仪狄造酒，杜康造酒，则酒者出于人为，何与于天，以此见人非天不成。凡人所为者，皆有天理存焉。用之于祭祀之礼，而不用之于逸乐之具，岂非天理哉。天降威于人，我民所以大乱而丧其德者，无非饮酒而行。小邦大邦之诸侯，所以丧亡其国者，亦无非因酒而得罪。民与诸侯饮酒，而自丧德、丧邦，亦何关于天，而曰"天降威"，为乱而有罪，天理当然，所谓"天讨有罪，五刑五用"是也。此文王所以"诰毖庶邦"之辞也。则又诰其民之小子以"有正有事，无彝酒"，汝民当知，有正人之官以正汝，汝其可常饮酒乎？又当知有耕稼之事，其可常饮酒乎？知"有正有事"，则必知所畏惧，而不敢恣为逸乐也。诸侯则曰"诰毖"其辞严；民则曰"诰教"其辞宽。教民而必曰"小人"者，古人之教，能言学，唯能食，尚右手，幼子视无诳，自其为童时，其教固以行矣。《易》曰"蒙以养正"。经曰"具训于蒙士"，皆文王教小子之意也。

12.《融堂书解》卷十二《周书·酒诰》

（宋）钱时撰

《酒诰》。

王若曰，明大命于妹邦。乃穆考文王，肇国在西土。厥诰毖庶邦庶士，越少正、御事，朝夕曰，祀兹酒。唯天降命，肇我民，唯元祀。天降威，我民用大乱丧德，亦罔非酒唯行；越小大邦用丧，亦罔非酒唯辜。文王诰教小子，有正、有事，无彝酒。越庶国，饮唯祀，德将无醉。唯曰我民迪小子，唯土物爱，厥心臧，聪听祖考之彝训，越小大德，小子唯一。妹土嗣尔股肱纯，其艺黍稷奔走，事厥考厥长。肇牵车，远服贾，用孝养厥父母。厥父母庆，自洗腆，致用酒。庶士有正，越庶伯君子，其尔典听朕教。尔大克羞耇唯君，尔乃饮食醉饱。丕唯曰，尔克永观省，作稽中德。尔尚克羞馈祀，尔乃自介用逸。兹乃允唯王正事之臣，兹亦唯天若元德，永不忘在王家。

此书以德为主，首云用"大乱丧德"，云"德将无醉"，曰"越小大德"，曰"作稽中德"，曰"天若元德"，曰"经德"，曰"助成王德"，曰"唯德馨香祀"。"德"字是一书之元气，苟进德矣，百邪路断，何独不醉于酒哉？小子，民之子孙也。文王诰教其民之子孙，有官以纠正之，有农业以劝相勤动之。周公于是敷畅文王之旨，以诰康叔，自"唯曰"而下，本教小子无彝酒之旨而言也。说者因"妹土嗣尔股肱纯"之语。遂谓"我民迪小子"至"小子唯一"，皆文王之言，殊不知上面文王诰民与庶国两个话头，已整整结断。若又再说"迪小子"，不特失之重复，且只言民，而不言庶国，则太偏矣。"其艺黍稷"之语，正是接连"我民迪小子"一段话，直至"自洗腆，致用酒"，旨意方足。细玩绎之，其理甚明。周公谓，文王教小子有正事，无彝酒，我今日亦"唯曰我民迪小子，唯土物爱，厥心臧"耳，此"唯曰"与下文"丕唯曰"照应，皆周公特语。迪，即教也。"唯土物爱"，即"有事"也。民事非君上所能教，唯使我民自教其子孙，服田力穑，一唯土物自爱，则其心乃善也。妹土，前日乱于三监，皆吾兄弟，吾手足也，今继之以尔康叔，乃手足之纯德者，可不敬承乎。提此"一"语，所以警康叔之听其民之种艺服贾，以养父母，乃致用酒。文王诰教庶国，唯因祭祀乃得饮酒。饮酒，受胙也。饮福受胙，非庶民之事。唯孝养得用酒耳。上文教小子，则责在民之祖父，若表率诸臣，则责即全在康叔以身先之，故曰"其尔典听朕教"。典，主也。诸臣通得饮者，唯饮福受胙一事，然国君养老，却不在此限。故先表出此条，然后方明祀饮之教，下文再提"丕唯曰"，所以别之也。周公谓康叔，若大能行养老之礼，则唯国君得行，非诸臣所可为者，尔乃饮之食之，至于醉饱。《礼》执酱、执爵、割牲、奉俎是也。夫"醉饱"，正是今日所忌，曷为以此开之。盖老者，邦之耆德，至醉至饱，乃尊事之，礼当然。此外，祀饮，则"德将无醉"矣。介者。"介于石"之"介"，介然自守，不为外物迁动之名也。先儒"介"训"大"，谓尔乃自大用逸，深不安。此书专以用逸为戒，如曰"不敢自暇自逸"，如曰"自息乃逸"，如曰"罔爱于殷唯逸"。因祀饮，而用之以为逸豫之端，岂"德将无醉"之义乎？康叔自介于用逸，则尔身克正，罔敢不正，如此乃信可为王正事之臣，尔之元德，天亦顺之，使尔长享国祚，永不忘王家。始于作稽，终于天若，正圣学精的工夫。以上发明"德将无醉"之旨，定为康叔君臣得饮酒者之成式也。此即始终两个话头，皆本诸文王为卫国之法，所谓"明大命于妹邦"者如此。

13.《尚书要义》

（宋）魏了翁撰

（归善斋按，原缺）

14.《书集传或问》卷下《酒诰》

（宋）陈大猷撰
（归善斋按，未解）

15.《尚书详解》卷八《周书·酒诰第十二》

（宋）胡士行撰

《酒诰》。

王若曰，明（诏布）大命于妹邦（卫也纣都），乃穆（敬，《诗》"穆穆文王"）考文王，肇（始）国在西土。厥诰毖（戒慎）庶邦庶士，越（及）少正（官之贰副）、御事，朝夕（不息）曰，祀兹酒（唯祭乃用酒）。唯天降命（置酒），肇（始）我民；唯（独）元（大）祀。天降威（罚），我民用大乱丧德，亦罔非酒唯行；越小大邦用丧，亦罔非酒唯辜。

纣沉湎之化，溺人者深。故文王所以训其属者，朝夕不息，谓夫所以置酒者以奉祀事耳，外此而湎酒者，则得罪于天而丧德、丧邦矣。

16.《书纂言》卷四上《周书·酒诰》

（元）吴澄撰

王若曰，明大命于妹邦。

命，教戒之辞也。妹，地名，纣所都，言康叔今既往封，当明示大教命于彼妹邦之臣民，俾勿湎于酒也。

17.《书集传纂疏》卷四下《朱子订定蔡氏集传·周书·酒诰》

（元）陈栎撰

王若曰，明大命于妹邦。

妹邦，即《诗》所谓沬乡。篇首称"妹邦"者，诰命专为妹邦发也。

纂疏：

孔氏曰，妹地，纣所都，朝歌以北是。

薛氏曰，妹，古"沫"字。沫，水名，因水名地。
愚谓，大命，即下文是。

18.《读书丛说》卷六《酒诰》

（元）许谦撰

（归善斋按，未解）

19.《书传辑录纂注》卷四《周书·酒诰》

（元）董鼎撰

王若曰，明大命于妹邦。

妹邦，即《诗》所谓沫乡。篇首称妹邦者，诰命专为妹邦发也。

纂注：

孔氏曰，妹地，纣所都，朝歌以北是。

薛氏曰，妹，古"沫"字。沫，水名，因水名地。

新安陈氏曰，提起头说今明大命令于妹邦。大命，即下文是。

20.《尚书句解》卷八《周书·酒诰第十二》

（元）朱祖义撰

王若曰（亦周公之言，谓王之意"若曰"），明大命于妹邦（妹，卫地，纣所都，故名妹邦。康叔今日不可不明施至大之教命于此邦，以禁民崇饮）。

21.《尚书日记》卷十一《周书·酒诰》

（明）王樵撰

王若曰，明大命于妹邦。

大命戡酒之命也。商受荒于酒，臣下化之。自文王在西土时，已诰戡庶邦，诰教其下矣。及武王封康叔于卫，卫，受之故都也，旧俗未变，故武王特作诰以戒之，而付之康叔。妹，古"沫"字沫水名，因水名地，在朝歌以北，即《诗》所谓"沫之东矣"，"沫之乡矣"者。

武王之诰，上自有位，下至民庶，欲其无常于酒而已，初非太严，而远于人情，又何难行。而勤于诰命如此，盖习俗既成，难以遽革。观地名

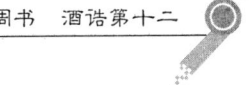

朝歌，而墨子回车，墨子岂但恶其名哉，盖有感于纣之事也。

22.《日讲书经解义》卷八《周书·酒诰》

（清）库勒纳等撰

王若曰，明大命于妹邦。乃穆考文王，肇国在西土。厥诰毖庶邦庶士，越少正、御事。朝夕曰，祀兹酒。唯天降命，肇我民，唯元祀。

此二节书，是举文王戒饬庶邦之言，以发端也。妹邦，地名，即商之故都，卫地也。穆，敬也。毖，戒也。越，及也。元祀，谓大祭祀。武王曰，商纣酗酒，臣民化之，至于成俗。唯妹土尤甚。今汝往治其地，当以我告诫之辞，敷布于妹邦之臣民，以革其俗，昔我穆穆然祗敬之文王，当为方伯，而立国在西土之时，惧人之沉湎贸乱于酒，于是诰训戒饬此庶邦之中，凡官之长而为庶士，官之副而为少正，及治事之臣，朝夕警惕之。曰，唯祭祀则可用此酒。盖藉以荐馨香，非藉以恣晏乐。天令我民，始作此酒者，止为郊社宗庙之大祭飨而设，此外无可用酒之时矣。岂纵臣民之酣饮为乐乎？盖内而修己，外而治人，莫大于勤明敬慎，多饮，则怠而隳事，昏而丧智，肆而越礼。损德莫甚于此。故圣王切戒之。

《书蔡氏传旁通》卷四下《周书·酒诰》

（元）陈师凯撰

妹邦，即《诗》所谓"沫乡"。

孔氏曰，妹地，纣所都朝歌以北是。薛氏曰，妹，古"沫"字，水名，因水名地。愚按，古文水名，多从女，如妫水，姜水是也。《毛诗》传云，沫，卫邑也。

乃穆考文王，肇国在西土

1.《尚书注疏》卷十三《周书》

（汉）孔氏传，（唐）陆德明音义，（唐）孔颖达疏

乃穆考文王，肇国在西土。

传，父昭，子穆。文王第称穆。将言始国在西土。西土，岐周之政。

音义，文王第称穆，周自后稷而封，为始祖。后稷生不窋为昭，鞠陶为穆，公刘为昭，庆节为穆，皇仆为昭，差弗为穆，毁隃为昭，公非为穆，高圉为昭，亚圉为穆，诸盩为昭，大王为穆，王季为昭，文王为穆。故《左传》宫之奇云，大伯、虞仲，大王之昭也；虢仲、虢叔，王季之穆也。又富辰云，管、蔡已下十六国，文之昭也。昭，一音韶。窋，音竹律反。隃，音投。盩，音张流反。大，并音太。

疏，正义曰，所以须戒酒者，以汝父于庙次穆考文王，始国在西土岐周为政也。

传，正义曰，父昭子穆者，以穆连考，故以昭穆言之，文王庙次为穆。以周自后稷以至文王十五世，按《世本》云，后稷生不窋为昭，不窋生鞠陶为穆，鞠陶生公刘为昭，公刘生庆节为穆，庆节生皇仆为昭，皇仆生差弗为穆，差弗生毁隃为昭，毁隃生公非为穆，公非生高圉为昭，高圉生亚圉为穆，亚圉生组绀为昭，组绀生大王亶父为穆，亶父生季历为昭，季历生文王为穆。据世次偶为穆也。《左传》曰大伯、虞仲，大王之昭，言大王为穆而子为昭。又曰虢仲、虢叔，王季之穆，亦王季为昭而子为穆，与文王同穆也。又管、蔡、郕、霍等十六国，亦曰文王之昭，则以文王为穆，其子与武王为昭。又曰邗、晋、应、韩，武之穆，以继武王为昭也。将言始国在西土，西土岐周之政者，据今本，先故言始，为初始为政。然则居丰前，故云西土。欲将言道文王诰毖庶邦以下之政，故先本之云肇国在西土。

《尚书注疏》卷十三《考证》

"乃穆考文王"，音义"诸盩为昭"，疏"组绀"为昭。

臣浩按，诸盩，太王之父，即祖绀，亦曰公叔。祖类音义与疏虽异，而实同也。"组"应作"祖"，各本俱误。

2.《书传》卷十二《周书》

（宋）苏轼撰

乃穆考文王。

文王于世次为穆。

肇国在西土。厥诰毖庶邦庶士，越少正、御事。

少正，官之副贰也。

3.《尚书全解》卷二十九《周书·酒诰》

（宋）林之奇撰

肇国在西土，厥诰毖庶邦庶士，越少正、御事，朝夕曰，祀兹酒。唯天降命，肇我民，唯元祀。天降威，我民用大乱丧德，亦罔非酒唯行；越小大邦用丧，亦罔非酒唯辜。文王诰教小子，有正，有事，无彝酒。越庶国，饮唯祀，德将无醉。唯曰我民迪小子，唯土物爱，厥心臧，聪听祖考之彝训。越小大德，小子唯一。妹土嗣尔股肱纯。其艺黍稷奔走，事厥考厥长。肇牵车牛，远服贾，用孝养厥父母。厥父母庆，自洗腆，致用酒。庶士有正，越庶伯君子，其尔典听朕教。尔大克羞耇唯君，尔乃饮食醉饱。丕唯曰，尔克永观省，作稽中德。尔尚克羞馈祀，尔乃自介用逸，兹乃允唯王正事之臣，兹亦唯天若元德，永不忘在王家。

言文王始有国在于西土也。周自后稷始封于邰。公刘迁于邠，太王迁于岐，则其国于西也，旧矣。而以为"肇国在西土"者。汉孔氏曰，西土，岐周之政。其意谓，文王治岐后，迁于丰，故以肇国为岐周之政。而薛氏之言，尤为明白，曰，文王自大王、王季有西土之国，则其诰毖臣民如此也。庶邦者。诸侯也。庶士者，众士也。少正者，官之副贰也。正为官之长，少正则副之矣。《周官》曰"建其正，立其贰，设其考，陈其殷，置其辅"，此言"庶士"，《周官》之所谓"殷"也。此言"少正"，《周官》之所谓"贰"也。"御事"者，凡治事之臣也，言文王之始有国，则告戒诸侯众士，以至于官之副贰，及凡治事之臣。朝夕之间，每谆谆而告戒之曰，唯祭祀则可饮此酒也。"诰毖"者，诰之而使戒慎不忘也。文王，诸侯耳，庶士而下，皆其在朝之臣也，诰之可也。而亦及于庶邦者，唐孔氏谓，文王为西伯，又三分有二诸侯，故得告戒庶国也。此说是也。文王所以朝夕之间，谆谆告戒非祭祀则不可饮酒者，盖以天之降命于我，始使为酒者，唯以大祀故也。非大祀而用之，则非天之所以降命之本意矣。唐孔氏曰，《世本》云，仪狄造酒，夏禹之臣；又云杜康造酒，则人自意所为，言天下教命者，以天非人，不因人为者，亦天所使，故凡造立，则必本之天。此说是也。盖天以是而命人，人则斟酌而裁成之。故先王设为酒正之官，掌酒之政令，以式法授酒材，以辨其五齐三酒之名，于祭祀共之，以实八尊。凡以奉天之命而已。当夫仲冬之月，百谷顺成，则命夫大酋，秫稻必齐，曲糵必时，湛炽必洁，水泉必香，陶器必良，火齐必得，兼用六物，大酋监之，毋有差贷。其所以顺时令，以致其谨者，夫岂为口腹之故哉，良以交神明于幽□之中。故内尽其志，外尽其物，无所不致其谨也。唯天之降命也，始使人造为酒醴，以奉祭祀。苟能专心致意，于报本反始，而不以奉其口腹之欲，则神之听、之锡汝以百福矣。苟为淫酒荒乱，移夫所以事鬼神者，以为一己之奉，则天降威以罚之也。为民，而至于大乱，以丧其德，放僻邪侈，无所不为者，无非以酒为行也；为诸侯，而有邦无小无大，皆底于灭亡，以覆宗绝祀者，无非以酒为罪也。以酒为行者，言其嗜酒，而以是为所行之行也。为民而至于丧德，为君而至于丧邦，未有不由于酒者，则自庶邦以至御事，其可不慎之哉。酒者，人之所为也，而以为天之降命；民以酒为行而丧德，君以酒为辜而丧邦，皆其自作之孽也，而以为天之降威者，盖古人之于其事之成败，未有不归于天，盖以为非人力所能致者。其曰"天降命"，亦犹之曰，天降丧乱，天降滔德也。盖"昊天曰明，及尔出王；昊天曰旦，及尔游衍"，天虽高高而在上，而人之起居动作，未有不与之俱者。则人之所为，孰非天之所为哉。唯酒之祸，至于如此其极。故"文王诰教小子，有正、有事，无彝酒"也。小子，民之子孙也。有正者，有官长以治之。有事者，各有其事也。陈少南曰，有官则不敢饮，有事则不敢饮，如此则常乎酒者，无有也。此说是也。孔子曰，"饱食终日，无所用心，难矣哉。不有博奕者乎，为之犹贤乎已"。盖使斯民终日无所用其心，则非僻之心入矣。故博奕，虽为艺之贱，亦愈于无所用心也。是以欲使之不耽乎酒，非使人各有其事，则不可。然民不能皆趋事而服勤也，又在乎有正以督之。此文王告教其民之道也。有事者，即下文所谓"艺黍稷，远服贾"是也。夫无常酒者，非不饮也。盖不可非所当饮而饮之。故于庶国之饮者，唯因祀赐胙而已。因祀赐胙而饮之，则其所饮者，不以为常矣。虽其所当饮，苟饮之而醉，则与夫不当饮而饮者，其为酗之恶，一也。故唯以德将之，则岂至于醉而乱哉。《诗》曰"其未醉止，威仪抑抑，曰既醉止，威仪怭怭"。

夫未醉之初，与既醉之后，其威仪之在身，若二人之所为，则岂可不以德将之哉？故唯在于使民迪遵其小子，父诏其子，兄诏其弟。唯天地所生之物，无不爱焉，则其心善矣。汉文帝之诏曰，度田非益寡，而计民未加益，以口量地，其于古似为有余，而食之甚不足者，无乃为酒醪以糜谷者多。与夫糜费五谷以供淫湎之欲，则于土物不爱矣。大乱丧德，职此之由，心何自而臧乎？若有爱物之心，则不为物所诱，以失其天性，此心之所由臧也。唯民当以是而迪其子孙，使不以酒之故，自暴自弃。其身以及其亲为小子者，当以祖考之心为心，聪听其彝训晓喻，而佩服之，则于小德大德，率皆唯亦一矣。夫其未醉之时，其威仪如此；既醉之时，其威仪如彼，则其德二三矣。故无彝酒者，德之无所不一也。"越小大德"者，言其德无不一也。自此以上，既言文王之宅西土，外而庶邦，内而小子，皆谆谆然而告教之，唯恐其流而为淫湎之行也。

自此以下，则使康叔遵文王之旧，以率其臣民也。言汝妹土之民，当竭其股肱之力，相承不绝，以为此纯一之德，播种黍稷，奔走服劳，以事其父兄。及其田亩既毕，则以农隙之时，始牵车牛远行服贾，以其赢余，孝养其父母。其居闾里，则竭力耕耘，其在道路，则尽心于贸易，乃以为其亲而已。故其父母莫不庆善，则自洗洁以厚致用酒也。《周官》以九职任万民，一曰三农生九谷；六曰商贾阜通货财。今此既"艺黍稷"，而又"远服贾"，则其民无遗力矣。夫天之命民以为酒者，盖使其奉祭祀，而致其孝而已。今致用酒，以养父母，是亦孝也。观《七月》之诗，既言其终岁勤动，而有于耜举趾之勤则为之，言其间暇逸乐，以尽其孝敬者，而曰"为此春酒，以介眉寿"。盖古人所以敦厚风俗，而作其和顺之心者，正在于此。则以是而饮酒，岂为过哉。庶士有正者，言其有正而统之也。庶伯君子者，伯，长也；君子，谓长之贤者。既言妹土之民，当尽其为民之事，然后可以饮，则尔庶士有正，庶伯君子，亦当尽其为臣之事，则以之饮酒，可以无愧矣。尔当常听朕教，隐之于心而不忘，大能进德，以至耇老之年，则唯君使尔得以饮食醉饱也。盖先王养老之礼，执爵而酬，执酱而馈。凡以致其醉饱耳。尔之进德，岂唯一身之醉饱而已哉。卿大夫，以守其宗庙，为孝；士，以守其祭祀，为孝。故大唯曰，汝能永自观省，造次颠沛，未尝暂忘作，而稽于中德，未尝过差，则尔庶几能馈祀于祖考。尔乃自助而用逸也,如此则信为王治事之臣,天亦顺汝之大德,而眷佑之,"永不忘在王家"矣。夫民之丧德,君之丧邦,皆以酒为之祸。故"天降威",则"克永观省,作稽中德"者,天安得而不若之乎。盖天之难谌,而祸福吉凶之报,如影响然,未尝有毫厘之差也。何以知天之若之也,不忘于王家,是若之也。庶士有正,庶伯君子,皆康叔之臣也。而己为王正事之臣,又以王家为言者,亦犹《北门》之诗言"王事适我",《鸨羽》之诗言"王事靡盬"也。

此篇之所言者,既以民之丧德,君之丧邦,皆酒为之祸,唯其爱土物以一其德,此文王之所以告戒其臣民者,既而又使妹土之民,自洗腆致用酒;其臣饮食醉饱者,岂唯禁之,而又开之邪。盖饮酒者,人情所不能免也。先王岂恶之哉?所恶于饮酒者,为其无德以将之也。使其有德以将之,耕耨服贾,以致其孝养。自"永观省,以稽中德",则其饮酒也,夫何不可哉?此固先王之宜乐也。且人亦有言,以礼饮酒者,始乎治,卒乎乱。苟纵饮而莫之禁,则人孰不曰吾有德以将之邪?此《酒诰》之所以丁宁切至,惧其至于淫泆,于非彝用燕,丧威仪,以陷于纣之余习也,亦犹好货不可为也。如其居者,有积仓;行者,有裹粮,则何嫌于好货、好色不可为也。如其内无怨女,外无旷夫,则何嫌于好色。盖拂人情之所不欲而强之,则难为力。顺人情之所欲为而导之,则易为功。卫之遗民,习于淫湎之化,故以饮食醉饱,自洗腆致用酒而诰之,盖谓汝苟能以德而将之矣,我岂强禁之哉,此成王、周公之所以为善教也。

(归善斋按,另见"王若曰,明大命于妹邦")

4.《尚书讲义》卷十四

(宋)史浩撰

(归善斋按,见"王若曰,明大命于妹邦")

5.《尚书详解》卷十九《周书·酒诰》

(宋)夏僎撰

(归善斋按,见"王若曰,明大命于妹邦")

6. 《增修东莱书说》卷二十一《周书·酒诰第十二》

(宋) 吕祖谦撰, (宋) 石澜增修

乃穆考文王, 肇国在西土。厥诰毖庶邦庶士, 越少正、御事, 朝夕曰, 祀兹酒。

文王于穆在庙, 所以言"穆考文王"。夫文王自西土肇国, 所以告戒庶邦庶士, 以至于少正、御事, 使毖谨者, 自朝至夕, 唯祀方可用酒。文王为西伯, 何以得告庶邦多士? 盖文王乃方伯之长, 统属庶邦庶士者也。文王所以朝夕告戒, 顷刻不休者, 当时纣为长夜之饮, 沉酣于酒池肉林。纣饮酒之工夫不已, 故文王告戒之工夫亦不已略有间耳。则工夫有浅深, 多者偏胜, 而沈酣之化行矣。

7. 《尚书说》卷五《周书·酒诰》

(宋) 黄度撰

乃穆考文王, 肇国在西土。厥诰毖庶邦庶士, 越少正、御事, 朝夕曰, 祀兹酒。

自后稷至文王十五世, 其次第为"穆", 故《诗》《书》称文王为"穆考", 武王为"昭考"。周之王, 自文王为西伯始, 故曰"肇国在西土"。毖, 慎也。庶邦, 文王为西伯时, 所统治之国也。庶士, 庶邦之臣也。少, 贰; 正, 长; 御, 治也。文王为西伯, 诰教其所统治庶邦之庶士, 或少或长, 凡治事者, 使戒慎, 朝夕不废。唯曰祀则用兹酒, 文王为西伯, 禁酒之令行于庶邦, 则三代牧伯之职, 为可见。《羔羊》曰"召南之国", 被文王之化, "在位皆节俭正直"。

8. 《絜斋家塾书钞》卷十一《周书·酒诰》

(宋) 袁燮撰
(归善斋按, 见"王若曰, 明大命于妹邦")

9. 《书经集传》卷四《周书·酒诰》

（宋）蔡沈撰

乃穆考文王，肇国在西土。厥诰毖庶邦庶士，越少正、御事，朝夕曰，祀兹酒。唯天降命，肇我民唯元祀。

穆，敬也。《诗》曰"穆穆文王"是也。上篇言"文王明德"，则曰"显考"。此篇言"文王诰毖"，则曰"穆考"，言各有当也。或曰文王世次为"穆"，亦通。毖，戒谨也。少正，官之副贰也。文王朝夕敕戒之曰，唯祭祀则用此酒。天始令民作酒者，为大祭祀而已，西土庶邦，远去商邑，文王诰毖，亦谆谆以酒为戒，则商邑可知矣。文王为西伯，故得"诰毖庶邦"云。

10. 《尚书精义》卷三十五《周书·酒诰》

（宋）黄伦撰

（归善斋按，见"王若曰，明大命于妹邦"）

11. 《尚书详解》卷三十《周书·酒诰》

（宋）陈经撰

（归善斋按，见"王若曰，明大命于妹邦"）

12. 《融堂书解》卷十二《周书·酒诰》

（宋）钱时撰

（归善斋按，见"王若曰，明大命于妹邦"）

13. 《尚书要义》

（宋）魏了翁撰

（归善斋按，原缺）

14.《书集传或问》卷下《酒诰》

（宋）陈大猷撰

"穆考"，晦庵《中庸或问》曰，"昭穆"之"昭"，旧读为"韶"，今从本字，何也？曰，"昭"之为言，"明"也。以其南面而向明也。其读为"韶"，先儒以为晋避讳而改之。然礼书亦有作"佋"字者，则假借而通用耳。

曰，其为向明何也？曰，此不可以空言晓也。今且假设诸侯之庙以明之。盖周礼建国之神位，左宗庙则五庙，皆当在公宫之东南，其制，则孙毓以为，外为都宫，太祖在北，二昭二穆，以次而南是也。盖太祖之庙，始封之君居之；昭之北庙，二世之君居之；穆之北庙，三世之君居之；昭之南庙，四世之君居之；穆之南庙，五世之君居之，庙皆南向，各有门堂寝室，而墙宇四周焉。太祖之庙，百世不迁。余四庙则六世之后，每一易世而一迁，其迁之也，新主祔于其班之南庙；南庙之主迁于北庙，北庙亲尽，则迁其主于太庙之西夹室，而谓之祧。凡庙主在本庙之室中，皆东向，及其祫于太庙之室中，则唯太祖东向，自如而为最尊之位，群昭之入乎此者，皆列于北牖下而南向；群穆之入乎此者，皆列于南牖下而北向。南向者，取其向明，故谓之昭。北向者，取其深远，故谓之"穆"。盖群庙之列，则左为昭，而右为穆。祫祭之位，则北为昭，南为穆也。

曰，六世之后，二世之主既祧，则三世为昭，而四世为穆，五世为昭，而六世为穆乎？曰，不然也。昭常为昭，穆常为穆，礼家之说有明文矣。盖二世祧，则四世迁昭之北庙，六世祔昭之南庙矣。三世祧，则五世迁穆之北庙，七世祔穆之南庙矣。昭者祔，则穆者不迁；穆者祔，则昭者不动。此所以，祔必以班，尸必以孙，而子孙之列，亦以为序。若武王谓文王为"穆考"；成王称武王为"昭考"，则自其始祔而已。然而《春秋传》以管、蔡、郕、霍为文之"昭邦"。晋、应、韩，为武之穆，则虽其既远，而犹不易也。岂其交错彼此，若是之纷纷哉？

曰，庙之始立也，二世昭，三世穆，四世昭，五世穆，则固当以左为尊，而右为卑矣。今乃三世穆，而四世昭，五世穆，而六世昭，则是右反为尊，而左反为卑矣，其可乎？曰，不然也，宗庙之制，但以左右为昭穆，而不以昭穆为尊卑，故五庙同为都宫，则昭常在左，穆常在右，而外不失其序。一世自为一庙，则昭不见穆，穆不见昭，而内各全其尊，必大祫而会于一室，然后序其尊卑之次，则凡已毁未毁之主，又毕陈而无所易。唯四时之祫，不陈毁庙之主，则高祖有时而在穆，其礼未有考焉。意或如此，则高之上无昭，而特设位于祖之西祢之下；无穆而特设位于曾之东也欤。

曰，然则"毁庙"云者，何也？曰，《春秋传》曰，坏庙之道，易檐可也，改涂可也。说者以为将纳新主，示有所加耳，非尽撤而悉去之也。

曰，然则，天子之庙，其制若何？曰，唐之文祖，虞之神宗，商之七世三宗，其详今不可考。周制犹有可言。然而汉儒之记，又已有不同矣。谓后稷始封，文武受命而王，故三庙不毁，与亲庙四而七者。诸儒之说也。谓三昭三穆，与太祖之庙而七。文武为宗不在数中者，刘歆之说也。虽其数之不同，然其位置迁次，宜亦与诸侯之庙无甚异者。但如诸儒之说，则武王初有天下之时，后稷为太祖，而组绀居昭之北庙，太王居穆之北庙，王季居昭之南庙，文王居穆之南庙，犹为五庙而已。至成王时，则组绀祧，王季迁，而武王祔。至康王时，则太王祧，文王迁，而成王祔。至昭王时，则王季祧，武王迁，而康王祔。自此以上，亦皆且为五庙而祧者，藏于太祖之庙，至穆王时，则文王亲尽，当祧，而以有功当宗，故别立一庙于西北，而谓之文世室。于是成王迁昭王祔，而为六庙矣。至共王时，则武王亲尽当祧，而亦以有功当宗，故别立一庙于东北，谓之武世室。于是康王迁，穆王祔，而为七庙矣。自是以后，则穆之祧者，藏于文世室，昭之祧者藏于武世室，而不复藏于太庙矣。如刘歆之说，则周自武王克商，而增立二庙，于二昭二穆之上，以祀高圉，亚圉如前递迁，至于懿王而始立文世室于三穆之上。至孝王时，始立武世室于三昭之上，此为少不同耳。

曰，然则，诸儒与刘歆之说，孰为是？曰，前代说者多是刘歆。愚亦意其或然也。

曰，祖功宗德之说尚矣，而程子独以为如此，则是为子孙者，独择其先祖而祭之也，子亦尝考之乎？曰，商之三宗，周之世室，见于经典，皆有明文而功德有无之实，天下后世自有公论。若必以此为嫌，则秦政之恶，夫子议父，臣议君，而除谥法者，不为过矣。且程子晚年常论本朝庙制，亦谓太祖太宗皆当为百世不迁之庙，以此而推，则知前说若非记者之误，则或出于一时之言，而未必其终身之定论也。

15.《尚书详解》卷八《周书·酒诰第十二》

（宋）胡士行撰

（归善斋按，见"王若曰，明大命于妹邦"）

16.《书纂言》卷四上《周书·酒诰》

（元）吴澄撰

乃穆考文王，肇国在西土。厥诰毖庶邦庶士，越少正、御事，朝夕曰，祀兹酒。

文王庙次为穆，故称"穆考"，告敕之，使敬谨，故曰"诰毖"。庶邦，诸侯之君，文王为西伯，故告戒庶邦。庶士，上、中、下士。少正，大夫；御事，治事之卿，皆文王之臣也。告戒他国众君，本国群臣于朝夕之间，曰唯祭祀得用此酒。武王将欲康叔往东土，告戒其臣民，故先言文王在西土亦如此告戒，令康叔法之也。

17.《书集传纂疏》卷四下《朱子订定蔡氏集传·周书·酒诰》

（元）陈栎撰

乃穆考文王，肇国在西土。厥诰毖庶邦庶士。越少正、御事，朝夕曰，祀兹酒。唯天降命，肇我民，唯元祀。

穆，敬也。《诗》曰"穆穆文王"是也。上篇言文王明德，则曰"显考"，此篇言"文王告毖"，则曰"穆考"言，各有当也。或曰文王世次为穆，亦通。毖，戒谨也。少正，官之副贰也。文王朝夕敕戒之曰，唯祭祀则用此酒。天始令民作酒者，为大祭祀而已。西土庶邦，远去商邑，文王诰毖亦谆谆以酒为戒，则商邑可知矣。文王为西伯，故得告毖庶邦云。

纂疏：

唐孔氏曰，《世本》云"仪狄造酒"，又云"杜康"，本人以意为之，今言"天降命",盖人为亦天所使也。

林氏曰,非大祀而用酒,则非天所以降命之本意矣。

愚谓,"昭穆"之"穆",与《左传》合,此不易之论,以"穆考"为"穆穆"之"考",则《诗》称武王曰"率见昭考","昭"字,将何以训之邪。传首四十字可删。

18.《读书丛说》卷六《酒诰》

(元)许谦撰

(归善斋按,未解)

19.《书传辑录纂注》卷四《周书·酒诰》

(元)董鼎撰

乃穆考文王,肇国在西土。厥诰毖庶邦庶士,越少正、御事,朝夕曰:祀兹酒。唯天降命,肇我民,唯元祀。

穆,敬也。《诗》曰"穆穆文王"是也。上篇言文王明德,则曰"显考"。此篇言"文王诰毖",则曰"穆考"言各有当也。或曰文王世次为"穆",亦通。毖,戒谨也。少正,官之副贰也。文王朝夕敕戒之曰,唯祭祀则用此酒。天始令民作酒者,为大祭祀而已。西土庶邦,远去商邑,文王诰毖亦谆谆以酒为戒,则商邑可知矣。文王为西伯,故得"诰毖庶邦"云。

纂注:

新安陈氏曰,按,"昭穆"之"穆",与《左传》合,不易之论。以"穆考"为"穆穆"之"穆",则《诗》称武王曰"率见昭考",此"昭"字,又如何训邪?"穆穆"之证,非也。

王氏炎曰,官正,曰长;亚,曰少。御事,治事之臣也。有正有少。

唐孔氏曰,《世本》云仪狄造酒,又云"杜康造酒",本人以意为之,今言"天降命",盖人为亦天之所使也。

吕氏曰,天下之物,无一不本于天。以酒论之,曲蘖水火之剂,皆天所为。天之降命,所以使民置此酒者,以祭祀无酒,无以荐馨香,非以资人之酣饮也。后人失其本意,乃以此得祸而,亦曰"天降"者,天理不在人心外，民为酒所困，即天之降威也。

林氏曰，非大祀而用酒，则非天之所以降命之本意矣。

20.《尚书句解》卷八《周书·酒诰第十二》

（元）朱祖义撰

乃穆考文王（汝岂不知汝敬德之父，穆穆文王），肇国在西土（当日继王季始有国，在西方岐地之时）。

21.《尚书日记》卷十一《周书·酒诰》

（明）王樵撰

"乃穆考文王"至"亦罔非酒唯辜"。

穆考，只当依世次之义。观《载见》及《访落》之诗，皆谓武王为"昭考"。朱传亦引《书》"穆考"为证可见也。肇国西土，为方伯时也。庶邦庶士、少正、御事，皆西土之人，或以上为一方，下为本邦，非是。此处蔡传欠明悉，当依孔疏云，庶邦，即众多国君；众士，朝臣也。既总呼为士，则卿、大夫俱在内，可知少正，官之副贰。御事；治事者，以其卑贱，更别目之。文王朝夕戒敕之曰，唯祭祀乃用此酒。天之降命所以使我民置此酒者，以祭祀无酒，则无以荐其馨香，非以资人之酣饮也。后人失其本意，饮而不知节。天于是而降威，凡我民用大乱丧德，亦无非是酒里做出这般勾当。越小大邦用丧，亦无非是酒里做出这般罪过，可不戒哉？夫人以饮酒得祸，而曰天降威者，天理不在人心之外，顺之则为降命；逆之则为降威。凡食色皆"降命"也有节焉。无节而灭，天安得不降威乎。释氏本恶天之降威者，乃欲并与天之降命者去之，则非达道矣。观"小大邦用丧"之语，是戒其国君，则上庶邦中，当含有国君在内。

22.《日讲书经解义》卷八《周书·酒诰》

（清）库勒纳等撰

（归善斋按，见"王若曰，明大命于妹邦"）

《书蔡氏传旁通》卷四下《周书·酒诰》

(元)陈师凯撰

穆,敬也。《诗》曰"穆穆文王"是也。或曰文王世次为"穆"亦通。

新安陈氏曰,按"昭穆"之"穆",与《左传》合,不易之论。以"穆考"为"穆穆"之"穆",则《诗》称武王曰"率见昭考",此"昭"字又如何训耶?"穆穆"之证,非也。

天始令民作酒。

疏云,《世本》云"仪狄造酒",又云"杜康造酒",本人以意为之,今言"天降命",盖人为,亦天之所使也。

《尚书疑义》卷五《酒诰》

(明)马明衡撰

"肇国在西土"者,周家自后稷封国至文王,而人心归之,三分有二,其国始大,故曰"肇"。唯"天降命,肇我民",谓唯"天降命于周",以始有此民,即"肇国在西土"之谓也。天之降命如此,是以有大祭祀而用酒也。"天降威"者,德不若天,而天降威亦无非由于酒之过耳。盖言酒以报,本亦以召乱也。古今儒者,皆以"天降命",为天始令民作酒,殊不通。

《五诰解》卷二《酒诰》

(宋)杨简撰

乃穆考文王,肇国在西土。厥诰毖庶邦庶士,越少正、御事,朝夕曰,祀兹酒。

毖者,致谨戒虑。庶邦,谓邻国诸侯心悦诚服而听命者。文王告谕戒慎之及于庶士。越,及也。少正,其次者。御事,其下者。朝夕谆谆告曰,唯祀乃用酒。

厥诰毖庶邦庶士，越少正，御事，朝夕曰：祀兹酒

1.《尚书注疏》卷十三《周书》

（汉）孔氏传，（唐）陆德明音义，（唐）孔颖达疏

厥诰毖庶邦庶士，越少正，御事，朝夕曰：祀兹酒。

传，文王其所告慎众国众士，于少正官、御治事吏，朝夕敕之。唯祭祀而用此酒，不常饮。

音义，毖，音秘。少，诗照反。

疏，正义曰，其诰慎所职众国众士，于少正官、御治事吏，朝夕敕之曰，唯祭祀而用此酒，不常为饮也。

传，正义曰，告敕使之敬慎，故曰告慎。其众国，即众多国君；众士，朝臣也。既总呼为士，则卿大夫俱在内。少正、御治事，以其卑贱，更别目之。朝夕敕之，丁宁慎之至也。《世本》云仪狄造酒，夏禹之臣。又云杜康造酒，则人自意所为言。

2.《书传》卷十二《周书》

（宋）苏轼撰

朝夕曰，祀兹酒。

朝夕敕之，唯祭祀则用酒。

3.《尚书全解》卷二十九《周书·酒诰》

（宋）林之奇撰

（归善斋按，见"肇国在西土，厥诰毖庶邦庶士"）

4.《尚书讲义》卷十四

（宋）史浩撰

（归善斋按，见"王若曰，明大命于妹邦"）

5.《尚书详解》卷十九《周书·酒诰》

（宋）夏僎撰

（归善斋按，见"王若曰，明大命于妹邦"）

6.《增修东莱书说》卷二十一《周书·酒诰第十二》

（宋）吕祖谦撰，（宋）石澜增修

（归善斋按，见"王若曰，明大命于妹邦"）

7.《尚书说》卷五《周书·酒诰》

（宋）黄度撰

（归善斋按，见"王若曰，明大命于妹邦"）

8.《絜斋家塾书钞》卷十一《周书·酒诰》

（宋）袁燮撰

（归善斋按，见"王若曰，明大命于妹邦"）

9.《书经集传》卷四《周书·酒诰》

（宋）蔡沈撰

（归善斋按，见"王若曰，明大命于妹邦"）

10.《尚书精义》卷三十五《周书·酒诰》

（宋）黄伦撰

（归善斋按，见"王若曰，明大命于妹邦"）

11.《尚书详解》卷三十《周书·酒诰》

（宋）陈经撰

（归善斋按，见"王若曰，明大命于妹邦"）

12. 《融堂书解》卷十二《周书·酒诰》

（宋）钱时撰

（归善斋按，见"王若曰，明大命于妹邦"）

13. 《尚书要义》

（宋）魏了翁撰

（归善斋按，原缺）

14. 《书集传或问》卷下《酒诰》

（宋）陈大猷撰

（归善斋按，未解）

15. 《尚书详解》卷八《周书·酒诰第十二》

（宋）胡士行撰

（归善斋按，见"王若曰，明大命于妹邦"）

16. 《书纂言》卷四上《周书·酒诰》

（元）吴澄撰

（归善斋按，见"王若曰，明大命于妹邦"）

17. 《书集传纂疏》卷四下《朱子订定蔡氏集传·周书·酒诰》

（元）陈栎撰

（归善斋按，见"王若曰，明大命于妹邦"）

18. 《读书丛说》卷六《酒诰》

（元）许谦撰

（归善斋按，未解）

19. 《书传辑录纂注》卷四《周书·酒诰》

（元）董鼎撰
（归善斋按，见"王若曰，明大命于妹邦"）

20. 《尚书句解》卷八《周书·酒诰第十二》

（元）朱祖义撰
厥诰毖庶邦庶士（所以作诰我庶众国之君，及上、中、下之众士），越少正、御事（及官之副贰，如小司马、小司寇之类。及诸治事之官）。朝夕曰（其朝夕训饮唯言），祀兹酒（祭祀则用此酒，非祭祀不可非时而饮酒）。

21. 《尚书日记》卷十一《周书·酒诰》

（明）王樵撰
（归善斋按，见"王若曰，明大命于妹邦"）

22. 《日讲书经解义》卷八《周书·酒诰》

（清）库勒纳等撰
（归善斋按，见"王若曰，明大命于妹邦"）

《五诰解》卷二《酒诰》

（宋）杨简撰
（归善斋按，见"王若曰，明大命于妹邦"）

唯天降命，肇我民，唯元祀

1. 《尚书注疏》卷十三《周书》

（汉）孔氏传，（唐）陆德明音义，（唐）孔颖达疏
唯天降命，肇我民，唯元祀。

传，唯天下教命，始令我民知作酒者，唯为祭祀。

音义，为祭，于伪反，下同。

疏，正义曰，所以不常为饮者，以唯天之下教命，始令我民知作酒者，唯为大祭祀，故以酒为祭，不主饮。

传，正义曰，天下教命者，以天非人，不因人为者，亦天之所使，故凡造立皆云本之天。元祀者，言酒唯用于大祭祀，见戒酒之深也。顾氏云，元，大也。《洛诰》称"秩元祀"，孔以为举秩大祀；大刘以"元"为"始"误也。

2.《书传》卷十二《周书》

（宋）苏轼撰

唯天降命，肇我民，唯元祀。

酒行于天下，非小物细故也，故本之天。天始令民知作酒者，本为祭祀而已。

3.《尚书全解》卷二十九《周书·酒诰》

（宋）林之奇撰

（归善斋按，见"肇国在西土，厥诰毖庶邦庶士"）

4.《尚书讲义》卷十四

（宋）史浩撰

（归善斋按，见"王若曰，明大命于妹邦"）

5.《尚书详解》卷十九《周书·酒诰》

（宋）夏僎撰

（归善斋按，见"王若曰，明大命于妹邦"）

6.《增修东莱书说》卷二十一《周书·酒诰第十二》

（宋）吕祖谦撰，（宋）石澜增修

唯天降命，肇我民，唯元祀。天降威，我民用大乱丧德，亦罔非酒唯行；越小大邦用丧，亦罔非酒唯辜。

天下之物，无一不用于天，自然而然，非人之所能为也。以酒论之，曲蘖水火之齐，皆天所置。有是理，则有是事，天之降命，所以使我民置此酒者，以祭祀无酒，则无以荐其馨香，置酒之本意，唯祭祀而已，非以资人酣饮也。后人失其本意。所以大丧乱其德者，无非由酒。大邦小邦，所以丧灭者，亦皆由酒得罪，以饮酒致祸。而曰天降威者，天理不在人心之外。民为酒所用，即天之降威也。

7.《尚书说》卷五《周书·酒诰》

（宋）黄度撰

唯天降命，肇我民，唯元祀。天降威，我民用大乱丧德，亦罔非酒唯行；越小大邦用丧，亦罔非酒唯辜。

秫曲为酒，自天降命也。肇，始也，言其开端，我民实唯元祀。元，大也。谓天地宗庙之事，自是为酒为醴，烝畀祖妣，以洽百礼。虽庶人亦用之。人不胜嗜欲而沉湎，以灭天理，天降威罚于人，由其大乱丧德，亦无非酒，唯淫佚之行；于小大国用丧亡，亦无非酒，唯迷乱之罪。

8.《絜斋家塾书钞》卷十一《周书·酒诰》

（宋）袁燮撰

唯天降命，肇我民，唯元祀。天降威，我民用大乱丧德，亦罔非酒唯行；越小大邦用丧，亦罔非酒唯辜。

夫所以制为酒醴，亦只为祭祀之故。盖神明藏于杳冥，非酒，则无以达吾心。初非使人纵其私欲也。天所以降威于民，皆自我民唯酒之行，大乱丧德之故。至于大小邦用丧，亦罔非唯酒之辜。曰"罔非"者，盖言小而丧其身，大而丧其国，往往由酒所致也。此是周公自说这道理，以告康叔。

9.《书经集传》卷四《周书·酒诰》

（宋）蔡沈撰

（归善斋按，见"王若曰，明大命于妹邦"）

10. 《尚书精义》卷三十五《周书·酒诰》

（宋）黄伦撰

（归善斋按，见"王若曰，明大命于妹邦"）

11. 《尚书详解》卷三十《周书·酒诰》

（宋）陈经撰

（归善斋按，见"王若曰，明大命于妹邦"）

12. 《融堂书解》卷十二《周书·酒诰》

（宋）钱时撰

（归善斋按，见"王若曰，明大命于妹邦"）

13. 《尚书要义》

（宋）魏了翁撰

（归善斋按，原缺）

14. 《书集传或问》卷下《酒诰》

（宋）陈大猷撰

（归善斋按，未解）

15. 《尚书详解》卷八《周书·酒诰第十二》

（宋）胡士行撰

（归善斋按，见"王若曰，明大命于妹邦"）

16. 《书纂言》卷四上《周书·酒诰》

（元）吴澄撰

唯天降命，肇我民，唯元祀。天降威，我民用大乱丧德，亦罔非酒唯行；越小大邦用丧，亦罔非酒唯辜。

"天降命"，谓天降此教命于人。威，犹祸也。祸之可畏者也。武王既述文王昔者之告戒，遂自言曰，如今我民作酒，唯用之于大祭祀，是天以此教人也。既有此酒之后，饮者至于沉纵有身者，有酗酒之行，则大荒乱而丧失其德；有国者，有酗酒之罪，则非但丧失其德，并丧亡其邦。凡民之丧德，君之丧邦，皆因于酒，是天以此祸人也。

17.《书集传纂疏》卷四下《朱子订定蔡氏集传·周书·酒诰》

（元）陈栎撰

（归善斋按，见"王若曰，明大命于妹邦"）

18.《读书丛说》卷六《酒诰》

（元）许谦撰

（归善斋按，未解）

19.《书传辑录纂注》卷四《周书·酒诰》

（元）董鼎撰

（归善斋按，见"王若曰，明大命于妹邦"）

20.《尚书句解》卷八《周书·酒诰第十二》

（元）朱祖义撰

唯天降命（况天之降命），肇我民，唯元祀（始使我民造酒者，唯大祭用之）。

21.《尚书日记》卷十一《周书·酒诰》

（明）王樵撰

（归善斋按，见"王若曰，明大命于妹邦"）

22.《日讲书经解义》卷八《周书·酒诰》

（清）库勒纳等撰

（归善斋按，见"王若曰，明大命于妹邦"）

《五诰解》卷二《酒诰》

（宋）杨简撰

唯天降命，肇我民，唯元祀。

古始唯大祀用酒，小祀犹不用酒。

天降威，我民用大乱丧德，亦罔非酒唯行

1.《尚书注疏》卷十三《周书》

（汉）孔氏传，（唐）陆德明音义，（唐）孔颖达疏

天降威，我民用大乱丧德，亦罔非酒唯行。

传，天下威罚，使民乱德，亦无非以酒为行者。言酒本为祭祀，亦为乱行。

音义，唯行，下孟反，注及下注之"行"同。

疏，正义曰，故天下威罚于我民，用使之大为乱，以丧其德，亦无非以酒为行而用之。

传，正义曰，民自饮酒致乱，以被威罚，言天下威者，亦如上言天之下教命，令民作酒也。为乱而罪，天理当然，故曰天讨有罪，五刑五用哉。俗本云不为乱行，定本云亦为乱行，俗本误也。

2.《书传》卷十二《周书》

（宋）苏轼撰

天降威，我民用大乱丧德，亦罔非酒唯行；越小大邦用丧，亦罔非酒唯辜。文王诰教小子，有正、有事，无彝酒。

彝，常也。有正，有所绳治也。有事，有所兴作也。"有正有事"，无常酒容其饮于燕闲也。

3. 《尚书全解》卷二十九《周书·酒诰》

(宋）林之奇撰
(归善斋按，见"肇国在西土，厥诰毖庶邦庶士"）

4. 《尚书讲义》卷十四

(宋）史浩撰
(归善斋按，见"王若曰，明大命于妹邦"）

5. 《尚书详解》卷十九《周书·酒诰》

(宋）夏僎撰
(归善斋按，见"王若曰，明大命于妹邦"）

6. 《增修东莱书说》卷二十一《周书·酒诰第十二》

(宋）吕祖谦撰，（宋）石𤅬增修
(归善斋按，见"唯天降命，肇我民，唯元祀"）

7. 《尚书说》卷五《周书·酒诰》

(宋）黄度撰
(归善斋按，见"唯天降命，肇我民，唯元祀"）

8. 《絜斋家塾书钞》卷十一《周书·酒诰》

(宋）袁燮撰
(归善斋按，见"唯天降命，肇我民，唯元祀"）

9. 《书经集传》卷四《周书·酒诰》

(宋）蔡沈撰

天降威，我民用大乱丧德，亦罔非酒唯行；越小大邦用丧，亦罔非酒唯辜。

酒之祸人也，而以为天降威者，祸乱之成，是亦天尔。箕子言受酗酒亦曰天毒降灾,正此意也。民之丧德,君之丧邦,皆由于酒。丧德,故言行;丧邦,故言辜。

10.《尚书精义》卷三十五《周书·酒诰》

(宋)黄伦撰
(归善斋按,见"王若曰,明大命于妹邦")

11.《尚书详解》卷三十《周书·酒诰》

(宋)陈经撰
(归善斋按,见"王若曰,明大命于妹邦")

12.《融堂书解》卷十二《周书·酒诰》

(宋)钱时撰
(归善斋按,见"王若曰,明大命于妹邦")

13.《尚书要义》

(宋)魏了翁撰
(归善斋按,原缺)

14.《书集传或问》卷下《酒诰》

(宋)陈大猷撰
(归善斋按,未解)

15.《尚书详解》卷八《周书·酒诰第十二》

(宋)胡士行撰
(归善斋按,见"王若曰,明大命于妹邦")

16. 《书纂言》卷四上《周书·酒诰》

（元）吴澄撰

（归善斋按，见"唯天降命，肇我民，唯元祀"）

17. 《书集传纂疏》卷四下《朱子订定蔡氏集传·周书·酒诰》

（元）陈栎撰

天降威，我民用大乱丧德，亦罔非酒唯行；越小大邦用丧，亦罔非酒唯辜。

酒之祸人也，而以为"天降威"者，祸乱之成，是亦天尔。箕子言受酗酒亦曰天毒降灾，正此意也。民之丧德，君之丧邦，皆由于酒。丧德，故言行；丧邦，故言辜。

纂疏：

朱子谓，南轩张氏《酒诰》解"天降命""降威"处，诚千百年儒者，所不及其说。曰，酒之为物本，以奉祭祀，供宾客，此即天之降命也。而人以酒之故，至于丧身失德，即天之降威也。释氏本恶天之降威者，乃并与天之降命者去之。吾儒则不然，去其降威者而已。降威者去，而降命者自在。如饮食而至于暴殄天物，释氏恶，之必欲茹蔬果，吾儒则不至于暴殄而已。衣物至于穷极奢侈，释氏恶之，必欲衣坏包之衣。吾儒则去其奢侈而已。至于恶淫慝，而绝夫妇。吾儒则去淫慝而已。释氏本恶人欲，并与天理之公者去之。吾儒去人欲，所谓天理昭然矣。譬之水焉，释氏恶泥沙之浊，而窒以土，不知土之既窒，则无水可饮。吾儒不然，澄其泥沙，而水之清者可酌。此儒释之分也。叶绍翁《四朝闻见录》。

吕氏曰，天降命，所以使民置酒者以祭祀。无酒无以荐馨香，非以资人之酣饮也。后人失其本意，乃以酒得祸，而亦曰天降者，天理不在人心外。民为酒所困，即天之降威也。

林氏曰，酒，人所为。人以酒丧德、丧邦，皆自作孽，而以为"天降威"，盖古人于事之成败，未尝不归之天。天虽高高在上，人之起居动静，未有不与之俱者。则人之所为，孰非天之所为哉？

陈氏曰，"朝夕曰"之下，文王诰毖庶邦庶士之辞。

史氏渐曰，卫人服《酒诰》之训，何其能世守于无穷也。始也，商俗淫湎，武王以《酒诰》戒之。逮幽王时，上下沉湎，卫武公作宾之初筵，以自戒。见卫人非特一时闻训，不敢自越于禁防，又能以此禁防，传为子孙法焉。

愚谓，"天降命"与"天降威"相对。设酒初意，本为祭祀，乃天之降命也。酒之流生祸，亦天之降威也。酒一而已，以祀者，此酒也；丧德、丧邦者，亦此酒也，天理人欲，同行异情，人之于酒，能于祭祀而知其本于降命之天，又能于燕饮，而凛然知降威之天，则天理行，而人欲窒，方无酒祸矣。

18.《读书丛说》卷六《酒诰》

（元）许谦撰

（归善斋按，未解）

19.《书传辑录纂注》卷四《周书·酒诰》

（元）董鼎撰

天降威，我民用大乱丧德，亦罔非酒唯行；越小大邦用丧，亦罔非酒唯辜。

酒之祸人也，而以为天降威者，祸乱之成，是亦天尔。箕子言受酗酒亦曰天毒降灾，正此意也。民之丧德，君之丧邦，皆由于酒。丧德，故言行；丧邦，故言辜。

辑录：

朱子谓，南轩《酒诰》一段解"天降命""天降威"处，诚千百年儒者所不及。今备载其说，曰，酒之为物，本以奉祭祀供宾客。此即天之降命也。而人以酒之故，至于失德丧身，即天之降威也。释氏本恶天之降威者，乃并与天之降命者去之。吾儒则不然，去其降威者而已。降威者去，而降命者自在。如饮食而至于暴殄天物，释氏恶之必欲食蔬茹。吾儒则不至于暴殄而已。衣服而至于穷极奢侈，释氏恶之必欲衣坏色之衣。吾儒则去其奢侈而已。至于恶淫慝而绝夫妇。吾儒则去其淫慝而已。释氏本恶人欲，并与天理之公者去之。吾儒去人欲，所谓天理者昭然矣。譬如水焉。释氏恶其泥沙之浊，而窒之以土，不知土既窒，则无水可饮矣。吾儒不然，澄其泥沙，而水之清者可酌。此儒释之分也。叶绍翁《四朝闻见录》。

纂注：

林氏曰，圣人所为，而以为"天降命"。人以酒丧德、丧邦皆自作孽，而以为"天降威"。盖古人于事之成败，未尝不归之天。天虽高高在上，人之起居动静，未有不与之俱者。则人之所为，孰非天之所为哉。

陈氏曰，此"文王诰毖庶邦庶士"之辞。

新安陈氏曰，"天降命"与"天降威"当对观。设酒之初意。本为祭祀，乃天之降命也。酒之流生祸，亦天之降威也。酒一而已，用以祀者，此酒也。丧德、丧邦者，亦此酒也。天理人欲，同行异情，人之于酒，知其祭祀，而本于降命之天，又能于燕饮，而凛然知有降威之天，则天理行，而人欲窒，方无酒祸矣。

史氏渐曰，吾窃喜卫人何其服《酒诰》之训，世守于无穷也。始也，商俗淫湎，武王以《酒诰》戒之。逮幽王之世，上下沉湎，卫武公作宾之初筵，以见卫人非特一时闻训，不敢自越于禁防。人能以其所以为禁防者。传为子孙法焉。

20.《尚书句解》卷八《周书·酒诰第十二》

（元）朱祖义撰

天降威（奈何天降下威者），我民用大乱丧德（以我民放僻邪侈，用大乱丧亡其德），亦罔非酒唯行（亦无非以酒为行。所行，常在酒也）。

21.《尚书日记》卷十一《周书·酒诰》

（明）王樵撰

（归善斋按，见"王若曰，明大命于妹邦"）

22.《日讲书经解义》卷八《周书·酒诰》

（清）库勒纳等撰

天降威，我民用大乱丧德，亦罔非酒唯行；越小大邦用丧，亦罔非酒唯辜。

此一节书，是"文王诰毖庶邦"之言也。威，威罚也。武王述文王之言曰，饮酒而失其常，必至越礼败德，而祸乱随之，是即天之降威于人矣。盖修德励行，庶人所以保身。今饮酒而至于乱其心志，亏其德行，天必降威以祸其身家。是何莫非因酒而有此行乎？奉法修职，诸侯所以保国。今纵饮而至于肆欲败度，天必降威而覆其邦国，亦何莫非因酒而有此辜乎？下而庶民，上而邦君，皆不可崇饮也如此。

《书蔡氏传旁通》卷四下《周书·酒诰》

（元）陈师凯撰

酒之祸人也，而以为"天降威"者，祸乱之成，是亦天耳。

新安陈氏曰，"天降命"与"天降威"当对观。设酒之初意，本为祭祀，乃天之降命也。酒之流生祸，亦天之降威也。酒一而已，用以祀者，此酒也。丧德、丧邦者，亦此酒也。天理人欲，同行异情。人之于酒，知其祭祀，而本于降命之天，又能于燕饮，而凛然知有降威之天，则天理行，而人欲窒，方无酒祸矣。

史氏渐曰，吾窃喜卫人何其服《酒诰》之训，世守于无穷也。始也，商俗淫湎，武王以《酒诰》戒之。逮幽王之世，上下沉湎。卫武公作宾之初筵，以见卫人非特一时闻训，不敢自越于禁防，又能以其所以为禁防者，传为子孙法焉。

《五诰解》卷二《酒诰》

（宋）杨简撰

天降威，我民用大乱丧德，亦罔非酒唯行；越小大邦用丧，亦罔非酒唯辜。文王诰教小子，有正、有事，无彝酒。越庶国，饮唯祀，德将无醉。

老成蒙被文王德化，自不酗酒。唯后生小子，亦有正长，有御事，每告戒之，使无常饮酒，及属后之庶国，咸戒以唯祀乃饮。虽祀饮，必以德将无醉。

越小大邦用丧，亦罔非酒唯辜

1.《尚书注疏》卷十三《周书》

（汉）孔氏传，（唐）陆德明音义，（唐）孔颖达疏

越小大邦用丧，亦罔非酒唯辜。

传，于小大之国所用丧亡，亦无不以酒为罪也。

疏，正义曰，故于小大之国，用使之丧亡，亦无非以酒为罪。以此众事少正，皆须戒酒也。是文王以酒为重戒，汝不可不法也。

传，正义曰，小大之国，谓诸侯之国有小大也。上言民用大乱，指其身为罪；此言邦用丧，言其邦国丧灭。上文总谓贵贱之人，此则专指诸侯之身故也。唯行用酒，唯罪身，得罪亦互相通也。

2.《书传》卷十二《周书》

（宋）苏轼撰

（归善斋按，见"天降威，我民用大乱丧德"）

3.《尚书全解》卷二十九《周书·酒诰》

（宋）林之奇撰

（归善斋按，见"肇国在西土，厥诰毖庶邦庶士"）

4.《尚书讲义》卷十四

（宋）史浩撰

（归善斋按，见"王若曰，明大命于妹邦"）

5.《尚书详解》卷十九《周书·酒诰》

（宋）夏僎撰

（归善斋按，见"王若曰，明大命于妹邦"）

6. 《增修东莱书说》卷二十一《周书·酒诰第十二》

（宋）吕祖谦撰，（宋）石澜增修
（归善斋按，见"唯天降命，肇我民，唯元祀"）

7. 《尚书说》卷五《周书·酒诰》

（宋）黄度撰
（归善斋按，见"唯天降命，肇我民，唯元祀"）

8. 《絜斋家塾书钞》卷十一《周书·酒诰》

（宋）袁燮撰
（归善斋按，见"唯天降命，肇我民，唯元祀"）

9. 《书经集传》卷四《周书·酒诰》

（宋）蔡沈撰
（归善斋按，见"天降威，我民用大乱丧德"）

10. 《尚书精义》卷三十五《周书·酒诰》

（宋）黄伦撰
（归善斋按，见"王若曰，明大命于妹邦"）

11. 《尚书详解》卷三十《周书·酒诰》

（宋）陈经撰
（归善斋按，见"王若曰，明大命于妹邦"）

12. 《融堂书解》卷十二《周书·酒诰》

（宋）钱时撰
（归善斋按，见"王若曰，明大命于妹邦"）

13. 《尚书要义》

（宋）魏了翁撰

（归善斋按，原缺）

14. 《书集传或问》卷下《酒诰》

（宋）陈大猷撰

（归善斋按，未解）

15. 《尚书详解》卷八《周书·酒诰第十二》

（宋）胡士行撰

（归善斋按，见"王若曰，明大命于妹邦"）

16. 《书纂言》卷四上《周书·酒诰》

（元）吴澄撰

（归善斋按，见"唯天降命，肇我民，唯元祀"）

17. 《书集传纂疏》卷四下《朱子订定蔡氏集传·周书·酒诰》

（元）陈栎撰

（归善斋按，见"天降威，我民用大乱丧德"）

18. 《读书丛说》卷六《酒诰》

（元）许谦撰

（归善斋按，未解）

19. 《书传辑录纂注》卷四《周书·酒诰》

（元）董鼎撰

（归善斋按，见"天降威，我民用大乱丧德"）

20.《尚书句解》卷八《周书·酒诰第十二》

（元）朱祖义撰

越小大邦用丧（及小邦大邦用以丧亡国家者），亦罔非酒唯辜（亦无非因酒得辜罪）。

21.《尚书日记》卷十一《周书·酒诰》

（明）王樵撰

（归善斋按，见"王若曰，明大命于妹邦"）

22.《日讲书经解义》卷八《周书·酒诰》

（清）库勒纳等撰

（归善斋按，见"天降威，我民用大乱丧德"）

《五诰解》卷二《酒诰》

（宋）杨简撰

（归善斋按，见"天降威，我民用大乱丧德"）

文王诰教小子，有正、有事，无彝酒

1.《尚书注疏》卷十三《周书》

（汉）孔氏传，（唐）陆德明音义，（唐）孔颖达疏

文王诰教小子，有正、有事，无彝酒。

传，小子，民之子孙也。正官治事，谓下群吏教之，皆无常饮酒。

疏，正义曰，前文王戒酒以为所供当重饮之，则有灭亡之害。此更戒之，令以德自将，不可常饮。故又云，文王诰教其民之小子，与正官之下有职事之人，谓群吏汝等，无得常饮酒也。

传，正义曰，知小子谓民之子孙者，以下文云"我民迪小子"，又云

"奔走",事厥考、厥长,故知小子,谓民之子孙也。知"有正有事",非士大夫,而云正官、治事,谓下群吏者,以文与小子相连,故知是正官下治事之群吏。云所治众者,以述上文,内外双举,此为小子,及民与士大夫可知。其外,宜有国君,故下云指戒康叔为国之事。故总言众国,唯于祭祀得饮酒,犹以德自将,无令至醉。大传因此言宗室,将有事族人皆入侍,得有醉与不醉,而出与不出之事;而以德自将,无令至醉,亦一隅之验。文王,为诸侯,而云众国者,文王为西伯,又三分有二诸侯,故得戒众国也。以"唯曰"为教辞。故言文王化我民,爱惜土物,而不损耗,则不嗜酒,故心善。

2. 《书传》卷十二《周书》

（宋）苏轼撰

（归善斋按,见"天降威,我民用大乱丧德"）

3. 《尚书全解》卷二十九《周书·酒诰》

（宋）林之奇撰

（归善斋按,见"肇国在西土,厥诰毖庶邦庶士"）

4. 《尚书讲义》卷十四

（宋）史浩撰

（归善斋按,见"王若曰,明大命于妹邦"）

5. 《尚书详解》卷十九《周书·酒诰》

（宋）夏僎撰

（归善斋按,见"王若曰,明大命于妹邦"）

6. 《增修东莱书说》卷二十一《周书·酒诰第十二》

（宋）吕祖谦撰,（宋）石澜增修

文王诰教小子,有正、有事,无彝酒;越庶国饮唯祀,德将无醉。唯曰我民迪小子唯土物爱。厥心臧,聪听祖考之彝训,越小大德,小子唯一。

文王之在当时，乃众迷中独悟，众醉中独醒者。所以告戒有正有事之人，不可常于酒。至于庶国，唯祭祀方可饮于饮福受胙之时。虽饮神之福，亦必德以将之，不至于醉。中人，无所主，则为曲糵所迷夺矣。文王言，我民当导迪其小子，唯土物是爱，勤稼穑，服田亩，其心方善。大抵纵酒者，多不事家业之人。尔小子，当听祖考之彝训。祖考者，老成之人也。历事既多，所以教子孙者，必不许之纵酒。聪听者，欲其用精神以听也。听之不聪，则诲尔谆谆，听我藐藐矣。"越小大德，小子唯一"者，当时饮酒者，必以为小德无害于事，但于大德用力足矣。殊不知以酒为小德，正病之根源也。以为小德而不戒，是以至于纵而不已。故文王教之合而为一，不可分彼为大德，此为小德，当以一体观之。

7.《尚书说》卷五《周书·酒诰》

（宋）黄度撰

文王诰教小子，有正、有事，无彝酒；越庶国，饮唯祀，德将无醉。

小子，幼少之称。必自其幼少教之，而后能成其性。此谓士大夫子弟也。正，董正；事，作而行之；彝，常也。士大夫子弟，世业将有正有事，而常酒耽乐，何以在此选乎？文王诰教国之子弟，推之于其所统治庶国，使唯祀得饮，而犹将之以德，无量不及乱。

8.《絜斋家塾书钞》卷十一《周书·酒诰》

（宋）袁燮撰

文王诰教小子，有正、有事，无彝酒；越庶国，饮唯祀，德将无醉。唯曰我民迪小子，唯土物爱，厥心臧。聪听祖考之彝训，越小大德，小子唯一。

此又述文王之事也。"教小子，有正有事"，不得常常饮酒。至于庶国，其得饮之时，亦唯因祭祀，然又须以德将之，方能无醉。夫既因祭祀得饮，而又将之以德，不至于醉，古人于酒，致其严如此。盖虽因祭而饮，苟至于醉，亦岂可哉？"我民迪小子"，盖使庶民皆训迪其小子，唯土物是爱，而外此无他念焉，则其心善矣。观此处，须看文王所以教当时之人详悉如此。上自庶邦庶国，与夫庶士、少正、御事；下及小子，与夫庶民之小子，皆一一教他毋得沉湎于酒。盖深见夫酒之为害，故其委曲详尽如此。周公之心，即文王之心也。学者读《酒诰》须看古人无所不教之意。上自诸侯之士大夫，下及于民，无往不教焉。不特卑者在所教，尊者亦有教；不特贱者在所教，贵者亦有教。是故，致治之极。至于人人有士君子之行，所由来远矣。聪听祖考之彝训，小大之德，皆归于一。《记》曰"小德川流，大德敦化"，《语》曰，"大德不逾闲，小德出入可也"。德固自有小大，至于唯一，则是小德大德一齐好了。一者。纯一而不变也。小大之德皆归于一。则其不湎于酒可知矣。唯酒是务。则私欲纷乱。一何在焉。至于唯一，自然不至有沉湎之患，所谓一，即是这"臧"字，自土物之外，他无外慕焉，非一而何？

9.《书经集传》卷四《周书·酒诰》

(宋) 蔡沈撰

文王诰教小子，有正、有事，无彝酒；越庶国，饮唯祀，德将无醉。

小子，少子之称，以其血气未定，尤易纵酒丧德。故文王专诰教之。有正，有官守者；有事，有职业者。无、毋同。彝，常也。毋常于酒。其饮唯于祭祀之时，然亦必以德将之，无至于醉也。

10.《尚书精义》卷三十五《周书·酒诰》

(宋) 黄伦撰

文王诰教小子，有正、有事，无彝酒；越庶国，饮唯祀，德将无醉，唯曰我民迪小子，唯土物爱，厥心臧。

无垢曰，戒庶邦饮酒，则曰"诰毖"；戒小子饮酒，则曰"诰教"。毖，则其辞严；教，则其辞缓。责士大夫则严，责民则宽之意也。其教如何，曰汝民当知在上有纠正之官，在汝有耕作之事，非祭祀、养亲不可常饮酒也。盖常饮酒，则纠正之官，当治汝罪矣。而耕作之事，必失天时矣。

又曰，文王以"有正有事，无彝酒"之说，诰教小子。小子以文王之教，教子孙，故文王之民，上惧纠正，下力耕作。其土地所生之物，种艺播植，生长成熟，一出于筋力之中，拥培之内，故皆熏然生保护爱惜之心，唯恐有戕害残贼之者。其心如此，岂不善乎？故爱物则足以生善心；害物则足以生不善之心。

吕氏曰，当时，文王便是众迷中独悟，众醉中独醒，所以教戒有正有事之人，不可常饮酒。至于庶国，唯是祭祀后方可饮酒。于是时而饮酒，乃是饮福受胙时节，虽然是饮神之福后，饮酒又须当以德将之，方才不至于醉。大抵人中无所主，则为曲蘖所迷夺，唯是将之以德，中有所主了，方可无醉之失。文王说与民，汝当导由其小子，唯是爱土物，去勤稼穑服田亩，其心方善，岂可纵酒。

11.《尚书详解》卷三十《周书·酒诰》

（宋）陈经撰

（归善斋按，见"王若曰，明大命于妹邦"）

12.《融堂书解》卷十二《周书·酒诰》

（宋）钱时撰

（归善斋按，见"王若曰，明大命于妹邦"）

13.《尚书要义》

（宋）魏了翁撰

（归善斋按，原缺）

14.《书集传或问》卷下《酒诰》

（宋）陈大猷撰

（归善斋按，未解）

15.《尚书详解》卷八《周书·酒诰第十二》

（宋）胡士行撰

文王诰教小子（及其未流，而先正之），有正（有官长临之不敢饮）、有事（若三农九谷之类不暇饮），无彝酒（常饮）；越庶国，饮唯（独祀（祭饮福）。德将（以德将之）无醉。唯曰我民（祖父）迪（又自教）小子（子孙），唯土物爱（爱土所生之物，不敢糜秫稻为酒浆），厥心臧（善）。聪听（子孙用心听）祖考之彝（常）训（教），越（于）小（饮酒）大（修身大成）德，小子唯一（视小如大无二汝心）。

　　文王诰毖庶邦，下至小子者，谨其初也。既教之，又使其祖考自教之，谓酒小节也，而大德之败，实自此始。故爱土物者，所以臧厥心，小大一也。尔小子谨无以不饮为小德而忽之。"彝酒"之二字，正妹土受病之源，惩之不得不力也。

16.《书纂言》卷四上《周书·酒诰》

　　（元）吴澄撰

　　文王诰教小子，有正、有事，无彝酒；越庶国，饮唯祀，德将无醉。

　　小子者，庶民之子孙。有正，即少正；有事，即御事。不言庶士，省文。上既总言"文王之诰毖"，此又分言"文王诰教"。本国之民臣，无得常饮酒，必因事而后饮。及诰教他国诸侯之君，唯祀乃饮，其饮以德将之，无至于醉。

17.《书集传纂疏》卷四下《朱子订定蔡氏集传·周书·酒诰》

　　（元）陈栎撰

　　文王诰教小子，有正、有事，无彝酒；越庶国，饮唯祀，德将无醉。

　　小子，少子之称，以其血气未定，尤易纵酒丧德，故文王诰教之。有正，有官守者；有事有职业者。无，毋同。彝，常也。毋常于酒，其饮唯于祭祀之时，然亦必以德将之，无至于醉也。

　　纂疏：

　　陈氏大猷曰，此文王又告教庶邦庶士之小子。

　　林氏曰，禁于未发之谓豫，发然后禁，则扞格而难胜。故汤训"蒙士"；文王教"小子"；穆王告"幼子童孙"，与《易》"养蒙"，一也。

　　陈氏曰，有正者，有正人之官以治之；有事，民各有业也。有官，则不敢饮；有事，则不暇饮。唯祀饮福受胙也。

愚谓，以德将之，不至于醉，天理足以制人欲也。及乱而燕丧威仪，无德以将之故耳。

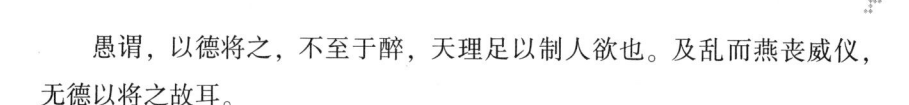

18.《读书丛说》卷六《酒诰》

（元）许谦撰
（归善斋按，未解）

19.《书传辑录纂注》卷四《周书·酒诰》

（元）董鼎撰

文王诰教小子，有正、有事，无彝酒；越庶国饮唯祀，德将无醉。

小子，少子之称，以其血气未定，尤易纵酒丧德，故文王专诰教之。有正，有官守者；有事，有职业者；无、毋同。彝，常也。毋常于酒，其饮唯于祭祀之时。然亦必以德将之，无至于醉也。

纂注：

陈氏大猷曰，此文王又诰教庶邦庶士之小子。

林氏曰，禁于未发之谓豫，发然后禁，则扞格而难胜。故汤训蒙士文王教小子穆王告幼子童孙与易养蒙一也

苏氏曰，有正，有所治也；有事，有所作也。溺酒则正事旷矣。故不可彝酒。

陈氏曰，有正，有官以治之；有事，民各有业也。有官则不敢饮，有事则不暇饮。

林氏曰，无常者，非不饮也。盖不可非所当饮而饮之，故于庶国之饮者，唯因赐祀胙而已。

吕氏曰，以德将之，不至于醉，中无所主，则为曲蘖所迷矣。

20.《尚书句解》卷八《周书·酒诰第十二》

（元）朱祖义撰

文王诰教小子（文王又诰教民之幼小子孙曰），有正、有事（汝上则有官长以治汝之失，下则有务农之事），无彝酒（无常饮酒）。

21. 《尚书日记》卷十一《周书·酒诰》

(明) 王樵撰

"文王诰教小子"至"德将无醉"。

小子，卿、大夫、士之少者也。或云卿、大夫之子弟。然观下曰"有正、有事"则是有职位之人，非子弟也。文王以其血气未定，尤易纵酒丧德，故专诰教之，以为尔各有官守，其职业，不可常于酒。越庶国之小子，饮皆唯祀而后可。虽祀而饮，然亦必以德将之，无至于醉也。观此处"庶国"字，则上"小子"，是本国可知。本国之臣但告其小子者，老成人不待以酒为戒也。"祀兹酒"者，祭祀始用酒也。用酒以祼献，非为人之饮也。饮唯祀者，人得饮酒，唯祭祀之时也。饮以歆神之赐，非以为酣酺也。若饮不唯祀，则为"彝酒"，而非天降命之意矣。然酒不但饮之有时，即以时而饮，亦当以德将之，而不使至于醉。将，持也。"德将"者，心志有所操存，而不为物所胜也。若无德以将之，小或乱其血气，大或至于乱志丧德矣。

大凡志常帅气，则不为物所胜，不但饮酒也。

22. 《日讲书经解义》卷八《周书·酒诰》

(清) 库勒纳等撰

文王诰教小子，有正、有事，无彝酒；越庶国，饮唯祀，德将无醉。

此一节书，是举"文王诰教小子"之言也。小子，卿大夫士之少者也。有正，谓有官守；有事，谓有职业。彝，犹言常；将者，将持之意。武王述文王之言曰，饮酒固人所宜戒，而年少之人血气未定，德性未坚，尤所宜谨。盖各有官守，各有职业，耽于酒，则瘝厥官，而废厥职，故当敬尔有官，恪恭乃职。不可以酒为常而沉溺之也。庶邦之小子，皆当以此为戒。唯祭祀之时，旅酬献尸，藉此以交神明，飨宾客，则可用之。然犹必内定心志，外摄威仪，有德以节。此饮无至于醉而后可也。况可无事而彝酒乎？盖"德将无醉"者，以天理遏人欲，所谓以道心胜之也。若中无所主，未有不授其权于嗜欲者。凡事皆然，独曲糵之为害乎？

《五诰解》卷二《酒诰》

（宋）杨简撰

（归善斋按，见"天降威，我民用大乱丧德"）

越庶国，饮唯祀，德将无醉

1.《尚书注疏》卷十三《周书》

（汉）孔氏传，（唐）陆德明音义，（唐）孔颖达疏

越庶国，饮唯祀，德将无醉。

传，于所治众国，饮酒唯当因祭祀，以德自将，无令至醉。

疏，正义曰，于所治众国之君臣、民众等，言饮酒唯当因祭祀，以德自将，无令至醉。

2.《书传》卷十二《周书》

（宋）苏轼撰

越庶国，饮唯祀，德将无醉。

因祭赐胙乃饮，犹曰，以德自将无醉也。

3.《尚书全解》卷二十九《周书·酒诰》

（宋）林之奇撰

（归善斋按，见"肇国在西土，厥诰毖庶邦庶士"）

4.《尚书讲义》卷十四

（宋）史浩撰

（归善斋按，见"王若曰，明大命于妹邦"）

5. 《尚书详解》卷十九《周书·酒诰》

（宋）夏僎撰

（归善斋按，见"王若曰，明大命于妹邦"）

6. 《增修东莱书说》卷二十一《周书·酒诰第十二》

（宋）吕祖谦撰，（宋）石𤀹增修

（归善斋按，见"文王诰教小子，有正、有事，无彝酒"）

7. 《尚书说》卷五《周书·酒诰》

（宋）黄度撰

（归善斋按，见"文王诰教小子，有正、有事，无彝酒"）

8. 《絜斋家塾书钞》卷十一《周书·酒诰》

（宋）袁燮撰

（归善斋按，见"文王诰教小子，有正、有事，无彝酒"）

9. 《书经集传》卷四《周书·酒诰》

（宋）蔡沈撰

（归善斋按，见"文王诰教小子，有正、有事，无彝酒"）

10. 《尚书精义》卷三十五《周书·酒诰》

（宋）黄伦撰

（归善斋按，见"文王诰教小子，有正、有事，无彝酒"）

11. 《尚书详解》卷三十《周书·酒诰》

（宋）陈经撰

越庶国，饮唯祀，德将无醉唯。曰我民迪小子，唯土物爱，厥心臧。聪听祖考之彝训，越小大德，小子唯一。

文王所以诰毖庶邦，诰教民之小子如此，在当时之庶邦，与民之小子，无不感文王之德，故庶邦之饮酒，唯于祭祀之时，饮福受胙。其饮也，又有德以将之，而不至于醉。如《诗》之《湛露》天子之燕诸侯，夜饮醉归，而有令仪，如《既醉》之诗"醉酒饱德"，人有士君子之行，皆是以德将之。故虽饮酒而无害也。观文王之诸侯，其饮也，唯祭祀之时，则其它时岂敢纵为逸乐哉？不特庶国如此，而民之小子亦然。文王之教，"唯曰我民迪小子"，小子即民之子孙也。文王之教，皆使其民各迪其子孙，故能唯土物稼穑之事是爱，其心无有不善。凡人唯是勤于稼穑，则其外慕不生，无他机巧，自然心善，何暇饮酒哉？聪听祖考之彝训，盖民之小子，能明听祖父之教，无有诲之谆谆，而听之藐藐者，故小德大德，而小子皆以一视之。人情莫不以仁义礼智为大德，而以饮食衣服，末节细行，为之小德。若分而观之，未有不详于大德，而忽略其细行者。今民之小子，以小德大德，合而观之，则饮食之微，尤不敢忽略矣，然则文王之教，能使庶邦与民如此，岂无自而然哉，精诚之运必以阴驱潜率之者矣。不然则空言之发，安能感人悟物如此之速哉。

12.《融堂书解》卷十二《周书·酒诰》

（宋）钱时撰

（归善斋按，见"王若曰，明大命于妹邦"）

13.《尚书要义》

（宋）魏了翁撰

（归善斋按，原缺）

14.《书集传或问》卷下《酒诰》

（宋）陈大猷撰

（归善斋按，未解）

15.《尚书详解》卷八《周书·酒诰第十二》

（宋）胡士行撰

（归善斋按，见"文王诰教小子，有正、有事，无彝酒"）

16.《书纂言》卷四上《周书·酒诰》

（元）吴澄撰

（归善斋按，见"文王诰教小子，有正、有事，无彝酒"）

17.《书集传纂疏》卷四下《朱子订定蔡氏集传·周书·酒诰》

（元）陈栎撰

（归善斋按，见"文王诰教小子，有正、有事，无彝酒"）

18.《读书丛说》卷六《酒诰》

（元）许谦撰

（归善斋按，未解）

19.《书传辑录纂注》卷四《周书·酒诰》

（元）董鼎撰

（归善斋按，见"文王诰教小子，有正、有事，无彝酒"）

20.《尚书句解》卷八《周书·酒诰第十二》

（元）朱祖义撰

越庶国，饮唯祀（唯文王教庶邦教民者如此，故当时众国饮酒，唯在祭祀之时）。德将无醉（又须以德将之，不至于醉）。

21.《尚书日记》卷十一《周书·酒诰》

（明）王樵撰

（归善斋按，见"文王诰教小子，有正、有事，无彝酒"）

22.《日讲书经解义》卷八《周书·酒诰》

（清）库勒纳等撰

（归善斋按，见"文王诰教小子，有正、有事，无彝酒"）

《五诰解》卷二《酒诰》

(宋) 杨简撰

(归善斋按,见"天降威,我民用大乱丧德")

唯曰我民迪小子,唯土物爱,厥心臧

1.《尚书注疏》卷十三《周书》

(汉) 孔氏传,(唐) 陆德明音义,(唐) 孔颖达疏

唯曰我民迪小子,唯土物爱,厥心臧。

传,文王化我民,教道子孙,唯土地所生之物皆爱惜之,则其心善。

疏,正义曰,又自申文王之教小子者,不但身自教之,又化民,使自教其子弟。唯教其民曰,唯我民等,当教道子孙小子,令土地所生之物皆爱惜之,则其心善矣。以爱物则不为酒而损耗故也。

2.《书传》卷十二《周书》

(宋) 苏轼撰

唯曰我民迪小子,唯土物爱,厥心臧。聪听祖考之彝训;越小大德小子唯一。妹土嗣尔股肱。纯其艺黍稷奔走,事厥考厥长。肇牵车牛,远服贾,用孝养厥父母。厥父母庆,自洗腆,致用酒。庶士有正,越庶伯君子,其尔典听朕教。尔大克羞耈唯君,尔乃饮食醉饱,丕唯曰,尔克永观省,作稽中德。尔尚克羞馈祀,尔乃自介用逸。兹乃允唯王正事之臣。兹亦唯天若元德。永不忘在王家。

纯,大也。"纯其艺黍稷"者,大修农事也。洗腆,逸乐之状也。修,进也。"羞耈唯君"者,犹曰,寡君之老也。介,副也。唯曰我民迪于小子之教,怀土安居,啬于用物,其心无恶,以听祖考之训,小大上下,德我小子如一。如妹土之民,皆竭其股肱之力,以继其上之事,或大修农事,或远服商贾,以养父母。父母洗腆自庆,则汝民可以饮食

醉饱也。汝小子封，"能自观省，作稽中德"，常有则于内，以察物至，又有耆老贤臣，可以代汝进馈于庙者，则汝亦可以此人自副，而休逸饮食醉饱，如此，则汝小子乃为王正事之臣，亦为天所顺，予元德之君，永世不忘矣。饮酒，人情之所不免，禁而绝之，虽圣人有所不能。故独戒其沉湎之祸，而开其德饮之乐，则其法不废，圣人之禁人也，盖如此。

3. 《尚书全解》卷二十九《周书·酒诰》

（宋）林之奇撰

（归善斋按，见"肇国在西土，厥诰毖庶邦庶士"）

4. 《尚书讲义》卷十四

（宋）史浩撰

（归善斋按，见"王若曰，明大命于妹邦"）

5. 《尚书详解》卷十九《周书·酒诰》

（宋）夏僎撰

（归善斋按，见"王若曰，明大命于妹邦"）

6. 《增修东莱书说》卷二十一《周书·酒诰第十二》

（宋）吕祖谦撰，（宋）石𤲞增修

（归善斋按，见"文王诰教小子，有正、有事，无彝酒"）

7. 《尚书说》卷五《周书·酒诰》

（宋）黄度撰

唯曰我民迪小子，唯土物爱，厥心臧。聪听祖考之彝训，越小大德，小子唯一。

"唯曰"，称其所以教民者也。上之人无彝酒，而后教其民者，亦唯是也。臧，善。我民教迪其小子，唯土物爱，则其心善。能聪听祖考常训，百亩之田，五亩之桑，鸡豚狗彘之畜，皆土物也。《诗》曰，"民之质矣"。日用饮食,奚暇乎他慕哉,于其小知大,受虽不同量,而必皆质朴淳庞,若出于一。

8.《絜斋家塾书钞》卷十一《周书·酒诰》

(宋)袁燮撰

(归善斋按,见"文王诰教小子,有正、有事,无彝酒")

9.《书经集传》卷四《周书·酒诰》

(宋)蔡沈撰

唯曰我民迪小子,唯土物爱,厥心臧。聪听祖考之彝训。越小大德,小子唯一。

文王言我民亦常训导其子孙,唯土物之爱,勤稼穑,服田亩,无外慕,则心之所守者正,而善日生。为子孙者,亦当聪听其祖父之常训,不可以谨酒为小德。小德大德,小子唯一视之可也。

10.《尚书精义》卷三十五《周书·酒诰》

(宋)黄伦撰

(归善斋按,见"文王诰教小子,有正、有事,无彝酒")

11.《尚书详解》卷三十《周书·酒诰》

(宋)陈经撰

(归善斋按,见"越庶国,饮唯祀,德将无醉")

12.《融堂书解》卷十二《周书·酒诰》

(宋)钱时撰

(归善斋按,见"王若曰,明大命于妹邦")

13.《尚书要义》

(宋)魏了翁撰

(归善斋按,原缺)

14. 《书集传或问》卷下《酒诰》

（宋）陈大猷撰
（归善斋按，未解）

15. 《尚书详解》卷八《周书·酒诰第十二》

（宋）胡士行撰
（归善斋按，见"文王诰教小子，有正、有事，无彝酒"）

16. 《书纂言》卷四上《周书·酒诰》

（元）吴澄撰

唯曰我民迪小子，唯土物爱，厥心臧。聪听祖考之彝训，越小大德，小子唯一。妹土嗣尔股肱。纯其艺黍稷奔走，事厥考厥长，肇牵车牛，远服贾，用孝养厥父母。厥父母庆，自洗腆，致用酒。

此武王授康叔以往妹邦诰民之辞。今汝之往，唯当言曰，为我之民者，各导迪其子孙，务本力农，唯土地所生之物是爱，不为外慕所诱，则其心臧善，能聪听祖考彝常之教，及其小大之德。小大德谓所行之善，或小或大。纯，语辞。为民之小子者，唯专一其心于妹土之地，继尔民股肱之力，其种艺黍稷，竭力代父兄之劳。农隙之时，始远役贾买，贸易货物，用以孝养其父母。至父母当庆，为子者乃自盥洗，以示洁敬，极其腆厚，致用酒以奉亲。《豳风》所谓"为此春酒，以介眉寿"是也。

17. 《书集传纂疏》卷四下《朱子订定蔡氏集传·周书·酒诰》

（元）陈栎撰

唯曰我民迪小子，唯土物爱，厥心臧，聪听祖考之彝训，越小大德小子唯一。

文王言，我民亦常训导其子孙，唯土物之爱，勤稼穑，服田亩，无外慕，则心之所守者正，而善日生。为子孙者，亦当聪听其祖父之常训，不可以谨酒为小德。小德大德，小子唯一视之可也。

纂疏：

薛氏曰，糜谷为酒，非爱土物也。

吕氏曰，纵酒者，多不事稼穑；勤稼心臧者，必不暇纵酒。听，贵聪。不聪，则诲谆谆，听藐藐矣。时纵酒者，必以为小德无害于事，但于大德用力足矣。殊不知以酒为小德，正病之根源也。以为小而不戒，必至纵而不止，不可分彼为大德，此为小德，当合为一以一体视之。

真氏曰，唯土物是爱，故其心臧。一溺于酒，必旁求珍异，以自奉其欲，广其心蠹矣。是时，为子孙者，亦各聪听祖考常训。训之常，则入于耳者熟。听之聪，则志于心也恪。故于小大德，视之唯一，不以谨酒为小焉。以谨酒为小德，则湎酒亦小过乎。

18.《读书丛说》卷六《酒诰》

（元）许谦撰

（归善斋按，未解）

19.《书传辑录纂注》卷四《周书·酒诰》

（元）董鼎撰

唯曰我民迪小子，唯土物爱，厥心臧。聪听祖考之彝训，越小大德，小子唯一。

文王言，我民亦常训导其子孙，唯土物之爱，勤稼穑，服田亩，无外慕，则心之所守者正，而善曰生。为子孙者，亦当聪听其祖父之常训，不可以谨酒为小德，小德大德，小子唯一视之可也。

纂注：

吕氏曰，大抵纵酒者，多不事稼穑。勤稼心臧者，必不暇纵酒。听，贵聪。不聪，则诲谆谆，听藐藐矣。当时饮酒者，必以为小德无害于事，但于大德用力足矣。殊不知以酒为小德，正病之根源也。以为小而不戒，必至纵而不已。故欲其合而为一，不可分彼为大德，此为小德，当以一体观之也。

真氏曰，民蒙文王之化，亦各训迪子弟，唯土地所生之物是爱，故其心臧。盖一溺于酒，则必旁求珍异，以自奉其欲，广则其心蠹矣。是时，为子弟者，亦各聪听祖考之常训。训之常则入于耳者熟。听之聪，则志于心也恪。故于小大之德视之唯一，不以谨酒为小焉。谨酒非小德，则腆酒非小过，亦明矣。

20.《尚书句解》卷八《周书·酒诰第十二》

（元）朱祖义撰

唯曰（唯各自训其民曰）我民迪小子（我民皆当训迪幼小子孙），唯土物爱（能唯土产秫稻之物是爱，则不敢糜烂秫稻为酒浆），厥心臧（不贪酒以丧德，其心自善）。

21.《尚书日记》卷十一《周书·酒诰》

（明）王樵撰

"唯曰我民迪小子"至"小子唯一"。

既告其有位者，又告其民，以为我民训导其子孙，唯土物是爱。土物，稼穑也。唯此是爱，则非僻之念，无自而生。惰民，始于不爱土物，遂有他慕，厥心之所以不藏也。子孙当聪听祖考之常训。训之常则入于耳者熟。听之聪，则志于心也恪。当时，饮酒者，其始，必曰无关于大，故殊不知以为小而不戒，必至纵而不已，至于丧德、丧邦，岂小失乎？知湎酒之非小失，则知谨酒之非小德矣。故越小大德，唯一视之而后可。

人之所以为人者，孰与身心职业之为大哉，自非好乐无荒，鲜有不忽其小，而忘其大者。故《蟋蟀》之诗曰，"无已太康，职思其居，好乐无荒，良士瞿瞿"。方燕乐，而遽相戒曰，不已过于乐乎，盍亦顾念其职之所居乎，好乐而无荒，不有良士之瞿瞿者乎。瞿瞿却顾，唯恐损于身心，妨于职业。良士之志，盖如此。此所谓小大德唯一者也。

孔子曰"不为酒困"，孟子曰"禹恶旨酒"。此慎酒之在圣人者也。果可以小大言乎？是故理无大小，自圣人行之，则皆至。善无大小，自君子蹈之，则皆吉。恶无大小，自常人戒之，则皆善。

林氏曰，孔子谓"不有博奕"，盖使民饱食终日，无所用心，则非僻之心入之矣。故使民不爱酒，非有事而使之服勤，则不可。

22.《日讲书经解义》卷八《周书·酒诰》

(清) 库勒纳等撰

唯曰我民迪小子，唯土物爱，厥心臧。聪听祖考之彝训，越小大德，小子唯一。

此一节书，是文王既告其有位者，而又告民使训诫子孙也。迪，训也。臧，善也。武王述文王之言曰，逸乐乃小子之大戒。为人父兄，有劝戒子弟之责。我百姓当谨饬小子，唯土地所生之五谷是爱。盖服田力作，则其身常劳，而可以杜淫佚之渐。其心常朴，而可以绝骄侈之端。厥心自化而为善矣，犹有荒酒而败德者乎？为子孙者，亦当专心以听而祖考之常训。盖训之者，常则入于耳者熟，听之者聪，则识于心者恪，而自不能忘也。尔无以谨酒为小德，而不加勉。细行不谨，终累大德。况汩乱心志，丧失威仪，侈靡陨越，皆从此起。尔小子，于小大之德，一视之可也。盖正人心，为善风俗之本。而崇稼穑，又为正人心之本。爱土物而心臧，此圣主治世之微权，化导之大务，非独为谨酒言也。

《书义断法》卷四《周书·酒诰》

(元) 陈悦道撰

唯曰我民迪小子，唯土物爱，厥心臧。聪听尔祖考之彝训。越小大德，小子唯一。

此言文王之民，其风俗之厚如此。故其德业之成如此也。然斯民之相诰诏，每于小子之时导之。以恒产恒心，是以能承祖训而聪听之。于德之谨告之，以德无小大，是以能视大德而唯一，教民每于小子之时而成德，由于小德之积。盖教民者，不至于后时。进德者，能成其大德。所谓迪小子，犹三代所谓小学之教也。所谓"小大德"，犹《商书》所谓"尔唯德罔小"也。若以谨德为小德，而不思其为大德之积，岂文王之民所以教小子者哉。

《书经衷论》卷三《周书·酒诰》

(清) 张英撰

人生嗜欲多端，必欲禁止痛绝之，逆而不顺，反致横流矣。故《酒诰》之言曰"我民迪小子唯土物爱，厥心臧"。此于其知识未开，即谨以父兄之教。《易》所谓"童牛之牿"也。若既长矣，先王必又有法以防范之，而不遽绝之。告之以孝子，告之以忠臣，告之以悌弟。天下有为忠臣、孝子、悌弟之人，而犹沉湎于酒，以丧身败德者乎？且曰不敢自暇、自逸，矧曰其敢崇饮。又曰不唯不敢，亦不暇。人能终日奋勉，谨于职业，则皇皇孜孜之不给，而尚有沉湎于酒者乎？此绝之以其道，《易》所谓"豮豕之牙"是也。圣人教人之法，大约不出此两端而已。

人家祖父，未有不训诫其子孙者。其如年少之人，侮厥耆旧，襃如充耳何。唯知爱惜土物，则其心质朴，其气谦和，其知识未凿，其良心未漓，一闻父祖之言，则顺而易入，故曰"聪听"也。周家以农事开基，故其言稼穑艰难之事，独亲切而有味如此夫。

《五诰解》卷二《酒诰》

（宋）杨简撰

唯曰我民迪小子，唯土物爱，厥心臧。聪听祖考之彝训，越小大德，小子唯一。

文王唯曰我民，但施行于后生小子，意谓老成已无虑，唯小子尚可虑。唯教小子，使艺黍稷。唯土物爱，则其心善矣。臧，善也。今农民大体朴质，此其验也。使小子聪听祖考之彝训，及凡小德大德。必当使之存一，无得二三。文王能使后生小子皆纯一，不可二三。此一德虽大，而德不容有二，不纯一于善，则变为恶矣。

聪听祖考之彝训，越小大德，小子唯一

1.《尚书注疏》卷十三《周书》

（汉）孔氏传，（唐）陆德明音义，（唐）孔颖达疏

聪听祖考之彝训，越小大德，小子唯一。

传，言子孙皆聪，听父祖之常教，于小大之人皆念德，则子孙唯

专一。

疏，正义曰，既父祗禀文王之教，以化其子孙，而子孙能聪审听，用祖考之常训，言爱物以戒酒也，不但民之小子为然，其于小大德之士大夫等，亦皆能念行文王之德，以教其子孙，故子孙亦聪听之。小子唯皆专一，而戒其酒，其民及在位，不问贵贱，子孙皆化，则至成长为德可知也。

2.《书传》卷十二《周书》

（宋）苏轼撰

（归善斋按，见"唯曰我民迪小子，唯土物爱，厥心臧"）

3.《尚书全解》卷二十九《周书·酒诰》

（宋）林之奇撰

（归善斋按，见"肇国在西土，厥诰毖庶邦庶士"）

4.《尚书讲义》卷十四

（宋）史浩撰

（归善斋按，见"王若曰，明大命于妹邦"）

5.《尚书详解》卷十九《周书·酒诰》

（宋）夏僎撰

（归善斋按，见"王若曰，明大命于妹邦"）

6.《增修东莱书说》卷二十一《周书·酒诰第十二》

（宋）吕祖谦撰，（宋）石澜增修

（归善斋按，见"文王诰教小子，有正、有事，无彝酒"）

7.《尚书说》卷五《周书·酒诰》

（宋）黄度撰

（归善斋按，见"唯曰我民迪小子，唯土物爱，厥心臧"）

8. 《絜斋家塾书钞》卷十一《周书·酒诰》

（宋）袁燮撰

（归善斋按，见"文王诰教小子，有正、有事，无彝酒"）

9. 《书经集传》卷四《周书·酒诰》

（宋）蔡沈撰

（归善斋按，见"唯曰我民迪小子，唯土物爱，厥心臧"）

10. 《尚书精义》卷三十五《周书·酒诰》

（宋）黄伦撰

聪听祖考之彝训，越小大德，小子唯一。

无垢曰，爱则其心善，善心既生，则闻一善言，无不通晓。此所以聪听祖考之常训也。于"彝训"中玩味涵泳，深见祖父之心。故小大长幼，率皆感激得其祖父教育之恩，无有一人生异意而害物者。夫黍秫为酒，傥使嗜酒，必不爱土物，尽以供一醉之用矣。唯其上惧纠正，下力耕作，不敢常以饮酒为事，所以有善心如此也。

张氏曰，对小子而言之，则曰"祖考"，言民之小子，能聪听祖考之彝训，则其于小德大德，率皆唯一而不至于二三也。夫民德之所以归一者，由其不以酒乱之故也。

11. 《尚书详解》卷三十《周书·酒诰》

（宋）陈经撰

（归善斋按，见"越庶国，饮唯祀，德将无醉"）

12. 《融堂书解》卷十二《周书·酒诰》

（宋）钱时撰

（归善斋按，见"王若曰，明大命于妹邦"）

13. 《尚书要义》

（宋）魏了翁撰

（归善斋按，原缺）

14. 《书集传或问》卷下《酒诰》

（宋）陈大猷撰

（归善斋按，未解）

15. 《尚书详解》卷八《周书·酒诰第十二》

（宋）胡士行撰

（归善斋按，见"文王诰教小子，有正、有事，无彝酒"）

16. 《书纂言》卷四上《周书·酒诰》

（元）吴澄撰

（归善斋按，见"唯曰我民迪小子，唯土物爱，厥心臧"）

17. 《书集传纂疏》卷四下《朱子订定蔡氏集传·周书·酒诰》

（元）陈栎撰

（归善斋按，见"唯曰我民迪小子，唯土物爱，厥心臧"）

18. 《读书丛说》卷六《酒诰》

（元）许谦撰

（归善斋按，未解）

19. 《书传辑录纂注》卷四《周书·酒诰》

（元）董鼎撰

（归善斋按，见"唯曰我民迪小子，唯土物爱，厥心臧"）

20.《尚书句解》卷八《周书·酒诰第十二》

(元)朱祖义撰

聪听祖考之彝训（故当时，为民子孙者，皆能聪耳以听祖父之常训，不敢湎酒）。越小大德（于是斯民尊卑长幼之德），小子唯一（与幼小子孙，皆纯一其德，无二三之失矣）。

21.《尚书日记》卷十一《周书·酒诰》

(明)王樵撰

(归善斋按，见"唯曰我民迪小子，唯土物爱，厥心臧")

22.《日讲书经解义》卷八《周书·酒诰》

(清)库勒纳等撰

(归善斋按，见"唯曰我民迪小子，唯土物爱，厥心臧")

《书义断法》卷四《周书·酒诰》

(元)陈悦道撰

(归善斋按，见"唯曰我民迪小子，唯土物爱，厥心臧")

《五诰解》卷二《酒诰》

(宋)杨简撰

(归善斋按，见"唯曰我民迪小子，唯土物爱，厥心臧")

妹土，嗣尔股肱纯，其艺黍稷奔走，事厥考厥长

1.《尚书注疏》卷十三《周书》

(汉)孔氏传，(唐)陆德明音义，(唐)孔颖达疏

妹土，嗣尔股肱纯，其艺黍稷奔走，事厥考厥长。

传，今往使妹土之人，继汝股肱之教，为纯一之行，其当勤种黍稷奔走，事其父兄。

音义，厥长，丁丈反，下注长"官诸侯之长"同。

疏，正义曰，既上言文王之教，今指戒康叔之身，实如汝当法文王，断酒之法。故今往当使妹土之人，继尔股肱之教，为纯一之行，其当勤于耕种黍稷，奔驰趋走，供事其父与兄。

传，正义曰，以妹土为所封之都，故言今往。继汝股肱之教者，君为元首，臣作股肱。君倡臣行，施由股肱，故言继其教也。言奔走者，顾氏云，勤种黍稷，奔驰趋走也。

2.《书传》卷十二《周书》

（宋）苏轼撰

（归善斋按，见"唯曰我民迪小子，唯土物爱，厥心臧"）

3.《尚书全解》卷二十九《周书·酒诰》

（宋）林之奇撰

（归善斋按，见"肇国在西土，厥诰毖庶邦庶士"）

4.《尚书讲义》卷十四

（宋）史浩撰

（归善斋按，见"王若曰，明大命于妹邦"）

5.《尚书详解》卷十九《周书·酒诰》

（宋）夏僎撰

妹土，嗣尔股肱纯，其艺黍稷奔走，事厥考厥长。肇牵车牛，远服贾，用孝养厥父母。厥父母庆，自洗腆，致用酒。庶士有正，越庶伯君子，其尔典听朕教，尔大克羞耇唯君，尔乃饮食醉饱。丕唯曰，尔克永观省，作稽中德。尔尚克羞馈祀，尔乃自介用逸。兹乃允唯王正事之臣，兹亦唯天若元德。永不忘在王家。

成王上既言文王所以防民，不使湎酒之意，故此遂言康叔使率文王之法，以迪训其民也"妹土，嗣尔股肱纯"者，谓妹土之人，承汝教道之功，皆能继汝股肱左右训迪之美，而为纯一之行，不湎于酒，而相率以播种黍稷奔走服劳，不敢少惮，竭力以奉事其父其兄。农事之余，则又始牵其车牛远行役，以服其商贾之事，取其赢，以孝养其父母。如此则是在家能力稼穑，在外能贸易，而其利又不以为己私，乃能以致孝为念。故父母得子之养，自欲以私相庆喜，则可自洗洁而厚致用以酒。所谓"致用酒"，即谓以酒致其用也。此意盖谓，民之为民，必能为父兄服勤农商之事，至于财有余用，而父母有欢庆之心，方可以酒致其用也。"庶士有正"，谓庶士之有正长以统之者。越庶伯君子，乃其长也。成王谓庶士有正，及庶伯君子，与尔康叔，能常听我教训之言，则是不敢以酒为娱，而大能进于老成之道，而无愧于为君之道，有可以饮食醉饱之理矣。故成王于是大思唯而诏于康叔曰，尔如上之所言，则是能长永自观自省，动必考于中德矣。汝其庶几能进其馈食以祀祖考，谓不湎于酒而稽于中德，是能长守其祭祀故也。成王言此盖谓，康叔能守祭祀，则可以因祭祀而用酒自娱，乃所以自助而用为逸乐也。如此则信为王家治事之臣，而天心亦唯顺汝之大德，降福佑助，使汝长保富贵而不忘在王家矣。盖君丧邦，民丧德，皆以酒为祸，则"稽中德"而"天若"之者，亦理之宜也。

林少颖谓，此篇前言君丧邦，民丧德，皆酒为之祸。唯欲爱土物，而一其德，不容少留心于酒。而此乃使妹土之民，自洗腆致用酒，其臣亦得饮食醉饱，岂禁之而开之哉？盖饮酒者，人情所不能免也。先王岂恶之哉，所恶于饮酒者，为其无德以将之也。使其能耕耨服贾，以致其孝养；自永观省以稽于中德，则其饮酒亦何不可也。亦犹好货不可为，如其所居有积仓，行有裹粮，则何嫌于好货、好色不可为；如其内无怨女，外无旷夫，则何嫌于好色。盖拂人情之所不欲而强之，则难为力。顺人情之所欲而导之，则易为功。卫之遗民，习湎酒之风，故以饮食醉饱与洗腆用酒告之，盖谓汝能如上所言而后饮酒，则我何苦强禁之哉。

6.《增修东莱书说》卷二十一《周书·酒诰第十二》

（宋）吕祖谦撰，（宋）石澜增修

妹土，嗣尔股肱纯，其艺黍稷奔走，事厥考厥长。肇牵车牛，远服贾,用孝养厥父母。厥父母庆,自洗腆,致用酒。

前举文王之言,至此乃成王自告康叔以治本国之事。康叔当使妹土之民,竭股肱之力,四肢所用,嗣续而无怠,统一而不杂,专工于稼穑之事,奔走以事其父与其长。下民之分,竭力耕稼供为子职而已,何暇于纵酒乎?安常乐业,念不至酒。不服田亩,心无所用,则必向于酒矣。其有肇牵车牛,远服贾,出而为商,以其所得孝,养其父母。父母以其远归,而喜躬自洗濯腆,厚致酒以慰劳之。是时乃可用酒。周公前所以禁酒者如此之严,至此复教之用酒者,盖圣人之教,至于断绝人情则不行。所以闭其饮酒之门多矣,故开其一,而使之有节,但不可逾此节耳。

7.《尚书说》卷五《周书·酒诰》

(宋)黄度撰

妹土,嗣尔股肱纯,其艺黍稷奔走,事厥考厥长。肇牵车牛,远服贾,用孝养厥父母。厥父母庆,自洗腆,致用酒。

文王之教,庶殷未沾被也,故汝明大命,必自妹土始,使其民嗣承父祖,竭股肱之力,其心纯一艺黍稷,以事父兄。农功毕,始牵车牛,远载贾鬻,以所有易所无,用孝养父母。庆,善;洗,洁;腆,厚也。父母善之,乃自洁厚,"致用酒"。

8.《絜斋家塾书钞》卷十一《周书·酒诰》

(宋)袁燮撰

妹土,嗣尔股肱纯,其艺黍稷奔走,事厥考厥长。肇牵车牛,远服贾,用孝养厥父母,厥父母庆,自洗腆,致用酒。庶士有正,越庶伯君子,其尔典听朕教。尔大克羞耇唯君,尔乃饮食醉饱。丕唯曰,尔克永观省,作稽中德。尔尚克羞馈祀,尔乃自介用逸。兹乃允唯王正事之臣,兹亦唯天若元德。永不忘在王家。

此一段有三项,自"妹土,嗣尔股肱纯"至"自洗腆,致用酒",是说庶民;自"庶士有正"至"尔乃饮食醉饱"是说士大夫;自"丕唯曰"至"永不忘在王家",是说康叔。为民者,必竭其股肱之力,接续不息,近则艺黍稷,远则为商贾,用孝养父母,至于父母皆喜悦,然后可以饮酒矣。为士大夫者，必须进其德于老成，为国老成之人，以是事君，然后可以饮食醉饱矣。为康叔者，亦必常自观省检点此身，凡有所为举足动步，皆"稽考中德"，则庶几能奉祀，然后可以用逸矣。盖人各有职，子得本职，则少自逸以无害，不然职分之未能尽，而可唯酒是务哉？夫为诸侯而能奉祀，亦甚难矣，必能保其社稷，然后始能奉祭祀。康叔苟自检其身，至于可以羞馈祀，兹乃信为王正事之臣矣，天亦将顺其德永，永不忘在王家矣。到得如此，是甚次第。盖康叔为诸侯将以革商人沉湎之俗，必须自律其身可也。其身正，不令而行；其身不正，虽令不从。己则不治，何以治人。

9.《书经集传》卷四《周书·酒诰》

（宋）蔡沈撰

妹土，嗣尔股肱纯。其艺黍稷奔走，事厥考厥长。肇牵车牛，远服贾，用孝养厥父母。厥父母庆，自洗腆，致用酒。

此武王教妹土之民也。嗣，续；纯，大；肇，敏；服，事也。言妹土民当嗣续汝四肢之力，无有怠惰，大修农功，服劳田亩，奔走以事其父兄，或敏于贸易，"牵车牛，远事贾"，以孝养其父母。父母喜庆，然后可"自洗腆，致用酒"。洗以致其洁腆，以致其厚也。薛氏曰，或大修农功，或远服商贾，以养父母。父母庆，则汝可以用酒也。

10.《尚书精义》卷三十五《周书·酒诰》

（宋）黄伦撰

妹土，嗣尔股肱纯。其艺黍稷奔走，事厥考厥长。肇牵车牛，远服贾，用孝养厥父母，厥父母庆，自洗腆，致用酒。

无垢曰，此成王、周公，体诰毖、诰教之意，以教妹土之民曰，我股肱康叔，有纯一之德，汝等当继之。康叔纯一其心，以事君。汝等，当继康叔纯一其心，以事父母。纯一其心，何以见之？种黍稷以事父兄，远服贾以养父母是也。盖其心不纯，则犯世俗，五不孝，安能种黍稷，远服贾，拳拳以父母兄弟为事乎？又曰，祭祀以酒，养父母以酒，养老以酒，待宾以酒，此二帝三王之法也。人子既有黍稷供朝夕之奉，又有远物供意外之须,则父母志意满足,自庆吾有子矣。人子知吾父母欢乐爱念,吾何以报天地之恩,仁慈之德哉。则当斋洁此心,致殷勤厚意于酒,用以奉吾父母,以延留此欢乐爱念之心也。人臣得人主意,人子得父母意,天下乐事也。洗,斋洁也。腆,厚也。

吕氏曰,周公前面说许多所以禁酒者如此之严,到此却又教他用酒。大抵圣人之教,不欲便断绝人须要,通人情,所以前面闭了许多饮酒门路,到这里又复与他开一个饮酒门路,但教人有节,不要逾此节。

11.《尚书详解》卷三十《周书·酒诰》

(宋)陈经撰

妹土,嗣尔股肱纯,其艺黍稷奔走,事厥考厥长。肇牵车牛,远服贾,用孝养厥父母。厥父母庆,自洗腆,致用酒。

此成王、周公戒妹土之民也。股肱者,手足之力也。嗣,有继续之意。尔妹土之民,当继续其股肱之力,而无有怠惰作辍。纯者,一也。当纯一,以艺黍稷,则其用志不分矣。唯其用志不分,故能以"其艺黍稷"者,而奔走事其父兄。农事既隙,始牵车牛,任重致远,以其所有,易其所无,而为商贾,自足其用,以此孝养父母。为农者艺其黍稷以事父兄,远服贾以养父母,其勤劳敦本如此,其为父母者,喜有此子,能任其事,故为之子者,方敢自洗濯,恭敬,厚致用酒,以奉其亲。于此时而用酒,不为过也。若夫为游手为末,作废耕稼懋迁之事,不顾父母之养,而为博奕,饮酒是不肖之子也。安能使其父母之喜庆哉。三代之民,自农桑之外,无他习。自养父母之外,无他用心。盖先王平日所以教之者,亦详矣。

12.《融堂书解》卷十二《周书·酒诰》

(宋)钱时撰

(归善斋按,见"王若曰,明大命于妹邦")

13. 《尚书要义》

（宋）魏了翁撰

（归善斋按，原缺）

14. 《书集传或问》卷下《酒诰》

（宋）陈大猷撰

（归善斋按，未解）

15. 《尚书详解》卷八《周书·酒诰第十二》

（宋）胡士行撰

妹土（提妹土而教之），嗣（续）尔股（足）肱（手）纯（纯一无怠文王之德之纯）。其艺（种）黍稷奔走，事厥考（父）厥长（兄）。肇牵车牛，远服（事）贾（商），用孝养厥父母。厥父母庆（喜子远归），自洗（洁）腆，致用酒（厚慰劳乃得饮）。

前言文王所以教西土，此以后成王告康叔所以教妹土。粒食、懋迁，仰事无歉，至此乃得饮，则其饮也有节矣。

16. 《书纂言》卷四上《周书·酒诰》

（元）吴澄撰

（归善斋按，见"唯曰我民迪小子，唯土物爱，厥心臧"）

17. 《书集传纂疏》卷四下《朱子订定蔡氏集传·周书·酒诰》

（元）陈栎撰

妹土，嗣尔股肱纯。其艺黍稷奔走，事厥考厥长。肇牵车牛，远服贾用，孝养厥父母。厥父母庆，自洗腆，致用酒。

此武王教妹土之民也。嗣，续；纯，大；肇，敏；服，事也。言妹土民，当嗣续汝四肢之力，无有怠惰，大修农工，服劳田亩，奔走以事其父兄，或敏于贸易，牵车牛，远事贾，以孝养其父母。父母喜庆，然后可

"自洗腆，致用酒"。洗以致其洁腆，以致其厚也。薛氏曰，或大修农功，或远服商贾，以养父母。父母庆，则汝可以用酒也。

纂疏：

孔氏曰，今往当使妹土之人，继汝股肱之教，为纯一之行。勤种黍稷奔走，事其父兄。农功既毕，始牵车牛，载其所有，求易所无。远行贾，卖用其所得珍异，孝养其父母。其父母善子之行，子乃自洁厚，致用酒养也。

王氏曰，肇者，既种黍稷，始牵车牛也。民以农为本，贾为末。

真氏曰，此土之民，久染沉酗之俗，继自今，宜纯用股肱之力，以从事于农商，以养其父母，兼农商言之，于理为长。

吕氏曰，前禁酒如此之严，此复教之致用酒者，教至于断人情则不行，所以闭其饮酒之门者多矣，故开其一而使之有节，但不可逾此节耳。

余氏曰，"唯天不畀纯"，"侵戎我国家纯"，皆"纯"字绝句。此乃以"纯"字属下句，何邪？

葵初王氏希旦曰，"肇"训"敏"，不如从氏，只训"始"。"肇修""肇造"皆然。

愚按，训"纯"为"大"亦不如从孔氏训为"一"。此以下武王通教妹土之民，与臣及康叔也。何以见其用心之纯？以先艺黍稷，后远服贾，无非续其股肱之力，而其用心，唯在于事考长养父母，未尝分心于他适也。先用心于黍稷，余力始从事于服贾，见急于务本，而不急于逐末，亦风俗之厚也。服田者务本，固唯以考养为心。服贾者易逐末，亦唯以孝养为心，尚奚暇于纵酒哉？

18.《读书丛说》卷六《酒诰》

（元）许谦撰

（归善斋按，未解）

19.《书传辑录纂注》卷四《周书·酒诰》

（元）董鼎撰

妹土，嗣尔股肱纯。其艺黍稷奔走，事厥考厥长。肇牵车牛，远服贾，用孝养厥父母。厥父母庆，自洗腆，致用酒。

此武王教妹土之民也。嗣，续；纯，大；肇，敏；服，事也。言妹土民，当嗣续汝四肢之力，无有怠惰，大修农功，服劳田亩奔走，以事其父兄，或敏于贸易，牵车牛，远事贾，以孝养其父母。父母喜庆，然后可"自洗腆，致用酒洗"，以致其洁腆，以致其厚也。薛氏曰，或大修农功，或远服商贾，以养父母。父母庆，则汝可以用酒也。

纂注：

息斋余氏曰，"唯天不畀纯"，"侵戎我国家纯"，皆作"纯"字绝句。而"妹土，嗣尔股肱纯"，则以"纯"字属下句，何邪？

孔氏曰，今往，当使妹土之人，继汝股肱之教，为纯一之行。其当勤种黍稷奔走，事其父兄。农功既毕，始牵车牛，载其所有，求易所无。远行贾，卖用其所得珍异，孝养其父母。其父母善子之行，子乃自洁厚，致用酒养也。

葵初王氏曰，"肇"训"敏"未有晓证之。经中"肇修""肇造"，孔训只作"始"，为归路。

新安陈氏曰，何以见其纯一之行，以先艺黍稷，后远服贾，无非续其股肱之力，而其用心，唯在于事考长，养父母，未尝分心于他适也。先用心于黍稷，余力始从事于服贾，见急于务本，而不急于逐末，亦风俗之厚也。服田与服贾者，皆以孝养为心，尚奚暇于纵酒哉？

吕氏曰，前禁酒如此之严，至此复教之使用酒者，圣人之教，至于断绝人情，则不行。所以闭其饮酒之门者多矣，故开其一，而使之有节，但不可逾此节耳。

真氏曰，此兼农商言之，于理为长。

20.《尚书句解》卷八《周书·酒诰第十二》

（元）朱祖义撰

妹土嗣尔股肱纯（今妹土之人当继续其手足之力纯一其心无有怠惰作辍之意）。其艺黍稷（以种艺黍稷）奔走，事厥考厥长（奔走服劳不敢少悼以事其父其兄）。

21. 《尚书日记》卷十一《周书·酒诰》

(明) 王樵撰

"妹土，嗣尔股肱"至"自洗腆，致用酒"。

此武王教妹土之民也。嗣，续；纯，大；肇，敏；服，事也。言妹土之民，久染沉湎之俗，自今当嗣续汝四肢之力，大治黍稷之事，奔走事其父兄。下民之分，竭力耕田，共为子职而已矣，何暇于纵酒乎？勤生劝业，念不至于酒；不服田亩，心无所用，则必向于酒矣。夫农贾，皆民之业，力其本，不妨兼事其末，或敏于贸易，牵车牛，远出为贾，以其所得，孝养父母。父母欢乐，乃可"自洗腆，致用酒"。洗，洁也。腆，厚也。致用酒者，致庆于父母，而用酒也。

22. 《日讲书经解义》卷八《周书·酒诰》

(清) 库勒纳等撰

妹土，嗣尔股肱纯，其艺黍稷奔走，事厥考厥长，肇牵车牛，远服贾，用孝养厥父母，厥父母庆，自洗腆，致用酒。

此一节书，是戒妹土之民也。嗣，续也。纯，犹大也。肇，解作敏；服，事也。洗，洁也。腆，厚也。武王曰，民俗莫大于孝养，饮酒亦必以其时。今汝妹土之民，为农者，果能勤其四支，继续汝之力，以大用功于农事，服劳力穑，奔走以事其父兄；为商者，果能敏于贸易，牵车牛，载货物远从事于商贾，以其所得，为孝养父母之具，如此则为父母者，既资其甘旨之奉，而不忧于不足，又喜其务农贾之业，而不至于为非，则父母之庆可知矣？自此，则洗以致其洁，腆以致其丰，以用酒于父母之前，而燕乐于家庭之内，其亦可矣。非是而耽于酒，不且贻父母之忧乎？

《五诰解》卷二《酒诰》

(宋) 杨简撰

妹土，嗣尔股肱纯。其艺黍稷奔走，事厥考厥长。肇牵车牛，远服贾，用孝养厥父母。厥父母庆，自洗腆，致用酒。

康叔及群臣，善心固纯一。妹土之人，亦当嗣继尔股肱群臣之纯，善种艺黍稷，奔走事父兄。农事毕，乃始牵牛服贾，以孝养父母。父母有庆事，则躬自洗洁，腆厚用酒以养。

肇牵车牛，远服贾，用孝养厥父母

1.《尚书注疏》卷十三《周书》

（汉）孔氏传，（唐）陆德明音义，（唐）孔颖达疏

肇牵车牛，远服贾，用孝养厥父母。

传，农功既毕，始牵车牛，载其所有，求易所无，远行贾，卖用其所得珍异，孝养其父母。

音义，贾，音古。养，羊亮反。

疏，正义曰，其农功既毕，始牵车牛，远行贾卖，用其所得珍异，孝养其父母。

传，正义曰，当农功则有所废，故知既毕乃行，故云始牵车牛，即牵府大车，载有易无，远求盈利，所得珍异，而本不损，故可孝养其父母，亦爱土物之义也。

2.《书传》卷十二《周书》

（宋）苏轼撰

（归善斋按，见"唯曰我民迪小子，唯土物爱，厥心臧"）

3.《尚书全解》卷二十九《周书·酒诰》

（宋）林之奇撰

（归善斋按，见"肇国在西土，厥诰毖庶邦庶士"）

4.《尚书讲义》卷十四

（宋）史浩撰

（归善斋按，见"王若曰，明大命于妹邦"）

5. 《尚书详解》卷十九《周书·酒诰》

（宋）夏僎撰

妹土，嗣尔股肱纯。

（归善斋按，见"妹土，嗣尔股肱纯"）

6. 《增修东莱书说》卷二十一《周书·酒诰第十二》

（宋）吕祖谦撰，（宋）石澜增修

（归善斋按，见"妹土，嗣尔股肱纯"）

7. 《尚书说》卷五《周书·酒诰》

（宋）黄度撰

（归善斋按，见"妹土，嗣尔股肱纯"）

8. 《絜斋家塾书钞》卷十一《周书·酒诰》

（宋）袁燮撰

（归善斋按，见"妹土，嗣尔股肱纯"）

9. 《书经集传》卷四《周书·酒诰》

（宋）蔡沈撰

（归善斋按，见"妹土，嗣尔股肱纯"）

10. 《尚书精义》卷三十五《周书·酒诰》

（宋）黄伦撰

（归善斋按，见"妹土，嗣尔股肱纯"）

11. 《尚书详解》卷三十《周书·酒诰》

（宋）陈经撰

（归善斋按，见"妹土，嗣尔股肱纯"）

12.《融堂书解》卷十二《周书·酒诰》

（宋）钱时撰

（归善斋按，见"王若曰，明大命于妹邦"）

13.《尚书要义》

（宋）魏了翁撰

（归善斋按，原缺）

14.《书集传或问》卷下《酒诰》

（宋）陈大猷撰

（归善斋按，未解）

15.《尚书详解》卷八《周书·酒诰第十二》

（宋）胡士行撰

（归善斋按，见"妹土，嗣尔股肱纯"）

16.《书纂言》卷四上《周书·酒诰》

（元）吴澄撰

（归善斋按，见"唯曰我民迪小子，唯土物爱，厥心臧"）

17.《书集传纂疏》卷四下《朱子订定蔡氏集传·周书·酒诰》

（元）陈栎撰

（归善斋按，见"妹土，嗣尔股肱纯"）

18.《读书丛说》卷六《酒诰》

（元）许谦撰

（归善斋按，未解）

19. 《书传辑录纂注》卷四《周书·酒诰》

（元）董鼎撰

（归善斋按，见"妹土，嗣尔股肱纯"）

20. 《尚书句解》卷八《周书·酒诰第十二》

（元）朱祖义撰

肇牵车牛，远服贾（农事之余，始牵其车与牛，远近以行其商贾之事。贾，音古）用孝养厥父母（取其赢，以尽孝养其父母）。

21. 《尚书日记》卷十一《周书·酒诰》

（明）王樵撰

（归善斋按，见"妹土，嗣尔股肱纯"）

22. 《日讲书经解义》卷八《周书·酒诰》

（清）库勒纳等撰

（归善斋按，见"妹土，嗣尔股肱纯"）

《五诰解》卷二《酒诰》

（宋）杨简撰

（归善斋按，见"妹土，嗣尔股肱纯"）

《书蔡氏传旁通》卷四下《周书·酒诰》

（元）陈师凯撰

肇，敏。

葵初王氏曰，肇，训"敏"未可晓。

愚按，《释言》云，肇，敏也。郭云，肇牵车牛。蔡氏正据此。而葵初妄讥甚矣。学不可不博。

厥父母庆，自洗腆，致用酒

1.《尚书注疏》卷十三《周书》

（汉）孔氏传，（唐）陆德明音义，（唐）孔颖达疏

厥父母庆，自洗腆，致用酒。

传，其父母善子之行，子乃自洁厚，致用酒养也。

音义，洗，先典反，马云尽也。腆，他典反。

疏，正义曰，父母以子如此，善子之行。子乃自洗洁，谨敬厚致，用酒以养。此亦小子土物爱也。

传，正义曰，其父母善子之行者，以人父母，欲家生之富者，若非盈利，虽得其养，有丧家资，则父母所不善。今勤商得利，富而得养，所以善子之行也。

2.《书传》卷十二《周书》

（宋）苏轼撰

（归善斋按，见"唯曰我民迪小子，唯土物爱，厥心臧"）

3.《尚书全解》卷二十九《周书·酒诰》

（宋）林之奇撰

（归善斋按，见"肇国在西土，厥诰毖庶邦庶士"）

4.《尚书讲义》卷十四

（宋）史浩撰

（归善斋按，见"王若曰，明大命于妹邦"）

5.《尚书详解》卷十九《周书·酒诰》

（宋）夏僎撰

（归善斋按，见"妹土，嗣尔股肱纯"）

6.《增修东莱书说》卷二十一《周书·酒诰第十二》

（宋）吕祖谦撰，（宋）石澜增修
（归善斋按，见"妹土，嗣尔股肱纯"）

7.《尚书说》卷五《周书·酒诰》

（宋）黄度撰
（归善斋按，见"妹土，嗣尔股肱纯"）

8.《絜斋家塾书钞》卷十一《周书·酒诰》

（宋）袁燮撰
（归善斋按，见"妹土，嗣尔股肱纯"）

9.《书经集传》卷四《周书·酒诰》

（宋）蔡沈撰
（归善斋按，见"妹土，嗣尔股肱纯"）

10.《尚书精义》卷三十五《周书·酒诰》

（宋）黄伦撰
（归善斋按，见"妹土，嗣尔股肱纯"）

11.《尚书详解》卷三十《周书·酒诰》

（宋）陈经撰
（归善斋按，见"妹土，嗣尔股肱纯"）

12.《融堂书解》卷十二《周书·酒诰》

（宋）钱时撰
（归善斋按，见"王若曰，明大命于妹邦"）

13. 《尚书要义》

（宋）魏了翁撰

（归善斋按，原缺）

14. 《书集传或问》卷下《酒诰》

（宋）陈大猷撰

（归善斋按，未解）

15. 《尚书详解》卷八《周书·酒诰第十二》

（宋）胡士行撰

（归善斋按，见"妹土，嗣尔股肱纯"）

16. 《书纂言》卷四上《周书·酒诰》

（元）吴澄撰

（归善斋按，见"唯曰我民迪小子，唯土物爱，厥心臧"）

17. 《书集传纂疏》卷四下《朱子订定蔡氏集传·周书·酒诰》

（元）陈栎撰

（归善斋按，见"妹土，嗣尔股肱纯"）

18. 《读书丛说》卷六《酒诰》

（元）许谦撰

（归善斋按，未解）

19. 《书传辑录纂注》卷四《周书·酒诰》

（元）董鼎撰

（归善斋按，见"妹土，嗣尔股肱纯"）

20. 《尚书句解》卷八《周书·酒诰第十二》

（元）朱祖义撰

厥父母庆（其父母得子之养，私相庆喜）。自洗腆，致用酒（方可用洗洁，腆厚以酒，致其用无害。洗，跣）。

21. 《尚书日记》卷十一《周书·酒诰》

（明）王樵撰
（归善斋按，见"妹土，嗣尔股肱纯"）

22. 《日讲书经解义》卷八《周书·酒诰》

（清）库勒纳等撰
（归善斋按，见"妹土，嗣尔股肱纯"）

《五诰解》卷二《酒诰》

（宋）杨简撰
（归善斋按，见"妹土，嗣尔股肱纯"）

庶士有正，越庶伯君子，其尔典听朕教

1. 《尚书注疏》卷十三《周书》

（汉）孔氏传，（唐）陆德明音义，（唐）孔颖达疏

庶士有正，越庶伯君子，其尔典听朕教。

传，众伯君子长官大夫，统庶士有正者，其汝常听我教，勿违犯。

疏，正义曰，又谓汝众士有正之人，及于众伯君子长官大夫，统众士有正者，其汝亦常听用我断酒之教，勿违犯也。

传，正义曰，众伯君子统众士有正者，经云，庶士有正者，戒其慎酒，从卑至尊，故先教子孙，乃及庶士众百君子。

2.《书传》卷十二《周书》

（宋）苏轼撰

（归善斋按，见"唯曰我民迪小子，唯土物爱，厥心臧"）

3.《尚书全解》卷二十九《周书·酒诰》

（宋）林之奇撰

（归善斋按，见"肇国在西土，厥诰毖庶邦庶士"）

4.《尚书讲义》卷十四

（宋）史浩撰

（归善斋按，见"王若曰，明大命于妹邦"）

5.《尚书详解》卷十九《周书·酒诰》

（宋）夏僎撰

（归善斋按，见"妹土，嗣尔股肱纯"）

6.《增修东莱书说》卷二十一《周书·酒诰第十二》

（宋）吕祖谦撰，（宋）石澜增修

庶士有正，越庶伯君子，其尔典听朕教。尔大克羞耇唯，君尔乃饮食醉饱。

庶士有职事者，以至于百君子为官长者，皆在尔统率之下。尔当听我之教尔若大能羞养老成人，乃为君当然之事。尔方可饮至于醉食至于饱。周公开饮酒之门不过三事，祭祀用酒，父母庆用酒，至于养老用酒三者。无非于其良心发处。开之祭祀，孝养，养老，皆良心之所发也。于此饮酒，岂至于纵，乃所以养其温厚和气也。

7.《尚书说》卷五《周书·酒诰》

（宋）黄度撰

庶士有正，越庶伯君子，其尔典听朕教。尔大克羞耇唯君。尔乃饮食醉饱。丕唯曰，尔克永观省，作稽中德。尔尚克羞馈祀，尔乃自介用逸。兹乃允唯王正事之臣，兹亦唯天若元德，永不忘在王家。

庶士，庶官，皆有长，故曰庶士。有正，伯，亦长也。庶伯君子，谓孤卿也。以德选进长于其国。其尔常听朕教。羞，进也。尔大能进德为国耆者，尊礼于其君。君饮食之而得醉饱。大唯曰，犹言其大者如此也。"尔克长观省"，有所兴作必，稽于中德，酒不能废也。祭享缺，则旨酒不可嗜也；歌舞兴，则桀皆非中德也。"作稽中德"，则能保其禄位。尔尚庶几能进馈祀于其祖考，以介景福，用逸饮酒。"自介用逸"对上"饮食醉饱"，谓以君，飨燕则饮；于家，祭祀则饮，如此乃信。唯王正长御事之臣如此，亦唯天顺其大德，长不废忘在王家。周公禁商人淫湎，教其民以孝养之饮；教其士大夫，以燕飨之饮，福胙之饮，使民能勤于业，士大夫能进于德，而群饮之乐，不足与易之，则酒令行矣。夫必乐乎此，而后耽乎此也。苟无以趋之，而强禁之，民不从也。

8.《絜斋家塾书钞》卷十一《周书·酒诰》

（宋）袁燮撰

（归善斋按，见"妹土，嗣尔股肱纯"）

9.《书经集传》卷四《周书·酒诰》

（宋）蔡沈撰

庶士有正，越庶伯君子，其尔典听朕教。尔大克羞耆唯君，尔乃饮食醉饱。丕唯曰，尔克永观省，作稽中德。尔尚克羞馈祀，尔乃自介用逸。兹乃允唯王正事之臣，兹亦唯天若元德，永不忘在王家。

此武王教妹土之臣也。伯，长也。曰"君子"者，贤之也。典，常也。羞，养也。言其大能养老也。"唯君"，未详。"丕唯曰"者，大言也。介，助也。"用逸"者，用以宴乐也。言尔能常常反观内省，使念虑之发，营为之际，悉稽乎中正之德，而无过、不及之差，则德全于身，而可以交于神明矣。如是，则庶几能进馈祀，尔亦可自副而用宴乐也。如此，则信为王治事之臣；如此，亦唯天顺元德，而永不忘在王家矣。

按上文"父母庆"则可饮酒，"克羞耆"则可饮酒，"羞馈祀"则可饮酒。本欲禁绝其饮，今乃反开其端者，不禁之禁也。圣人之教，不迫而民从者，此也。孝养，羞耇，馈祀，皆因其良心之发，而利导之。人果能尽此三者，且为成德之士矣，而何忧其湎酒也哉。

10.《尚书精义》卷三十五《周书·酒诰》

（宋）黄伦撰

庶士有正，越庶伯君子，其尔典听朕教。尔大克羞耇唯君。尔乃饮食醉饱。

无垢曰，庶士，群吏也；有正，群吏之长也。庶伯，众官之长也。君子，君国子民，谓康叔也。戒之使常听成王、周公之教也。盖听则教入于心，布乎四体，形乎动静；不听，则教无自入矣。听以耳者，则茫洋而无所得；听以心者，则深切而有所警。汝等大能进德为国耆老，则人君当行养老之礼，执酱、执爵、割牲、奉俎，而老者足以醉饱矣。如此，岂不风雅可观。其与沉湎无度者，相去远矣。

张氏曰，尔大能进至于耇老，则唯君当以养老之故，故汝能以饮食醉饱。夫"大克羞耇"，则年之与德，弥高弥劭，非饮之使醉，则无以养其气；非食之使饱，则无以养其体。君之所以饮食之，而使醉饱者，将以养其气体而已。然则，人君欲饮食醉饱，在夫大克进德，保有天命，然后可以享此。

11.《尚书详解》卷三十《周书·酒诰》

（宋）陈经撰

庶士有正，越庶伯君子，其尔典听朕教。尔大克羞耇唯君，尔乃饮食醉饱。

庶士之有正者，庶伯君子，又所以统庶士者，此皆指卫国之臣也。其尔当常听，则无时而敢违，无时而肆为逸乐矣。"尔大克羞耇唯君"，此又指康叔而戒之也。尔能进耇成之人而用之，则足以尽为君之道。尔于此时而行养老之体，则饮酒醉饱无害。周公言此三节，以开夫人之饮酒，谓于祭祀之时，则可以饮酒；于孝养父母之时，则可以饮酒。其它时，皆不可饮也。夫《酒诰》之书，专谓禁酒而作也，既禁其为逸乐，复开人以逸乐，何取乎《酒诰》哉？盖圣人能使人节欲，而不能使人无欲。凡饮酒，用之于其所当用，皆天理也，岂人欲哉？唯其不当饮而饮，至于过斯流于人欲矣。设若成王、周公以禁酒之故，禁之太甚，使之皆不得饮，则其势有所不行。唯夫禁之于其所不当用，而开之以其所当用，则顺人情而易行。此圣人中庸之道也。又况成王、周公开人以饮酒者，皆就其良心之发者。开之祭祀者，致敬之时；养父母者，人子所以孝其亲；养老者，所以燕乐嘉宾者，而致其厚意。此是良心之发，虽开之以饮酒，而其饮，自不致于过矣。

12.《融堂书解》卷十二《周书·酒诰》

（宋）钱时撰

（归善斋按，见"王若曰，明大命于妹邦"）

13.《尚书要义》

（宋）魏了翁撰

（归善斋按，原缺）

14.《书集传或问》卷下《酒诰》

（宋）陈大猷撰

（归善斋按，未解）

15.《尚书详解》卷八《周书·酒诰第十二》

（宋）胡士行撰

庶士（众官）有正（长），越庶伯（官长）君子，其尔典（常）听朕教。尔大克羞（养）耇（老成之人）唯君（尽君道），尔乃饮食醉饱。

成王、周公开饮酒之门不过三事，祭祀用酒，父母庆用酒，养老用酒。三者皆良心所发于适情之中，有养性之术。孔云，羞进老成之道。

16.《书纂言》卷四上《周书·酒诰》

(元)吴澄撰

庶士有正,越庶伯君子,其尔典听朕教。尔大克羞耇唯君,尔乃饮食醉饱。丕唯曰,尔克永观省,作稽中德。尔尚克羞馈祀,尔乃自介用逸。兹乃允唯王正事之臣,兹亦唯天若元德,永不忘在王家。

此武王授康叔以往妹邦诰臣之辞。"庶士有正,越庶伯君子",与篇首所称"庶士""少正""御事"同。"有正",即"少正"。"庶伯君子",众官之长,即"御事"也。尔,康叔与其臣也。尔臣常主于听我之教戒,必不以酒废事。凡燕享祭祀之礼,皆有俎,有羞,先进俎,后进羞。羞者,唯国养耆老之时,尔大能进羞于老者;侍君燕饮之时,尔大能进羞于君,此时尔乃可因而饮酒以醉,食肉以饱。若非养老侍燕,则不得饮也。又有大于典听朕教者,尔能自修其德也。唯曰尔能永远监观省察,动作有稽,欲其德无过、不及,必不以酒丧德。唯祭祀之时,尔尚能进羞以馈祀祖考,此时尔乃可因而饮酒,自介景福,用以逸乐。若非祭祀祖考,则不得饮也。如此,乃真可为王家有正有事之臣。如此天亦佑助尔之大德,在王家亦永远不忘尔也,非止为一国之贤臣而已。

17.《书集传纂疏》卷四下《朱子订定蔡氏集传·周书·酒诰》

(元)陈栎撰

庶士有正,越庶伯君子,其尔典听朕教。尔大克羞耇唯君,尔乃饮食醉饱。丕唯曰,尔克永观省,作稽中德。尔尚克羞馈祀,尔乃自介用逸。兹乃允唯王正事之臣,兹亦唯天若元德,永不忘在王家。

此武王教妹土之臣也。伯,长也。曰"君子"者,贤之也。典,常也。羞,养也。言其大能养老也。"唯君",未详。"丕唯曰"者,大言也。介,助也。"用逸"者,用以宴乐也。言尔能常常反观内省,使念虑之发,营为之际,悉稽乎中正之德,而无过、不及之差,则德全于身,而可以交于神明矣。如是,则庶几能进馈祀,尔亦可自副而用晏乐也。如此,则信为王治事之臣,如此亦唯天顺元德,而"永不忘在王家"矣。

按上文，"父母庆"则可饮酒，"克修耇"则可饮酒，"羞馈祀"则可饮酒。本欲禁绝其饮，今乃反开其端者，不禁之禁也。圣人之教，不迫而民从者，此也。孝养，羞耇，馈祀，皆因其良心之发而利导之。人果能尽此三者，且为成德之士矣，而何忧其湎酒也哉？

纂疏：

孔氏曰，汝大能进老成人之道，则为君矣如此，汝乃饮食醉饱；能稽中德，则汝庶几能进馈食于祖考矣。

王氏曰，非耇老不敢醉饱。

陈氏大猷曰，唯君上下，疑有缺文。

林氏曰，大能进德至于耇老，则尔得以饮食醉饱。盖先王养老之礼，执酱、执爵、割牲、奉俎，凡以致其醉饱耳。作而稽于中德，未尝过差，则庶几能进馈食于祖考，乃自助而用逸也。丧德、丧邦，皆以为天之降威，则"永观省""稽中德"者，天安得不若其元德哉。

吕氏曰，开人饮酒之门，不过奉亲、养老、祭祀三节，皆自其良心发见处开之也。

陈氏经曰，中者，无过之谓。无故而纵饮，与绝人饮，皆非"中"也。唯祭祀、养老、孝养之时饮酒，他时不得饮，则不至于纵，亦不至于拘。此乃中德也。自非观省为远虑，安能如此。纵饮一时，而忘后患；禁之太甚，而难久行，皆非"永观省"也。能如是，则下文云云，皆其效也。

愚谓，"羞耇"之"羞"训"养"，"羞馈祀"之"羞"训"进"，不若孔注皆训为"进"。"自介"之"介"训"大"与"助"，皆未稳当。介，刚介以自守也，当如"介如石，不以三公易其介"之"介"。"自介以用逸"，则以介然自守之节操，用之于欢然自逸之宴乐。"以介用逸"，非以逸为逸，虽逸而不过矣，岂至于纵酒哉？此数句以"稽中德"为主，能"稽中德"则无过、不及。饮唯见于"羞馈祀"，而非祀不饮。逸必持之以介，而非介不逸，以此，乃可为王正事之臣。中则无不正也，以此，天亦若其元德。由"中德"可充之为大德也。"德"之一字，为《酒诰》一篇之纲领，譬之数"千丈浑"之"一寸胶"也。前之"德将无醉"，后之"经德""德显""德馨"，与此之"稽中德""若元德"，实前后互相照应云。

18. 《读书丛说》卷六《酒诰》

（元）许谦撰

（归善斋按，未解）

19. 《书传辑录纂注》卷四《周书·酒诰》

（元）董鼎撰

庶士有正，越庶伯君子，其尔典听朕教。尔大克羞耇唯君。尔乃饮食醉饱。丕唯曰，尔克永观省，作稽中德，尔尚克羞馈祀，尔乃自介用逸。兹乃允唯王正事之臣，兹亦唯天若元德，永不忘在王家。

此武王教妹土之臣也。伯，长也。曰"君子"者，贤之也。典，常也。羞，养也。言其大能养老也。"唯君"，未详。"丕唯曰"者，大言也。介助也。"用逸"者，用以宴乐也。言尔能常常反观内省，使念虑之发，营为之际，悉稽乎中正之德，而无过、不及之差，则德全于身，而可以交于神明矣。如是则庶几能进馈祀，尔亦可自副而用宴乐也。如此，则信为王治事之臣，如此亦唯天顺元德，而永不忘在王家矣。

按上文，"父母庆"则可饮酒，"克羞耇"则可饮酒，"羞馈祀"则可饮酒。本欲禁绝其饮，今乃反开其端者，不禁之禁也。圣人之教，不迫而民从者，此也。孝养，羞耇，馈祀，皆因其良心之发而利导之。人果能尽此三者，且为成德之士矣，而何忧其湎酒也哉？

纂注：

孔氏曰，汝大能进老成人之道，则为君矣如此，汝乃饮食醉饱之道，能考中德，则汝庶几能进馈食于祖考矣。

王氏曰，非耇老不敢醉饱。

陈氏大猷曰，"唯君"上下疑有缺文。

林氏曰，大能进德至于耇老，则尔得以饮食醉饱。盖先王养老之礼，执酱、执爵、割牲、奉俎，凡以致其醉饱耳。作而稽于中德，未尝过差，则庶几能进馈食于祖考，乃自助而用逸也。丧德、丧邦，皆以为天之降威，则"永观省"，"稽中德"者，天安得不若其元德乎？

新安陈氏曰，蔡氏于"羞耉"之"羞"训"养"，"羞馈祀"之"羞"训"进"，不如古注皆训为"进"。"自介"之"介"，愚窃谓，刚介以自守也。当如"介如石，不以三公易其介"之"介"。"自介以用逸"，则以介然自守之节操，用于欢然自逸之宴乐。"以介用逸"，非以逸为逸，虽逸而不过矣。此数句，以"稽中德"为主。能"稽中德"则无过、不及。饮唯见于"羞馈祀"，而非祀不饮；逸必持之以介，而非介不逸。以此乃可为王正事之臣，以此天亦若其元德。由"中德"，可充之为大德也。"德"之一字，为《酒诰》一篇之纲领，譬之救"千丈浑"之"一寸胶"也。上文之"德将无醉"，下文之"经德""德显""德馨"，与此之"稽中德""若元德"，实互相照应云。

20.《尚书句解》卷八《周书·酒诰第十二》

（元）朱祖义撰

庶士有正（今卫国之臣，如众士有正长以统之者），越庶伯君子（及众正之长君子），其尔典听朕教（其与尔康叔，能常听我教训之言）。

21.《尚书日记》卷十一《周书·酒诰》

（明）王樵撰

"庶士有正"至"永不忘在王家"。

此武王教妹土之臣也。正、伯，皆长也。曰"君子"者称之也。"典听朕教"，典，常也。民虑其不省，故曰"聪听"；臣虑其易忘，故曰"典听"。羞，养也。古之养老，有四。养国老于太学，养庶老于小学。国老，有爵有德之老；庶老，庶人之老，及子孙死国难者之父祖也。"唯君，尔乃饮食醉饱"者，养老，君之惠也，无敢不醉饱，荣君之命也。尔乃可以饮食，至于醉饱也。圣人开饮酒之门不过三事，父母庆用酒，养老用酒，祭祀用酒。而祭祀以事神，其道尤难。苟非其人，尤未易言。故"丕唯曰"，尔能常常反观内省，使念虑云为，悉稽于中正之德，而无放逸之邪，始可以对于神明。尔于斯，庶几能进馈祀以事神焉，神祇享之，尔乃可以自介而用燕乐也。介，副也，言祭祀而裸献者，其正也。祭毕而饮福燕毛者，其副也。明酒不为燕饮设。尔如此，则信为王治事之臣，如此亦唯天顺其元德，"永不忘在王家"矣。

非以臣人之职，尽于"羞耇""馈祀"二事，正以"饮唯祀""饮唯羞耇"，言其无彝酒。尔谨酒如是，则信为王治事之臣，以职业不旷而言也。天亦顺其元德，以身心不放而言也。谨酒而身心不放，志气清明，德之所居，福之所向，故以"元德"赞之，以天若许之。

22.《日讲书经解义》卷八《周书·酒诰》

（清）库勒纳等撰

庶士有正，越庶伯君子，其尔典听朕教。尔大克羞耇唯君，尔乃饮食醉饱。丕唯曰，尔克永观省，作稽中德。尔尚克羞馈祀，尔乃自介用逸。兹乃允唯王正事之臣，兹亦唯天若元德，永不忘在王家。

此一节书，是戒妹土之臣也。庶伯，庶官之长。典，常也。"羞耇"犹言养老。"唯君"，奉君也。丕，大也。作，谓动作。介，助也。逸者，宴乐之意。元德，大德也。武王曰，饮酒而失常，则天降之威。饮酒而不乱德，则天降之福。今尔庶士之有官守者，及庶官之长，凡此众君子，其常听我之教训。尔能尽诚致敬，大修养老奉君之礼，则劝酬之间，无非礼节，虽饮食醉饱，亦不为过矣。又以事之大者而言。国家典礼，莫重于祭祀。尔能常自观省，使念虑营为，皆合于中正之德，则内无私累，可以交于神明，由是而行供养馈食之礼，祼献之余，饮福享尸。尔亦得自副而饮酒宴乐矣。尔能如此，则外修典礼，内摄身心，无荒耽沉湎崇饮旷官之失，信为王朝奉公守法之臣，且大德无亏，天亦顺之，使之永保爵禄于王家矣，受福不亦多乎？《书》本戒人之饮酒，而此若稍宽之者，盖人能于孝养、羞耇、祭祀三者尽其诚敬，则为成德之士矣，岂犹有酗酒之失哉？虽宽之，实所以严之也。

《五诰解》卷二《酒诰》

（宋）杨简撰

庶士有正，越庶伯君子，其尔典听朕教。尔大克羞耇唯君。尔乃饮食醉饱。丕唯曰，尔克永观省，作稽中德。

因诰康叔，而庶士之正长，与大夫之庶伯长在焉，因顾而言曰，尔则常听朕教矣。羞耇，养老也。尔，谓康叔。养老者，君之职也。养老，则宜使之"饮食醉饱"，是唯养老用酒，明其余则不可也。我大思唯曰，唯尔能永观省乃己也。作，行也。稽，考也。中德，修身、治国，唯本中德。尧舜三王，唯传中德。何谓中德，人心自善，自正，自明，自神。唯起意，则差，则偏，则倚，则失中。平平庸庸，唯无动乎，意则无不中，由此而行，曰"作"，虑其或昏而差，不觉起意生过，故常考察之曰"稽"。康叔有中德则礼乐刑政庶务咸熙中即一即彝即忱即丕则即宅心，即天道。

尔大克羞耇唯君，尔乃饮食醉饱

1.《尚书注疏》卷十三《周书》

（汉）孔氏传，（唐）陆德明音义，（唐）孔颖达疏

尔大克羞耇唯君，尔乃饮食醉饱。

传，汝大能进老成人之道，则为君矣，如此汝乃饮食醉饱之道。先戒群吏以听教，次戒康叔以君义。

疏，正义曰，汝康叔大能进行老成人之道，则唯可为君矣。如此汝乃为饮食醉饱之道。

传，正义曰，《释诂》云，羞，进也。既以慎酒立教，是大能进行老成人之道，是唯可为人君矣。以人君若治不得有所，民事可忧，虽得酒食，不能醉饱。若能进德，民事可平，故为饮食可醉饱之道。以群臣言听教，即为臣义，不过慎酒进德。次戒康叔以君义，亦有听教，明为君矣。

《尚书注疏》卷十三《考证》

"尔尚克羞馈祀"传疏"亦非其义势也，以下然兹，亦唯天据人事"。

数句理不可解，必有脱误，今仍之。

矧唯若畴圻父（句），薄违农父（句），若保宏父（句），定辟（句）。

臣召南按，古读如此。《毛诗》郑笺引"若畴圻父"则知古今文句读同也。王安石始读"圻父薄违（句），农父若保（句），宏父定辟（句）"，朱子以为复出诸儒之表，蔡沈从之。

2. 《书传》卷十二《周书》

（宋）苏轼撰

(归善斋按，见"唯曰我民迪小子，唯土物爱，厥心臧")

3. 《尚书全解》卷二十九《周书·酒诰》

（宋）林之奇撰

(归善斋按，见"肇国在西土，厥诰毖庶邦庶士")

4. 《尚书讲义》卷十四

（宋）史浩撰

(归善斋按，见"王若曰，明大命于妹邦")

5. 《尚书详解》卷十九《周书·酒诰》

（宋）夏僎撰

妹土，嗣尔股肱纯。

(归善斋按，见"妹土，嗣尔股肱纯")

6. 《增修东莱书说》卷二十一《周书·酒诰第十二》

（宋）吕祖谦撰，（宋）石澜增修

(归善斋按，见"庶士、有正，越庶伯君子，其尔典听朕教")

7. 《尚书说》卷五《周书·酒诰》

（宋）黄度撰

(归善斋按，见"庶士、有正，越庶伯君子，其尔典听朕教")

8. 《絜斋家塾书钞》卷十一《周书·酒诰》

（宋）袁燮撰
（归善斋按，见"妹土，嗣尔股肱纯"）

9. 《书经集传》卷四《周书·酒诰》

（宋）蔡沈撰
（归善斋按，见"庶士、有正，越庶伯君子，其尔典听朕教"）

10. 《尚书精义》卷三十五《周书·酒诰》

（宋）黄伦撰
（归善斋按，见"庶士、有正，越庶伯君子，其尔典听朕教"）

11. 《尚书详解》卷三十《周书·酒诰》

（宋）陈经撰
（归善斋按，见"庶士、有正，越庶伯君子，其尔典听朕教"）

12. 《融堂书解》卷十二《周书·酒诰》

（宋）钱时撰
（归善斋按，见"王若曰，明大命于妹邦"）

13. 《尚书要义》

（宋）魏了翁撰
（归善斋按，原缺）

14. 《书集传或问》卷下《酒诰》

（宋）陈大猷撰
（归善斋按，未解）

15.《尚书详解》卷八《周书·酒诰第十二》

（宋）胡士行撰

（归善斋按，见"庶士、有正，越庶伯君子，其尔典听朕教"）

16.《书纂言》卷四上《周书·酒诰》

（元）吴澄撰

（归善斋按，见"庶士、有正，越庶伯君子，其尔典听朕教"）

17.《书集传纂疏》卷四下《朱子订定蔡氏集传·周书·酒诰》

（元）陈栎撰

（归善斋按，见"庶士、有正，越庶伯君子，其尔典听朕教"）

18.《读书丛说》卷六《酒诰》

（元）许谦撰

（归善斋按，未解）

19.《书传辑录纂注》卷四《周书·酒诰》

（元）董鼎撰

（归善斋按，见"庶士、有正，越庶伯君子，其尔典听朕教"）

20.《尚书句解》卷八《周书·酒诰第十二》

（元）朱祖义撰

尔大克羞耇唯君（尔大能进用老成人为之，则足以尽为君之道），尔乃饮食醉饱（尔乃可行养老之礼，而饮食醉饱无害）。

21.《尚书日记》卷十一《周书·酒诰》

（明）王樵撰

（归善斋按，见"庶士、有正，越庶伯君子，其尔典听朕教"）

22.《日讲书经解义》卷八《周书·酒诰》

(清) 库勒纳等撰

(归善斋按,见"庶士、有正,越庶伯君子,其尔典听朕教")

《读书管见》卷下《酒诰》

(元) 王充耘撰

尔大克羞耇唯君。

"尔大克羞耇唯君",犹言能养老,以尽为君之道相似。盖养老者,国君之事也。"尔乃自介用逸",介者。副也,言祭祀而灌献者,其正也。祭毕而饮福以宴者,其副也。明酒为祭祀设,不止为宴饮设耳。"永不忘在王家",所谓有成绩,以纪于太常之类。邦君、御事、小子,不腆于酒,而武王以此之故受殷命何哉?盖沉湎者丧乱之原,则不耽于酒者,固兴邦之所由也。

《尚书疑义》卷五《酒诰》

(明) 马明衡撰

尔大克羞耇唯君,尔乃饮食醉饱。丕唯曰,尔克永观省,作稽中德。

"羞耇",蔡以为大能养老,固好,但尔克饮食醉饱,则非老者之饮食醉饱矣。上言养老,而下即承云自家醉饱,不通。又"克羞"之"羞"作"进"字解,二"羞"不同。又"克永观省作稽中德",先儒皆以为德全于身,庶几可以交于神明,而与其辞意与"馈祀"相属。夫古人重祭祀。葛伯不祀,成汤伐之;商纣弗祀,武王征之。故"克羞馈祀",其职已尽,其义自足,何必又加以"克永观省,作稽中德"之意冠于其首哉?愚窃反复其义,以"羞耇",为大能进于老成之道,而齿德为老成之人,称其居民上者,则可以饮食醉饱矣。《礼》居丧,自六十已上,食肉饮酒如故。《诗》云"为此春酒,以介眉寿",则古人于老寿之年,不唯有肉而又有酒也。尔能如是,大可谓尔能长自察省,作而稽乎中正之德矣。盖人若一时为善,未可卜其终也。一事合义未可信其它也。人至于老成,则其平日所以致谨于身,而克成其德,非特一时一事而已。故曰"克永",

曰"中德"，斯可以取信于人，而视法之矣。又尔尚能进其馈食，尔乃可以自介而用逸也。大约二条，一进于老成之时，可以饮酒；一祭祀之时，可以饮酒。古人于酒，其重如此，后世此义不可。

《五诰解》卷二《酒诰》

（宋）杨简撰

（归善斋按，见"庶士、有正，越庶伯君子，其尔典听朕教"）

丕唯曰，尔克永观省，作稽中德

1. 《尚书注疏》卷十三《周书》

（汉）孔氏传，（唐）陆德明音义，（唐）孔颖达疏

丕唯曰，尔克永观省，作稽中德。

传，我大唯教汝曰，汝能长观省古道，为考中正之德，则君道成矣。

音义，省，悉井反。

疏，正义曰，由须进行老成人，故我大唯教汝曰，汝能长观省古道，所为考行中正之德，即是进行老成人，唯堪为君。

传，正义曰，我大唯教汝曰者，以"言曰"，故以为教辞，即教以大克羞耉长。省古道，是老成人之德。考其中正，是能大进行，可以唯为君，故云则君道成矣。

2. 《书传》卷十二《周书》

（宋）苏轼撰

（归善斋按，见"唯曰我民迪小子，唯土物爱，厥心臧"）

3. 《尚书全解》卷二十九《周书·酒诰》

（宋）林之奇撰

（归善斋按，见"肇国在西土，厥诰毖庶邦庶士"）

4.《尚书讲义》卷十四

（宋）史浩撰
（归善斋按，见"王若曰，明大命于妹邦"）

5.《尚书详解》卷十九《周书·酒诰》

（宋）夏僎撰
（归善斋按，见"妹土，嗣尔股肱纯"）

6.《增修东莱书说》卷二十一《周书·酒诰第十二》

（宋）吕祖谦撰，（宋）石澜增修

丕唯曰，尔克永观省，作稽中德。尔尚克羞馈祀，尔乃自介用逸。兹乃允唯王正事之臣，兹亦唯天若元德，永不忘在王家。

周公言，康叔果能如此，我方大许尔，谓尔长永观顾省察，动作皆稽中德，大抵言一节一行者易，而一饮一啄之际为难谨。康叔若非常永观顾省察，一动一作，必稽中德，则口腹亦岂易制工夫至于此矣。尔庶几能"羞馈祀"，则可以保宗庙矣。尔乃可自大用安逸，而一身不至放纵矣。此乃信为王者，正天下事之臣，而天亦顺其元德，周家世世不忘乎，不荒于酒，躬率一国之民，亦为国君常事尔。而其末，所以称之如此之重，至于"天若元德"者，盖进德之验，唯于其最难屏者，工夫密察，则德进不已，而天亦不能违也。酒虽细故，玩而难远。康叔达观时，省稽考之意不忘于动作之间，酒始不得乘间而入。而中德所厚，邪虑不入，而善日充实，至于天若于永观作稽，而深求其所用工，则知所谓"天若元德"者矣。

7.《尚书说》卷五《周书·酒诰》

（宋）黄度撰
（归善斋按，见"庶士、有正，越庶伯君子，其尔典听朕教"）

8. 《絜斋家塾书钞》卷十一《周书·酒诰》

（宋）袁燮撰

（归善斋按，见"妹土，嗣尔股肱纯"）

9. 《书经集传》卷四《周书·酒诰》

（宋）蔡沈撰

（归善斋按，见"庶士、有正，越庶伯君子，其尔典听朕教"）

10. 《尚书精义》卷三十五《周书·酒诰》

（宋）黄伦撰

丕惟曰，尔克永观省，作稽中德。尔尚克羞馈祀，尔乃自介用逸。兹乃允唯王正事之臣，兹亦唯天若元德，永不忘在王家。

无垢曰，此教康叔也。言康叔当大思曰，我当观省商纣以酒而亡国，又当观省圣王有养亲、养老之礼。以商纣为戒，则嗜酒者有禁；以养亲养老为礼，则饮酒者有数。如此，则不放肆以陷民罪，不苛虐以失民心，岂非中德乎？又曰"能作稽中德"，则尔为诸侯，无愧于宗庙矣，故可以进饮食，以见祖宗焉。饮福受胙，则汝亦可以因福胙而少休矣。又曰大臣佐天子治天下，倪所行事不考中德，太过而苛刻，不及而纵恣，则天下弊政可胜言乎？唯"作稽中德"，则蓄为和气，散为祥风，忠厚而非姑息，密察而非刻薄，使天下依依绳墨之中，而无厌苦之患。此真王正事之臣也。

又曰，"作稽中德"，岂特可以为王正事大臣而已。"中"者，天下之大本；和者，天下之达道。致中和，天地位焉，万物育焉宜乎？天顺其大德，而使世世有贤子孙，受王朝封爵而不绝也。不然康叔何以四十三传独后，周而亡乎？

张氏曰，"克永观省"，则所观者，非一朝一夕之故。"作稽中德"，则所作者无过、不及之行。夫如是，然后可以守其宗庙，保其禄位，此所以庶几能"羞馈祀"，而"自介用逸"也。羞，进也。介，副也。人臣能进其馈祀，以享其先祖，自副用逸，以保其宴安。盖以其"克永观，作稽中德"故也。人臣能尽此道，则上足以为天之所助，下足以为王之所纪。

"兹亦唯天若元德"，则天顺而助之矣。

11.《尚书详解》卷三十《周书·酒诰》

（宋）陈经撰

丕唯曰，尔克永观省，作稽中德。尔尚克羞馈祀，尔乃自介用逸。兹乃允唯王正事之臣，兹亦唯天若元德，永不忘在王家。

成王又曰，我大唯教汝康叔，将以厚望之也。尔能永长观省，所以审察者，当以为久远之虑。凡所作为，皆考中德而行之。中者，无过之谓。无故而饮，与夫绝人之饮酒者，皆非所以为"中"。唯祭祀与养老、孝养父母之时饮酒，他时皆不得饮，则其势不至于纵，亦不至于拘。此即"中德"也。自非观省为远虑，安能如此。纵其饮于一时，忘其它日之患；禁之太甚，而不能以永行，皆非"永观省"也。"中德"，天理也。汝之所为，既合天理，则庶几能进其馈祀于祖宗，幽足以安神祇，明足以守宗庙，而汝之心，可以无愧。尔乃因此可以用逸。则其逸乐也，可以舒其四体，愉其心志，而不至于过矣。兹乃信乎为王者正事之大臣，任君之事，无负于君之责望，盖有以尽乎，己必有以合乎君；有以合乎君，必有以得乎天，天亦顺其元德，而佑祚之，使子孙世享其禄，不见忘我周家也。元者，善之长也。凡人之为善，而至于天若元德，则是此心与天无间，天且不违是也。成王之所以大望康叔其效如此，其要实原于"永观省""稽中德"。而己"永观省""稽中德"，存于一心之微，而其为效可以事宗庙，可以安其身，可以事其君，可以得乎天，如此之大，康叔勿谓"饮食醉饱"之末节而不加之意也。

12.《融堂书解》卷十二《周书·酒诰》

（宋）钱时撰

（归善斋按，见"王若曰，明大命于妹邦"）

13.《尚书要义》

（宋）魏了翁撰

（归善斋按，原缺）

14.《书集传或问》卷下《酒诰》

（宋）陈大猷撰

（归善斋按，未解）

15.《尚书详解》卷八《周书·酒诰第十二》

（宋）胡士行撰

丕（大）唯（思）曰，尔（叔）克永（长）观（顾）省（察），作（动）稽（考）中德。尔尚（庶）克羞（进）馈祀（祀祖考），尔乃自介（介然自守于己）用逸（饮福得自安适之时）。兹乃允（信）唯王正事（德中，则能正事）之臣，兹亦唯天若（顺）元（善之长）德，永（长）不忘在王家。

观省之永，则一动作，一饮啄，不少放肆，得饮福矣，犹介然不自纵。如此则能稽此中，为此正，而进于元矣。元，天德也。天且不违，而王能忘之乎？孔云，介，大也；夏云，助也。

16.《书纂言》卷四上《周书·酒诰》

（元）吴澄撰

（归善斋按，见"庶士、有正，越庶伯君子，其尔典听朕教"）

17.《书集传纂疏》卷四下《朱子订定蔡氏集传·周书·酒诰》

（元）陈栎撰

（归善斋按，见"庶士、有正，越庶伯君子，其尔典听朕教"）

18.《读书丛说》卷六《酒诰》

（元）许谦撰

（归善斋按，未解）

19.《书传辑录纂注》卷四《周书·酒诰》

(元)董鼎撰

(归善斋按,见"庶士、有正,越庶伯君子,其尔典听朕教")

20.《尚书句解》卷八《周书·酒诰第十二》

(元)朱祖义撰

丕唯曰(成王于是大思唯,所告康叔曰),尔克永观省(尔若能长永自观自省),作稽中德(动必考于大中之德)。

21.《尚书日记》卷十一《周书·酒诰》

(明)王樵撰

(归善斋按,见"庶士、有正,越庶伯君子,其尔典听朕教")

22.《日讲书经解义》卷八《周书·酒诰》

(清)库勒纳等撰

(归善斋按,见"庶士、有正,越庶伯君子,其尔典听朕教")

《五诰解》卷二《酒诰》

(宋)杨简撰

(归善斋按,见"庶士、有正,越庶伯君子,其尔典听朕教")

《读书管见》卷下《酒诰》

(元)王充耘撰

(归善斋按,见"尔大克羞耇唯君")

《尚书疑义》卷五《酒诰》

(明)马明衡撰

(归善斋按,见"尔大克羞耇唯君")

尔尚克羞馈祀，尔乃自介用逸

1. 《尚书注疏》卷十三《周书》

（汉）孔氏传，（唐）陆德明音义，（唐）孔颖达疏

尔尚克羞馈祀，尔乃自介用逸。

传，能考中德，则汝庶几能进馈祀于祖考矣。能进馈祀，则汝乃能自大用逸之道。

音义，馈，其位反。

疏，正义曰，能考中德，则汝庶几能进馈祀于祖考矣。以能进馈祀，人神所助，则汝乃能自大用逸之道。

传，正义曰，以圣人为能飨帝，孝子为能飨亲，考德为君，则人治之已成民事，可以祭神，故考中德，能进馈祀于祖考，人爱神助，可以无为，故大用逸之道，即上云饮食醉饱之道也。

2. 《书传》卷十二《周书》

（宋）苏轼撰

（归善斋按，见"唯曰我民迪小子，唯土物爱，厥心臧"）

3. 《尚书全解》卷二十九《周书·酒诰》

（宋）林之奇撰

（归善斋按，见"肇国在西土，厥诰毖庶邦庶士"）

4. 《尚书讲义》卷十四

（宋）史浩撰

（归善斋按，见"王若曰，明大命于妹邦"）

5. 《尚书详解》卷十九《周书·酒诰》

（宋）夏僎撰

（归善斋按，见"妹土，嗣尔股肱纯"）

6. 《增修东莱书说》卷二十一《周书·酒诰第十二》

（宋）吕祖谦撰，（宋）石澜增修

（归善斋按，见"丕唯曰，尔克永观省，作稽中德"）

7. 《尚书说》卷五《周书·酒诰》

（宋）黄度撰

（归善斋按，见"庶士、有正，越庶伯君子，其尔典听朕教"）

8. 《絜斋家塾书钞》卷十一《周书·酒诰》

（宋）袁燮撰

（归善斋按，见"妹土，嗣尔股肱纯"）

9. 《书经集传》卷四《周书·酒诰》

（宋）蔡沈撰

（归善斋按，见"庶士、有正，越庶伯君子，其尔典听朕教"）

10. 《尚书精义》卷三十五《周书·酒诰》

（宋）黄伦撰

（归善斋按，见"丕唯曰，尔克永观省，作稽中德"）

11. 《尚书详解》卷三十《周书·酒诰》

（宋）陈经撰

（归善斋按，见"丕唯曰，尔克永观省，作稽中德"）

12. 《融堂书解》卷十二《周书·酒诰》

（宋）钱时撰

（归善斋按，见"王若曰，明大命于妹邦"）

13. 《尚书要义》

（宋）魏了翁撰

（归善斋按，原缺）

14. 《书集传或问》卷下《酒诰》

（宋）陈大猷撰

（归善斋按，未解）

15. 《尚书详解》卷八《周书·酒诰第十二》

（宋）胡士行撰

（归善斋按，见"丕唯曰，尔克永观省，作稽中德"）

16. 《书纂言》卷四上《周书·酒诰》

（元）吴澄撰

（归善斋按，见"庶士、有正，越庶伯君子，其尔典听朕教"）

17. 《书集传纂疏》卷四下《朱子订定蔡氏集传·周书·酒诰》

（元）陈栎撰

（归善斋按，见"庶士、有正，越庶伯君子，其尔典听朕教"）

18. 《读书丛说》卷六《酒诰》

（元）许谦撰

（归善斋按，未解）

19.《书传辑录纂注》卷四《周书·酒诰》

（元）董鼎撰
（归善斋按，见"庶士、有正，越庶伯君子，其尔典听朕教"）

20.《尚书句解》卷八《周书·酒诰第十二》

（元）朱祖义撰
尔尚克羞馈祀（尔庶几能进其馈食以祭祖考），尔乃自介用逸（因祭用酒自娱，无听以自助而用为逸乐也）。

21.《尚书日记》卷十一《周书·酒诰》

（明）王樵撰
（归善斋按，见"庶士、有正，越庶伯君子，其尔典听朕教"）

22.《日讲书经解义》卷八《周书·酒诰》

（清）库勒纳等撰
（归善斋按，见"庶士、有正，越庶伯君子，其尔典听朕教"）

《尚书疑义》卷五《酒诰》

（明）马明衡撰
（归善斋按，见"尔大克羞耇唯君"）

《五诰解》卷二《酒诰》

（宋）杨简撰
尔尚克羞馈祀，尔乃自介用逸，兹乃允唯王正事之臣。
因前言"祀兹酒"，此并明孝祀。孔子曰，"所重民食、丧祭"。祭礼，发于孝，孝心无所不通，即"中德"可以感人善心。

兹乃允唯王正事之臣

1.《尚书注疏》卷十三《周书》

（汉）孔氏传，（唐）陆德明音义，（唐）孔颖达疏

兹乃允唯王正事之臣。

传，汝能以进老成人为醉饱，考中德为用逸，则此，乃信任王者正事之大臣。

音义，任，音壬。

疏，正义曰，如此用逸，则乃信唯王正事之大臣。

传，正义曰，郑以为助祭于君，亦非其义势也。以下然兹亦唯天，据人事是唯王正事大臣。

2.《书传》卷十二《周书》

（宋）苏轼撰

（归善斋按，见"唯曰我民迪小子，唯土物爱，厥心臧"）

3.《尚书全解》卷二十九《周书·酒诰》

（宋）林之奇撰

（归善斋按，见"肇国在西土，厥诰毖庶邦庶士"）

4.《尚书讲义》卷十四

（宋）史浩撰

（归善斋按，见"王若曰，明大命于妹邦"）

5.《尚书详解》卷十九《周书·酒诰》

（宋）夏僎撰

（归善斋按，见"妹土，嗣尔股肱纯"）

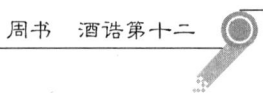

6. 《增修东莱书说》卷二十一《周书·酒诰第十二》

（宋）吕祖谦撰，（宋）石澜增修
（归善斋按，见"丕唯曰，尔克永观省，作稽中德"）

7. 《尚书说》卷五《周书·酒诰》

（宋）黄度撰
（归善斋按，见"庶士、有正，越庶伯君子，其尔典听朕教"）

8. 《絜斋家塾书钞》卷十一《周书·酒诰》

（宋）袁燮撰
（归善斋按，见"妹土，嗣尔股肱纯"）

9. 《书经集传》卷四《周书·酒诰》

（宋）蔡沈撰
（归善斋按，见"庶士、有正，越庶伯君子，其尔典听朕教"）

10. 《尚书精义》卷三十五《周书·酒诰》

（宋）黄伦撰
（归善斋按，见"丕唯曰，尔克永观省，作稽中德"）

11. 《尚书详解》卷三十《周书·酒诰》

（宋）陈经撰
（归善斋按，见"丕唯曰，尔克永观省，作稽中德"）

12. 《融堂书解》卷十二《周书·酒诰》

（宋）钱时撰
（归善斋按，见"王若曰，明大命于妹邦"）

13. 《尚书要义》

（宋）魏了翁撰

（归善斋按，原缺）

14. 《书集传或问》卷下《酒诰》

（宋）陈大猷撰

（归善斋按，未解）

15. 《尚书详解》卷八《周书·酒诰第十二》

（宋）胡士行撰

（归善斋按，见"丕唯曰，尔克永观省，作稽中德"）

16. 《书纂言》卷四上《周书·酒诰》

（元）吴澄撰

（归善斋按，见"庶士、有正，越庶伯君子，其尔典听朕教"）

17. 《书集传纂疏》卷四下《朱子订定蔡氏集传·周书·酒诰》

（元）陈栎撰

（归善斋按，见"庶士、有正，越庶伯君子，其尔典听朕教"）

18. 《读书丛说》卷六《酒诰》

（元）许谦撰

（归善斋按，未解）

19. 《书传辑录纂注》卷四《周书·酒诰》

（元）董鼎撰

（归善斋按，见"庶士、有正，越庶伯君子，其尔典听朕教"）

20. 《尚书句解》卷八《周书·酒诰第十二》

（元）朱祖义撰

兹乃允唯王正事之臣（此乃信为王家，以正其处事之臣）。

21. 《尚书日记》卷十一《周书·酒诰》

（明）王樵撰

（归善斋按，见"庶士、有正，越庶伯君子，其尔典听朕教"）

22. 《日讲书经解义》卷八《周书·酒诰》

（清）库勒纳等撰

（归善斋按，见"庶士、有正，越庶伯君子，其尔典听朕教"）

《书义断法》卷四《周书·酒诰》

（元）陈悦道撰

兹乃允唯王正事之臣，兹亦唯天若元德，永不忘在王家。

事，以人事言；德，以天德言。臣之于君，有一职，则必有一事，而正者所以治之也。至于"元德"之盛大与天同功，则为天德，而王家永不忘矣。盖正事者，人能为之"元德"，则天亦顺之，其"永不忘于王家"者，乃世臣"德"与国家同休者，非特各治其事而已也。妹土之臣，能不荒于酒德，以各正其事，可谓尽臣道矣。而武王所期之远，不至于与天合德，与国家同休不止，盖君子爱人以德，而期于成就德业如此。

《尚书疑义》卷五《酒诰》

（明）马明衡撰

（归善斋按，见"尔大克羞耇唯君"）

《五诰解》卷二《酒诰》

（宋）杨简撰

（归善斋按，见"尔尚克羞馈祀，尔乃自介用逸"）

兹亦唯天若元德，永不忘在王家

1.《尚书注疏》卷十三《周书》

（汉）孔氏传，（唐）陆德明音义，（唐）孔颖达疏

兹亦唯天若元德，永不忘在王家。

传，言此非但正事之臣，亦唯天顺其大德，而佑之长，不见忘在王家。

疏，正义曰，不但正事大臣如此，亦唯天顺其大德，而佑助之长，不见遗忘在王家矣，可不务乎？

传，正义曰，本天理，故天顺其大德，不见忘在于王家，反复相成之势也。

2.《书传》卷十二《周书》

（宋）苏轼撰

（归善斋按，见"唯曰我民迪小子，唯土物爱，厥心臧"）

3.《尚书全解》卷二十九《周书·酒诰》

（宋）林之奇撰

（归善斋按，见"肇国在西土，厥诰毖庶邦庶士"）

4.《尚书讲义》卷十四

（宋）史浩撰

（归善斋按，见"王若曰，明大命于妹邦"）

5.《尚书详解》卷十九《周书·酒诰》

（宋）夏僎撰

（归善斋按，见"妹土，嗣尔股肱纯"）

6. 《增修东莱书说》卷二十一《周书·酒诰第十二》

(宋)吕祖谦撰,(宋)石澜增修
(归善斋按,见"丕唯曰,尔克永观省,作稽中德")

7. 《尚书说》卷五《周书·酒诰》

(宋)黄度撰
(归善斋按,见"庶士、有正,越庶伯君子,其尔典听朕教")

8. 《絜斋家塾书钞》卷十一《周书·酒诰》

(宋)袁燮撰
(归善斋按,见"妹土,嗣尔股肱纯")

9. 《书经集传》卷四《周书·酒诰》

(宋)蔡沈撰
(归善斋按,见"庶士、有正,越庶伯君子,其尔典听朕教")

10. 《尚书精义》卷三十五《周书·酒诰》

(宋)黄伦撰
(归善斋按,见"丕唯曰,尔克永观省,作稽中德")

11. 《尚书详解》卷三十《周书·酒诰》

(宋)陈经撰
(归善斋按,见"丕唯曰,尔克永观省,作稽中德")

12. 《融堂书解》卷十二《周书·酒诰》

(宋)钱时撰
(归善斋按,见"王若曰,明大命于妹邦")

13. 《尚书要义》

（宋）魏了翁撰

（归善斋按，原缺）

14. 《书集传或问》卷下《酒诰》

（宋）陈大猷撰

（归善斋按，未解）

15. 《尚书详解》卷八《周书·酒诰第十二》

（宋）胡士行撰

（归善斋按，见"丕唯曰，尔克永观省，作稽中德"）

16. 《书纂言》卷四上《周书·酒诰》

（元）吴澄撰

（归善斋按，见"庶士、有正，越庶伯君子，其尔典听朕教"）

17. 《书集传纂疏》卷四下《朱子订定蔡氏集传·周书·酒诰》

（元）陈栎撰

（归善斋按，见"庶士、有正，越庶伯君子，其尔典听朕教"）

18. 《读书丛说》卷六《酒诰》

（元）许谦撰

（归善斋按，未解）

19. 《书传辑录纂注》卷四《周书·酒诰》

（元）董鼎撰

（归善斋按，见"庶士、有正，越庶伯君子，其尔典听朕教"）

20.《尚书句解》卷八《周书·酒诰第十二》

（元）朱祖义撰

兹亦唯天若元德（此乃唯天顺汝天德，降福佑助），永不忘在王家（使汝长保富贵，不忘在王家矣）。

21.《尚书日记》卷十一《周书·酒诰》

（明）王樵撰

（归善斋按，见"庶士、有正，越庶伯君子，其尔典听朕教"）

22.《日讲书经解义》卷八《周书·酒诰》

（清）库勒纳等撰

（归善斋按，见"庶士、有正，越庶伯君子，其尔典听朕教"）

《五诰解》卷二《酒诰》

（宋）杨简撰

兹亦唯天若元德，永不忘在王家。

能从上所训，则有元德，天必顺若。在王家亦永不忘尔德也。"元德"，即"中德"之纯全者。

《尚书疑义》卷五《酒诰》

（明）马明衡撰

（归善斋按，见"尔大克羞耇唯君"）

《书义断法》卷四《周书·酒诰》

（元）陈悦道撰

（归善斋按，见"兹乃唯为王正事之臣"）

王曰：封，我西土棐徂邦君、御事、小子，尚克用文王教，不腆于酒

1.《尚书注疏》卷十三《周书》

（汉）孔氏传，（唐）陆德明音义，（唐）孔颖达疏

王曰，封，我西土棐徂邦君、御事、小子，尚克用文王教，不腆于酒。

传，我文王在西土，辅训往日国君及御治事者，下民子孙，皆庶几能用上教，不厚于酒，言不常饮。

疏，正义曰，于此乃总言，不可不用文王慎酒之教，王命之曰，封，我文王本在西土，以道辅训往日国君及治事之臣，大夫、士与其民之小子，其此等皆庶几能用文王教，而不厚于酒。

传，正义曰，棐，辅也。徂，往也，以事已过，故言往日。恐嗜酒不成其德，故以断酒辅成之。其御事，谓国君之下众臣也。不厚于酒，即"无彝酒"也，故云不常饮，总述上也。

2.《书传》卷十二《周书》

（宋）苏轼撰

王曰，封，我西土棐徂邦君、御事、小子，尚克用文王教，不腆于酒。

徂，往也。我西土邦君，辅武王同往伐纣者，下至于其御事、小子，皆用文王教，不腆于酒。

3.《尚书全解》卷二十九《周书·酒诰》

（宋）林之奇撰

王曰，封，我西土棐徂邦君、御事、小子，尚克用文王教，不腆于酒。故我至于今，克受殷之命。王曰，封，我闻唯曰，在昔殷先哲王，迪

畏天，显小民。经德秉哲，自成汤，咸至于帝乙，成王畏相。唯御事，厥棐有恭，不敢自暇自逸。矧曰其敢崇饮。越在外服，侯、甸、男、卫邦伯；越在内服，百僚庶尹，唯亚唯服宗工，越百姓里居，罔敢湎于酒。不唯不敢，亦不暇。唯助成王德显，越尹人祗辟。我闻亦唯曰，在今后嗣王酗身，厥命罔显于民，祗保越怨不易。诞唯厥纵淫泆于非彝，用燕丧威仪，民罔不尽伤心。唯荒腆于酒，不唯自息乃逸。厥心疾很，不克畏死。辜在商邑，越殷国灭无罹。弗唯德馨香祀，登闻于天，诞唯民怨。庶群自酒，腥闻在上，故天降丧于殷，罔爱于殷，唯逸。天非虐，唯民自速辜。

先王之所以享天休命，绵绵延延，以为社稷无疆之庆者，岂唯修之于身，动容周旋，莫不中礼，而无有沉湎淫泆之过哉？盖其训诰之所启迪，教化之所渐被，若内若外，若小若大，无不翕然而从之。此治道之所以大成，而天命之所以永享也。我文王之在西土，其于邦君、庶士、少正、御事之臣，则以"祀兹酒"而诰敕之；其于小子，则以"无彝酒"而告教之。凡以辅之，而纳之于善也。盖民受衷于天，以生莫不有自然之性，所以陷溺其良心者，唯其因物有迁而已。故必有以辅之，而后知自返也。此所"棐徂"之。棐，辅也。正犹《孟子》所谓"辅之翼之"也，徂，往也。往日之邦君及治事之臣，以至民之子孙，皆谓文王之世也。自成王之时而视，文王则为往日矣。文王以道辅翼往日之邦君、御事、小子，皆庶几能听用其教。唯祭祀之礼方用之，而燕饮不厚于酒，风俗淳一，人人有士君子之行。此天所以眷顾有周，俾代殷而受命，奄有天下以至于今日也。夫文王克受殷之命，其事可谓大矣。而推本其由，则自善教美化，有以辅翼众国，及其臣民不腆于酒。成王之意，盖谓汝康叔，既已分茅锡土，以君殷之余民，将欲祈天永命，社稷血食，子子孙孙，继继承承，与我周家相为终始者，亦唯在此而已。汝苟能优游渐摩，使以训迪其臣民，深耕远贾，而后有洗腆用酒之庆，"作稽中德"，而后有饮食醉饱之效。平居无事，未尝留意于酣乐之娱，则不唯可以丕变旧俗，扩然一新也。汝遂可以克享天心，不为天命之所断弃，可以永为周之藩臣也。古之教者，禁于未发，谓之"豫"。方其未成人，而教固已行矣。发而后禁，则将扞格而难胜，虽以刑驱之，而犹不从也。成汤制官刑，儆于有位曰"三风""十愆"。卿士，有一于身，家必丧；邦君，有一于身，国必亡。臣下不匪，其刑墨。具训于蒙士。穆王训夏赎刑，有曰伯父、伯兄、仲叔、季弟之所宜知，而亦以告于幼子、童孙，三代风俗所以淳一忠厚者，唯其辅翼而教养之者，有此具也。文王之教其民，"有正有事"，使之无彝酒。自其为小子之时，故虽小子而尚克用教矣。此所以入之深，而无不信也。既言文王之所以教其民者，汝康叔当率而行之矣。

然自周以前，其近者，莫如殷贤圣之君六七作。当时君臣之间，胥训告，胥教诲，以交修其职。君以是道率其臣；臣以是道而辅其君。故兢兢业业，唯恐有一日之怠，以为其德之累，其肯有酗酒为哉？唯其后嗣，弗率先王之教，故家遗俗流风，善政无有存焉。而文王又能诰教其民，以作其善心，此所以致大邦殷之命而周代之也。使其能率乃祖之攸行，不敢少废，则周安得而有之哉？故成王之于康叔谓，汝乃文王之子，今之所法，不在文王乎？居纣之故都，今之所当监，不在纣乎？纣之所以亡者，唯其不能因先王之道而已，是以，先言殷先哲王之君臣，各尽其道，而后言纣淫佚也。上篇之诰，既使之"祗遹乃文考"，而又使之"往敷求殷先哲王，用保乂民"，此言殷先哲王于文王之下，亦是意也。迪，道也。

殷先哲王之道，在于畏天显、小民而已。天有显道，吉凶善恶，各以其类应，不可不畏也。小民难保，愚夫愚妇一能胜，予亦不可不畏也。畏天显，则必为上天之所眷顾；畏小民，则必为天下之所归向。盖既有以畏之矣，则其战战兢兢之心，若将陨于深渊。此殷先哲王之所以治天下之道也。伊尹曰，"非天私我有商，唯天佑于一德；非商求于下民，唯民归于一德"。天之佑之，民之归之，盖畏之效。如此，唯其不以天道为远而可欺；不以小民为愚而可忽，而皆致其畏惧之心。此所以"经德秉哲"也。"经德"者，诚之之谓也。经德，则其臣也，如天地之无不持载。"秉哲"者，明之谓也。秉哲，则其民也如日月之无不照临。凡此，皆"畏天显、小民"之所致也。唯所持者智，故能上明于天之道，下察于民之情，而罔或不畏也。故以殷先哲王言之。

夫"经德秉哲"，以"畏天显、小民"，兹固殷先哲王之道，然商家之有天下，自成汤受命，至于帝乙，其所以成王业以继承而不绝者，盖尤在于畏敬其相也。君畏敬其相，则臣亦将畏其君，故凡治事之臣，其所以辅君者，皆尽其恭，而不敢自为暇逸，况敢聚饮乎？夫人之所以聚饮者，唯其暇逸而无所用心故耳。今也，于暇逸尚有所不敢，则其不敢燕饮可知矣。此方言殷先哲王体貌其臣以率之，使之趋事赴功，而无彝酒之失，故以其畏相为王业之成也。古者人君之待其辅相也，相见于天子，天子为之离度起立在道，为之下舆，有病亲问，不幸而死亲吊。待之如此其厚，可以为畏相乎？未也，如明皇之待姚崇，每见便殿，必为之兴，去辄临轩以送，是亦待之之厚也。然未若太宗之于魏征也。征上冢还，奏曰，向闻陛下有关南之行，既办而止何也？太宗曰畏卿遂停耳。征尝上疏言得失，帝曰朕今闻过矣，有违此言，当何施颜面与公相见哉。唯其有尊德乐道之心，而不敢妄动过举，以负其臣，然后为畏相也。唯君之畏相，既不在于体貌，则臣之以恭而辅君，亦岂在于擎拳曲跽而后为恭哉？王博士曰，孟子曰"责难于君谓之恭"，厥棐有恭，则知责难矣。此说是也。景子尝以孟子不肯造朝，为未见所以敬王。孟子曰"齐人无以仁义与王言者，岂以仁义为不美也。其心曰，是何足以言仁义也云尔，则不敬莫大乎是。我非尧舜之道，不敢以陈于王前，故齐人莫如我敬王也"。观孟子之所以敬王，则知御事之恭，固在此，而不在彼。然若我而不先之彼，焉得而后之；若我而不有之彼，焉得而鬻之。君使臣以礼，则臣事君以忠。君不畏相，而欲臣之恭者，未之能。唯御事之臣，思夫责难，以致其恭，则将朝夕自饬，而不恤其私，而况于崇饮乎？如羲和之湎淫，郑伯有之嗜酒，为窟室，而夜饮酒，击钟焉，朝至未已。其崇饮如此，则岂有意于责难哉？是知辅君以恭者，必无暇于崇饮也。

御事，谓凡治事之臣也。王氏以为"相"。唐孔氏以为"公卿"，其意盖以上言畏相而下言。御事厥棐有恭，此君臣报施之义，故以为相与公卿也。《书》之称御事多矣。《牧誓》之言"御事"，则在有邦冢君之下，司徒之上。《大诰》之言"御事"，则在庶士之下。《顾命》之言"御事"，则在百尹之下。以是知"御事"者，盖总言也，非指定其人而称之也。

帝乙，纣之父也。《经》《传》所谓帝乙，殊有可疑者。《左传》曰"宋祖帝乙，郑祖厉王，犹上祖也"，以帝乙比厉王，且以证僖公之不当摄，则帝乙者，盖商之僻王也。至《易》泰卦六五则云"帝乙归妹，以祉元吉"。夫泰之六五，非常之吉也，而以帝乙当之此，岂以成王畏相言之？而《多方》《多士》之篇，又皆以谓自成汤至于帝乙，罔不明德，至于与成汤并称，岂曰僻王也哉？上之则与成汤并为明主，下之则与幽厉俱为不肖，必以书易之言为信，而传记所载帝乙之德，未有明文。史记又以谓"帝乙立，殷益衰"，此其最难折衷者也。言"自成汤至于帝乙"，则是汤之传世三十有一，无不尽其畏相之诚，以成王业。唯帝乙即世，而纣嗣位，则不能率乃祖考之成宪，遂底灭亡。而苏氏乃特以成汤、太甲、太戊、祖乙、盘庚、武丁、帝乙七王为言，亦非也。

上言"御事厥棐有恭"，既总言其在朝治事之臣，所以责难于君者，以报其上矣，故此又历陈而缕述之，以见其无不致恭以辅其君也。外服，指侯、甸、男、卫也。侯、甸、男、卫，分土列爵于王畿之外，为外服；则夫设官分职于王朝之内者，为内服也。《康诰》曰"侯、甸、男邦、采、卫"，唐孔氏曰，言"邦"，见其国君焉。伯，王氏以为长，是也。盖与"庶伯君子"之"伯"同旨。此外服之君及其臣也。百僚，总言内服之臣也。"庶尹"而下，则又分而别之矣。庶尹，庶官之长也，与《顾命》"伯"同，唯亚官之副贰也。宗工，尊官也。唯服者言，内之百僚，自庶尹而下，皆服事其大臣者也。百官族姓之居于里者，则《礼》所谓"致仕"，而《春秋传》所谓"老"也。言远而在外之诸侯，近而在内之百僚，与夫退居之臣，无有一人敢沉湎于酒，以斁其职业。不唯不敢而已，彼其夙夜匪懈，如恐不及，亦有所不暇也。其"不敢""不暇"者，唯在于致其赞襄之力，以助成王德，使明于正人敬法之道。欲正人者，不可以不敬法。上不守法，则其如正人，何助成王德显。"越尹人祗辟"即所谓"厥棐有恭"也。而原其所以致此，则以畏相之故也。畏相，则敬法矣，敬法而后可以正人。此其臣之所以恭也。臣之恭，固君之畏相有以率之，然其所以能畏相以率其臣者，则以正人敬法之道，亦自资于臣有以助德也。而亦不敢湎于酒者，盖"饮食醉饱"则可，而湎于酒则不可也。况其既已里居，则君所赖于乞言，以成其福禄，以助成王德，正在于此。使其有淫湎之行，则其言岂可以启沃于上哉。不敢者有畏心也，非无是心也，但畏而不敢纵耳。至于不暇，则岂有是心哉，虽诱之使为，亦弗为之耳。观此，则可以见商家之臣，内外大小，无非忠良，造次颠沛，无非法度，相与勉励，以报国爱君之诚，而唯恐其片瑕微累，有愧于其上，夫岂无自而然哉？

纣之立也，曾不思夫乃考所以创业垂统以遗之者，在于畏相，而乃肆为荒湎，以唱其臣。则臣安得不靡然而从之哉？故成王又以所闻纣之不善而告之也。在今后嗣王，谓纣嗣帝乙之后也。纣自为酣饮，以自适其情，故万几之务不得其条理。此其命令所以罔显于民，言不能明德于天下也。此盖作怨之道，而纣但安于怨无所改易。《孟子》所谓"安其危而利其菑，乐其所以亡者"，保其怨之谓也。唯安于怨，而罔有悛心，故大为恣纵，以淫佚于非彝，以是燕乐之，故而丧其威仪。夫君子之威仪容止，可观进退。可度以临其民，畏而爱之，则而象之。丧其威仪，则民无则焉。安得不尽然而痛其将亡哉。酒池肉林，使男女裸相逐于其间，其"非彝"如此，则威仪安在哉？民尽然而痛其将，亡则胥怨之矣。而纣方安于怨，自以为有命在天，故其淫湎于酒，以为是淫泆之行，不思所以止息之也。

"厥心疾狠，不克畏死"者，言纣之为酒所使也，世固有平居无事，规行矩步，不敢少失，一旦至于好勇斗狠，放僻邪侈，靡所不为，亡其身以及其亲而不自知者，无他，酒使然也。况以纣暴虐之质，则其荒湎于酒色，其心安得不忿疾狠戾，虽死不畏也。"不克畏死"，则何恤于下民之怨谤乎？故唯为天下逋逃主，萃聚其罪人于都邑之下，以同恶相济，此逋逃之人，方且狎昵于纣，窃其爵位，以快一时之欲，殷国之灭其谁忧之哉？瘒，忧也。《诗》曰"逢此百瘒"是也。纣保于怨，而其罪人不以其灭亡为忧，君臣之苟安，一至于此，"弗唯德馨香祀登闻于天，诞唯民怨，庶群自酒，腥闻在上"，故"天降丧于殷，罔爱于殷，唯逸"者，言纣之祭祀，无有德之馨香，可以登闻于天。唯民怨，其与群臣荒湎于酒，其腥德达于天听。然焉，故天降丧乱于殷家，而无有爱惜不忍之意，唯其以逸故也。胡博士曰，馨香，人所乐好；腥臊，人所厌恶。德，有吉有凶，其发闻亦然。《传》曰"国之将兴，其君，齐明忠正，精洁惠和，其德足以昭馨香，神享而民听。国之将亡，其君淫泆，其政腥臊，民神怨恫，无所依怀"。盖善恶之实积于此，则其发有不可掩者焉。是故古者先王之祀也，奉牲以告，则知民力之普存；奉盛以告，则知民时之不害；奉酒醴以告，则知上下之不违。以此致祀，则其德可谓馨香矣，以此登闻，天降之福矣。今纣之不务明德，以荐馨香，而发闻唯腥，此天所以"降丧于殷"也。此说为善。

"天非虐，唯民自速辜"，言殷之绝祀，非天之虐也，皆商之民自召其罪也。盖纣聚夫不仁之人，肆于民上，而民以无辜吁天，天矜于民，不得不从之，岂虐也哉？方牧野之战，纣死于乱兵，而其一时逋逃之众，杀戮殆尽，至于血流漂杵。民今而后得反之也。故不言殷，而言民，盖并与其同恶者言之耳。胡博士曰，商之兴非天之私也，唯天佑于一德；商之丧，非天虐之也，"唯民自速辜"。此说亦尽。"《谗鼎之铭》曰'昧旦丕显后世犹怠'。况日不悛其能久乎"？

自汤以来，畏敬其相，而其臣以恭应之，以此示其后世，纣犹身为酣饮以唱之，而庶群自酒焉。彼孙权之开基也，不思所以垂法于子孙，而与群臣临钓台，饮酒必欲醉，堕其中乃止。其酣身已自如此，则孙皓之沉酣肆虐，乃其所也，岂非权有以唱之哉。成王诰康叔，既以文王与夫殷先哲王所以毖酒之效，丁宁而戒敕之，而又必以纣之酣身之祸继之者，孔子曰"三人行必有我师焉。择其善者而从之，其不善者而改之"。文王与夫殷先哲王，固康叔之师也；而纣，亦康叔之师也。以其善而思齐，以其不善而自省，则孰非吾师乎？此成王之意也。

4.《尚书讲义》卷十四

（宋）史浩撰

（归善斋按，见"王若曰，明大命于妹邦"）

5.《尚书详解》卷十九《周书·酒诰》

（宋）夏僎撰

王曰，封，我西土棐徂邦君、御事、小子，尚克用文王教，不腆于酒。故我至于今，克受殷之命。

此成王又再述文王因不腆酒而有天下也。我西土，谓文王也，谓我文王当时在西土，以教化棐辅往日之邦君，及诸治事之臣，与治庶民之小子，即前言"毖庶邦庶士，曰祀兹酒"与"告小子，曰无彝酒"者是也。唯文王棐辅者如此，故当时皆庶几能用文王之教命，不能腆厚于酒，谓不

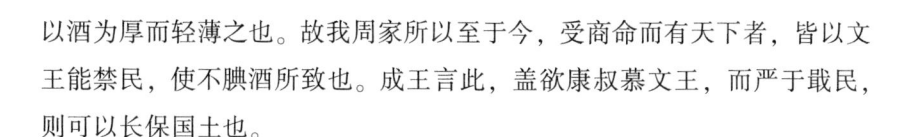

以酒为厚而轻薄之也。故我周家所以至于今，受商命而有天下者，皆以文王能禁民，使不腆酒所致也。成王言此，盖欲康叔慕文王，而严于戢民，则可以长保国土也。

6.《增修东莱书说》卷二十一《周书·酒诰第十二》

（宋）吕祖谦撰，（宋）石澜增修

王曰，封，我西土棐徂邦君、御事、小子，尚克用文王教，不腆于酒。故我至于今，克受殷之命。

学者为学，必省察其身。苟有瑕过，因循难去，必日消磨荡涤，使浸浸迁变，乃至"天若元德"之地。夫以酒之一事，周公恳切如此，欲其深长思省，则学者可不知所自省哉。又举文王之事以言之，我西土能辅助文王，自以往邦君以至于御事、小子之臣，皆庶几能用文王之教，不腆厚于酒。故我至今能受商之命而有天下。盖酒，虽人之所嗜，所性不存焉。于此既薄，则于彼必厚。天下之理，相为消长，所以能受商之命者，乃不厚于酒，而厚于德之力也。

7.《尚书说》卷五《周书·酒诰》

（宋）黄度撰

王曰，封，我西土棐徂邦君、御事、小子，尚克用文王教，不腆于酒。故我至于今，克受殷之命。

我文王能辅往日邦君与其治事之臣及小子今尚能用文王教不厚于酒故我至于今能受殷之命亦由此。

8.《絜斋家塾书钞》卷十一《周书·酒诰》

（宋）袁燮撰

王曰，封，我西土棐徂邦君、御事、小子，尚克用文王教，不腆于酒。故我至于今，克受殷之命。

所谓文王诰教小子，非特庶民之小子也，侯卿大夫士之子，皆在其中。凡为小子者，尔发然后禁，则扞格而不胜。时过然后学，则勤苦而难成。自幼而教之，庶其易入也。成汤"三风""十愆"，具训于蒙士；周家之教国子,皆此意也。所谓"我民迪小子",却是说庶民使民自训迪其小子,此之所言"御事、小子",亦通上下言之也。言我文王昔在西土之时,自邦君、御事,至于小子,无往不辅助之。徂者,言其已往也。棐者,辅助也。棐,上下通称。"唯御事厥棐有恭",是下辅其上也。至于"天棐忱辞",则天固辅吾民矣。人生于天地之间,须得上之人辅助,方能有立。《孟子》举放勋曰"辅之、翼之"是也。文王辅助昔之邦君、御事、小子,而当时为邦君、御事、小子者,皆克用文王之教,不厚于酒,故我今日所以克受殷之命而有天下者,皆由文王昔日诰教之所致,归其功于文王也。夫人主受天之命,其事亦大矣。而周公乃独归之于不腆于酒,周公岂欺我哉?学者于此须当致思,知不腆于酒乃所以克受天命,则知腆于酒者,天命安得不绝灭,故曰"天降威,我民用大乱丧德,亦罔非酒唯行;越小大邦用丧,亦罔非酒唯辜",小而丧一身,大而丧其国,皆由酒之故。盖人只是这一心。此心既昏,安能有为。且如人主,为天下君,群下之所视效。苟唯酒是务,沉湎不已,丧国亡家,常必由之。周公之言岂可不鉴?

9. 《书经集传》卷四《周书·酒诰》

(宋)蔡沈撰

王曰,封,我西土棐徂邦君、御事、小子,尚克用文王教,不腆于酒,故我至于今,克受殷之命。

徂,往也。辅佐文王往日之邦君、御事、小子也。言文王戒酒之教,其大如此。

10. 《尚书精义》卷三十六《周书·酒诰》

(宋)黄伦撰

王曰,封,我西土棐徂邦君、御事、小子、尚克用文王教、不腆于酒。故我至于今,克受殷之命。

无垢曰,言文王之诰行于庶邦,以致小子,皆不厚于酒,而留意于德。商纣方"庶群自酒,腥闻在上",而文王之化,乃使人不厚于酒,至显相之人,皆有肃雍之德。而江汉游女,无思犯礼;伐条妇人,勉夫以正。此天所以眷顾我周家，至于武王，而能受天命，以有天下也。酒能乱德如此，妹土之民可不儆乎？

吕氏曰，大抵酒者，虽人所嗜之物，然所性不存焉，则为德甚薄。这边既薄，旁边须厚。天下之理，相为消长，既不去这一边厚，必去那一边厚。才不厚于酒，其于德业必须厚。此其所以能受商之命，乃不厚于酒，而厚于德之力也。

11.《尚书详解》卷三十《周书·酒诰》

（宋）陈经撰

王曰，封，我西土棐徂邦君、御事、小子，尚克用文王教，不腆于酒。故我至于今，克受殷之命。

成王又申文王之禁酒者言之，前既曰"诰毖庶邦"，"诰教小子"矣，此又言，我西土往日辅佑文王之国，及其治事之臣，及其民之子孙，庶几能用文王之教，令行禁止，上创下从，如上文所谓"庶国饮唯祀"，所谓"聪听祖考之彝训"，是皆用文王之教也。腆，厚也。不腆，即薄于饮酒也。天下之理，一重则一轻。彼有所薄，则此有所厚。既不厚于酒，岂非所厚者在德乎？唯文王之化如此，故上天佑我周家，革商为周。我今日所以能受商民，原其所由来，唯在乎庶邦与民用文王之教，不腆于酒而已。

12.《融堂书解》卷十二《周书·酒诰》

（宋）钱时撰

王曰，封，我西土棐徂邦君、御事、小子，尚克用文王教，不腆于酒，故我至于今，克受殷之命。

上节既专以文王作准的，使康叔明大命于妹邦矣，于此乃再把文王提醒上文之意，谓我肇国在西土，特一方伯耳，辅往日之邦君、御事，尚能用文王之教，不敢腆于酒。今我周家有天下，而可不用我家教，以从文王之教乎（按此一节解，原本错置上节解之首，今依经文更正）。

13. 《尚书要义》

（宋）魏了翁撰

（归善斋按，原缺）

14. 《书集传或问》卷下《酒诰》

（宋）陈大猷撰

（归善斋按，未解）

15. 《尚书详解》卷八《周书·酒诰第十二》

（宋）胡士行撰

王曰，封，我西土（文王在西土）棐（辅教）徂（往日）邦君、御事、小子，尚（庶）克用（从）文王教，不腆（厚）于酒。故我至于今，克受殷之命。

纣以酒亡，而周以不腆酒兴，可以酒为小德而轻之乎？

16. 《书纂言》卷四上《周书·酒诰》

（元）吴澄撰

王曰，封，我西土棐徂邦君、御事、小子，尚克用文王教，不腆于酒。故我至于今，克受殷之命。

徂，往也。"御事"之下，不言"少正、庶士"，以大统小也。文王昔为西土之君，常教戒其臣民。文王既终西土，非往日之邦君矣，而臣民犹能遵用文王之遗教，不敢腆于酒，文王德教盛行，永久不替。天所佑助，故我用至于今日，遂能受殷之命而有天下也。

17. 《书集传纂疏》卷四下《朱子订定蔡氏集传·周书·酒诰》

（元）陈栎撰

王曰，封，我西土棐徂邦君、御事、小子，尚克用文王教，不腆于酒。故我至于今，克受殷之命。

徂，往也。辅佐文王往日之邦君、御事、小子也。言文王恳酒之教，其大如此。

纂疏：

真氏曰，有司之不腆酒，于天命何预，乃以克受殷命为职，此之由何也？但观幽、厉、陈、隋之朝，上下沉酗，以致坠失天命，则谨酒而受天命，复何疑哉？

吴氏曰，凡称"我"皆武王自谓。

愚按，蔡训"棐""徂"，本孔注。然当缺疑，三篇为武王书。观"故我至于今，克受殷命"一句，可以无疑矣。上文言"邦君"以下，用文王教，故武王即以我受殷命承之，若以为周公之言，则是用文王教之下略无一字及武王，周公敢自谓"我克受殷命"邪。"我受殷命"武王可自言，周公不可言，不待明者而后知也。

18.《读书丛说》卷六《酒诰》

（元）许谦撰

（归善斋按，未解）

19.《书传辑录纂注》卷四《周书·酒诰》

（元）董鼎撰

王曰，封，我西土棐徂邦君、御事、小子，尚克用文王教，不腆于酒。故我至于今，克受殷之命。

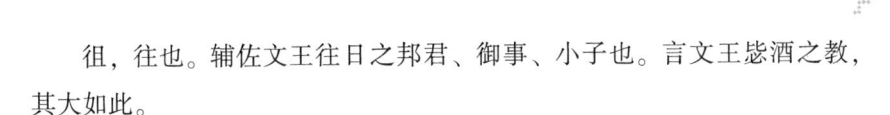

徂，往也。辅佐文王往日之邦君、御事、小子也。言文王恳酒之教，其大如此。

纂注：

新安胡氏曰，蔡氏训"棐""徂"，本孔氏，当缺之。

陈氏大猷曰，凤康叔法之以率臣民也。自首篇至此，欲其法文王。

真氏曰，夫有司之不腆酒，于天命何预，而王乃以"克受殷命"为职，此之由何邪？但观幽、厉、陈、隋之朝，上下沉酗，以致坠失天命，则谨酒而受天命，复何疑哉？

吴氏曰，凡称"我"，皆武王自谓也。余谓三篇皆武王书，观此一节可以无疑矣。或者终谓周公伐成王之言，何为三篇无一言及武王。周公达孝，不应遽忘之若是也。若果周公之言，则尚克用文王教，不腆于酒之下，但继以"故我至于今，克受殷之命"，乃周公受之，而武王不与也，无是理矣。

20.《尚书句解》卷八《周书·酒诰第十二》

（元）朱祖义撰

王曰，封（成王呼叔），我西土棐徂邦君（我文王当日在西土，以教化棐辅往日之国君）、御事、小子（及诸治事之臣，与民幼小子孙），尚克用文王教（皆庶几能用文王之教命），不腆于酒（不敢厚饮于酒）。

21.《尚书日记》卷十一《周书·酒诰》

（明）王樵撰

"王曰，封，我西土棐徂，邦君、御事、小子"至"克受殷之命"。

文王之教，上文所述是也。邦君、御事，克用祀兹酒之教；小子，克用无彝酒之教，故我至于"今克受殷之命"。文王毖酒之教，其大如此。夫西土之臣用文王教其效既如此，则妹土之臣，用武王教，岂不足以保有禄位哉？

真氏曰，夫有司之不湎酒，于天命何预，而王乃以"克受商命"为职，此之由何邪？但观幽、厉、陈、隋之朝，上下沉酣，以坠失天命，则谨酒受命，复何疑哉？

22.《日讲书经解义》卷八《周书·酒诰》

（清）库勒纳等撰

王曰，封，我西土棐徂邦君、御事、小子，尚克用文王教，不腆于酒。故我至于今，克受殷之命。

此一节书是言文王垂教之大也。棐，辅也。徂，往也。武王呼康叔而告之曰，上天之于人国家必鉴视其君臣之敬怠勤惰，以为威福，故谨酒一事，所关甚巨。昔我文王治西土之时，谆谆诰诫。凡辅佐文王于往日者，有国之邦君，有官之御事，年幼之小子，皆能谨率文王之教，不致荒耽于

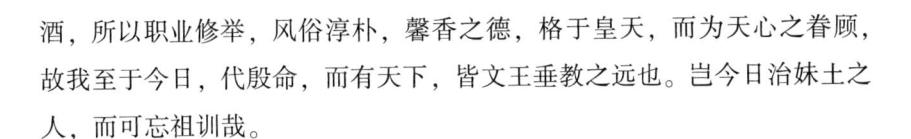

酒，所以职业修举，风俗淳朴，馨香之德，格于皇天，而为天心之眷顾，故我至于今日，代殷命，而有天下，皆文王垂教之远也。岂今日治妹土之人，而可忘祖训哉。

《五诰解》卷二《酒诰》

（宋）杨简撰

王曰，封，我西土棐徂邦君、御事、小子，尚克用文王教，不腆于酒。故我至于今，克受殷之命。

棐，辅也。徂，往也。腆，厚也。西土之邻国服从者，为辅棐之邦。我西土往昔辅棐邦君，下至于御事、小子，尚克遵用文王教，不厚酒。故"我至于今，克受殷命"，其本原因不腆于酒也。道二，是与非而已矣。常情而观腆酒，似无大害，然自古唯祀乃用酒，列圣维持无敢宽纵者，以能昏人，为淫、为纵，皆酒发之。能不腆酒，则不昏、不纵、不淫，而为善、为正、为治，万善随之，故克受天命。

故我至于今，克受殷之命

1.《尚书注疏》卷十三《周书》

（汉）孔氏传，（唐）陆德明音义，（唐）孔颖达疏

故我至于今，克受殷之命。

传，以不厚于酒，故我周家至于今，能受殷王之命。

疏，正义曰，故我周家至于今，能受殷之王命，以此故，不可不用其教以断酒。

2.《书传》卷十二《周书》

（宋）苏轼撰

故我至于今，克受殷之命。王曰，封我闻唯曰，在昔殷先哲王，迪畏天，显小民。经德秉哲，自成汤咸至于帝乙，成王畏相。唯御事，厥棐有

恭，不敢自暇、自逸，矧曰其敢崇饮。越在外服，侯、甸、男、卫邦伯；越在内服，百僚庶尹，唯亚唯服宗工，越百姓里居，罔敢湎于酒。不唯不敢亦不暇，唯助成王德显，越尹人祗辟。

崇，聚也。宗工，大臣也。我闻唯曰，殷之先王畏天道，显民德，常德秉哲，自成汤、太甲、太戊、祖乙、盘庚、武丁、帝乙七王，皆成德之王，皆畏敬其辅相，至于御事之臣，所以辅王者，皆恭敬不敢暇逸，况敢聚饮。至于外服诸侯，内服百僚，皆服事其大臣，至于百姓大族，居于闾里者，皆不湎于酒。"不唯不敢，亦不暇"，唯以助王之显民德，及以助庶尹之祗厥辟也。

3.《尚书全解》卷二十九《周书·酒诰》

（宋）林之奇撰
（归善斋按，见"王曰，封，我西土棐徂邦君、御事、小子"）

4.《尚书讲义》卷十四

（宋）史浩撰
（归善斋按，见"王若曰，明大命于妹邦"）

5.《尚书详解》卷十九《周书·酒诰》

（宋）夏僎撰
（归善斋按，见"王曰，封，我西土棐徂邦君、御事、小子"）

6.《增修东莱书说》卷二十一《周书·酒诰第十二》

（宋）吕祖谦撰，（宋）石澜增修
（归善斋按，见"王曰，封，我西土棐徂邦君、御事、小子"）

7.《尚书说》卷五《周书·酒诰》

（宋）黄度撰
（归善斋按，见"王曰，封，我西土棐徂邦君、御事、小子"）

8. 《絜斋家塾书钞》卷十一《周书·酒诰》

（宋）袁燮撰
（归善斋按，见"王曰，封，我西土棐徂邦君、御事、小子"）

9. 《书经集传》卷四《周书·酒诰》

（宋）蔡沈撰
（归善斋按，见"王曰，封，我西土棐徂邦君、御事、小子"）

10. 《尚书精义》卷三十六《周书·酒诰》

（宋）黄伦撰
（归善斋按，见"王曰，封，我西土棐徂邦君、御事、小子"）

11. 《尚书详解》卷三十《周书·酒诰》

（宋）陈经撰
（归善斋按，见"王曰，封，我西土棐徂邦君、御事、小子"）

12. 《融堂书解》卷十二《周书·酒诰》

（宋）钱时撰
（归善斋按，见"王曰，封，我西土棐徂邦君、御事、小子"）

13. 《尚书要义》

（宋）魏了翁撰
（归善斋按，原缺）

14. 《书集传或问》卷下《酒诰》

（宋）陈大猷撰
（归善斋按，未解）

15. 《尚书详解》卷八《周书·酒诰第十二》

（宋）胡士行撰

（归善斋按，见"王曰，封，我西土棐徂邦君、御事、小子"）

16. 《书纂言》卷四上《周书·酒诰》

（元）吴澄撰

（归善斋按，见"王曰，封，我西土棐徂邦君、御事、小子"）

17. 《书集传纂疏》卷四下《朱子订定蔡氏集传·周书·酒诰》

（元）陈栎撰

（归善斋按，见"王曰，封，我西土棐徂邦君、御事、小子"）

18. 《读书丛说》卷六《酒诰》

（元）许谦撰

（归善斋按，未解）

19. 《书传辑录纂注》卷四《周书·酒诰》

（元）董鼎撰

（归善斋按，见"王曰，封，我西土棐徂邦君、御事、小子"）

20. 《尚书句解》卷八《周书·酒诰第十二》

（元）朱祖义撰

故我至于今，克受殷之命（所以我周家至今，能受殷命有天下）。

21. 《尚书日记》卷十一《周书·酒诰》

（明）王樵撰

（归善斋按，见"王曰，封，我西土棐徂邦君、御事、小子"）

22.《日讲书经解义》卷八《周书·酒诰》

（清）库勒纳等撰

（归善斋按，见"王曰，封，我西土棐徂邦君、御事、小子"）

《五诰解》卷二《酒诰》

（宋）杨简撰

（归善斋按，见"王曰，封，我西土棐徂邦君、御事、小子"）

王曰，封，我闻唯曰，在昔殷先哲王，迪畏天，显小民

1.《尚书注疏》卷十三《周书》

（汉）孔氏传，（唐）陆德明音义，（唐）孔颖达疏

王曰，封，我闻唯曰，在昔殷先哲王，迪畏天，显小民

传，闻之于古，殷先智王，谓汤蹈道畏天，明著小民。

疏，正义曰，以周受于殷，文王之前殷代也。今又卫居殷地，故举殷代以酒兴亡得失，而为戒。王命之曰，封，我闻于古，所闻唯曰，殷之先代，智道之王，成汤于上蹈道以畏天威，于下明着加于小民。

传，正义曰，言闻之于古，是事明众见也。下言"自成汤"，知此别道汤事也。王者上承天，下恤民，皆由蹈行于道，畏天之罚己故也。又以道教民，故明德，著小民。

2.《书传》卷十二《周书》

（宋）苏轼撰

（归善斋按，见"故我至于今，克受殷之命"）

3.《尚书全解》卷二十九《周书·酒诰》

(宋)林之奇撰

(归善斋按,见"王曰,封,我西土棐徂邦君、御事、小子")

4.《尚书讲义》卷十四

(宋)史浩撰

(归善斋按,见"王若曰,明大命于妹邦")

5.《尚书详解》卷十九《周书·酒诰》

(宋)夏僎撰

王曰,封,我闻唯曰,在昔殷先哲王,迪畏天,显小民。经德秉哲,自成汤,咸至于帝乙,成王畏相。唯御事,厥棐有恭,不敢自暇自逸。矧曰其敢崇饮。越在外服,侯、甸、男、卫邦伯;越在内服,百僚庶尹,唯亚唯服宗工;越百姓里居,罔敢湎于酒。不唯不敢亦不暇,唯助成王德显,越尹人祗辟。

此成王又举其所闻商先哲王与其臣不敢腆酒之事,以告康叔也。"我闻唯曰"者,谓所闻者唯如此说也。成王盖谓,我言此,盖闻之于古,非己之私言也。在昔殷先哲王迪畏天显、小民,谓商之先智哲之王,能启迪天人之理,谓明之也。唯其能明天人之理,故上则能畏天之显道,下则能畏小民之难保,唯务经常其德,而不敢少变;秉持其哲,而不使少惑。唯其如此,故自成汤以至帝乙,所以成王业者,唯在于畏其辅相之人。盖人君能知天、民之可畏,则必畏辅相之人。唯其忽天慢民,故视辅相之人直土芥耳,岂复敬其人,而行其言哉?唯商之先王,能畏相,故当时,凡为治事之臣者,其辅君皆有恭敬之诚心,夙夜在公,不敢少自宽暇,少自安逸,况敢崇尚于饮乎?此盖总言商之诸臣,不敢湎于酒也。自此以下,则缕陈而悉数之。"越在外服",谓在王畿之外,而有服事者,即侯、甸、男、采、卫众国之君长也。"越在内服",谓在王畿之内,而有服事者,即百官之僚属,与庶官之尹正,与其副贰之人,与其服事尊官之人,与百官族姓致仕而居乡里之人也。凡此内外之官,皆无有一人敢湎于酒。湎,

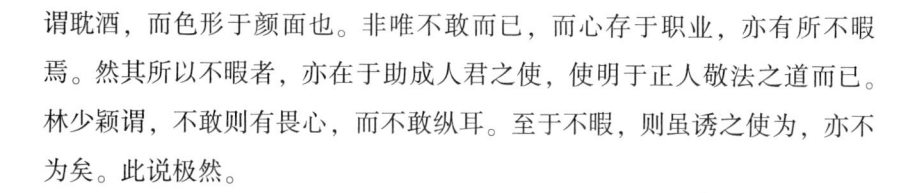

谓耽酒，而色形于颜面也。非唯不敢而已，而心存于职业，亦有所不暇焉。然其所以不暇者，亦在于助成人君之使，使明于正人敬法之道而已。林少颖谓，不敢则有畏心，而不敢纵耳。至于不暇，则虽诱之使为，亦不为矣。此说极然。

6.《增修东莱书说》卷二十一《周书·酒诰第十二》

（宋）吕祖谦撰，（宋）石澜增修

王曰，封，我闻唯曰，在昔殷先哲王，迪畏天，显小民。经德秉哲，自成汤，咸至于帝乙，成王畏相。唯御事，厥棐有恭，不敢自暇自逸，矧曰其敢崇饮。越在外服，侯、甸、男、卫邦伯；越在内服，百僚庶尹，唯亚唯服宗工；越百姓里居，罔敢湎于酒。不唯不敢，亦不暇。唯助成王德显，越尹人祇辟。

又举商之所以兴者告康叔。我闻昔日商王之兴，盖以是道，而畏天、畏民也。天有显道，小民难保，何敢不畏。能畏小民，是真能畏天也。"经德秉哲"者，商先哲王持养之功也。常厥德，保厥位。经德，则无失德矣。德，虽本然修之，有可继也。今天其命哲，则哲亦人主本然之明。不保持，则有时为物所蔽而昏矣。盛德之主，无不尊畏其辅助之臣，相与赞成，一己之德，其心克自抑畏。君既抑畏，凡在位在职者，皆肃恭以辅上，而体其君之心。夫自成汤至于帝乙，贤圣之君六七作。其成王业，在于畏相。臣之辅助其君者，唯有笃恭。君臣之间，皆不敢自暇逸矣，况敢大饮于酒乎？商之所以兴，其君之心在畏相，臣之心在棐恭，上下皆于恭敬用功。"矧曰其敢崇饮"，言况有工夫崇尚酒也。朝廷君臣既如，此在外服者，有侯、甸、男、卫邦伯之诸侯；在内服者，有百僚庶尹，唯亚唯服宗工；至于百姓里居不在位而闲居者，皆不敢沉湎于酒。不唯畏之而不敢，上下内外，举在笃恭中，此心岂暇及于酒，唯欲助成王德耳。又大而为尹人者，亦专以敬君为事。见商之时，通天下皆笃恭矣。而又独言"显越尹人祇辟"者，盖敬君之事，唯观之尹人为明，所以谓之"显"。尹人百官，诸侯之长也。尹人知敬君，则他人可知。上下笃恭之中，于尹人祇辟，尤见笃恭之显也。

7.《尚书说》卷五《周书·酒诰》

（宋）黄度撰

王曰，封，我闻唯曰，在昔殷先哲王，迪畏天，显小民。经德秉哲，自成汤，咸至于帝乙，成王畏相。唯御事，厥棐有恭，不敢自暇自逸，矧曰其敢崇饮。

我所闻唯曰，昔殷先哲王，蹈道畏天显、明小民，经常厥德，终始唯一，秉持哲智，缉熙光明，能成王德，使四海咸仰敬畏。辅相能自得师。唯治事之臣，其修辅又皆有恭敬之德，故其君不敢自宽暇，自安逸，况敢崇尚饮酒。

8.《絜斋家塾书钞》卷十一《周书·酒诰》

（宋）袁燮撰

王曰，封，我闻唯曰，在昔殷先哲王，迪畏天，显小民。经德秉哲，自成汤咸至于帝乙，成王畏相。唯御事，厥棐有恭，不敢自暇自逸，矧曰其敢崇饮。越在外服，侯、甸、男、卫邦伯；越在内服，百僚庶尹，唯亚唯服宗工；越百姓里居，罔敢湎于酒。不唯不敢，亦不暇，唯助成王德显，越尹人祇辟。

（按，此节注，《永乐大典》原缺）

9.《书经集传》卷四《周书·酒诰》

（宋）蔡沈撰

王曰，封，我闻唯曰，在昔殷先哲王，迪畏天，显小民。经德秉哲。自成汤咸至于帝乙，成王畏相。唯御事，厥棐有恭，不敢自暇自逸，矧曰其敢崇饮。

以商君臣之不暇逸者告康叔也。殷先哲王，汤也。"迪畏"者，畏之而见于行也。畏天之明命，畏小民之难保。经其德而不变，所以处己也，秉其哲而不惑，所以用人也。汤之垂统如此，故自汤至于帝乙，贤圣之君六七作。虽世代不同，而皆能成就君德，敬畏辅相，故当时御事之臣，亦皆尽忠辅翼，而有责难之恭。自暇自逸犹且不敢，况曰其敢尚饮乎？

10.《尚书精义》卷三十六《周书·酒诰》

(宋) 黄伦撰

王曰，封，我闻唯曰，在昔殷先哲王，迪畏天，显小民。经德秉哲，自成汤咸至于帝乙，成王畏相。唯御事，厥棐有恭，不敢自暇自逸，矧曰其敢崇饮。

无垢曰，成王言我闻在昔殷先明哲之王，以道而畏天，以道而显小民。迪，道也。何谓道，畏天之心，道也；显民之心，亦道也。使人主不畏天，则放僻邪侈，何所不至。使人主不显民，则风俗败坏，亦何所不至。此所当"经德秉哲"以畏天而显民也。经德，则动容周旋皆中于礼；秉哲，则远近幽深，遂知来物。以此显民，盖沛乎其有余矣。"经德秉哲"，上以畏天，下以显民；远以成王业，近以畏贤相。

又曰，唯人主畏相，故御事所以辅人主者，亦恭敬于职事，不敢自暇息逸豫之路以行也，自之为言行也。以为御事大臣，其辅人主，皆由恭敬行，不敢由暇豫之路以行，而废职事也。以是观之天下之事，无非自己，而出我畏相，而御事有恭敬。孟子曰，"行有不得者，皆反求诸己。其身正而天下归之。"

又曰，不敢自暇逸中行，况曰其敢聚饮乎？盖有心，则有迹；无此心，则安有此迹。御事大臣尚无暇逸之心，人主安得有聚饮之迹乎？

张氏曰，夫殷先哲王，上能迪畏于天显，则足以为天之所辅；下能迪畏于小民，则足以为民之所式。夫天显难忱矣，奉之而弗违者，所以"迪天显"也。钦之而不忽者，所以畏天显也。"小民难保"矣，训之使不迷，所以迪小民也。承之而不侮者，所以畏小民也。经德，则常厥德而不废也；秉哲，则操其智，而不昧也。言"殷先哲王，迪畏天，显小民。经德秉哲"，自成汤以来，率皆如此，以至于帝乙，皆"成王畏相"也。

11.《尚书详解》卷三十《周书·酒诰》

(宋) 陈经撰

王曰，封，我闻唯曰，在昔殷先哲王，迪畏天，显小民。经德秉哲，自成汤咸至于帝乙，成王畏相。唯御事，厥棐有恭，不敢自暇自逸，矧曰其敢崇饮。

孔颖达曰，周受于商，文王之前，殷代也。今又卫居商地，故举商代以酒兴亡得失为戒，此又言商家先王群臣以不饮酒而兴邦也。既取稽考文王以近者告之，又以其闻于商先王者告之曰，我尝闻之，在昔有殷先哲王，谓成汤也。迪，蹈也，躬行之谓也。天有显道，小民难保，皆可畏者也。唯成汤躬行，此畏于己戒徹不睹，恐惧不闻，故形之于畏天，则见天之显；行之于畏民，则见小民之不可忽。形之于德，则守之以常，而不敢变；形之为智，则持之以坚，而不敢失。此畏心之在己。也形之于后世，则自成汤至于帝乙，贤圣六七作之君，所以成王业者，皆畏其相。国有重臣，如伊尹、伊陟、巫贤、甘盘之徒。人主之所敬也，此畏，心之在子孙也。形之于臣下，则御事之臣，所以为辅弼者，皆致其恭敬之道，责难于君，不敢自暇自逸。"自"者，由也，由于暇逸者，必不能恭于君；恭于辅君者，必不敢暇逸，所以不敢暇逸者，唯尽为臣之职所当为而已，何况曰其敢崇尚饮酒乎？此畏，心之在群臣也。商家先王，萌一迪畏之心，故己之所用者，无非此畏。子孙之所遵者，无非此畏。群臣之所效法者，无非此畏。甚矣，心之不可以不知畏也，前乎此，尧舜之竞业，畏也；后乎此，文王之不敢侮鳏寡，武王之夙夜祗惧，此畏也。以人主之尊，其敬畏不敢忽如此，况于为诸侯乎？况于为大夫，为士者乎？

12.《融堂书解》卷十二《周书·酒诰》

（宋）钱时撰

王曰，封，我闻唯曰，在昔殷先哲王，迪畏天，显小民。经德秉哲，自成汤咸至于帝乙，成王畏相。唯御事，厥棐有恭，不敢自暇自逸，矧曰其敢崇饮。越在外服，侯、甸、男、卫邦伯；越在内服，百僚庶尹，唯亚唯服宗工；越百姓里居，罔敢湎于酒。不唯不敢，亦不暇。唯助成王德显，越尹人祗辟。我闻亦唯曰，在今后嗣王酗身。厥命罔显于民，祗保越怨不易。诞唯厥纵淫泆于非彝，用燕丧威仪。民罔不尽伤心。唯荒腆于酒，不唯自息乃逸。厥心疾狠，不克畏死。辜在商邑，越殷国灭无罹。弗唯德馨香祀，登闻于天。诞唯民怨，庶群自酒，腥闻在上。故天降丧于殷，罔爱于殷，唯逸。天非虐，唯民自速辜。

上文既言西土教行不腆于酒，故我有周克受殷命矣，于是遂历陈殷之兴亡，皆嗜酒与不嗜酒之故。"我闻唯曰"者，言我之所闻，唯只如此，更无他说。所以专康叔之听也。"经德秉哲"，不是两事，此正是"迪畏"实用力处。上专言"御事"，而此言"百僚"，盖指御事而下百官也。此书从头皆兼臣民而言，上文自御事至百姓，此云"庶群"，皆兼言臣民也。前面只说纠结怨于民如何，到此却专说"民自速辜"，若沉湎止纠一身，风俗犹未败坏，只缘淫酗肆虐，臣下化之，是妹土之俗悉化而为纠矣，乃始降丧。周公于此，只把民自速辜来说，正切今日《酒诰》化商之意，则臣在其中。

13.《尚书要义》

（宋）魏了翁撰

（归善斋按，原缺）

14.《书集传或问》卷下《酒诰》

（宋）陈大猷撰

（归善斋按，未解）

15.《尚书详解》卷八《周书·酒诰第十二》

（宋）胡士行撰

王曰，封，我闻唯曰，在昔殷先哲王，迪畏（启知）天显、（显道）小民（难保）。经（常）德秉（执守）哲（天命之哲），自成汤，咸（皆）至于帝乙（贤圣之君六七作）。成王（王业）畏（敬）相（臣）。唯御事，厥棐（辅君）有恭，不敢自暇自逸，矧曰其敢崇（尚）饮。越（于）在外（王畿外）服（有事），侯甸，男，卫，邦（国君），伯（长）；越在内（畿内）服，百僚（属）庶尹（正），唯亚（副贰）唯服宗工（服事尊官之人）；越百（官）姓（族）里（田）居（不在位闲居者），罔敢湎于酒。不唯不敢亦不暇，唯助成王德显（明），越尹（正）人祇（敬）辟（法）。

此举商先王不湎酒以为教也。君以畏天、畏民之心畏相，而臣皆以敬畏应之，其不敢饮也，犹有所畏而力制也。至不暇则安之矣，虽诱之不为也。唯助成君德之显，使其所以正人者，能敬法而已。敬，商人所尚敬，则不饮，此止酒第一剂也。

16.《书纂言》卷四上《周书·酒诰》

（元）吴澄撰

王曰，封，我闻唯曰，在昔殷先哲王，迪畏天，显小民。经德秉哲，自成汤，咸至于帝乙，成王畏相。唯御事，厥棐有恭，不敢自暇自逸，矧曰其敢崇饮。

殷先哲王，谓汤。迪畏，犹言实畏。天显，天道之显明，经常秉持哲者，德之明也。成王，守成之王。畏相，敬畏之相。相谓辅弼师保在王左右者也。"棐有恭"，犹内则言不有敬事。崇，犹"崇酒"之"崇"，过饮而崇足也。言汤畏天、畏民，明德日新。自汤以后之成王畏相，及治事之卿大夫，虽平居燕息之时，非有所恭敬之事，犹且忧勤不敢自闲暇逸乐，况敢过饮乎？

17.《书集传纂疏》卷四下《朱子订定蔡氏集传·周书·酒诰》

（元）陈栎撰

王曰，封，我闻唯曰，在昔殷先哲王，迪畏天，显小民。经德秉哲，自成汤，咸至于帝乙，成王畏相。唯御事，厥棐有恭，不敢自暇自逸，矧曰其敢崇饮。

以商君臣之不暇逸者告康叔也。殷先哲王，汤也。"迪畏"者，畏之而见于行也，畏天之明命，畏小民之难保。经其德而不变所以处己也，秉其哲而不惑，所以用人也。汤之垂统如此，故自汤至于帝乙，贤圣之君六七作，虽世代不同，而皆能成就君德，敬畏辅相，故当时，御事之臣亦皆尽忠辅翼，而有责难之恭。自暇自逸犹且不敢，况曰其敢尚饮乎？

纂疏：

唐孔氏曰，周受命于殷，兼卫居殷地，故举殷代以酒兴亡为戒。

陈氏大猷曰，经德秉哲，乃畏天、畏民之实。

王氏炎曰，御事，犹言治事。凡《经》言御事，兼小大之臣皆可称也。

真氏曰，此章乃一篇之根本。凡人敬，则不纵欲；纵欲，则不敬。商之君臣，既一于敬，举天下之物欲，不足以动之，况荒败于酒乎？此正天理、人欲相为消长之几也。

愚谓，上文言周受殷命，故举殷之以酒兴亡以为戒。此先言殷先王以不湎酒而兴也。"迪畏"以下数句，与"崇饮"相反。迪畏天、民，则常若上帝之临汝，常见小人之难保，敢纵酒乎？一纵酒，则玩而不知畏。天显虽可畏，酣饮则不暇顾。小民虽可畏，酣饮则不暇恤矣。常其德，持其哲，则有守而不昏，必不纵酒。一纵酒，则酗于酒，德而所守变，荒迷于酒而所见昏矣。畏相、棐恭、不暇、不逸。则有敬畏，无暇逸，必不纵酒。一纵酒，则君臣沦胥醺酣之场，而荒酖逸豫不暇顾矣。商人以尚敬为法，尚饮为戒，曰畏，曰恭，皆尚敬之谓也。尚敬，则百善；成尚饮，则百邪生。

18.《读书丛说》卷六《酒诰》

（元）许谦撰

（归善斋按，未解）

19.《书传辑录纂注》卷四《周书·酒诰》

（元）董鼎撰

王曰，封，我闻唯曰，在昔殷先哲王，迪畏天，显小民。经德秉哲，自成汤，咸至于帝乙，成王畏相。唯御事，厥棐有恭，不敢自暇自逸，矧曰其敢崇饮。

以商君臣之不暇逸者告康叔也。殷先哲王，汤也。"迪畏"者，畏之而见于行也。畏天之明命，畏小民之难保。经其德而不变所以处己也；秉其哲而不惑所以用人也。汤之垂统如此，故自汤至于帝乙，贤圣之君六七作，虽世代不同，而皆能成就君德。敬畏辅相，故当时御事之，臣亦皆尽忠辅翼，而有责难之恭。自暇自逸犹且不敢，矧曰其敢尚饮乎？

纂注：

唐孔氏曰，周受命于殷，兼卫居殷地，故举殷代以酒兴亡为戒。

林氏曰，经德秉哲，乃商先王持养到处。

陈氏大猷曰，经德秉哲，乃畏天、畏民之实。

王氏炎曰，御事，犹言治事。凡《经》言御事，兼小大之臣皆可称也。

新安陈氏曰，上文言周受殷命，故举殷代之以酒兴亡者以为戒。此先言殷先王之以不湎酒而兴也。"迪畏"以下数句，与崇饮正相反。商人以尚敬为法，尚饮为戒。曰畏，曰恭，皆尚敬之谓也。尚敬则百善成，尚饮则百邪生。

真氏曰，此章乃一篇之根本。凡人敬，则不纵欲；纵欲则不敬。商之君臣，既一于敬，举天下之物欲，不足以动之，况荒败于酒乎？此正天理、人欲相为消长之几，宜深味之。

20.《尚书句解》卷八《周书·酒诰第十二》

（元）朱祖义撰

王曰，封（王呼叔言），我闻唯曰（我闻之于古唯曰），在昔殷先哲王（在昔商之先有智哲之王），迪畏天，显小民（能启迪敬畏之道，上则畏天之显道，下则畏小人之难保）。

21.《尚书日记》卷十一《周书·酒诰》

（明）王樵撰

"王曰，封，我闻唯曰，在昔殷先哲王"至"矧曰其敢崇饮"。

凡言"我闻唯曰"者，闻殷唯以敬畏而兴，我闻殷亦唯以荒腆而亡。周受殷命，卫居殷墟，故举殷代以酒兴亡为戒。殷先哲王，汤也。"迪畏"者，畏之而见于行也。"天显"，即天之明命。畏天之明命，而所行不敢少有违越，则可谓"迪畏天显"矣。畏小民之难保，而所行一不敢拂乎民心之公，则可谓"迪畏小民"矣。畏天命者，鲜矣。畏民与畏天并言，则又圣人之微旨也。经德秉哲，迪畏之实也。经其德而不变，所谓日新又新也，制心制事，一有常功，汤之处己如此，此所以严其心之所自出，而上不愧于天；谨其心之所由施，而下无失于民者也。秉其哲而不

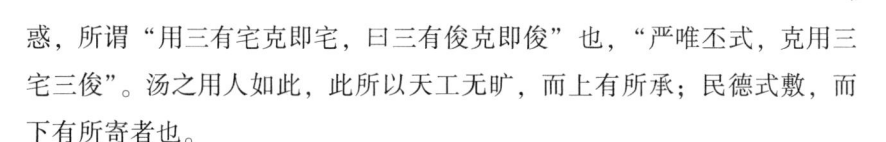

惑，所谓"用三有宅克即宅，曰三有俊克即俊"也，"严唯丕式，克用三宅三俊"。汤之用人如此，此所以天工无旷，而上有所承；民德式敷，而下有所寄者也。

"自成汤至于帝乙，成王畏相"，则为君者，同一敬畏之心。"唯御事，厥棐有恭"，则为臣者，同一敬畏之心。

成王，顾"经德"言；畏相，顾"秉哲"言。成王，如太甲之"克终允德"，太戊"天命自度"，高宗"恭默思道"之类。畏相，太甲之听于伊尹；高宗之学于甘盘，纳诲于傅说之类。

君以论相为职，相以正君为职，求其正己，而非求其适己；取其可畏而非取其可爱，则能畏相矣。正君者，以献可替否为事，而不以趋和承意为能；以经世宰物为心，而不以容身固宠为术，则厥棐有恭矣。

御事，亦通指汤，及后王而言，如伊尹以"不克尧舜其君"为耻；傅说以"克绍乃辟于先王，永绥民"自任之类。御事，尹人皆相之别称。

真氏曰，此章乃一篇根本。凡人敬，则不纵欲；纵欲则不敬。殷之君臣，既一于敬矣。举天下之物，不足以动之，况荒败于酒乎？此正天理、人欲相为消长之几。学者宜深味之。

22.《日讲书经解义》卷八《周书·酒诰》

（清）库勒纳等撰

王曰，封，我闻唯曰，在昔殷先哲王，迪畏天，显小民。经德秉哲，自成汤，咸至于帝乙，成王畏相。唯御事，厥棐有恭，不敢自暇自逸，矧曰其敢崇饮。

此一节书，言商之所以兴，由于君臣之不暇逸也。"迪畏"者，畏惧而见于行也。天显，天理之显然者。帝乙，商后代之贤君。成王，成其君德也。畏相，敬畏辅相也。崇，尚也。武王呼康叔而告之曰，尔知商先王之所以兴乎？我闻在昔殷先哲王成汤，知上天之明命为至重，知小民为难保，兢兢业业，时存敬畏，而见之于行事者，莫不皆然。经常其德以治身，而不为外诱所移，秉持其哲，以用人而不为小人所惑，所以贻谋尽善，代有贤君。自成汤以至于帝乙，中间贤圣之君六七作，皆能成就君德，而无陨越之忧；敬畏贤相，而无骄肆之失。一时治事诸臣，皆尽心辅弱，而以责难为恭，不以阿顺为悦。君臣上下，一德一心，唯知畏天、畏民，不敢一毫自暇自逸，如此况敢以饮酒为尚哉。此商之所以兴，汝当取法者也。先儒真德秀，谓此节乃一篇之根本，凡人敬，则不肆欲；肆欲则不敬。君臣既一于敬，则举天下之物，皆不足以动之。此正天理、人欲相为消长之几也。

《书义断法》卷四《周书·酒诰》

（元）陈悦道撰

在昔殷先哲王，迪畏天，显小民。经德秉哲，自成汤至于帝乙，成王畏相。唯御事，厥棐有恭。

古今言敬，唯畏字最切。盖其始也，一念之敬。畏迪行于天民、人己之间，所以交致其敬也。其终也，一堂之敬畏贯乎君臣辅弼之间，所以交致其敬也。商先哲王，所以自治者如此，而君臣交修，纯一恭敬，贤圣之君六七作，莫不皆然。盖始犹以一身持循之常法，其终则为一代相传家法矣。奚至于纵酒败德哉。经德者，修己也；秉哲者，用人也。

《读书管见》卷下《酒诰》

（元）王充耘撰

殷先哲王，迪畏天，显小民。

"殷先哲王，迪畏天，显小民，经德秉哲"，盖既畏天、畏民，则所行自无敢慢，故经其德而不变，所谓日新又新。不敢或作、或辍，盖唯恐无德而不足以享天心；秉其哲而不移，所谓是是而非非，举直而错枉，确乎其不乱，盖唯恐用舍颠倒，而无以服乎人也。"自成汤，至于帝乙，成王畏相"，则为君者，同一敬畏之心；"唯御事，厥棐有恭"，则为臣者，同一畏敬之心，自暇自逸且不敢，况敢尚饮乎。商人尚敬之道，盖如此。自成汤至于帝乙，凡三见之。盖商之能有天下者，始自成汤，终于帝乙。帝乙而下，所谓在"今后嗣王酗身"者也。纣为丧乱之主，不足称数，故以帝乙终焉。则自帝乙而上，成汤而下，凡为君者，皆可称道，非指"贤圣之君六七作"者为言也。

《五诰解》卷二《酒诰》

（宋）杨简撰

王曰，封，我闻唯曰，在昔殷先哲王，迪畏天，显小民。经德秉哲，自成汤，咸至于帝乙，成王畏相。唯御事，厥棐有恭，不敢自暇自逸，矧曰其敢崇饮。

天显，福善祸淫甚明。然"天视自我民视。天听自我民听"，"民之所欲，天必从之；民之所恶，天必弃之"。故殷哲先王畏之也。迪者，行其所畏也，非空言而不行，故曰"迪畏"。经，谓丝之"经"，直而无二。"经"之一言，说出德性甚明。哲，明也。明者，人心所自有，唯多昏，故为非僻。今能秉执明哲，常明不昏，则德性常明哲，即德，即天，即合小民之心。咸，皆也。自汤至帝乙，皆成王道，皆畏辅相大臣。置"咸"字于中者，古文之常。唯哲王乃畏相；畏相，即文王之敬忌，即经德秉哲。虽御事，凡辅棐小臣，皆恭敬不敢自暇逸，矧敢崇饮。

经德秉哲，自成汤，咸至于帝乙，成王畏相

1.《尚书注疏》卷十三《周书》

（汉）孔氏传，（唐）陆德明音义，（唐）孔颖达疏

经德秉哲，自成汤，咸至于帝乙，成王畏相。

传，能常德持智，从汤至帝乙，中间之王，犹保成其王道，畏敬辅相之臣，不敢为非。

音义，相，息亮反，下同。

疏，正义曰，即能常德持智，以为政教，自成汤之后皆然，以至于帝乙，犹保成其王道，畏敬辅相之臣。

传，正义曰，德在于身，智在于心。故能常德持智，即上迪畏天显、小民，为自汤后皆尔。

2.《书传》卷十二《周书》

(宋) 苏轼撰
(归善斋按,见"故我至于今,克受殷之命")

3.《尚书全解》卷二十九《周书·酒诰》

(宋) 林之奇撰
(归善斋按,见"王曰,封,我西土棐徂邦君、御事、小子")

4.《尚书讲义》卷十四

(宋) 史浩撰
(归善斋按,见"王若曰,明大命于妹邦")

5.《尚书详解》卷十九《周书·酒诰》

(宋) 夏僎撰
(归善斋按,见"王曰,封,我闻唯曰,在昔殷先哲王")

6.《增修东莱书说》卷二十一《周书·酒诰第十二》

(宋) 吕祖谦撰,(宋) 石𬭎增修
(归善斋按,见"王曰,封,我闻唯曰,在昔殷先哲王")

7.《尚书说》卷五《周书·酒诰》

(宋) 黄度撰
(归善斋按,见"王曰,封,我闻唯曰,在昔殷先哲王")

8.《絜斋家塾书钞》卷十一《周书·酒诰》

(宋) 袁燮撰
(归善斋按,见"王曰,封,我闻唯曰,在昔殷先哲王")

9. 《书经集传》卷四《周书·酒诰》

(宋）蔡沈撰

(归善斋按，见"王曰，封，我闻唯曰，在昔殷先哲王"）

10. 《尚书精义》卷三十六《周书·酒诰》

(宋）黄伦撰

(归善斋按，见"王曰，封，我闻唯曰，在昔殷先哲王"）

11. 《尚书详解》卷三十《周书·酒诰》

(宋）陈经撰

(归善斋按，见"王曰，封，我闻唯曰，在昔殷先哲王"）

12. 《融堂书解》卷十二《周书·酒诰》

(宋）钱时撰

(归善斋按，见"王曰，封，我闻唯曰，在昔殷先哲王"）

13. 《尚书要义》

(宋）魏了翁撰

(归善斋按，原缺）

14. 《书集传或问》卷下《酒诰》

(宋）陈大猷撰

(归善斋按，未解）

15. 《尚书详解》卷八《周书·酒诰第十二》

(宋）胡士行撰

(归善斋按，见"王曰，封，我闻唯曰，在昔殷先哲王"）

16. 《书纂言》卷四上《周书·酒诰》

（元）吴澄撰

（归善斋按，见"王曰，封，我闻唯曰，在昔殷先哲王"）

17. 《书集传纂疏》卷四下《朱子订定蔡氏集传·周书·酒诰》

（元）陈栎撰

（归善斋按，见"王曰，封，我闻唯曰，在昔殷先哲王"）

18. 《读书丛说》卷六《酒诰》

（元）许谦撰

（归善斋按，未解）

19. 《书传辑录纂注》卷四《周书·酒诰》

（元）董鼎撰

（归善斋按，见"王曰，封，我闻唯曰，在昔殷先哲王"）

20. 《尚书句解》卷八《周书·酒诰第十二》

（元）朱祖义撰

经德秉哲（唯务经常其德，而不敢少变德，秉其哲而不使少惑），自成汤，咸至于帝乙（故自成汤以至帝乙）成王畏相（所以成王业唯在畏辅相之人）。

21. 《尚书日记》卷一一《周书·酒诰》

（明）王樵撰

（归善斋按，见"王曰，封，我闻唯曰，在昔殷先哲王"）

22. 《日讲书经解义》卷八《周书·酒诰》

（清）库勒纳等撰

（归善斋按，见"王曰，封，我闻唯曰，在昔殷先哲王"）

《五诰解》卷二《酒诰》

（宋）杨简撰

（归善斋按，见"王曰，封，我闻唯曰，在昔殷先哲王"）

《书义断法》卷四《周书·酒诰》

（元）陈悦道撰

（归善斋按，见"王曰，封，我闻唯曰，在昔殷先哲王"）

《读书管见》卷下《酒诰》

（元）王充耘撰

（归善斋按，见"王曰，封，我闻唯曰，在昔殷先哲王"）

唯御事，厥棐有恭，不敢自暇自逸

1. 《尚书注疏》卷十三《周书》

（汉）孔氏传，（唐）陆德明音义，（唐）孔颖达疏

唯御事，厥棐有恭，不敢自暇自逸。

传，唯殷御治事之臣，其辅佐畏相之君，有恭敬之德，不敢自宽暇，自逸豫。

音义，暇，遐稼反。

疏，正义曰，其君既然，唯殷御治事之臣，其辅相于君，有恭敬之德，不敢自宽暇，自逸豫。

传，正义曰，唯殷御治事之臣者，此事当公卿，故下别云"越在内服百僚庶尹"也。为君畏相，故辅之。若宽暇与逸豫，则不恭敬，故不敢为也。

2. 《书传》卷十二《周书》

（宋）苏轼撰

（归善斋按，见"故我至于今，克受殷之命"）

3.《尚书全解》卷二十九《周书·酒诰》

（宋）林之奇撰
（归善斋按，见"王曰，封，我西土棐徂邦君、御事、小子"）

4.《尚书讲义》卷十四

（宋）史浩撰
（归善斋按，见"王若曰，明大命于妹邦"）

5.《尚书详解》卷十九《周书·酒诰》

（宋）夏僎撰
（归善斋按，见"王曰，封，我闻唯曰，在昔殷先哲王"）

6.《增修东莱书说》卷二十一《周书·酒诰第十二》

（宋）吕祖谦撰，（宋）石𣶏增修
（归善斋按，见"王曰，封，我闻唯曰，在昔殷先哲王"）

7.《尚书说》卷五《周书·酒诰》

（宋）黄度撰
（归善斋按，见"王曰，封，我闻唯曰，在昔殷先哲王"）

8.《絜斋家塾书钞》卷十一《周书·酒诰》

（宋）袁燮撰
（归善斋按，见"王曰，封，我闻唯曰，在昔殷先哲王"）

9.《书经集传》卷四《周书·酒诰》

（宋）蔡沈撰
（归善斋按，见"王曰，封，我闻唯曰，在昔殷先哲王"）

10. 《尚书精义》卷三十六《周书·酒诰》

（宋）黄伦撰

（归善斋按，见"王曰，封，我闻唯曰，在昔殷先哲王"）

11. 《尚书详解》卷三十《周书·酒诰》

（宋）陈经撰

（归善斋按，见"王曰，封，我闻唯曰，在昔殷先哲王"）

12. 《融堂书解》卷十二《周书·酒诰》

（宋）钱时撰

（归善斋按，见"王曰，封，我闻唯曰，在昔殷先哲王"）

13. 《尚书要义》

（宋）魏了翁撰

（归善斋按，原缺）

14. 《书集传或问》卷下《酒诰》

（宋）陈大猷撰

（归善斋按，未解）

15. 《尚书详解》卷八《周书·酒诰第十二》

（宋）胡士行撰

（归善斋按，见"王曰，封，我闻唯曰，在昔殷先哲王"）

16. 《书纂言》卷四上《周书·酒诰》

（元）吴澄撰

（归善斋按，见"王曰，封，我闻唯曰，在昔殷先哲王"）

17.《书集传纂疏》卷四下《朱子订定蔡氏集传·周书·酒诰》

（元）陈栎撰

（归善斋按，见"王曰，封，我闻唯曰，在昔殷先哲王"）

18.《读书丛说》卷六《酒诰》

（元）许谦撰

（归善斋按，未解）

19.《书传辑录纂注》卷四《周书·酒诰》

（元）董鼎撰

（归善斋按，见"王曰，封，我闻唯曰，在昔殷先哲王"）

20.《尚书句解》卷八《周书·酒诰第十二》

（元）朱祖义撰

唯御事，厥棐有恭（故当时凡为治事之臣者，其辅君皆有恭敬之诚心），不敢自暇自逸（夙夜在公，不敢少自宽暇，少自安逸）。

21.《尚书日记》卷十一《周书·酒诰》

（明）王樵撰

（归善斋按，见"王曰，封，我闻唯曰，在昔殷先哲王"）

22.《日讲书经解义》卷八《周书·酒诰》

（清）库勒纳等撰

（归善斋按，见"王曰，封，我闻唯曰，在昔殷先哲王"）

《五诰解》卷二《酒诰》

（宋）杨简撰

（归善斋按，见"王曰，封，我闻唯曰，在昔殷先哲王"）

《书义断法》卷四《周书·酒诰》

(元) 陈悦道撰

(归善斋按,见"王曰,封,我闻唯曰,在昔殷先哲王")

《读书管见》卷下《酒诰》

(元) 王充耘撰

(归善斋按,见"王曰,封,我闻唯曰,在昔殷先哲王")

矧曰其敢崇饮

1.《尚书注疏》卷十三《周书》

(汉) 孔氏传,(唐) 陆德明音义,(唐) 孔颖达疏

矧曰其敢崇饮。

传,崇,聚也。自暇自逸,犹不敢,况敢聚会饮酒乎,明无也。

疏,正义曰,况曰其敢聚会群饮酒乎?

传,正义曰,《释诂》云,崇,充也。充实则集聚,故"崇"为"聚"也。饮必待暇逸,犹尚不敢暇逸,故言况敢聚集饮酒乎,明无也。

2.《书传》卷十二《周书》

(宋) 苏轼撰

(归善斋按,见"故我至于今,克受殷之命")

3.《尚书全解》卷二十九《周书·酒诰》

(宋) 林之奇撰

(归善斋按,见"王曰,封,我西土棐徂邦君、御事、小子")

4. 《尚书讲义》卷十四

（宋）史浩撰

（归善斋按，见"王若曰，明大命于妹邦"）

5. 《尚书详解》卷十九《周书·酒诰》

（宋）夏僎撰

（归善斋按，见"王曰，封，我闻唯曰，在昔殷先哲王"）

6. 《增修东莱书说》卷二十一《周书·酒诰第十二》

（宋）吕祖谦撰，（宋）石澜增修

（归善斋按，见"王曰，封，我闻唯曰，在昔殷先哲王"）

7. 《尚书说》卷五《周书·酒诰》

（宋）黄度撰

（归善斋按，见"王曰，封，我闻唯曰，在昔殷先哲王"）

8. 《絜斋家塾书钞》卷十一《周书·酒诰》

（宋）袁燮撰

（归善斋按，见"王曰，封，我闻唯曰，在昔殷先哲王"）

9. 《书经集传》卷四《周书·酒诰》

（宋）蔡沈撰

（归善斋按，见"王曰，封，我闻唯曰，在昔殷先哲王"）

10. 《尚书精义》卷三十六《周书·酒诰》

（宋）黄伦撰

（归善斋按，见"王曰，封，我闻唯曰，在昔殷先哲王"）

11. 《尚书详解》卷三十《周书·酒诰》

(宋)陈经撰
(归善斋按,见"王曰,封,我闻唯曰,在昔殷先哲王")

12. 《融堂书解》卷十二《周书·酒诰》

(宋)钱时撰
(归善斋按,见"王曰,封,我闻唯曰,在昔殷先哲王")

13. 《尚书要义》

(宋)魏了翁撰
(归善斋按,原缺)

14. 《书集传或问》卷下《酒诰》

(宋)陈大猷撰
(归善斋按,未解)

15. 《尚书详解》卷八《周书·酒诰第十二》

(宋)胡士行撰
(归善斋按,见"王曰,封,我闻唯曰,在昔殷先哲王")

16. 《书纂言》卷四上《周书·酒诰》

(元)吴澄撰
(归善斋按,见"王曰,封,我闻唯曰,在昔殷先哲王")

17. 《书集传纂疏》卷四下《朱子订定蔡氏集传·周书·酒诰》

(元)陈栎撰
(归善斋按,见"王曰,封,我闻唯曰,在昔殷先哲王")

18. 《读书丛说》卷六《酒诰》

（元）许谦撰

（归善斋按，未解）

19. 《书传辑录纂注》卷四《周书·酒诰》

（元）董鼎撰

（归善斋按，见"王曰，封，我闻唯曰，在昔殷先哲王"）

20. 《尚书句解》卷八《周书·酒诰第十二》

（元）朱祖义撰

矧曰其敢崇饮（无敢崇厚于饮酒）。

21. 《尚书日记》卷十一《周书·酒诰》

（明）王樵撰

（归善斋按，见"王曰，封，我闻唯曰，在昔殷先哲王"）

22. 《日讲书经解义》卷八《周书·酒诰》

（清）库勒纳等撰

（归善斋按，见"王曰，封，我闻唯曰，在昔殷先哲王"）

《五诰解》卷二《酒诰》

（宋）杨简撰

（归善斋按，见"王曰，封，我闻唯曰，在昔殷先哲王"）

越在外服，侯、甸、男、卫邦伯

1. 《尚书注疏》卷十三《周书》

（汉）孔氏传，（唐）陆德明音义，（唐）孔颖达疏

越在外服，侯、甸、男、卫邦伯。

传，于在外国侯服、甸服、男服、卫服国伯，诸侯之长，言皆化汤畏相之德。

疏，正义曰，于是在外之服侯、甸、男、卫国君之长。

传，正义曰，以公卿与国为体，承君共事，故先言之，然后见广，故自外及内，举四者，以总六服。又因卫为蕃卫，故不言采也。国，谓国君。伯，言长，连属卒牧皆是，见遍在外为君，故言化汤畏相之德。

2.《书传》卷十二《周书》

（宋）苏轼撰

（归善斋按，见"故我至于今，克受殷之命"）

3.《尚书全解》卷二十九《周书·酒诰》

（宋）林之奇撰

（归善斋按，见"王曰，封，我西土棐徂邦君、御事、小子"）

4.《尚书讲义》卷十四

（宋）史浩撰

（归善斋按，见"王若曰，明大命于妹邦"）

5.《尚书详解》卷十九《周书·酒诰》

（宋）夏僎撰

（归善斋按，见"王曰，封，我闻唯曰，在昔殷先哲王"）

6.《增修东莱书说》卷二十一《周书·酒诰第十二》

（宋）吕祖谦撰，（宋）石澜增修

（归善斋按，见"王曰，封，我闻唯曰，在昔殷先哲王"）

7.《尚书说》卷五《周书·酒诰》

（宋）黄度撰

越在外服，侯、甸、男、卫邦伯；越在内服，百僚庶尹，唯亚唯服宗工；越百姓里居，罔敢湎于酒。不唯不敢，亦不暇。唯助成王德显，越尹人祗辟。

邦伯，诸侯长。同官为僚。尹，其长也，亚，其贰也。服，服其事。《周官·宰夫》旅，掌官常，以治教者也。宗工，大臣也。外服，诸侯统于长；内服，百官统于宗工。于百官族姓，与致仕里居者，皆无敢湎于酒。不唯不敢，而亦不暇。唯助成王德，使光明显大。于"尹人祗辟"，尹正祗敬辟君，助王德显，而后正人，使敬君奉令。君正，莫不正也。殷先王，畏相；御事，修辅有恭，故不敢暇逸崇饮。殷诸侯百官，唯助成王德显，正人敬君。不唯不敢湎，而亦不暇。其君臣当务如此。

8.《絜斋家塾书钞》卷十一《周书·酒诰》

（宋）袁燮撰

（归善斋按，见"王曰，封，我闻唯曰，在昔殷先哲王"）

9.《书经集传》卷四《周书·酒诰》

（宋）蔡沈撰

越在外服，侯、甸、男、卫邦伯；越在内服，百僚庶尹，唯亚唯服宗工；越百姓里居，罔敢湎于酒。不唯不敢，亦不暇。唯助成王德显，越尹人祗辟。

自"御事"而下，在外服，则有侯、甸、男、卫诸侯，与其长伯；在内服，则有"百僚庶尹，唯亚唯服宗工"，国中百姓，与夫里居者，亦皆不敢沉湎于酒。不唯不敢，亦不暇。不敢者，有所畏；不暇者，有所勉。唯欲上以助成君德，而使之昭著，下以助尹人祗辟，而使之益不怠耳。成王，顾上文"成王"而言；"祗辟"顾上文"有恭"而言。吕氏曰，尹人者，百官诸侯之长也，指上文"御事"而言。

10.《尚书精义》卷三十六《周书·酒诰》

（宋）黄伦撰

越在外服，侯、甸、男、卫邦伯；越在内服，百僚庶尹，唯亚唯服宗工；越百姓里居，罔敢湎于酒。不唯不敢，亦不暇。唯助成王德显，越尹人祗辟。

无垢曰，夫畏者，不敢之心也。殷先哲王持不敢之心，以畏天而显民，以成王业，以畏贤相。故御事，亦不敢暇逸，不敢聚饮。内服、外服百姓里居，亦不敢湎于酒。不敢之心发于先王方寸之间，守则为"经德"，用则为"秉哲"。推而上之，则为畏天；推而下之，则为显民。远之，则成王业；近之则畏贤相。而风化所及，使内服、外服、百姓、里居，皆由不敢之心以行。呜呼！不敢之心，岂不大乎。使先王少肆不敢之心，而为敢，则亦何所不至哉。故殷先哲王如中宗，则不敢荒宁。中宗传此不敢之心至于高宗，高宗亦不敢荒宁。高宗传此不敢之心至于祖甲，祖甲则不敢侮鳏寡。祖甲传此不敢之心至于周文王，文王则不敢盘于游畋。呜呼！不敢之心如此，其大殷自祖甲之后，不敢之心绝而不传。故敢于耽乐之从。其勇于敢之心，小则短命，故或十年或七八年或五六年或四三年；大则丧邦，则纣敢于淫酗，而至于燔身悬首也。呜呼！后世人主，其以不敢而为圣明；以敢而为昏庸者多矣。可不知所儆乎？

又曰，夫其不暇以经营者，果何事哉？上则以助成王之德为事；下则以正人为事；近则以祗辟为事。夫以不敢为主，而经营于此三大事，可谓有本有用矣。天子以畏为德，内服、外服、百姓、里居亦以畏应之，使天子之畏愈深。其助成王德为何如哉？下以正人，使人皆以畏为心，而不敢为恶，近则敬天子之法，以坚固我谨畏之心。夫不少暇逸，而汲汲于此三事，天下之风俗，皆在法度之中行，整整乎其不可乱也，缉缉乎其可法象也。其盛矣哉。

11.《尚书详解》卷三十《周书·酒诰》

（宋）陈经撰

越在外服，侯、甸、男、卫邦伯；越在内服，百僚庶尹，唯亚唯服宗工；越百姓里居，罔敢湎于酒。不唯不敢，亦不暇。唯助成王德显，越尹人祗辟。

商先王躬行敬畏之道，不唯其子孙为能然，而王朝之御事皆然。不唯其王朝之御事皆然，而外服之诸侯，内服之百官，里居之百姓亦然。以见君臣上下，内外无一不在敬畏之中，侯服、甸服、男服、卫服，为邦伯，

1537

诸侯之长者。此外服之诸侯也。自百僚之联事合治者，庶尹，众官之长者；唯亚，为次大夫，为士者，与乎服事奔走于官之尊者，此畿内之百官也；百官族姓及卿士大夫致仕而居田里者，凡此皆不敢沉湎于酒。岂唯不敢饮酒，亦且不暇饮酒。唯尽心于职事，而无暇也。上文"言不敢自暇自逸"，继之以"其敢崇饮"，此又言"不唯不敢，亦不暇"，以见其重在于职事，则其轻在于饮酒。然则所谓不暇者。果何事哉？上以助成人君之德，而至于不可掩；下以尽正人之道，而自敬其法而已矣。为臣之责，唯此二者。苟君之德不明。与夫不能正其身。而正人者，皆为有亏于其职。上以成其君，下以正乎人，则人臣之职尽矣。当时之为人臣者，唯恐己责之不塞，己职之不尽。所谓不暇者，唯此而已。天下之事无有两立之理。晋人以酣饮，清澹不事理法，而废职事，卒至于刘石崛起者，盖心在于饮酒，则无暇于职事。心在于职事，则无暇于饮酒。其心自然有所偏重。此如康叔之于卫，其知所以当为者乎，知有所当为，则必有所不为矣。

12.《融堂书解》卷十二《周书·酒诰》

（宋）钱时撰

（归善斋按，见"王曰，封，我闻唯曰，在昔殷先哲王"）

13.《尚书要义》

（宋）魏了翁撰

（归善斋按，原缺）

14.《书集传或问》卷下《酒诰》

（宋）陈大猷撰

（归善斋按，未解）

15.《尚书详解》卷八《周书·酒诰第十二》

（宋）胡士行撰

（归善斋按，见"王曰，封，我闻唯曰，在昔殷先哲王"）

16.《书纂言》卷四上《周书·酒诰》

（元）吴澄撰

越在外服，侯、甸、男、卫邦伯；越在内服，百僚庶尹，唯亚唯服宗工；越百姓里居，罔敢湎于酒。不唯不敢，亦不暇。唯助成王德显，越尹人祗辟。

外服，邦国之诸侯。侯、甸、男、卫，举四服以包其余。邦伯，邦君及其州牧也。内服，都鄙之臣。百僚庶尹，都鄙之庶士，《周官》所谓"殷"也。亚，都鄙之大夫，《周官》所谓"伍"也。服，都鄙服官政之卿，《周官》所谓"两"也。宗工，王朝公卿大夫，及王子弟之食采邑为大宗者，都鄙之长也。百姓里居，民之居于闾里者。尹人，国都鄙之尹其民者。辟，法也。承上文言，不止殷王与公卿大夫，不敢崇饮，外而邦国诸侯，内而都鄙群臣，下而闾里百姓，皆无敢湎于酒者。臣勤其职，民勤其业，亦无暇于饮也。为臣，但知助成王之明德；为民，但知助尹人之祗敬奉法而已。

17.《书集传纂疏》卷四下《朱子订定蔡氏集传·周书·酒诰》

（元）陈栎撰

越在外服，侯、甸、男、卫邦伯；越在内服，百僚庶尹，唯亚唯服宗工；越百姓里居，罔敢湎于酒。不唯不敢，亦不暇。唯助成王德显，越尹人祗辟。

自"御事"而下，在外服，则有侯、甸、男、卫诸侯。与其长伯；在内服，则有"百僚庶尹，唯亚唯服宗工"，国中百姓，与夫里居者，亦皆不敢沉湎于酒。"不唯不敢，亦不暇"，不敢者，有所畏；不暇者，有所勉。唯欲上以助成君德，而使之昭著，下以助"尹人祗辟"，而使之益不怠耳。成王，顾上文"成王"而言；"祗辟"顾上文"有恭"而言。吕氏曰，尹人者，百官诸侯之长也。指上文"御事"而言。

纂疏：

陈氏大猷曰，越，及也。内服，畿内。庶尹，众官之正，乐正、酒正之类。亚，次大夫。服，奔走服事之人，下士府史之属。宗工，尊官，及百官族姓不仕居里者。朝廷邦国，君臣风化如此。不敢者，畏而不敢纵耳。不暇，则有职者，勤于职；无职者，勤于德。纵之为，亦不为也。祗辟，敬君也。

陈氏经曰，商先王以迪畏为心，己之所行，此畏；子孙之所遵，此畏；群臣之所效法，无非此畏。不唯王朝御事为然，外服之诸侯，内服之百官，里居之百姓，莫不然。君臣上下，内外无一不在敬畏中。不唯不敢饮，亦不暇饮。所以"不暇"者何事？上以辅成君德之显明，下以尽正人之道，而自敬其法而已矣。

愚谓此一节，当合上一节为一章，言商先王之前后，君臣内外一皆以敬畏修德为心，故不暇湎酒而兴，欲康叔法其所以兴也。

18.《读书丛说》卷六《酒诰》

（元）许谦撰

（归善斋按，未解）

19.《书传辑录纂注》卷四《周书·酒诰》

（元）董鼎撰

越在外服，侯、甸、男、卫邦伯；越在内服，百僚庶尹，唯亚唯服宗工；越百姓里居，罔敢湎于酒。不唯不敢，亦不暇，唯助成王德显，越尹人祗辟。

自"御事"而下，在外服，则有侯、甸、男、卫诸侯，与其长伯；在内服，则有"百僚庶尹，唯亚唯服宗工"；国中百姓与夫里居者，亦皆不敢沉湎于酒。"不唯不敢，亦不暇"，不敢者，有所畏；不暇者，有所勉。唯欲上以助成君德，而使之昭著；下以助"尹人祗辟"，而使之益不怠耳。成王，顾上文"成王"而言；祗辟，顾上文"有恭"而言。吕氏曰，尹人者，百官诸侯之长也，指上文"御事"而言。

纂注：

陈氏大猷曰，越，及也。伯，诸侯之长。内服，畿内也。庶尹，众官之正，乐正、酒正之类。亚，次大夫。唯服，奔走服事之人，下士、府、史之属。宗工，尊官，及百官族姓不仕而居闾里者。朝廷君臣风化如此，宜乎内外皆不敢湎于酒。不敢，畏而不敢纵耳。不暇，则有职者，勤于职；无职者，勤于德。自不暇饮，纵之为，亦不为也。祗辟，敬君也。

陈氏经曰，商先哲王以迪畏为心，己之所行，无非此畏。子孙之所遵，无非此畏。群臣之所效法，无非此畏。前乎此，尧舜之兢业，此畏也。后乎此，文王之不侮鳏寡，武王之夙夜祗惧，此畏也。商先王恭行敬畏，不唯其子孙能然，王朝之御事皆然；不唯御事皆然，外服之诸侯，内服之百官，里居之百姓，亦然，以见君臣上下，内外无一，不在敬畏中。岂唯不敢饮，亦且不暇饮。所以不暇者，果何事哉？上以助成君德之显明；下以尽正人之道而自敬其法而已矣。

新安陈氏曰，此一全章言商先王之前后君臣，内外一皆以敬畏修德为心，故不暇湎酒而兴，欲康叔法其所以兴也。

20.《尚书句解》卷八《周书·酒诰第十二》

（元）朱祖义撰

越在外服（乃在王畿之外服，行其事者），侯、甸、男、卫邦伯（即侯、甸、男、卫西国之君长）。

21.《尚书日记》卷十一《周书·酒诰》

（明）王樵撰

"越在外服"至"祗辟"。

越者，继上君与御事而言也。服，事也。内服、外服，内外治事之臣也。侯、甸、男、卫，诸侯也。邦伯，诸侯之长也，两样人。"庶尹"至"里居"，五样人也。"百僚"二字，是内服五样人之总冠。盖因"御事"是"百僚"之长。上言"御事"故此言"内服"，则断自"庶僚"以下，故以"百僚"字冠之，对上"御事"而言也。"庶尹"者，官之正也。"亚"者，其贰也。"唯服宗工"，谓服尊官之事者又其次也。国中百姓，谓赐族命氏之家。里居，谓不在其位而里居也。此五样皆内服之人。不敢湎于酒。通上在外在内，有职无职而言。不敢者，有所畏。畏心有息，则有时而纵矣。不暇者，有所事。所事既专，则无暇于酒矣。下因言所事之实曰，唯欲助成王德之显明，及尹人之祗辟尔。成王，本上文"成王"而言；"祗辟"，本上文"有恭"而言。言当时内外之臣，同心以承君相之意，而欲成其美有如此也。

22.《日讲书经解义》卷八《周书·酒诰》

（清）库勒纳等撰

越在外服，侯、甸、男、卫邦伯；越在内服，百僚庶尹，唯亚唯服宗工；越百姓里居，罔敢湎于酒。不唯不敢亦不暇。唯助成王德显，越尹人祗辟。

此一节书，言商之盛时，其内外诸臣，皆以崇饮为戒也。服，事也。外服、内服，外内治事之臣。侯、甸、男、卫，是四等诸侯。邦伯，是诸侯之长。百僚，是百官之僚属。庶尹，是众官之正。亚，次大夫也。服，服事之人。宗工，尊官也。百姓，百官著姓于国者。里居，致仕而居田里者。湎，溺而不返也。尹人，百官诸侯之长，即上文所谓"御事"。武王曰，商先王躬行敬畏，不唯其子孙及御事之臣，能守其法，凡在王畿之外，侯、甸、男、卫四等诸侯，及诸侯之长；凡在王畿之内，有百官之僚属，有庶官之正，有官之副贰，有服劳奔走之人，宗工之尊，有著姓于国者，有退居于里者，皆凛然有所畏惧，莫敢沉湎于酒。不唯不敢而已，有职者勤于官；无职者勤于德，自不暇饮，岂仅畏而不敢纵乎？其所以不暇者，为何？唯上下同心，战兢惕励，上以助成人君之德，而使之益显；下以助百官诸侯之长，使之祗敬君，事而不少怠耳。不暇、不敢如此，尚有崇饮自恣者哉？

《五诰解》卷二《酒诰》

（宋）杨简撰

越在外服，侯、甸、男、卫邦伯；越在内服，百僚庶尹，唯亚唯服宗工；越百姓里居，罔敢湎于酒。不唯不敢亦不暇。唯助成王德显，越尹人祗辟。

前言"御事厥棐"，小官，故此又言"百僚庶尹"。宗工，尊官，老成有德，余亚次。皆所服从宗工，必不腆于酒，皆助成王德，至于显著。

及尹人皆祗敬法辟。前已言"庶尹",而此又言"尹人"者,总"宗工"而言也。言"百姓里居"者,与尹人皆祗法也,余亚次可知也。

越在内服,百僚庶尹,唯亚唯服宗工

1.《尚书注疏》卷十三《周书》

(汉)孔氏传,(唐)陆德明音义,(唐)孔颖达疏

越在内服,百僚庶尹,唯亚唯服宗工。

传,于在内,服治事,百官众正,及次大夫服事尊官,亦不自逸。

疏,正义曰,于是在内之服,治事百官众正,唯次大夫,唯服事尊官。

传,正义曰,畿外有服数,畿内无服数,故为服治事也。言百官众正,为总之文,但百官众正,除六卿,亦有大夫及士。士亦有官首而为政者。唯亚,传云次大夫者,谓虽为大夫不为官首者。亚次官首,故云亚。举大夫尊者为言,其实士亦为亚次之官,必知唯亚兼士者,以此经文上下更无别见士之文,故知兼之。唯服宗工,总上百僚庶尹及唯亚,言服治职事尊官之故,亦不自逸。唯亚虽不为官首,亦助上服治政事,或可非官首者,服事在上之尊官,亦不自逸。每言"于"者,继上君与御事为"于"。此不言"在",从上内服故也。

2.《书传》卷十二《周书》

(宋)苏轼撰

(归善斋按,见"故我至于今,克受殷之命")

3.《尚书全解》卷二十九《周书·酒诰》

(宋)林之奇撰

(归善斋按,见"王曰,封,我西土棐徂邦君、御事、小子")

4.《尚书讲义》卷十四

（宋）史浩撰

（归善斋按，见"王若曰，明大命于妹邦"）

5.《尚书详解》卷十九《周书·酒诰》

（宋）夏僎撰

（归善斋按，见"王曰，封，我闻唯曰，在昔殷先哲王"）

6.《增修东莱书说》卷二十一《周书·酒诰第十二》

（宋）吕祖谦撰，（宋）石澜增修

（归善斋按，见"王曰，封，我闻唯曰，在昔殷先哲王"）

7.《尚书说》卷五《周书·酒诰》

（宋）黄度撰

（归善斋按，见"越在外服，侯、甸、男、卫邦伯"）

8.《絜斋家塾书钞》卷十一《周书·酒诰》

（宋）袁燮撰

（归善斋按，见"王曰，封，我闻唯曰，在昔殷先哲王"）

9.《书经集传》卷四《周书·酒诰》

（宋）蔡沈撰

（归善斋按，见"越在外服，侯、甸、男、卫邦伯"）

10.《尚书精义》卷三十六《周书·酒诰》

（宋）黄伦撰

（归善斋按，见"越在外服，侯、甸、男、卫邦伯"）

11. 《尚书详解》卷三十《周书·酒诰》

(宋）陈经撰
(归善斋按，见"越在外服，侯、甸、男、卫邦伯"）

12. 《融堂书解》卷十二《周书·酒诰》

(宋）钱时撰
(归善斋按，见"王曰，封，我闻唯曰，在昔殷先哲王"）

13. 《尚书要义》

(宋）魏了翁撰
(归善斋按，原缺)

14. 《书集传或问》卷下《酒诰》

(宋）陈大猷撰
(归善斋按，未解)

15. 《尚书详解》卷八《周书·酒诰第十二》

(宋）胡士行撰
(归善斋按，见"王曰，封，我闻唯曰，在昔殷先哲王"）

16. 《书纂言》卷四上《周书·酒诰》

(元）吴澄撰
(归善斋按，见"越在外服，侯、甸、男、卫邦伯"）

17. 《书集传纂疏》卷四下《朱子订定蔡氏集传·周书·酒诰》

(元）陈栎撰
(归善斋按，见"越在外服，侯、甸、男、卫邦伯"）

18.《读书丛说》卷六《酒诰》

（元）许谦撰

（归善斋按，未解）

19.《书传辑录纂注》卷四《周书·酒诰》

（元）董鼎撰

（归善斋按，见"越在外服，侯、甸、男、卫邦伯"）

20.《尚书句解》卷八《周书·酒诰第十二》

（元）朱祖义撰

越在内服（及其王畿之内，服行其事者），百僚庶尹（即百官之僚属，与众官之尹正），唯亚唯服宗工（与其副贰之人，与其服事尊官之人）。

21.《尚书日记》卷十一《周书·酒诰》

（明）王樵撰

（归善斋按，见"越在外服，侯、甸、男、卫邦伯"）

22.《日讲书经解义》卷八《周书·酒诰》

（清）库勒纳等撰

（归善斋按，见"越在外服，侯、甸、男、卫邦伯"）

《五诰解》卷二《酒诰》

（宋）杨简撰

（归善斋按，见"越在外服，侯、甸、男、卫邦伯"）

越百姓里居

1. 《尚书注疏》卷十三《周书》

（汉）孔氏传，（唐）陆德明音义，（唐）孔颖达疏
越百姓里居。
传，于百官族姓，及卿大夫，致仕居田里者。
疏，正义曰，于百官族姓及致仕在田里而居者。
传，正义曰，百官族姓，谓其每官之族姓。而与里居为总，故云卿大夫致仕居田里者也。自外服至里居，皆无敢沉湎，亦上御事。云亦不暇，不暇则不逸可知。助君敬法，逆探下经也。

2. 《书传》卷十二《周书》

（宋）苏轼撰
（归善斋按，见"故我至于今，克受殷之命"）

3. 《尚书全解》卷二十九《周书·酒诰》

（宋）林之奇撰
（归善斋按，见"王曰，封，我西土棐徂邦君、御事、小子"）

4. 《尚书讲义》卷十四

（宋）史浩撰
（归善斋按，见"王若曰，明大命于妹邦"）

5. 《尚书详解》卷十九《周书·酒诰》

（宋）夏僎撰
（归善斋按，见"王曰，封，我闻唯曰，在昔殷先哲王"）

6. 《增修东莱书说》卷二十一《周书·酒诰第十二》

（宋）吕祖谦撰，（宋）石澜增修

（归善斋按，见"王曰，封，我闻唯曰，在昔殷先哲王"）

7. 《尚书说》卷五《周书·酒诰》

（宋）黄度撰

（归善斋按，见"越在外服，侯、甸、男、卫邦伯"）

8. 《絜斋家塾书钞》卷十一《周书·酒诰》

（宋）袁燮撰

（归善斋按，见"王曰，封，我闻唯曰，在昔殷先哲王"）

9. 《书经集传》卷四《周书·酒诰》

（宋）蔡沈撰

（归善斋按，见"越在外服，侯、甸、男、卫邦伯"）

10. 《尚书精义》卷三十六《周书·酒诰》

（宋）黄伦撰

（归善斋按，见"越在外服，侯、甸、男、卫邦伯"）

11. 《尚书详解》卷三十《周书·酒诰》

（宋）陈经撰

（归善斋按，见"越在外服，侯、甸、男、卫邦伯"）

12. 《融堂书解》卷十二《周书·酒诰》

（宋）钱时撰

（归善斋按，见"王曰，封，我闻唯曰，在昔殷先哲王"）

13. 《尚书要义》

（宋）魏了翁撰

（归善斋按，原缺）

14. 《书集传或问》卷下《酒诰》

（宋）陈大猷撰

（归善斋按，未解）

15. 《尚书详解》卷八《周书·酒诰第十二》

（宋）胡士行撰

（归善斋按，见"王曰，封，我闻唯曰，在昔殷先哲王"）

16. 《书纂言》卷四上《周书·酒诰》

（元）吴澄撰

（归善斋按，见"越在外服，侯、甸、男、卫邦伯"）

17. 《书集传纂疏》卷四下《朱子订定蔡氏集传·周书·酒诰》

（元）陈栎撰

（归善斋按，见"越在外服，侯、甸、男、卫邦伯"）

18. 《读书丛说》卷六《酒诰》

（元）许谦撰

（归善斋按，未解）

19. 《书传辑录纂注》卷四《周书·酒诰》

（元）董鼎撰

（归善斋按，见"越在外服，侯、甸、男、卫邦伯"）

20.《尚书句解》卷八《周书·酒诰第十二》

（元）朱祖义撰

越百姓里居（及百官族姓致仕居乡里之人）。

21.《尚书日记》卷十一《周书·酒诰》

（明）王樵撰

（归善斋按，见"越在外服，侯、甸、男、卫邦伯"）

22.《日讲书经解义》卷八《周书·酒诰》

（清）库勒纳等撰

（归善斋按，见"越在外服，侯、甸、男、卫邦伯"）

23.《五诰解》卷二《酒诰》

（宋）杨简撰

（归善斋按，见"越在外服，侯、甸、男、卫邦伯"）

罔敢湎于酒，不唯不敢亦不暇

1.《尚书注疏》卷十三《周书》

（汉）孔氏传，（唐）陆德明音义，（唐）孔颖达疏

罔敢湎于酒，不唯不敢亦不暇。

传，自外服至里居，皆无敢沉湎于酒，非徒不敢，志在助君敬法，亦不暇饮酒。

音义，湎，面善反。

疏，正义曰，皆无敢沉湎于酒。不唯不敢，亦自不暇饮。

2.《书传》卷十二《周书》

（宋）苏轼撰

（归善斋按，见"故我至于今，克受殷之命"）

3.《尚书全解》卷二十九《周书·酒诰》

（宋）林之奇撰

（归善斋按，见"王曰，封，我西土棐徂邦君、御事、小子"）

4.《尚书讲义》卷十四

（宋）史浩撰

（归善斋按，见"王若曰，明大命于妹邦"）

5.《尚书详解》卷十九《周书·酒诰》

（宋）夏僎撰

（归善斋按，见"王曰，封，我闻唯曰，在昔殷先哲王"）

6.《增修东莱书说》卷二十一《周书·酒诰第十二》

（宋）吕祖谦撰，（宋）石𤂖增修

（归善斋按，见"王曰，封，我闻唯曰，在昔殷先哲王"）

7.《尚书说》卷五《周书·酒诰》

（宋）黄度撰

（归善斋按，见"越在外服，侯、甸、男、卫邦伯"）

8.《絜斋家塾书钞》卷十一《周书·酒诰》

（宋）袁燮撰

（归善斋按，见"王曰，封，我闻唯曰，在昔殷先哲王"）

9.《书经集传》卷四《周书·酒诰》

（宋）蔡沈撰

（归善斋按，见"越在外服，侯、甸、男、卫邦伯"）

10.《尚书精义》卷三十六《周书·酒诰》

（宋）黄伦撰

（归善斋按，见"越在外服，侯、甸、男、卫邦伯"）

11.《尚书详解》卷三十《周书·酒诰》

（宋）陈经撰

（归善斋按，见"越在外服，侯、甸、男、卫邦伯"）

12.《融堂书解》卷十二《周书·酒诰》

（宋）钱时撰

（归善斋按，见"王曰，封，我闻唯曰，在昔殷先哲王"）

13.《尚书要义》

（宋）魏了翁撰

（归善斋按，原缺）

14.《书集传或问》卷下《酒诰》

（宋）陈大猷撰

吕氏曰，不湎于酒，亦是常事。周公推之，直至"天若元德"。人之进德，唯于最难弃舍处放得下，即是进德不已，获天顺处。盖举世皆溺于酒，在当时最为难舍。学者为学，须各随分量看自家身上有过恶，因循难去者，日夜消磨荡涤气质，使进退迁变，方到得"天若元德"地位。此说善。

15.《尚书详解》卷八《周书·酒诰第十二》

(宋) 胡士行撰

(归善斋按,见"王曰,封,我闻唯曰,在昔殷先哲王")

16.《书纂言》卷四上《周书·酒诰》

(元) 吴澄撰

(归善斋按,见"越在外服,侯、甸、男、卫邦伯")

17.《书集传纂疏》卷四下《朱子订定蔡氏集传·周书·酒诰》

(元) 陈栎撰

(归善斋按,见"越在外服,侯、甸、男、卫邦伯")

18.《读书丛说》卷六《酒诰》

(元) 许谦撰

(归善斋按,未解)

19.《书传辑录纂注》卷四《周书·酒诰》

(元) 董鼎撰

(归善斋按,见"越在外服,侯、甸、男、卫邦伯")

20.《尚书句解》卷八《周书·酒诰第十二》

(元) 朱祖义撰

罔敢湎于酒,不唯不敢亦不暇(无敢沉酒,不唯不敢,亦不暇。不敢则有所畏而不纵;不暇则诱之为,亦不为矣)。

21.《尚书日记》卷十一《周书·酒诰》

(明) 王樵撰

(归善斋按,见"越在外服,侯、甸、男、卫邦伯")

22.《日讲书经解义》卷八《周书·酒诰》

（清）库勒纳等撰

（归善斋按，见"越在外服，侯、甸、男、卫邦伯"）

《五诰解》卷二《酒诰》

（宋）杨简撰

（归善斋按，见"越在外服，侯、甸、男、卫邦伯"）

唯助成王德显，越尹人祗辟

1.《尚书注疏》卷十三《周书》

（汉）孔氏传，（唐）陆德明音义，（唐）孔颖达疏

唯助成王德显，越尹人祗辟。

传，所以不暇饮酒，唯助其君成王道，明其德于正人之道，必正身敬法，其身正不令而行。

音义，辟，扶亦反。

疏，正义曰，所以不暇者，唯以助其君，成其王道，令德显明。又于正人之道，必正身敬法。正身以化下，不令而行，故不暇饮，是亦可以为法也。

2.《书传》卷十二《周书》

（宋）苏轼撰

（归善斋按，见"故我至于今，克受殷之命"）

3.《尚书全解》卷二十九《周书·酒诰》

（宋）林之奇撰

（归善斋按，见"王曰，封，我西土棐徂邦君、御事、小子"）

4.《尚书讲义》卷十四

（宋）史浩撰
（归善斋按，见"王若曰，明大命于妹邦"）

5.《尚书详解》卷十九《周书·酒诰》

（宋）夏僎撰
（归善斋按，见"王曰，封，我闻唯曰，在昔殷先哲王"）

6.《增修东莱书说》卷二十一《周书·酒诰第十二》

（宋）吕祖谦撰，（宋）石澜增修
（归善斋按，见"王曰，封，我闻唯曰，在昔殷先哲王"）

7.《尚书说》卷五《周书·酒诰》

（宋）黄度撰
（归善斋按，见"越在外服，侯、甸、男、卫邦伯"）

8.《絜斋家塾书钞》卷十一《周书·酒诰》

（宋）袁燮撰
（归善斋按，见"王曰，封，我闻唯曰，在昔殷先哲王"）

9.《书经集传》卷四《周书·酒诰》

（宋）蔡沈撰
（归善斋按，见"越在外服，侯、甸、男、卫邦伯"）

10.《尚书精义》卷三十六《周书·酒诰》

（宋）黄伦撰
（归善斋按，见"越在外服，侯、甸、男、卫邦伯"）

11. 《尚书详解》卷三十《周书·酒诰》

（宋）陈经撰
（归善斋按，见"越在外服，侯、甸、男、卫邦伯"）

12. 《融堂书解》卷十二《周书·酒诰》

（宋）钱时撰
（归善斋按，见"王曰，封，我闻唯曰，在昔殷先哲王"）

13. 《尚书要义》

（宋）魏了翁撰
（归善斋按，原缺）

14. 《书集传或问》卷下《酒诰》

（宋）陈大猷撰
（归善斋按，未解）

15. 《尚书详解》卷八《周书·酒诰第十二》

（宋）胡士行撰
（归善斋按，见"王曰，封，我闻唯曰，在昔殷先哲王"）

16. 《书纂言》卷四上《周书·酒诰》

（元）吴澄撰
（归善斋按，见"越在外服，侯、甸、男、卫邦伯"）

17. 《书集传纂疏》卷四下《朱子订定蔡氏集传·周书·酒诰》

（元）陈栎撰
（归善斋按，见"越在外服，侯、甸、男、卫邦伯"）

18. 《读书丛说》卷六《酒诰》

（元）许谦撰

（归善斋按，未解）

19. 《书传辑录纂注》卷四《周书·酒诰》

（元）董鼎撰

（归善斋按，见"越在外服，侯、甸、男、卫邦伯"）

20. 《尚书句解》卷八《周书·酒诰第十二》

（元）朱祖义撰

唯助成王德（所以不暇。唯在佑助成就王者之德）。显越尹人祗辟（使明于正人敬法之道）。

21. 《尚书日记》卷十一《周书·酒诰》

（明）王樵撰

（归善斋按，见"越在外服，侯、甸、男、卫邦伯"）

22. 《日讲书经解义》卷八《周书·酒诰》

（清）库勒纳等撰

（归善斋按，见"越在外服，侯、甸、男、卫邦伯"）

《五诰解》卷二《酒诰》

（宋）杨简撰

（归善斋按，见"越在外服，侯、甸、男、卫邦伯"）

我闻亦唯曰：在今后嗣王酣身

1.《尚书注疏》卷十三《周书》

（汉）孔氏传，（唐）陆德明音义，（唐）孔颖达疏

我闻亦唯曰，在今后嗣王酣身。

传，嗣王，纣也。酣，乐其身，不忧政事。

音义，酣，户甘反。乐，音洛。

疏，正义曰，既言帝乙以上，慎酒以存，故又言纣嗜酒而灭。我闻亦唯曰，殷之在今帝乙后嗣之谓纣王，酣乐其身，不忧于政事。

2.《书传》卷十二《周书》

（宋）苏轼撰

我闻亦唯曰，在今后嗣王酣身，厥命罔显于民，祗保越怨不易。诞唯厥纵淫泆于非彝，用燕丧威仪，民罔不尽伤心。唯荒腆于酒，不唯自息乃逸。厥心疾狠，不克畏死。辜在商邑，越殷国灭无罹。弗唯德馨香祀，登闻于天，诞唯民怨。庶群自酒，腥闻在上，故天降丧于殷，罔爱于殷，唯逸。天非虐，唯民自速辜。

今后嗣王，纣也。祗，适也。尽，痛也。纣酣乐其身，命令不下行。于民本以求慢易之乐也。然其德适足以为怨仇之保，未尝乐易也。纣燕丧其威仪，望之不似人君，民莫不痛其将亡也。而犹荒湎不少休息。其心为酒所使，忿疾强狠，不复畏死。不醉而怒曰奰，明醉者常怒也。国君醉则杀人；士、庶人则相杀，明酒之能使人怒也。纣之怒至于杀其身，而不畏。唯多罪逋逃萃于商邑，上下沉湎，及殷之灭，此等能无罹乎？言与纣俱死也。天不闻明德之馨，但闻刑戮之腥，故天之降丧于殷，无所爱愍者，皆以其逸耳。非天之虐殷，人自速其辜也。

3.《尚书全解》卷二十九《周书·酒诰》

（宋）林之奇撰

（归善斋按，见"王曰，封，我西土棐徂邦君、御事、小子"）

4.《尚书讲义》卷十四

（宋）史浩撰

（归善斋按，见"王若曰，明大命于妹邦"）

5.《尚书详解》卷十九《周书·酒诰》

（宋）夏僎撰

我闻亦唯曰，在今后嗣王酣身，厥命罔显于民，祗保越怨不易。诞唯厥纵淫泆于非彝，用燕丧威仪，民罔不尽伤心。唯荒腆于酒，不唯自息乃逸。厥心疾狠，不克畏死。辜在商邑，越殷国灭无罹。弗唯德馨香祀，登闻于天，诞唯民怨。庶群自酒，腥闻在上。故天降丧于殷，罔爱于殷，唯逸。天非虐，唯民自速辜。

成王既言我闻成汤以下诸贤君，皆不湎于酒，以至长保国家，故此又言，我闻纣以酗酒而丧国灭身也。成王谓，我亦闻在今唯嗣王纣，酣醉于其身。盖纣乃帝乙之后嗣，上既言至于帝乙，故此所以言后嗣也。唯纣酣醉于酒，故万几之务，皆不得其条理，而其命令不显着于民，但安于作怨之事而不改易。《泰誓》所谓"结怨于民"是也。又大为恣纵，以浸淫泆荡于非常诳异之事。用燕乐之故，丧失其为君威仪。盖所贵于人君者，以其有威可畏，有仪可象。今乃为酒池肉林，使男女裸逐，是用燕丧威仪也。故民之闻之，莫不尽然伤痛于心，谓痛其将亡也。民虽痛其将亡，而纣曾不自觉，方且荒乱厚于饮酒，不唯不能自息止其淫泆之失，而其心乃忿疾狠戾，不能畏死。虽其死亡在前，亦不畏也。造作辜罪在于所都之邑，于殷国灭亡，曾无忧之之心。罹，忧也。《诗》所谓"逢此百罹"是也。盖谓民虽伤之，而纣曾不忧故也。然纣又非特结怨于民而已。虽天之可畏，亦不复畏。祭祀所以奉天也，而乃不念有德馨香之祀，以升闻于上天，方且大与民结怨，与众群臣相从于酒自纵也，以腥秽闻于上天。故天于是降其丧于商家，无有爱惜不忍之意者，亦唯其逸乐过度也。故由是观之，则殷之所以亡者，非天虐于纣也，唯纣自召其辜罪耳。纣，君也。言民者，以其无君之德，与凡民等耳。犹《孟子》言"独夫"也。故"三苗之君"，《吕刑》亦谓之"苗民"也，与此同意。

6.《增修东莱书说》卷二十一《周书·酒诰第十二》

（宋）吕祖谦撰，（宋）石澜增修

我闻亦唯曰，在今后嗣王酣身，厥命罔显于民，祗保越怨不易。诞唯厥纵淫泆于非彝，用燕丧威仪，民罔不尽伤心。唯荒腆于酒，不唯自息乃逸。厥心疾狠，不克畏死。辜在商邑，越殷国灭无罹。弗唯德馨香祀，登闻于天，诞唯民怨。庶群自酒，腥闻在上，故天降丧于殷，罔爱于殷，唯逸。天非虐，唯民自速辜。

又举商之所以亡者。"在今后王酣身"，纣为长夜之饮，置身于酒，其命所以颠错昏迷，无由得显于民，又不恤民之怨，其所祗敬保养者，专在于怨，不能转易。先王之兴，敬保其德而不易。后世乃敬保其怨而不易。夫怨岂当保，复不能转易祗保者，犹言恶力已及，不可复救也。乃大唯纵肆，淫泆于非法之中，用燕饮以丧其威仪。夫一动一作无，非天命之流行也。纵酒之至威仪悉丧，民罔不尽伤心。君民相亲，见君如此，动其良心，尽然伤感。伤感重于怨。怨之极而无可奈何，乃至于伤民伤心矣。纣犹不自觉，方荒淫自厚于酒，其恶渐长，无有休止，反自以为安逸。人之饮酒，今日沈醉，明日既醒，亦自知其困敝而不安矣。纣之酣身不复醒矣，所以安之而不自知，无有休息。酒之所为暴心日长，凶疾狠厉，死亦不畏。闾巷不肖，醉酒无藉不畏死之状甚明。商邑，指王家言也。当时纵酒之罪，止于纣与众逋逃之人耳，而无辜之人无不罹其祸，使商国靡有孑遗，无有德之馨香寓于祭祀，而显闻于天者，但大有民之怨气耳。风俗既成，人皆嗜酒，罪合于一，腥秽充塞，天所以降丧于商，其所以不爱于商者，唯其以酒为安。天亦岂故欲虐尔民，亦唯尔小民自放逸，以取罪戾而已。前言殷先哲王上下皆畏敬，此言后嗣王，通天下风俗，皆昏乱，两段正相应也。

7.《尚书说》卷五《周书·酒诰》

（宋）黄度撰

我闻亦唯曰，在今后嗣王酣身，厥命罔显于民，祗保越怨不易。诞唯厥纵淫泆于非彝，用燕丧威仪，民罔不尽伤心。唯荒腆于酒，不唯自息乃逸。厥心疾狠，不克畏死。辜在商邑，越殷国灭无罹。弗唯德馨香祀，登闻于天，诞唯民怨。庶群自酒，腥闻在上，故天降丧于殷，罔爱于殷，唯逸。天非虐，唯民自速辜。

"我闻亦唯曰"，言我又闻唯如是也。嗣王纣酣乐其身，其命令无能显民，使得敬保其常性，而于敛怨不复可变易。大唯其纵淫泆于非常，用燕乐丧其威仪。尽，痛，意民愍其乱亡，无不尽然痛伤。而犹唯荒耽厚于酒。息，止。《记》曰，游焉不能不息，而好乐大荒则甚矣。故纣不唯自息，乃至于逸。其心疾狠，无忌惮，虽死不畏。纣心岂独异夫人哉？酒变易之。酒之祸大矣。"辜在商邑"，言罪人之所在也。罪起商邑，于殷庶国与之偕灭，亦无忧惧，言遂丧天下而不悔也。"弗唯德馨香祀"使"登闻于天"大唯民怨咨。"庶群自酒"，言小大以之其腥秽，闻于上，故天下丧亡于殷，无爱于殷，其罪"唯逸"而已。速，召也。天岂虐民，唯民自召罪耳。

8.《絜斋家塾书钞》卷十一《周书·酒诰》

（宋）袁燮撰

我闻亦唯曰，在今后嗣王酣身，厥命罔显于民，祗保越怨不易。诞唯厥纵淫泆于非彝，用燕丧威仪，民罔不尽伤心。唯荒腆于酒，不唯自息乃逸。厥心疾狠，不克畏死。辜在商邑，越殷国灭无罹。弗唯德馨香祀，登闻于天，诞唯民怨。庶群自酒，腥闻在上，故天降丧于殷，罔爱于殷，唯逸。天非虐，唯民自速辜。

民怨弗恤，分明守之，不肯变易。古人兢兢焉求民之无怨，而纣乃保其怨，安得而不亡。"厥心疾狠"者，大凡酣酒之人，自是多疾狠。"辜在商邑"，可见染纣之恶者，只在商邑。"唯逸"者，言天之所以降丧于殷，只为他安逸之故。

9.《书经集传》卷四《周书·酒诰》

(宋)蔡沈撰

我闻亦唯曰：在今后嗣王酣身，厥命罔显于民，祗保越怨不易。诞唯厥纵淫泆于非彝，用燕丧威仪，民罔不尽伤心。唯荒腆于酒不唯，自息乃逸。厥心疾狠，不克畏死。辜在商邑，越殷国灭无罹。弗唯德馨香祀，登闻于天，诞唯民怨。庶群自酒，腥闻在上，故天降丧于殷，罔爱于殷，唯逸。天非虐，唯民自速辜。

尽，乞力反；很，下垦反；罹，邻知反。以商受荒腆于酒者告康叔也。后嗣王，受也。受，沉酗其身，昏迷于政，命令不著。于民其所祗保者，唯在于作怨之事，不肯悛改。大唯纵淫泆于非彝，《泰誓》所谓"奇技淫巧"也。燕，安也。用安逸而丧其威仪。《史记》受为酒池肉林，使男女裸而相逐，其威仪之丧如此。此民所以无不痛伤其心，悼国之将亡也。而受方且荒怠益厚于酒，不思自息其逸，力行无度。其心疾狠，虽杀身而不畏也。辜在商邑，虽灭国而不忧也。弗事上帝，无馨香之德以格天，大唯民怨。唯群酗腥秽之德，以闻于上。故上天降丧于殷，无有眷爱之意者，亦唯受纵逸故也。天岂虐殷，唯殷人酗酒，自速其辜尔。曰民者，犹曰先民，君臣之通称也。

10.《尚书精义》卷三十六《周书·酒诰》

(宋)黄伦撰

我闻亦唯曰，在今后嗣王酣身，厥命罔显于民，祗保越怨不易。诞唯厥纵淫泆于非彝，用燕丧威仪，民罔不尽伤心。唯荒腆于酒，不唯自息乃逸。厥心疾狠，不克畏死。辜在商邑，越殷国灭无罹。弗唯德馨香祀，登闻于天，诞唯民怨。庶群自酒，腥闻在上，故天降丧于殷，罔爱于殷，唯逸。天非虐，唯民自速辜。

无垢曰，殷先哲王，以道而畏天；后嗣王纣，以酒而不畏天。殷先哲王，以道而显民；后嗣王纣，以酒而不留心于教化，无以开悟下民。殷先哲王，以"经德秉哲"，远以成王业，近以畏贤相。后嗣王纣，以酒而颠倒错乱，不复以成王业、畏贤相，为事所祗敬所保护者，皆天下之怨府耳。此心颠倒不可改易。亡天下，败国家者类，皆如是夫。所以成王业者，在得人心；而怨府者，所以失人心者也。

又曰，天下之尊，无逾人主，以求一燕乐之故，而尽丧人主之威仪，至于与下俚等而不耻。此民所以无不尽然伤心也。尽，惊也。若齐显祖祖露形体，唐庄宗自为优人是也。盖人主居尊位，高天下，当言思可道，行思可乐，德义可尊，作事可法，容止可观，进退可度，使民畏而爱之，则而象之可也。而以求一燕乐，为此下俚，可胜惜哉。

又曰，民伤心，而纣方日甚，威仪尽丧犹未已也。且人之心于一处重，必于万事皆轻。纣唯荒于酒，故于国家事，皆忽；唯厚于酒，故于国家事皆薄。《史》谓，以酒为池，以肉为林，使男女裸相逐其间，为长夜之饮。如此岂肯少自休息乎？逸乐是慕，唯日不足。天下将亡，必生此怪异。不然六七圣贤所造基业，岂易摇动乎？

又曰，先王之祀以德，不以物，故奉牲以告，奉盛以告，奉酒醴以告，皆以德为主耳。有德则馨香，无德则臭秽。何谓德，天下歌颂以为圣主，此有德之君也。其馨香为何如哉？天以民为心，民歌颂，则是馨香之祀，升闻于天矣。天下怨怒，以为残贼，此无德之君也。其腥秽为如何哉？纣方日视民如仇雠，唯恐害之不尽力，岂回心向道，爱育斯民，以荐馨香之祀乎？

又曰，夫馨香，则人所爱；腥秽，则人所恶。人事如此，天理亦然。纣既腥秽升闻于天，天罔爱于殷纣，岂天深远不可测知哉，此其理也。夫人主为天所子，父岂不爱其子哉，所以得罪于天至于如此者，无他事也，以逸而已。盖殷先哲王，以德为天所相；纣，以逸为天所绝。畏者何，不敢之心也。逸者，何，敢也。敢，其可不慎哉。

又曰，纣为恶如此，故自取灭亡。焚戮之祸，岂天以酷虐为心哉。天下之理，作善则百祥所集，作不善则千殃所种。纣不作善，从百祥中行，乃作不善自千殃中立，天虽欲挽之于福祥之地，不可得也。

东坡曰，其心为酒所使，忿疾强狠，不复畏死。不醉而怒曰嬰，明醉者常怒也。国君醉则杀人。士、庶人醉则相杀，明酒之能使人怒也。纣之怒至于杀其身而不畏。

吕氏曰，到此周公又举商之所亡者告康叔。"在今后嗣王酣身"，纣为长夜之饮，全身在酒里了。其命自然颠错昏迷，无缘得显于民。到这里又却都不恤民之怨，其所以祗敬保养者，只是一个怨，更不曾换易。先王之兴只是敬保其德而不易；后世却只敬保其怨而不易。夫怨不当保，又却不能改易祗保者，犹言恶力未已，其势自然亡。

11.《尚书详解》卷三十《周书·酒诰》

（宋）陈经撰

我闻亦唯曰，在今后嗣王酣身，厥命罔显于民，祗保越怨不易。诞唯厥纵淫泆于非彝，用燕丧威仪，民罔不尽伤心。唯荒腆于酒，不唯自息乃逸。厥心疾狠，不克畏死。辜在商邑，越殷国灭无罹。弗唯德馨香祀，登闻于天，诞唯民怨。庶群自酒，腥闻在上，故天降丧于殷，罔爱于殷，唯逸。天非虐，唯民自速辜。

前言商家先王所以致敬，与其臣所以不敢暇逸，故其兴邦如此。此又言商之后王，不能致敬，唯酒是逸，臣下化上之恶，故其丧邦如此。我闻亦唯曰，在今后嗣王，即纣也。酣身，以酒而乐其身。唯贤君以其昭昭，能使人昭昭。今以其昏昏，安能使人昭昭。宜其政教命令，无以显明于民者，所祗敬而保养之，唯是众人所怨之人。不易，言敬保之其心不变也。祗保之心一也，先王用之于贤者，故任贤勿贰，不使小人间之。纣乃以祗保之心用之于小人。诞，大也。唯纵之，淫泆于非常理之事。谓之非彝，则所为不合于法度矣。"用燕丧威仪"，人君所以尊临天下者，有其威仪也。《诗》曰"威仪抑抑"，《传》曰"有威可畏，谓之威；有仪可像，谓之仪"。此皆君之威仪也。纣之以燕乐之故。而丧其威仪。民见纣如此。无不尽然痛伤于心。尽。伤痛之貌也。民至于伤心，而纣曾无改悔之心，方且荒大腆厚于酒，不唯自息，所谓凶人为不善，唯曰不足，更无有穷已。逸。安也。其心安于酒，恬然不以为怪。"厥心疾狠，不克畏死"，当沉湎于酒之时，为酒所使，其心狠戾，虽死且不畏。酒之能害德如此。其辜罪始于商邑，言纣与逋逃之人，为淫湎于都邑，其终也至于举国败亡，更不知惧，所以登于天者，非其德之馨香，乃其酒之腥秽尔。夫为德者，自有馨香之理，寓于祭祀之间，不以物，而以德。酒自有腥秽之理，庶群自饮，见其臣下化上，无一人不饮酒也。至于腥闻在上，则恶之彰著久矣。故天降丧亡于殷，而无有爱之，天之所以不爱之者，唯以逸之故。天岂虐民哉？民自速其罪尔。为康叔而抚商之余民，居商之故地，其可不以商先哲王为监哉？又其可不以商之后嗣王为戒哉？

12.《融堂书解》卷十二《周书·酒诰》

（宋）钱时撰

（归善斋按，见"王曰，封，我闻唯曰，在昔殷先哲王"）

13.《尚书要义》

（宋）魏了翁撰

（归善斋按，原缺）

14.《书集传或问》卷下《酒诰》

（宋）陈大猷撰

（归善斋按，未解）

15.《尚书详解》卷八《周书·酒诰第十二》

（宋）胡士行撰

我闻亦唯曰，在今后嗣王酗（乐沉醉）身，厥命（令）罔显于民，祗（所敬）保（所养）越（方在于）怨（结怨）不易（改变）。诞（大）唯厥纵淫（和）泆（荡）于非彝（常），用燕（饮）丧（失）威（可畏）仪（可象），民罔不尽（痛貌）伤心。唯（纣位）荒（纵）腆（厚）于酒，不唯（思）自息（止酒）乃逸（自以饮为安）。厥心疾（凶）狠（戾），不克畏死（酒使之然）。辜在商邑，越殷国灭（亡）无（不）罹（以为忧）。弗唯德馨香（注绝句）祀，登闻于天，诞唯民怨。庶群自酒，腥闻在上，故天降丧于殷，罔爱于殷，唯逸（安于酒）。天非虐，唯民自速辜。

此言纣湎酒之祸以为戒也。

16. 《书纂言》卷四上《周书·酒诰》

（元）吴澄撰

我闻亦唯曰，在今后嗣王酣身，厥命罔显于民，祗保越怨不易。诞唯厥纵淫泆于非彝，用燕丧威仪，民罔不尽伤心。唯荒腆于酒，不唯自息乃逸。厥心疾狠，不克畏死。辜在商邑，越殷国灭无罹。弗唯德馨香祀，登闻于天。诞唯民怨。庶群自酒，腥闻在上。故天降丧于殷，罔爱于殷，唯逸。天非虐，唯民自速辜。

"亦唯曰"继上文"唯曰"而言。后嗣王，纣也。酣身，酣酒于身也。言其命令之出，无能明于民之当，祗保及民怨之不易，弹纵恣意也。淫沉溺也。泆，放失也。燕，亵慢也。尽，痛意；息，止也。大唯其纵意，以淫泆于非彝。用燕丧其威仪，民无不尽然伤心，悼其将亡者。纣唯荒乱腆厚于酒，更不自止息，乃肆为逸豫。商邑，王畿千里之内。殷国，天下诸侯之国。罹，忧也。其心忿疾狠戾，"不克畏死"，其罪积聚在商邑，及殷之侯国，得罪于畿内之民，天下之民，虽至于灭亡，而不以为忧。"德馨香祀"，以德之馨香祀神也。"民怨庶群自酒"，谓民所以怨，皆纣与其群臣自酒而召怨也。天不闻其以德感格于神之馨香，但闻其与群臣自酒召怨于民之腥秽。天降丧而不爱之者，唯以其逸豫故也。盖"天非虐"，唯民自速其罪。民，犹人指纣而言。速，召也。

17. 《书集传纂疏》卷四下《朱子订定蔡氏集传·周书·酒诰》

（元）陈栎撰

我闻亦唯曰，在今后嗣王酣身，厥命罔显于民，祗保越怨不易。诞唯厥纵淫泆于非彝，用燕丧威仪，民罔不尽伤心。唯荒腆于酒，不唯自息乃逸。厥心疾狠，不克畏死。辜在商邑，越殷国灭无罹。弗唯德馨香祀，登闻于天，诞唯民怨。庶群自酒，腥闻在上，故天降丧于殷，罔爱于殷，唯逸。天非虐，唯民自速辜。

以商受荒腆于酒者告康叔也。后嗣王，受也。受沉酣其身，昏迷于政，命令不著于民。其所祗保者，唯在于作怨之事，不肯悛改。大唯纵淫洪于非彝，《泰誓》所谓"奇技淫巧"也。燕，安也。用安逸而丧其威仪。《史记》受为酒池肉林，使男女裸而相逐，其威仪之丧如此，此民所以无不痛伤其心，悼国之将亡也。而受方且荒怠益厚于酒，不思自息其逸，力行无度。其心疾狠，虽杀身而不畏也。辜在商邑，虽灭国而不忧也。弗事上帝，无馨香之德以格天，大唯民怨。唯群酗腥秽之德以闻于上。故上天降丧于殷，无有眷爱之意者，亦唯受纵逸故也。天岂虐殷，唯殷人酗酒自速其辜尔。曰民者，犹曰先民，君臣之通称也。

纂疏：

苏氏曰，祗，适也。

愚谓，此言纣以湎酒而亡，欲康叔戒其所以亡也。此章与前多相反以相应。前曰"祀兹酒"，此言"弗唯德馨香祀"，"庶群自酒腥闻于上"。设酒初意，本以祭祀，今不用于祭祀，而唯用于群饮，无馨香之闻，而唯腥秽之闻，不亡何待？前曰"天降丧小大邦用丧，罔非酒唯辜"；此曰"天降丧于殷"，"唯民自速辜"。前乃泛言其理，此专指殷亡之事，以实其说也。前曰"自介用逸"，继曰"不敢自逸"；此又曰"不唯自息乃逸"，"罔爱于殷，唯逸"。"自介用逸"以"介用逸"也。"自息乃逸""唯逸"，以逸为逸也。使不以"刚介"之"介"训之，而但曰大，曰助，则与此所云"逸"者何以异哉？

18.《读书丛说》卷六《酒诰》

（元）许谦撰

（归善斋按，未解）

19.《书传辑录纂注》卷四《周书·酒诰》

（元）董鼎撰

我闻亦唯曰，在今后嗣王酣身，厥命罔显于民，祗保越怨不易。诞唯厥纵淫洪于非彝，用燕丧威仪，民罔不尽伤心。唯荒腆于酒，不唯自息乃逸。厥心疾狠，不克畏死。辜在商邑，越殷国灭无罹。弗唯德馨香祀，登闻于天，诞唯民怨。庶群自酒，腥闻在上，故天降丧于殷，罔爱于殷，唯逸。天非虐，唯民自速辜。

以商受荒腆于酒者告康叔也。后嗣王，受也。受沉酗其身，昏迷于政，命令不著于民，其所祗保者，唯在于作怨之事，不肯悛改。大唯纵淫泆于非彝，《泰誓》所谓"奇技淫巧"也。燕，安也。用燕安而丧其威仪。《史记》受为酒池肉林，使男女裸而相逐，其威仪之丧如此。此民所以无不痛伤其心，悼国之将亡也。而受方且荒怠益厚于酒，不思自息其逸，力行无度。其心疾狠，虽杀身而不畏也。"辜在商邑"，虽灭国而不忧也。弗事上帝，无馨香之德以格天，大唯民怨。唯群酗腥秽之德，以闻于上。故上天降丧于殷，无有眷爱之意者，亦唯受纵逸故也。天岂虐殷，唯殷人酗酒自速其辜尔。曰民者，犹曰先民，君臣之通称也。

纂注：

苏氏曰，祗，适也。适足以为怨仇之保。

陈氏大猷曰，殷先王之兴邦，在于"迪畏"；纣死灭且不畏，此所以丧邦也。

真氏曰，今之小人一醉之余，急疾强狠，水火可入，兵刃可蹈，则受之情状可知矣。

马氏曰，古"民""人"字通用。

新安陈氏曰，此继言纣以湎酒而亡也。纣之君臣上下，一以荒淫为心，故沉湎于酒而亡，欲康叔戒其所以亡也。此章与前多相反相应。前曰"祀兹酒"；此曰"弗唯德馨香祀"，"庶群自酒，腥闻在上"。设酒初意，本以祭祀，今不以祭祀，而唯用于群饮，无馨香之闻，而唯腥秽之闻，不亡何待？前曰"天降威，小大邦用丧，罔非酒唯辜"；此曰"天降丧于殷"，"民自速辜"。前乃泛言其理；此专指殷亡之事，以实其说也。前曰"自介用逸"，继曰"不敢自逸"；此又曰"不唯自息乃逸"，"罔爱于殷，唯逸"。"自介用逸"，以介用逸也。"自息乃逸""唯逸"，以逸为逸也。使不以"刚介"之"介"训之，而但曰助，曰副，则与此所云"逸"者，何以异哉？

20.《尚书句解》卷八《周书·酒诰第十二》

（元）朱祖义撰

我闻亦唯曰（成王又谓我闻于今亦唯曰），在今后嗣王酗身（在今唯后嗣之王纣，酣醉于其身）。

21.《尚书日记》卷十一《周书·酒诰》

（明）王樵撰

"我闻亦唯曰，在今后嗣王酣身"至"自速辜"。

一纵酒则玩，而不知畏。天显虽可畏，酣饮则不暇顾；小民虽可畏，酣饮则不暇恤矣。

"祗保越怨不易"，"越"字训"于"。吕氏曰，先王敬保其德，后王敬保其怨。愚按，宋哲徽以青苗市易之法，为圣政而绍述之，所谓"祗保于怨不易"者。"用燕丧威仪"，"燕"当为"燕□"之义，方于"丧威仪"为切。

人莫不痛其将亡，而受益荒腆于酒，不思自息其逸。"逸"字有二，有"安逸"之"逸"，有"纵逸"之"逸"。此"不自息"者，乃"纵欲"之"逸"也。

苏氏曰，其心为酒所使忿疾，强狠不复畏死。

真氏曰，观今之小人一醉之余，水火可入，白刃可蹈，则受之情状可知矣。

愚谓，颠□者，无不疾狠，不待为酒所使也。不醉而怒曰奭。

瞿，《说文》心忧也。虽及国灭无忧。

"弗唯明德之馨香祀"，以升闻于天，唯有民之怨气，及群酣于酒之腥秽，闻于上而已。

"天降丧于殷，无爱于殷，唯逸"之故，非天不慈，唯民自速罪尔。民，指商之君臣，对上天而言，皆民也。

22.《日讲书经解义》卷八《周书·酒诰》

（清）库勒纳等撰

我闻亦唯曰，在今后嗣王酣身，厥命罔显于民，祗保越怨不易。诞唯厥纵淫泆于非彝，用燕丧威仪，民罔不尽伤心。唯荒腆于酒，不唯自息乃逸。厥心疾狠，不克畏死。辜在商邑，越殷国灭无罹。弗唯德馨香祀，登闻于天，诞唯民怨。庶群自酒，腥闻在上，故天降丧于殷，罔爱于殷，唯逸。天非虐，唯民自速辜。

此一节书，言商之所以亡，在荒耽于酒也。命，命令也。越，解作"于"。诞，大也。非彝，非法也。燕，安逸也。尽，解作"痛"。无罹者，不忧之意。民，犹言人。武王曰，商之先世君臣，敬畏如此。子孙不能恪守，以底于亡。我闻后嗣王纣之为君，纵酒以沉酗其身，心志迷惑，号令政教不能显然昭示于百姓。凡酷刑暴政，一切结怨于民之事，反敬奉而守之，不少悛改。朝夕之间，大肆淫泆于礼法之外，以燕乐之故，使体统威仪荡然无复存者。当日之民，咸知国之将亡，无不痛伤其心。纣犹不恤民怨，唯荒怠益厚于酒，逸乐日甚，不自休息其心。为酒所使，以至于忿疾强狠，瞽不畏死，祸延国家，虽至于灭亡，而亦无忧恤之意，全不能敬畏天命，以馨香之德，昭格于天，唯有小民疾毒之气，及庶群酗酒腥秽之行，日闻于上帝。故天降丧乱于殷，而绝无爱恤者，唯嗣王纵酒自逸之故也。天岂有意于虐殷哉？亦殷人之荒亡沉溺，自速其罪耳。虽天心仁爱，至此不得不降威者，理之必然也，不甚可畏与。

《五诰解》卷二《酒诰》

(宋) 杨简撰

我闻亦唯曰，在今后嗣王酗身，厥命罔显于民，祗保越怨不易。诞唯厥纵淫泆于非彝，用燕丧威仪，民罔不尽伤心。唯荒腆于酒，不唯自息乃逸。厥心疾狠，不克畏死。辜在商邑，越殷国灭无罹。弗唯德馨香祀，登闻于天，诞唯民怨。庶群自酒，腥闻在上，故天降丧于殷，罔爱于殷，唯逸。天非虐，唯民自速辜。

上文既言殷先哲王之罔敢崇饮，及臣工之罔敢湎于酒；此又引纣之以酒亡国，为康叔明其大戒也。嗣王，谓纣也。谓之今后嗣王者纣，虽亡，而其事若在目前也。纣以沉湎为乐，则终身于酗饮而已。其所施之命令，亦如醉语呓语，罔能以明显之德及于民也。保者，守而不迁之意。纣以罔显之命，施于民，保守于心，下民皆怨咨，而纣犹不知改易也。诞，大也。纣以刚愎之性，大纵其淫泆，恣为乱常之事，习而安焉。丧其威仪，所谓望之不似人君也。纣之所以至此者，以不知明命也。明命，即道心。

失其道心，则无所不至矣。其端甚微可不戒哉？民见纣之荒腆于酒也，其心尽伤，怨之至而伤心也。其所以伤心者，以其荒腆不息，唯图自暇逸也。推其疾狠之心，不畏亡国死丧之威，实见商王有罪，虽灭亡而无所忧也。上言"商邑"，下言"殷国"，互文见意，言有罪在商邑之王，其究乃丧其国也。夫国之所以能久长者，以馨香之德上闻也。今下民疾怨之声，群以荒酒之罪，闻于上天。使天欲不降丧，其何爱于殷，而任其荒逸乎。又言天非虐待于殷民，心既去自速其辜也。"天视自我民视"，观兹益信。

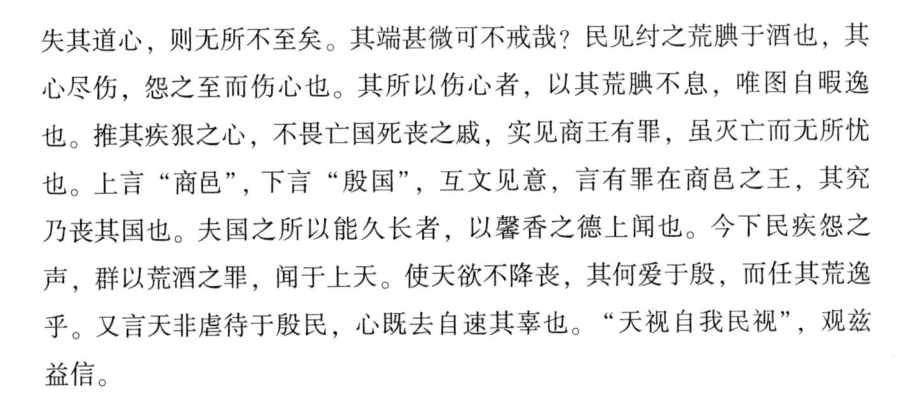

厥命罔显于民，祗保越怨不易

1.《尚书注疏》卷十三《周书》

（汉）孔氏传，（唐）陆德明音义，（唐）孔颖达疏

厥命罔显于民，祗保越怨不易。

传，言纣暴虐施其政令于民无显明之德，所敬所安，皆在于怨不可变易。

音义，易，如字，马以□反。

疏，正义曰，施其政令无显明之德于民，所敬所安，皆在于怨不可变易。

传，正义曰，施其政令于民无显明之德，言所施者皆是暗乱之政也。纣意谓之为善，所敬之，所安之者，及其施行，皆是害民之事，为民所怨。纣之为恶，执心坚固，不可变易也。

2.《书传》卷十二《周书》

（宋）苏轼撰

（归善斋按，见"我闻亦唯曰，在今后嗣王酣身"）

3. 《尚书全解》卷二十九《周书·酒诰》

（宋）林之奇撰

（归善斋按，见"王曰，封，我西土棐徂邦君、御事、小子"）

4. 《尚书讲义》卷十四

（宋）史浩撰

（归善斋按，见"王若曰，明大命于妹邦"）

5. 《尚书详解》卷十九《周书·酒诰》

（宋）夏僎撰

（归善斋按，见"我闻亦唯曰，在今后嗣王酣身"）

6. 《增修东莱书说》卷二十一《周书·酒诰第十二》

（宋）吕祖谦撰，（宋）石𬤉增修

（归善斋按，见"我闻亦唯曰，在今后嗣王酣身"）

7. 《尚书说》卷五《周书·酒诰》

（宋）黄度撰

（归善斋按，见"我闻亦唯曰，在今后嗣王酣身"）

8. 《絜斋家塾书钞》卷十一《周书·酒诰》

（宋）袁燮撰

（归善斋按，见"我闻亦唯曰，在今后嗣王酣身"）

9. 《书经集传》卷四《周书·酒诰》

（宋）蔡沈撰

（归善斋按，见"我闻亦唯曰，在今后嗣王酣身"）

10. 《尚书精义》卷三十六《周书·酒诰》

(宋) 黄伦撰
(归善斋按,见"我闻亦唯曰,在今后嗣王酗身")

11. 《尚书详解》卷三十《周书·酒诰》

(宋) 陈经撰
(归善斋按,见"我闻亦唯曰,在今后嗣王酗身")

12. 《融堂书解》卷十二《周书·酒诰》

(宋) 钱时撰
(归善斋按,见"王曰,封,我闻唯曰,在昔殷先哲王")

13. 《尚书要义》

(宋) 魏了翁撰
(归善斋按,原缺)

14. 《书集传或问》卷下《酒诰》

(宋) 陈大猷撰
(归善斋按,未解)

15. 《尚书详解》卷八《周书·酒诰第十二》

(宋) 胡士行撰
(归善斋按,见"我闻亦唯曰,在今后嗣王酗身")

16. 《书纂言》卷四上《周书·酒诰》

(元) 吴澄撰
(归善斋按,见"我闻亦唯曰,在今后嗣王酗身")

17.《书集传纂疏》卷四下《朱子订定蔡氏集传·周书·酒诰》

（元）陈栎撰

（归善斋按，见"我闻亦唯曰，在今后嗣王酗身"）

18.《读书丛说》卷六《酒诰》

（元）许谦撰

（归善斋按，未解）

19.《书传辑录纂注》卷四《周书·酒诰》

（元）董鼎撰

（归善斋按，见"我闻亦唯曰，在今后嗣王酗身"）

20.《尚书句解》卷八《周书·酒诰第十二》

（元）朱祖义撰

厥命罔显于民（故机务皆失其条理其命令不显着于其民），祗保越怨不易（但安于作怨之事，而不改易。《泰誓》谓"结怨于民"是也）。

21.《尚书日记》卷十一《周书·酒诰》

（明）王樵撰

（归善斋按，见"我闻亦唯曰，在今后嗣王酗身"）

22.《日讲书经解义》卷八《周书·酒诰》

（清）库勒纳等撰

（归善斋按，见"我闻亦唯曰，在今后嗣王酗身"）

《五诰解》卷二《酒诰》

（宋）杨简撰

（归善斋按，见"我闻亦唯曰，在今后嗣王酗身"）

诞唯厥纵淫泆于非彝，用燕丧威仪，民罔不尽伤心

1.《尚书注疏》卷十三《周书》

（汉）孔氏传，（唐）陆德明音义，（唐）孔颖达疏

诞唯厥纵淫泆于非彝，用燕丧威仪。民罔不尽伤心。

传，纣大唯其纵淫泆于非常，用燕安丧其威仪。民无不尽然痛伤其心。

音义，纵，子用反，注同。泆，音溢，又作逸，亦作佚。尽，许力反。

疏，正义曰，大唯其纵淫泆于非常，用燕安之故，丧其威仪。民见之，无不尽然痛伤其心也。

传，正义曰，诞，训为"大"，言纣大唯其纵淫泆于非常之事。

2.《书传》卷十二《周书》

（宋）苏轼撰

（归善斋按，见"我闻亦唯曰，在今后嗣王酗身"）

3.《尚书全解》卷二十九《周书·酒诰》

（宋）林之奇撰

（归善斋按，见"王曰，封，我西土棐徂邦君、御事、小子"）

4.《尚书讲义》卷十四

（宋）史浩撰

（归善斋按，见"王若曰，明大命于妹邦"）

5.《尚书详解》卷十九《周书·酒诰》

（宋）夏僎撰

（归善斋按，见"我闻亦唯曰，在今后嗣王酗身"）

6.《增修东莱书说》卷二十一《周书·酒诰第十二》

（宋）吕祖谦撰，（宋）石𬩽增修
（归善斋按，见"我闻亦唯曰，在今后嗣王酣身"）

7.《尚书说》卷五《周书·酒诰》

（宋）黄度撰
（归善斋按，见"我闻亦唯曰，在今后嗣王酣身"）

8.《絜斋家塾书钞》卷十一《周书·酒诰》

（宋）袁燮撰
（归善斋按，见"我闻亦唯曰，在今后嗣王酣身"）

9.《书经集传》卷四《周书·酒诰》

（宋）蔡沈撰
（归善斋按，见"我闻亦唯曰，在今后嗣王酣身"）

10.《尚书精义》卷三十六《周书·酒诰》

（宋）黄伦撰
（归善斋按，见"我闻亦唯曰，在今后嗣王酣身"）

11.《尚书详解》卷三十《周书·酒诰》

（宋）陈经撰
（归善斋按，见"我闻亦唯曰，在今后嗣王酣身"）

12.《融堂书解》卷十二《周书·酒诰》

（宋）钱时撰
（归善斋按，见"王曰，封，我闻唯曰，在昔殷先哲王"）

13. 《尚书要义》

（宋）魏了翁撰

（归善斋按，原缺）

14. 《书集传或问》卷下《酒诰》

（宋）陈大猷撰

（归善斋按，未解）

15. 《尚书详解》卷八《周书·酒诰第十二》

（宋）胡士行撰

（归善斋按，见"我闻亦唯曰，在今后嗣王酣身"）

16. 《书纂言》卷四上《周书·酒诰》

（元）吴澄撰

（归善斋按，见"我闻亦唯曰，在今后嗣王酣身"）

17. 《书集传纂疏》卷四下《朱子订定蔡氏集传·周书·酒诰》

（元）陈栎撰

（归善斋按，见"我闻亦唯曰，在今后嗣王酣身"）

18. 《读书丛说》卷六《酒诰》

（元）许谦撰

（归善斋按，未解）

19. 《书传辑录纂注》卷四《周书·酒诰》

（元）董鼎撰

（归善斋按，见"我闻亦唯曰，在今后嗣王酣身"）

20.《尚书句解》卷八《周书·酒诰第十二》

（元）朱祖义撰

诞唯厥纵淫泆于非彝（又大为恣纵，以侵淫泆荡于非常诡异之事），用燕丧威仪（用燕乐而丧失为君威仪），民罔不尽伤心（民闻之无不尽然痛伤于心，痛其将亡也。尽，殚）。

21.《尚书日记》卷十一《周书·酒诰》

（明）王樵撰

（归善斋按，见"我闻亦唯曰，在今后嗣王酣身"）

22.《日讲书经解义》卷八《周书·酒诰》

（清）库勒纳等撰

（归善斋按，见"我闻亦唯曰，在今后嗣王酣身"）

《五诰解》卷二《酒诰》

（宋）杨简撰

（归善斋按，见"我闻亦唯曰，在今后嗣王酣身"）

唯荒腆于酒，不唯自息乃逸

1.《尚书注疏》卷十三《周书》

（汉）孔氏传，（唐）陆德明音义，（唐）孔颖达疏

唯荒腆于酒，不唯自息乃逸。

传，言纣大厚于酒，昼夜不念自息，乃过差。

音义，差，初佳反，又初卖反。

疏，正义曰，皆由唯大爱厚于酒，昼夜不念自止息，乃过逸。

2. 《书传》卷十二《周书》

（宋）苏轼撰

（归善斋按，见"我闻亦唯曰，在今后嗣王酣身"）

3. 《尚书全解》卷二十九《周书·酒诰》

（宋）林之奇撰

（归善斋按，见"王曰，封，我西土棐徂邦君、御事、小子"）

4. 《尚书讲义》卷十四

（宋）史浩撰

（归善斋按，见"王若曰，明大命于妹邦"）

5. 《尚书详解》卷十九《周书·酒诰》

（宋）夏僎撰

（归善斋按，见"我闻亦唯曰，在今后嗣王酣身"）

6. 《增修东莱书说》卷二十一《周书·酒诰第十二》

（宋）吕祖谦撰，（宋）石澜增修

（归善斋按，见"我闻亦唯曰，在今后嗣王酣身"）

7. 《尚书说》卷五《周书·酒诰》

（宋）黄度撰

（归善斋按，见"我闻亦唯曰，在今后嗣王酣身"）

8. 《絜斋家塾书钞》卷十一《周书·酒诰》

（宋）袁燮撰

（归善斋按，见"我闻亦唯曰，在今后嗣王酣身"）

9. 《书经集传》卷四《周书·酒诰》

（宋）蔡沈撰

（归善斋按，见"我闻亦唯曰，在今后嗣王酣身"）

10. 《尚书精义》卷三十六《周书·酒诰》

（宋）黄伦撰

（归善斋按，见"我闻亦唯曰，在今后嗣王酣身"）

11. 《尚书详解》卷三十《周书·酒诰》

（宋）陈经撰

（归善斋按，见"我闻亦唯曰，在今后嗣王酣身"）

12. 《融堂书解》卷十二《周书·酒诰》

（宋）钱时撰

（归善斋按，见"王曰，封，我闻唯曰，在昔殷先哲王"）

13. 《尚书要义》

（宋）魏了翁撰

（归善斋按，原缺）

14. 《书集传或问》卷下《酒诰》

（宋）陈大猷撰

（归善斋按，未解）

15. 《尚书详解》卷八《周书·酒诰第十二》

（宋）胡士行撰

（归善斋按，见"我闻亦唯曰，在今后嗣王酣身"）

16. 《书纂言》卷四上《周书·酒诰》

（元）吴澄撰

（归善斋按，见"我闻亦唯曰，在今后嗣王酣身"）

17. 《书集传纂疏》卷四下《朱子订定蔡氏集传·周书·酒诰》

（元）陈栎撰

（归善斋按，见"我闻亦唯曰，在今后嗣王酣身"）

18. 《读书丛说》卷六《酒诰》

（元）许谦撰

（归善斋按，未解）

19. 《书传辑录纂注》卷四《周书·酒诰》

（元）董鼎撰

（归善斋按，见"我闻亦唯曰，在今后嗣王酣身"）

20. 《尚书句解》卷八《周书·酒诰第十二》

（元）朱祖义撰

唯荒腆于酒（纣曾不自觉，方且荒乱厚于饮酒），不唯自息乃逸。

21. 《尚书日记》卷十一《周书·酒诰》

（明）王樵撰

（归善斋按，见"我闻亦唯曰，在今后嗣王酣身"）

22. 《日讲书经解义》卷八《周书·酒诰》

（清）库勒纳等撰

（归善斋按，见"我闻亦唯曰，在今后嗣王酣身"）

《五诰解》卷二《酒诰》

（宋）杨简撰

（归善斋按，见"我闻亦唯曰，在今后嗣王酣身"）

厥心疾狠，不克畏死

1. 《尚书注疏》卷十三《周书》

（汉）孔氏传，（唐）陆德明音义，（唐）孔颖达疏

厥心疾狠，不克畏死。

传，纣疾狠其心，不能畏死，言无忌。

音义，很，胡恳反。

疏，正义曰，其内心疾害狠戾，不能畏死。

2. 《书传》卷十二《周书》

（宋）苏轼撰

（归善斋按，见"我闻亦唯曰，在今后嗣王酣身"）

3. 《尚书全解》卷二十九《周书·酒诰》

（宋）林之奇撰

（归善斋按，见"王曰，封，我西土棐徂邦君、御事、小子"）

4. 《尚书讲义》卷十四

（宋）史浩撰

（归善斋按，见"王若曰，明大命于妹邦"）

5. 《尚书详解》卷十九《周书·酒诰》

（宋）夏僎撰

（归善斋按，见"我闻亦唯曰，在今后嗣王酣身"）

6.《增修东莱书说》卷二十一《周书·酒诰第十二》

（宋）吕祖谦撰，（宋）时澜增修
（归善斋按，见"我闻亦唯曰，在今后嗣王酣身"）

7.《尚书说》卷五《周书·酒诰》

（宋）黄度撰
（归善斋按，见"我闻亦唯曰，在今后嗣王酣身"）

8.《絜斋家塾书钞》卷十一《周书·酒诰》

（宋）袁燮撰
（归善斋按，见"我闻亦唯曰，在今后嗣王酣身"）

9.《书经集传》卷四《周书·酒诰》

（宋）蔡沈撰
（归善斋按，见"我闻亦唯曰，在今后嗣王酣身"）

10.《尚书精义》卷三十六《周书·酒诰》

（宋）黄伦撰
（归善斋按，见"我闻亦唯曰，在今后嗣王酣身"）

11.《尚书详解》卷三十《周书·酒诰》

（宋）陈经撰
（归善斋按，见"我闻亦唯曰，在今后嗣王酣身"）

12.《融堂书解》卷十二《周书·酒诰》

（宋）钱时撰
（归善斋按，见"王曰，封，我闻唯曰，在昔殷先哲王"）

13. 《尚书要义》

（宋）魏了翁撰

（归善斋按，原缺）

14. 《书集传或问》卷下《酒诰》

（宋）陈大猷撰

（归善斋按，未解）

15. 《尚书详解》卷八《周书·酒诰第十二》

（宋）胡士行撰

（归善斋按，见"我闻亦唯曰，在今后嗣王酣身"）

16. 《书纂言》卷四上《周书·酒诰》

（元）吴澄撰

（归善斋按，见"我闻亦唯曰，在今后嗣王酣身"）

17. 《书集传纂疏》卷四下《朱子订定蔡氏集传·周书·酒诰》

（元）陈栎撰

（归善斋按，见"我闻亦唯曰，在今后嗣王酣身"）

18. 《读书丛说》卷六《酒诰》

（元）许谦撰

（归善斋按，未解）

19. 《书传辑录纂注》卷四《周书·酒诰》

（元）董鼎撰

（归善斋按，见"我闻亦唯曰，在今后嗣王酣身"）

20.《尚书句解》卷八《周书·酒诰第十二》

（元）朱祖义撰

厥心疾狠，不克畏死（不特不能自正其淫泆之失，而其心且忿疾狠戾，虽死亡在前，不能畏也。狠，下恳切）。

21.《尚书日记》卷十一《周书·酒诰》

（明）王樵撰

（归善斋按，见"我闻亦唯曰，在今后嗣王酣身"）

22.《日讲书经解义》卷八《周书·酒诰》

（清）库勒纳等撰

（归善斋按，见"我闻亦唯曰，在今后嗣王酣身"）

《五诰解》卷二《酒诰》

（宋）杨简撰

（归善斋按，见"我闻亦唯曰，在今后嗣王酣身"）

辜在商邑，越殷国灭无罹

1.《尚书注疏》卷十三《周书》

（汉）孔氏传，（唐）陆德明音义，（唐）孔颖达疏

惮辜在商邑，越殷国灭无罹。

传，纣聚罪人在都邑，而任之，于殷国灭亡，无忧惧。

疏，正义曰，聚罪人在商邑，而任之，于殷国灭亡无忧惧也。

2. 《书传》卷十二《周书》

（宋）苏轼撰

（归善斋按，见"我闻亦唯曰，在今后嗣王酣身"）

3. 《尚书全解》卷二十九《周书·酒诰》

（宋）林之奇撰

（归善斋按，见"王曰，封，我西土棐徂邦君、御事、小子"）

4. 《尚书讲义》卷十四

（宋）史浩撰

（归善斋按，见"王若曰，明大命于妹邦"）

5. 《尚书详解》卷十九《周书·酒诰》

（宋）夏僎撰

（归善斋按，见"我闻亦唯曰，在今后嗣王酣身"）

6. 《增修东莱书说》卷二十一《周书·酒诰第十二》

（宋）吕祖谦撰，（宋）石𤁋增修

（归善斋按，见"我闻亦唯曰，在今后嗣王酣身"）

7. 《尚书说》卷五《周书·酒诰》

（宋）黄度撰

（归善斋按，见"我闻亦唯曰，在今后嗣王酣身"）

8. 《絜斋家塾书钞》卷十一《周书·酒诰》

（宋）袁燮撰

（归善斋按，见"我闻亦唯曰，在今后嗣王酣身"）

9. 《书经集传》卷四《周书·酒诰》

（宋）蔡沈撰
（归善斋按，见"我闻亦唯曰，在今后嗣王酗身"）

10. 《尚书精义》卷三十六《周书·酒诰》

（宋）黄伦撰
（归善斋按，见"我闻亦唯曰，在今后嗣王酗身"）

11. 《尚书详解》卷三十《周书·酒诰》

（宋）陈经撰
（归善斋按，见"我闻亦唯曰，在今后嗣王酗身"）

12. 《融堂书解》卷十二《周书·酒诰》

（宋）钱时撰
（归善斋按，见"王曰，封，我闻唯曰，在昔殷先哲王"）

13. 《尚书要义》

（宋）魏了翁撰
（归善斋按，原缺）

14. 《书集传或问》卷下《酒诰》

（宋）陈大猷撰
（归善斋按，未解）

15. 《尚书详解》卷八《周书·酒诰第十二》

（宋）胡士行撰
（归善斋按，见"我闻亦唯曰，在今后嗣王酗身"）

16. 《书纂言》卷四上《周书·酒诰》

（元）吴澄撰

(归善斋按，见"我闻亦唯曰，在今后嗣王酣身")

17. 《书集传纂疏》卷四下《朱子订定蔡氏集传·周书·酒诰》

（元）陈栎撰

(归善斋按，见"我闻亦唯曰，在今后嗣王酣身")

18. 《读书丛说》卷六《酒诰》

（元）许谦撰

(归善斋按，未解)

19. 《书传辑录纂注》卷四《周书·酒诰》

（元）董鼎撰

(归善斋按，见"我闻亦唯曰，在今后嗣王酣身")

20. 《尚书句解》卷八《周书·酒诰第十二》

（元）朱祖义撰

辜在商邑（唯造作辜，罪在所都之邑），越殷国灭无罹（虽于殷国灭亡，曾无忧之之心。《诗》所谓"逢此百罹"是也）。

21. 《尚书日记》卷十一《周书·酒诰》

（明）王樵撰

(归善斋按，见"我闻亦唯曰，在今后嗣王酣身")

22. 《日讲书经解义》卷八《周书·酒诰》

（清）库勒纳等撰

(归善斋按，见"我闻亦唯曰，在今后嗣王酣身")

《五诰解》卷二《酒诰》

(宋)杨简撰

(归善斋按,见"我闻亦唯曰,在今后嗣王酣身")

弗唯德馨香祀,登闻于天,诞唯民怨

1.《尚书注疏》卷十三《周书》

(汉)孔氏传,(唐)陆德明音义,(唐)孔颖达疏

弗唯德馨香祀,登闻于天,诞唯民怨。

传,纣不念发闻其德,使祀见享,升闻于天,大行淫虐,唯为民所怨咎。

疏,正义曰,不念发闻其令德之馨香,使祀见享,升闻于天,大唯行其淫虐,为民下所怨。

2.《书传》卷十二《周书》

(宋)苏轼撰

(归善斋按,见"我闻亦唯曰,在今后嗣王酣身")

3.《尚书全解》卷二十九《周书·酒诰》

(宋)林之奇撰

(归善斋按,见"王曰,封,我西土棐徂邦君、御事、小子")

4.《尚书讲义》卷十四

(宋)史浩撰

(归善斋按,见"王若曰,明大命于妹邦")

5. 《尚书详解》卷十九《周书·酒诰》

（宋）夏僎撰

（归善斋按，见"我闻亦唯曰，在今后嗣王酗身"）

6. 《增修东莱书说》卷二十一《周书·酒诰第十二》

（宋）吕祖谦撰，（宋）石𣶛增修

（归善斋按，见"我闻亦唯曰，在今后嗣王酗身"）

7. 《尚书说》卷五《周书·酒诰》

（宋）黄度撰

（归善斋按，见"我闻亦唯曰，在今后嗣王酗身"）

8. 《絜斋家塾书钞》卷十一《周书·酒诰》

（宋）袁燮撰

（归善斋按，见"我闻亦唯曰，在今后嗣王酗身"）

9. 《书经集传》卷四《周书·酒诰》

（宋）蔡沈撰

（归善斋按，见"我闻亦唯曰，在今后嗣王酗身"）

10. 《尚书精义》卷三十六《周书·酒诰》

（宋）黄伦撰

（归善斋按，见"我闻亦唯曰，在今后嗣王酗身"）

11. 《尚书详解》卷三十《周书·酒诰》

（宋）陈经撰

（归善斋按，见"我闻亦唯曰，在今后嗣王酗身"）

12.《融堂书解》卷十二《周书·酒诰》

（宋）钱时撰

（归善斋按，见"王曰，封，我闻唯曰，在昔殷先哲王"）

13.《尚书要义》

（宋）魏了翁撰

（归善斋按，原缺）

14.《书集传或问》卷下《酒诰》

（宋）陈大猷撰

（归善斋按，未解）

15.《尚书详解》卷八《周书·酒诰第十二》

（宋）胡士行撰

（归善斋按，见"我闻亦唯曰，在今后嗣王酣身"）

16.《书纂言》卷四上《周书·酒诰》

（元）吴澄撰

（归善斋按，见"我闻亦唯曰，在今后嗣王酣身"）

17.《书集传纂疏》卷四下《朱子订定蔡氏集传·周书·酒诰》

（元）陈栎撰

（归善斋按，见"我闻亦唯曰，在今后嗣王酣身"）

18.《读书丛说》卷六《酒诰》

（元）许谦撰

（归善斋按，未解）

19.《书传辑录纂注》卷四《周书·酒诰》

（元）董鼎撰
（归善斋按，见"我闻亦唯曰，在今后嗣王酗身"）

20.《尚书句解》卷八《周书·酒诰第十二》

（元）朱祖义撰
弗唯德馨香祀（更不思唯有馨香之祭祀），登闻于天（以升闻于上天），诞唯民怨（方且大与民结怨）。

21.《尚书日记》卷十一《周书·酒诰》

（明）王樵撰
（归善斋按，见"我闻亦唯曰，在今后嗣王酗身"）

22.《日讲书经解义》卷八《周书·酒诰》

（清）库勒纳等撰
（归善斋按，见"我闻亦唯曰，在今后嗣王酗身"）

《五诰解》卷二《酒诰》

（宋）杨简撰
（归善斋按，见"我闻亦唯曰，在今后嗣王酗身"）

庶群自酒，腥闻在上，故天降丧于殷，罔爱于殷，唯逸

1.《尚书注疏》卷十三《周书》

（汉）孔氏传，（唐）陆德明音义，（唐）孔颖达疏
庶群自酒，腥闻在上，故天降丧于殷，罔爱于殷，唯逸。

传，纣众群臣，用酒沉荒，腥秽闻在上天，故天下丧亡于殷，无爱于殷，唯以纣奢逸故。

音义，闻，音问。

疏，正义曰，纣众群臣，集聚用酒荒淫，腥秽闻在上天，故天下丧亡于殷。无爱念于殷，唯以纣奢逸。

传，正义曰，纣众群臣，用酒沉荒用者，解经之"自"，定本作"自"，俗本多误为"嗜"。言唯民，谓纣也。今变言"民"者，见虽非纣亦然。

2.《书传》卷十二《周书》

（宋）苏轼撰

（归善斋按，见"我闻亦唯曰，在今后嗣王酣身"）

3.《尚书全解》卷二十九《周书·酒诰》

（宋）林之奇撰

（归善斋按，见"王曰，封，我西土棐徂邦君、御事、小子"）

4.《尚书讲义》卷十四

（宋）史浩撰

（归善斋按，见"王若曰，明大命于妹邦"）

5.《尚书详解》卷十九《周书·酒诰》

（宋）夏僎撰

（归善斋按，见"我闻亦唯曰，在今后嗣王酣身"）

6.《增修东莱书说》卷二十一《周书·酒诰第十二》

（宋）吕祖谦撰，（宋）石澜增修

（归善斋按，见"我闻亦唯曰，在今后嗣王酣身"）

7.《尚书说》卷五《周书·酒诰》

（宋）黄度撰

（归善斋按，见"我闻亦唯曰，在今后嗣王酣身"）

8.《絜斋家塾书钞》卷十一《周书·酒诰》

（宋）袁燮撰

（归善斋按，见"我闻亦唯曰，在今后嗣王酣身"）

9.《书经集传》卷四《周书·酒诰》

（宋）蔡沈撰

（归善斋按，见"我闻亦唯曰，在今后嗣王酣身"）

10.《尚书精义》卷三十六《周书·酒诰》

（宋）黄伦撰

（归善斋按，见"我闻亦唯曰，在今后嗣王酣身"）

11.《尚书详解》卷三十《周书·酒诰》

（宋）陈经撰

（归善斋按，见"我闻亦唯曰，在今后嗣王酣身"）

12.《融堂书解》卷十二《周书·酒诰》

（宋）钱时撰

（归善斋按，见"王曰，封，我闻唯曰，在昔殷先哲王"）

13.《尚书要义》

（宋）魏了翁撰

（归善斋按，原缺）

14. 《书集传或问》卷下《酒诰》

（宋）陈大猷撰
（归善斋按，未解）

15. 《尚书详解》卷八《周书·酒诰第十二》

（宋）胡士行撰
（归善斋按，见"我闻亦唯曰，在今后嗣王酖身"）

16. 《书纂言》卷四上《周书·酒诰》

（元）吴澄撰
（归善斋按，见"我闻亦唯曰，在今后嗣王酖身"）

17. 《书集传纂疏》卷四下《朱子订定蔡氏集传·周书·酒诰》

（元）陈栎撰
（归善斋按，见"我闻亦唯曰，在今后嗣王酖身"）

18. 《读书丛说》卷六《酒诰》

（元）许谦撰
（归善斋按，未解）

19. 《书传辑录纂注》卷四《周书·酒诰》

（元）董鼎撰
（归善斋按，见"我闻亦唯曰，在今后嗣王酖身"）

20. 《尚书句解》卷八《周书·酒诰第十二》

（元）朱祖义撰
庶群自酒（与众群臣相从于酒），腥闻在上（腥秽闻于上天），故天降丧于殷（所以上天降下丧亡之祸于殷），罔爱于殷，唯逸（无有爱惜殷家之意者，唯其逸乐过度故也）。

21.《尚书日记》卷十一《周书·酒诰》

（明）王樵撰

（归善斋按，见"我闻亦唯曰，在今后嗣王酣身"）

22.《日讲书经解义》卷八《周书·酒诰》

（清）库勒纳等撰

（归善斋按，见"我闻亦唯曰，在今后嗣王酣身"）

《五诰解》卷二《酒诰》

（宋）杨简撰

（归善斋按，见"我闻亦唯曰，在今后嗣王酣身"）

天非虐，唯民自速辜

1.《尚书注疏》卷十三《周书》

（汉）孔氏传，（唐）陆德明音义，（唐）孔颖达疏
天非虐，唯民自速辜。
传，言凡为天所亡，天非虐民，唯民行恶，自召罪。
疏，正义曰，故非天虐殷以灭之，唯纣为人，自召此罪故也。

2.《书传》卷十二《周书》

（宋）苏轼撰

（归善斋按，见"我闻亦唯曰，在今后嗣王酣身"）

3.《尚书全解》卷二十九《周书·酒诰》

（宋）林之奇撰
（归善斋按，见"王曰，封，我西土棐徂邦君、御事、小子"）

4.《尚书讲义》卷十四

（宋）史浩撰
（归善斋按，见"王若曰，明大命于妹邦"）

5.《尚书详解》卷十九《周书·酒诰》

（宋）夏僎撰
（归善斋按，见"我闻亦唯曰，在今后嗣王酗身"）

6.《增修东莱书说》卷二十一《周书·酒诰第十二》

（宋）吕祖谦撰，（宋）石澜增修
（归善斋按，见"我闻亦唯曰，在今后嗣王酗身"）

7.《尚书说》卷五《周书·酒诰》

（宋）黄度撰
（归善斋按，见"我闻亦唯曰，在今后嗣王酗身"）

8.《絜斋家塾书钞》卷十一《周书·酒诰》

（宋）袁燮撰
（归善斋按，见"我闻亦唯曰，在今后嗣王酗身"）

9.《书经集传》卷四《周书·酒诰》

（宋）蔡沈撰
（归善斋按，见"我闻亦唯曰，在今后嗣王酗身"）

10. 《尚书精义》卷三十六《周书·酒诰》

（宋）黄伦撰

（归善斋按，见"我闻亦唯曰，在今后嗣王酣身"）

11. 《尚书详解》卷三十《周书·酒诰》

（宋）陈经撰

（归善斋按，见"我闻亦唯曰，在今后嗣王酣身"）

12. 《融堂书解》卷十二《周书·酒诰》

（宋）钱时撰

（归善斋按，见"王曰，封，我闻唯曰，在昔殷先哲王"）

13. 《尚书要义》

（宋）魏了翁撰

（归善斋按，原缺）

14. 《书集传或问》卷下《酒诰》

（宋）陈大猷撰

（归善斋按，未解）

15. 《尚书详解》卷八《周书·酒诰第十二》

（宋）胡士行撰

（归善斋按，见"我闻亦唯曰，在今后嗣王酣身"）

16. 《书纂言》卷四上《周书·酒诰》

（元）吴澄撰

（归善斋按，见"我闻亦唯曰，在今后嗣王酣身"）

17.《书集传纂疏》卷四下《朱子订定蔡氏集传·周书·酒诰》

(元) 陈栎撰

(归善斋按,见"我闻亦唯曰,在今后嗣王酗身")

18.《读书丛说》卷六《酒诰》

(元) 许谦撰

(归善斋按,未解)

19.《书传辑录纂注》卷四《周书·酒诰》

(元) 董鼎撰

(归善斋按,见"我闻亦唯曰,在今后嗣王酗身")

20.《尚书句解》卷八《周书·酒诰第十二》

(元) 朱祖义撰

天非虐(由是观之,殷之亡者,非天虐于纣也),唯民自速辜(唯纣自召其辜罪耳。言民,以其无君之德,与凡民等耳,犹《孟子》言"独夫"也)。

21.《尚书日记》卷十一《周书·酒诰》

(明) 王樵撰

(归善斋按,见"我闻亦唯曰,在今后嗣王酗身")

22.《日讲书经解义》卷八《周书·酒诰》

(清) 库勒纳等撰

(归善斋按,见"我闻亦唯曰,在今后嗣王酗身")

《五诰解》卷二《酒诰》

(宋) 杨简撰

(归善斋按,见"我闻亦唯曰,在今后嗣王酣身")

王曰,封,予不唯若兹多诰

1.《尚书注疏》卷十三《周书》

(汉) 孔氏传,(唐) 陆德明音义,(唐) 孔颖达疏
王曰,封,予不唯若兹多诰。
传,我不唯若此多诰汝,我亲行之。
音义,监,工陷反,下及注同。
疏,正义曰,既陈殷之戒酒与嗜酒以致兴亡之异,故诰之王命言曰,封,我不唯若此徒多出言,以诰汝而已,我自戒酒,己亲行之,汝可法之也。所以亲行者。

2.《书传》卷十二《周书》

(宋) 苏轼撰
王曰,封,予不唯若兹多诰。古人有言曰,人无于水监,当于民监。今唯殷坠厥命,我其可不大监,抚于时。
抚,安也。

3.《尚书全解》卷二十九《周书·酒诰》

(宋) 林之奇撰
王曰,封,予不唯若兹多诰。古人有言曰,人无于水监,当于民监。今唯殷坠厥命,我其可不大监,抚于时。予唯曰,汝劼毖殷献臣,侯、甸、男、卫,矧太史友、内史友、越献臣百宗工。矧唯尔事服休、服采,矧唯若畴圻父,薄违农夫,若保宏父定辟,矧汝刚制于酒,厥或诰曰群

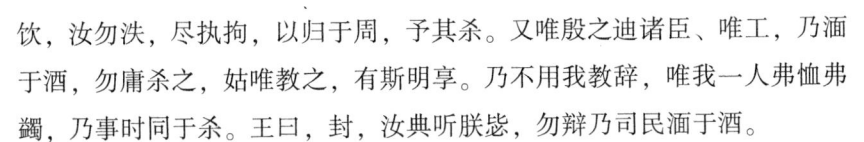

饮，汝勿佚，尽执拘，以归于周，予其杀。又唯殷之迪诸臣、唯工，乃湎于酒，勿庸杀之，姑唯教之，有斯明享。乃不用我教辞，唯我一人弗恤弗蠲，乃事时同于杀。王曰，封，汝典听朕毖，勿辩乃司民湎于酒。

曾子曰"尊其所闻，则高明矣；行其所知，则光大矣"，"高明""光大"不在乎他，在乎加之意而已。成王既多闻于先世成败之迹，自汤至于帝乙，其戒慎恐惧，君臣相正，不湎于酒，以成夫莫大之业者如此。纣之淫泆非彝，庶群自酒，以自速其辜者如彼。我岂唯务谆谆反复，以是而多诰于汝哉。盖将尊其所闻，而行其所知，以其善而思齐。唯恐其毫厘之差，以其恶而自省；唯恐其微疵细过之不尽去，不但使汝法其善，而监其不善也。故继之曰"古人有言曰，人无于水监，当于民监"。盖古人有此言，成王引之以告康叔也。《荀子》曰"水静则明烛须眉"，则水可以为监形也。形之妍丑，监于水固可以见之，至于政之醇疵，岂水之所能监哉？必监于民而后见也。世之人，徒知以水为监，所见者，颜貌而已，何所补哉？而不知以民为监，其有益于己者大矣。故古人戒之曰"人无于水监，当于民监"也。与《孟子》言"指不若人，则知恶之；心不若人，则不知恶"，言虽反，而立意则同。今殷既以庶群自酒之故而坠其命矣，亦以我不可不大监之，以抚安斯民于当时也。盖殷先哲王之所以享天下者，得其民也。得其民者无他，畏相而已。纣之所以失天下者，失其民也。失其民无他，酗酒而已。既当以民为监，则前世尝以是得民者，必思有以遵之；尝以是失民者，必思有以改之。我非唯言之而已也。畏相，以率其群臣，使之协心同德，以毗予一人，亦于殷先哲王之世而后已。成王既以此自勉矣，则为康叔者当如何哉？故自此以下，皆戒康叔以畏敬其臣，使之自尽以报汝也。《康诰》曰"爽唯天其罚殛我"，此篇曰"我其可不大监抚于时"，皆是成王自以其身为之准绳，俾之观而善也。尝考此篇所纪载纣之恶监，大抵与《诗》之《荡》相类。"诞唯厥纵淫泆于非彝"，则《荡》所谓"如蜩如螗，如沸如羹"是也。"不唯自息乃逸"，则所谓"既愆尔止，靡明靡晦，式号式呼，俾昼作夜"是也。"厥心疾狠，不克畏死"则所谓"内奰于中国，覃及鬼方"是也。"辜在商邑，越殷国灭无罹"，则所谓"曾是强御，曾是掊克，曾是在位，曾是在服，天降慆德，女兴是力"。"天非虐，唯民自速辜"，则所谓"匪上帝不时，殷不用旧"是也。既已纪载其恶矣，则欲视以为监，以警其心，故曰"古人有言曰，人无于水监，当于民监。今唯殷坠厥命，我其可不大监抚于时"，此亦《荡》诗于末章言"殷鉴不远，在夏后之世"之意也。盖《荡》之诗托言殷商之恶，以刺厉王，故其言与《酒诰》相表里。

文王之所以"诰毖""诰教"其臣民者，唯鉴于纣之故。《荡》曰"文王曰咨，咨汝殷商"。文王既鉴之矣，成王当如之何？成王既鉴之矣，康叔当如之何？劼，固也。毖，慎也。自"殷献臣"至"宏父"，汝皆当畏慎之，而其畏慎之不可以不固也。"慎厥终，唯其始"是固也。"殷献臣"，谓之贤臣尝在于商者，今则仕于康叔也。周公以孟侯呼康叔，则是为诸侯之长，故其所"劼毖"者及于侯、甸、男、卫也。大史、内史，皆官名也。《周官》大史掌邦之六典法则。内史，掌王之八柄之法。不知卫之所建者，其职果如何也。《周官》大史，下大夫二人；内史，中大夫一人。不知卫之所建者，其命当如何也？曰"大史友、内史友"，苏氏谓，当时二贤臣，封所友者是也。盖下总言"献臣百宗工"而独于其上举此二官以"友"系之，则当时有此二友之典是官也。王氏谓"献臣百宗工"，则有贵于太史、内史者，其为康叔所从可知也，非也。"献臣百宗工"谓贤臣之为"百宗工"者，上既言"殷献臣"，则此"献臣"，其未尝仕于商者，乃周臣也。宗工，大臣也。以百言之，见其多也。"服休"，先儒曰"服行美道"；"服采"，曰"服事治民"。然其意，以"尔事"，为汝之身事，则知"服休、服采"，皆康叔修之于身，非其臣也。据此文势，在"百宗工"之下，"圻父"之上，不应于其中间，间以康叔之身事也。不如王氏之说，以为其臣。其说曰"服休者，以德为事；服采者，以事为事"是也。然其以"尔事"为人君，必有所友，必有所事，盖盛德之士，有不可友者。此"服采"，为康叔所事，则未必然。既曰盛德之士，有不可友，则以德为事者，事之可也。以事为事，岂亦事之乎？此盖泛言尔之所与共事，有此二者也。先儒曰，圻父，司马；农父，司徒；宏父，司空。此三者，虽无所经见，然唯圻父见于《诗》其诗曰"圻父，予王之爪牙，胡转予于恤，靡所止居"，圻父帅爪牙之士以出战而败，则其为司马可知也。圻父司马，则农父之为司徒，宏父之为司空，亦可以意见之。盖古者，天子六卿，诸侯三卿。武王牧野之战，其时未有天下，故其誓者，司徒，司马，司空而已。《梓材》之篇，亦举此三卿。唯康叔之有三卿，故虽无所经见，当从先儒之说。司马掌封圻甲兵，故曰圻父；司徒，掌教稼穑树艺，故曰农父。宏父者，唐孔氏曰"以营造为广大国家之父"，不如王氏曰"辟地以居民"也。先儒以"若畴"系于圻父，言君所顺畴；"薄违"系于农父，言迫回万民；"若保"系于宏父，言当顺安之。唯司徒则陈其所任之职，而二者则谓君之顺之，非其类也。苏氏虽皆以为所任之职，而于"若畴"曰"何寇敌"，亦牵强不通。不如王氏以"若畴"为"汝之俦匹"，而于其下先举其官名，而后陈其所任之职也。盖君之与臣，若股肱元首，一体相须。故皆三卿皆其俦匹也。薄违者当从先儒之训，而用王氏之义，言司马之迫逐违命者也，"农父若保"，言司徒教民稼穑，以顺安之也。王氏曰若国保民，亦非也。"宏父定辟"，言司空辟地居民，而定其法也。汝于殷之贤臣，及其所统侯、甸、男、卫之诸侯，既固慎之矣。况于所友之二史友，其贤臣之为百宗工者，其可不畏而慎之乎。此亦固当慎矣。况尔之俦匹位三卿者，其可不畏而慎之乎。至于三卿，则若小若大，若彼若此，若内若外，无所不慎也。殷先哲王以畏相之故，其臣皆化其上，勉励以辅君，不敢湎于酒。汝之劼毖者既已若此，则自"殷献臣"至于"三卿"，亦皆将宿道向方，朝夕不懈，以承其上。况汝又"刚制于酒"乎？盖"劼毖"以率之，彼固必不敢为淫湎之行。苟又刚制于酒，则其心益将有所畏，而不敢犯也。

既有以率之，而又有以制之，然其越礼逾禁，荒淫无度者，不可不治也。故其或有人告汝康叔曰，今有群聚而饮，汝当度设方略，勿令逃佚，尽执拘以归于周而杀之。盖"我西土邦君、御事、小子，克用文王教，不湎于酒"，则周之群臣，已率教者也。已率教而至于崇饮，宜刑戮之所加故杀之也。至于殷纣所迪之诸臣，其百工有湎于酒，盖其化纣之恶，未能以遽革故，勿用法以杀之，姑亦教之而已。孔子曰，"不教而杀谓之虐；不戒视成谓之暴"。文王之于庶士、御事，朝夕之间，谆谆而"诰毖"之者，非不至也。今乃有不率教而群饮，则其杀之也，安得谓虐之暴之哉。殷之诸臣，习纣之恶，"庶群自酒"，苟不有以教之，则其湎于酒者，乃其所也，一旦遽用法以杀之，非暴虐而何？故必教之而后可也。古者"诰""告"通用。《汤诰》《大诰》，皆是会同诸侯而敕戒之也。然人臣献言，以启迪其上者，亦谓之"诰"，"仲虺作诰"是也。人臣与其侪类共谈者，亦谓之"诰"，"微子作诰父师、少师"是也。故此，以群饮之不可不惩而言于上者，亦曰"诰"焉。群饮而诛，盖若"羲和湎淫"之类。夫其无故而众饮，则其奸宄之谋，将由是而生。故诛之也。胤侯之征羲和，而誓师之言曰"歼厥渠魁，胁从罔治"，则羲和之湎淫，盖与其党类同焉，不独自为之也。是谓之群饮也。下文"又唯殷之迪诸臣"，则群饮而诛者，其为周人可知也。"有斯明享"，即《康诰》所谓"享明乃服命"也，言汝康叔既有此明与享矣，则其教，非不至也，而乃不用我之教辞，唯我一人之言，曾不之恤，不自蠲洁其事，而有淫酒之过，则是教之而不率者，终不可以入于善，故亦同于群饮之人而杀之也。夫寇攘奸宄，则罔不憝；不孝不友，则闵之，而敬典裕民。群饮则诛之，而殷之迪诸臣也，以湎于酒，则姑亦教之。此皆先王忠厚之化，不尚刑罚，以斩齐天下也。然至于"有斯明享"而乃犹不用教辞，则亦同于杀，则夫既敬典以裕之矣。而犹泯乱于民彝者，亦所不赦也。先儒并王氏以为康叔不用教辞则同于见杀；苏氏又以为若我不知恤，此则陷民于死，同于我杀之，皆非也。

"汝典听朕毖"，言我之所以教汝慎于酒者，汝当常听之也。成王之诰康叔。既告以文王朝夕教戒其臣民，渐渍厌饫，不湎于酒，以享天之休命；告以殷先哲王，戒慎恐惧，君臣相畏，不湎于酒，以成王天下之业；又告以殷纣"淫泆非彝，庶群自酒"，自速其辜。其善可法，其恶可鉴。故欲其"劼毖"群臣以率之，刚制于酒以禁之，群饮则诛之，不用教辞亦杀之，无非使之慎于酒者也。司民，即上文自"殷献臣"至于"宏父"是也。王氏曰，汝司民有湎于酒，则以政治之，勿为之辩释，以为无罪也。苏氏曰，当□建一司，以察淫湎。若以泛责群吏而不辩，其司禁必不行矣。其说迂回。不如先儒曰"勿使汝主民之吏湎于酒"，其辞不费，但不知"辩"之训使何出耳？太康以酒亡，纣以酒亡，幽王、厉王，皆以酒亡。三代之祸，皆由此而致，则酒之为祸惨矣。故禹恶旨酒，孔子于"不为酒困"，谦而不敢居，况不为禹、孔子者乎？成王诰康叔，反复数百言，而终以莫"辩乃司民湎于酒"。盖使司民而湎于酒，则民之休戚，必不蒂芥于胸次。斯民不得安居而乐业，则何以保有国家也哉？而晋之士大夫，乃以酣饮为清高，如阮籍、刘伶、胡母辅之、毕卓之徒，其淫纵荒酒，无所不至。想夫纣之庶群自酒，亦不是过也。周公、成王以是为戒，而晋人以为清高。纣以是亡，而晋安能以久存哉？《诗》曰，"人之齐圣，饮酒温克，彼昏不知，壹醉日富，各敬尔仪，天命不又"。晋之士大夫，至于"散发""盗樽"，其不敬尔仪如此，欲天命之不替可乎哉？以是知阮籍之徒，其与八王、五胡，皆晋之所由以亡也。

4.《尚书讲义》卷十四

（宋）史浩撰

（归善斋按，见"王若曰，明大命于妹邦"）

5.《尚书详解》卷十九《周书·酒诰》

（宋）夏僎撰

王曰，封，予不唯若兹多诰。古人有言曰：人无于水监，当于民监。今唯殷坠厥命，我其可不大监，抚于时。予唯曰，汝劼毖殷献臣，侯、甸、男、卫，矧大史友、内史友，越献臣百宗工。矧唯尔事服休、服采；矧唯若畴圻父，薄违农父，若保宏父定辟，矧汝刚制于酒。

成王前告康叔之言详矣，又恐康叔以为徒谆谆于口舌之间，故又呼康叔而语之曰，我"不唯若兹多诰"，谓我不但徒然如此多诰于汝也。我闻之于古人之言曰，"人无于水监，当于民监"，盖监之于水，则可以监形之妍丑而已。至于政之醇疵，国之休戚，则非水之所可监也。故唯监之于民，则可以见成否。成王言此者，正以商人湎酒之故，坠失其天命，乃我今日所当监者，我其可不大以此为监，而抚安于当时哉？盖殷以湎酒而亡，今日正当监之，下"刚制于酒"是也。自"予唯曰"以下，皆成王使管、叔监殷之失，以刚制于酒之事也。"予唯曰"，乃成王谓我今唯言曰，汝康叔当坚固毖慎殷贤臣，及汝为孟侯所统侯、甸、男、卫之国君，皆当固慎。此正如"文王毖庶邦庶士，越少正、御事"。盖毖慎之，使不纵于酒也。殷贤臣及所统诸侯，固既慎之矣。况太史之官，掌六典八法八则；内史之官掌八柄之法，乃汝康叔之所亲友者，及其贤臣为百官尊者，不可不固慎之也。内史、太史，百贤臣，百宗工，既固慎之矣，况与康叔所共事之人。所谓"服休"而在位，"服采"而在职者，其可不固慎之乎？服休，谓居尊官，而多暇逸者；服采，谓居卑官，而治事者，皆康叔所与共事之人也。服休、服采，既固慎之矣，况汝之俦匹，而位为三卿者，谓司徒、司马、司空也。司马，既掌九畿之法，故谓之圻父。父者，尊之为父也。圻父，掌九畿之法，故有违王命者，圻父当有以薄迫而诛伐之，故圻父谓之"薄违"。司徒，掌教稼穑以厚民生，故谓之农父。在于厚民生，则当顺民而保安之，故农父谓之"若保"。司空，掌度地以居民，故谓之"宏父"。唯宏父在于居民，则当定民居之法，故宏父谓之"定辟"，盖大国三卿。康叔，孟侯，实大国，故有此三卿。此三卿位尊，故于康叔为俦匹也，康叔又可以不固慎之乎。成王此意盖谓，自殷贤臣，推而上之，至于三卿，皆康叔所当惩慎者，汝可不刚以制其纵酒之失乎？故继曰"矧汝刚制于酒"，盖谓，况于汝身，尤当刚制于酒也。

6.《增修东莱书说》卷二十一《周书·酒诰第十二》

（宋）吕祖谦撰，（宋）石澜增修

王曰，封，予不惟若兹多诰。古人有言曰，人无于水监，当于民监。今唯殷坠厥命，我其可不大监，抚于时。

周公以王命告康叔，言我之告汝所以若兹之多者，尔在文武之侧，朝夕所闻，不外此事，亲见文王之家法森严如此。况古人之言，水能照妍丑耳，不必于水观，但于民观之足矣。今唯商坠厥命，监莫大于此，其可不以此大监之有所悚动，以抚当时百姓乎。

7.《尚书说》卷五《周书·酒诰》

（宋）黄度撰

王曰，封，予不惟若兹多诰。古人有言曰，人无于水监，当于民监。今唯殷坠厥命，我其可不大监，抚于时。

不若兹多诰，必有所监观，乃为有征。水监，监形妍媸；民监，监国存亡。抚，安。殷用酒坠厥命，我其可不大监求安于是哉？

8.《絜斋家塾书钞》卷十一《周书·酒诰》

(宋) 袁燮撰

王曰,封,予不惟若兹多诰。古人有言曰,人无于水监,当于民监。今唯殷坠厥命,我其可不大监,抚于时。

人之监水,但能见其妍丑,若在民上看,却可以见安危得失。今殷坠厥命,我是以大监于殷。古人皆有所监。殷监于夏,周又监于殷。所谓监于先王成宪。予唯不可不监是也。

9.《书经集传》卷四《周书·酒诰》

(宋) 蔡沈撰

王曰,封,予不惟若兹多诰。古人有言曰,人无于水监,当于民监。今唯殷坠厥命,我其可不大监,抚于时。

我不惟如此多言,所以言汤、言受如此其详者,古人谓,人无于水监。水能见人之妍丑而已。当于民监,则其得失可知。今殷民自速辜,既坠厥命矣,我其可不以殷民之失,为大监戒,以抚安斯时乎。

10.《尚书精义》卷三十六《周书·酒诰》

(宋) 黄伦撰

王曰,封,予不惟若兹多诰。古人有言曰,人无于水监,当于民监。今唯殷坠厥命,我其可不大监,抚于时。

无垢曰,人不可以水照形,知形之妍丑,无益也。当以民照兴亡。知民之兴亡,则吾知所畏慕矣。殷先哲王以畏而兴,后嗣王以逸而亡。以殷为照,吾其畏乎?畏则吾家当兴,抑吾逸而不畏乎?逸则吾家当亡矣。岂特人主,自士大夫,下至庶民,以殷士大夫、庶民为照,畏则可以保家;逸则沦胥以败。我其可不用殷为一大照,以兢畏抚安天下乎?

11.《尚书详解》卷三十《周书·酒诰》

(宋) 陈经撰

王曰,封,予不惟若兹多诰。古人有言曰,人无于水监,今唯殷坠厥命，我其可不大监，抚于时。

"王曰，封，予唯不若兹多诰"，前既举商家得失兴亡戒之矣，又曰，我不但如此多言，亦已躬行之矣。使成王不见于躬行，徒多言，岂能耸动康叔之听。凡古人所言者，皆其所已行者也。又举昔之贤者有言曰，人无于水监，当于民监。水监足以见其形之妍丑而已，若民监，则可以知其吉凶成败。前日纣为淫湎之行，今已坠其命而丧亡矣。岂非民监可以见吉凶成败乎。我其不可不以商为监，而抚安当时之民也。商以夏为监，周以商为监，汉以秦为监，唐以隋为监，皆此类也。

12.《融堂书解》卷十二《周书·酒诰》

（宋）钱时撰

王曰，封，予不唯若兹多诰。古人有言曰，人无于水监，当于民监。今唯殷坠厥命，我其可不大监，抚于时。予唯曰，汝劼毖殷献臣，侯、甸、男、卫，矧太史友、内史友，越献臣百宗工。矧唯尔事服休、服采；矧唯若畴，圻父薄违，农父若保，宏父定辟，矧汝刚制于酒。厥或诰曰群饮，汝勿佚，尽执拘，以归于周，予其杀。又唯殷之迪诸臣、唯工，乃湎于酒，勿庸杀之，姑唯教之。有斯明享，乃不用我教辞，唯我一人弗恤弗蠲，乃事时同于杀。王曰，封，汝典听朕毖，勿辩乃司民湎于酒。

先儒谓诸侯有太史，而无内史。唯天子则有内史。《春秋》三十年传称，郑使太史命伯石为卿。又齐太史书崔杼事；晋太史书赵盾事；齐有南史；鲁有外史；楚有左史。诸国并无内史。则知此太史、内史，皆殷之故臣。故康叔视之为友也。继言及"献臣百宗工"，以此见得同是说殷贤臣无疑。若下文"尔事若畴"，则指康叔之臣而言矣。百宗工，百僚之尊官。此云"献臣"之为"百宗工"，则前云"献臣"之为诸侯又明矣。坚固戒谨，贤臣之为侯、甸、男、卫之君者，康叔任居方伯，统率诸侯，故首及之。此书首言文王在西土，诰毖庶邦庶士，正是举此为康叔作例子。文王云"诰毖"，而此云"劼毖"者，盖当时沉湎之俗败坏已甚，康叔戒谨此事，若非用力坚固，岂易转移。然必曰"献臣"，何也？贤者转移为之表，倡则其余，可次第而化矣。殷之诸臣，因纣导迪，沉湎者，乃旧习使然，未必皆诸臣之罪，此勿杀，姑唯教之。教之如何？"有斯明享"是已。斯，指酒而言，谓世有此物，盖为明洁享祀之用，非为沉而设也。尔辈岂可纵饮乎？此正文王"祀兹酒"之训。上文命康叔"劼毖"，又曰"杀"，明示典宪森乎，其甚严矣。至篇末，却全责康叔典听朕毖，令勿罪民。前言"我民迪小子"，而庶士庶伯，乃命康叔典听朕教，此则并与民湎于酒可也。风化所自，其责有归，上行下效，其应如响。既曰我之所司矣，岂可但委其罪于民乎？此二语结尽一书大旨，备见圣人忠厚之意。

13.《尚书要义》

（宋）魏了翁撰

（归善斋按，原缺）

14.《书集传或问》卷下《酒诰》

（宋）陈大猷撰

（归善斋按，未解）

15.《尚书详解》卷八《周书·酒诰第十二》

（宋）胡士行撰

王曰，封，予不唯（但）若（如）兹（此）多诰（戒）。古人有言曰，人无于水监（监水照妍丑），当于民监（监民照兴亡）。今唯殷（纣）坠厥命，我其可不大监（纣），抚（安）于时（当时之民）。

监殷抚民于叔乎望。诰之多，夫岂徒哉。

16.《书纂言》卷四上《周书·酒诰》

（元）吴澄撰

王曰，封，予不唯若兹多诰。古人有言曰，人无于水监，当于民监。今唯殷坠厥命，我其可不大监，抚于时。

抚，犹以手按循，而视之也。我不唯如此多诰，所以详言汤及纣之事者，盖以古人有言，谓人无于水而监。水能见形之妍丑而已，当于人而监，则其得失兴亡可知。今殷人自速辜，既坠命矣，我其可不大监视于是乎？

17.《书集传纂疏》卷四下《朱子订定蔡氏集传·周书·酒诰》

（元）陈栎撰

王曰，封，予不唯若兹多诰。古人有言曰，人无于水监，当于民监。今唯殷坠厥命，我其可不大监，抚于时。

我不唯如此多言，所以言汤、言受如此其详者，古人谓，人无于水监。水能见人之妍丑而已，当于民监，则其得失可知。今殷民自速辜，既坠厥命矣。我其可不以殷民之失为大监戒，以抚安斯时乎？

纂疏：

愚谓，此总结上文"殷先王""后嗣王"两章，欲今日监之，以起下章之意。

18.《读书丛说》卷六《酒诰》

（元）许谦撰

（归善斋按，未解）

19.《书传辑录纂注》卷四《周书·酒诰》

（元）董鼎撰

王曰，封，予不唯若兹多诰。古人有言曰，人无于水监，当于民监。今唯殷坠厥命，我其可不大监，抚于时。

我不唯如此多言，所以言汤、言受如此其详者，古人谓，人无于水监。水能见人之妍丑而已。当于民监，则其得失可知。今殷民自速辜既坠厥命矣，我其可不以殷民之失为大监戒，以抚安斯时乎？

纂注：

新安陈氏曰，此总结上文，引殷先哲王，后嗣王两章，而起下章，欲康叔率群臣，以刚制酒之意。

20.《尚书句解》卷八《周书·酒诰第十二》

（元）朱祖义撰

王曰，封（王又呼叔而语之），予不唯若兹多诰（我不但徒然如此多诰于汝）。

21.《尚书日记》卷十一《周书·酒诰》

（明）王樵撰

"王曰，予不唯若兹多诰"至"大监，抚于时"。

正义曰，既陈殷之兴，言我不唯若此徒多出言以诰汝而已。"古人有言曰，人无于水监，当于民监"，以水监但见己形；以民监，知成败故也。以须民监之故，今殷纣无道，坠失其天命，我其可不大视以为戒，抚安天下于今时也。

邵文庄公曰，物妍则妍，物媸则媸，是谓水监。人得则德，人失则怨，是谓民监。监妍媸于水，监得失于民。

蔡泽说应侯曰，监于水者见面之容，监于人者知吉与凶。

22.《日讲书经解义》卷八《周书·酒诰》

（清）库勒纳等撰

王曰，封，不唯若兹多诰。古人有言曰，人无于水监，当于民监。今唯殷坠厥命，我其可不大监，抚于时。

此一节书，是武王自言诰诫之意，以警康叔之听也。监，鉴视也。抚，解作"安"。武王呼康叔而告曰，吾言汤之所以兴，纣之所以亡者，亦甚详矣。予岂好为是多诰哉。古人有言曰，人不当监于水，而当监于人。盖监于水，不过辨吾貌而已，若监于人，而以人之得失，正己之得失，则吾身修、悖之。凡天下理乱之本，皆不越他人已然之事，而知之今纣之荒耽，而自坠厥命。如此我其可不大以此为监，而改弦易辙，革其沉湎之风，作其怠荒之气，以安抚此时之天下乎？此我之所以谆谆诰诫，汝不可不深长思也。盖取鉴在近，其得失最为明切。故《周诗》曰"宜鉴于殷"，又曰"殷鉴不远，在夏后之世"。能鉴覆辙，此其所以为兴朝也与。

《五诰解》卷二《酒诰》

（宋）杨简撰

王曰，封，予不唯若兹多诰。古人有言曰，人无于水监，当于民监。

"不唯若兹多诰"，言上文所述"殷先哲王""后嗣王"之事，非徒述其成事，以垂训诲而已。欲康叔实体于身，念念不忘也。水监，以别状貌，不若监于民，以占向背。夫民心疾狠，愿殷国之灭亡，而天之降丧，曾无所顾爱，则民情当监，宜古人之垂戒也。"监"字有照视意，"鉴"字，亦从监。古人比心如鉴，则可以察物无遗。"当于民监"言此心无私曲，无偏执，唯以下民为监视也。

古人有言曰：人无于水监，当于民监

1.《尚书注疏》卷十三《周书》

（汉）孔氏传，（唐）陆德明音义，（唐）孔颖达疏

古人有言曰：人无于水监，当于民监。

传，古贤圣有言，人无于水监，当于民监。视水见己形，视民行事见吉凶。

2.《书传》卷十二《周书》

（宋）苏轼撰

（归善斋按，见"王曰，封，予不唯若兹多诰"）

3.《尚书全解》卷二十九《周书·酒诰》

（宋）林之奇撰

（归善斋按，见"王曰，封，予不唯若兹多诰"）

4.《尚书讲义》卷十四

（宋）史浩撰

（归善斋按，见"王若曰，明大命于妹邦"）

5. 《尚书详解》卷十九《周书·酒诰》

（宋）夏僎撰

（归善斋按，见"王曰，封，予不唯若兹多诰"）

6. 《增修东莱书说》卷二十一《周书·酒诰第十二》

（宋）吕祖谦撰，（宋）石澜增修

（归善斋按，见"王曰，封，予不唯若兹多诰"）

7. 《尚书说》卷五《周书·酒诰》

（宋）黄度撰

（归善斋按，见"王曰，封，予不唯若兹多诰"）

8. 《絜斋家塾书钞》卷十一《周书·酒诰》

（宋）袁燮撰

（归善斋按，见"王曰，封，予不唯若兹多诰"）

9. 《书经集传》卷四《周书·酒诰》

（宋）蔡沈撰

（归善斋按，见"王曰，封，予不唯若兹多诰"）

10. 《尚书精义》卷三十六《周书·酒诰》

（宋）黄伦撰

（归善斋按，见"王曰，封，予不唯若兹多诰"）

11. 《尚书详解》卷三十《周书·酒诰》

（宋）陈经撰

（归善斋按，见"王曰，封，予不唯若兹多诰"）

12. 《融堂书解》卷十二《周书·酒诰》

（宋）钱时撰

（归善斋按，见"王曰，封，予不唯若兹多诰"）

13.《尚书要义》

（宋）魏了翁撰

（归善斋按，原缺）

14.《书集传或问》卷下《酒诰》

（宋）陈大猷撰

（归善斋按，未解）

15.《尚书详解》卷八《周书·酒诰第十二》

（宋）胡士行撰

（归善斋按，见"王曰，封，予不唯若兹多诰"）

16.《书纂言》卷四上《周书·酒诰》

（元）吴澄撰

（归善斋按，见"王曰，封，予不唯若兹多诰"）

17.《书集传纂疏》卷四下《朱子订定蔡氏集传·周书·酒诰》

（元）陈栎撰

（归善斋按，见"王曰，封，予不唯若兹多诰"）

18.《读书丛说》卷六《酒诰》

（元）许谦撰

（归善斋按，未解）

19.《书传辑录纂注》卷四《周书·酒诰》

（元）董鼎撰

（归善斋按，见"王曰，封，予不唯若兹多诰"）

20.《尚书句解》卷八《周书·酒诰第十二》

（元）朱祖义撰

古人有言曰（盖古人之言曰），人无于水监（人无监视于水。水可监形之妍丑而已，至于政之醇疵，国之休戚，非水之所可监也），当于民监（当监视于民则可以见成否）。

21.《尚书日记》卷十一《周书·酒诰》

（明）王樵撰

（归善斋按，见"王曰，封，予不唯若兹多诰"）

22.《日讲书经解义》卷八《周书·酒诰》

（清）库勒纳等撰

（归善斋按，见"王曰，封，予不唯若兹多诰"）

《五诰解》卷二《酒诰》

（宋）杨简撰

（归善斋按，见"王曰，封，予不唯若兹多诰"）

今唯殷坠厥命，我其可不大监，抚于时

1.《尚书注疏》卷十三《周书》

（汉）孔氏传，（唐）陆德明音义，（唐）孔颖达疏

今唯殷坠厥命，我其可不大监，抚于时。

传，今唯殷纣无道，坠失天命，我其可不大视此，为戒抚安天下于是。

疏，正义曰，古人有言曰，人无于水监，当于民监。以水监但见己形；以民监知成败故也。以须民监之故，今殷纣无道坠失其天命，我其可

不大视以为戒，抚安天下于今时也。

2. 《书传》卷十二《周书》

（宋）苏轼撰

（归善斋按，见"王曰，封，予不唯若兹多诰"）

3. 《尚书全解》卷二十九《周书·酒诰》

（宋）林之奇撰

（归善斋按，见"王曰，封，予不唯若兹多诰"）

4. 《尚书讲义》卷十四

（宋）史浩撰

（归善斋按，见"王若曰，明大命于妹邦"）

5. 《尚书详解》卷十九《周书·酒诰》

（宋）夏僎撰

（归善斋按，见"王曰，封，予不唯若兹多诰"）

6. 《增修东莱书说》卷二十一《周书·酒诰第十二》

（宋）吕祖谦撰，（宋）石澜增修

（归善斋按，见"王曰，封，予不唯若兹多诰"）

7. 《尚书说》卷五《周书·酒诰》

（宋）黄度撰

（归善斋按，见"王曰，封，予不唯若兹多诰"）

8. 《絜斋家塾书钞》卷十一《周书·酒诰》

（宋）袁燮撰

（归善斋按，见"王曰，封，予不唯若兹多诰"）

9. 《书经集传》卷四《周书·酒诰》

(宋)蔡沈撰
(归善斋按,见"王曰,封,予不唯若兹多诰")

10. 《尚书精义》卷三十六《周书·酒诰》

(宋)黄伦撰
(归善斋按,见"王曰,封,予不唯若兹多诰")

11. 《尚书详解》卷三十《周书·酒诰》

(宋)陈经撰
(归善斋按,见"王曰,封,予不唯若兹多诰")

12. 《融堂书解》卷十二《周书·酒诰》

(宋)钱时撰
(归善斋按,见"王曰,封,予不唯若兹多诰")

13. 《尚书要义》

(宋)魏了翁撰
(归善斋按,原缺)

14. 《书集传或问》卷下《酒诰》

(宋)陈大猷撰
(归善斋按,未解)

15. 《尚书详解》卷八《周书·酒诰第十二》

(宋)胡士行撰
(归善斋按,见"王曰,封,予不唯若兹多诰")

16.《书纂言》卷四上《周书·酒诰》

（元）吴澄撰

（归善斋按，见"王曰，封，予不唯若兹多诰"）

17.《书集传纂疏》卷四下《朱子订定蔡氏集传·周书·酒诰》

（元）陈栎撰

（归善斋按，见"王曰，封，予不唯若兹多诰"）

18.《读书丛说》卷六《酒诰》

（元）许谦撰

（归善斋按，未解）

19.《书传辑录纂注》卷四《周书·酒诰》

（元）董鼎撰

（归善斋按，见"王曰，封，予不唯若兹多诰"）

20.《尚书句解》卷八《周书·酒诰第十二》

（元）朱祖义撰

今唯殷坠厥命（今唯商人湎酒之故，陨坠其天命，正今日所当监者），我其可不大监，抚于时（故我其可不大以此为监，而抚安天下于此时哉？）。

21.《尚书日记》卷十一《周书·酒诰》

（明）王樵撰

（归善斋按，见"王曰，封，予不唯若兹多诰"）

22.《日讲书经解义》卷八《周书·酒诰》

（清）库勒纳等撰

（归善斋按，见"王曰，封，予不唯若兹多诰"）

《五诰解》卷二《酒诰》

（宋）杨简撰

今唯殷坠厥命，我其可不大监，抚于时。

今殷既坠命，果如民言，则我其可不大监于民，以抚于时。时，是也，此也，意指今天下也。

予唯曰：汝劼毖殷献臣

1.《尚书注疏》卷十三《周书》

（汉）孔氏传，（唐）陆德明音义，（唐）孔颖达疏

予唯曰，汝劼毖殷献臣。

传，劼，固也。我唯告汝曰，汝当固慎殷之善臣，信用之。

音义，劼，苦八反。

疏，正义曰，殷之存亡，既可以为监若是。故我唯告汝曰，汝当坚固，爱慎殷之善臣。

传，正义曰，劼，固，《释诂》文。将欲断酒为重，故节文以相况。毖，训为"慎"，言诚坚固谨慎，皆敬而择任之。其文通于下皆固慎。

2.《书传》卷十二《周书》

（宋）苏轼撰

予唯曰，汝劼毖殷献臣，侯、甸、男、卫。

劼，固也。坚固汝心，敬畏殷贤臣之在侯、甸、男、卫者。

3.《尚书全解》卷二十九《周书·酒诰》

（宋）林之奇撰

（归善斋按，见"王曰，封，予不唯若兹多诰"）

4.《尚书讲义》卷十四

（宋）史浩撰

（归善斋按，见"王若曰，明大命于妹邦"）

5.《尚书详解》卷十九《周书·酒诰》

（宋）夏僎撰

（归善斋按，见"王曰，封，予不唯若兹多诰"）

6.《增修东莱书说》卷二十一《周书·酒诰第十二》

（宋）吕祖谦撰，（宋）石澜增修

予唯曰，汝劼毖殷献臣，侯、甸、男、卫。矧太史友、内史友，越献臣百宗工。矧唯尔事服休、服采；矧唯若畴，圻父薄违，农父若保，宏父定辟，矧汝刚制于酒。

周公又言，我思尔一国之中，系尔统率者甚多，汝所当坚固谨戒。在内则有商献臣汝当尊敬者；在外则有侯、甸、男、采、卫。又况有太史、内史，朝夕相亲相近者。于"献臣百宗工"，及供尔事者。服休，坐而论道之臣；服采，起而作事之臣，可不谨戒。又况有三卿者，系君之所定国之存亡系焉，安可不坚固尊敬乎？圻父，司马也，顺众人之事，故谓之"若畴"；农父，司徒也，掌邦教之官，格民非心者，薄，犹言"迫"也。迫去民之非违，而使之格，故谓之"薄违"。宏父，司空也，掌邦土之官，顺保民居，故谓之"若保"。凡此三卿，汝所当"劼毖"者。况汝能刚制于酒。刚制者，当时酒之为病甚深，苟泛泛悠悠，不用力断然制之，则安能制也，故谓之"刚制"。

7.《尚书说》卷五《周书·酒诰》

（宋）黄度撰

予唯曰，汝劼毖殷献臣，侯、甸、男、卫，矧太史友、内史友，越献臣百宗工。矧唯尔事服休、服采；矧唯若畴圻父，薄违农父，若保宏父定辟，矧汝刚制于酒。

劼，固；毖，慎；献，贤也。固慎，犹曰"秉心致敬"也。周公教康叔敬礼殷之贤臣，与其侯、甸、男、卫之贤侯。上言殷诸侯百官，皆能"助王德显"，"尹人祗辟"，故此教康叔敬礼之。《周官》太史，"掌典法则之贰"，"辨法者考焉"，"会同朝觐"，"以书协礼事"。内史，掌王八柄之法，以诏王治，受纳访，掌书王命。侯国设职，概此可见。习典章，识故事，博物洽闻，故天子、诸侯，皆以为友。百宗工，百官宗工也。尔事，尔事之者也。服休，任道者也。休，美。"四方风动，唯乃之休"。师氏，保氏之属。服采，任事者也，射人太仆之属。射人、太仆，皆法度之官。射人，掌朝位射法。太仆，掌正王服位，皆事也。《记》称"射人师、仆人师"，则皆有师道事之者也。古者，天子、诸侯，有师事之臣，有宾友之臣。《孟子》曰，"事之云乎，岂曰友之云乎"。若，顺；畴，谁；薄，迫，迫切之，谏争风厉之谓也。弘，大也。圻父，司马，掌封圻之称。农父，司徒掌民之称。宏父，司空，掌事之称。司空掌事，以"大"名者，使民，非小事也。孔子曰"使民如承大祭"。司马、司徒、司空，国之三卿，若畴，咨访道德；迫违，纠正过失；若保，顺而保其身体，皆安定其君者也。周公教康叔秉心致敬，以尊礼殷之贤臣，与其贤侯，况唯所当宾友太史、内史与贤臣之为百宗工者乎。矧唯所当师事暇休服采者乎？矧唯司马、司徒、司空。国之三卿，定君者乎？矧唯汝又能正身率下，而刚制乎酒乎？——堕于洪，凡土诸事，皆不能为，故必本之于其身。

8.《絜斋家塾书钞》卷十一《周书·酒诰》

（宋）袁燮撰

予唯曰，汝劼毖殷献臣，侯、甸、男、卫，矧太史友、内史友，越献臣百宗工。矧唯尔事服休、服采；矧唯若畴圻父，薄违农父，若保宏父定辟，矧汝刚制于酒。

毖者，敬畏也。劼者，坚固也。人不可无敬畏，而敬畏之心又须贵乎坚固。今人有过失而德不进，皆缘无所敬畏之。故若常能战战兢兢，如临深渊，如履薄冰，则心何由而驰散，德何由而不进，过失何为而生。周公以"劼毖"二字告康叔，此是教康叔律身行己至亲切处。且康叔宅卫，将以丕变商人沉湎之俗，则当先自正其身，将以自正其身，则岂可不常怀敬畏之念。诚能畏敬，方见兢兢业业，凛然若不终日，何缘去解湎于酒。不然此心一放，不能自律其身，何以治人。然则，所当敬畏者何？如下所言是也。妹土之中，殷贤臣盖多有之，汝其可以不畏。汝为诸侯之长，居方伯连帅之职，凡侯、甸、男、卫之诸侯，皆服属于尔者也，皆观瞻于尔者也。一德之失，一事之非，彼皆得而议之，而其心不服矣。汝其可以不畏。呜呼！康叔而知夫责任之重如此，所谓"劼毖"之心如何而可忘哉！然不特此，况汝之国，又有太史、内史，于汝有宾友之道。内史在《周礼》甚重，以中大夫为之。太史，掌六典八法八则，冢宰之贰也。诸侯之国，亦有之此，皆汝之宾友，又可不畏乎？前言"殷献臣"，盖殷家之献臣也。此言"献臣百宗工"，卫国之献臣也，亦不特卫国，康叔既为诸侯之长，凡他国贤者，皆在其中。"服休"在上之臣，"服采"在下之臣，皆服事于尔者。圻父、农父、宏父，此又汝国之三卿。圻父，薄伐怨违，司马之官也；农父，司徒之官也；宏父，司空之官也，皆汝之畴类。自"献臣百宗工"，"服休、服采"之臣，与夫三卿，亦当无不敬畏之。此是周公教康叔做工夫至深切处。自上至下，自小至大，无所往而不敬。夫若是，岂复有一念之自肆。古人工夫直是精密。今人读《酒诰》不过以为周公教康叔区处这许多商民之沉湎尔，孰知所以教康叔做工夫处，乃在于此。学者所当潜心玩索也。"矧汝刚制于酒"，酒，大欲也。天下唯有刚德者，为能胜人欲。夫人至于外物所诱，心不能役物，而反役于外物者，无他，不刚故也。"刚制于酒"，此是康叔职事。康叔果欲刚制于酒，可不敬乎？唯敬则刚，刚则不为酒所动矣。虽然所谓"刚"又非徒勇于外之谓也。抚剑疾视，以为天下莫我当，此特血气耳。血气之刚，外虽甚盛，一旦诱之以声色，与夫纷华盛丽，未有不动者，刚安在哉。

9.《书经集传》卷四《周书·酒诰》

（宋）蔡沈撰

予唯曰，汝劼毖殷献臣，侯、甸、男、卫。矧太史友、内史友，越献臣百宗工。矧唯尔事服休、服采；矧唯若畴圻父薄违，农父若保，宏父定辟；矧汝刚制于酒。

劼，丘八反。圻，与畿同。劼，用力也。汝当用力戒谨殷之贤臣，与邻国之侯、甸、男、卫，使之不湎于酒也。"毖殷献臣，侯、甸、男、卫"，与文王"毖庶邦庶士"同义。殷之贤臣，诸侯固欲知所谨矣。况太史掌六典八法八则，内史掌八柄之法，汝之所友者；及其贤臣百僚大臣，可不谨于酒乎？太史、内史，献臣百宗工，固欲知所谨矣。况尔之所事服休，坐而论道之臣；服采，起而作事之臣，可不谨于酒乎。曰友，曰事者，国君有所友，有所事也。然盛德有不可友者。故《孟子》曰"古之人曰事之云乎，岂曰友之云乎"。服休、服采固欲知所谨矣，况尔之畴匹而位三卿者，若圻父迫逐违命者乎？若农父之顺保万民者乎？若宏父之制其经界以定法者乎？皆不可不谨于酒也。圻父，政官，司马也，主封圻；农父，教官，司徒也，主农。宏父，事官，司空也，主廓地居民。谓之父者，尊之也。先言圻父者，制殷人湎酒，以政为急也。圻父、农父、宏父，固欲知所谨矣，况汝之身所以为，一国之视效者，可不谨于酒乎，故曰"矧汝刚制于酒"。刚制，亦劼毖之意。刚，果用力以制之也。此章自远而近，自卑而尊，等而上之，则欲其自康叔之身始，以是为治，孰能御之，而况毖于酒德也哉。

10. 《尚书精义》卷三十六《周书·酒诰》

（宋）黄伦撰

予唯曰，汝劼毖殷献臣，侯、甸、男、卫。矧太史友、内史友，越献臣百宗工。矧唯尔事服休、服采；矧唯若畴，圻父薄违，农父若保，宏父定辟；矧汝刚制于酒。

无垢曰，劼，固也。毖，慎也。

东坡曰，坚固汝心，敬畏殷贤臣之在侯、甸、男、卫者。其意殷之贤者，以国家既亡，散在侯、甸、男、卫，其识殷家典故，知殷家之所以兴亡，汝当坚固此心，不为私欲所摇荡，以敬畏之。庶几知为国之法也。

又曰，非特太史、内史典法所在，汝当尊敬，如汝国之贤臣，为百司所宗之官者，皆有德有行为可矜式，非特献臣为可尊敬，汝所委任服休、服采之人可不尊敬乎？圻父，司马也。司马主封圻，故曰"圻父"。农父，司徒也。司徒本农事，故曰"农父"。宏父，司空也。司空主廓地，故曰"宏父"。父，尊者之称。成王、周公以为，服休、服采之人，尚尊敬劼毖，况为汝畴匹，如司马之伐叛，司徒之若，保司空之定辟考，不可不尊敬之乎？盖三卿，一国尊官，皆天子命卿也。其势与康叔等，必其智虑道德，有足以毗赞康叔者，其可轻哉？王雱曰，服休者，以德为事；服采者，以事为事。休，德也。作德心逸，日休者也。采，事，若"予采"者也。皆我所委任，岂可忽哉。司马，主薄伐愆违；司徒，主若国保民；司空，主治四民，定而生之以致辟。其意训"薄"为"伐"谓有违命者，司马伐之。

吕氏曰，"刚制"二字，最有意夫。当时酒之为病甚深，苟泛泛悠悠地制他，却不得。若非是用力后，断然要制他，如何制得他住，故谓之"刚制"。

11.《尚书详解》卷三十《周书·酒诰》

（宋）陈经撰

予唯曰，汝劼毖殷献臣，侯、甸、男、卫。矧太史友、内史友，越献臣百宗工。矧唯尔事服休、服采；矧唯若畴圻父，薄违农父，若保宏父定辟，矧汝刚制于酒。

劼，固也。毖，谨也。坚固尔心，而致其谨畏。此一章大概言，康叔之心当无往而非欲。"劼毖"，即敬之意也。以远而言之，则有商家贤臣，与乎侯、甸、男、卫之国，汝当以敬待之也。远者犹当敬，况近者而可以不敬乎？以近而言之，则太史掌国之六典，内史掌八柄之法，皆汝之亲友者；与夫贤臣，为百官之尊者，此皆汝国之近臣，亦当以敬待之。近者犹为敬，而况小者，而可以不敬乎？以小臣而言之，尔国所有供事之臣，服行善道，而在位者；服近其事，而在职者，亦当以敬待之。小者犹当敬，而况大者可以不敬乎？以大臣而言之，为尔之畴，如三卿者。盖三卿皆命于天子，故以畴类言之。圻父，司马之官，掌邦政以治封圻之内，薄伐其愆违者也；农父，司徒之官，掌邦教以治民农事，顺民而保安之者也。宏父，司空之官，掌邦事广其土以居民，安定其民，以致其辟法者也。曰父者，尊之也。曰圻，曰农，曰弘，以职言；曰司马，司徒、司空，以官言。有政以制之，而后可教；有教以导之，而后可安此。其次第也。此三卿者，汝亦当以敬待之可也。大臣如三卿犹在所敬，而况汝为诸侯，其身岂可以不敬乎？"刚制于酒"，汝之职也。汝所当敬也。制于酒而不以刚，则立志不勇，所行不坚，易以中辍矣。此章其要在康叔"刚制于酒"，知所"劼毖"，故广为戒，自远而近，自小而大，自轻而重，以见其无往而不敬焉。

12.《融堂书解》卷十二《周书·酒诰》

（宋）钱时撰
（归善斋按，见"王曰，封，予不惟若兹多诰"）

13.《尚书要义》

（宋）魏了翁撰
（归善斋按，原缺）

14.《书集传或问》卷下《酒诰》

（宋）陈大猷撰

或问，"劼毖殷献臣"一章说多支离。蔡氏说如何？曰，诸家说"劼毖"多与酒不相干。蔡谓用力戒谨于酒与"毖庶邦庶士"之"毖"同，极为条达，但用力戒谨贤臣宗工，使不湎于酒，则气象不然。故集传采林王之说，谓"劼毖"，犹殷家畏相之谓，则其臣皆自知敬畏，而不敢湎酒意味，又妥贴也。蔡氏曰汝当用力劼谨殷之贤臣与邻邦，使之不湎于酒也。"毖"与文王"毖庶邦庶士"同义。殷之贤臣与邻邦，固欲知所谨，况于云云，可不谨于酒乎？

15.《尚书详解》卷八《周书·酒诰第十二》

（宋）胡士行撰

予唯曰汝劼（固）毖（慎）殷献（贤）臣，侯、甸、男、卫（孟侯所统）。矧太史（掌六典八法八则）友（叔所亲友）、内史（掌八柄之法）友，越献臣百宗工（贤臣为尊官者）。矧唯尔事（汝事一云师事）服休（坐而论道多暇逸者，一云告老归休）、服采（作而行之治事者）；矧唯若（顺）

畴（众人之事）圻父（司马，掌九圻之法，尊之为父），薄（迫）违（民非心）农父（司徒，厚民），若（顺）保（民居）宏父（司空）定辟（君必慎择司徒、司马、司空三卿、则君道定），矧汝刚（力）制于酒。

"劼毖"者，敬重之也，即前"畏相""棐恭"之意也。"殷献臣，侯、甸、男、卫"，固"劼毖"之矣，况太史、内史、宗工乎？况尔所事休、采乎？况国之三卿乎？然将"毖"人，不可不自"毖"也。况汝叔又自当"刚制于酒"乎。夏云，"劼毖"，使群臣不湎酒；"刚制"，使叔不湎酒也。

16.《书纂言》卷四上《周书·酒诰》

（元）吴澄撰

予唯曰，汝劼毖殷献臣，侯、甸、男、卫。矧太史友、内史友，越献臣百宗工。矧唯尔事服休、服采；矧唯若畴，圻父薄违，农父若保，宏父定辟，矧汝，刚制于酒。

劼毖，勤力戒敕，而使敬畏也。献臣，侯、甸、男、卫之贤臣，封为诸侯者，当时侯国多承殷之旧也，按《周官》太史，掌邦之六典八法八则；内史，掌王之八柄之法。此太史友、内史友，乃殷时太史、内史之官，废居纣都，康叔与为宾友者。"献臣百宗工"，皆殷贤臣之不仕者。尔事，服事于尔者，大夫也。服休，职之优闲者；服采，职之繁剧者。若畴，汝之畴类，三卿也。圻父，司马，薄，迫也。司马，掌封圻，薄伐愆违；农父，司徒也。司徒，掌农事，顺保万民；宏父，司空也。"弘宫室"之"弘"。司空，定度地居民之法，故曰"定辟"。"矧汝"句绝。先"劼毖"殷民之为诸侯者，次及殷臣之为宾友不仕者，然后及康叔之臣。自卑而尊，然后及康叔之身，而总戒之曰，凡殷之臣及汝之臣，及汝之身，皆当"刚制于酒"。

17.《书集传纂疏》卷四下《朱子订定蔡氏集传·周书·酒诰》

（元）陈栎撰

予唯曰，汝劼毖殷献臣，侯、甸、男、卫。矧太史友、内史友，越献臣百宗工。矧唯尔事服休、服采；矧唯若畴圻父，薄违农父，若保宏父定辟；矧汝刚制于酒。

劼，用力也。汝当用力戒谨殷之贤臣，与邻国之侯、甸、男、卫，使之不湎于酒也。"愍殷献臣，侯、甸、男、卫"，与文王"愍庶邦庶士"同义。殷之贤臣、诸侯，固欲知所谨矣，况太史掌六典八法八则，内史掌八柄之法，汝之所友者，及其贤臣百僚大臣，可不谨于酒乎？太史、内史，献臣百宗工，固欲知所谨矣，况尔之所事，服休，坐而论道之臣，服采，起而作事之臣，可不谨于酒乎？曰友，曰事者，国君有所友，有所事也。然盛德有不可友者，故《孟子》曰"古之人曰事之云乎，岂曰友之云乎？"服休、服采固欲知所谨矣，况尔之畴匹而位三卿者，若圻父追逐违命者乎；若农父之顺保万民者乎；若宏父之制其经界以定法者乎，皆不可不谨于酒也。圻父，政官，司马也，主封圻；农父，教官，司徒也，主农；宏父，事官，司空也，主廓地居民。谓之父者，尊之也。先言圻父者，制殷人湎酒以政为急也。圻父、农父、宏父，固欲知所谨矣，况汝之身，所以为一国之视效者，可不谨于酒乎，故曰"矧汝刚制于酒"。刚制，亦"劼愍"之意。刚，果用力以制之也。此章自远而近，自卑而尊，等而上之，则欲其自康叔之身始，以是为治，孰能御之，而况愍于酒德也哉。

纂疏：

因论点书曰，人说荆公穿凿，只是好处也，用还他。且如"矧唯若畴"止"定辟"，古注从"父"字绝句。荆公从"违""保""辟"绝句，复出诸儒之表。

王氏曰，"殷献臣"，谓尝仕商而今里居者；侯、甸、男、卫，诸侯，接于卫者。服休，以德为事，谓在位者；服采，以事为事，谓在职者。戒康叔"劼愍"所宾、所友、所事之人，相与以愍于酒。

林氏曰，康叔为诸侯长，故及侯、甸、男、卫。"献臣百宗工"，此周贤臣之致仕里居者。

薛氏曰，二史，掌邦法，在王朝，则贰冢宰；在侯国，则居宾友之地。

陈氏傅良曰，诸侯有大史，无内史。内史唯天子有之。此内史，商故臣。叔所当视为友者也。

王氏雱曰，服休，以德为事。休，德也，"作德日休"是也。服采，以事为事。采，事也，"若予采"是也。

苏氏曰，酒非刚者不能制。

吕氏曰，"刚制"二字最有力。时酒之为害深。泛泛悠悠，则不能制。

愚谓，刚制，亦"劼毖"之意，而用力加重焉。亦自介意也。此章四"矧"字，一节重于一节，所任愈重，则所戒愈严。"劼毖"，以上所戒敕言。"刚制"以己所检制言，在群臣，则当谨上之戒；在康叔，则当防己之欲，严于身以率其下也。

18.《读书丛说》卷六《酒诰》

（元）许谦撰

（归善斋按，未解）

19.《书传辑录纂注》卷四《周书·酒诰》

（元）董鼎撰

予唯曰，汝劼毖殷献臣，侯、甸、男、卫。矧太史友、内史友，越献臣百宗工。矧唯尔事服休、服采；矧唯若畴圻父，薄违农父，若保宏父定辟，矧汝刚制于酒。

劼，用力也。汝当用力戒谨殷之贤臣与邻国之侯、甸、男、卫，使之不湎于酒也。"毖殷献臣，侯、甸、男、卫"，与文王"毖庶邦庶士"同义。殷之贤臣、诸侯，固欲知所谨矣，况太史掌六典八法八则，内史掌八柄之法，汝之所友者，及其贤臣百僚大臣，可不谨于酒乎？太史、内史，献臣百宗工，固欲知所谨矣，况尔之所事服休，坐而论道之臣，服采，起而作事之臣，可不谨于酒乎？曰友，曰事者，国君有所友，有所事也。然盛德有不可友者。故《孟子》曰，"古之人曰事之云乎，岂曰友之云乎"。服休、服采，固欲知所谨矣，况尔之畴匹而位三卿者，若圻父迫逐违命者乎，若农父之顺保万民者乎，若宏父之制其经界以定法者乎，皆不可不谨于酒也。圻父，政官，司马也，主封圻；农父，教官，司徒也，主农；宏父，事官，司空也，主廓地居民。谓之父者，尊之也。先言圻父者，制殷人湎酒，以政为急也。圻父、农父、宏父，固欲知所谨矣，况汝之身所以为一国之视效者，可不谨于酒乎？故曰"矧汝刚制于酒"。"刚制"，亦"劼毖"之意。刚，果用力以制之也。此章，自远而近，自卑而尊，等而上之，则欲其自康叔之身始。以是为治，孰能御之，而况毖于酒德也哉。

辑录：

因论点书曰，人说荆公穿凿，只是好处亦用还他，且如"矧唯若畴"止"定辟"，古注从"父"字绝句。荆公从"违""保""辟"绝句，复出诸儒之表。道夫。

纂注：

王氏曰，殷献臣，谓献臣尝仕商，而今里居者。侯、甸、男、卫，谓四方诸侯，接于卫者。服休者，以德为事，谓在位者也；服采者，以事为事，谓在职者也。戒康叔"劼毖"于酒，先当"劼毖"所宾、所友、所事之人，亦"畏相"之类也。

林氏曰，康叔为诸侯长，故"劼毖"及侯、甸、男、卫。上言"殷献臣"，下言"献臣"之为"百宗工"者，此"献臣"，乃周官之致仕里居者。

薛氏曰，二史掌邦法，在王朝，则贰冢宰；在侯国，则居宾友之地。

陈氏傅良曰，诸侯有太史，无内史。内史唯天子有之。内史，是商故臣，康叔所当亲之为友者也。

苏氏曰，酒，非刚者不能制。

吕氏曰，"刚制"二字最有意。当时酒之为病甚深，苟泛泛悠悠，则不能制。

新安陈氏曰，刚制，固"劼毖"之意，而用力加重焉。亦前"自介"之意也。此章有四"矧"字，一节重于一节。所职愈重，则所戒愈严。"劼毖"，以上所敕言。"刚制"，以已所捡制言，在群臣，则当谨上之戒；在康叔，则当防己之欲，严于身，以率其下也。

20.《尚书句解》卷八《周书·酒诰第十二》

(元) 朱祖义撰

予唯曰（成王谓我今唯言曰），汝劼毖殷献臣（汝康叔当坚固毖谨殷都贤臣。劼，苦八反）。

21.《尚书日记》卷十一《周书·酒诰》

(明) 王樵撰

"予唯曰，汝劼毖殷献臣"至"矧汝刚制于酒"。

劼，用力也。"劼毖"者，力戒谨之，使不湎于酒也。"殷献臣"，殷之故家遗族，所谓"殷士肤敏"者也。首言之者，人望所在，故武王教康叔毖殷，周公教成王治洛（"其大惇典殷献民"），皆欲以是为始也。此文在侯、甸、男、卫之上，则凡殷之贤臣，居于殷墟者，皆是也。侯、甸、男、卫，则康叔所统之诸侯也，得劼毖之，与文王"诰庶邦"同义。既曰"献臣"，何待于"劼毖"，盖殷俗染溺已深，恐贤者亦有所未免，故教众人，自贤者始。贤者化，则人无不化矣。自"太史友"以下，则皆卫臣也。教卫臣则自贵者始，贵者化，则人无不服矣。太史、内史皆曰友者。文史之官，君之所宾友也。再举"献臣"，则贤臣之在卫国者。百僚，大臣泛言之，至于特举其官，则以其尤重耳。下文有事，有畴，则宗工中之尤重者也。尔事，盖即后世所谓"宾师"，其礼重之，尊于友，而其事柄，则初非居位执政者也。如孟子之于齐正其事也。宾师论道，谓之"服休"可也。又有"服采"者，盖宾师，亦有时而受其事之托，如孟子为齐出吊于滕是也，与"服休"皆在所事之列。盖就所事中，又有此两项之分耳。若三卿，则居位执政者也。侯国之三卿，名位通于天子列于六职，是于康叔为偶，以任一国之政者也。故谓之"若畴"与"偶王"语意相似，非谓三卿之礼秩与康叔等也。三卿不次者，康叔初封，以封圻为急也，自远而近（自殷臣而侯国，而本邦故云），自卑而尊（自友而事，而匹，而君身，故云），历以相，况皆欲其"劼毖"，况康叔之身，又一方之所视效者，可不刚制于酒乎？曰"劼毖"，曰"刚制"，其严如此。盖酒虽细故，玩而难远，

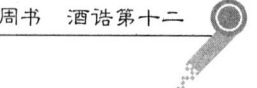

不严则禁不绝。不尤严于己，则令不行也。

新安陈氏曰，四"矧"字，一节重于一节，盖所职愈重，则所戒当愈严。"劼毖"，以上所戒敕而言。"刚制"以己所自克而言，在群臣，则当谨上之戒；在康叔，则当防己之欲也。

22.《日讲书经解义》卷八《周书·酒诰》

（清）库勒纳等撰

予惟曰，汝劼毖殷献臣，侯、甸、男、卫。矧太史友、内史友，越献臣百宗工。矧唯尔事服休、服采；矧唯若畴圻父，薄违农父，若保宏父定辟。矧汝刚制于酒。

此一节书，是武王警康叔以身教先群臣也。"劼"者，用力之意。"毖"，戒谨也。献，贤也。太史、内史，皆掌法之官。百宗工，百僚大臣。服休，论道之臣。服采，办事之臣。畴，犹匹也。圻父，司马也。薄违，谓迫逐违命。农父，司徒也。若保，谓顺保万民。宏父，司空也。定辟，谓正经界，以定法。武王曰，饮酒之戒，固不可不以殷为鉴矣。况汝今所抚者，殷之故墟也。汝当用力毖诚殷之贤臣，及邻国侯、甸、男、卫之诸侯，使之克慎于酒。然此犹其远者耳。远者恒观法于近者，况汝之所友，若太史，掌六典八法八则之官；内史，掌八柄之任，及贤臣百僚大臣，尤所当诚毖之者乎。然此尚其卑者耳。卑者恒取则于尊者，况汝之所事，有坐而论道之臣，有起而治事之臣。又等而上之，有汝之畴匹，若圻父司马之官，掌迫逐违命之政者；有农父，司徒之官，掌顺保万民之政者；有宏父，司空之官，掌制定疆界之政者，其可不戒毖之乎？然反身为率下之原，正己乃治人之本，况汝一身，群臣之所观法，位尊则更无禁制之人，禄优则易为逸乐之地，非刚果以制之，其安能不耽于酒哉。此汝之所当自警，以为群臣倡者也。盖刚能胜欲，袪除嗜好，全资断制之能。况刚明，为人君之大德，用人行政，所以断然而不惑，奋然而有为者，全赖乎。此谨酒一事，且不可不以刚制，而况其它乎？

《读书管见》卷下《酒诰》

(元) 王充耘撰

汝劼毖殷献臣。

"汝劼毖殷献臣"以下，欲康叔止酒先自贵族始。盖法之不行，自上犯之。大家世族，冒行而不忌，则何以责之小民。故凡权势贵要而难令者，乃圣人所欲严为之禁制，而不以姑息者也。然而己身不正，又何以律人，故在己直须"刚制于酒"，则令行而民莫敢犯矣。卫为诸侯之国，三卿则有之矣，安得有所服休坐而论道之臣，与夫太史内史者乎？且康叔既为一国之君矣，又有所事、所友并与己为畴匹者，将何以为国乎？此无他，康叔所封者，殷之故都，凡此皆殷之故臣耳。观其起句，所谓"劼毖殷献臣"可见矣。盖殷之旧臣，有尝为诸侯者，有为太史、内史者，有为公卿者。康叔为王司寇，则与三卿为畴匹，而三公尊于己。其所当事者，太史、内史与己为友者，盖以爵位之尊卑而论之也。此等皆怙恃富贵，轻犯国法者。在康叔不可不先制之也。传以为此自远而近，自卑而尊，则不然。夫服休者，三公也，岂当在三卿之下乎，要之本无次序。

《书蔡氏传旁通》卷四下《周书·酒诰》

(元) 陈师凯撰

汝当用力戒谨殷之贤臣，与邻国之侯、甸、男、卫，使之不湎于酒。

林氏曰，康叔为诸侯长，故"劼毖"及侯、甸、男、卫。

太史，掌六典八法八则；内史掌八柄之法。太史、内史，在《周官》为宗伯属。而六典八法八则，则冢宰所建，以治百官。而太史又建六典，以为王逆邦国之治，掌法以逆官府之治，掌则以逆都鄙之治。太宰既以八柄诏王，内史，又居中贰之，以诏王治。六典，治典、教典、礼典、政典、刑典、事典也。八法，官属、官职、官联、官常、官成、官法、官刑、官计也。八则，祭祀、法则、废置、禄位、赋贡、礼俗、刑赏、田役也。八柄，曰爵，曰禄，曰予，曰置，曰生，曰夺，曰废，曰诛也。

薛氏曰，二史掌邦法，在王朝，则贰冢宰；在侯国，则居宾友之地。

陈氏傅良曰，诸侯有太史，无内史。内史唯天子有之。内史是商之故，康叔所当亲之为友者也。

愚按此章冠之以"汝劼毖殷献臣"当如陈氏说。

《五诰解》卷二《酒诰》

（宋）杨简撰

予唯曰，汝劼毖殷献臣。

劼，有用力之意。毖，致谨，当竭力谨虑戒谕殷之贤献之臣。殷献臣，须当收用，而渐染纣化，其势恐不能全免于酒，故必"劼毖"之。

侯、甸、男、卫，矧太史友、内史友

1. 《尚书注疏》卷十三《周书》

（汉）孔氏传，（唐）陆德明音义，（唐）孔颖达疏

侯、甸、男、卫，矧太史友、内史友。

传，侯、甸、男、卫之国，当慎接之。况太史、内史，掌国典法，所宾友乎？

疏，正义曰，及侯、甸、男、卫之君，则在外尚然，况己下太史所宾友，内史所宾友。

传，正义曰，太史，掌国六典，依《周礼》，治典、教典、礼典、政典、刑典、事典也。内史，掌八柄之法者，爵、禄、废、置、杀、生、与、夺。此太史内史，即康叔之国大夫知者。以下圻父、农父、宏父是诸侯之三卿，明太史、内史非王朝之官。所宾友者，敬也。

2. 《书传》卷十二《周书》

（宋）苏轼撰

矧大史友、内史友。

当时二贤臣，封所友者。

3.《尚书全解》卷二十九《周书·酒诰》

（宋）林之奇撰

（归善斋按，见"王曰，封，予不唯若兹多诰"）

4.《尚书讲义》卷十四

（宋）史浩撰

（归善斋按，见"王若曰，明大命于妹邦"）

5.《尚书详解》卷十九《周书·酒诰》

（宋）夏僎撰

（归善斋按，见"王曰，封，予不唯若兹多诰"）

6.《增修东莱书说》卷二十一《周书·酒诰第十二》

（宋）吕祖谦撰，（宋）石澜增修

（归善斋按，见"予唯曰，汝劼毖殷献臣"）

7.《尚书说》卷五《周书·酒诰》

（宋）黄度撰

（归善斋按，见"予唯曰，汝劼毖殷献臣"）

8.《絜斋家塾书钞》卷十一《周书·酒诰》

（宋）袁燮撰

（归善斋按，见"予唯曰，汝劼毖殷献臣"）

9.《书经集传》卷四《周书·酒诰》

（宋）蔡沈撰

（归善斋按，见"予唯曰，汝劼毖殷献臣"）

10. 《尚书精义》卷三十六《周书·酒诰》

（宋）黄伦撰
（归善斋按，见"予唯曰，汝劼毖殷献臣"）

11. 《尚书详解》卷三十《周书·酒诰》

（宋）陈经撰
（归善斋按，见"予唯曰，汝劼毖殷献臣"）

12. 《融堂书解》卷十二《周书·酒诰》

（宋）钱时撰
（归善斋按，见"王曰，封，予不唯若兹多诰"）

13. 《尚书要义》

（宋）魏了翁撰
（归善斋按，原缺）

14. 《书集传或问》卷下《酒诰》

（宋）陈大猷撰
（归善斋按，未解）

15. 《尚书详解》卷八《周书·酒诰第十二》

（宋）胡士行撰
（归善斋按，见"予唯曰，汝劼毖殷献臣"）

16. 《书纂言》卷四上《周书·酒诰》

（元）吴澄撰
（归善斋按，见"予唯曰，汝劼毖殷献臣"）

17.《书集传纂疏》卷四下《朱子订定蔡氏集传·周书·酒诰》

（元）陈栎撰

（归善斋按，见"予唯曰，汝劼毖殷献臣"）

18.《读书丛说》卷六《酒诰》

（元）许谦撰

《周礼·春官》，大史，掌建邦之六典，以逆邦国之治；掌法以逆官府之治，掌则以逆都鄙之治。内史，掌王之八枋之法，以诏王治。四者，即《天官》大宰所建之六典八法八则八柄也。

大宰掌建邦之六典，以佐王治邦国（大宰即冢宰，天官也。典，经常之法也。邦国，王及诸侯皆是也。六典，六官各掌其一。冢宰，则相职也。故皆建之）：

一曰治典，以经邦国，治官府，纪万民（太宰所掌。治典者八，政事、法制，所以治天下之大法，皆主之）。

二曰教典，以安邦国，教官府，扰万民（春官司徒所掌。扰者，劳而熟之之谓。司徒，掌徒众，其政莫大于教人为善，故曰，教官府而扰万民）。

三曰礼典，以和邦国，统百官，谐万民（春官宗伯所掌。礼之用，有叙而和，故曰和，曰统，曰谐）。

四曰政典，以平邦国，正百官，均万民（夏官司马所掌。政之大者，为兵，故司马独曰政典。外，以平邦国之乱；内，以政而正百官职、方制、贡赋，故曰均万民）。

五曰刑典，以诘邦国，刑百官，纠万民（秋官司寇所掌）。

六曰事典，以富邦国，任百官，生万民（冬官司空所掌。冬官主事，故曰任百官。主空土以给民，故曰富邦国，生养万民）。

以八法治官府（百官所居曰府。此是朝廷之官府，故下文唯曰"邦"而不及国。邦者，天子之邦也）：

一曰官属，以举邦治（官属，谓六官，其属皆六十）。

二曰官职，以辨邦治（官职，谓六官之职。如治职、教职之类，辨别也。谓各司其职）。

三曰官联，以会官治（官联，谓国有大事，一官不能独治，则六官共举之。小宰有六联，谓祭祀、宾客、丧荒、军旅、田役、敛弛也）。

四曰官常，以听官治（官常，谓各自领其官之常职）。

五曰官成，以经邦治（官成，谓官府之成事品式）。

六曰官法，以正邦治（官法，谓职所主之法度，掌祭祀、朝觐、会同、宾客之法度）。

七曰官刑，以纠邦治。

八曰官计，以弊邦治（三年大计群吏之治，而诛赏之）。

以八则治都鄙（则亦法也，都之所居曰鄙。都鄙，公卿大夫之采邑，王子弟所食邑在畿内者）：

一曰祭祀。以驭其神（驭，谓驱之纳于善）。

二曰法则，以驭其官。

三曰废置，以驭其吏。

四曰禄位，以驭其士。

五曰赋贡，以驭其用。

六曰礼俗，以驭其民（谓婚姻、丧纪之礼）。

七曰刑赏，以驭其威。

八曰田役，以驭其众。

以八柄诏王驭群臣：

一曰爵，以驭其贵。

二曰禄，以驭其富。

三曰予，以驭其幸（幸，谓言行偶合于善，则有以赐予之以劝后）。

四曰置，以驭其行（有贤行则置于位）。

五曰生，以驭其福（生，犹养也，贤臣之老者，王有以养之）。

六曰夺，以驭其贫（臣有大罪，没入家财）。

七曰废，以驭其罪（废，犹放也）。

八曰诛，以驭其过（诛，责让也）。

此皆大宰之所建，而大史、内史又以逆王、诏王也。然内史之八枋，则一曰爵,二曰禄,三曰废,四曰置,五曰杀,六曰生,七曰予,八曰夺。名与次有与前不同者,因事无常而互见也。

太史、内史,王朝官,非卫所有。盖此章"百宗工"以上,皆言殷之旧臣。侯、甸、男、卫,亦以近殷都者言之也。自"矧唯尔事"以下,方指卫国官。

19. 《书传辑录纂注》卷四《周书·酒诰》

(元) 董鼎撰

(归善斋按,见"予唯曰,汝劼毖殷献臣")

20. 《尚书句解》卷八《周书·酒诰第十二》

(元) 朱祖义撰

侯、甸、男、卫(及汝为孟侯所统侯、甸、男、卫之国君,当谨固之。此正如文王"毖庶邦庶正"。盖毖慎之,使不湎于酒),矧太史友、内史友(殷贤臣。及所统诸侯,既毖慎之,况太史之官,掌六典八法八则;内史之官,掌八柄之法,乃汝康叔之所亲友者乎)?

21. 《尚书日记》卷十一《周书·酒诰》

(明) 王樵撰

(归善斋按,见"予唯曰,汝劼毖殷献臣")

22. 《日讲书经解义》卷八《周书·酒诰》

(清) 库勒纳等撰

(归善斋按,见"予唯曰,汝劼毖殷献臣")

《书蔡氏传旁通》卷四下《周书·酒诰》

(元) 陈师凯撰

(归善斋按,见"予唯曰,汝劼毖殷献臣")

《五诰解》卷二《酒诰》

（宋）杨简撰

侯、甸、男、卫，矧太史友、内史友，越献臣百宗工。矧唯尔事服休、服采；矧唯若畴圻父，薄违农父，若保宏父定辟，矧汝刚制于酒，厥或诰曰群饮，汝勿佚，尽执拘，以归于周，予其杀。又唯殷之迪诸臣、唯工，乃湎于酒，勿庸杀之，姑唯教之。

侯、甸、男、卫，邻国交际。至于殷献臣，及邻国邦交，尚宜"劼毖"，况于本国之太史、内史君之所友，及贤献之臣百宗工，侯国之尊官，皆近君之臣，士民仪表，其可不"劼毖"乎？又况尔御事，或服休美之事，或服采而多事，皆有官君子，其可不"劼毖"乎？又况于尔之朋俦，圻父司马，征伐违道；农父司徒，顺若保民；宏父司空，审定法辟，皆所以治人者，可不求自治，而或不"劼毖"乎？汝既"刚制于酒"，厥或告曰，有群饮，汝勿致其逃佚，"尽拘执以归于周，予其杀"，以其间有大臣，故归周欤。又有习殷之旧，唯殷之行。迪，行也。此殷诸臣，非大官，或湎于酒，则勿杀之，姑教之，若前言"殷献臣"收用者，则不在此例。

越献臣百宗工，矧唯尔事服休、服采

1.《尚书注疏》卷十三《周书》

（汉）孔氏传，（唐）陆德明音义，（唐）孔颖达疏

越献臣百宗工，矧唯尔事服休、服采。

传，于善臣百尊官，不可不慎，况汝身事服行美道，服事治民乎？

疏，正义曰，于善臣百尊官而不固慎乎？此之卑官，犹尚固慎况，唯汝之身事，所服行美道，服行美事治民，而可不固慎乎？

传，正义曰，于善臣，即上经"殷献臣"也。百尊官，即上"侯、甸、男、卫、太史、内史"也。服行美道、服事治民，即上"汝之身事知服事"。是治民者，民唯邦本，诸侯治民为事故也。郑玄以"服休"为

燕息之近臣，服采为朝祭之近臣，非孔意也。

2. 《书传》卷十二《周书》

（宋）苏轼撰

越献臣百宗工。

及汝之贤臣与凡大臣百执也。

矧唯尔事服休、服采。

休，德也。采，事也。服休，以德为事者也。服采，以事为事者也。

3. 《尚书全解》卷二十九《周书·酒诰》

（宋）林之奇撰

（归善斋按，见"王曰，封，予不唯若兹多诰"）

4. 《尚书讲义》卷十四

（宋）史浩撰

（归善斋按，见"王若曰，明大命于妹邦"）

5. 《尚书详解》卷十九《周书·酒诰》

（宋）夏僎撰

（归善斋按，见"王曰，封，予不唯若兹多诰"）

6. 《增修东莱书说》卷二十一《周书·酒诰第十二》

（宋）吕祖谦撰，（宋）石澜增修

（归善斋按，见"予唯曰，汝劼毖殷献臣"）

7. 《尚书说》卷五《周书·酒诰》

（宋）黄度撰

（归善斋按，见"予唯曰，汝劼毖殷献臣"）

8. 《絜斋家塾书钞》卷十一《周书·酒诰》

（宋）袁燮撰
（归善斋按，见"予唯曰，汝劼毖殷献臣"）

9. 《书经集传》卷四《周书·酒诰》

（宋）蔡沈撰
（归善斋按，见"予唯曰，汝劼毖殷献臣"）

10. 《尚书精义》卷三十六《周书·酒诰》

（宋）黄伦撰
（归善斋按，见"予唯曰，汝劼毖殷献臣"）

11. 《尚书详解》卷三十《周书·酒诰》

（宋）陈经撰
（归善斋按，见"予唯曰，汝劼毖殷献臣"）

12. 《融堂书解》卷十二《周书·酒诰》

（宋）钱时撰
（归善斋按，见"王曰，封，予不唯若兹多诰"）

13. 《尚书要义》

（宋）魏了翁撰
（归善斋按，原缺）

14. 《书集传或问》卷下《酒诰》

（宋）陈大猷撰
（归善斋按，未解）

15. 《尚书详解》卷八《周书·酒诰第十二》

（宋）胡士行撰

（归善斋按，见"予唯曰，汝劼毖殷献臣"）

16. 《书纂言》卷四上《周书·酒诰》

（元）吴澄撰

（归善斋按，见"予唯曰，汝劼毖殷献臣"）

17. 《书集传纂疏》卷四下《朱子订定蔡氏集传·周书·酒诰》

（元）陈栎撰

（归善斋按，见"予唯曰，汝劼毖殷献臣"）

18. 《读书丛说》卷六《酒诰》

（元）许谦撰

（归善斋按，未解）

19. 《书传辑录纂注》卷四《周书·酒诰》

（元）董鼎撰

（归善斋按，见"予唯曰，汝劼毖殷献臣"）

20. 《尚书句解》卷八《周书·酒诰第十二》

（元）朱祖义撰

越献臣百宗工（及其贤者为百官尊者，可不固慎之乎），矧唯尔事（内史、太史，贤臣百宗工，既固慎之，况与汝康叔共事之人）服休、服采（服休，谓居尊官而暇逸者；服采，谓居卑官而治事者，可不固慎之乎）？

21.《尚书日记》卷十一《周书·酒诰》

（明）王樵撰
（归善斋按，见"予唯曰，汝劼毖殷献臣"）

22.《日讲书经解义》卷八《周书·酒诰》

（清）库勒纳等撰
（归善斋按，见"予唯曰，汝劼毖殷献臣"）

《书蔡氏传旁通》卷四下《周书·酒诰》

（元）陈师凯撰
位三卿者。
大国三卿也。

《五诰解》卷二《酒诰》

（宋）杨简撰
（归善斋按，见"侯、甸、男、卫，矧太史友、内史"）

矧唯若畴圻父，薄违农父

1.《尚书注疏》卷十三《周书》

（汉）孔氏传，（唐）陆德明音义，（唐）孔颖达疏
矧唯若畴圻父，薄违农父。
传，圻父，司马；农父，司徒。身事且宜敬慎，况所顺畴咨之司马乎？况能迫回万民之司徒乎？言任大。
音义，圻，巨依反。父，音甫。薄，蒲各反，徐，又扶各反。违，如字，徐音回，马云违行也。
疏，正义曰，于己身事犹当固慎，况唯所敬顺畴咨之圻父，能迫回万

民之农父。

传，正义曰，司马主圻封，故云圻父。父者，尊之辞。以司徒教民五土之艺，故言农父也。以司马征伐在乎阃外所专，故随顺而畴咨之，言君所顺畴也。迫近回绕于万民，言近民事也，二者皆任大。

《尚书注疏》卷十三《考证》

传，况所顺畴咨之司马乎？

臣召南按，《小雅》"祈父"《毛传》曰，祈父，司马也，职掌封圻之兵甲。郑笺下疏引此注云"顺畴万民之圻父"。然则颖达固以"若畴"二字为司马所职，故以"顺畴万民"为解，然非孔传原文之意也。

2. 《书传》卷十二《周书》

（宋）苏轼撰

矧唯若畴圻父。

畴，谁也。司马，主封圻，曰圻父，所以诃问寇敌者。贾谊曰，陈利兵而谁何？

薄违农父。

薄，近也。违，去也。司徒，训农，敷五教，曰农父，去民最近也。

3. 《尚书全解》卷二十九《周书·酒诰》

（宋）林之奇撰

（归善斋按，见"王曰，封，予不唯若兹多诰"）

4. 《尚书讲义》卷十四

（宋）史浩撰

（归善斋按，见"王若曰，明大命于妹邦"）

5. 《尚书详解》卷十九《周书·酒诰》

（宋）夏僎撰

（归善斋按，见"王曰，封，予不唯若兹多诰"）

6. 《增修东莱书说》卷二十一《周书·酒诰第十二》

（宋）吕祖谦撰，（宋）石澜增修

（归善斋按，见"予唯曰，汝劼毖殷献臣"）

7. 《尚书说》卷五《周书·酒诰》

（宋）黄度撰

（归善斋按，见"予唯曰，汝劼毖殷献臣"）

8. 《絜斋家塾书钞》卷十一《周书·酒诰》

（宋）袁燮撰

（归善斋按，见"予唯曰，汝劼毖殷献臣"）

9. 《书经集传》卷四《周书·酒诰》

（宋）蔡沈撰

（归善斋按，见"予唯曰，汝劼毖殷献臣"）

10. 《尚书精义》卷三十六《周书·酒诰》

（宋）黄伦撰

（归善斋按，见"予唯曰，汝劼毖殷献臣"）

11. 《尚书详解》卷三十《周书·酒诰》

（宋）陈经撰

（归善斋按，见"予唯曰，汝劼毖殷献臣"）

12. 《融堂书解》卷十二《周书·酒诰》

（宋）钱时撰

（归善斋按，见"王曰，封，予不唯若兹多诰"）

13. 《尚书要义》

（宋）魏了翁撰

（归善斋按，原缺）

14. 《书集传或问》卷下《酒诰》

（宋）陈大猷撰

（归善斋按，未解）

15. 《尚书详解》卷八《周书·酒诰第十二》

（宋）胡士行撰

（归善斋按，见"予唯曰，汝劼毖殷献臣"）

16. 《书纂言》卷四上《周书·酒诰》

（元）吴澄撰

（归善斋按，见"予唯曰，汝劼毖殷献臣"）

17. 《书集传纂疏》卷四下《朱子订定蔡氏集传·周书·酒诰》

（元）陈栎撰

（归善斋按，见"予唯曰，汝劼毖殷献臣"）

18. 《读书丛说》卷六《酒诰》

（元）许谦撰

（归善斋按，未解）

19. 《书传辑录纂注》卷四《周书·酒诰》

（元）董鼎撰

（归善斋按，见"予唯曰，汝劼毖殷献臣"）

20. 《尚书句解》卷八《周书·酒诰第十二》

（元）朱祖义撰

矧唯若畴（服休、服采，既固慎之，况如尔之畴匹）圻父，薄违农父（如司马掌九畿之法，故谓之圻父。父者，尊之为父也。有违王命者，圻父薄迫而诛伐之。圻，音祈）。

21. 《尚书日记》卷十一《周书·酒诰》

（明）王樵撰
（归善斋按，见"予唯曰，汝劼毖殷献臣"）

22. 《日讲书经解义》卷八《周书·酒诰》

（清）库勒纳等撰
（归善斋按，见"予唯曰，汝劼毖殷献臣"）

《书蔡氏传旁通》卷四下《周书·酒诰》

（元）陈师凯撰

圻父，政官，司马也，主封圻。

圻，《诗》作"祈"。毛云，祈父，司马也，职掌封圻之兵甲。《释文》云，封圻，当作"畿"，古作"祈"。"圻""畿"同。《大司马》云，制畿封国，以正邦国。

农父，教官，司徒也，主农。

《大司徒》云，以土会之法，辨五地之物生；以土宜之法，辨十有二土之名物；以任土事，辨十有二壤之物而知其种，以教稼穑树艺；以土均之法，辨五物九等，制天下之地征，乃经土地，而井牧其田野。凡此皆农事。既富而后教，先王之政也

《尚书疑义》卷五《酒诰》

（明）马明衡撰

"矧唯若畴圻父，薄违农父，若保宏父定辟"，此数言者，古注皆

"父"字为句。王荆公始读"违""保""辟"为句,而朱子深有取焉。大抵古书字义,多不可通。今以"薄违"为迫逐违命,亦只是以意臆度。若以为不违农时,夫岂不可?即如古注释谓,矧汝所咨问之圻父,不可有违之农父,汝所保安之宏父,皆所赖以定其君者,可不谨于酒乎,亦未尝不通。蔡传以"薄违"为政官之职,而"迫逐违命",固若可通。然以"定辟"属宏父,为"制经界,以定法",则亦牵强甚矣。且司空,居四民,时地利,岂但"定经界"之一事耶?窃意如此之类,只当会其大义,则道理自明,若必细细以为尽得其义,则于胸中亦未免破碎,而又鄙笑前人,以为唯我独得此。盖宋儒承袭之病,亦不可不知也

《五诰解》卷二《酒诰》

(宋)杨简撰

(归善斋按,见"侯、甸、男、卫,矧太史友、内史")

若保宏父定辟,矧汝刚制于酒

1.《尚书注疏》卷十三《周书》

(汉)孔氏传,(唐)陆德明音义,(唐)孔颖达疏

若保宏父定辟,矧汝刚制于酒。

传,宏,大也。宏父,司空。当顺安之司马、司徒、司空,列国诸侯三卿,慎择其人而任之,则君道定。况汝刚断于酒乎?

音义,宏,大也。辟,必亦反。断,丁乱反。

疏,正义曰,所顺所安之宏父,此等大臣,能得固慎则可定其为君之道,固慎大臣,虽非急要,尚能使君道得定,况汝又能刚断于酒乎?善所莫大,不可加也。

传,正义曰,宏,大,《释诂》文以司空,亦君所顺所安和之,故言当顺安之。诸侯之三卿,以上有司马、司徒,故知宏父是司空,言大父者,以营造为广大国家之父,因节文而分之,乃总之言,司马、司徒、司

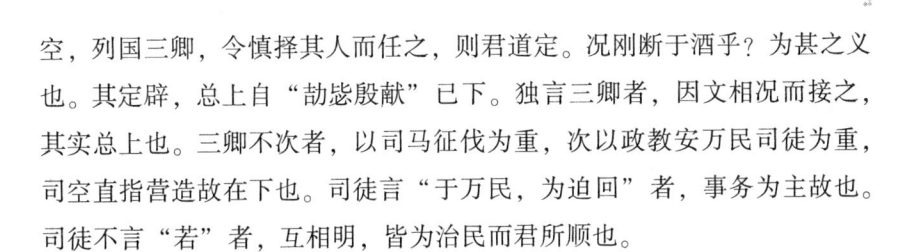

空，列国三卿，令慎择其人而任之，则君道定。况刚断于酒乎？为甚之义也。其定辟，总上自"劼毖殷献"已下。独言三卿者，因文相况而接之，其实总上也。三卿不次者，以司马征伐为重，次以政教安万民司徒为重，司空直指营造故在下也。司徒言"于万民，为迫回"者，事务为主故也。司徒不言"若"者，互相明，皆为治民而君所顺也。

2. 《书传》卷十二《周书》

（宋）苏轼撰

若保宏父。

保，安也。宏，大也。司空，斥大都邑，曰宏父，以保安民居者。

定辟。

诸侯以定位为难。故《春秋传》曰"厚问定君于石子"。又秦伯谓晋惠公"入而未定列"。故周公戒康叔敬畏众贤士，以定位也。

矧汝刚制于酒。

酒，非刚者不能制。

3. 《尚书全解》卷二十九《周书·酒诰》

（宋）林之奇撰

（归善斋按，见"王曰，封，予不唯若兹多诰"）

4. 《尚书讲义》卷十四

（宋）史浩撰

（归善斋按，见"王若曰，明大命于妹邦"）

5. 《尚书详解》卷十九《周书·酒诰》

（宋）夏僎撰

（归善斋按，见"王曰，封，予不唯若兹多诰"）

6. 《增修东莱书说》卷二十一《周书·酒诰第十二》

（宋）吕祖谦撰，（宋）石澜增修

（归善斋按，见"予唯曰，汝劼毖殷献臣"）

7. 《尚书说》卷五《周书·酒诰》

（宋）黄度撰

（归善斋按，见"予唯曰，汝劼毖殷献臣"）

8. 《絜斋家塾书钞》卷十一《周书·酒诰》

（宋）袁燮撰

（归善斋按，见"予唯曰，汝劼毖殷献臣"）

9. 《书经集传》卷四《周书·酒诰》

（宋）蔡沈撰

（归善斋按，见"予唯曰，汝劼毖殷献臣"）

10. 《尚书精义》卷三十六《周书·酒诰》

（宋）黄伦撰

（归善斋按，见"予唯曰，汝劼毖殷献臣"）

11. 《尚书详解》卷三十《周书·酒诰》

（宋）陈经撰

（归善斋按，见"予唯曰，汝劼毖殷献臣"）

12. 《融堂书解》卷十二《周书·酒诰》

（宋）钱时撰

（归善斋按，见"王曰，封，予不唯若兹多诰"）

13. 《尚书要义》

（宋）魏了翁撰

（归善斋按，原缺）

14. 《书集传或问》卷下《酒诰》

（宋）陈大猷撰
（归善斋按，未解）

15. 《尚书详解》卷八《周书·酒诰第十二》

（宋）胡士行撰
（归善斋按，见"予唯曰，汝劼毖殷献臣"）

16. 《书纂言》卷四上《周书·酒诰》

（元）吴澄撰
（归善斋按，见"予唯曰，汝劼毖殷献臣"）

17. 《书集传纂疏》卷四下《朱子订定蔡氏集传·周书·酒诰》

（元）陈栎撰
（归善斋按，见"予唯曰，汝劼毖殷献臣"）

18. 《读书丛说》卷六《酒诰》

（元）许谦撰
宏父定辟，蔡传，宏父，事官，司空也，主廓地居民。廓，即辟也，则"定辟"之"辟"当作"开辟"之义。

19. 《书传辑录纂注》卷四《周书·酒诰》

（元）董鼎撰
（归善斋按，见"予唯曰，汝劼毖殷献臣"）

20. 《尚书句解》卷八《周书·酒诰第十二》

（元）朱祖义撰
农父若保（司徒，掌教稼穑，以厚民生，故谓农父，当顺民而保安之）宏父定辟（司空，掌度地，以居民，谓之宏父，当定民居之法。此三卿可不固慎之乎？辟必），矧汝刚制于酒（自殷贤臣，至卫三卿，皆康叔所当愍慎者，况于汝身，其可不刚以制其纵酒之失乎）。

21.《尚书日记》卷十一《周书·酒诰》

（明）王樵撰

（归善斋按，见"予唯曰，汝劼毖殷献臣"）

22.《日讲书经解义》卷八《周书·酒诰》

（清）库勒纳等撰

（归善斋按，见"予唯曰，汝劼毖殷献臣"）

《书蔡氏传旁通》卷四下《周书·酒诰》

（元）陈师凯撰

宏父，事官，司空也，主廓地居民。

《周官》云，司空，掌邦土，居四民，时地利。正义云，诸侯三卿以上，有司马、司徒，故知宏父是司空。宏，大也。言大父者，以营造为广大国家之父。

《五诰解》卷二《酒诰》

（宋）杨简撰

（归善斋按，见"侯、甸、男、卫，矧太史友、内史"）

《尚书疑义》卷五《酒诰》

（明）马明衡撰

（归善斋按，见"矧唯若畴圻父，薄违农父"）

《书经衷论》卷三《周书·酒诰》

(清) 张英撰

天下惩忿窒欲之事，柔弱者不能胜，唯刚德足以制之，故《酒诰》之终篇，告之以禁止之法。曰"矧汝刚制于酒"，盖刚明之气，足以慑服群私，如一将当关，而贼自退避，稍一宽假，则向时熟径，又不觉失足于其间矣。天下凡事有明知其非，而乐于因循，惮于改作者，皆坐此失也，独戒饮云尔乎？

厥或诰曰，群饮，汝勿佚

1. 《尚书注疏》卷十三《周书》

(汉) 孔氏传，(唐) 陆德明音义，(唐) 孔颖达疏

厥或诰曰，群饮，汝勿佚。

传，其有诰汝曰民群聚饮酒，不用上命，则汝收捕之，勿令失也。

音义，佚，音逸。

疏，正义曰，以为政莫重于断酒，故其有人诰汝曰，民今饮酒，相与群聚，是不用上命，则法收捕之，勿令失矣。

2. 《书传》卷十二《周书》

(宋) 苏轼撰

厥或诰曰，群饮，汝勿佚，尽执拘，以归于周，予其杀。

予其杀者，未必杀也，犹今法曰当斩者，皆具狱以待命，不必死也。然必立死法者，欲人畏而不敢犯也。群饮，盖亦当时之法，有群聚饮酒，谋为大奸者，其详不可得而闻矣。如今之法，有曰夜聚晓散者，皆死罪。盖聚而为妖逆者也，使后世不知其详，而徒闻其名。凡民夜相过者，辄杀之可乎。旧说以为，群饮者，周人则杀之，殷人则勿杀也。民同犯一罪而

杀其一，不杀其一，周人其肯服乎。民群饮则死，公卿大夫群饮可不诛乎？不诛吏，则无以禁民。吏民皆诛，则桀纣之虐，不至于此矣。皆事之必不然者，予不可以不论。

3.《尚书全解》卷二十九《周书·酒诰》

（宋）林之奇撰

（归善斋按，见"王曰，封，予不唯若兹多诰"）

4.《尚书讲义》卷十四

（宋）史浩撰

（归善斋按，见"王若曰，明大命于妹邦"）

5.《尚书详解》卷十九《周书·酒诰》

（宋）夏僎撰

厥或诰曰，群饮，汝勿佚，尽执拘，以归于周，予其杀。又唯殷之迪诸臣、唯工，乃湎于酒，勿庸杀之，姑唯教之。有斯明享，乃不用我教辞，唯我一人弗恤弗蠲，乃事时同于杀。王曰，封，汝典听朕毖，勿辩乃司民湎于酒。

成王既使康叔"刚制于酒"，故此又详告康叔以制酒之意。谓厥有人告于汝曰今有人群聚饮酒，汝当广设方略，勿令逃逸，尽执拘以归于周，而我将杀之。此大意谓不可群饮。若群饮则不问彼此，皆当杀之也。然成王又恐康叔纵杀，故又告以群饮固可杀，若殷纣所迪之诸臣，及百工有湎于酒，此乃染纣之恶，未能遽革，故又未可便杀。唯勿用杀之，姑唯教之曰，有此酒者，将以明洁而为享祀之用，非为群饮设也。此正如文王"毖庶邦庶士"，谓"祀兹酒"也。若如此教之，而不用所教之辞，则是于我一人之言，曾不知恤，肆为淫湎，而不自蠲洁，乃徒事以饮酒，于是始可与群饮之人同杀之也。成王既教康叔治群饮之法。故又敕康叔曰，汝当听我戒慎之言，勿使汝司民之官，乃沉湎于酒而不自知也。此盖深责康叔，使自不纵酒也。

先儒以"辩"训"使"其辞不费，其理甚明。但不知所出。然安国

采撷经传，立训必有自来，故特从之。若王氏，以"勿辩乃司民湎于酒"，谓汝司民有湎于酒，则以政治之，不复为之辨释，以为无罪。此皆迂回，故不敢从耳

6.《增修东莱书说》卷二十一《周书·酒诰第十二》

(宋) 吕祖谦撰，(宋) 石澜增修

厥或诰曰，群饮，汝勿佚，尽执拘，以归于周，予其杀。又唯殷之迪诸臣、唯工，乃湎于酒，勿庸杀之，姑唯教之。有斯明享，乃不用我教辞，唯我一人弗恤弗蠲，乃事时同于杀。

其有告尔云，商民复群聚而饮酒，汝不可纵，当尽执拘，使归于周，我其杀之，至此，周公之刑甚严矣。刑虽甚严，曰"其"者又疑而未定之辞也。周公诚意恳恻，深思渐染之深，导迫之误，至于沉湎，未可遽杀，故谓之勿庸，且当教之。其有不湎于酒，尔必彰明，使享禄位，以示劝于天下。至不听我教辞，不蠲洁其事，是终不能悛改，时则同归于杀，言唯至此者，方可杀也。夫群饮者杀之，周公本意也。又以为勿庸而姑教之从者，褒显而用，犹不从者，始不得已而杀，至诚恳恻之心可见矣。

7.《尚书说》卷五《周书·酒诰》

(宋) 黄度撰

厥或诰曰，群饮，汝勿佚，尽执拘，以归于周，予其杀。

尊贤修身，其道略尽，而后颁酒禁焉。败禁乱俗，皆由淫朋，故群饮法特重。无遗佚，尽执拘，周寘之于杀，因事为制也。"予其杀"未必杀也，犹今律之当行处斩也。康叔得专杀而归之京师，盖犹有轻重之权焉。

8.《絜斋家塾书钞》卷十一《周书·酒诰》

(宋) 袁燮撰

厥或诰曰，群饮，汝勿佚，尽执拘，以归于周，予其杀。又唯殷之迪诸臣、唯工，乃湎于酒，勿庸杀之，姑唯教之。有斯明享，乃不用我教辞，唯我一人弗恤弗蠲，乃事时同于杀。

群饮之俗，最不可不治。盖相聚成党，彼此以血气相尚，唯群饮之为

贵，其害有不可胜言者，所以不赦之，当执拘以归于周，我其杀之。此亦未是果然杀。曰"予其杀"，可见康叔以孟侯之尊，生杀自专，何必归之于周，特言有如是者，我其当杀之。尔又唯殷之迪诸臣唯工，于殷家之旧臣，若湎于酒却不可杀，当且教之，如此方明享国之道，至于教之不从，却同于杀。此亦非是果杀之也，将以耸动商人，使之知所畏惧，其言不得不如是尔。

9.《书经集传》卷四《周书·酒诰》

（宋）蔡沈撰

厥或诰曰，群饮，汝勿佚，尽执拘，以归于周，予其杀。

群饮者，商民群聚而饮为奸恶者也。佚，失也。"其"者，未定辞也。苏氏曰，"予其杀"者，未必杀也，犹今法曰，当斩者，皆具狱以待命，不必死也。然必立法者，欲人畏而不敢犯也。群饮盖亦当时之法，有群聚饮酒，谋为大奸者，其详不可得而闻矣。如今之法，有日夜聚晓散者，皆死罪。盖聚而为妖逆者也。使后世不知其详，而徒闻其名，凡民夜相过者，辄杀之可乎。

10.《尚书精义》卷三十六《周书·酒诰》

（宋）黄伦撰

厥或诰曰，群饮，汝勿佚，尽执拘，以归于周，予其杀。又唯殷之迪诸臣唯工，乃湎于酒，勿庸杀之，姑唯教之。有斯明享，乃不用我教辞，唯我一人弗恤弗蠲，乃事时同于杀。

东坡曰，旧说以谓群饮者，周人则杀之，殷人则勿杀也。民同犯一罪，而杀其一，不杀其一。周人其肯服乎？民群饮则死，公卿大夫群饮可不诛乎？不诛吏，则无以禁民。吏民皆诛，则桀纣之虐，不至若此矣，皆事之必不然者，予不可以不论。

无垢曰，周人素知礼义，虽立群饮其杀之法，盖无有一人犯之者。文王"诰毖庶邦"，则庶邦"饮唯祀"；诰教小子，则我民"厥心臧"。岂有群聚饮酒之风乎。想有一人唱之，则必相与惊愕而讥评也。至于殷人，所以开导诸臣百工者，唯以沉湎于酒为事，一旦立群饮其杀之法，岂不酷虐乎？先王为政大抵宽厚，欲其知义理，自不犯于有司，不欲酷刑虐法置于有罪，而其心无不自知，其为不可犯也，故曰"勿用杀之，姑唯教之"。"姑唯教之"，谓当开喻训导，使其心晓然知饮酒无益，足以丧德毁行，败国亡家，如见涕唾，如闻恶臭，而不肯近也。又曰成王、周公之诰康叔，其分明别白如此，以为汝有此戒酒之效，则是明于享上之道，乃或不用我教辞，而躬自饮酒，使吏民波荡从之，则是汝康叔不以我一人为念，沉湎于酒，昏愚秽恶，浊乱政事，是以恶政陷民于罪，而杀之也。

周氏曰，古之用刑，自唐以至于周，一治一乱，顾其间增损不同，而五刑未尝改也。若乃其出入，则视国之治乱而为之轻重，亦不必同也。予于《酒诰》见之矣。教化已明，习俗已成，而人有犯上之恶，则罪虽小，有被之大刑者矣。其曰"厥或诰曰群饮，汝勿佚，尽执拘，以归于周，予其杀"是也。教化未明，习俗未成，则所当被以大刑者，有释而不治矣。其曰"殷之迪诸臣、唯工，乃湎于酒，勿庸杀之，姑唯教之"是也。后之人苟能视其时之治乱，而轻重焉，帝王之治，庶乎其复见矣。

11.《尚书详解》卷三十《周书·酒诰》

（宋）陈经撰

厥或告曰，群饮，汝勿佚，尽执拘，以归于周，予其杀。又唯殷之迪诸臣唯工，乃湎于酒，勿庸杀之，姑唯教之，有斯明享。乃不用我教辞，唯我一人弗恤弗蠲乃事，时同于杀。王曰，封，汝典听朕毖，勿辩乃司民湎于酒。

此又立为禁酒之法，厥或有人来诰曰民相聚群饮，汝不可失之，须尽执而拘之，以归于周之京师，予其杀之。又唯商之诸臣、百工，为人所导迪，而饮酒至于沉湎者，此则为他人所渐染，而非其本意，勿用杀之，姑且教之。夫民同犯一罪，杀其一，而赦其一，奚为周公立法乃如此详。咏此一章，见圣人立法不得不严，不严则人玩而易犯。"予其杀"，未必杀之，特立为此法尔。至于成王、周公之本意，则亦欲教之而已。旧说，以周人群饮则杀之，商人则勿杀，恐未必然。周人习于文武之化，岂有群饮者，更不须立此法矣。又何况康叔所治乃商之余，民安有周人哉。汝康叔能如此用心，则诚为明于享上之义矣。诸侯之所以能享上者，在诚而不在物,在实而不在文,能尽其职以奉上,则享之义,莫过于此矣。其或汝不能用我之教辞,不听我言,唯我一人不恤,更不之顾,则是汝自不蠲洁于其事,陷民于罪,亦与杀人何以异哉?成王别白而告之,能如此则为"明享",如此则为"弗蠲乃事",康叔其亦知审所取舍哉。"王曰,封,汝典听朕毖",又于终篇申言之曰,汝当常听我之所毖谨者,唯在于酒,若汝所治之民,犹至于饮酒者,汝即不可推辞,分别以为民自饮酒,我自不饮酒,非关我身之事。然则所以化民者,非于康叔之身乎?民之饮酒,即汝之过也。乃司,即康叔之身司牧民者也,此则成王之意,责康叔之身任重故也。

12.《融堂书解》卷十二《周书·酒诰》

(宋)钱时撰

(归善斋按,见"王曰,封,予不唯若兹多诰")

13.《尚书要义》

(宋)魏了翁撰

(归善斋按,原缺)

14.《书集传或问》卷下《酒诰》

(宋)陈大猷撰

(归善斋按,未解)

15.《尚书详解》卷八《周书·酒诰第十二》

(宋)胡士行撰

厥或诰曰群(聚)饮,汝勿佚(纵其逃)尽执(捉)拘,以归于周(京师),予其(将)杀。又唯殷(纣)之迪(所化)诸臣、唯工,乃湎于酒,勿庸(用)杀之,姑唯教之。有斯明享(祀也勿杀而姑教之曰此酒止以奉祀不可湎也可谓厚矣),乃(又)不用(从)我教辞(姑教之辞),唯我一人弗恤(不恤我不杀厚意)弗蠲(洁),汝事时(是)同于杀(至此乃不得不杀)。

曰，其杀矣。又曰，勿杀而，姑教之至教之而。又，不用弗恤弗蠲，乃杀之不杀者。本其心杀者，其大不得已也。

16.《书纂言》卷四上《周书·酒诰》

（元）吴澄撰

厥或诰曰，群饮，汝勿佚，尽执拘，以归于周，予其杀。又唯殷之迪诸臣、唯工，乃湎于酒，勿庸杀之。姑唯教之，有斯明享，乃不用我教辞，唯我一人弗恤弗蠲，汝事时同于杀。

"诰""告"字通用。饮不群，则不久，亦未至于荒败。唯群饮，则酗矣。周，京师也。"其"者，未定之辞。诸臣，众臣官之卑者。工，宗工，官之尊者。蠲，除也。其或有人告汝之臣群聚饮酒，汝勿纵，失尽执拘以归于京师，予当详其罪，可杀者杀之。若殷家所迪之众臣，及宗工，湎酒者，予勿用杀之，姑唯教之。其有从斯教者，则襃显之，使明享其报，以示劝。乃或不用我教辞，不恤我一人，不蠲除其湎酒之事，是则同于杀。前兼戒民臣，至此则略于民，而独详于臣者，盖臣者民之师表，臣正则民正矣。

17.《书集传纂疏》卷四下《朱子订定蔡氏集传·周书·酒诰》

（元）陈栎撰

厥或诰曰，群饮，汝勿佚，尽执拘，以归于周，予其杀。

群饮者，商民群聚而饮为奸恶者也。佚，失也。其者，未定辞也。苏氏曰，"予其杀"者，未必杀也，犹今法曰当斩者，皆具狱以待命，不必死也。然必立法者，欲人畏而不敢犯也。群饮，盖亦当时之法，有群聚饮酒，谋为大奸者。其详不可得而闻矣。如今之法有曰夜聚晓散者，皆死罪。盖聚而为妖逆者也。使后世不知其详，而徒闻其名，凡民夜相过者，辄杀之可乎？

纂疏：

孔氏曰，我其择最重者而杀之。

刘氏真曰，此书不责商民之湎淫，而责在位之躬化、自"矧太史友"

以下，皆康叔之百官有司也。曰群饮，指此等也。使民为群饮，康叔以国君治之，何所不可，而何必归于京师乎。执归于周，恐叔之专杀。"予其杀"，严为之刑，而未必杀也。忠厚之意寓于严厉之言。为一篇始终，皆以在位者为言。解者尽以民言之，过矣。

18.《读书丛说》卷六《酒诰》

（元）许谦撰

（归善斋按，未解）

19.《书传辑录纂注》卷四《周书·酒诰》

（元）董鼎撰

厥或告曰，群饮，汝勿佚，尽执拘，以归于周，予其杀。

群饮者，商民群聚而饮为奸恶者也。佚，失也。其者，未定辞也。苏氏曰，"予其杀"者，未必杀也，犹今法曰当斩者，皆具狱以待命，不必死也，然必立法者，欲人畏而不敢犯也。群饮盖亦当时之法，有群聚饮酒，谋为大奸者。其详不可得而闻矣。如今之法有曰夜聚晓散者，皆死罪。盖聚而为妖逆者也。使后世不知其详，而徒闻其名，凡民夜相过者，辄杀之可乎？

纂注：

孔氏曰，我其择罪重者而杀之。

林氏曰，"西土邦君御事小子，克用文王教，不腆于酒"，是周人已率教者也。而或群饮不可不严为之法，商人则反是。

史氏渐曰，王非果于杀也。饮至于群，坏风俗者也。商人群饮，固已不善，此风又及于周人，则何以为国邪？故于商人，则待之以教，而使悛于周人，则严之以杀，而使惧。"其"云者，非必杀也，有杀之之理也。《语》曰"其然岂其然乎"，传曰，天其，或者。"其"之为言，有疑意存焉。将间其恐惧修省之心，而激其迁善远罪之念，初不必杀也。

刘氏真曰，此书不责商民之湎淫，而责在位之躬化。商之故都，大家世族犹多，而康叔之百官有司，自周而往者亦有之。自"矧太史友"以下，皆康叔之百官有司也。曰群饮，指此辈也。使民为群饮，有司之事耳。康叔以国君治之，岂曰不可，而何必归之于京师乎？执归于周，亦恐康叔之专杀。曰"予其杀"，严为之刑，而未必杀也。忠厚之意寓于严厉之言，岂不明哉。一篇始终之意，皆以在位者为言，而解者不察，尽以民言之，过矣。

20.《尚书句解》卷八《周书·酒诰第十二》

（元）朱祖义撰

厥或告曰（其或有人告于汝曰），群饮（有人群聚饮酒），汝勿佚（汝当擒捕，勿令逃佚。佚，亦）。

21.《尚书日记》卷十一《周书·酒诰》

（明）王樵撰

厥或诰曰，群饮，汝勿佚，尽执拘，以归于周。予其杀。

孔氏曰，其有告汝曰民群聚饮酒，不用上命，则汝收捕之，勿令佚失，尽执拘以归于京师，我其择罪重者而杀之。项氏曰，《酒诰》曰"尽执拘以归于周，予其杀"，众人止言待新民宽，故勿杀，待旧民严，故杀之。安国则曰，予当择其罪大者杀之。然后周公之训为可传也。按群饮盖纣之遗民，所谓"庶群自酒，腥闻于上"者，"咸与维新"，申之愍戒之后，犹未肯变，此所谓"唯终自作不典"，"不可不杀"者也。故武王有"予其杀"之言。苏氏、蔡氏，不得其说，而疑周法之已甚，则谓其为群聚而谋为大奸者，不免增益于本文之所无。夫经文唯曰"群饮"尔，使所指果在为奸恶者，圣人岂肯疑似其文以误人乎。

《周礼》司虣（音暴），掌宪市之禁令，禁其以属游饮食于市者，若不可禁，则搏而戮之。丘文庄公曰，古之圣王，岂以饮食之故戮人哉。民不食五谷则死；而酒之为物，无之不致伤生，有之或以致疾而败性。岂岂之民，嗜其味之甘，忘其身之大，不严则禁不绝故也。按以属游饮于市，群饮也。市者，奸之所容焉，斗讼所兴焉。故司虣有官，游饮有禁。群饮不但周禁，自汉以来，有之。有因事而开禁者，"赐酺"是也。但武王之所指者，又以殷之遗慝而言，非寻常之群饮耳。

22. 《日讲书经解义》卷八《周书·酒诰》

（清）库勒纳等撰

厥或诰曰，群饮，汝勿佚，尽执拘，以归于周，予其杀。

此一节书，是严商民群饮之罚也。佚，解作"失"。武王曰，崇饮之戒，固不可不慎，而作奸之罚，尤不可不严。或有人告于汝说，殷民有无故群饮，聚众为奸恶者，此等怙终不悛之民，不可宽纵，尽执拘之以归于京师，予其杀之而无赦焉。按群饮之罪，未必尽至于死，此殆为奸民聚众为非者言也。曰"予其杀"者，初不必于杀也，有不轻纵之义，亦有不滥杀之仁。所以开其恐惧修省之心，而激其迁善远恶之念，岂伤于严厉也哉。

《书蔡氏传旁通》卷四下《周书·酒诰》

（元）陈师凯撰

群饮，盖亦当时之法，其详不可得而闻矣。

《史记》注云，汉律，三人已上无故群饮，罚金，故赐酺得会聚饮食。《酒诰》群饮之执，其类此欤

《读书管见》卷下《酒诰》

（元）王充耘撰

群饮拘杀。

群饮，勿佚，拘执杀之，所谓"劫憼"也，盖"刑乱国用重典"不得不尔。

《五诰解》卷二《酒诰》

（宋）杨简撰

（归善斋按，见"侯、甸、男、卫，矧太史友、内史"）

尽执拘，以归于周，予其杀

1. 《尚书注疏》卷十三《周书》

（汉）孔氏传，（唐）陆德明音义，（唐）孔颖达疏

尽执拘，以归于周，予其杀。

传，尽执拘群饮酒者，以归于京师，我其择罪重者，而杀之。

音义，尽，子忍反。

疏，正义曰，尽执拘以归于周之京师，我其择罪重而杀之也。

传，正义曰，言周故为京师，但饮有稀数，罪有大小，不可一皆尽杀。故知择罪重者杀之。

2. 《书传》卷十二《周书》

（宋）苏轼撰

（归善斋按，见"厥或诰曰，群饮，汝勿佚"）

3. 《尚书全解》卷二十九《周书·酒诰》

（宋）林之奇撰

（归善斋按，见"王曰，封，予不唯若兹多诰"）

4. 《尚书讲义》卷十四

（宋）史浩撰

（归善斋按，见"王若曰，明大命于妹邦"）

5. 《尚书详解》卷十九《周书·酒诰》

（宋）夏僎撰

（归善斋按，见"厥或诰曰，群饮，汝勿佚"）

6. 《增修东莱书说》卷二十一《周书·酒诰第十二》

（宋）吕祖谦撰，（宋）石澜增修

（归善斋按，见"厥或诰曰，群饮，汝勿佚"）

7. 《尚书说》卷五《周书·酒诰》

（宋）黄度撰

（归善斋按，见"厥或诰曰，群饮，絊勿佚"）

8. 《絜斋家塾书钞》卷十一《周书·酒诰》

（宋）袁燮撰

（归善斋按，见"厥或诰曰，群饮，汝勿佚"）

9. 《书经集传》卷四《周书·酒诰》

（宋）蔡沈撰

（归善斋按，见"厥或诰曰，群饮，汝勿佚"）

10. 《尚书精义》卷三十六《周书·酒诰》

（宋）黄伦撰

（归善斋按，见"厥或诰曰，群饮，汝勿佚"）

11. 《尚书详解》卷三十《周书·酒诰》

（宋）陈经撰

（归善斋按，见"厥或诰曰，群饮，汝勿佚"）

12. 《融堂书解》卷十二《周书·酒诰》

（宋）钱时撰

（归善斋按，见"王曰，封，予不唯若兹多诰"）

13. 《尚书要义》

（宋）魏了翁撰
（归善斋按，原缺）

14. 《书集传或问》卷下《酒诰》

（宋）陈大猷撰
（归善斋按，未解）

15. 《尚书详解》卷八《周书·酒诰第十二》

（宋）胡士行撰
（归善斋按，见"厥或诰曰，群饮，汝勿佚"）

16. 《书纂言》卷四上《周书·酒诰》

（元）吴澄撰
（归善斋按，见"厥或诰曰，群饮，汝勿佚"）

17. 《书集传纂疏》卷四下《朱子订定蔡氏集传·周书·酒诰》

（元）陈栎撰
（归善斋按，见"厥或诰曰，群饮，汝勿佚"）

18. 《读书丛说》卷六《酒诰》

（元）许谦撰
（归善斋按，未解）

19. 《书传辑录纂注》卷四《周书·酒诰》

（元）董鼎撰
（归善斋按，见"厥或诰曰，群饮，汝勿佚"）

20. 《尚书句解》卷八《周书·酒诰第十二》

（元）朱祖义撰

尽执拘，以归于周（尽执拘以归周家）予其杀（我将杀之）。

21. 《尚书日记》卷十一《周书·酒诰》

（明）王樵撰

（归善斋按，见"厥或诰曰，群饮，汝勿佚"）

22. 《日讲书经解义》卷八《周书·酒诰》

（清）库勒纳等撰

（归善斋按，见"厥或诰曰，群饮，汝勿佚"）

《五诰解》卷二《酒诰》

（宋）杨简撰

（归善斋按，见"侯、甸、男、卫，矧太史友、内史"）

又唯殷之迪诸臣、唯工，乃湎于酒，勿庸杀之

1. 《尚书注疏》卷十三《周书》

（汉）孔氏传，（唐）陆德明音义，（唐）孔颖达疏

又唯殷之迪诸臣、唯工，乃湎于酒，勿庸杀之。

传，又唯殷家蹈恶俗诸臣，唯众官，化纣日久，乃沉湎于酒，勿用法杀之。

疏，正义曰，又唯殷之蹈恶俗诸臣，唯其众官，化纣日久，乃沉湎于酒，勿用法杀之。

传，正义曰，言诸臣，谓尊者，及其下列职众官，不可用法杀之，明法有张弛。

2.《书传》卷十二《周书》

（宋）苏轼撰

又唯殷之迪诸臣、唯工，乃湎于酒，勿庸杀之，姑唯教之。有斯明享，乃不用我教辞，唯我一人弗恤弗蠲，汝事时同于杀

此谓凡湎于酒，而不为他大奸者也。不择殷周，而周公特言"殷"者，盖为妹邦，化纣之德，诸臣百工，皆沉湎，而况民乎。故凡湎于酒者，皆可教，不可杀，不分殷周也。有斯明享者，哀敬之意，达于民，如达于神也。如此岂复有不用命者乎，若我初不知恤此，不洁治其事，则是陷民于死，同于我杀之也。

3.《尚书全解》卷二十九《周书·酒诰》

（宋）林之奇撰

（归善斋按，见"王曰，封，予不唯若兹多诰"）

4.《尚书讲义》卷十四

（宋）史浩撰

（归善斋按，见"王若曰，明大命于妹邦"）

5.《尚书详解》卷十九《周书·酒诰》

（宋）夏僎撰

（归善斋按，见"厥或诰曰，群饮，汝勿佚"）

6.《增修东莱书说》卷二十一《周书·酒诰第十二》

（宋）吕祖谦撰，（宋）石𬭎增修

（归善斋按，见"厥或诰曰，群饮，汝勿佚"）

7.《尚书说》卷五《周书·酒诰》

（宋）黄度撰

又唯殷之迪诸臣、唯工，乃湎于酒，勿庸杀之。姑唯教之，有斯明

享,乃不用我教辞,唯我一人弗恤弗蠲,汝事时同于杀。

群饮当杀,又唯殷之迪蹈诸臣、唯工,于沉湎之事,所从来久,其或未尝受教令,"诖误""适尔",则勿用杀之,姑唯教之。太宰"生以驭其福",不杀而生之,福也。有此明享其福,必且能自新,乃若尝训教之,而不用我教辞,是弗复恤念我一人。蠲,洁也,弗洁,犹弗屑也。弗屑汝行事,唯终眚是同于杀,犹今律不分首从也。

8.《絜斋家塾书钞》卷十一《周书·酒诰》

(宋)袁燮撰

(归善斋按,见"厥或诰曰,群饮,汝勿佚")

9.《书经集传》卷四《周书·酒诰》

(宋)蔡沈撰

又唯殷之迪诸臣唯工,乃湎于酒,勿庸杀之,姑唯教之。

殷受导迪为恶之者,臣百工虽湎于酒,未能遽革,而非群聚为奸恶者,无庸杀之,且唯教之。

10.《尚书精义》卷三十六《周书·酒诰》

(宋)黄伦撰

(归善斋按,见"厥或诰曰,群饮,汝勿佚")

11.《尚书详解》卷三十《周书·酒诰》

(宋)陈经撰

(归善斋按,见"厥或诰曰,群饮,汝勿佚")

12.《融堂书解》卷十二《周书·酒诰》

(宋)钱时撰

(归善斋按,见"王曰,封,予不唯若兹多诰")

13. 《尚书要义》

（宋）魏了翁撰

（归善斋按，原缺）

14. 《书集传或问》卷下《酒诰》

（宋）陈大猷撰

（归善斋按，未解）

15. 《尚书详解》卷八《周书·酒诰第十二》

（宋）胡士行撰

（归善斋按，见"厥或诰曰，群饮，汝勿佚"）

16. 《书纂言》卷四上《周书·酒诰》

（元）吴澄撰

（归善斋按，见"厥或诰曰，群饮，汝勿佚"）

17. 《书集传纂疏》卷四下《朱子订定蔡氏集传·周书·酒诰》

（元）陈栎撰

又唯殷之迪诸臣、唯工，乃湎于酒，勿庸杀之，姑唯教之。

殷受导迪为恶之诸臣百工，虽湎于酒未能遽革，而非群聚为奸恶者，无庸杀之且唯教之。

纂疏：

董氏鼎曰，殷臣湎酒者，勿杀而姑教之，以其染恶深，而被化浅也。

18. 《读书丛说》卷六《酒诰》

（元）许谦撰

（归善斋按，未解）

19.《书传辑录纂注》卷四《周书·酒诰》

（元）董鼎撰

又唯殷之迪诸臣唯工，乃湎于酒，勿庸杀之，姑唯教之。

殷受导迪为恶之诸臣、百工，虽湎于酒，未能遽革，而非群聚为奸恶者，无庸杀之，且唯教之。

纂注：

愚谓，殷诸臣湎酒者，勿杀而姑教之，以其染恶深，而被化浅也。

20.《尚书句解》卷八《周书·酒诰第十二》

（元）朱祖义撰

又唯殷之迪诸臣（成王又恐康叔纵杀，故又告以群饮固可杀，若殷纣所导迪诸臣）、唯工，乃湎于酒（及百官有沉湎于酒者，此化纣之恶，未能遽革），勿庸杀之。

21.《尚书日记》卷十一《周书·酒诰》

（明）王樵撰

又唯殷之迪诸臣，唯工，乃湎于酒，勿庸杀之，姑唯教之。

迪，谓蹈。其旧俗，非群饮，故勿庸杀之，姑唯教之。

曰"湎酒"，而不曰"群饮"，此其罪之所以殊耳。如时说，则同一饮酒，而臣民异法，亦有难通者。

22.《日讲书经解义》卷八《周书·酒诰》

（清）库勒纳等撰

又唯殷之迪诸臣、唯工，乃湎于酒，勿庸杀之，姑唯教之。有斯明享，乃不用我教辞，唯我一人弗恤弗蠲，汝事时同于杀。

此二节书是教殷之诸臣也。迪，导也。明享，彰明使享爵位也。蠲，洁也。武王曰：人之蹈于非者，习染有久暂，被化有浅深，故受过亦有轻重。今殷之诸臣、百工，其素为商纣导引为恶者，乃或沉湎于酒，是其习俗已深，化导尚浅，勿杀而姑教之，使之悔悟自新可也。商之诸臣，果能遵我教训之辞，存之于心，而不忘我，则显扬之，而享之以爵位。若不能用我教辞，则是怙终不悛，我岂能复为宽恤哉。既不能洁其旧染之污，我将律以群饮之罪，亦同于杀而不赦矣。盖有训辞以导之于前，有爵赏以劝之于中，又有刑罚以驱之于后，所以鼓励振作之者，不亦详且备哉，亦可以见圣人之不轻于绝人矣。

《五诰解》卷二《酒诰》

（宋）杨简撰

（归善斋按，见"侯、甸、男、卫，矧太史友、内史"）

姑唯教之，有斯明享

1.《尚书注疏》卷十三《周书》

（汉）孔氏传，（唐）陆德明音义，（唐）孔颖达疏

姑唯教之，有斯明享。

传，以其渐染恶俗，故必三申法令，且唯教之，则汝有此明训，以享国。

音义，恶，乌各反。申，息暂反，又如字。

疏，正义曰，以渐染恶俗，故三申法令，且唯教之，则汝有此明训，可以享国。

传，正义曰，此由殷之诸臣，渐染纣之恶俗日久，故不可即杀。其卫国之民先非纣之旧臣，乃群聚饮酒，恐增长昏乱，故择罪重者杀之。据意不同，故杀否有异。礼成于三，故必三申法令。有此明训，总上之辞，故得享国。

2. 《书传》卷十二《周书》

（宋）苏轼撰

（归善斋按，见"又唯殷之迪诸臣、唯工"）

3. 《尚书全解》卷二十九《周书·酒诰》

（宋）林之奇撰

（归善斋按，见"王曰，封，予不唯若兹多诰"）

4. 《尚书讲义》卷十四

（宋）史浩撰

（归善斋按，见"王若曰，明大命于妹邦"）

5. 《尚书详解》卷十九《周书·酒诰》

（宋）夏僎撰

（归善斋按，见"厥或诰曰，群饮，汝勿佚"）

6. 《增修东莱书说》卷二十一《周书·酒诰第十二》

（宋）吕祖谦撰，（宋）石澜增修

（归善斋按，见"厥或诰曰，群饮，汝勿佚"）

7. 《尚书说》卷五《周书·酒诰》

（宋）黄度撰

（归善斋按，见"又唯殷之迪诸臣、唯工"）

8. 《絜斋家塾书钞》卷十一《周书·酒诰》

（宋）袁燮撰

（归善斋按，见"厥或诰曰，群饮，汝勿佚"）

9.《书经集传》卷四《周书·酒诰》

(宋)蔡沈撰

有斯明享,乃不用我教辞,唯我一人弗恤弗蠲,汝事时同于杀。

有者,不忘之也。斯此也,指教辞而言,享上享下之享,言殷诸臣百工不忘教辞,不湎于酒,我则明享之。其不用我教辞,唯我一人不恤于汝,弗洁汝事,时则同汝于群饮诛杀之罪矣。

(归善斋按,另见"又唯殷之迪诸臣、唯工")

10.《尚书精义》卷三十六《周书·酒诰》

(宋)黄伦撰

(归善斋按,见"厥或诰曰,群饮,汝勿佚")

11.《尚书详解》卷三十《周书·酒诰》

(宋)陈经撰

(归善斋按,见"厥或诰曰,群饮,汝勿佚")

12.《融堂书解》卷十二《周书·酒诰》

(宋)钱时撰

(归善斋按,见"王曰,封,予不唯若兹多诰")

13.《尚书要义》

(宋)魏了翁撰

(归善斋按,原缺)

14.《书集传或问》卷下《酒诰》

(宋)陈大猷撰

(归善斋按,未解)

15. 《尚书详解》卷八《周书·酒诰第十二》

（宋）胡士行撰

（归善斋按，见"厥或诰曰，群饮，汝勿佚"）

16. 《书纂言》卷四上《周书·酒诰》

（元）吴澄撰

（归善斋按，见"厥或诰曰，群饮，汝勿佚"）

17. 《书集传纂疏》卷四下《朱子订定蔡氏集传·周书·酒诰》

（元）陈栎撰

有斯明享，乃不用我教辞，唯我一人弗恤弗蠲，汝事时同于杀。

"有"者，不忘之也。斯，此也，指教辞而言。享上享下之享，言殷诸臣百工，不忘教辞，不湎于酒，我则明享之，其不用我教辞，唯我一人不恤于汝，弗洁汝事，时则同汝于群饮诛杀之罪矣。

纂疏：

吕氏曰，明享，彰明使享禄位示劝也。

夏氏曰，有此酒，将以明洁为享祀，用非为群饮设也。如文王"毖庶邦"，谓"祀兹酒"也。如此教之，乃不用我教辞，时则可与群饮者同杀矣。

愚谓，有斯，如《左传》所谓"君若辱，有寡君"。此三节若严刻，而实无所不用其忠厚也。

（归善斋按，另见"又唯殷之迪诸臣、唯工"）

18. 《读书丛说》卷六《酒诰》

（元）许谦撰

（归善斋按，未解）

19.《书传辑录纂注》卷四《周书·酒诰》

（元）董鼎撰

有斯明享，乃不用我教辞，唯我一人弗恤弗蠲，汝事时同于杀。

"有"者，不忘之也。斯，此也，指教辞而言。享上享下之享，言殷诸臣百工不忘教辞，不湎于酒，我则明享之。其不用我教辞，唯我一人不恤于汝，弗洁汝事，时则同汝于群饮诛杀之罪矣。

纂注

王氏曰休曰，此三节皆王告康叔之辞。

吕氏曰，明享，彰明，使享禄位以示劝也。

夏氏曰，有此酒者，将以明洁为享祀之用，非为群饮设也。此如文王"毖庶邦庶士"，谓"祀兹酒"也。若如此教之，而不用我所教之辞，时则可与前群饮之人同杀之也，亦一说。

（归善斋按，另见"又唯殷之迪诸臣、唯工"）

20.《尚书句解》卷八《周书·酒诰第十二》

（元）朱祖义撰

姑唯教之（汝勿庸杀之，且唯教之曰），有司明享（国家所以有官主此酒者，本以明洁为享祀之，用非为群饮设）。

21.《尚书日记》卷十一《周书·酒诰》

（明）王樵撰

有斯明享，乃不用我教辞，唯我一人弗恤弗蠲，汝事时同于杀。

有司，谓克有其教。明享，谓不失其禄。教而不从，是亦怙终，与凡民同故，弗洁乃事，是同于杀。

（归善斋按，另见"又唯殷之迪诸臣、唯工"）

22.《日讲书经解义》卷八《周书·酒诰》

（清）库勒纳等撰

（归善斋按，见"又唯殷之迪诸臣、唯工"）

《五诰解》卷二《酒诰》

(宋) 杨简撰

有斯明享,乃不用我教辞,唯我一人弗恤弗蠲,汝事时同于杀。

周公所以诛管、蔡者,用此义也。立君为民,不可用私情。

(归善斋按,另见"侯、甸、男、卫,矧太史友、内史")

乃不用我教辞,唯我一人弗恤弗蠲,汝事时同于杀

1. 《尚书注疏》卷十三《周书》

(汉) 孔氏传,(唐) 陆德明音义,(唐) 孔颖达疏

乃不用我教辞,唯我一人弗恤弗蠲,汝事时同于杀。

传,汝若忽怠不用我教辞,唯我一人不忧汝,乃不洁汝政事,是汝同于见杀之罪。

疏,正义曰,汝若不用我教辞,唯我一人天子,不忧汝,不洁汝政事,是汝同于见杀之罪,不可不慎。

传,正义曰,汝不用我教辞,则不足忧念,故唯我一人不忧汝,不洁汝之政事。事唯秽恶,不复教之,使洁静也。

2. 《书传》卷十二《周书》

(宋) 苏轼撰

(归善斋按,见"又唯殷之迪诸臣、唯工")

3. 《尚书全解》卷二十九《周书·酒诰》

(宋) 林之奇撰

(归善斋按,见"王曰,封,予不唯若兹多诰")

4. 《尚书讲义》卷十四

(宋) 史浩撰
(归善斋按, 见"王若曰, 明大命于妹邦")

5. 《尚书详解》卷十九《周书·酒诰》

(宋) 夏僎撰
(归善斋按, 见"厥或诰曰, 群饮, 汝勿佚")

6. 《增修东莱书说》卷二十一《周书·酒诰第十二》

(宋) 吕祖谦撰, (宋) 石澜增修
(归善斋按, 见"厥或诰曰, 群饮, 汝勿佚")

7. 《尚书说》卷五《周书·酒诰》

(宋) 黄度撰
(归善斋按, 见"又唯殷之迪诸臣、唯工")

8. 《絜斋家塾书钞》卷十一《周书·酒诰》

(宋) 袁燮撰
(归善斋按, 见"厥或诰曰, 群饮, 汝勿佚")

9. 《书经集传》卷四《周书·酒诰》

(宋) 蔡沈撰
(归善斋按, 见"姑唯教之, 有斯明享")

10. 《尚书精义》卷三十六《周书·酒诰》

(宋) 黄伦撰
(归善斋按, 见"厥或诰曰, 群饮, 汝勿佚")

11. 《尚书详解》卷三十《周书·酒诰》

(宋) 陈经撰
(归善斋按,见"厥或诰曰,群饮,汝勿佚")

12. 《融堂书解》卷十二《周书·酒诰》

(宋) 钱时撰
(归善斋按,见"王曰,封,予不唯若兹多诰")

13. 《尚书要义》

(宋) 魏了翁撰
(归善斋按,原缺)

14. 《书集传或问》卷下《酒诰》

(宋) 陈大猷撰
(归善斋按,未解)

15. 《尚书详解》卷八《周书·酒诰第十二》

(宋) 胡士行撰
(归善斋按,见"厥或诰曰,群饮,汝勿佚")

16. 《书纂言》卷四上《周书·酒诰》

(元) 吴澄撰
(归善斋按,见"厥或诰曰,群饮,汝勿佚")

17. 《书集传纂疏》卷四下《朱子订定蔡氏集传·周书·酒诰》

(元) 陈栎撰
(归善斋按,见"姑唯教之,有斯明享")

18. 《读书丛说》卷六《酒诰》

（元）许谦撰

（归善斋按，未解）

19. 《书传辑录纂注》卷四《周书·酒诰》

（元）董鼎撰

（归善斋按，见"姑唯教之，有斯明享"）

20. 《尚书句解》卷八《周书·酒诰第十二》

（元）朱祖义撰

乃不用我教辞（如此教之，乃有不明我教之之辞），唯我一人弗恤（则是于我一人之言，曾不知恤，肆为淫湎）弗蠲，汝事时同于杀（不自蠲洁其职事于其始，可与朋群饮之人同其杀也）。

21. 《尚书日记》卷十一《周书·酒诰》

（明）王樵撰

（归善斋按，见"姑唯教之，有斯明享"）

22. 《日讲书经解义》卷八《周书·酒诰》

（清）库勒纳等撰

（归善斋按，见"又唯殷之迪诸臣、唯工"）

王曰，封，汝典听朕毖

1. 《尚书注疏》卷十三《周书》

（汉）孔氏传，（唐）陆德明音义，（唐）孔颖达疏

王曰，封，汝典听朕毖。

传，汝当常听念我所慎，而笃行之。

疏，正义曰，以戒酒事终，故结之。王命言曰：封，汝当常听命我所使汝慎者，笃而行之。

2.《书传》卷十二《周书》

（宋）苏轼撰

王曰，封，汝典听朕毖，勿辩乃司民湎于酒。

禁之难行者，莫若酒。周公忧之深矣。故卒告之曰，汝既常听用我所畏慎者，又当专建一司，以察沉湎。若以泛责群吏，而不辩其司禁必不行矣。或曰，自汉武帝以来至于今，皆有酒禁，刑者有至流，赏或不赀，未尝以少纵，而私酿终不能绝也。周公独何以禁之，曰周公无所利于酒也，以正民德而已。甲乙皆笞其子，甲之子服，乙之子不服，何也？甲笞其子，而责之学；乙笞其子，而夺之食。此周公所以能禁酒也。

3.《尚书全解》卷二十九《周书·酒诰》

（宋）林之奇撰

（归善斋按，见"王曰，封，予不唯若兹多诰"）

4.《尚书讲义》卷十四

（宋）史浩撰

（归善斋按，见"王若曰，明大命于妹邦"）

5.《尚书详解》卷十九《周书·酒诰》

（宋）夏僎撰

（归善斋按，见"厥或诰曰，群饮，汝勿佚"）

6.《增修东莱书说》卷二十一《周书·酒诰第十二》

（宋）吕祖谦撰，（宋）石澜增修

王曰，封，汝典听朕毖，勿辩乃司民湎于酒。

至是又教康叔以反躬。汝当常听我之言，以谨毖其民，若复有湎于酒者，汝不可辩说，以为污俗之旧。尔实司牧其民，民湎于酒，谁之过？则康叔安得辞其责，可不尽心以率民乎？

7.《尚书说》卷五《周书·酒诰》

（宋）黄度撰

王曰，封汝典听朕毖，勿辩乃司民湎于酒。

毖，慎；司，察。汝当听朕而敬慎之，其可勿辩乃所司察之民，而使湎于酒乎？适尔非终，则教之；唯终则杀之，所谓"辩"也。

8.《絜斋家塾书钞》卷十一《周书·酒诰》

（宋）袁燮撰

王曰，封，汝典听朕毖，勿辩乃司民湎于酒。

此书中多说这"毖"字。"毖"者，敬畏之谓也。明辩乃司，使之秩然有伦，整然有叙，纪纲修整，是之谓辩。尔不能辩乃司，则民皆湎于酒矣。此是周公告康叔临，终又将此二字耸动之，言商民有一人湎于酒，皆是尔身上事，则康叔所以自尽其职分者，当如何？

9.《书经集传》卷四《周书·酒诰》

（宋）蔡沈撰

王曰，封汝典听朕毖，勿辩乃司民湎于酒。

辩，治也。乃司，有司也，即上文诸臣百工之类，言康叔不治其诸臣百工之湎酒，则民之湎酒者不可禁矣。

10.《尚书精义》卷三十六《周书·酒诰》

（宋）黄伦撰

王曰，封，汝典听朕毖，勿辩乃司民湎于酒。

东坡曰，禁之难行者，莫若酒。周公忧之深矣。故卒告之曰，汝既常听我所畏慎者，又当专建一司，以察沉湎。若以泛责群吏，而不辩有司，禁必不行矣。或曰，自汉武帝以来至于今，皆有酒禁，刑者有至流，赏或不赀，未尝少纵，而私酿终不能绝也。周公独何以禁之？曰，周公无所利于酒也，以正民德而已。甲乙皆笞其子，甲之子服，乙之子不服，何也？甲笞其子而责之学；乙笞其子而夺之食。此周公所以能禁酒也。

11.《尚书详解》卷三十《周书·酒诰》

（宋）陈经撰

（归善斋按，见"厥或诰曰，群饮，汝勿佚"）

12.《融堂书解》卷十二《周书·酒诰》

（宋）钱时撰

（归善斋按，见"王曰，封，予不唯若兹多诰"）

13.《尚书要义》

（宋）魏了翁撰

（归善斋按，原缺）

14.《书集传或问》卷下《酒诰》

（宋）陈大猷撰

（归善斋按，未解）

15.《尚书详解》卷八《周书·酒诰第十二》

（宋）胡士行撰

王曰，封，汝典听朕毖（慎），勿辩（使）乃司民（主民之臣）湎于酒。

此正身正官，以清不饮之原也，故以终篇。

16.《书纂言》卷四上《周书·酒诰》

（元）吴澄撰

王曰，封，汝典听朕毖，勿辩乃司民湎于酒。

辩，使也。汝常主听我诰毖之言，勿使尔司民之官湎于酒。

17.《书集传纂疏》卷四下《朱子订定蔡氏集传·周书·酒诰》

（元）陈栎撰

王曰，封，汝典听朕毖，勿辩乃司民湎于酒。

辩，治也。乃司，有司也，即上文诸臣百工之类，言康叔不治其诸臣百工之湎酒，则民之湎酒者不可禁矣。

纂疏：

孔氏曰，辩，使也。勿使汝所司之民沉湎于酒。

唐孔氏曰，勿使汝所司民之吏，沉湎于酒。吏当正身以率民也。

愚谓，汝当常主于听我毖慎之言也。《酒诰》一篇，终始以毖慎言。始曰"厥诰毖庶邦庶士"；将终曰"劼毖殷献臣"；篇终又曰"汝典听朕毖"。"毖"之一辞，一篇三致意，又提其要，以致谆切之训云。末八字，恐有脱误，不若缺之。

18.《读书丛说》卷六《酒诰》

（元）许谦撰

（归善斋按，未解）

19.《书传辑录纂注》卷四《周书·酒诰》

（元）董鼎撰

王曰，封汝典听朕毖，勿辩乃司民湎于酒。

辩，治也。乃司，有司也，即上文诸臣百工之类，言康叔不治其诸臣百工之湎酒，则民之湎酒者，不可禁矣。

纂注：

唐氏曰，或曰"诰毖"，或曰"典听朕教"，或曰"典听朕毖"何也？曰"毖"者，为教之心；教者，为毖之辞。

新安陈氏曰，汝当常主于听我毖谨之言。《酒诰》一篇始终以毖慎言。始曰"厥诰毖庶邦庶士"；将终曰"劼毖殷献臣"；篇终又曰"典听朕毖"。"毖"之一辞，一篇三致意，又提其要，以致谆切之训云。按，

"勿辩乃司民湎于酒"，说者不同，句读亦异。孔氏作一句读，曰辩，使也。勿使汝所司之民沉湎于酒。唐孔氏，略转一机，谓勿使汝所司民之吏沉湎于酒，吏当正身以率民也。

王氏曰，汝司民有湎于酒，则以正治之，勿为之辩，以为无罪。

苏氏曰，当专一司，以察沉湎，若以泛责群吏，而不辩其司，禁必不行矣。

吕氏读勿辩为句，谓复有循旧习者，汝不可辩说，诿之旧习，实乃所司牧之民湎于酒，是谁之过欤。

蔡氏读"勿辩乃司"为句，其说最优于诸家。然此句恐有脱误，不如缺之。

愚谓，古之为酒，本以供祭祀灌地降神，取其馨香，下达求诸阴之义也。后以其能养阳也，故用之以奉亲养老。又以其能合欢也，故用之冠昏宾客。然曰宾主百拜，而酒三行。又曰，终日饮酒而不得醉焉，未尝过也。自禹饮仪狄之酒而疏之，宁不谓其太甚。已而亡国之君、败家之子，接踵于后世，何莫由斯。然则文王之教，不唯当明于妹邦家写一通，犹恐覆车之不戒也。

20.《尚书句解》卷八《周书·酒诰第十二》

（元）朱祖义撰

王曰，封，汝典听朕毖（汝能常听我戒慎之言，而不湎于酒）。

21.《尚书日记》卷十一《周书·酒诰》

（明）王樵撰

王曰，封，汝典听朕毖，勿辩乃司民湎于酒。

辩，别也。辩别其从教与否者也。《传》曰"君必辩焉"。乃司，有司也。不别诸臣之淑慝，则民之湎酒，不可禁矣。

董氏鼎曰，古之为酒本以供祭祀灌地，降神取其馨香，下达求诸阴之义也。后以其能养阳也，故用之以奉亲、养老。又以其能合欢也，故用之冠婚宾客。然曰宾主百拜，而酒三行。又曰"终日饮酒而不得醉焉，未尝过也"。自禹饮仪狄之酒而疏之，宁不谓其太甚。已而亡国之君、败家之子接踵于后世，何莫非斯。然则文王之教，不唯当明于妹邦家写一通，犹恐覆车之不戒也。

《周礼》萍氏掌国之水禁，几酒（察非时饮者），谨酒（使民节用酒）。丘文庄公曰，水溺人，而酒有甚焉。周设官以掌国之水禁，而属以"几酒谨酒"也，有以哉。

抑周公作诰，最初禁酒，恐民伤德败性，虑至远，教至周也。后若汉文帝戒为酒醪，以糜谷；景帝以岁旱禁酤，犹有古遗意。然所谓"不唯不敢亦不暇"者，已不复及。至武帝榷酒酤，则以利而已。周公之法，未能遽复法。文景不亦可乎。

苏氏曰，自汉以来，皆有酒禁而不能绝。周公独何以能禁之，曰周公无所利于酒也，以正民德而已。甲与乙皆笞其子，甲之子服，乙之子不服。甲笞其子而责之学；乙笞其子而夺之食。此周公所以能禁酒也。

22.《日讲书经解义》卷八《周书·酒诰》

（清）库勒纳等撰

王曰，封，汝典听朕毖，勿辩乃司民湎于酒。

此一节书，是终致反复之意，而欲其化导自上也。典，常也。辩，治也。乃司，谓有司。武王呼康叔而告之曰，我前言崇饮之戒详矣。率教贵于能恒，化行端期自上，汝当常听我之训辞，持久力行，勿面从于一时而已也。有司者，百姓之倡。在位无沉湎之风，则下民有观感之化。若不能辩治有司，以从违为赏罚，则民之效尤者，不能止矣，安能禁其湎酒之习哉？此尤汝所当致警者也。篇中以"畏天显、小民"，为商先王所以不崇饮之故，可谓大哉王言矣。盖有道之世，朝廷清明，群工励翼。饮酒之事，"不唯不敢，亦不暇"，不敢者，心有所畏也；不暇者，心有所事也。常存不敢不暇之心，则沉湎荒亡之患，不戒而自远矣。

《读书管见》卷下《酒诰》

（元）王充耘撰

典听朕毖。

"封，汝典听朕毖，勿辩乃司民湎于酒"者，欲康叔"刚制于酒"也。"勿辩乃司"，司者，职守之，谓康叔而沉湎乎酒，不治其职，则何以禁民之湎酒哉？犹羲和湎淫，遐弃厥司之谓。传谓有司，非也。

《五诰解》卷二《酒诰》

（宋）杨简撰

王曰，封，汝典听朕毖，勿辩乃司民湎于酒。

毖，谓致谨之教也。辩即遍音，勿容司民之官，皆湎于酒。康叔遵诰必不至司民遍湎于酒。

勿辩乃司民湎于酒

1.《尚书注疏》卷十三《周书》

（汉）孔氏传，（唐）陆德明音义，（唐）孔颖达疏

勿辩乃司民湎于酒。

传，辩，使也，勿使汝主民之吏，湎于酒，言当正身以率民。

疏，正义曰，勿使汝主民之吏，若宰人者，沉湎于酒，当正身以率民。

2.《书传》卷十二《周书》

（宋）苏轼撰

（归善斋按，见"王曰，封汝典听朕毖"）

3.《尚书全解》卷二十九《周书·酒诰》

（宋）林之奇撰

（归善斋按，见"王曰，封，予不唯若兹多诰"）

4. 《尚书讲义》卷十四

（宋）史浩撰
（归善斋按，见"王若曰，明大命于妹邦"）

5. 《尚书详解》卷十九《周书·酒诰》

（宋）夏僎撰
（归善斋按，见"厥或诰曰，群饮，汝勿佚"）

6. 《增修东莱书说》卷二十一《周书·酒诰第十二》

（宋）吕祖谦撰，（宋）石澜增修
（归善斋按，见"王曰，封汝典听朕毖"）

7. 《尚书说》卷五《周书·酒诰》

（宋）黄度撰
（归善斋按，见"王曰，封汝典听朕毖"）

8. 《絜斋家塾书钞》卷十一《周书·酒诰》

（宋）袁燮撰
（归善斋按，见"王曰，封汝典听朕毖"）

9. 《书经集传》卷四《周书·酒诰》

（宋）蔡沈撰
（归善斋按，见"王曰，封汝典听朕毖"）

10. 《尚书精义》卷三十六《周书·酒诰》

（宋）黄伦撰
（归善斋按，见"王曰，封汝典听朕毖"）

11.《尚书详解》卷三十《周书·酒诰》

(宋) 陈经撰

(归善斋按,见"厥或诰曰,群饮,汝勿佚")

12.《融堂书解》卷十二《周书·酒诰》

(宋) 钱时撰

(归善斋按,见"王曰,封,予不唯若兹多诰")

13.《尚书要义》

(宋) 魏了翁撰

(归善斋按,原缺)

14.《书集传或问》卷下《酒诰》

(宋) 陈大猷撰

(归善斋按,未解)

15.《尚书详解》卷八《周书·酒诰第十二》

(宋) 胡士行撰

(归善斋按,见"王曰,封汝典听朕毖")

16.《书纂言》卷四上《周书·酒诰》

(元) 吴澄撰

(归善斋按,见"王曰,封汝典听朕毖")

17.《书集传纂疏》卷四下《朱子订定蔡氏集传·周书·酒诰》

(元) 陈栎撰

(归善斋按,见"王曰,封汝典听朕毖")

18. 《读书丛说》卷六《酒诰》

(元) 许谦撰

(归善斋按,未解)

19. 《书传辑录纂注》卷四《周书·酒诰》

(元) 董鼎撰

(归善斋按,见"王曰,封汝典听朕毖")

20. 《尚书句解》卷八《周书·酒诰第十二》

(元) 朱祖义撰

勿辩乃司民湎于酒(勿使汝司民之官,乃沉湎于酒,而不自知也。先儒以辨训使必有自来)。

21. 《尚书日记》卷十一《周书·酒诰》

(明) 王樵撰

(归善斋按,见"王曰,封汝典听朕毖")

22. 《日讲书经解义》卷八《周书·酒诰》

(清) 库勒纳等撰

(归善斋按,见"王曰,封汝典听朕毖")

《读书管见》卷下《酒诰》

(元) 王充耘撰

(归善斋按,见"王曰,封汝典听朕毖")

《五诰解》卷二《酒诰》

(宋) 杨简撰

(归善斋按,见"王曰,封汝典听朕毖")

周书 梓材第十三

《尚书句解》卷八《周书·梓材第十三》

（元）朱祖义撰

梓材第十三（此篇盖管、蔡、武庚既诛，余党犹有存者，成王欲使康叔匿瑕含垢，以德化之，无事于刑，故此告之。篇名《梓材》，盖篇内有若作"梓材"之喻，史官取以为编简之别）。

《梓材》

《尚书注疏》卷十三《周书·梓材》

（汉）孔氏传，（唐）陆德明音义，（唐）孔颖达疏

《梓材》。

传，告康叔以为政之道，亦如梓人治材。

音义，梓，音子，本亦作杍。马云，古作梓字，治木器曰梓，治土器曰陶，治金器曰冶。

疏，传正义曰：此取下言，若作梓材，既勤朴斫，故云为政之道，如梓人治材。此古"杍"字，今文作梓。梓，木名。木之善者，治之宜精，因以为木之工匠之名，下有稽田、作室，乃言梓材，三种独用梓材者，虽

三者，同。喻田在于外，室总于家，犹非指事之器。故取梓材以为功也。因戒德刑与酒事，终言治人似治器，而结之故也。

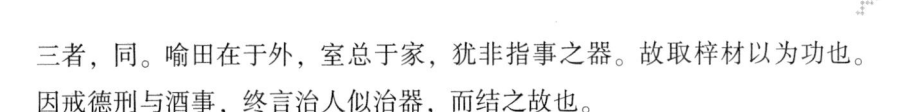

《尚书全解》卷二十九《周书·梓材》

（宋）林之奇撰

《梓材》。

王曰，封，以厥庶民，暨厥臣，达大家；以厥臣达王，唯邦君。汝若恒，越曰我有师师。司徒、司马、司空、尹、旅，曰予罔厉杀人。亦厥君先敬劳，肆徂厥敬劳。肆往，奸宄、杀人、历人宥。肆亦见厥君事，戕败人宥。王启监，厥乱为民。曰：无胥戕，无胥虐，至于敬寡，至于属妇，合由以容。王其效邦君，越御事，厥命曷以，引养引恬，自古王若兹监，罔攸辟。

此篇盖管、蔡、武庚既诛而其余党恶同乱之人，犹有存者，成王欲使康叔匿瑕含垢，一切不问，以德怀之，无所用刑也。其篇名以《梓材》者，汉孔氏曰，告康叔以为政之道，亦如梓人之治材，此非也。此篇引喻以告康叔者有三，稽田也，作室家也，作梓材也。苟其名篇之义有取于此，不应舍其二，而取其一也。《史记·卫世家》曰为"梓材"示君子可法，则故谓之《梓材》以命之。虽其以"梓材"取譬之意，不与孔氏同，而谓名篇之义有取于"梓材"其失一也。唐孔氏因汉孔氏之言而曰，虽三者同喻，"田"在于外，"室"总于家，犹非指事之器，故取"梓材"以为功也。此盖为先儒解纷耳。审如此言，则书之名篇不应其破碎穿凿至于此甚也。予尝因"梓材"之名篇，然后知书之篇名，徒以志简编之别，非有他义也，使有其义，则何以三者同喻，舍其二而独取其一哉。《酒诰》之所陈者，首尾数百言，无非以酒为戒也，而以《酒诰》名篇。《梓材》之所陈者，其大指在于匿瑕含垢，以安反侧。若作特其篇中之一义耳，而以《梓材》名篇，此皆出于史官偶然一时之意而已矣。奚必欲以义而求之哉？

"以厥庶民，暨厥臣，达大家"者，谓殷人也。"以厥臣达王"，谓周人也。《左传》曰，分康叔以殷民七族，陶氏、施氏、繁氏、锜氏、樊氏、饥氏、终葵氏。康叔之封，虽以殷余民而使司牧之，然其朝廷之上，列爵仕官以为卫之臣者，岂皆殷人哉。盖有周人焉，有殷人焉。考之《酒诰》既命康叔于殷之献臣，不可不劼毖之也，又继之以"矧太史友、内史友，越献臣百宗工"，此则周臣之未尝仕于商者，亦不可不"劼毖"之焉。故其"刚制于酒"也。周人不率教而群饮者，则杀之。诸臣染纣之化，而湎于酒者，姑教之而不杀也。则康叔之臣，其兼用殷周也明矣。"大家"者，天子建国，诸侯立家，故"鲁三桓"，谓之三家。其曰"大家"，犹《孟子》之所谓"巨室"也。既言"大家"矣，则其上之言。"暨厥臣"者，自大家之外皆是也。无所不通谓之"达"。自古天下之患，常起于上下之情不通。上之情莫不愿通于下，下之情莫不愿通于上。然而上下之情常蔽塞而不通者，无以达之也。故成王之诰康叔，汝能以殷之庶民，暨其臣之情而达之于大家，而又能以周之臣之情，而达之于上，如此，则自天子至于庶民，其好恶喜怒，莫不晓然而可知。上下交通，而无间。此则邦君之任也，故曰"唯邦君"。康叔之臣虽兼用殷周，而其民皆殷之余也，故于殷人则曰"以厥庶民，暨厥臣"；而于周人，则但曰"以厥臣"故也。汉孔氏以为用言当用其众人之贤者，与其小臣之良者，以通达卿大夫，及都家之政于国，信用其臣，以通王，教于民。王氏曰，以其臣达王事于大家，以其臣民达大家之事于国人。夫以其为用贤良，固非。经之本意而谓，达大家之政于国，达王教于民。或谓达王事于大家，达大家之事于国人，皆赘说也。

唯邦君之职，在于通上下之情，故继之曰"汝若恒，越曰我有师师"，"若恒"者，所以通上下之情也。王氏以"若恒"为若有恒性。经但曰"若恒"，不可援《汤诰》之言以为说也。汝苟能顺常，不为变乱，以骇国人之视听，则为之臣者，于是曰我有师之可师也。盖臣之宽勐，未有不视其君。汉文以宽厚为之师，故其流风笃厚，刑罚大省。武帝以严察为之师，故其禁网寝密，奸宄不胜。君之所为，其臣未有不效之也。汝康叔苟能顺常矣，则孰不以为师哉？汝若欲汝之三卿，及庶官之正，与其众士曰，我未尝厉杀人，则亦在君先有以"敬劳"斯民也。其君先有以"敬劳"斯民，则其臣不厉杀人矣。"敬劳"者，所以"若恒"也。"罔厉杀人"，则师之矣。《论语》曰，"君子信而后劳其民，未信则以为厉己也"。《孟子》曰，"滕有仓廪府库，则是厉民以自养也"。以《论语》之所谓"厉己",《孟子》之所谓"厉民"观之,则"厉杀人"者,不以其罪而杀之也,故谓之"厉"。"敬劳"者,唐孔氏曰,即《论语》所谓"先之劳之",是也。唯为君必先有以敬劳之,而后其臣"罔厉杀人"。故汝今往之国,不可不尽其"敬劳"之道。此言司马,即上篇之圻父也;司徒,即上篇之农父也;司空即上篇之宏父也。彼先圻父,而后农父;此先司徒,而后司马。王氏曰,先言圻父者,制殷民群饮以政为急故也。此言"敬劳"与"罔厉杀人",故先司徒,与《酒诰》异此盖凿说也。诸侯之三卿,司徒为上,司马次之,司空又次之。观《周官》之篇,天子六卿,其先后之次如此,则诸侯之卿亦然。今《酒诰》乃序圻父于农父之上,故王氏为之说。窃谓,《酒诰》之言,正犹《武成》曰邦、甸、侯、卫也。周之九服,甸服在侯服之外。《康诰》曰"侯、甸、男邦、采、卫"是也。而《武成》乃先甸而后侯,此岂可以为之说乎。况夫《酒诰》之言不专以政为急也。

"肆往,奸宄,杀人,历人宥",若今律文,藏匿强盗,过致资给者也。言有往日之奸宄而杀人者,逋亡逃匿,其所过历之家,皆当宥之也。"肆亦见厥君事,戕败人宥",若律所谓,知情证逮者也,言其因君事而毁伤人者,亦皆宥之也。盖尝武庚之诛,其一时党奸同恶之人,莫不有反侧不自安之心,刻核太至,则必有不肖之心应之矣。今奸宄杀人历人,与夫见厥君事戕败人者,其罪可以引而纳之于刑亦,可推之而致于无罪,是所谓疑狱者也,故宁宥之而不杀,使反侧者闻之必将以我为不穷治其党与,则其心安矣。昔汉之群臣,恐见疑过失及诛,故相聚而偶语,张良教高祖,取平生所憎,群臣所共知者封之,则人人自坚。故雍齿封侯,而群臣喜曰雍齿且侯,吾属无患矣。历人与夫见戕贼人者,皆在所宥,是亦封雍齿之意也。

所谓"敬劳"者孰有大于此者乎。而王氏谓三卿、尹、旅,见奸宄、杀人、历人,不肯以法治之,反宥而纵之者,亦见其君于以戕败人为事者,宥而不治者也。其意盖谓此等丽于刑之人,皆当勿宥之。《康诰》之言曰"乃其速由文王作罚,刑兹无赦,不率大戛",戒康叔以为不可杀。而王氏则以为当杀。此则戒康叔以为可宥,而王氏则以为当勿宥。王氏之心术,大抵如此。季康子问于孔子曰,"如杀无道以就有道何如"?孔子对曰，"子为政，焉用杀。子欲善而民善矣"。君子之德风，小人之德草。草上之风必偃。夫杀无道以就有道，夫子尚以不可，况于不孝不友之可闵者，与夫"奸宄、杀人、历人"，"见厥君事，戕败人"之可疑者，可以杀之而不宥乎。其徇私意，以叛经旨，一至于此，不可不察也。

《周官·太宰》曰"乃施典于邦国，而建其牧，立其监"。注曰，监，谓公、侯、伯、子、男各监一国。《书》曰"王启监，厥乱为民"，然则"监"者，盖指诸侯而言，非三监之"监"也。"启监"云者，正犹曰"立其监"也，言王者建立诸侯，使之各监一国，其治主于为民，而传己说也。"明王奉若天道，建邦、设都，立后王卿公，承以大夫师长，不为逸豫，唯以乱民"，则"启监"者，非为民而何？"曰：无胥戕，无胥虐，至于敬寡，至于属妇，合由以容"，此则"启监"而教之之辞也。汉孔氏曰，此为教民。不如王氏之言曰，王启邦君，其教之如此，谓监之于民，当视之如子，矜怜抚恤，无所不用其至，不可以相为戕害暴虐也。"胥"者，谓君臣上下，并为戕虐之政也。民之鳏寡，当用以敬之而不慢；民之妇女，当有以属之而不忘。至于敬其鳏寡，属其妇女，则无有大小，无有内外，皆得其所矣。是汝能和合之而用，以宽容之道也。用以宽容，则如山薮之藏疾，川泽之纳污，不为察察之政，以骇斯民矣。王之所以使邦君及治事之臣，则效于我其命之者，何以哉？不过使之引养引恬而已。汉孔氏曰能长养安恬，则以"引"训"长"也。王氏曰，"引养"者，引民而养之；"引恬"者，引民而恬之，皆未若苏氏之言尤为切当。其言曰，乱生于激事，不小忍而求速决，则衅故横生，靡所不至。少引延之，人静而乱自衰，使相容养以至于安，是为"引养引恬"。当武庚之唱乱，以谋复商家，殷之遗民，必有蓄不轨之志，与之相挺而为乱者。既黜殷命，而杀武庚矣，则夫背逆之党，必思有以处之。唯能荡涤其瑕秽，而与之维新，则孰不喜于更生，而有迁善远罪之心哉。苟以其尝预于武庚之乱，唯恐其旧态之不改，将伺我之便以逞其志，必思所以斩艾而芟夷之而后已，则反侧之徒，孰不心计曰，称兵以犯顺亦死，生而待诛亦死，等死耳，与其束手以就戮，孰若倡乱以侥幸于万一哉。东汉之末，董卓以暴虐之资，专擅朝政，王允既与吕布谋诛之，天下晏然，其虑深矣。卓将校总兵，布于山东，多凉州人，允议罢其军。李傕等遣使求赦不许，傕等惧不知所为。贾翊说曰，闻长安中议欲尽诛凉州人，诸君不如相率而西，为董公报雠，卒之长安城溃允亦见杀。则夫汉室之灭，皆在允小不忍，以激其乱也。裴度平吴元济，以蔡牙卒侍帐下，或谓反侧未安，未可去备。度笑曰，吾为彰义节度，元恶已擒，人皆吾人也。众咸泣。夫既以叛逆之党，为吾人，则孰肯自弃于恶哉。此正"引养引恬"之道也。

"自古王若兹监，罔攸辟"者，言自古先王如此，而"启监"则无所用刑矣，王允不肯赦凉州人，其心盖欲用刑矣，而其祸如彼，则何以杀为哉？王氏曰，"自古"者，谓由先王之道。"自王"者，谓由今王之政。其说为凿。先儒以为用古王之道，优于王氏，然不如苏氏，以为古我先王，但以"若"为"顺"，言古我先王，未有不顺此"监"者，则非矣。若，如也。"若兹"，犹言"如此"也。先儒以"罔攸辟"曰无所复罪。王氏曰，无所致辟。其意谓，监能若此，则无罪可致之辟矣。其说非也。先儒、王氏于《酒诰》"时同于杀"，其意亦若是，谓康叔苟如上所云，则同于见杀也。夫先王之时，君臣道合，相亲如父子，相爱如兄弟，欢忻戚睦而无间，岂必以刑罚惧之而后为善哉。唯夫军旅之间，誓戒之辞，则不得不以责罚而救厉也。如《汤誓》曰"予则孥戮汝"，《牧誓》曰"不迪有显戮"也。况夫康叔，以亲贤而作藩于东土，乃谓周公亲，以杀戮之言而恐之，使之有所畏，古人必不然也。

《尚书说》卷五《周书·梓材》

（宋）黄度撰

刈获，而后田功毕；涂墍茨，而后作室之功毕；丹漆绚饰，而后作器之功毕，治道必有终也。文王之化，自北而南，行乎江汉之域，自洛以东，未渐被也。今康叔分殷而治，诚能勤用明德，刑不施而奸暴止，酒不禁而淫酗革，先后迷民，则天下纯被文王之化，而治道终焉，此名篇之意也。

《絜斋家塾书钞》卷十一《周书·梓材》

（宋）袁燮撰

（归善斋按，原缺）

《书经集传》卷四《周书·梓材》

（宋）蔡沈撰

《梓材》。

亦武王诰康叔之书，谕以治国之理，欲其通上下之情，宽刑辟之用。而篇中有"梓材"二字，比"稽田""作室"为雅，故以为简编之别，非有他义也。今文古文皆有。

按，此篇文多不类，自"今王唯曰"以下，若人臣进戒之辞，以书例推之，曰"今王唯曰"者，犹《洛诰》之"今王即命曰"也。"肆王唯德用"者，犹《召诰》之"肆唯王其疾敬德，王其德之用"也。"已！若兹监"者，犹《无逸》"嗣王其监于兹"也。"唯王子子孙孙永保民"者，犹《召诰》"唯王受命，无疆唯休"也。反复参考，与周公、召公进戒之言，若出一口意者。此篇得于简编断烂之中，文既不全，而进戒烂简，有"用明德"之语，编书者以与"罔厉杀人"等意合，又武王之诰有曰"王"，曰"监"云者，而进戒之书亦有曰"王"，曰"监"云者，遂以为文意相属，编次其后，而不知前之所谓"王"者，指先王而言，非若今王之为自称也。后之所谓"监"者乃"监视"之"监"，而非"启监"之"监"也。其非命康叔之书亦明矣。读"书"者，优游涵泳，沉潜反复，绎其文义，审其语脉，一篇之中，前则尊谕卑之辞，后则臣告君之语，盖有不可得而强合者矣。

《尚书详解》卷三十一《周书·梓材》

（宋）陈经撰

《梓材》。

成王、周公之命康叔也，既以"明德慎罚"之事，作《康诰》一篇矣；又以禁酒一事，作《酒诰》一篇，然治道必至于粉饰润色之，然后可以悠久，故《梓材》一篇专言教化。譬之梓人治材，既勤朴斫，必须加之丹雘，则其器用文质相副。康叔之治卫亦然，文武之积累艰难，既成其功业矣，若不得后人维持涵养之，则前人之功俱废，又况卫国商民，经武庚再变之后，人情反侧不安，康叔之治，正当容忍宽大，抚摩矜恤之，使之教化行，习俗美，则文武之功可得而保矣。

《书纂言》卷四上《周书·梓材》

（元）吴澄撰

《梓材》。

按，《召诰》言"甲子，周公乃朝，用书命庶殷侯、甸、男邦伯"，疑此篇即其命侯、甸、男邦伯之书也。《召诰》召公率诸侯陈币，而有进戒之辞，盖所以答此篇之意，故此篇列于《召诰》之前"若其命庶殷"之书，则《多士》是也，列于《洛诰》之后者，盖周公献卜之事，在命庶殷之先也。吴氏曰，此书设谕者三，不于其先其次取之，而独取其后"梓材"名篇，不可考矣。

《书集传纂疏》卷四下《朱子订定蔡氏集传·周书·梓材》

（元）陈栎撰

《梓材》。

亦武王诰康叔之书，谕以治国之理，欲其通上下之情，宽刑辟之用。而篇中有"梓材"二字，比"稽田""作室"为雅，故以为简编之别，非有他义也。今文古文皆有。

按，此篇多不类。自"今王唯曰"以下，若人臣进戒之辞。以书例推之，曰"今王唯曰"者，犹《洛诰》之"今王即命曰"也。"肆王唯德用"者，犹《召诰》之"肆唯王其疾敬德，王其德之用"也。"已！若兹监"者，犹《无逸》"嗣王其监于兹"也。"唯王子子孙孙永保民"者，犹《召诰》"唯王受命。无疆唯休"也。反复参考，与周公召公进戒之言，若出一口意者。此篇得于简编断烂之中，文既不全，而进戒烂简，有"用明德"之语，编书者以与"罔厉杀人"等意合，又武王之诰有曰"王"，曰"监"云者，而进戒之书亦有曰"王"，曰"监"云者，遂以为文意相属，编次其后，而不知前之所谓"王"者，指先王而言，非若今王之为自称也。后之所谓"监"者，乃"监视"之"监"，而非"启监"之"监"也。其非命康叔之书亦明矣。读"书"者，优游涵泳，沉潜反复，绎其文义，审其语脉，一篇之中，前则尊谕卑之辞，后则臣告君之语，盖有不可得，而强合者矣。

纂疏：

吴才老考究得《梓材》只前面是告戒臣下，其后恐别是一篇，不应王告臣下，不称"朕""予"，而自称"王"。断简残编无从考证，只得于言语句读中，有不晓者缺之。又曰，《梓材》后半篇又不知何处录得来此，与他人言皆不领。尝与陈同父言，陈曰，每尝读亦不觉，今思之诚然。

吴才老辨《梓材》后半截不是《梓材》，乃臣告君之辞，未尝如前一半，称"王曰"，又称"汝"，为上告下之辞，亦有此理。又说《梓材》是《洛诰》中书甚好，其它文字亦有错乱，而移易得好者，然无如才老，此样处恰恰好。

《读书丛说》卷六《梓材》

（元）许谦撰

《梓材》旧以为诰康叔为政之书。蔡氏以为简编断烂而误属一篇之中，意不可强合。金先生曰，《梓材》之书，营洛之书也。其总叙见于《召诰》曰"周公乃朝，用书命庶殷，侯、甸、男邦伯"。其"命庶殷"，即《多士》之书叙所谓"唯三月，周公初于新邑洛，用告商王士"者也。其"命侯、甸、男、邦伯"，《梓材》之书是也。其叙即《康诰》之叙。所谓"唯三月，周公初基，作新大邑于东国洛，四方民大和会，侯、甸、男邦、采、卫，百工播民和，见士于周。周公咸勤，乃洪大诰治"。苏氏所谓《洛诰》之叙是也。《梓材》前章，皆咸勤之意，后章则乃"洪大诰治"之辞。其间辞意无不吻合者。篇首"王曰，封"之"封"，误衍之也。左氏曰"成王合诸侯，城成周，以为东都"，是作洛之际，必合诸侯，各率其卿士大家，将其徒众，以受役。所谓"四方民大和会，侯、甸、男邦、采、卫，百工播民和，见士于周"也。"周公咸勤"则"劳来抚恤之"也。大家，则皆将其臣，类从于诸侯，以听役于王室。为诸侯者，当以其臣民下通意于大家，以其臣上通意于王室。承上劳下，邦君之常职也。故曰"以厥庶民，暨厥臣，达大家。以厥臣达王，唯邦君。汝若恒"也。古者，动大众兴大役，则司徒率徒众，司空画土疆，司马以军法治之，君行师从。"师师"者，一师之长也，即"三卿"也，卿行旅从。尹旅者，一旅之长，三卿之副也。周公喻邦君，又欲邦君告其卿大夫，"曰予罔暴厉杀人"盖不欲以军法从事也。然亦必邦君，先能敬，以劳来其民，则自此以往，卿尹皆能敬，以劳来其民。故曰"越曰我有师师，司徒、司马、司空、尹、旅，曰予罔厉杀人。亦厥君先敬劳，肆徂厥敬劳"也。古者，徒役起于大家丘甸，而罪隶之人，又服役于其下，故凡往日奸宄杀人者，自有本罪，而所连历之人。古法所谓"胥靡"，今法所谓"干连"。知情藏匿者，与为公家之事而并缘伤人者，皆入于罪隶。今既与此大役，服劳王事，皆与赦除，同于良民，故曰"肆往，奸宄、杀人，历人宥，肆亦见厥君事，戕败人宥"也。凡此优恤赦宥之事，皆邦君所当承，见疑作为流，则又述王启侯监之言，在于为民不在于厉虐，故曰"王启监，厥乱为民，曰无胥戕无胥虐"也。古者兴役动众，孤寡之人无所与，不幸而在焉，必加优恤之，若晋师之归老疾，勾践反耆老之子是也。古者徒役之中，亦有臣妾，如女子入于舂藁之类，盖供樵□之役，于此亦必优恤之，故曰"至于敬寡至于属妇，合由以容"也。则又继述王教邦君之命，皆为恬养之仁，而不在他，故曰"王其效邦君，越御事，厥命曷以，引养引恬"也。自此以上，皆为咸勤之事。而又以"自古王若兹监，罔攸辟"结之。

宅洛之事，上承武王定鼎之意，而继志述事，以文太平，故即作洛之时，田里、居室、器用之事为喻，故曰"唯曰：若稽田既勤敷菑，唯其陈修，为厥疆畎；若作室家，既勤垣墉，唯其涂塈茨；若作梓材，既勤朴斫，唯其涂丹雘"者。此迁洛之议，而又述"今王唯曰"，以继之夫营洛之事，一为四方朝贡，道里之均，故曰"先王既勤用明德，怀为夹，庶邦享作兄弟方来，敬"。疑作矜"亦既用明德，后式典，集庶邦丕享"，一为殷民密迩王化，故曰"皇天既付中国民，越厥疆土，于先王肆，王唯德用，和怿先后迷民，用怿先王受命"。而又终之曰"已！若兹监，唯曰，欲至于万年唯王，子子孙孙永保民"，则又述王之德意，使诸侯皆知之。不唯作洛之际，"敬劳"其民，而所以为国家久长之计者，亦无出于"保民"者，此又《召诰》之意。凡此以上，所谓"洪大诰治"也。

《书传辑录纂注》卷四《周书·梓材》

(元) 董鼎撰

《梓材》。

亦武王诰康叔之书，谕以治国之理。欲其通上下之情，宽刑辟之用。而篇中有"梓材"二字，比"稽田""作室"为雅，故以为简编之别，非有他义也。今文古文皆有。

按此篇大多不类。自"今王唯曰"以下，若人臣进戒之辞。以书例推之，曰"今王唯曰"者，犹《洛诰》之"今王即命曰"也。"肆王唯德用"者，犹《召诰》之"肆唯王其疾敬德，王其德之用"也。"已若兹监"者，犹《无逸》"嗣王其监于兹"也。"唯王子子孙孙永保民"者，犹《召诰》"唯王受命无疆唯休"也。反复参考，与周公召公进戒之言，若出一口意者。此篇得于简编断烂之中，文既不全，而进戒烂简，有"用明德"之语，编书者以与"罔厉杀人"等意合，又武王之诰有曰"王"，曰"监"云者。而进戒之书亦有曰"王"，曰"监"云者，遂以为文意相属，编次其后，而不知前之所谓"王"者，指先王而言，非若今王之为自称也。后之所谓"监"者，乃"监视"之"监"而，非"启监"之"监"也。其非命康叔之书亦明矣。读《书》者，优游涵泳，沉潜反复，绎其文义，审其语脉，一篇之中，前则尊谕卑之辞，后则臣告君之语，盖有不可得而强合者矣。

辑录：

吴才老辨《梓材》后半截不是《梓材》，缘其中多是勉君，乃臣告君之辞。未尝如前一半称"王曰"，又称"汝"为上告下之辞，亦有此理处。谦。

又说《梓材》是《洛诰》中书甚好，其它文字亦有错乱而移易，得出人意表者，然无如才老此样处恰恰好。卓。

吴才老考究得《梓材》只前面是告戒臣下，其后都称"王"，恐别是一篇，不应王告臣下，不称"朕""予"，而自称"王"断简残编无从考正，只得于言语句读中，有不晓者缺之。又曰，《梓材》后半篇又不知何处录得来，此与他人言皆不领。尝与陈同父言，陈曰，每尝读亦不觉，今思之诚然。

《尚书句解》卷八《周书·梓材第十三》

（元）朱祖义撰

《梓材》（竹简标题）。

《日讲书经解义》卷八《周书·梓材》

（清）库勒纳等撰

《梓材》。

此亦武王诰康叔之书，因其中有"梓材"二字，史臣遂以名篇。

《尚书考异》卷五《杍材》

（明）梅鷟撰

《杍材》。

马氏曰，古作"梓"字，治木器曰"梓"，治土器曰"陶"，治金器曰"冶"者。文于上篇"成王"字，因马氏以为后加，直删去。况今马氏有古作"梓"之言乎？

《尚书疑义》卷五《梓材》

（明）马明衡撰

此篇反复词气，不似武王诰康叔之辞，故其名篇，亦不称曰"诰"也。唯篇首有"王曰"二字，故以为武王之言，其实"王曰"以下皆似同列之辞，意周公称王之意而告之也。自"王启监"以下，更可见。若必以为武王之言，亦只至"戕败人宥"，为君告之，后面即为周公告之也。古人记书，多将前后事合成一篇，加以中间一二残缺，遂有难读。今只会其大意如此。盖周公秉国之钧，康叔至亲，以理论之，岂无相告之情。故但以为周公之辞，则一篇皆通，而其数称"王"以告之，要在以德辅王，而保民也。若下文"今王"以下，蔡以为臣下进戒之辞，欲至于万年以为祈天永命之辞，皆随文而求其义，以为错简，在此，则余未敢信其必然也。

《书经衷论》卷三《周书·梓材》

(清) 张英撰

诸侯有土之尊，下有臣民，上有天子，而身处乎上下之间者也。既处乎上下之间，贵有以连属而贯通之，以"厥庶民暨厥臣，达大家"，而一国之情通矣。"以厥臣达王"，而天下之情通矣。先王所以建万国，亲诸侯，收四海于房闼，通万国如指臂者，此道得也。

篇中，前后文义难通。蔡氏以谓前则尊谕卑之辞，后则臣告君之事，疑为错简。愚观章首"王曰"中，又曰"王启监"，第四节有"唯曰"；第五节"今王唯曰"，文意非不相属。所谓先王者，指文王而言。正稽田、作室、梓材之人也，"勤用明德，怀为夹"，先王以明德通天下之情也。"亦既用明德，后式典集，庶邦丕享"，以终亩、丹雘之事，望后人也。"皇天"二节，言先王受命之隆，与后王缵服之大，亦未必非戒侯国之辞。"已！若兹监"，终篇叮咛之辞，意"若曰"，其可已而不以此为鉴乎？康叔之子孙，即唯王之子孙也。永保封域，以毗王室，为国懿亲，为国支庶，偕至万年，即《康诰》"乃以殷民世享"之意。大约篇中语多难解则有之矣，若以为绝不相类，另为一篇则未必然也。按此篇本今文出于伏生口授。伏生当书未残缺之时。未应此篇遂有错简。姑录于此以俟定论。

此篇前段言有国者，贵通上下之情，宽刑辟之用。"王启监"一节，言诸侯以养民为职，"引养引恬"，"启监"之意如此。而终之以"监罔攸辟"，即《康诰》"慎罚"之意也。"唯曰若稽田"一节，本是引起下文，若《诗经》之有兴体。先王既"勤用明德"。后王亦"唯德用"。康叔兼子臣之道，其可不以祖与君为法，而思"终朕亩"乎？此即《明德》之旨也。观此益了然，可无错简之疑矣。"已！若监"一节兼承上"慎罚明德"二端，而望其保世之永也，作一章看，亦自浑融《康诰》

《五诰解》卷二《梓材》

(宋) 杨简撰

按，《梓材》篇解《永乐大典》原缺。

王曰：封，以厥庶民，暨厥臣，达大家

1. 《尚书注疏》卷十三《周书》

（汉）孔氏传，（唐）陆德明音义，（唐）孔颖达疏

王曰，封，以厥庶民，暨厥臣，达大家。

传，言当用其众人之贤者，与其小臣之良者，以通达卿、大夫及都家之政于国。

音义，暨，其器反。

疏，正义曰，王曰，封，汝为政，当用其众人之贤者，与其小臣之良者，以通达卿、大夫及都家等大家之政于国。

传，正义曰，以，用也。暨，与也。言"用"，通"厥臣"可用，明此皆贤与良也。"厥臣"文在"大家"之上，故知小臣也。言用之者，既用其言以为政，又用其人以为辅。本之得大家所用统之，即君所遣也。以大夫称家，对士庶有家，而非大，故云大家，卿、大夫在朝者。都家，亦卿大夫所得邑也。又公邑而大夫所治，亦是也。传，正义曰，用此以行政，令上达于国，使人君知之也，即是庶人升为士，又用庶人进在官者，小臣亦得进等而用之。《周礼》有都家之官。郑云，都，谓王子弟所封，及公卿所食邑；家，谓大夫所食采地。传以大家言之，总包大臣，故言卿、大夫及都家之政。卿、大夫之政，谓在朝所掌者；都家之政，谓采邑所有政事。二者并当通达之于国，故连言之。

2. 《书传》卷十三《周书·梓材第十三》

（宋）苏轼撰

王曰，封，以厥庶民，暨厥臣，达大家；以厥臣达王，唯邦君。

"大家"者，如晋六卿，鲁三桓，齐诸田，楚昭、屈、景之类。此晋、鲁、齐、楚之所恃以为骨干者，无之则无以为国也。故曰"季氏亡，则鲁不昌"。然其擅威福，窃国命，则有之矣。古者，国君驭此为

难。《孟子》所谓不得罪于"巨室"者。周公教康叔曰，汝上不得罪于王，下不得罪于巨室，则国安矣。人君多疾恶于巨室，所恶于巨室者，恶其危国也。周公曰无庸疾也。汝得民与臣，而国自安，巨室何为乎？故曰"以厥庶民，暨厥臣，达大家；以厥臣达王"，上下情通，谓之"达"。以尔臣民之心，达大家之心，以尔贤臣，聘于周，以达王心，而国安矣。

3.《尚书全解》卷二十九《周书·梓材》

（宋）林之奇撰

（归善斋按，见"《梓材》"）

4.《尚书讲义》卷十四《周书·梓材》

（宋）史浩撰

王曰，封，以厥庶民，暨厥臣，达大家；以厥臣达王，唯邦君。汝若恒，越曰我有师师，司徒、司马、司空、尹、旅，曰予罔厉杀人。亦厥君先敬劳，肆徂厥敬劳。肆往，奸宄、杀人，历人宥，肆亦见厥君事，戕败人宥。王启监，厥乱为民。曰，无胥戕，无胥虐，至于敬寡，至于属妇，合由以容。王其效邦君，越御事，厥命曷以？引养引恬，自古王若兹监，罔攸辟。唯曰，若稽田，既勤敷菑，唯其陈修，为厥疆畎。若作室家，既勤垣墉，唯其涂塈茨；若作梓材，既勤朴斫，唯其涂丹雘。今王唯曰，先王既勤用明德，怀为夹。庶邦享，作兄弟方来，亦既用明德，后式典，集庶邦丕享。皇天既付中国民，越厥疆土于先王肆，王唯德用，和怿先后迷民，用怿先王受命。已！若兹监，唯曰欲至于万年唯王，子子孙孙永保民。（按此篇讲义《永乐大典》原缺）

5.《尚书详解》卷十九《周书·梓材》

（宋）夏僎撰

《梓材》。

王曰，封，以厥庶民，暨厥臣，达大家；以厥臣达王，唯邦君。汝若恒，越曰我有师师，司徒、司马、司空、尹、旅，曰予罔厉杀人。亦厥君先敬劳，肆徂厥敬劳。肆往，奸宄、杀人，历人宥，肆亦见厥君事，戕败人宥。王启监，厥乱为民，曰无胥戕，无胥虐，至于敬寡，至于属妇，合由以容。王其效邦君，越御事，厥命曷以？引养引恬。自古王若兹监，罔攸辟。

林少颖，谓此篇盖管、蔡、武庚既诛，而其余党同乱之人，犹有存者。成王欲使康叔匿瑕含垢，一切不问，以德怀之，无事于刑，故又以此告之。其篇名为《梓材》者，盖篇内引谕告康叔者有三，稽田也，作室也，作梓材也。史官一时取其一说，以为简编之别耳，非有他义也。此说极然。

"王曰，封，以厥庶民，暨厥臣，达大家；以厥臣，达王唯邦君"，此成王将告康叔以下文之言，乃先举此为断语，见邦君之职，下通于大家，上通于王邦，君行之于此，大家必效之于彼。而人君亦必喜之也。然则数语，乃当时有是言，成王引之以为发语之断耳，非谓责康叔使之以臣民达大家，以臣达王也。然则此，所谓臣民乃说，凡为臣为民者，非指康叔之臣民而言之也。此意盖谓，凡为邦君者，上则有王，下则大家，情不通于大家，则无以安在下者之心；情不通于王，则无以结在上者之心。故当以其国内之民，或其臣，而通达其德意志虑于大家。大家，即卿大夫之家。《孟子》所谓"巨室"也。"巨室"之所慕，一国慕之，故通于巨室，则一家安矣。又以其国内之臣，通达其国之情伪于王，如此则诸侯之情，上通于王，下通于大家，而诸侯之责尽矣，故曰"唯邦君"。成王引此，盖欲明诸侯居上下两间，苟有所为，无不效者，故继以"汝若恒，越曰我有师师，司徒、司马、司空、尹、旅。曰予罔厉杀人。亦厥君先敬劳，肆徂厥敬劳。肆往，奸宄、杀人，历人宥；肆亦见厥君事，戕败人宥"者，谓尔康叔能顺民常性，且言曰我于民之不孝不友者，不诛之而必以教化顺其常性者，非我自为，我实有所师法。盖谓成王诰康叔，有不孝不友之人，唯当"罔不克敬典"，不当"用刑率杀"，故成王于此又申前言，谓汝若能以顺民常性为务，且言曰，我有所师法。谓师王前之所告。则尔国之三卿，司徒、司马、司空，及庶官之长，与众大夫，皆曰我所以不敢暴厉而杀人者，非我自能尔也，亦其君不以杀人为事，而能先以恭敬劳来于民，故我所以往而治民，亦以恭敬劳来为事。我往而治民，于为奸，为宄者，杀人者，与既杀人而逃走所过历之家者，皆宥之。此亦非我自敢尔也，亦见其君于所从事。为戕贼祸败之人，尚且宥之，故我所以敢宥也。此正言诸侯能躬行于上，则下而为卿大夫者，无不效而法之也。

成王既言诸侯所行，下无不效，故又言王者所以建侯之意。诸侯各监其一国，故谓之"监"。成王谓王者所以启立其监国之侯者，其治主于为民而已，而其戒饬之言，唯曰无相戕害，无相暴虐。民之鳏寡，当有以恭敬之而不慢；民之妇女，当有以连属之而不忘。合并用是四事，以含容斯民而已。成王既举王者戒饬诸侯之言，以诰康叔，故又言王者所以区区然如此责效于邦君，及治事之臣，其命果何用哉？唯愿长养长安而已。自古王者皆如此。启监以牧民，无所事于刑辟也。详考成王此意，诚谓殷民久染纣恶，不可遽以刑罚迫之，唯当以教民，渐以化之，自归于善。此成周所以为忠厚之至欤。

6.《增修东莱书说》卷二十一《周书·梓材第十三》

（宋）吕祖谦撰，（宋）石澜增修

王曰，封，以厥庶民，暨厥臣，达大家；以厥臣达王，唯邦君。

《梓材》一书，周公以成王之命，命康叔辑宁抚摩新造之邦也。《康诰》，言治民之理；《酒诰》，去商民之病；至于《梓材》，唯欲其并包含容。其理固有次序，而通一国之情，最所当先也。盖流言之变，正由天下之情沮塞，而不通耳。情不易通也，在下而难通者，无如大家；在上而难通者，无如天子。大家强而难通者；也天子尊而难通者也。康叔任为邦之责，当通上下之情，以一国臣民之情，达之于大家。大家者，强姓巨室，骄傲而难通。大家通，则一国皆通矣。又并以臣民、大家之情，达之于王。自康叔言之，有民，有臣，有大家，；自王言之，则率土之滨，莫非王臣。故止谓之臣，康叔之为邦君，以通上下之情为纲领。当变乱新造之后，上下之情不通，不于此而通之，则再召变乱，无从而止。此康叔为邦之本也。

7.《尚书说》卷五《周书·梓材》

（宋）黄度撰

王曰，封，以厥庶民，暨厥臣，达大家；以厥臣达王，唯邦君。

"以厥庶民，暨厥臣，达大家"，家邑之民，与夫治民之官臣于家者也。"以厥臣，达王"，卿、大夫、士，臣于诸侯者也。诸侯之卿、大夫，皆大家也。诸侯之卿、大夫之情，故常患其隔绝，不得达王。而家邑臣民之情，亦患其不能达，限节相临，势使之然也。诸侯能以其家邑之民，与其臣之情达于大家，而又能以其国之卿、大夫、士之情，达于天子，合上下之体，而联属之，此三代封建之盛意也。而夏商之季，大家已梗。盘庚迁都，其胥动浮言，以挠上令者，大家也；导纣为恶，朋家相灭，遂至于亡者，大家也。殷既为周，而迪屡不宁，盖久而后定者，亦大家也。驯至于春秋之末，其事转乖，陪臣遂执国命。三桓子孙，浸以微弱，家臣之祸，乃至于此。周公为能见其几矣。周公既作洛，迁殷民自治之，又使康叔为庶殷长，治其不迁而留者。《梓材》论治道之所终，首言此，使康叔知治体而救其患焉。康叔封卫，分殷民七族，陶氏、施氏、繁氏、锜氏、樊氏、饥氏、终葵氏。

8.《絜斋家塾书钞》卷十一《周书·梓材》

（宋）袁燮撰
（按袁氏《梓材》篇解《永乐大典》原缺）

9.《书经集传》卷四《周书·梓材》

（宋）蔡沈撰

王曰，封，以厥庶民，暨厥臣，达大家；以厥臣达王，唯邦君。

大家，巨室也。《孟子》曰"为政不难，不得罪于巨室"，孔氏曰，卿、大夫及都家也。"以厥庶民，暨厥臣，达大家"，则下之情无不通矣。以厥臣达王，则上之情无不通矣。王言臣而不言民者，率土之滨，莫非王臣也。邦君，上有天子，下有大家。能通上下之情，而使之无间者，唯邦君也。

10.《尚书精义》卷三十六《周书·梓材》

（宋）黄伦撰

王曰，封，以厥庶民，暨厥臣，达大家；以厥臣达王，唯邦君。汝若恒，越曰我有师师，司徒、司马、司空、尹、旅，曰予罔厉杀人。亦厥君先敬劳，肆徂厥敬劳。肆往，奸宄、杀人、历人宥，肆亦见厥君事，戕败人宥。王启监，厥乱为民。曰，无胥戕，无胥虐，至于敬寡，至于属妇，合由以容。王其效邦君，越御事，厥命曷以？引养引恬，自古王若兹监，罔攸辟。唯曰，若稽田，既勤敷菑，唯其陈修，为厥疆畎。若作室家，既勤垣墉，唯其涂塈茨；若作梓材，既勤朴斫，唯其涂丹雘。今王唯曰：先王既勤用明德，怀为夹。庶邦享，作兄弟方来，亦既用明德，后式典，集庶邦丕享。皇天既付中国民，越厥疆土于先王肆，王唯德用，和怿先后迷民，用怿先王受命。已！若兹监，唯曰欲至于万年唯王，子子孙孙永保民。（案此篇经解《永乐大典》原缺）

11.《尚书详解》卷三十一《周书·梓材》

（宋）陈经撰

王曰，封，以厥庶民，暨厥臣，达大家；以厥臣达王，唯邦君。汝若恒越曰我有师师。

此篇虽戒康叔，以抚摩新造之邦，贵乎含忍宽大。然大要，先须通上下之情。为邦家君者，下焉有大家强族，其情为难通；上焉有君之尊，其情为难通。盖大家强族，平时专制一国，习为骄奢，其心未必不致疑于康叔，以为康叔之所以待己者，未必不疾恶己，沮抑己，而待臣民者，未必不私爱其臣民也。如此则大家之情不通矣。天子以至尊居上，门庭万里之远，远近异势，内外异情，亦未必不致疑于康叔，以为康叔之所以治卫国，其奉命任事之臣，其果禀天子之正朔乎，抑犹有国异政，家殊俗乎？其果遵王室之法度乎？抑犹有礼乐征伐，自诸侯出乎。如此则天子之情不通矣。为国君者，下而见疑于大家，上而见疑于天子。上下之情不通，如此奚以为国。成王必使之通上下之情为一，以其待庶民与其待小臣之情而通之于大家，使大家无疑，以其侯国之大臣，相聘贡献，通之于天子，使王室无疑，则邦君之职尽于此矣，凡此上下之情，所以贵乎通者，亦常理当如此也。若汝顺其常理而行之，于是曰，"我有师师"。师者，法也。师师也，我有典常之师，可师法，而非出于己之私意也。成王唯恐康叔出己之私意，激而生事，故使之顺常道以为法。

12.《融堂书解》卷十二《周书·梓材》

（宋）钱时撰

王曰，封，以厥庶民，暨厥臣，达大家；以厥臣达王，唯邦君。汝若恒，越曰我有师师、司徒、司马、司空、尹、旅，曰予罔厉杀人。亦厥君先敬劳，肆徂厥敬劳。肆往，奸宄、杀人、历人宥，肆亦见厥君事，戕败人宥。王启监，厥乱为民。曰，无胥戕，无胥虐，至于敬寡，至于属妇，合由以容。王其效邦君，越御事，厥命曷以？引养引恬，自古王若兹监，罔攸辟。唯曰，若稽田，既勤敷菑，唯其陈修，为厥疆畎。若作室家，既勤垣墉，唯其涂塈茨；若作梓材，既勤朴斫，唯其涂丹雘。今王唯曰，先王既勤用明德，怀为夹。庶邦享，作兄弟方来，亦既用明德，后式典，集庶邦丕享。皇天既付中国民，越厥疆土于先王肆，王唯德用，和怿先后迷民，用怿先王受命。已！若兹监，唯曰欲至于万年唯王，子子孙孙永保民。（按，《梓材》解《永乐大典》原缺）

13.《尚书要义》

（宋）魏了翁撰

（归善斋按，原缺）

14.《书集传或问》卷下《梓材》

（宋）陈大猷撰

（归善斋按，未解）

15. 《尚书详解》卷八《周书·梓材第十三》

（宋）胡士行撰

王曰，封，以厥庶民，暨（及）厥臣，（以一国民之情）达（通之于）大家；以厥臣（又以大家臣民之情）达王，唯邦君（为国家之纲领，在通上下之情）。

流言之变，由上下之情不通耳。故妹土之化，以通一国之情为急。大家强而难通者也，天子尊而难通者也。于此脉络相贯，则乱无从起矣。此为邦之本也。

16. 《书纂言》卷四上《周书·康诰》

（元）吴澄撰

王曰，封，以厥庶民，暨厥臣，达大家；以厥臣达王，唯邦君。汝若恒，越曰我有师师，司徒，司马，司空，尹，旅，曰予罔厉杀人。亦厥君先敬劳，肆徂厥敬劳。肆往，奸宄、杀人，历人宥，肆亦见厥君事，戕败人宥。

达，通也。"唯"犹"与"也。越，助语辞。我，我康叔也。尹，谓大夫。旅，谓众士。予，予司徒、司马、司空等也。厉，虐害之也。劳，慰安之也。历，经也，过也。谓挺刃及其身伤而未死者也。戕，杀人者也。败，历人者也。宥，当服重刑，而从轻者也。前一节，武王言，我之心欲用德，不用刑。唯汝能知之。此承前节之意，而言上下贵贱，皆当使其心，通达为一而相知。以庶人之为民，及士之为臣者，通达于卿、大夫之家，欲其皆知大家之；以卿、大夫之为臣者通达于王与邦君，欲其皆知王与国君之心。汝若于恒时，而曰我之卿大夫士言曰予罔或厉人、杀人，盖素知其君之心，不欲厉人、杀人也。臣之"罔厉杀人"者，亦其君先敬于慰安其民，故其臣所徂往，皆敬于慰安其民，而不厉之也。臣之罔杀人者，所往有为奸宄、杀人、伤人而情理可悯，犹或宥而不杀之，亦见其君所行之事，于杀人、伤人者，亦或宥之也。此一节，旧本错在《梓材》篇首。

17. 《书集传纂疏》卷四下《朱子订定蔡氏集传·周书·梓材》

（元）陈栎撰

王曰，封，以厥庶民，暨厥臣，达大家；以厥臣达王，唯邦君。

大家，巨室也。《孟子》曰"为政不难，不得罪于巨室"，孔氏曰，卿、大夫及都家也。"以厥庶民，暨厥臣，达大家"，则下之情无不通矣。以厥臣达王，则上之情无不通矣。王言臣而不言民者，率土之滨，莫非王臣也。邦君，上有天子，下有大家。能通上下之情，而使之无间者，唯邦君也。

纂疏：

陈氏大猷曰，大家，如晋六卿，鲁三家，齐诸田，楚昭、屈、景之属。左氏载，封康叔以殷民七族，陶氏至终葵氏，即卫之大家也。大家之情，与国君常疏，与国之臣民常亲。盖臣民素服属于大家，而大家之强阻，亦臣民拥助之。国君，能抚其臣民，由臣民以达其情于天子，而邦君之责尽矣。

吕氏曰，自康叔言，则有臣、民、大家三等；自王言之，则率土皆王臣，但言"厥臣"，皆在其中矣。

愚谓，邦君处上下之间，达王必自达大家始。通上下之情，其机括在大家。得罪于大家巨室者，不公正而无以服其心也。此难以强力服，而可以公心化，以邦君一人公正之心，能通乎一国臣民千万人之心，由之以通乎大家之心，则以其下达者而上达，其流通无滞碍也必矣。

18. 《读书丛说》卷六《梓材》

（元）许谦撰

（归善斋按，未解）

19. 《书传辑录纂注》卷四《周书·梓材》

（元）董鼎撰

王曰，封，以厥庶民，暨厥臣，达大家；以厥臣达王，唯邦君。

大家，巨室也。《孟子》曰"为政不难，不得罪于巨室"，孔氏曰，卿、大夫及都家也。"以厥庶民，暨厥臣，达大家"，则下之情无不通矣。以厥臣达王，则上之情无不通矣。王言臣而不言民者，率土之滨，莫非王臣也。邦君，上有天子，下有大家。能通上下之情，而使之无间者，唯邦君也。

纂注：

陈氏大猷曰，大家，如晋六卿，鲁三桓，齐诸田，楚昭、屈、景之类。《左传》载封康叔分以殷民七族，自陶氏至终葵氏，即卫之大家也。大家之情，与国君常疏，与国之臣民常亲。盖臣民素服属于大家，而大家之强阻，亦臣民拥助之也。国君能施仁政，抚其臣民，由臣民以达其情于大家，则巨室之所慕，一国慕之。又由臣以达其情于天子，而邦君之责尽矣。

新安陈氏曰，邦君处上下之间，达王必自达大家始，得罪于巨室者，不公正而无以服其心也。巨室难以强力服，而可以公心化。以庶民及臣达之，是邦君一人之心，其公正能通乎一国千万人之心。以一国臣民千万人之心，通达于大家之心，以其下达者而上达，其流通而无流滞也必矣。

20.《尚书句解》卷八《周书·梓材第十三》

（元）朱祖义撰

王曰（成王言），封（呼康叔名），以厥庶民（当以其国内之庶民），暨厥臣（与其国内之臣），达大家（通达其德意志虑于大家。大家，即卿、大夫之家，《孟子》所谓"巨室"也）。

21.《尚书日记》卷十一《周书·梓材》

（明）王樵撰

王曰，封，以厥庶民，暨厥臣，达大家；以厥臣达王，唯邦君。

王氏应麟曰，《梓材》曰"以厥庶民，暨厥臣，达大家"，周封建诸侯，与大家臣室共守之，以为社稷之镇。九两，所谓宗以族得民。《公刘》之雅，所谓"君之宗之"。此封建之根本也。鲁之封有六族焉，卫之封有七族焉，唐之封有九宗五正焉皆所以系人心维国势。

按，云以其达某者，谓先得乎此之心，而后可以通乎彼也。鲁君失民，故不能制三家，故达乎大家有道，臣民爱戴，政自行于大家矣。不能其大夫，国人何以事上。故达乎天子有道，一国顺治情，自孚于天子矣。

22.《日讲书经解义》卷八《周书·梓材》

（清）库勒纳等撰

王曰，封，以厥庶民，暨厥臣，达大家；以厥臣达王，唯邦君。

此一节书，是武王诰康叔以通上下之情也。上"臣"字指国中群臣。达，谓通达其情。下"臣"字，兼庶民及大家言。武王呼康叔而命之曰，邦君抚有一国。国之中有民，有臣，有大家。临乎邦君之上者，又有天子。然大家之悦服最难；天子之嘉赖非易。诚能子庶民，体群臣，以臣民之爱戴，致大家之悦服，是之谓"以厥庶民，暨厥臣，达大家"，而下无不通之情矣。又以庶民，群臣，大家之爱戴，致天子之嘉悦，是之谓"以厥臣达王"，而上无不通之情矣。盖处乎上下之间者，唯邦君，能以臣民之情达之大家，而国中无捍格之虞；能以臣民之情达之天子，而内外绝蒙蔽之隐。人情通，而后治效举，非邦君之责哉？《书》之所谓"大家"，即《孟子》之所谓"巨室"，与国家有维系之势，为臣民所观望之人，非可以形格势禁也。感之以德，而自化服之。以公而胥悦，亦在乎端君身以治之而已矣。

《书蔡氏传旁通》卷四下《周书·梓材》

（元）陈师凯撰

大家，孔氏曰，卿、大夫及都家也。

正义云，卿、大夫在朝者。都家，亦卿、大夫所得邑也。又公邑而大夫所治。亦是也。

愚按，定四年云，分康叔殷民七族，陶氏、施氏、繁氏、锜氏、樊氏、饥氏、终葵氏，即卫之大家也。

《书义断法》卷四《周书·梓材》

（元）陈悦道撰

以厥庶民，暨厥臣，达大家；以厥臣达王，唯邦君。

为政不难，不得罪于巨室。巨室，大家，所谓系属人心者，固不可不以民之情，达之大家也。率土之滨莫非王臣。君能制命，是以臣皆承命，尤不可不以臣民之情达之王也。国之政，有臣，有民，其始已达之大家矣。总而言之，何往非臣其情可不达之王乎，诸侯承王命，以牧民中立于君臣之间，不以臣民达大家，无以示一国之仪刑；不以臣民达王者，无以正一人之体。统斟酌于人情之宜，而归尊于王朝之重。武王封康叔之初，拳拳及此，亦可谓深远之虑矣。巨家，所谓故国世臣，孔子所谓卿、大夫邦家也。

《读书管见》卷下《梓材》

（元）王充耘撰

以厥庶民。

"以厥庶民，暨厥臣，达大家；以厥臣达王"，传谓，通上下之情，而使之无间，其意不白。

以厥臣达王，唯邦君

1.《尚书注疏》卷十三《周书》

（汉）孔氏传，（唐）陆德明音义，（唐）孔颖达疏

以厥臣达王，唯邦君。

传，汝当信用其臣，以通王教于民，言通民事于国，通王教于民，唯乃国君之道。

疏，正义曰，然后汝当信用其臣，以通达王教于民，唯乃可为国君之道。

传，正义曰，言汝当信用臣，即信用卿、大夫及都家，自然大家也。传用小臣与庶人，故得通王教于民也。人君上承于王，下治民事，故交通其政，唯乃国君之道而已。郑以于邑言，达大家；于国言，达王与邦君。王为二王之后，即乱名实也。君道使顺常者，即上民事王教通于国人，是顺常也。故总上唯邦君，言汝唯君道使顺常也。

《尚书注疏》卷十三《考证》

"以厥臣达王，唯邦君"传疏，自然大家也。

"自然"二字疑衍。

2. 《书传》卷十三《周书·梓材第十三》

（宋）苏轼撰

（归善斋按，见"王曰，封，以厥庶民，暨厥臣，达大家"）

3. 《尚书全解》卷二十九《周书·梓材》

（宋）林之奇撰

（归善斋按，见"《梓材》"）

4. 《尚书讲义》卷十四《周书·梓材》

（宋）史浩撰

（按此篇讲义《永乐大典》原缺）

5. 《尚书详解》卷十九《周书·梓材》

（宋）夏僎撰

（归善斋按，见"王曰，封，以厥庶民，暨厥臣，达大家"）

6. 《增修东莱书说》卷二十一《周书·梓材第十三》

（宋）吕祖谦撰，（宋）石澜增修

（归善斋按，见"王曰，封，以厥庶民，暨厥臣，达大家"）

7.《尚书说》卷五《周书·梓材》

（宋）黄度撰

（归善斋按，见"王曰，封，以厥庶民，暨厥臣，达大家"）

8.《絜斋家塾书钞》卷十一《周书·梓材》

（宋）袁燮撰

（按袁氏《梓材》篇解《永乐大典》原缺）

9.《书经集传》卷四《周书·梓材》

（宋）蔡沈撰

（归善斋按，见"王曰，封，以厥庶民，暨厥臣，达大家"）

10.《尚书精义》卷三十六《周书·梓材》

（宋）黄伦撰

（按，此篇经解《永乐大典》原缺）

11.《尚书详解》卷三十一《周书·梓材》

（宋）陈经撰

（归善斋按，见"王曰，封，以厥庶民，暨厥臣，达大家"）

12.《融堂书解》卷十二《周书·梓材》

（宋）钱时撰

（按，《梓材》解《永乐大典》原缺）

13.《尚书要义》

（宋）魏了翁撰

（归善斋按，原缺）

14. 《书集传或问》卷下《梓材》

（宋）陈大猷撰
（归善斋按，未解）

15. 《尚书详解》卷八《周书·梓材第十三》

（宋）胡士行撰
（归善斋按，见"王曰，封，以厥庶民，暨厥臣，达大家"）

16. 《书纂言》卷四上《周书·康诰》

（元）吴澄撰
（归善斋按，见"王曰，封，以厥庶民，暨厥臣，达大家"）

17. 《书集传纂疏》卷四下《朱子订定蔡氏集传·周书·梓材》

（元）陈栎撰
（归善斋按，见"王曰，封，以厥庶民，暨厥臣，达大家"）

18. 《读书丛说》卷六《梓材》

（元）许谦撰
（归善斋按，未解）

19. 《书传辑录纂注》卷四《周书·梓材》

（元）董鼎撰
（归善斋按，见"王曰，封，以厥庶民，暨厥臣，达大家"）

20. 《尚书句解》卷八《周书·梓材第十三》

（元）朱祖义撰
以厥臣达王（又以其国内之臣，通达国之情伪于王），唯邦君（如此则国家之情上通于王，下通于大家，邦君之责尽矣）。

21.《尚书日记》卷十一《周书·梓材》

（明）王樵撰

（归善斋按，见"王曰，封，以厥庶民，暨厥臣，达大家"）

22.《日讲书经解义》卷八《周书·梓材》

（清）库勒纳等撰

《书义断法》卷四《周书·梓材》

（元）陈悦道撰

（归善斋按，见"王曰，封，以厥庶民，暨厥臣，达大家"）

汝若恒，越曰我有师师

1.《尚书注疏》卷十三《周书》

（汉）孔氏传，（唐）陆德明音义，（唐）孔颖达疏

汝若恒，越曰我有师师。

传，汝唯君道使顺常，于是曰我有典常之师可师法。

疏，正义曰，汝为君道，故当使上下顺常，于是曰我有典常之师可师法，是君之顺典常也。

传，正义曰，典常可师即顺常也。此连上蒙"若恒"之文，故云国之三卿、正官、众大夫皆顺典常也。不言士从可知也。

2.《书传》卷十三《周书》

（宋）苏轼撰

汝若恒，越曰我有师师，司徒、司马、司空、尹、旅，曰予罔厉杀人。亦厥君先敬劳，肆徂厥敬劳，肆往，奸宄、杀人、历人宥。肆亦见厥君事，戕败人宥。王启监，厥乱为民，曰无胥戕，无胥虐，至于敬寡，至

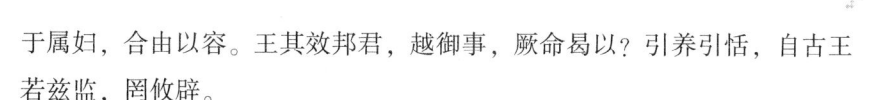

于属妇，合由以容。王其效邦君，越御事，厥命曷以？引养引恬，自古王若兹监，罔攸辟。

自此以下，文多不类。古今解者，皆随文附致，不厌人情，当以意求之，乃得。盖当时卫有大家，得罪于卫当诛而未决者。周公之意，以谓新杀武庚、管叔。刑不可遂，故教康叔以和缓治之。越，及也。汝当晏然如平常时，及曰此我之官师、相师不可去也，以至于三卿之正长，及其旅士亦皆曰，我非危杀人者也。君臣皆为宽辟，以逸罪人使亡也。此大家之长，先为国君之所敬劳，今虽有罪未可杀也，当徂此敬劳者而已，盖使之去国也，然后治其余党，亦不可尽法也。往者，流也，"肆往，奸宄、杀人、历人宥者"，谓以"流宥五刑"也。历人者，罪人之所过，律所谓知情藏匿赍给者，此杀人与历人，皆以流宥之也。"肆亦见厥君事，戕败人宥"者，伤毁人四肢面目，汉律所谓"疻"也。是人因为君干事而疻伤人者，可以直宥也。于是王乃启监，"厥乱为民"而宽慰之曰。"无相戕，无相虐。"王又收恤此大家破亡之余而镇抚之，礼敬其鳏寡，比次其妇女，使共由此道以相容也。至矣王之仁也。邦君，御事所当则效，其命令当何所用乎？亦用此而已。乱生于激事，不小忍而求速决，则衅故横生，靡所不至。小引延之，人静而乱自衰。使相容养，以至恬安，是谓"引养引恬"。古我先王，未有不顺此者，监无所用杀也。

3. 《尚书全解》卷二十九《周书·梓材》

（宋）林之奇撰

（归善斋按，见"《梓材》"）

4. 《尚书讲义》卷十四《周书·梓材》

（宋）史浩撰

（归善斋按，原缺）

5. 《尚书详解》卷十九《周书·梓材》

（宋）夏僎撰

（归善斋按，见"王曰，封，以厥庶民，暨厥臣，达大家"）

7.《尚书说》卷五《周书·梓材》

(宋)黄度撰

汝若恒,越曰我有师师。司徒、司马、司空、尹旅,曰予罔厉杀人。亦厥君先敬劳。肆徂厥敬劳,肆往,奸宄、杀人、历人宥。肆亦见厥君事,戕败人宥。

汝康叔顺常道,于是曰"我有师师",则国之三卿与其正长。旅,众也。"师师",言其风声气习相慕尚也。《微子》曰"卿士师师非度"。今其言曰予无庸虐杀人,亦岂不由其君先敬劳其民,故其卿大夫士往亦敬劳其民。故其往而奸宄杀人历人者宥之,则亦见其君有以戕败人获宥者而效之。国之三卿与正旅之大夫,皆大家也。其为善为恶,固相慕尚,然无不由其君身率之者。纣为天下逋逃主,其民好草窃,奸宄,凡有辜罪,乃罔恒获。其遗俗宜有存者。故周公特举此虐厉杀人与纵容奸宄,使为民患。民之情,或不得达,皆乱之道也。使康叔加之意焉。历人,过缺。

8.《絜斋家塾书钞》卷十一《周书·梓材》

(宋)袁燮撰

(按袁氏《梓材》篇解《永乐大典》原缺)

9.《书经集传》卷四《周书·梓材》

(宋)蔡沈撰

汝若恒,越曰我有师师。司徒、司马、司空、尹、旅,曰予罔厉杀人。亦厥君先敬劳,肆徂厥敬劳,肆往,奸宄、杀人、历人宥。肆亦见厥君事,戕败人宥。

恒,常也。师师,以官师为师也。尹,正官之长;旅,众,大夫也。敬劳,恭敬劳来也。徂,往也。历人者,罪人所过。律所谓知情藏匿资给也。戕败者,毁伤四肢面目,汉律所谓"疻"也。此章文多未详。

10. 《尚书精义》卷三十六《周书·梓材》

（宋）黄伦撰

（按此篇经解《永乐大典》原缺）

11. 《尚书详解》卷三十一《周书·梓材》

（宋）陈经撰

（归善斋按，见"王曰，封，以厥庶民，暨厥臣，达大家"）

12. 《融堂书解》卷十二《周书·梓材》

（宋）钱时撰

（按《梓材》）解《永乐大典》原缺）

13. 《尚书要义》

（宋）魏了翁撰

（归善斋按，原缺）

14. 《书集传或问》卷下《梓材》

（宋）陈大猷撰

（归善斋按，未解）

15. 《尚书详解》卷八《周书·梓材第十三》

（宋）胡士行撰

汝若（顺）恒（常道），越（于是）曰我有师师（以典常之师为师）。司徒、司马、司空（国之三卿）尹（正官）、旅（众大夫），曰（亦曰）予罔（无）厉（虐）杀人。亦厥君先敬（如承大祭）劳（慰劳其民），肆（故）徂（我所往宜）厥敬劳。肆往，奸宄、杀人、历人（贼所过历，如今干证）宥。肆亦见厥君事，戕（贼）败（祸）人宥。

好生之德，不特抚新国当然，亦三代得天下之本也。能师典常，而"明德慎罚"焉，则其三卿以下，皆以不厉杀自许，亦其君以敬劳先之故。其往而宥刑者，亦见其君宥刑之故耳。

16.《书纂言》卷四上《周书·康诰》

（元）吴澄撰

（归善斋按，见"王曰，封，以厥庶民，暨厥臣，达大家"）

17.《书集传纂疏》卷四下《朱子订定蔡氏集传·周书·梓材》

（元）陈栎撰

汝若恒，越曰我有师师。司徒、司马、司空、尹、旅，曰予罔厉杀人。亦厥君先敬劳。肆徂厥敬劳，肆往、奸宄、杀人、历人宥。肆亦见厥君事，戕败人宥。

恒，常也。师师，以官师为师也。尹，正官之长；旅，众，大夫也。敬劳，恭敬劳来也。徂，往也。历人者，罪人所过。律所谓知情藏匿资给也。戕败者，毁伤四肢面目，汉律所谓"疻"也。此章文多未详。

纂疏：

《书·康诰》《梓材》《洛诰》诸篇，有不可晓者。今人都强解去。伯恭亦是如此说。《书》自首至尾，皆无一字理会不得，如"亦厥君先敬劳"至"戕败人宥"之类，都不成文理，不可晓。

愚按，此一节，自当缺之。今姑采合诸说，解之曰，汝若常发越谓群臣言，我有交相师师之三卿，与正长之尹，众大夫之旅，我意言我欲无虐杀人耳。亦以其君先恭敬劳来其民。为臣者，遂往效君，以敬劳。遂与往日为奸宄者，杀人者，罪人所经历者，今皆宽宥，与之为新。群臣遂亦见其君之事，凡戕伤人毁败人物者，亦宽宥之矣。君宥其大者，臣亦宥其小者。大意欲康叔率其臣，以戒虐杀，施宽宥也。

18.《读书丛说》卷六《梓材》

（元）许谦撰

（归善斋按，未解）

19.《书传辑录纂注》卷四《周书·梓材》

（元）董鼎撰

汝若恒，越曰我有师师。司徒、司马、司空、尹、旅，曰予罔厉杀人。亦厥君先敬劳，肆徂厥敬劳，肆往，奸宄、杀人、历人宥。肆亦见厥君事，戕败人宥。

恒，常也。师师，以官师为师也。尹，正官之长；旅，众，大夫也。敬劳，恭敬劳来也。徂，往也。历人者，罪人所过。律所谓知情藏匿资给也。戕败者，毁伤四肢面目，汉律所谓"疻"也。此章文多未详。

辑录：

"亦厥君先敬劳"止"戕败人宥"之类，都不成文理不可晓。

纂注：

新安胡氏曰，蔡传仅训字，而云此章文多未详，信当缺之。大意欲康叔率其臣，以戒虐杀，施宽宥也。

《玉篇》疻之，痏之，氏二反，殴伤也。

20.《尚书句解》卷八《周书·梓材第十三》

（元）朱祖义撰

汝若恒（汝康叔若能顺民之常性），越曰（于是自言）我有师师（成王前告我以勿庸杀之，姑唯教之，我今所以顺其常性而教化之，非我自为我实有所师法）。

21.《尚书日记》卷十一《周书·梓材》

（明）王樵撰

"汝若恒，越曰我有师师"至"戕败人宥"。

师师，官师之长，三卿也。尹，官正也。旅，众有司也。予罔厉杀人者，予之志不在于伤杀人也。徂，往也。敬，敬民也。劳，如"劳之来之"之"劳"。君以身帅先敬劳其民，则三卿以下，皆往而"敬劳"矣。罪人所过曰历，今法所谓知情藏匿是也。戕败，伤人肢体耳目者，汉律所谓"疻"也（音咫。汉薛宣传注，以杖手殴击之剶，其皮肤肿起，青黑而无疮瘢者，律谓痕痍。师古曰痕，音侈）。此言察狱之事。君尽心而宥其所当宥者，则臣亦效之。

官师，官各有长，如太史为史官之长，太仆为群仆之长。所属之卿，则又众长之长，故曰"师师"。孔氏、蔡氏说，皆不明。

22.《日讲书经解义》卷八《周书·梓材》

（清）库勒纳等撰

汝若恒，越曰我有师师。司徒、司马、司空、尹、旅，曰予罔厉杀人。亦厥君先敬劳，肆徂厥敬劳，肆往，奸宄、杀人、历人宥。肆亦见厥君事，戕败人宥。

此一节书，是武王告康叔以谨刑罚之道也。越，发也。师师，相师为善之意。尹，正官之长。旅，众大夫。敬劳，恭敬劳来也。徂，往也。乱，在外为奸，在内为宄。历人，谓罪人所过，知情藏匿资给者。戕，谓伤人肢体；败，谓毁人生业。武王曰，刑辟之事，民命攸关，宽宥之风倡之自上，汝若时常发令于国曰，我有交相为师之三卿，如司徒、司马、司空，与正官之长，众大夫之旅，咸当仰体吾好生之心，盖民命至重，虽法有一定，而情则当矜，若不衡其情之重轻，而概加刑戮，是虐厉杀人，予所不敢。然以言教之，不若以身倡之，亦唯为君者先敬慎刑罚，以劳来其民，则群臣自兹以往，亦相率而敬劳矣。刑罚中，有奸宄杀人者，有藏匿罪人者，是虽罪之大者，若其情可矜疑，从而宥之，则群臣见其君之行事，主于宽厚，凡戕贼人与毁败人、物之小罪，亦皆从而宽宥之矣。上行下效，相率而成宽大惇裕之风，犹有虐厉淫滥之刑哉。

《尚书疑义》卷五《梓材》

（明）马明衡撰

"汝若恒越"一条，蔡传、朱子皆以为不可晓。愚窃以为《尚书》之辞，总是难读，而前后解释不过随文生义，何独于此而不然乎？今亦以意解之，盖承上文，邦君所系于民其重，且切如此，则汝可不自其身而谨之乎？汝若常于言我有师师之三卿及尹旅曰，我罔勔厉以杀人，是无罪不可妄杀，固为是矣。然亦汝为君者，先敬慎而劳来乎民。于是彼为臣者，亦往敬慎而劳来之也。其于奸宄杀人历人者，合有罪而反宥之，固为非矣，然亦是见其为君者所行之事。或戕败乎人而亦反宥之故，其臣亦效而宥之也，是则刑罚之当与不当，上之所好，下必有甚焉。康叔当正其身，端其好恶，以为臣民之轨则也。

司徒、司马、司空、尹、旅，曰予罔厉杀人

1.《尚书注疏》卷十三《周书》

（汉）孔氏传，（唐）陆德明音义，（唐）孔颖达疏

司徒、司马、司空、尹、旅，曰予罔厉杀人。

传，言国之三卿、正官、众大夫皆顺典常，而曰我无厉虐杀人之事，如此则善矣。

疏，正义曰，其下司徒、司马、司空国之三卿，及正官、众大夫亦皆顺典常，而曰我无虐厉杀人之事，是使臣之顺常也。如此君臣皆能顺常则为善矣。

传，正义曰，此曰予罔厉杀人，所谓令康叔之语，但在臣下宜为此也。以上令下行，行之在臣，故云我无厉虐杀人之事，互明君及臣，皆师法而无虐，亦其为君之道者。

2.《书传》卷十三《周书》

（宋）苏轼撰

（归善斋按，见"汝若恒，越曰我有师师"）

3.《尚书全解》卷二十九《周书·梓材》

（宋）林之奇撰

（归善斋按，见"《梓材》"）

4. 《尚书讲义》卷十四《周书·梓材》

（宋）史浩撰
（归善斋按，原缺）

5. 《尚书详解》卷十九《周书·梓材》

（宋）夏僎撰
（归善斋按，见"王曰，封，以厥庶民，暨厥臣，达大家"）

6. 《增修东莱书说》卷二十一《周书·梓材第十三》

（宋）吕祖谦撰，（宋）石澜增修

汝若恒，越曰我有师师。司徒、司马、司空、尹、旅。

为邦之要，务在虚心。屈己不敢自用，取诸人以为善，以一国之人为师，常言我有师师，则非一人矣。官属官长无不师之，始尽为邦之道。大意在虚心也。

7. 《尚书说》卷五《周书·梓材》

（宋）黄度撰
（归善斋按，见"汝若恒，越曰我有师师"）

8. 《絜斋家塾书钞》卷十一《周书·梓材》

（宋）袁燮撰
（归善斋按，原缺）

9. 《书经集传》卷四《周书·梓材》

（宋）蔡沈撰
（归善斋按，见"汝若恒，越曰我有师师"）

10. 《尚书精义》卷三十六《周书·梓材》

（宋）黄伦撰
（归善斋按，原缺）

11. 《尚书详解》卷三十一《周书·梓材》

（宋）陈经撰

司徒、司马、司空、尹、旅，曰予罔厉杀人。亦厥君先敬劳，肆徂厥敬劳，肆往，奸宄、杀人、历人宥。肆亦见厥君事，戕败人宥。

司徒、司马、司空，此大国之大卿。尹者，众官之长也。旅者，众士也。诸侯之国，上自三卿，次而众官之长，又次而众士。其发言曰，予无以厉虐杀人为心，此其持心之忠厚也。然则彼之持心忠厚，以杀人为事曷为？其能然哉，亦以厥君"先敬劳"尔。厥君，指康叔也。敬者，敬其民，使民如承大祭也。劳者，慰抚其民，"劳之来之"也。国君以"敬劳"率先其臣，故其臣往而治民，亦以"敬劳"治民。为恶于内而奸者，为恶于外而宄者，无故而杀人者，罪人所经历知情而藏匿者，此等人寻常皆在所不赦，今卫国遭变乱之后，亦当且含忍之。司徒、司马、司空、尹、旅之臣，往而治民，于此等奸宄、杀人、历人者，皆宥赦之。亦见其国君之事于戕败者，皆宥之。故能如此，戕贼而败人者，罪之小也，唯国君于其罪之小者而宥之，故人臣于其罪之大者，亦宥之。大抵成王、周公戒康叔治卫国，只欲其安慰商民，行悃恤之政，不欲其大察迫急，凡前非昔过一切不问，使之改过更新，如此庶几反侧之情可安。

12. 《融堂书解》卷十二《周书·梓材》

（宋）钱时撰
（归善斋按，原缺）

13. 《尚书要义》

（宋）魏了翁撰
（归善斋按，原缺）

14.《书集传或问》卷下《梓材》

（宋）陈大猷撰
（归善斋按，未解）

15.《尚书详解》卷八《周书·梓材第十三》

（宋）胡士行撰
（归善斋按，见"汝若恒，越曰我有师师"）

16.《书纂言》卷四上《周书·康诰》

（元）吴澄撰
（归善斋按，见"王曰，封，以厥庶民，暨厥臣，达大家"）

17.《书集传纂疏》卷四下《朱子订定蔡氏集传·周书·梓材》

（元）陈栎撰
（归善斋按，见"汝若恒，越曰我有师师"）

18.《读书丛说》卷六《梓材》

（元）许谦撰
（归善斋按，未解）

19.《书传辑录纂注》卷四《周书·梓材》

（元）董鼎撰
（归善斋按，见"汝若恒，越曰我有师师"）

20.《尚书句解》卷八《周书·梓材第十三》

（元）朱祖义撰
司徒、司马、司空、尹、旅（则尔国三卿，及庶官之长，与众大夫），曰（亦皆自言）予罔厉杀人（我所以不敢暴厉而杀人者）。

21.《尚书日记》卷十一《周书·梓材》

(明)王樵撰
(归善斋按,见"汝若恒,越曰我有师师")

22.《日讲书经解义》卷八《周书·梓材》

(清)库勒纳等撰
(归善斋按,见"汝若恒,越曰我有师师")

亦厥君先敬劳,肆徂厥敬劳

1.《尚书注疏》卷十三《周书》

(汉)孔氏传,(唐)陆德明音义,(唐)孔颖达疏
亦厥君先敬劳,肆徂厥敬劳。
传,亦其为君之道,当先敬劳民。故汝往治民,必敬劳来之。
音义,劳,力报反,下同。来力代反。
疏,正义曰,为君之道,非但顺常,亦须敬劳之,故云亦其为君之道,当先敬心,以爱劳民,故汝往治民,必敬劳之。
传,正义曰,为邦君之道,非直顺常,亦须敬劳,故往必敬劳,即《论语》云"先之劳之"是也。

2.《书传》卷十三《周书》

(宋)苏轼撰
(归善斋按,见"汝若恒,越曰我有师师")

3.《尚书全解》卷二十九《周书·梓材》

(宋)林之奇撰
(归善斋按,见"《梓材》")

4.《尚书讲义》卷十四《周书·梓材》

（宋）史浩撰

（归善斋按，原缺）

5.《尚书详解》卷十九《周书·梓材》

（宋）夏僎撰

（归善斋按，见"王曰，封，以厥庶民，暨厥臣，达大家"）

6.《增修东莱书说》卷二十一《周书·梓材第十三》

（宋）吕祖谦撰，（宋）石澜增修

曰予罔厉杀人。亦厥君先敬劳，肆徂厥敬劳，肆往，奸宄、杀人、历人宥。肆亦见厥君事，戕败人宥。

既通一国之情矣，又取人为善，尽君道矣。乃示德于邦人。盖叛乱征伐之后，疮痍未瘳，死伤未复，必以好生之德抚摩之，此君德之常体，而尤急于治卫也。故周公更端提出谓我之意，不欲厉杀人。此三代得天下之本也。《孟子》不嗜杀人者能一之。文武之得天下，成王之守天下，皆本于"罔厉杀人"。康叔当体此意，以好生为德。敬以慰劳斯民，谓之"敬劳"者。以尊临卑，以贤临不肖，以治临乱，常若及高而彼卑，不免有嗟来之意，是侮其民。必慰劳之以敬，使民如承大祭可也。非特抚叛乱之后当然，凡为邦者，皆当然。肆，今也。自今已往，凡司徒、司马、司空、尹、旅之属，亦将如康叔之"敬劳"。康叔有以先之也。今以往昔之为奸宄者，与杀人者，历人者，历人如今干证，贼所过历者也，皆宥之，而咸与为新。康叔既以好生之德先之，凡为康叔臣者，见其君好生之事，有戕贼败害人者，亦体康叔之意，从而宥之。然康叔之所宥，及于杀人、历人者，臣之所宥，止于戕败人者，盖大权，君之所专；小事臣之所职也。三节皆有次序，先通一国之情，使无猜疑间；隔次取人为善，以一国之善为师，而后以好生之德，抚摩慰劳之，康叔治卫之道备矣。

7.《尚书说》卷五《周书·梓材》

(宋)黄度撰
(归善斋按,见"汝若恒,越曰我有师师")

8.《絜斋家塾书钞》卷十一《周书·梓材》

(宋)袁燮撰
(归善斋按,原缺)

9.《书经集传》卷四《周书·梓材》

(宋)蔡沈撰
(归善斋按,见"汝若恒,越曰我有师师")

10.《尚书精义》卷三十六《周书·梓材》

(宋)黄伦撰
(归善斋按,原缺)

11.《尚书详解》卷三十一《周书·梓材》

(宋)陈经撰
(归善斋按,见"司徒、司马、司空、尹、旅,曰予罔厉杀人")

12.《融堂书解》卷十二《周书·梓材》

(宋)钱时撰
(归善斋按,原缺)

13.《尚书要义》

(宋)魏了翁撰
(归善斋按,原缺)

14. 《书集传或问》卷下《梓材》

（宋）陈大猷撰
（归善斋按，未解）

15. 《尚书详解》卷八《周书·梓材第十三》

（宋）胡士行撰
（归善斋按，见"汝若恒，越曰我有师师"）

16. 《书纂言》卷四上《周书·康诰》

（元）吴澄撰
（归善斋按，见"王曰，封，以厥庶民，暨厥臣，达大家"）

17. 《书集传纂疏》卷四下《朱子订定蔡氏集传·周书·梓材》

（元）陈栎撰
（归善斋按，见"汝若恒，越曰我有师师"）

18. 《读书丛说》卷六《梓材》

（元）许谦撰
（归善斋按，未解）

19. 《书传辑录纂注》卷四《周书·梓材》

（元）董鼎撰
（归善斋按，见"汝若恒，越曰我有师师"）

20. 《尚书句解》卷八《周书·梓材第十三》

（元）朱祖义撰

亦厥君先敬劳（非我自能尔也，亦其君不以杀人为事，能先以恭敬劳来为事），肆徂厥敬劳（故我徂往，而其心能以恭敬劳来为事）。

21. 《尚书日记》卷十一《周书·梓材》

（明）王樵撰

（归善斋按，见"汝若恒，越曰我有师师"）

22. 《日讲书经解义》卷八《周书·梓材》

（清）库勒纳等撰

（归善斋按，见"汝若恒，越曰我有师师"）

肆往，奸宄、杀人，历人宥

1. 《尚书注疏》卷十三《周书》

（汉）孔氏传，（唐）陆德明音义，（唐）孔颖达疏

肆往，奸宄、杀人，历人宥。

传，以民当敬劳之，故汝往之国，又当详察奸宄之人，及杀人、贼所过历之人，有所宽宥，亦所以敬劳之。

音义，宄，音轨。

疏，正义曰，又以民须敬劳之，故汝往之国，详察其奸宄及杀人之人。二者所过历之人，原情不知，有所宽宥。

传，正义曰，上文无罪敬劳，此唯就有罪者，原情免宥，亦敬劳也。其实奸宄不杀人者，杀人亦是奸宄，但重言而别其文，奸宄及杀人，二者并是贼害，自当合罪，不可宽宥。其所过历之人，情所不知，故详察宽宥，以为敬劳之。君者立于无过之地，使物不失其所，故宥罪原情，当见其为君之事。与上厥君终始相承。于"奸"上言"肆往"，此亦以罪事往可知也。

2. 《书传》卷十三《周书》

（宋）苏轼撰

（归善斋按，见"汝若恒，越曰我有师师"）

3. 《尚书全解》卷二十九《周书·梓材》

（宋）林之奇撰

（归善斋按，见"《梓材》"）

4. 《尚书讲义》卷十四《周书·梓材》

（宋）史浩撰

（归善斋按，原缺）

5. 《尚书详解》卷十九《周书·梓材》

（宋）夏僎撰

（归善斋按，见"王曰，封，以厥庶民，暨厥臣，达大家"）

6. 《增修东莱书说》卷二十一《周书·梓材第十三》

（宋）吕祖谦撰，（宋）石澜增修

（归善斋按，见"亦厥君先敬劳，肆徂厥敬劳"）

7. 《尚书说》卷五《周书·梓材》

（宋）黄度撰

（归善斋按，见"汝若恒，越曰我有师师"）

8. 《絜斋家塾书钞》卷十一《周书·梓材》

（宋）袁燮撰

（归善斋按，原缺）

9. 《书经集传》卷四《周书·梓材》

（宋）蔡沈撰

（归善斋按，见"汝若恒，越曰我有师师"）

10.《尚书精义》卷三十六《周书·梓材》

（宋）黄伦撰

（归善斋按，原缺）

11.《尚书详解》卷三十一《周书·梓材》

（宋）陈经撰

（归善斋按，见"司徒、司马、司空、尹、旅，曰予罔厉杀人"）

12.《融堂书解》卷十二《周书·梓材》

（宋）钱时撰

（归善斋按，原缺）

13.《尚书要义》

（宋）魏了翁撰

（归善斋按，原缺）

14.《书集传或问》卷下《梓材》

（宋）陈大猷撰

（归善斋按，未解）

15.《尚书详解》卷八《周书·梓材第十三》

（宋）胡士行撰

（归善斋按，见"汝若恒，越曰我有师师"）

16.《书纂言》卷四上《周书·康诰》

（元）吴澄撰

（归善斋按，见"王曰，封，以厥庶民，暨厥臣，达大家"）

17.《书集传纂疏》卷四下《朱子订定蔡氏集传·周书·梓材》

（元）陈栎撰

（归善斋按，见"汝若恒，越曰我有师师"）

18.《读书丛说》卷六《梓材》

（元）许谦撰

（归善斋按，未解）

19.《书传辑录纂注》卷四《周书·梓材》

（元）董鼎撰

（归善斋按，见"汝若恒，越曰我有师师"）

20.《尚书句解》卷八《周书·梓材第十三》

（元）朱祖义撰

肆往，奸宄（故我又往而治民，于内为奸，外为宄者）、杀人、历人宥（杀人者，与既杀人而逃走所过历之家者，皆赦宥之）。

21.《尚书日记》卷十一《周书·梓材》

（明）王樵撰

（归善斋按，见"汝若恒，越曰我有师师"）

22.《日讲书经解义》卷八《周书·梓材》

（清）库勒纳等撰

（归善斋按，见"汝若恒，越曰我有师师"）

《书蔡氏传旁通》卷四下《周书·梓材》

（元）陈师凯撰

律所谓，知情、藏匿、赍给。

三者皆因罪人所历过，或知情，或藏匿，或赀给之。赀，当作资，以货资之也。

汉律所谓疻也。

疻，《说文》云殴伤也诸氏切。

此章文多未详。

新安胡氏曰，蔡传仅训字，而云多未详，信当缺之。愚以意解之云，汝若常言及曰，我固有官师为师，三卿及正官之长，及众大夫，然必自曰我不可厉虐杀人，亦以为人上者当率先恭敬劳来，故在下者无往而不恭敬劳来矣。唯其有钦恤之心，劳来之意，其用刑也，故于往日为奸，为宄，或杀人，或历人皆宥之故。亦，音婆。于见其君事，而有毁伤人者，亦宥之。往日，纣在时也。"见厥君事"，亦纣事也。盖商纣之时，其民多有为恶者，康叔于此，不当追咎于既往，而与之更新可也。

肆亦见厥君事，戕败人宥

1. 《尚书注疏》卷十三《周书》

（汉）孔氏传，（唐）陆德明音义，（唐）孔颖达疏

肆亦见厥君事，戕败人，宥。

传，听讼折狱，当务从宽恕。故往治民，亦当见其为君之事，察民以过误，残败人者，当宽宥之。

音义，见，如字，徐贤遍反。戕，徐在羊反，又七良反，马云残也。折，之舌反。

疏，正义曰，以断狱务从宽，故汝往治，亦当见其为君之事，而民有过误残败人者，当宽宥之。此亦为敬劳之也。

传，正义曰，言"宥"，明情亦可原，故知过误残败人也。

2. 《书传》卷十三《周书》

（宋）苏轼撰

（归善斋按，见"汝若恒，越曰我有师师"）

3.《尚书全解》卷二十九《周书·梓材》

（宋）林之奇撰
（归善斋按，见"《梓材》"）

4.《尚书讲义》卷十四《周书·梓材》

（宋）史浩撰
（归善斋按，原缺）

5.《尚书详解》卷十九《周书·梓材》

（宋）夏僎撰
（归善斋按，见"王曰，封，以厥庶民，暨厥臣，达大家"）

6.《增修东莱书说》卷二十一《周书·梓材第十三》

（宋）吕祖谦撰，（宋）石𬭎增修
（归善斋按，见"亦厥君先敬劳。肆徂厥敬劳"）

7.《尚书说》卷五《周书·梓材》

（宋）黄度撰
（归善斋按，见"汝若恒，越曰我有师师"）

8.《絜斋家塾书钞》卷十一《周书·梓材》

（宋）袁燮撰
（归善斋按，原缺）

9.《书经集传》卷四《周书·梓材》

（宋）蔡沈撰
（归善斋按，见"汝若恒，越曰我有师师"）

10. 《尚书精义》卷三十六《周书·梓材》

（宋）黄伦撰

(归善斋按，原缺)

11. 《尚书详解》卷三十一《周书·梓材》

（宋）陈经撰

(归善斋按，见"司徒、司马、司空、尹、旅，曰予罔厉杀人")

12. 《融堂书解》卷十二《周书·梓材》

（宋）钱时撰

(归善斋按，原缺)

13. 《尚书要义》

（宋）魏了翁撰

(归善斋按，原缺)

14. 《书集传或问》卷下《梓材》

（宋）陈大猷撰

(归善斋按，未解)

15. 《尚书详解》卷八《周书·梓材第十三》

（宋）胡士行撰

(归善斋按，见"汝若恒，越曰我有师师")

16. 《书纂言》卷四上《周书·康诰》

（元）吴澄撰

(归善斋按，见"王曰，封，以厥庶民，暨厥臣，达大家")

17.《书集传纂疏》卷四下《朱子订定蔡氏集传·周书·梓材》

(元) 陈栎撰

(归善斋按,见"汝若恒,越曰我有师师")

18.《读书丛说》卷六《梓材》

(元) 许谦撰

(归善斋按,未解)

19.《书传辑录纂注》卷四《周书·梓材》

(元) 董鼎撰

(归善斋按,见"汝若恒,越曰我有师师")

20.《尚书句解》卷八《周书·梓材第十三》

(元) 朱祖义撰

肆亦见厥君(此非我自能尔,故亦是我见其君)事,戕败人宥(于从事为戕贼祸败之人,尚且宥之,此正谓王者言于上,诸侯法之。诸侯行于上,为卿大夫法之也。戕,墙)。

21.《尚书日记》卷十一《周书·梓材》

(明) 王樵撰

(归善斋按,见"汝若恒,越曰我有师师")

22.《日讲书经解义》卷八《周书·梓材》

(清) 库勒纳等撰

(归善斋按,见"汝若恒,越曰我有师师")

王启监，厥乱为民

1.《尚书注疏》卷十三《周书》

(汉)孔氏传，(唐)陆德明音义，(唐)孔颖达疏

王启监，厥乱为民。

传，言王者开置监官，其治为民，不可不勉。

音义，监，工暂反。刘工衔反，下同。为，于伪反，下同。治，直吏反。

疏，正义曰，周公云，所以敬劳者，以王者开置监官，其治主为于民故也。

2.《书传》卷十三《周书》

(宋)苏轼撰

(归善斋按，见"汝若恒，越曰我有师师")

3.《尚书全解》卷二十九《周书·梓材》

(宋)林之奇撰

(归善斋按，见"《梓材》")

4.《尚书讲义》卷十四《周书·梓材》

(宋)史浩撰

(归善斋按，原缺)

5.《尚书详解》卷十九《周书·梓材》

(宋)夏僎撰

(归善斋按，见"王曰，封，以厥庶民，暨厥臣，达大家")

6.《增修东莱书说》卷二十一《周书·梓材第十三》

(宋)吕祖谦撰,(宋)石澜增修

王启监,厥乱为民,曰无胥戕,无胥虐,至于敬寡,至于属妇,合由以容。王其效邦君,越御事,厥命曷以?引养引恬,自古王若兹监,罔攸辟。

周公又言,王者所以命诸侯之意。"监"如"三监"之"监",自黄帝立左右监之官,以监观万国。监,诸侯之长也。周初以管叔、蔡叔、霍叔为三监。既诛命康叔。继之如虎丘之责卫伯,则知卫伯亦当时诸侯之长矣。王者开立诸侯之监,本为治民,非为它也。舜之命十二牧言"食哉唯时,柔远能迩"。成王命康叔为"监",亦但言涵养抚摩,不可残虐,至于鳏寡无告者。敬之,使得其所至于寡妇无依者,联属之使有所归聚合其民,大度以并包而含容之,无有平民鳏寡匹妇之分。效,致也。如"效马效羊"之"效"。王之所以致此命于邦君,以及于御事者,果何以哉?非如后世为文具,徒挂墙壁而已,必有所以也。康叔当深思其意,优游涵养,待以岁月,徐徐使之,自至于赡养之地。治乱国者,易于忿嫉急迫,求功效之速成。"引养引恬",和缓不迫,渐而引之。如杜诗所谓"随风潜入夜,润物细无声"。久病之人,骤加药石,反以激病。安恬以补养之,引而至于和平可也。监,谓康叔也。周公告康叔,自古王者之抚民,皆如此不可以法治之。总前三节之意也。

7.《尚书说》卷五《周书·梓材》

(宋)黄度撰

王启监,厥乱为民,曰无胥戕,无胥虐,至于敬寡,至于属妇,合由以容。王其效邦君,越御事,厥命曷以?引养引恬,自古王若兹监,罔攸辟。

王之启监司,察其治,为民而已。民当使胥匡以生,必曰"无相戕贼,无相虐害"。至于人情易忽之鳏寡,至于人情易乖之妾媵,当属于其妇者,皆能和合含容之。王亦宜责效今邦君,与其治事之臣,其发号出令,果何以?诚使能长养民长安民,则古王设监不过如此。辟,法也。民

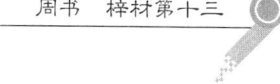

不犯，有司无所用刑戮，是为治道之盛。

8.《絜斋家塾书钞》卷十一《周书·梓材》

（宋）袁燮撰

（归善斋按，原缺）

9.《书经集传》卷四《周书·梓材》

（宋）蔡沈撰

王启监，厥乱为民，曰无胥戕，无胥虐，至于敬寡，至于属妇，合由以容。王其效邦君，越御事，厥命曷以？引养引恬，自古王若兹监，罔攸辟。

监，三监之"监"。康叔所封，亦受畿内之民，当时亦谓之"监"。故武王以先王"启监"，意而告之也。言王者所以开置监国者，其治，本为民而已。其命监之辞。盖曰无相与戕杀其民，无相与虐害其民。人之寡弱者，则哀敬之，使不失其所；妇之穷独者，则联属之，使有所归保合。其民率由是而容蓄之也。且王所以责效邦君、御事者，其命何以哉？亦唯欲其引掖斯民，于生养安全之地而已。自古王者之命监若此，汝今为监，其无所用乎刑辟，以戕虐人可也。

10.《尚书精义》卷三十六《周书·梓材》

（宋）黄伦撰

（归善斋按，原缺）

11.《尚书详解》卷三十一《周书·梓材》

（宋）陈经撰

王启监，厥乱为民，曰无胥戕，无胥虐，至于敬寡，至于属妇，合由以容。王其效邦君，越御事，厥命曷以？引养引恬，自古王若兹监，罔攸辟。

至此成王又提其意之切要者告之，谓王者所以开置其监者，岂有他哉。其治本为民而已。监，如三监之"监"同，诸侯之长，王者使之监诸侯之国也。戒之之意，曰，汝诸侯之长，其治专在为民，则不可使民至于相戕贼，相虐杀。上以仁爱抚民，则民自然生亲爱之心，至于相友相助，相扶持，安有戕虐哉。唯上以刑急迫其民，民无所诉，遂至于胥为戕虐矣。至于敬寡，至于属妇。寡者，人之所易陵。寡者犹敬，则众者可知。妇者人之所易忽。妇者犹连属之，使有所依，则为夫者可知。"合由以容"，汝康叔当合而由之，不可分别，涵之如海，养之如春，俾一国之中，若贵若贱，若善若恶，若上若下，若众若寡，若夫若妇，一切含容之。"王其效邦君，越御事，厥命曷以？"成王告之之言既多，恐康叔听之泛而难从也。又曰，王之所以责效邦君、御事。所以命之者曷以哉？要使康叔专于听。曰"引养引恬"，此王之所以责效于邦君、御事也。养者，有以富之而养其身也；恬者，有以教之而安其心也。引，有"徐之"之意。治乱民，犹乱绳，急目前之效而欲速利者，皆非所以养民安民也。"自古王若兹，监罔攸辟"，我之所以告尔者，岂特今日为然，自古王者所以制监之意，亦此而已，安用辟为哉。

12.《融堂书解》卷十二《周书·梓材》

（宋）钱时撰

（归善斋按，原缺）

13.《尚书要义》

（宋）魏了翁撰

（归善斋按，原缺）

14.《书集传或问》卷下《梓材》

（宋）陈大猷撰

（归善斋按，未解）

15.《尚书详解》卷八《周书·梓材第十三》

（宋）胡士行撰

王（古王）启（闻立）监（民。监，诸侯之长，如三监之"监"。自黄帝立左右"监"之官，以监观万国），厥乱（治）为民。曰无胥

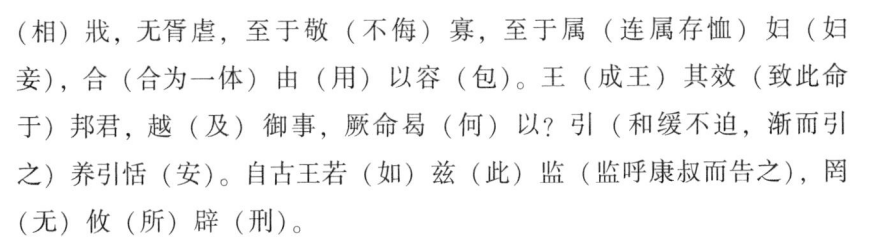

（相）戕，无胥虐，至于敬（不侮）寡，至于属（连属存恤）妇（妇妾），合（合为一体）由（用）以容（包）。王（成王）其效（致此命于）邦君，越（及）御事，厥命曷（何）以？引（和缓不迫，渐而引之）养引恬（安）。自古王若（如）兹（此）监（监呼康叔而告之），罔（无）攸（所）辟（刑）。

此承前因厉杀之意，古王所以启监者为民，而无戕虐，寡必敬，妇必属，视民如一体也。则今王所以命邦君者，亦优游和缓以渐而安康之耳，岂以刑而操切之邪？

16.《书纂言》卷四上《周书·梓材》

（元）吴澄撰

王启监，厥乱为民，曰无胥戕，无胥虐，至于敬寡，至于属妇，合由以容。王其效邦君，越御事，厥命曷以？引养引恬，自古王若兹监，罔攸辟。

此以下，疑即周公告侯、甸、男邦、采、卫之辞。然文缺不可复考。存者亦颠倒失次，今姑据其存者，略为叙正，而释其义。启，开；监，侯国也。敬，当作矜与。"鳏"同"属"，对长而言，谓其子弟；"妇"对夫而言，谓长与属之妻。辟，偏邪也。谓王之所以开置监国，为治民也。其命监之意，盖曰无相与戕杀虐害其民，虽至于鳏寡穷民，及其家之属与妇，皆合聚，由是以容蓄之。王之所以责效侯国之君，及其御事之臣者，其命何以哉？唯欲引长斯民生养安恬之道而已。自古王者皆如此，故其所立之监，皆能遵上意，而无有偏邪也。

17.《书集传纂疏》卷四下《朱子订定蔡氏集传·周书·梓材》

（元）陈栎撰

王启监，厥乱为民。曰无胥戕，无胥虐，至于敬寡，至于属妇，合由以容。王其效邦君，越御事，厥命曷以？引养引恬，自古王若兹监，罔攸辟。

监，三监之"监"。康叔所封，亦受畿内之民，当时亦谓之"监"。

故武王以先王"启监"，意而告之也。言王者所以开置监国者，其治，本为民而已。其命监之辞。盖曰无相与戕杀其民，无相与虐害其民。人之寡弱者，则哀敬之，使不失其所；妇之穷独者，则联属之，使有所归保合。其民率由是而容蓄之也。且王所以责效邦君、御事者，其命何以哉？亦唯欲其引掖斯民，于生养安全之地而已。自古王者之命监若此，汝今为监，其无所用乎刑辟，以戕虐人可也。

纂疏：

陈氏大猷曰，《周礼》建牧立伯，以维邦国。立左右监，自黄帝已然。监，乃诸侯之长也。康叔，孟侯，卫亦方伯连率，故称之为"监"。按陈说，胜"受畿内民"之说。

吕氏曰，效，如"效马效羊"，致也，致之邦君。

愚谓，三篇意相承而相济，康叔又为司寇，故命之多及于刑。《康诰》于"明德慎罚"悉矣，不得已而云"速由文王罚刑，速由兹义率杀"；《酒诰》又惩群饮，而曰"予其杀"，"时同于杀"，皆非得已也。逮《梓材》告戒终矣。虑康叔因前二篇屡及于杀，而或轻于刑也。故此篇唯以尚宽宥，无刑辟为言。仁哉武王，其舜"刑期无刑"之心欤。

18.《读书丛说》卷六《梓材》

（元）许谦撰

（归善斋按，未解）

19.《书传辑录纂注》卷四《周书·梓材》

（元）董鼎撰

王启监，厥乱为民。曰无胥戕，无胥虐，至于敬寡，至于属妇，合由以容。王其效邦君，越御事，厥命曷以？引养引恬，自古王若兹监，罔攸辟。

监，三监之"监"。康叔所封，亦受畿内之民，当时亦谓之"监"。故武王以先王"启监"，意而告之也。言王者所以开置监国者，其治，本为民而已。其命监之辞。盖曰无相与戕杀其民，无相与虐害其民。人之寡弱者，则哀敬之，使不失其所；妇之穷独者，则联属之，使有所归保合。

其民率由是而容蓄之也。且王所以责效邦君、御事者，其命何以哉？亦唯欲其引掖斯民，于生养安全之地而已。自古王者之命监若此，汝今为监，其无所用乎刑辟，以戕虐人可也。

纂注：

陈氏大猷曰。《周礼》"建牧立监，以维邦国"。自黄帝已立左右监，以监视万国。监，乃诸侯之长也。康叔，孟侯，故称之为"监"。

吕氏曰，效，如"效马效羊"之"效"，致也。致之邦君、御事也。

新安陈氏曰，三篇意相承而相济，康叔以卫侯为司寇，故武王命之多及于刑。《康诰》反复于"明德慎罚"悉矣，不得已而及于"速由文王罚刑，速由兹义率杀"，《酒诰》又以"惩群饮"为务，而曰"予其杀"，"时同于杀"，皆非得已也。逮至《梓材》告戒于此终矣。虑康叔因前二篇之屡及于杀，而意或偏倚于刑也，故此篇唯以尚宽宥，无刑辟为言。仁哉，武王之心，其帝舜"刑期于无刑"之心欤。

20.《尚书句解》卷八《周书·梓材第十三》

（元）朱祖义撰

王启监（诸侯各监其一国，王者所以启建监国之侯者），厥乱为民（其治主于为民而已）。

21.《尚书日记》卷十一《周书·梓材》

（明）王樵撰

"王启监，厥乱为民"至"监罔攸辟"。

《周礼》"建牧立监，以维邦国"。牧，州牧；监，公、侯、伯、子、男各监一国。观此曰"王启监"，又曰"自古王若兹"，则监之名不始于周矣。孔氏曰，康叔监殷民。正义曰，郑以为连属之监（《王制》云，五国为属，十国为连），则为牧而言，然康叔时实为牧，而所戒为居殷墟，化纣余民，不主于牧，明"监"即国君"监"一国，不言"监"一州也。按，武王克殷，于其故地立监有二，管、蔡、霍监于武庚之国；康叔别封于卫，监其余民，亦谓之"监"，故武王本先王立监之意而告之言，王者所以开置监国者，其治，本为民而已。其命监之辞，盖曰，无相戕杀其民，无相虐害其民。哀矜至于人之寡弱者，亦使不失所联属，至于妇之穷独者，亦使有所归。保合其民，率由是以容蓄之可也。且王所以责效邦君、御事者，其命何以哉？亦唯欲其"敬劳"不倦，引掖斯民于生养安全之地而已。自古王者之命监如此，其无所事乎刑辟以戕虐人可也。

"至于"二字，谓加恩到此也。寡者，人之所忽，而至于敬寡；妇者，惠所难遍，而至于属妇。保合一国之民，率由是心，以容蓄之。单言妇则是穷独可知。属云者，无依者，使之有依也。

民不能自生自养，自致于安为之引者，邦君、御事之责也。"引"字中有事在。言此者，见侯职有所重，王室之责，成有所在，而不可徒事乎刑也。

22.《日讲书经解义》卷八《周书·梓材》

（清）库勒纳等撰

王启监，厥乱为民。曰无胥戕，无胥虐，至于敬寡，至于属妇，合由以容。王其效邦君，越御事，厥命曷以？引养引恬，自古王若兹监，罔攸辟。

此一节书，是武王诰康叔以子惠百姓之道也。启，开也。监，谓监国，乃诸侯之长。康叔，孟侯，故称监。乱，治也。属，谓联属。合，谓保合；容，容蓄也。效，责效也。恬，安也。辟，谓刑辟。武王曰，天生民而立之君，树之侯。王君公，莫非为此百姓而已。故先王之置监国也。立之君而辅之以臣，其意主于治民，而为之谋生养安全之计。其命监之辞曰，无相与戕贼其民，无相与虐害其民。民之无告者，莫甚于鳏寡孤独，故于人之寡弱者，当爱敬之；妇之穷独者，当使之有所归，而联属之。又推而保合一国之民，率由此道，以相为容蓄，使各得其所焉。先王谆谆责效于有国之君与御事之臣者，其命果何以哉？盖予之以民，而使之引掖扶助于生养之域，恬豫之境而后已也。自古王者之命侯国者，皆如此。汝今为监，其毋以刑辟为尚，而负养民之至意哉。按，康叔以卫侯为司寇，故武王命之多及于刑，又恐其或偏倚于刑也，故此篇唯以宽宥，罔辟为言，仁爱恻怛，丁宁反复，武王之用心至矣。

《尚书疑义》卷五《梓材》

(明) 马明衡撰

"王启监"至"攸辟"。大约欲其以德化民,又引古义而戒其所其监之者,不至于邪辟也。"唯曰若稽田"至"丹雘"则戒康叔以慎终如始,不可有始而无终也。"今王唯曰"至"丕享",则推言先王以德怀天下,故今王设监立牧,亦是既用明德之君,以绥集天下,故庶邦大来享也。汝可不知此意而用"德"乎?"皇天"至"先王受命",则言先王所以用"德"者。盖天以斯氏命先王,使司牧之,故今"王唯欲用德,以和怿先后迷民",正以慰先王受命之意。我之体先王者如此,汝可不知此意而用德乎?"已!若兹监"至未,则欲其用是道,以监其国,唯欲助王子孙以保民也。盖唯德之用,则慰先王;慰先王,则当天心。庶邦效之,四方则之邦,不期昌而昌,天命不期永而永矣。《秦誓》曰"以能保我子孙黎民"是亦本于休。休有容之量,为人君者,其可以刑威立其国,而望其祚之久长哉。

曰,无胥戕,无胥虐,至于敬寡,至于属妇,合由以容

1. 《尚书注疏》卷十三《周书》

(汉) 孔氏传,(唐) 陆德明音义,(唐) 孔颖达疏

曰,无胥戕,无胥虐,至于敬寡,至于属妇,合由以容。

传,当教民无得相残伤,相虐杀,至于敬养寡弱,至于存恤妾妇,和合其教,用大道以容之,无令见冤枉。

音义,属妇,音扶,妾之事妻也。无令,力呈反,篇末同。冤,纡元反,一本作以元反。

疏,正义曰,以此当教民曰,无得相伤残,无得相虐杀而为重害也。何但不可为重害。民之相于,当至于敬养寡弱,至于存恤属妇,合和其教

用大道，以兼容，无使至冤枉。

传，正义曰，以言曰故知当教民也。残，谓不死，虐甚则杀，故二文也。经言"属妇"，传言"妾妇"者，以妾属于人，故名"属妇"。此经属妇与寡弱为例，则非关嫡妇也。何者？妻子是家中之贵者，不至冤枉故也。

2. 《书传》卷十三《周书》

（宋）苏轼撰
（归善斋按，见"汝若恒，越曰我有师师"）

3. 《尚书全解》卷二十九《周书·梓材》

（宋）林之奇撰
（归善斋按，见"《梓材》"）

4. 《尚书讲义》卷十四《周书·梓材》

（宋）史浩撰
（归善斋按，原缺）

5. 《尚书详解》卷十九《周书·梓材》

（宋）夏僎撰
（归善斋按，见"王曰，封，以厥庶民，暨厥臣，达大家"）

6. 《增修东莱书说》卷二十一《周书·梓材第十三》

（宋）吕祖谦撰，（宋）石𤅊增修
（归善斋按，见"王启监，厥乱为民"）

7. 《尚书说》卷五《周书·梓材》

（宋）黄度撰
（归善斋按，见"王启监，厥乱为民"）

8. 《絜斋家塾书钞》卷十一《周书·梓材》

（宋）袁燮撰

（归善斋按，原缺）

9. 《书经集传》卷四《周书·梓材》

（宋）蔡沈撰

（归善斋按，见"王启监，厥乱为民"）

10. 《尚书精义》卷三十六《周书·梓材》

（宋）黄伦撰

（归善斋按，原缺）

11. 《尚书详解》卷三十一《周书·梓材》

（宋）陈经撰

（归善斋按，见"王启监，厥乱为民"）

12. 《融堂书解》卷十二《周书·梓材》

（宋）钱时撰

（归善斋按，原缺）

13. 《尚书要义》

（宋）魏了翁撰

（归善斋按，原缺）

14. 《书集传或问》卷下《梓材》

（宋）陈大猷撰

（归善斋按，未解）

15. 《尚书详解》卷八《周书·梓材第十三》

(宋) 胡士行撰

(归善斋按,见"王启监,厥乱为民")

16. 《书纂言》卷四上《周书·梓材》

(元) 吴澄撰

(归善斋按,见"王启监,厥乱为民")

17. 《书集传纂疏》卷四下《朱子订定蔡氏集传·周书·梓材》

(元) 陈栎撰

(归善斋按,见"王启监,厥乱为民")

18. 《读书丛说》卷六《梓材》

(元) 许谦撰

(归善斋按,未解)

19. 《书传辑录纂注》卷四《周书·梓材》

(元) 董鼎撰

(归善斋按,见"王启监,厥乱为民")

20. 《尚书句解》卷八《周书·梓材第十三》

(元) 朱祖义撰

曰 (而其戒饬诸侯唯曰),无胥戕,无胥虐 (无相戕虐,无相暴害)。至于敬寡 (至民之鳏寡,当恭敬之而不慢),至于属妇 (妇女当有以连属之不离),合由以容 (合并用是四事,以含容斯民)。

21. 《尚书日记》卷十一《周书·梓材》

（明）王樵撰
（归善斋按，见"王启监，厥乱为民"）

22. 《日讲书经解义》卷八《周书·梓材》

（清）库勒纳等撰
（归善斋按，见"王启监，厥乱为民"）

《尚书疑义》卷五《梓材》

（明）马明衡撰
（归善斋按，见"王启监，厥乱为民"）

《读书管见》卷下《梓材》

（元）王充耘撰
无胥戕，无胥虐。
"无胥戕，无胥虐"，当谓设监以治民，使民无得相戕、相虐尔，非谓监者不得戕虐其民。若如此言，则于"胥"字说不通。

《尚书考异》卷五《梓材》

（明）梅鷟撰
合由以容。
一本作"合由以庸"。

王其效邦君，越御事，厥命曷以

1. 《尚书注疏》卷十三《周书》

（汉）孔氏传，（唐）陆德明音义，（唐）孔颖达疏
王其效邦君，越御事，厥命曷以。

传，王者其效实国君，及于御治事者，知其教命所施何用，不可不勤。

疏，正义曰，所以如此者，以王者其当效实国君，及于御治事者，唯须知其教命所施何用，知其善恶，故不可不勤也。

传，正义曰，以君臣共国事，故并效御治事，而知其所施，则下不得为非，即是王使存省侯伯监治是也，故不可不勤。

2. 《书传》卷十三《周书》

（宋）苏轼撰

（归善斋按，见"汝若恒，越曰我有师师"）

3. 《尚书全解》卷二十九《周书·梓材》

（宋）林之奇撰

（归善斋按，见"《梓材》"）

4. 《尚书讲义》卷十四《周书·梓材》

（宋）史浩撰

（归善斋按，原缺）

5. 《尚书详解》卷十九《周书·梓材》

（宋）夏僎撰

（归善斋按，见"王曰：封，以厥庶民，暨厥臣，达大家"）

6. 《增修东莱书说》卷二十一《周书·梓材第十三》

（宋）吕祖谦撰，（宋）时澜增修

（归善斋按，见"王启监，厥乱为民"）

7. 《尚书说》卷五《周书·梓材》

（宋）黄度撰

（归善斋按，见"王启监，厥乱为民"）

8.《絜斋家塾书钞》卷十一《周书·梓材》

（宋）袁燮撰

（归善斋按，原缺）

9.《书经集传》卷四《周书·梓材》

（宋）蔡沈撰

（归善斋按，见"王启监，厥乱为民"）

10.《尚书精义》卷三十六《周书·梓材》

（宋）黄伦撰

（归善斋按，原缺）

11.《尚书详解》卷三十一《周书·梓材》

（宋）陈经撰

（归善斋按，见"王启监，厥乱为民"）

12.《融堂书解》卷十二《周书·梓材》

（宋）钱时撰

（归善斋按，原缺）

13.《尚书要义》

（宋）魏了翁撰

（归善斋按，原缺）

14.《书集传或问》卷下《梓材》

（宋）陈大猷撰

（归善斋按，未解）

15. 《尚书详解》卷八《周书·梓材第十三》

（宋）胡士行撰

(归善斋按，见"王启监，厥乱为民")

16. 《书纂言》卷四上《周书·梓材》

（元）吴澄撰

(归善斋按，见"王启监，厥乱为民")

17. 《书集传纂疏》卷四下《朱子订定蔡氏集传·周书·梓材》

（元）陈栎撰

(归善斋按，见"王启监，厥乱为民")

18. 《读书丛说》卷六《梓材》

（元）许谦撰

(归善斋按，未解)

19. 《书传辑录纂注》卷四《周书·梓材》

（元）董鼎撰

(归善斋按，见"王启监，厥乱为民")

20. 《尚书句解》卷八《周书·梓材第十三》

（元）朱祖义撰

王其效邦君（成王言王所以责效于邦君），越御士（及治事之臣），厥命曷以（其命果何用哉）？

21. 《尚书日记》卷十一《周书·梓材》

（明）王樵撰

(归善斋按，见"王启监，厥乱为民")

22.《日讲书经解义》卷八《周书·梓材》

(清) 库勒纳等撰

(归善斋按,见"王启监,厥乱为民")

《尚书疑义》卷五《梓材》

(明) 马明衡撰

(归善斋按,见"王启监,厥乱为民")

《书义断法》卷四《周书·梓材》

(元) 陈悦道撰

王其效邦君,越御事,厥命曷以?引养引恬,自古王若兹监,罔攸辟。

引养引恬者,武王责效于邦君、御事之新命也。罔攸辟者。自古王者"建牧立监"之初意也,引掖斯民于安养生全之地,唯在于仁,邦君与御事皆有责焉。开置监国于畿内所封之地,不在于法,此牧监之所当谨也。武王封康叔于卫,三篇之书,皆以保民而主"慎罚"。然民庶者,诸侯群臣之所共理,而刑罚者,监牧之所得专,故于三篇将终之时,言其总命诸臣之意如彼,而究其立监之意如此,何至轻用其法,而有乖于仁哉。

引养引恬,自古王若兹监,罔攸辟

1.《尚书注疏》卷十三《周书》

(汉) 孔氏传,(唐) 陆德明音义,(唐) 孔颖达疏

引养引恬,自古王若兹监,罔攸辟。

传,能长养民,长安民,用古王道如此,监无所复罪,当务之。

音义,恬,田廉反。辟,扶亦反。

疏,正义曰,所效实,若能长养民,长安民,用古者明王之道而治

之,如此为监,无所复罪,汝当务之。

《尚书注疏》卷十三《考证》

自古王若兹监(句)。

古读如此。蔡沈从《兹》字绝句。

2. 《书传》卷十三《周书》

(宋)苏轼撰

(归善斋按,见"汝若恒,越曰我有师师")

3. 《尚书全解》卷二十九《周书·梓材》

(宋)林之奇撰

(归善斋按,见"《梓材》")

4. 《尚书讲义》卷十四《周书·梓材》

(宋)史浩撰

(归善斋按,原缺)

5. 《尚书详解》卷十九《周书·梓材》

(宋)夏僎撰

(归善斋按,见"王曰,封,以厥庶民,暨厥臣,达大家")

6. 《增修东莱书说》卷二十一《周书·梓材第十三》

(宋)吕祖谦撰,(宋)石澜增修

(归善斋按,见"王启监,厥乱为民")

7. 《尚书说》卷五《周书·梓材》

(宋)黄度撰

(归善斋按,见"王启监,厥乱为民")

8. 《絜斋家塾书钞》卷十一《周书·梓材》

（宋）袁燮撰
（归善斋按，原缺）

9. 《书经集传》卷四《周书·梓材》

（宋）蔡沈撰
（归善斋按，见"王启监，厥乱为民"）

10. 《尚书精义》卷三十六《周书·梓材》

（宋）黄伦撰
（归善斋按，原缺）

11. 《尚书详解》卷三十一《周书·梓材》

（宋）陈经撰
（归善斋按，见"王启监，厥乱为民"）

12. 《融堂书解》卷十二《周书·梓材》

（宋）钱时撰
（归善斋按，原缺）

13. 《尚书要义》

（宋）魏了翁撰
（归善斋按，原缺）

14. 《书集传或问》卷下《梓材》

（宋）陈大猷撰
（归善斋按，未解）

15. 《尚书详解》卷八《周书·梓材第十三》

（宋）胡士行撰

（归善斋按，见"王启监，厥乱为民"）

16. 《书纂言》卷四上《周书·梓材》

（元）吴澄撰

（归善斋按，见"王启监，厥乱为民"）

17. 《书集传纂疏》卷四下《朱子订定蔡氏集传·周书·梓材》

（元）陈栎撰

（归善斋按，见"王启监，厥乱为民"）

18. 《读书丛说》卷六《梓材》

（元）许谦撰

（归善斋按，未解）

19. 《书传辑录纂注》卷四《周书·梓材》

（元）董鼎撰

（归善斋按，见"王启监，厥乱为民"）

20. 《尚书句解》卷八《周书·梓材第十三》

（元）朱祖义撰

引养引恬（唯欲长养民长安民而已，恬，甜）。自古王若兹监（自古王者皆如此启监以牧民），罔攸辟（无所事于刑辟）。

21. 《尚书日记》卷十一《周书·梓材》

（明）王樵撰

（归善斋按，见"王启监，厥乱为民"）

22.《日讲书经解义》卷八《周书·梓材》

(清)库勒纳等撰
(归善斋按,见"王启监,厥乱为民")

《尚书疑义》卷五《梓材》

(明)马明衡撰
(归善斋按,见"王启监,厥乱为民")

《书义断法》卷四《周书·梓材》

(元)陈悦道撰
(归善斋按,见"王启监,厥乱为民")

《书蔡氏传旁通》卷四下《周书·梓材》

(元)陈师凯撰

康叔所封,亦受畿内之民,当时亦谓之监。

受,纣也,非"授受"之"受"。东斋陈氏曰,康叔,孟侯,故称之为"监"。

唯曰,若稽田,既勤敷菑,唯其陈修,为厥疆畎

1.《尚书注疏》卷十三《周书》

(汉)孔氏传,(唐)陆德明音义,(唐)孔颖达疏

唯曰,若稽田,既勤敷菑,唯其陈修,为厥疆畎。

传,言为君监民,唯若农夫之考田,已劳力布发之,唯其陈列修治,为其疆畔畎垄,然后功成,以喻教化。

音义,菑,侧其反。畎,工犬反。

疏,正义曰,既言王者所以效实国君为政之事,故此言国君为政之

喻。唯为监之事，曰若农人之考田也，已劳力遍布菑而耕发其田，又须唯其陈列修治，为疆畔畎垄，以至收获，然后功成。

2.《书传》卷十三《周书》

（宋）苏轼撰

唯曰，若稽田，既勤敷菑，唯其陈修，为厥疆畎。

稽，考也。敷，治也。菑，去草棘也。陈修，修旧也。畔也，畎，垄也。

3.《尚书全解》卷二十九《周书·梓材》

（宋）林之奇撰

唯曰，若稽田，既勤敷菑，唯其陈修，为厥疆畎。若作室家，既勤垣墉，唯其涂塈茨；若作梓材，既勤朴斫，唯其涂丹雘。今王唯曰，先王既勤用明德，怀为夹。庶邦享作兄弟方来，亦既用明德，后式典，集庶邦丕享。皇天既付中国民，越厥疆土于先王肆，王唯德用，和怿先后迷民，用怿先王受命。已！若兹监，唯曰欲至于万年唯王，子子孙孙永保民。

周公之诰康叔，既欲其以优游宽大之道，慰安殷之顽民，揉其暴戾之心，而作其愧耻之意。若匿瑕含垢，廓然无事，以与之共享太平之庆矣。然其意之所欲陈者，非言之所能尽。言既不足，故托喻以见其意焉。菑，去草也。《尔雅》曰"一岁曰菑"，孙炎曰"菑始杀草也"。畎，《说文》曰，水，小流也。《周礼》匠人为沟洫，耜广五寸，二耜为耦，一耦之伐，广尺深尺，谓之畎。盖其垄曰畎，而畎上曰伐也。塈，《说文》曰，仰涂也。颜师古注《汉书》亦曰，即今之仰泥也。茨，盖覆也。《谷梁传》曰"焚雍门之茨"，范甯注曰，茨，盖也。茅茨者，亦谓之茅，盖屋也。梓，良木，可以为器也。《定之方中》所谓"椅桐梓漆"是也。唯器用以梓木为良，故古者，木工谓之梓人。《考工记》曰，攻木之工，轮、舆、弓、庐、匠、车、梓。梓人为笋虡，为饮器，为侯。而《孟子》亦曰梓、匠、轮、舆也。朴，谓器之有质，而未成也。丹，《说文》曰，巴越之赤石也。雘，善丹也。涂丹雘者，涂以舟雘也。言国君之为监，以治民若农夫之考田而治之，既已勤于敷治之，而菑以杀草，使稂莠不得以乱其苗矣。则今唯当陈列修治，以为其疆畔畎垄也。《左氏传》曰"行无越思，如农夫之有畔"，为其疆畎，则百谷顺成，可以享有秋之利，而不至于相越也。若人之为室家，既勤立垣墉，而内外有限，可以御侵暴矣。则今唯当涂塈而茨盖之，使上栋下宇而风雨攸除也。若人之治梓材，以为器，既勤于斫削其朴，以成其质，则今唯当涂以丹雘，而为之藻饰也。当三叔之流言，而挟武庚以间王室，周公既已兴师动众，仗大义以讨之，取其凶残以行其天诛，既类乎田之敷菑，室之垣墉，梓材之朴斫矣。则康叔以殷之余民，即封于卫，唯当建立纪纲，修明典章，以维持藩饰。其国家也，则岂不类于疆畎、涂塈、丹雘之功哉。

苏氏曰，田既敷菑，室既垣墉，器既朴斫，则当因旧守成，而润色之，则不当复有建立涂治也。其言得之。先儒以稽田喻教化，以梓材喻礼义，而于室家则无说。夫周公以此三者取喻，而乃独区别其二，则其言不类矣。王氏曰，王者之造始，垦菑害，除荒秽，疆理天下，而作为典则，以授之诸侯，犹"敷菑""垣墉""朴斫"之勤也。诸侯嗣其功，而致饬以终之，陈修疆畎、涂塈茨、丹雘之比也。王氏之意以稽田喻除荒秽，室家喻疆理天下，梓材喻作为典章，区而分之，既非经之本意，而又谓王者造始，而诸侯终之，亦非其义也。此盖但以喻今当用德以治民，引养引恬而民自安，不当复如前日之用刑，以摩切之也。虽以三者设喻，而其意则一。正犹《说命》曰"若金，用汝作砺；若济巨川，用汝作舟楫；若岁大旱，用汝作霖雨"，皆是以喻高宗，必资傅说之纳诲，然后可以成其德也。而说者亦从而分别之，则过矣。此三篇之作，虽周公当摄政之日称王命以告之，而其实皆周公丁宁之辞。故《康诰》曰"朕其弟，小子封"，此篇曰"王启监，厥乱为民"，又曰"今王唯曰，先王既勤用明德"，又曰"唯王子子孙孙永保民"，盖当其诰之也，不可以不正君臣之分，故称"王若曰"，然辞意皆出于周公，故以弟呼康叔，又指王而言，非是曰王者，成王之自称也。王氏曰，成王自言必称王者，以《觐礼》考之，天子以正遇诸侯，则称王。此诰正教康叔以诸侯之事故也。其意以王为成王之自称，故为此说。然考之于《书》王自称，有曰予一人，有曰台小子，有曰予小子，未有自称王者。以王为成王之自称，非人情也。《春秋》文公元年书天王使毛伯来锡公命，或曰天王，或曰天子。故刘原父以为，有临天下之言焉,有临一国之言焉。夫春秋以一字为褒贬,则其有天王、天子之殊称。而刘原父为之说,识者尚以为訾矣。况于此篇,乃其诰戒之辞,而谓以政遇诸侯则其自称必曰王,恐无此理。先王之制,为诸侯列爵分土,以棋布于天下,盖欲其夹辅王室而已。故其春朝,以图天下之事;秋觐,以比邦国之功;夏宗,以陈天下之谟;冬遇,以协诸侯之虑。时会以发四方之禁,殷同以施天下之政,皆所以尽其藩臣之职,以尊天子。当其时,驱驰于道路,唯恐不及,凡以夹辅之职,所当然也。然苟无以怀之,而唯恃其威势,严刑峻令,以恐喝诸侯,则莫不解体,孰肯来享于王庭,以尽其夹辅之义哉?观《小雅·菀柳》之序曰《菀柳》刺幽王也。暴虐无亲,而刑罚不中,诸侯皆不欲朝,言王者之不可朝事也。唯幽王之暴虐,则诸侯皆无欲朝之志,以其无以怀之故也。故周公之告康叔,谓今成王言我文武先王受命以来,日夜忧勤,唯用明德以怀庶邦,为己夹辅也。勤用明德,则与"暴虐无亲"而刑罚不中者,不可同年而语矣。此庶邦所以莫不来享。而其来享也,则和协辑睦,若兄弟之亲,各以其方而来至于王庭也。夹,先儒音协,近也。"怀为夹",言怀远如近。不如王氏只如字读,以为"夹辅"之"夹"为简径。唯王之所以怀庶邦者,在于"用明德",则庶邦之来享,以述职于天子者,亦将尽用明德也。盖我不有以唱之,则彼恶得。而应之天子用德于上,以覆冒四海之内,诸侯相观而为善,亦用明德于下,以司牧其国家,则宽大优游之政,洋溢天下,而忠厚长者之风,自此丕变矣。此我先王之所以受命,以有天下也。后,谓今王也。《说文》曰,后,继体君也,象人之形,施令以告四方,唯后为继体之君。故知此"后"指今王也。唯先王之所以怀服,庶邦使之小大相比以永享者,其本在于"用明德",故今王继体而立,用此常道,以集庶邦。而庶邦亦将大享也。盖今王之集庶邦,既用先王之常道,则庶邦之来享,安得不尽如先王之世哉。"皇天既付中国民,越厥疆土于先王"者,言皇天尽以中国之民,付之于先王,而一民莫非其臣;尽以中国之疆土付之于先王,而尺地莫非其有。凡以先王之勤用明德而已。《孟子》曰"得天下有道,得其民,斯得天下矣。得其民有道,得其心,斯得民矣"。先王不尚刑罚而明明德于天下,则可以得其心;得其心则可以得其民;得其民则可以得天下。既以中国之民付之于先王,则疆土孰非其有哉。皇天之于先王，其眷顾之也如此。其至今王，将欲抚绥中国之民，奄有中国之疆土，以继先王之成绩，而永保皇天之休命，唯当"用明德，以和怿先后迷民"而已。迷民，谓殷之余民。先儒谓和悦先后天下迷愚之民。先后，谓教训。王氏曰，民迷则悖，欲使保乂之，当先以和。和，然后唯王之听；唯王之听，然后可以先后之，使不失道。苏氏曰，民迷失道，故先后之。此数说者，其论先后之义则同。予尝闻陈莹中谏议之说，谓"先迷民"者，纣之民也；后迷民者，武庚之民也。盖当纣之乱，殷罔不小大，好草窃奸宄，而纣又为天下逋逃主，萃渊薮，则其民之迷可谓甚矣。纣既灭，而其余民之尚存者，当武庚之叛，又皆蓄不轨之志，与之相挺而为乱。唯其前有纣，而后有武庚。此所以谓之"先后迷民"也。窃谓此说为胜于诸家。夫以纣之先后迷民，其恶积罪大，自他人观之，盖将以为刑罚之所剌裁，法令之所整齐，而后可以遏其奸心，非教化可得而渐摩也。而周公之意，则不然。故谓今王唯用德以"和怿"之，使之易直子谅之心，油然而生，则孰不迁善远罪哉？唯不忍鄙其民，而用德以和怿之，则是以先王之心为心。今王以先王之心为心，则皇王之眷顾，付畀于今王亦将如其所以眷顾付畀于先王，可以慰先王在天之灵矣。故曰"用怿先王受命"，言先王受命，以传子孙之意，于此而得故怿也。此篇盖欲康叔匿瑕含垢，不用刑罚，以安反侧之情。故以成王之言告之，谓先王"用明德"，则当时诸侯皆感之而"用明德"。今王既"唯德用"矣，汝康叔之爵，则诸侯也，当如何哉？故谓之曰，已矣！汝能若此而为监，则其意亦曰，欲其子子孙孙，世有爵土，虽万年而不绝也。汝以用明德之故，世享爵土万年而不绝，则可以永为王家之夹辅。汝既永为王家之夹辅，则王家之子子孙孙，亦将永保民，以有天下，万年而不绝也。《孝经》曰，"在上不骄，高而不危，制节谨度，满而不溢"。"高而不危"，所以长守贵也；"满而不溢"，所以长守富也。富贵不离其身，然后能保其社稷，而和其人民，盖诸侯之孝也。夫欲至于万年者，固诸侯之孝，然所以长守富贵者，必有道也。诸侯至于万年，独非王之福乎？故王可以永保民也。

苏氏谓，《大诰》《康诰》《酒诰》《梓材》，学者见其书纷然，若有杀伐之言，因为之说，曰《康诰》所戒大抵先言杀伐。予详考四篇之文，反复丁宁以杀为戒，专以不杀为德，故周有天下八百余年。后之王者以不杀享国；以好杀殃其身及其子孙者多矣。天、人之际，有不可尽必者。至于杀不杀之报，一一如符契可必也。而世主不以为监，小人又或附会六经，酝酿镌凿，以劝之杀，悲夫殆哉。予尝谓，此诚仁人之言也。盖自古小人将借邪说，以逞其志者，未有不以前世圣君贤相之事迹以为口实也。故有蓄异志而伐其君者，则必以汤武为口实；逞私臆以废其君者，则必以伊霍为口实。不独此也，言用兵者不言秦始皇，而言高宗之伐鬼方；言田猎者，不言太康，而言宣王之会东都。盖以始皇、太康之事而说其君，其君必不听也。始皇、太康，后世之所恶闻而羞称故也。以高宗、宣王而说人主，人主必将甘心焉。此小人托六经，以文奸言之常态也。如使此四篇之文，以杀罚为先，则后之欲严刑峻罚以持天下者，必将以此借口，则此四篇毋乃始作俑者乎？苏氏之言，其有功于教化者，此类也夫。

4. 《尚书讲义》卷十四《周书·梓材》

（宋）史浩撰

（归善斋按，原缺）

5. 《尚书详解》卷十九《周书·梓材》

（宋）夏僎撰

唯曰，若稽田，既勤敷菑，唯其陈修，为厥疆畎。若作室家，既勤垣墉，唯其涂墍茨；若作梓材，既勤朴斫，唯其涂丹雘。今王唯曰，先王既勤用明德，怀为夹。庶邦享作兄弟方来，亦既用明德。后式典，集庶邦丕享。皇天既付中国民，越厥疆土于先王肆，王唯德用，和怿先后迷民，用怿先王受命。已！若兹监，唯曰欲至于万年唯王，子子孙孙永保民。

成王上既告康叔，使以优游宽大之道，安慰商之顽民，言之不足，故此又托喻以见谓我之意。唯言曰，今汝康叔为监以治民，譬如稽田。稽，治也，谓治田也。前既以勤力遍布，菑去其草，谓如今之杀田也。而稂莠不能乱苗，今则唯当陈设其所以修治之事，谓粪壤之类。又为疆畔，如今田塍之类。为其沟畎，如今田间通水小沟之类。又如人之造室家，前既以勤力立其垣墙城墉，而内外有限，可以御侮，今则唯当涂墍，谓泥饰也。唯当茨盖也，谓盖屋也。又如人之治梓木之材以为器用，前既以勤力为柸朴而斫削之矣，今则唯当涂之丹腹以为之粉饰。腹，采色之名，有青色，有朱色。此言丹腹，朱色之腹也。此三节，盖谓三监挟武庚以间王室，周公既兴师仗义诛之，如田之敷菑，室之垣墉，梓材之朴斫矣。今康叔唯当修明典章，建立纲纪，以维持藩饰，则若疆畎、涂墍、丹腹之功也。苏氏谓，田既敷菑，室既垣墉，器既朴斫，唯当因旧守成，而润色之，不当复有建立图治。此说是也。王氏诸儒，皆每一节为说，以稽田喻除秽，室家喻疆理，梓材喻为典章，皆凿说也。既举此三节谕康叔，又继言"今王唯曰"，则此所谓今王果为谁哉？林少颖谓，此三篇之作，虽周公当摄政之日称王命以告之，而其实皆周公丁宁之辞。故《康诰》言朕其弟。此篇言"王启监"，"王唯曰"，"唯王子子孙孙永保民"者，盖当其告也，不可不正君臣之分，故称"王若曰"，然其意皆出于周公，故以弟呼康叔，又指王而言之也。此说极当。然则此所谓"今王唯曰"者，盖周公既称上三节以谕康叔，故举成王之意诰康叔，谓今日之意，唯言曰，先王文武之时，既勤用明德于上，以怀来庶邦，使为夹辅，故庶邦之朝享于下，亦皆相亲相比，如兄弟之密，方方而来，亦尽用明德。此意盖谓先王之时，上之为君，则以德覆冒天下；下之为诸侯，亦以德司牧其国家之间，皆任德而不任刑。此亦欲康叔唯德是用也，又继言"后式典集庶邦丕享"者，此"后"谓，成王也。周公谓成王言，先王之时，上下皆用德，今我后，唯法先王之旧典，合众邦大来享。上亦如先王之时，上下皆用明德也。所以如此者，以天既付中国民与其疆土于我先王，是一民莫非王臣，尺地莫非王土也，故我嗣王，唯当唯德是，用以和悦先后迷民。陈莹中谓，先迷民，纣之民也；后迷民，武庚之民也。盖先后迷民，久染恶化，不可以刑遽胁使从，唯以德化和协之，使之怡然自化。如此，则所行之政，仰合于先王，而先王之心安得不喜，此所以能慰悦于先王之受命也。周公既举成王之意详告康叔，故叹曰，已乎！今当如此监民，唯常自言，欲至万年之久，与王之子孙长永共保斯民而已。此"唯王"，如《禹贡》言"厥贡羽毛唯木"之"唯"同，谓羽毛及木也。然则此言，"欲至于万年，唯王子子孙孙永保民"者，盖谓之万年之久，及王之子孙共保所有之民也。

6.《增修东莱书说》卷二十一《周书·梓材第十三》

（宋）吕祖谦撰，（宋）石澜增修

唯曰，若稽田，既勤敷菑，唯其陈修，为厥疆畎。若作室家，既勤垣墉，唯其涂塈茨；若作梓材，既勤朴斲，唯其涂丹雘。

周公又举物理以谕康叔，如稽考田亩，既用力整理，而陈布修治矣，苟不为疆畎，必有水潦之侵，牛羊之践。又如作室家，既筑垣墉矣，苟不覆，盖必为风雨所飘摇；又如造器，既勤于朴斲矣，苟不加采饰，则朴斲之事亦徒然耳。梓材者，古人祭器多用梓木为之，故以《梓材》名篇，意谓国家基业，自太王、王季、文武艰难积累，周公复为之定乱，十已七八矣。今之所少，但欲堤防、覆盖、粉饰，如疆畎、塈茨、丹雘之类而已。康叔苟不抚摩，商之遗民复为变乱，则前日之艰难工夫，皆废矣。言命之之意至切也。

7.《尚书说》卷五《周书·梓材》

（宋）黄度撰

唯曰，若稽田，既勤敷菑，唯其陈修，为厥疆畎。若作室家，既勤垣墉，唯其涂塈茨；若作梓材，既勤朴斲，唯其涂丹雘。

稽，察也。自种至刈，皆有候察之必详。勤，劳；敷，布也。菑，除草；陈，列；修，治。为疆畔畎垄。若作室屋，勤立垣墉，必涂塈茨覆盖之。若梓人治材为器，勤朴治斲削，必当涂漆丹朱。事皆有次第，有始必有卒。始勤，终多怠，故戒之。

8.《絜斋家塾书钞》卷十一《周书·梓材》

（宋）袁燮撰
（归善斋按，原缺）

9.《书经集传》卷四《周书·梓材》

（宋）蔡沈撰

唯曰，若稽田，既勤敷菑，唯其陈修，为厥疆畎。若作室家，既勤垣埇，唯其涂塈茨；若作梓材，既勤朴斫，唯其涂丹雘。

塈，奇寄反。雘屋郭反。稽，治也。敷菑，广去草棘也。疆，畔也。畎，通水渠也。涂塈，泥饰也。茨，盖也。梓，良材可为器者。雘，采色之名。敷菑以喻除恶；垣墉以喻立国；朴斫以喻制度。武王之所已为也，疆畎、塈茨、丹雘，则望康叔以成终云尔。

10.《尚书精义》卷三十六《周书·梓材》

（宋）黄伦撰

（归善斋按，原缺）

11.《尚书详解》卷三十一《周书·梓材》

（宋）陈经撰

唯曰，若稽田，既勤敷菑，唯其陈修，为厥疆畎。若作室家，既勤垣墉，唯其涂塈茨；若作梓材，既勤朴斫，唯其涂丹雘。

成王设此三事以谕康叔，其大意则一而已，言之不能已，唯恐康叔之未悟，故以一物喻之为未足，又以一物喻之。譬之稽考田亩，然既勤劳敷布，而菑治之矣，苟不能陈力以修之，为之疆界亩垄，则有水潦之害，而稽田之功不能终。譬之作室家，然既勤于为垣为墉，筑墙于外，以防寇盗，如此则谨密矣，苟不能涂塈以饰之，茨以盖覆之，则震风凌雨为害，而作室之功不能终。又譬之作梓材。然梓人治材，既勤于为朴斫而雕刻之，成其器矣，苟不能丹雘以饰之，则久而易坏，梓材之功，亦不能终。凡此皆是，有以治之于其始，必须有以成之于其终。卫国之民，前日文武艰难积累，开此土宇以致之，若今康叔不能成终，无教化以调和其民，润饰其治，以为他日无穷之计，使卫国之民再为乱，则前日之事，皆为之坏此，是成王、周公深谋远虑，不但为苟且偷安之计而已。

12.《融堂书解》卷十二《周书·梓材》

（宋）钱时撰

（归善斋按，原缺）

13. 《尚书要义》

（宋）魏了翁撰

（归善斋按，原缺）

14. 《书集传或问》卷下《梓材》

（宋）陈大猷撰

（归善斋按，未解）

15. 《尚书详解》卷八《周书·梓材第十三》

（宋）胡士行撰

唯曰若（如）稽（考治土宜）田，既勤（用力）敷（开布）菑（去草），唯其陈（陈设）修（修治粪壤之类），为厥疆（畔塍所以蓄水）畎（沟所以泻水）。若作室家，既勤垣（卑墙）墉（高墙），唯其涂（泥）墍（仰涂）茨（盖）；若作梓材（梓木之良材），既勤朴（坯略治）斫（详治），唯其涂（漆）丹（朱）雘（彩饰）。

既勤喻前人创业之难也。唯其喻今日嗣业之不可不成其终也。吕云，周自大王、王季、文武积累，周公复为定乱，十已八九，今所少者，堤防、覆盖、粉饰而已。康叔苟不抚摩，余民复为变乱，前功皆废矣。命之之意至切也。

16. 《书纂言》卷四上《周书·梓材》

（元）吴澄撰

（归善斋按，见后文"王唯德用，和怿先后迷民，用怿先王受命"）

17. 《书集传纂疏》卷四下《朱子订定蔡氏集传·周书·梓材》

（元）陈栎撰

唯曰，若稽田，既勤敷菑，唯其陈修，为厥疆畎。若作室家，既勤垣墉，唯其涂墍茨；若作梓材，既勤朴斫，唯其涂丹雘。

稽，治也。敷菑，广去草棘也。疆，畔也。畎，通水渠也。涂塈，泥饰也。茨，盖也。梓，良材可为器者。雘，采色之名。敷菑以喻除恶；垣墉以喻立国；朴斫以喻制度。武王之所已为也，疆畎、塈茨、丹雘，则望康叔以成终云尔。

纂疏：

梓材有可疑者，如稽田、垣墉之喻，却与"无胥戕，无胥虐"之类不相似。"欲至于万年唯王子子孙孙永保民"，却又似《洛诰》之文。

陈氏大猷曰，敷，开垦也。

《尔雅》田一岁曰菑。菑，始去草也。《周礼》广尺深尺，曰畎。

马氏曰，卑曰垣，高曰墉。

《说文》塈，仰涂也。

范甯曰，茨，茅，盖屋也。

陈氏曰，具粗曰朴，致巧曰斫。

唐孔氏曰，雘，采色名，有青，有朱。丹雘，则朱色者。

愚谓三者之譬，谓武王既尽劳以始之，叔当因旧成，就润饰以终之，不可变成规，而隳前功也。

18. 《读书丛说》卷六《梓材》

（元）许谦撰

（归善斋按，未解）

19. 《书传辑录纂注》卷四《周书·梓材》

（元）董鼎撰

唯曰，若稽田，既勤敷菑，唯其陈修，为厥疆畎。若作室家，既勤垣墉，唯其涂塈茨；若作梓材，既勤朴斫，唯其涂丹雘。

稽，治也。敷菑，广去草棘也。疆，畔也。畎，通水渠也。涂塈，泥饰也。茨，盖也。梓，良材可为器者。雘，采色之名。敷菑以喻除恶；垣墉以喻立国；朴斫以喻制度。武王之所已为也，疆畎、塈茨、丹雘，则望康叔以成终云尔。

辑录：

《梓材》一篇，有可疑者，如稽田、垣墉之喻，却与"无胥戕无胥虐"之类不相似，以至于"欲至于万年唯王，子子孙孙永保民"，却又似《洛诰》之文，乃臣戒君之辞，非《酒诰》语也。個。

纂注：

苏氏曰，敷，治也。

陈氏大猷曰，敷，开垦也。

《尔雅》田一岁曰菑。孙炎曰，菑，始去草也。

孔氏曰，陈，列；修，治；疆，畔也。《左传》"如农之有畔"。《说文》畎，水小流也。《周礼》匠人为沟洫，广尺深尺曰畎。

孔氏曰，垣，墙也。马氏曰，卑曰垣，高曰墉。《说文》墍，仰涂也。

《谷梁传》"焚雍门之茨"，范甯注，茨，谓茅盖屋也。

陈氏大猷曰，具粗曰朴，致巧曰斫。

唐孔氏曰，雘，是采色之名，有青有朱，丹雘则是朱色者。

20.《尚书句解》卷八《周书·梓材第十三》

（元）朱祖义撰

唯曰（成王又谓我意唯曰），若稽田（今康叔为君监民，譬如治田），既勤敷菑（前既以勤力遍布，菑去其草，而稂莠不能害苗），唯其陈修（今唯当陈设其所修治之事，如粪壤之类），为厥疆畎（又为其疆畔，如田塍之类。为其沟畎如田间通水小沟之类，康叔可不体此稽田之义务，除商民之秽恶，分而正之，使善恶不得混处者乎）。

21.《尚书日记》卷十一《周书·梓材》

（明）王樵撰

"唯曰若稽田"至"唯其涂丹雘"。

稽，治也。敷菑，广去草也。陈，列；修，治；疆，畔也。《传》曰"如农之有畔"。畎，通水沟也。卑曰垣，高曰墉。涂，泥饰也。墍，布涂也。茨，苫也。梓，良材可为器者。木素曰朴。雘，采色之名，有青有朱。涂以漆，丹以朱。蔡氏曰，敷菑以喻除恶，垣墉以喻立国，朴斫以喻制度。武王之所已为也，疆畎、暨茨、丹雘，则望康叔以成终云尔。按，除恶、立国、制度，皆就卫国，言成终，各有其事，非指上文之事也。

22.《日讲书经解义》卷八《周书·梓材》

（清）库勒纳等撰

唯曰，若稽田，既勤敷菑，唯其陈修，为厥疆畎。若作室家，既勤垣墉，唯其涂塈茨；若作梓材，既勤朴斫，唯其涂丹雘。

此一节书，是武王望康叔以成终之道也。稽，治也。敷菑，广去草棘也。疆，畔也。畎，通水之沟。涂塈，泥饰也。茨，苫盖也。梓材，梓木良材，可为器用者。雘，采色之名。武王曰，国家之事创始者难，而缵成者亦不易。今日封尔于卫，凡除残去暴，我已为之于前矣。若治田者，然既广去其稂莠，有可耕之地，尤望后之人陈列修为，治其田畔之疆，与通水之畎，而后田功可成也。若此，则彰善瘅恶，以防范于无穷者，非汝责哉。凡建邦启宇，我已为之于前矣，若作室者，然既修治其墙垣，有可立之基，尤望后之人，加涂饰之功，谋覆盖之具，而后家室可成也。若此则培基固本，以永奠于不拔者，非汝责哉？凡立纲陈纪，我已为之于前矣，如作器者，然既得良材而朴以治其粗，斫以尽其巧，有可用之器，尤望后之人加文采丹雘之饰，而后器用可成也，若此则润色恢弘，以永传于无弊者，非汝责哉？汝其无忘前人之勤，而成厥终焉可也。自古前王创造，必赖后王善继善述，以光大其绪。非成康，则周道不隆；非文景，则汉业不光。守成之难，不必异于开创。知其难而图之，安敢一日忘增修式廓之功哉？

《书蔡氏传旁通》卷四下《周书·梓材》

（元）陈师凯撰

敷菑，广去草棘也。敷，广也。

《尔雅》云，田一岁曰菑。郭璞云，江东呼初耕地反草为菑。

畎通水渠也。

周礼匠人为沟洫广尺深尺曰畎。

《书义断法》卷四《周书·梓材》

(元) 陈悦道撰

唯曰，若稽田，既勤敷菑，唯其陈修，为厥疆畎。若作室家，既勤垣墉，唯其涂塈茨；若作梓材，既勤朴斫，唯其涂丹臒。

稽，治；敷菑，广去草也。疆，畔；畎，渠也。涂塈，泥饰也。梓，良材可为器也。臒，彩色也。武王之封康叔，于三篇告戒之。终而喻以三者农工之事，若分而言之，则敷菑以喻除恶；垣墉以喻立国；朴斫以喻制度。武王之所已为也，疆畎、塈茨、丹臒，则望康叔以成终云耳。若合而言之，则封国之初，先欲除恶之广；诸恶既除，在于立国之坚，然后正其制度纪纲，加以修饰润色，而治国之道终矣，此又一节深于一节，而是书之所以长于譬喻也。

若作室家，既勤垣墉，唯其涂塈茨

1. 《尚书注疏》卷十三《周书》

(汉) 孔氏传，(唐) 陆德明音义，(唐) 孔颖达疏

若作室家，既勤垣墉，唯其涂塈茨。

传，如人为室家，已勤立垣墙，唯其当涂塈茨盖之。

音义，垣，音袁。墉，音庸，马云，卑曰垣，高曰墉。塈，徐许气反，《说文》云，仰涂也；《广雅》云涂也；马云垩色，一音故爱反。茨，徐在私反。

疏，正义曰，又若人为室家，已勤力立其垣墉，又当唯其涂而塈饰茨盖之，功乃成也。

2. 《书传》卷十三《周书》

(宋) 苏轼撰

若作室家，既勤垣墉，唯其涂塈茨。

涂塈，墐饰之也。茨，苫盖也。

3.《尚书全解》卷二十九《周书·梓材》

（宋）林之奇撰

（归善斋按，见后文"唯曰，若稽田，既勤敷菑，唯其陈修，为厥疆畎"）

4.《尚书讲义》卷十四《周书·梓材》

（宋）史浩撰
（归善斋按，原缺）

5.《尚书详解》卷十九《周书·梓材》

（宋）夏僎撰
（归善斋按，见"唯曰，若稽田，既勤敷菑，唯其陈修，为厥疆畎"）

6.《增修东莱书说》卷二十一《周书·梓材第十三》

（宋）吕祖谦撰，（宋）石澜增修
（归善斋按，见"唯曰，若稽田，既勤敷菑，唯其陈修，为厥疆畎"）

7.《尚书说》卷五《周书·梓材》

（宋）黄度撰
（归善斋按，见"唯曰，若稽田，既勤敷菑，唯其陈修，为厥疆畎"）

8.《絜斋家塾书钞》卷十一《周书·梓材》

（宋）袁燮撰
（归善斋按，原缺）

9.《书经集传》卷四《周书·梓材》

（宋）蔡沈撰
（归善斋按，见"唯曰，若稽田，既勤敷菑，唯其陈修，为厥疆畎"）

10. 《尚书精义》卷三十六《周书·梓材》

(宋) 黄伦撰

(归善斋按，原缺)

11. 《尚书详解》卷三十一《周书·梓材》

(宋) 陈经撰

(归善斋按，见"唯曰，若稽田，既勤敷菑，唯其陈修，为厥疆畎")

12. 《融堂书解》卷十二《周书·梓材》

(宋) 钱时撰

(归善斋按，原缺)

13. 《尚书要义》

(宋) 魏了翁撰

(归善斋按，原缺)

14. 《书集传或问》卷下《梓材》

(宋) 陈大猷撰

(归善斋按，未解)

15. 《尚书详解》卷八《周书·梓材第十三》

(宋) 胡士行撰

(归善斋按，见"唯曰，若稽田，既勤敷菑，唯其陈修，为厥疆畎")

16. 《书纂言》卷四上《周书·梓材》

(元) 吴澄撰

(归善斋按，见"王唯德用，和怿先后迷民，用怿先王受命")

17. 《书集传纂疏》卷四下《朱子订定蔡氏集传·周书·梓材》

（元）陈栎撰

（归善斋按，见"唯曰，若稽田，既勤敷菑，唯其陈修，为厥疆畎"）

18. 《读书丛说》卷六《梓材》

（元）许谦撰

（归善斋按，未解）

19. 《书传辑录纂注》卷四《周书·梓材》

（元）董鼎撰

（归善斋按，见"唯曰，若稽田，既勤敷菑，唯其陈修，为厥疆畎"）

20. 《尚书句解》卷八《周书·梓材第十三》

（元）朱祖义撰

若作室家（又如人之作室家），既勤垣墉（前既勤力立垣墙城墉，而内外有限，可以御侮），唯其涂塈茨（今唯当涂塈泥饰，唯当茨盖。康叔体此作室之义，经理疆域，申昼郊圻，犹恐有如徐夷、淮奄相煽成乱）。

21. 《尚书日记》卷十一《周书·梓材》

（明）王樵撰

（归善斋按，见"唯曰，若稽田，既勤敷菑，唯其陈修，为厥疆畎"）

22. 《日讲书经解义》卷八《周书·梓材》

（清）库勒纳等撰

（归善斋按，见"唯曰，若稽田，既勤敷菑，唯其陈修，为厥疆畎"）

《书义断法》卷四《周书·梓材》

（元）陈悦道撰

（归善斋按，见"唯曰，若稽田，既勤敷菑，唯其陈修，为厥疆畎"）

《书蔡氏传旁通》卷四下《周书·梓材》

（元）陈师凯撰

涂塈，泥饰也。

《说文》云，塈，仰涂也。茨，盖也。

《谷梁传》注云，茨，谓茅盖屋也。梓，良材。梓，木名。雘，采色之名。

正义云，雘是采色之名，有青色者，有朱色者。郑玄引《山海经》云，青丘之山，多有青雘。此经知是朱者，与丹连文故也。

朴斫，以喻制度。

陈东斋云，具粗曰朴，致巧曰斫。

若作梓材，既勤朴斫，唯其涂丹雘

1. 《尚书注疏》卷十三《周书》

（汉）孔氏传，（唐）陆德明音义，（唐）孔颖达疏

若作梓材，既勤朴斫，唯其涂丹雘。

传，为政之术，如梓人治材为器，已劳力朴治斫削，唯其当涂以漆丹，以朱而后成，以言教化亦须礼义然后治。

音义，朴，普角反，马云未成器也。斫，丁角反。雘，在略反，徐乌郭反，马云善丹也。《说文》云读与"霍"同也，又一郭反。《字林》音同。

疏，正义曰，又若梓人治材为器，已劳力朴治斫削其材，唯其当涂而丹漆以朱雘，然后成。以喻人君为政之道，亦劳心施政，除民之疾，又当

唯其饰以礼义，使之行善，然后治。

传，正义曰，此三者，事别而喻同也。先远而类疏者，乃渐渐以事近而切者次之，皆言既勤于初，乃言修治于末，明为政孜孜，因前基而修，使善垣墉故也，皆详而复言之。室器皆云其事终，而考田止言疆畎，不云刈获者，田以一种，但陈修终至收成，故开其初，与下二文互也。二文皆言致，即古涂字，明其终而涂饰之。其室言涂墍，墍亦涂也，不是以物涂之茨，谓盖覆也。器言涂丹雘，涂、丹，皆饰物之名，谓涂丹以朱雘。雘是彩色之名，有青色者，有朱色者。故郑玄引《山海经》云青丘之山，多有青雘。此经知是朱者，与丹连文故也。

2. 《书传》卷十三《周书》

（宋）苏轼撰

若作梓材，既勤朴斫，唯其涂丹雘。

梓，良材，可为器者。丹雘，胶漆五采也。田既敷菑，室既垣墉，器既朴斫，则当因旧守成，而润色之，不当复有所建立除治也。以言康叔既已立国定位，不当复有所斩艾斫削也。

3. 《尚书全解》卷二十九《周书·梓材》

（宋）林之奇撰

（归善斋按，见"唯曰，若稽田，既勤敷菑，唯其陈修，为厥疆畎"）

4. 《尚书讲义》卷十四《周书·梓材》

（宋）史浩撰

（归善斋按，原缺）

5. 《尚书详解》卷十九《周书·梓材》

（宋）夏僎撰

（归善斋按，见"唯曰，若稽田，既勤敷菑，唯其陈修，为厥疆畎"）

6. 《增修东莱书说》卷二十一《周书·梓材第十三》

(宋) 吕祖谦撰,(宋) 石澜增修
(归善斋按,见"唯曰,若稽田,既勤敷菑,唯其陈修,为厥疆畎")

7. 《尚书说》卷五《周书·梓材》

(宋) 黄度撰
(归善斋按,见"唯曰,若稽田,既勤敷菑,唯其陈修,为厥疆畎")

8. 《絜斋家塾书钞》卷十一《周书·梓材》

(宋) 袁燮撰
(归善斋按,原缺)

9. 《书经集传》卷四《周书·梓材》

(宋) 蔡沈撰
(归善斋按,见"唯曰,若稽田,既勤敷菑,唯其陈修,为厥疆畎")

10. 《尚书精义》卷三十六《周书·梓材》

(宋) 黄伦撰
(归善斋按,原缺)

11. 《尚书详解》卷三十一《周书·梓材》

(宋) 陈经撰
(归善斋按,见"唯曰,若稽田,既勤敷菑,唯其陈修,为厥疆畎")

12. 《融堂书解》卷十二《周书·梓材》

(宋) 钱时撰
(归善斋按,原缺)

13.《尚书要义》

（宋）魏了翁撰

（归善斋按，原缺）

14.《书集传或问》卷下《梓材》

（宋）陈大猷撰

（归善斋按，未解）

15.《尚书详解》卷八《周书·梓材第十三》

（宋）胡士行撰

（归善斋按，见"唯曰，若稽田，既勤敷菑，唯其陈修，为厥疆畎"）

16.《书纂言》卷四上《周书·梓材》

（元）吴澄撰

（归善斋按，见后文"王唯德用，和怿先后迷民，用怿先王受命"）

17.《书集传纂疏》卷四下《朱子订定蔡氏集传·周书·梓材》

（元）陈栎撰

（归善斋按，见"唯曰，若稽田，既勤敷菑，唯其陈修，为厥疆畎"）

18.《读书丛说》卷六《梓材》

（元）许谦撰

（归善斋按，未解）

19.《书传辑录纂注》卷四《周书·梓材》

（元）董鼎撰

（归善斋按，见"唯曰，若稽田，既勤敷菑，唯其陈修，为厥疆畎"）

20. 《尚书句解》卷八《周书·梓材第十三》

（元）朱祖义撰

若作梓材（又如人治梓木之材，以为器用），既勤朴斫（前既勤力为朴扑而斫削之矣。朴，朴），唯其涂丹雘（今唯当涂朱色之雘，以为之采饰。康叔可不体此梓材之理，修明典章，建立纲纪，以维持播饰其治道乎？雘，乌郭反）。

21. 《尚书日记》卷十一《周书·梓材》

（明）王樵撰

（归善斋按，见"唯曰，若稽田，既勤敷菑，唯其陈修，为厥疆畎"）

22. 《日讲书经解义》卷八《周书·梓材》

（清）库勒纳等撰

（归善斋按，见"唯曰，若稽田，既勤敷菑，唯其陈修，为厥疆畎"）

《书义断法》卷四《周书·梓材》

（元）陈悦道撰

（归善斋按，见"唯曰，若稽田，既勤敷菑，唯其陈修，为厥疆畎"）

《读书管见》卷下《梓材》

（元）王充耘撰

涂丹雘

是三字，"涂"之、"丹"之、"雘"之，与涂、暨、茨义同。

今王唯曰：先王既勤用明德，怀为夹

1. 《尚书注疏》卷十三《周书》

（汉）孔氏传，（唐）陆德明音义，（唐）孔颖达疏

今王唯曰，先王既勤用明德，怀为夹。

传，言文、武已勤用明德，怀远为近，汝治国当法之。

音义，夹，音协，近也。

疏，正义曰，此戒康叔已满三篇。其事将终，须有总结，因其政术，言法于明王，上下相承，资以成治，故称今者王命，唯告汝曰，先王文、武，在于前世已自勤用明德，招怀远人，使来以为亲近也。

传，正义曰，言先王，知谓文、武也。夹者，是人左右而夹之，故言近也。

《尚书注疏》卷十三《考证》

今王唯曰。

吴棫辨此篇，自"王启监"以下，即非《梓材》本文。朱子谓《梓材》一篇，半似《洛诰》。蔡沈曰，自"今王唯曰"以下，若人臣进戒之辞，与周公召公之言，若出一口意者，此篇出于编简断烂之中，编书者误次其后欤。臣召南按，《康诰》三篇，古今文所共有，若言伏生误记，则安国校壁中所得者，当正其讹。若言壁中竹简淆杂，则伏生先时不应即与相合。《康诰》之首即言作洛，《梓材》之末又似告君，此亦千古不决之疑也。

2.《书传》卷十三《周书》

（宋）苏轼撰

今王唯曰，先王既勤用明德，怀为夹。

夹，近也。怀远为近也。

3.《尚书全解》卷二十九《周书·梓材》

（宋）林之奇撰

（归善斋按，见"唯曰，若稽田，既勤敷菑，唯其陈修，为厥疆畎"）

4.《尚书讲义》卷十四《周书·梓材》

（宋）史浩撰

（归善斋按，原缺）

5.《尚书详解》卷十九《周书·梓材》

(宋)夏僎撰
(归善斋按,见"唯曰,若稽田,既勤敷菑,唯其陈修,为厥疆畎")

6.《增修东莱书说》卷二十一《周书·梓材第十三》

(宋)吕祖谦撰,(宋)石澜增修

今王唯曰,先王既勤用明德,怀为夹。庶邦享作兄弟方来,亦既用明德,后式典,集庶邦丕享。皇天既付中国民,越厥疆土于先王肆,王唯德用,和怿先后迷民,用怿先王受命。已!若兹监。

周公举成王之意申告康叔,先王既"勤用明德"矣,文王"徽柔懿恭","不遑暇食",皆"勤用明德"之事也。唯先王既勤用明德以抚绥怀养,故诸侯皆来协力以终此事。今成王方专以德安和慰抚先后迷惑之民,使之皆归王化,用能慰先王之受命。盖先王大业十已七八。观"皇天既付中国民"可见矣。所少者"迷民"未安耳,是周家之所欠缺,正在康叔也。康叔于此,苟不同心协力,安慰迷民,其何以安慰先王所受命乎?已者,发语之辞。监,则呼封康叔以言也。

7.《尚书说》卷五《周书·梓材》

(宋)黄度撰

今王唯曰,先王既勤用明德,怀为夹。庶邦享作兄弟方来,亦既用明德,后式典,集庶邦丕享。皇天既付中国民,越厥疆土于先王。

"今王唯曰,先王文武既勤用明德",绥怀四方。夹,音协,字当作挟。古字省,或脱,谓挟而有之。《诗》"使不挟四方"。庶邦皆朝享,作兄弟之国,四方来王,今亦既用明德作元后,用典礼集会,庶邦大享。周公作洛,四方民大和会,故云是则,皇天全付中国民于其先王,有指疆土诚广大矣。肆,大也。或曰"肆"字当下属。此言周得天下,正如稽田、作室,陈力在前,事今日成,务当有以终之。

8.《絜斋家塾书钞》卷十一《周书·梓材》

(宋)袁燮撰

(归善斋按，原缺)

9.《书经集传》卷四《周书·梓材》

(宋)蔡沈撰

今王唯曰，先王既勤用明德，怀为夹。庶邦享，作兄弟方来，亦既用明德，后式典，集庶邦丕享。

夹，音协。先王，文王、武王也。夹，近也。怀远为近也。兄弟，言友爱也。《泰誓》曰"友邦冢君"。方来者，方方而来也。既，尽也。先王尽勤用明德，而怀来于上；诸侯亦尽用明德，而视效于下也。后，后王也。式，用也。典，旧典也。集，和辑也。此章以后，若臣下进戒之辞，疑简脱误于此。

10.《尚书精义》卷三十六《周书·梓材》

(宋)黄伦撰

(归善斋按，原缺)

11.《尚书详解》卷三十一《周书·梓材》

(宋)陈经撰

今王唯曰，先王既勤用明德，怀为夹。庶邦享作兄弟方来，亦既用明德。后式典，集庶邦丕享。皇天既付中国民，越厥疆土于先王，肆王唯德用，和怿先后迷民，用怿先王受命。已！若兹监，唯曰，欲至于万年唯王，子子孙孙永保民。

"今王唯曰"又更端告之。先王，指文、武也。文王、武王勤用明德，怀来诸侯以为夹辅。所谓文、武以明德怀诸侯者，聪明齐圣之德，照临其上；四方诸侯有所观感，故庶邦之享上。"作兄弟方来"，多率其邻国诸侯，如兄弟之义，方方而来。亦既用明德以享上，《书》曰"享多仪，仪不及物，唯曰不享"。"亦既用明德"者，见当时诸侯精白一心，以承休德，所享之物，皆其诚心所寓，德之所寓也。文武以明德怀诸侯，诸侯亦以明德而享天子。君臣上下，一皆以明德为主，岂有他哉？后者，后之为君者，指继体而言也。后之为君，亦当法前人之意。式，用也，用先王之常法，以集庶邦。庶邦亦皆以丕丕来享上，如诸侯之享文、武，亦既用明德也。成王之意欲康叔之治卫，能抚安新造之邦，涵养斯民，则享上之明德，亦莫过于此矣。皇天既以中国之民而付我先王，又以疆土之大，而畀我先王。肆，大也。天生民，而立之君，以司牧之。所以将中国之民与疆土之大，而畀之先王，必有望于我先王也。今成王能用是德，不以刑为用。盖德者，君民之所同得也。成王用德以和怿其民，而先之后之，左右辅翼之，使之顺其常性，而趋于和怿之地。民既怿，则先王所受命于天者，亦可以少慰矣。盖先王所有之民，皆其受命于天者。后之人君，能以德怿其民，则亦可以怿其先王；不以德怿其民，则先王之心何如哉？亦为之不满矣。已，矣乎。"若兹监"，汝康叔监于侯国，亦若此而已，言当体成王用德之心可也。"唯曰欲至于万年唯王，子子孙永保民"，成王与之相期于长久，以为我非止为一时计也，为万世子孙保民之计。商民之安危，实系周家之利害。商民安，则周家之业可以久。我之所以望于康叔者，如此其无穷，则康叔之治卫，亦当有以副商民之望也。昔者，三代之王，君臣常欲为子孙无穷之计。若曰"唯乃世王"；若曰"公其以予万亿年"。以至鼎铭之类，皆欲为子孙永世之宝。宜若其用心之私也，而其实则公也。吾子孙长享百世，则百世之民安。享千世，则千世之民安。安吾之子孙者，所以安吾民也。此其心之所以公也。秦皇欲自一世二世，至于万世，虽与三代之王所愿欲者亦无以异，殊不知三代之王，以其身为天下之公，而秦以天下为一己之私。此其所以异也。读《康诰》《酒诰》《梓材》三篇之书，足以见周家之忠厚，所以治乱民如此，其不苟也。卒之康叔，遗化及于卫国，柏舟之仁人，凯风之孝子，干旄之好善，后世有歌卫风，而知康叔之德者，则知康叔之治卫，其遗风余俗，犹见于《春秋》之世。况在当时者乎？学者欲知卫国之风，当知根本于此三篇之书。

12. 《融堂书解》卷十二《周书·梓材》

（宋）钱时撰

（归善斋按，原缺）

13. 《尚书要义》

（宋）魏了翁撰

（归善斋按，原缺）

14. 《书集传或问》卷下《梓材》

（宋）陈大猷撰

或问，荆公谓，德有昏有明，自其知、不知言之，则曰昏，曰明。晦庵《大学》注，在"明明德"，亦以心之虚灵知觉，为明德。子独以明德为德本明，何也？曰，二君子说明德，大概皆以智言之。夫明德，固本于智，然亦非"智"之一端所能尽。若止以智言，则所谓仁义礼智，皆非明德乎？《书》所谓"先王勤用明德"，"明德唯馨"，"克谨明德"。《左氏传》所称"美哉！禹功明德远矣"，岂可独指以为"智"言哉。盖德根于一性，本自光明，以言其仁，则恻隐博爱，昭然不可蔽，而非含煳姑息以为爱也；以言其义，则是非取舍，显然不可乱，而非鹘突苟且以为宜也；以言其礼，则辞逊节文，截然不可紊，而非足恭苟逊以为礼也；以言其智，则洞达莹彻，而非料度臆察以为智也。是所谓"明德"也。至其蔽于物欲，则其明德始昏，故恻隐博爱之不明，则蔽而为残忍刻剥矣；羞恶取舍之不明，则蔽而为贪冒无耻矣；辞逊节文之不明，则蔽而为傲慢骄吝矣；是非可否之不明，则蔽而为愚懵愦瞀矣，是以为昏德。

15. 《尚书详解》卷八《周书·梓材第十三》

（宋）胡士行撰

今王唯曰，先王（文、武）既勤用（"徽柔懿恭"，"不遑暇食"）明德，怀（怀抚诸侯）为夹（为夹辅）。庶邦享（来朝）作（如）兄弟（亲密）方（万方）来，亦既（尽）用明德（文武以德先，诸侯以德应），后（成王为元后）式（用）典（文、武旧典），集（合）庶邦丕（大）享。皇天既付（托）中国（礼乐法度之区）民，越厥疆土于先王肆（大也，一民莫非其臣，则尺地莫非其有）。王（今王）唯（专）德用，和（调）怿（悦）先（挽）后（推）迷民（商民未感周化），用怿（悦）先王受命（天付民之命）。

此以实前既勤唯其之论也。先王既勤德，以怀庶邦矣，今王可不式典以益集之乎。唯皇天以中国民托之先王，以其用德之勤故也。于中国民之中，有迷民焉。天与先王之意，必不怿矣。今王得不纯于任德，以和怿迷民者，而怿先王受命乎？一云，先迷民，纣之民；后迷民，武庚之民。

16.《书纂言》卷四上《周书·梓材》

（元）吴澄撰

（归善斋按，见"皇天既付中国民，越厥疆土于先王"）

17.《书集传纂疏》卷四下《朱子订定蔡氏集传·周书·梓材》

（元）陈栎撰

今王唯曰，先王既勤用明德，怀为夹。庶邦享作兄弟方来，亦既用明德，后式典，集庶邦丕享。

先王，文王、武王也。夹，近也。怀远为近也。兄弟，言友爱也。《泰誓》曰"友邦冢君"。方来者，方方而来也。既，尽也。先王尽勤用明德，而怀来于上；诸侯亦尽用明德，而视效于下也。后，后王也。式，用也。典，旧典也。集，和辑也。此章以后，若臣下进戒之辞，疑简脱误于此。

纂疏：

唐孔氏曰，夹者，人左右而夹之，故言近。夹，音协。

左氏以夹辅周室。音甲。

陈氏曰，人心尊君、亲上、之天，唯用明德，足以感动之。

愚谓，自此以后，朱子既以为他书错简误缀在此，则解说者，不当复以为武王命康叔，只云臣告君可也。

18.《读书丛说》卷六《梓材》

（元）许谦撰

（归善斋按，未解）

19.《书传辑录纂注》卷四《周书·梓材》

（元）董鼎撰

今王唯曰，先王既勤用明德，怀为夹。庶邦享作兄弟方来，亦既用明德，后式典，集庶邦丕享。

先王，文王、武王也。夹，近也。怀远为近也。兄弟，言友爱也。《泰誓》曰"友邦冢君"。方来者，方方而来也。既，尽也。先王尽勤用明德，而怀来于上；诸侯亦尽用明德，而视效于下也。后，后王也。式，用也。典，旧典也。集，和辑也。此章以后，若臣下进戒之辞，疑简脱误于此。

纂注：

唐孔氏曰，夹者，是人左右而夹之，故言近。夹，音协。《左传》以夹辅周室。夹，音甲。

陈氏曰，人心尊君、亲上、之天，唯用明德，足以感动之。怀来诸侯，为己夹辅。庶邦享上，亲若兄弟，各以其方而来。其来享也，亦皆尽用明德，非勉强而然也。式，法也。用明德，则先王之典也。后王式典，法先王之用明德而已，如是则集庶邦丕享矣。前之"庶邦享"，未尽"丕享"。今曰"丕享"，则无乎不享也。

新安胡氏曰，朱子既谓自此章以后，为他书错简误缀于此，则不当复以武王命康叔解之，只作臣告君之辞可也。

20.《尚书句解》卷八《周书·梓材第十三》

（元）朱祖义撰

今王唯曰（周公又谓成王之意唯曰），先王既勤用明德（先王文、武，既已勤用明德于上），怀为夹（怀来诸侯，使为夹辅）。

21.《尚书日记》卷十一《周书·梓材》

(明) 王樵撰

"今王唯曰，先王既勤用明德"至"庶邦丕享"。

此以下人臣进戒之辞，与前不相蒙。音义曰，夹，音协也。正义曰，夹者，是人左右而夹之，故言近也。《易》曰"地上有水"。比先王以建万国，亲诸侯取象于比之意，欲其情义，足以相维系而不散也。所谓"怀为夹，作兄弟方来"者也，先王用何道？曰明德而已，比之九五，曰显比。言显明其比道，如接之以礼，待之以诚。上以德，而显比于下，下亦以德，而亲比于上。修其职贡，方方而来，孰敢有贰者哉。周德衰而比道不光。昭王见侮于南国；穆王之世，荒服不至；夷王下堂而见诸侯，而诸侯不来。故诸侯之向背，卜王室之盛衰。王室之监衰，视吾德之修否而已。"后式典，集庶邦丕享"，有周大臣，当其全盛之时，而豫以进戒，其见远矣哉。

先王之怀诸侯，诸侯之享于王，皆曰"用明德"者，先王只是修德勤政，待诸侯以礼，朝聘以时，一明德以抚御；而诸侯自然服从，非有他道也。曰"勤用"者，见其孜孜不怠之意。诸侯亦只是谨侯度，事王室以诚，奉职贡无懈，一明德以为享，而上下自然交亲，亦非有他道也。曰"既用"者，见其无间之意。后，后王也。后，即是"君"字，非"先后"之"后"。典，即先王怀诸侯之事。"式典集"，即所谓"用明德怀为夹"也。"庶邦丕享"，谓"作兄弟方来"，亦如先王之时矣。

22.《日讲书经解义》卷八《周书·梓材》

(清) 库勒纳等撰

今王唯曰，先王既勤用明德，怀为夹。庶邦享作兄弟方来，亦既用明德后式典，集庶邦丕享。

此以下，皆周臣进戒嗣王之词，简编错乱，误缀于此。而此一节书，是周臣告嗣王，以法先德，而驭诸侯也。先王，谓文王、武王。夹，解作近。享者，奉承之意。兄弟，言友爱也。后，君也。式，用也。典，旧典也。集，和辑也。周臣曰，天下之势，联于诸侯，怀远之道，在于慎德，今嗣王，抚有大业，唯常思文王、武王之于藩服，不以术驭，不以势禁。唯勤于明德，推诚布公，以怀服天下之诸侯，使远者常近，疏者常亲，以成夹辅之势。庶邦诸侯，咸为明德所感，其享上也，友爱之情，笃如兄弟。朝觐聘问，群方咸来，无敢有不王不享者，亦皆精白乃心，尽遵用文王之明德，而非有所强勉而然也，其上下相维之固如此。后之嗣王，遵行其法，以集睦诸侯，则庶邦亦怀德效顺，无不敬应如先王之时矣。《中庸》之所谓"怀诸侯"，实本于此。怀之为言，爱之而不扰，亲之而不疑。此指臂之势所由成，而盘石之常安也。周家卜年卜世之远，斯道得焉耳。

《书义断法》卷四《周书·梓材》

(元) 陈悦道撰

今王唯曰，先王既勤用明德，怀为夹。庶邦享作兄弟方来，亦既用明德，后式典，集庶邦丕享。

此以下，群臣进戒之辞。如《召诰》《洛诰》所云，错简在此，亦不知其为何人作。然其为进戒成王之辞无疑也。今王之所言，唯当效先王文、武之所为。先王勤用明德以怀诸侯，皆夹辅王室以享上，复如兄弟之亲，方方而来，视效吾君之明德。盖明德之极功也。今之为后者，亦式旧典而已矣。旧典者，何也？明德而已矣。明德，无君臣之间，故上作而下应；明德无古今之间，故前作而后述。昔也，"庶邦享"，而今也"庶邦丕享"，盖亦德之所传愈远，而所感愈深耳。《诗》曰"仪刑文王，万邦作孚"，其是之谓乎？

《读书管见》卷下《梓材》

(元) 王充耘撰

先王既勤用明德。

"先王既勤用明德，怀为夹，庶邦享"，盖古者，封建诸侯，各私其土，各子其民，其势易至分裂而自守，以天子而统驭万邦，千里之王畿，其力岂足制诸侯哉。所恃者，有德以柔服之而已。故夙夜匪懈，己之所以自治者益殷，则殷聘世朝，诸侯之所以事上者愈谨。不然，则诸侯不享，而为天子者徒建空名于诸侯之上耳。是故,自古以来,唯以四方朝贡为盛事。如禹会诸侯,执玉帛者万国。《史书》之以夸耀后世。成王六服群辟,罔不承德。至昭王而见侮于南国;穆王而荒服不至;夷王下堂以见,而诸侯不来。及宣王。能复会诸侯于东都,而遂为中兴复古之盛绩矣。故周公教成王,亦以为"敬识百辟享,亦识其有不享",为此故也。

庶邦享,作兄弟方来,亦既用明德

1.《尚书注疏》卷十三《周书》

(汉)孔氏传,(唐)陆德明音义,(唐)孔颖达疏

庶邦享,作兄弟方来,亦既用明德。

传,众国朝享于王,又亲仁善邻,为兄弟之国,万方皆来宾服,亦已奉用先王之明德。

音义,朝,直遥反。

疏,正义曰,以明德怀柔之,故众国朝享于王,又相亲善为兄弟之国,万方皆来宾服亦,已化上奉用先王之明德矣。

传,正义曰,享施于王,而兄弟为相于之辞,明彼此皆和谐。亲仁善邻,《左传》文。以先王用明德,于下之所行,今亦奉用,为亦先王耳。

2.《书传》卷十三《周书》

(宋)苏轼撰

庶邦享,作兄弟方来,亦既用明德。

享,朝享也。王谓诸侯为兄弟,凡言用德者,皆谓不用刑也。

3.《尚书全解》卷二十九《周书·梓材》

(宋)林之奇撰

(归善斋按,见"唯曰,若稽田,既勤敷菑,唯其陈修,为厥疆畎")

4. 《尚书讲义》卷十四《周书·梓材》

(宋)史浩撰
(归善斋按,原缺)

5. 《尚书详解》卷十九《周书·梓材》

(宋)夏僎撰
(归善斋按,见"唯曰,若稽田,既勤敷菑,唯其陈修,为厥疆畎")

6. 《增修东莱书说》卷二十一《周书·梓材第十三》

(宋)吕祖谦撰,(宋)石澜增修
(归善斋按,见"今王唯曰,先王既勤用明德,怀为夹")

7. 《尚书说》卷五《周书·梓材》

(宋)黄度撰
(归善斋按,见"今王唯曰,先王既勤用明德,怀为夹")

8. 《絜斋家塾书钞》卷十一《周书·梓材》

(宋)袁燮撰
(归善斋按,原缺)

9. 《书经集传》卷四《周书·梓材》

(宋)蔡沈撰
(归善斋按,见"今王唯曰,先王既勤用明德,怀为夹")

10. 《尚书精义》卷三十六《周书·梓材》

(宋)黄伦撰
(归善斋按,原缺)

11. 《尚书详解》卷三十一《周书·梓材》

（宋）陈经撰

（归善斋按，见"今王唯曰，先王既勤用明德，怀为夹"）

12. 《融堂书解》卷十二《周书·梓材》

（宋）钱时撰

（归善斋按，原缺）

13. 《尚书要义》

（宋）魏了翁撰

（归善斋按，原缺）

14. 《书集传或问》卷下《梓材》

（宋）陈大猷撰

（归善斋按，未解）

15. 《尚书详解》卷八《周书·梓材第十三》

（宋）胡士行撰

（归善斋按，见"今王唯曰，先王既勤用明德，怀为夹"）

16. 《书纂言》卷四上《周书·梓材》

（元）吴澄撰

（归善斋按，见"皇天既付中国民，越厥疆土于先王"）

17. 《书集传纂疏》卷四下《朱子订定蔡氏集传·周书·梓材》

（元）陈栎撰

（归善斋按，见"今王唯曰，先王既勤用明德，怀为夹"）

18.《读书丛说》卷六《梓材》

（元）许谦撰
（归善斋按，未解）

19.《书传辑录纂注》卷四《周书·梓材》

（元）董鼎撰
（归善斋按，见"今王唯曰，先王既勤用明德，怀为夹"）

20.《尚书句解》卷八《周书·梓材第十三》

（元）朱祖义撰

庶邦享（故庶邦朝享于下，亦皆相亲比），作兄弟方来（如兄弟之密，方方而来），亦既用明德（亦尽用明德）。

21.《尚书日记》卷十一《周书·梓材》

（明）王樵撰
（归善斋按，见"今王唯曰，先王既勤用明德，怀为夹"）

22.《日讲书经解义》卷八《周书·梓材》

（清）库勒纳等撰
（归善斋按，见"今王唯曰，先王既勤用明德，怀为夹"）

《书义断法》卷四《周书·梓材》

（元）陈悦道撰
（归善斋按，见"今王唯曰，先王既勤用明德，怀为夹"）

《读书管见》卷下《梓材》

（元）王充耘撰
（归善斋按，见"今王唯曰，先王既勤用明德，怀为夹"）

后式典，集庶邦丕享

1.《尚书注疏》卷十三《周书》

（汉）孔氏传，（唐）陆德明音义，（唐）孔颖达疏

后式典，集庶邦丕享。

传，君天下能用常法，则和集众国，大来朝享。

疏，正义曰，是先王行明德，下亦行明德以从之，而可法也。王用明德也，君天下者当如此。

2.《书传》卷十三《周书》

（宋）苏轼撰

后式典，集庶邦丕享。

后，今王也，亦用此常道，以集天下也。

3.《尚书全解》卷二十九《周书·梓材》

（宋）林之奇撰

（归善斋按，见"唯曰，若稽田，既勤敷菑，唯其陈修，为厥疆畎"）

4.《尚书讲义》卷十四《周书·梓材》

（宋）史浩撰

（归善斋按，原缺）

5.《尚书详解》卷十九《周书·梓材》

（宋）夏僎撰

（归善斋按，见"唯曰，若稽田，既勤敷菑，唯其陈修，为厥疆畎"）

6. 《增修东莱书说》卷二十一《周书·梓材第十三》

（宋）吕祖谦撰，（宋）石澜增修
（归善斋按，见"今王唯曰，先王既勤用明德，怀为夹"）

7. 《尚书说》卷五《周书·梓材》

（宋）黄度撰
（归善斋按，见"今王唯曰，先王既勤用明德，怀为夹"）

8. 《絜斋家塾书钞》卷十一《周书·梓材》

（宋）袁燮撰
（归善斋按，原缺）

9. 《书经集传》卷四《周书·梓材》

（宋）蔡沈撰
（归善斋按，见"今王唯曰，先王既勤用明德，怀为夹"）

10. 《尚书精义》卷三十六《周书·梓材》

（宋）黄伦撰
（归善斋按，原缺）

11. 《尚书详解》卷三十一《周书·梓材》

（宋）陈经撰
（归善斋按，见"今王唯曰，先王既勤用明德，怀为夹"）

12. 《融堂书解》卷十二《周书·梓材》

（宋）钱时撰
（归善斋按，原缺）

13. 《尚书要义》

（宋）魏了翁撰

（归善斋按，原缺）

14. 《书集传或问》卷下《梓材》

（宋）陈大猷撰

（归善斋按，未解）

15. 《尚书详解》卷八《周书·梓材第十三》

（宋）胡士行撰

（归善斋按，见"今王唯曰，先王既勤用明德，怀为夹"）

16. 《书纂言》卷四上《周书·梓材》

（元）吴澄撰

（归善斋按，见"皇天既付中国民，越厥疆土于先王"）

17. 《书集传纂疏》卷四下《朱子订定蔡氏集传·周书·梓材》

（元）陈栎撰

（归善斋按，见"今王唯曰，先王既勤用明德，怀为夹"）

18. 《读书丛说》卷六《梓材》

（元）许谦撰

（归善斋按，未解）

19. 《书传辑录纂注》卷四《周书·梓材》

（元）董鼎撰

（归善斋按，见"今王唯曰，先王既勤用明德，怀为夹"）

20. 《尚书句解》卷八《周书·梓材第十三》

（元）朱祖义撰

后式典（今我君成王，唯法先王之旧典），集庶邦丕享（合众邦大来享上，亦如先王之时，上下皆用德）。

21. 《尚书日记》卷十一《周书·梓材》

（明）王樵撰

（归善斋按，见"今王唯曰，先王既勤用明德，怀为夹"）

22. 《日讲书经解义》卷八《周书·梓材》

（清）库勒纳等撰

（归善斋按，见"今王唯曰，先王既勤用明德，怀为夹"）

《书义断法》卷四《周书·梓材》

（元）陈悦道撰

（归善斋按，见"今王唯曰，先王既勤用明德，怀为夹"）

《读书管见》卷下《梓材》

（元）王充耘撰

（归善斋按，见"今王唯曰，先王既勤用明德，怀为夹"）

皇天既付中国民，越厥疆土，于先王肆

皇天既付中国民，越厥疆土于先王肆。

1. 《尚书注疏》卷十三《周书》

（汉）孔氏传，（唐）陆德明音义，（唐）孔颖达疏
皇天既付中国民，越厥疆土，于先王肆。

传，大天已付周家治中国民矣，能远拓其界壤，则于先王之道遂大。

音义，付如字，马本作附。拓，音托。

疏，正义曰，今大天已付周家治九州之中国民矣，周家之王，若能为政用明德，以怀万国，远拓其疆界土壤，则先王之道，遂更光大。

传，正义曰，肆，遂也，申遂，故为大。越，远也，使天下宾服，故远拓界壤，以益先王，故为遂大也。

《尚书注疏》卷十三《考证》

越厥疆土于先王肆（句）。

古读如此。朱子谓"肆"字当属下句，蔡沈从之。

2. 《书传》卷十三《周书》

（宋）苏轼撰

皇天既付中国民，越厥疆土于先王肆。

此书专言王唯不杀，则子孙万年享国，故以天付为言。

3. 《尚书全解》卷二十九《周书·梓材》

（宋）林之奇撰

(归善斋按，见"唯曰，若稽田，既勤敷菑，唯其陈修，为厥疆畎")

4. 《尚书讲义》卷十四《周书·梓材》

（宋）史浩撰

(归善斋按，原缺)

5. 《尚书详解》卷十九《周书·梓材》

（宋）夏僎撰

(归善斋按，见"唯曰，若稽田，既勤敷菑，唯其陈修，为厥疆畎")

6. 《增修东莱书说》卷二十一《周书·梓材第十三》

（宋）吕祖谦撰，（宋）石澜增修

(归善斋按，见"今王唯曰，先王既勤用明德，怀为夹")

7. 《尚书说》卷五《周书·梓材》

（宋）黄度撰

（归善斋按，见"今王唯曰，先王既勤用明德，怀为夹"）

8. 《絜斋家塾书钞》卷十一《周书·梓材》

（宋）袁燮撰

（归善斋按，原缺）

9. 《书经集传》卷四《周书·梓材》

（宋）蔡沈撰

皇天既付中国民，越厥疆土于先王。

越，及也。皇天既付中国民，及其疆土于先王也。

10. 《尚书精义》卷三十六《周书·梓材》

（宋）黄伦撰

（归善斋按，原缺）

11. 《尚书详解》卷三十一《周书·梓材》

（宋）陈经撰

（归善斋按，见"今王唯曰，先王既勤用明德，怀为夹"）

12. 《融堂书解》卷十二《周书·梓材》

（宋）钱时撰

（归善斋按，原缺）

13. 《尚书要义》

（宋）魏了翁撰

（归善斋按，原缺）

14. 《书集传或问》卷下《梓材》

（宋）陈大猷撰

（归善斋按，未解）

15. 《尚书详解》卷八《周书·梓材第十三》

（宋）胡士行撰

（归善斋按，见"今王唯曰，先王既勤用明德，怀为夹"）

16. 《书纂言》卷四上《周书·梓材》

（元）吴澄撰

皇天既付中国民，越厥疆土于先王。今王唯曰，先王既勤用明德，怀为夹。庶邦享，作兄弟方来，亦既用明德，后式典，集庶邦丕享。

先王文王、武王也。皇天既付与中国之民，及其疆土于先王。今王之意，唯曰先王既勤于用其明德，以怀抚为己夹辅之。诸侯俾庶方之来。享者，皆作而起。兄弟之国，方方而来矣，亦既用其明德，能使群后之式用典章者，皆聚集而庶邦无不来享者矣。享，言同姓之国；丕享，并言异姓之国。

17. 《书集传纂疏》卷四下《朱子订定蔡氏集传·周书·梓材》

（元）陈栎撰

皇天既付中国民，越厥疆土于先王。

越，及也。皇天既付中国民，及其疆土于先王也。

纂疏：

《尚书》句读，有长者，如"皇天既付中国民，越厥疆土于先王"是一句。

18. 《读书丛说》卷六《梓材》

（元）许谦撰

（归善斋按，未解）

19.《书传辑录纂注》卷四《周书·梓材》

（元）董鼎撰

皇天既付中国民，越厥疆土于先王。

越，及也。皇天既付中国民，及其疆土于先王也。

辑录：

《尚书》句读有长者，如"皇天既付中国民，越厥疆土于先王"是一句。

20.《尚书句解》卷八《周书·梓材第十三》

（元）朱祖义撰

皇天既付中国民（况皇天既畀付中国之民），越厥疆土于先王（及其中国之疆土于先王）肆。

21.《尚书日记》卷十一《周书·梓材》

（明）王樵撰

皇天既付中国民，越厥疆土于先王肆。

朱子曰，是一句。

22.《日讲书经解义》卷八《周书·梓材》

（清）库勒纳等撰

皇天既付中国民，越厥疆土于先王肆，王唯德用，和怿先后迷民，用怿先王受命。

此二节书，是周臣告嗣王以修德宁民也。越，及也。肆，解作"今"。"先后"者，劳来之意。周臣曰，民社者，受之于天，传之于祖，所以抚绥而安定之者，则在于嗣王。皇天既厌商之虐，而以中国万民及其疆土之大，全付于我先王，以相传于今日，则负荷之重，嗣王任之矣。嗣王唯当以子惠仁爱之德，用以辑睦其民。于民之迷惑而不率教者，用德以和怿之，而使之有涵育熏陶之乐；用德以先后之，而使之有"匡直辅翼"之助。如此则迷者从化，百姓安，而疆土以宁。用是，以上慰先王受命之心，则格祖燕天，俱在是矣。

《书义断法》卷四《周书·梓材》

（元）陈悦道撰

皇天既付中国民，越厥疆土于先王肆。王唯德用，和怿先后迷民，用怿先王受命。

以今日之广土言之，则天固悉付以中国民矣。于中国之中，而犹有迷民，今王可不务德，而思有以和怿先后之哉？和之，使不乖；怿之，使不怨，先后之，以左右民是非。今王之民，乃先王所以受命于天之民也。盖商俗迷惑染恶之民，自今日而归于德化，则克受天命之。先王庶几其可以少慰，而天之所以付中国民者，始可无负也。

王唯德用，和怿先后迷民，用怿先王受命

1.《尚书注疏》卷十三《周书》

（汉）孔氏传，（唐）陆德明音义，（唐）孔颖达疏

王唯德用，和怿先后迷民，用怿先王受命。

传，今王唯用德，和悦先后天下迷愚之民，先后谓教训，所以悦先王受命之义。

音义，怿音亦，字又作致下同。先，悉荐反，注同。

疏，正义曰，以此今王须大先王之政，唯明德之大道而用之，以此和悦而先后其天下迷愚之民，使之政治，用此所以悦先王受命，使之遂大之义故也。是明德不可不务，故我周王，今亦行之，汝为人臣可以不法乎？当法王家，勤用明德治国也。

传，正义曰，言用德亦是明德也。先后，若《诗》云"予曰有先后"，谓于民心，先未悟而启之，已悟于后化成之，故谓教训也。先王本欲子孙成其事，今化天下使善，是悦先王受命。其和悦先王，即远拓疆土，悦其受命，即遂大也。

2. 《书传》卷十三《周书》

（宋）苏轼撰

王唯德用，和怿先后迷民。

民迷失道，故先后之。

用怿先王受命。

不唯以悦民心，亦以悦天命也。

3. 《尚书全解》卷二十九《周书·梓材》

（宋）林之奇撰

（归善斋按，见"唯曰，若稽田，既勤敷菑，唯其陈修，为厥疆畎"）

4. 《尚书讲义》卷十四《周书·梓材》

（宋）史浩撰

（归善斋按，原缺）

5. 《尚书详解》卷十九《周书·梓材》

（宋）夏僎撰

（归善斋按，见"唯曰，若稽田，既勤敷菑，唯其陈修，为厥疆畎"）

6. 《增修东莱书说》卷二十一《周书·梓材第十三》

（宋）吕祖谦撰，（宋）石澜增修

（归善斋按，见"今王唯曰，先王既勤用明德，怀为夹"）

7. 《尚书说》卷五《周书·梓材》

（宋）黄度撰

王唯德用，和怿先后迷民，用怿先王受命。

王唯懋德用，以和怿先后迷顽之民，使同底于道。和，谓调适之；怿，谓欢悦之。先，谓居前导之；后，谓从后推之。夫能和怿先后迷民，则是用悦怿先王受命。功力次第至此，殷民未宁先王受命，未能悦怿之，其事为未终也。

8. 《絜斋家塾书钞》卷十一《周书·梓材》

（宋）袁燮撰

（归善斋按，原缺）

9. 《书经集传》卷四《周书·梓材》

（宋）蔡沈撰

王唯德用，和怿先后迷民，用怿先王受命。

肆，今也。德用，用明德也。和怿，和悦之也。先后，劳来之也。迷民，迷惑染恶之民也。命，天命也。用，慰，悦先王之克受天命者也。

10. 《尚书精义》卷三十六《周书·梓材》

（宋）黄伦撰

（归善斋按，原缺）

11. 《尚书详解》卷三十一《周书·梓材》

（宋）陈经撰

（归善斋按，见"今王唯曰，先王既勤用明德，怀为夹"）

12. 《融堂书解》卷十二《周书·梓材》

（宋）钱时撰

（归善斋按，原缺）

13. 《尚书要义》

（宋）魏了翁撰

（归善斋按，原缺）

14. 《书集传或问》卷下《梓材》

（宋）陈大猷撰

（归善斋按，未解）

15. 《尚书详解》卷八《周书·梓材第十三》

（宋）胡士行撰

（归善斋按，见"今王唯曰，先王既勤用明德，怀为夹"）

16. 《书纂言》卷四上《周书·梓材》

（元）吴澄撰

王唯德用，和怿先后迷民，用怿先王受命。已！若兹监，欲至于万年唯王，子子孙孙永保民。

迷民，商之顽民也。先谓纣之民，后谓纣之遗民。复与武庚为乱者。故曰"先后迷民"。"先王受命"谓先王受天所命之民也。言今王但当如先王之用其明德，以和悦商家先后之迷民，又用以慰悦周家先王之受命民也。迷民，专指殷民迁洛者而言。受命，泛指四方诸国之民而言。稽，治；敷，广；菑，芟去草棘。陈，列；修，治；疆，畔；畎，通水渠也。墍，仰泥；茨，盖也。梓，良材，可为器。朴，粗治之也。斫，精治之也。丹，赤石；雘，采色之名。言先王用德以怀诸侯，已如稽田之敷菑，作室家之垣埔，作梓材之朴斫矣，今唯当用德以成其终，如陈修而为疆畎，涂之以墍，而茨之，涂之以丹而雘之也。故宅洛邑土中，以宾四方诸侯者，盖为此耳。

17. 《书集传纂疏》卷四下《朱子订定蔡氏集传·周书·梓材》

（元）陈栎撰

王唯德用，和怿先后迷民，用怿先王受命。

肆，今也。德用，用明德也。和怿，和悦之也。先后，劳来之也。迷民，迷惑染恶之民也。命，天命也。用，慰，悦先王之克受天命者也。

纂疏：

陈氏大猷曰，迷民未率，故王唯用德以和之，使不乖；怿之使不怨。先，以引于前；后，以助于后。不唯以悦民心，亦所以悦先王受命之心。

愚按，训"肆"为"今"，不若云"肆，故也"，"遂也"。朱子谓为承上起下之辞。《书》中"肆"字在句首者，如"肆类于上帝"，"肆嗣王丕承基绪"，"肆唯王其疾敬德"，与上文"肆往，奸宄"，"肆亦见厥君事"，皆"故"与"遂"之意耳。旧读"肆"字连上句者，尤非。又明德者，人心虚灵不昧之理，无上下之间，亦无前后之间，先王所勤用，以怀诸；所既用，以享天子，均用此明德也。何上下之间乎？"王唯德用德"，即所谓"明德"。后王所用以怿迷民，及用以怿受命，亦无非用此"明德"也，何前后之间乎？

18.《读书丛说》卷六《梓材》

（元）许谦撰

（归善斋按，未解）

19.《书传辑录纂注》卷四《周书·梓材》

（元）董鼎撰

肆王唯德用，和怿先后迷民，用怿先王受命。

肆，今也。德用，用明德也。和怿，和悦之也。先后，劳来之也。迷民，迷惑染恶之民也。命，天命也。用，慰，悦先王之克受天命者也。

纂注：

陈氏大猷曰，迷民未率，故王唯德是用，以"和怿先后"之。和之，使不乖；怿之使不怨。先，引之于前；后，助之于后。不唯以悦民心，亦所以悦先王受命之心。

新安陈氏曰，蔡氏训"肆"为"今"，未安。肆，故也，遂也。朱子曰，承上起下之辞。《书》中"肆"字，在句首者，如"肆类于上帝"，"肆嗣王丕承基绪"，"肆唯王其疾敬德"，与上文"肆往奸宄"，"肆亦见厥君事"，皆"故"与"遂"之意耳，不必训为"今"也。又按，明德者，人心虚灵不昧之理，无上下之间，亦无前后之间。先王所勤用以怀诸侯，诸侯所既用以享天子，均用此"明德"也，何上下之间乎？"王唯德用德"，即所谓"明德"，后王所用以怿迷民，及用以"怿先王受命"无非用此"明德"也，何前后之间乎？

20.《尚书句解》卷八《周书·梓材第十三》

（元）朱祖义撰

肆王唯德用（故嗣王唯德化是用），和怿先后迷民（以和悦先迷民，纣之民，后迷民武庚之民），用怿先王受命（如此，则所行之政，仰合先王之心，所以能慰悦先王所受命于天，而有天下者，可以长保而无替矣）。

21.《尚书日记》卷十一《周书·梓材》

（明）王樵撰

"肆王唯德用"至"用怿先王受命"。

要看他三"用"字，见其无他道也。

皇天以中国民人、疆土全付于先王，为先王能安养教导之，不负其所付也。今先王既往，而付予之重，又在王矣。王当何以慰先王在天之灵哉？亦"唯用德，和怿先后乎迷民"，勿使失性而已。谓之"迷民"，见其因无君师教导，缪其所趋，非所当忿疾也。当用德和怿之，谓以礼义和融悦乐其心，使之慕于善而不能已。或先之以启其悟，或后之以掖其成。如是，而民有终于迷者乎？夫"克相上帝，宠绥四方"者，先王之志也。王能如此，则先王受命者怿矣。

"先后"字，因"迷民"而生。正义曰，若《诗》曰"予曰有先后"，谓于民心，先未悟而启之，已悟于后化成之。

陈了翁，谓先迷民者，纣之民；后迷民者，武庚之民，此亦一说。

22.《日讲书经解义》卷八《周书·梓材》

（清）库勒纳等撰

（归善斋按，见"皇天既付中国民，越厥疆土于先王"）

《书义断法》卷四《周书·梓材》

（元）陈悦道撰

（归善斋按，见"皇天既付中国民，越厥疆土于先王"）

《书蔡氏传旁通》卷四下《周书·梓材》

（元）陈师凯撰

肆，今也。

新安陈氏曰，蔡氏训"肆"为今未安。愚按《释诂》云，肆，故，今也。郭云，肆，既为故，又为今；今亦为故，故亦为今。蔡氏正据此。陈氏未考耳。

已！若兹监，唯曰欲至于万年唯王

1. 《尚书注疏》卷十三《周书》

（汉）孔氏传，（唐）陆德明音义，（唐）孔颖达疏

已！若兹监，唯曰欲至于万年唯王。

传，为监所行已如此，所陈法则我周家，唯欲使至于万年承奉王室。

音义，监，古陷反。为，于威反。

疏，正义曰，汝若能法我王家而用明德，是为善不可加，因叹云，已乎！如此为监，则我周家，唯曰欲汝至于万年，唯以承奉王室。

《尚书注疏》卷十三《考证》

唯曰欲至于万年唯王（句），子子孙孙永保民（句）。臣召南按，赵岐注《孟子》引此篇"欲至于万年"，又曰"子子孙孙永保民"。然则"唯王"二字自为一句属上。宋儒读"唯王"属下为一句。

2. 《书传》卷十三《周书》

（宋）苏轼撰

已！若兹监，唯曰欲至于万年唯王，子子孙孙永保民。

《大诰》《康诰》《酒诰》《梓材》，其文皆奥雅，非世俗所能通。学者见其书纷然，若有杀罚之言，因为之说曰，《康诰》所戒，大抵先言杀罚，盖卫地服纣成俗，小人众多，所以治之先后缓急，当如此。予详考四篇之文，虽古语渊奥，然皆粲有条理，反复丁宁，以杀为戒，以不杀为德。此《易》所谓"聪明睿智，神武而不杀"者。故周有天下八百余年。后之王者，以不杀享国，以好杀殃其身及其子孙者，多矣。天、人之际，有不可尽知者。至于杀不杀之报，一一若符契可见也。而世主不以为监，小人又或附六经会。酝酿镌凿，以劝之杀。悲夫殆哉。唐末五代之乱，杀人如饮食。周太祖叛汉，汉隐帝使开封尹刘铢屠其家百口，太祖既克京师，夜召其故人知星者赵延义，问汉祚所以短促者，延义答曰，汉本未亡，以刑杀冤滥，故不及期而灭。时太祖，方以兵围铢及苏逢吉第，旦且灭其族，闻延义言，矍然贷之，诛止其身。予读至此，未尝不流涕太息。故表其事于《书》传以救世云。

3. 《尚书全解》卷二十九《周书·梓材》

（宋）林之奇撰

（归善斋按，见"唯曰，若稽田，既勤敷菑，唯其陈修，为厥疆畎"）

4. 《尚书讲义》卷十四《周书·梓材》

（宋）史浩撰

（归善斋按，原缺）

5. 《尚书详解》卷十九《周书·梓材》

（宋）夏僎撰

（归善斋按，见"唯曰，若稽田，既勤敷菑，唯其陈修，为厥疆畎"）

6.《增修东莱书说》卷二十一《周书·梓材第十三》

（宋）吕祖谦撰，（宋）石澜增修

已！若兹监，唯曰欲至于万年唯王，子子孙孙永保民。

成王之意，岂苟且一时之安而已，欲为子孙万年之基业。迷民未安，康叔可不协力抚摩之？不能抚摩则变乱，尚未可保，何以为万世计哉？见圣人规模之广大，后世创业之君，苟且一时而已。晋武帝平吴之后，何曾谏曰，陛下朝夕所论，特家人妇子之常事尔，武帝固无万世之规摹矣。古之王者，民众少有不安，必抚摩安慰，无所不尽者，永保之念至于子孙，则不静之根一毫不可留也。

（归善斋按，另见"今王唯曰，先王既勤用明德，怀为夹"）

7.《尚书说》卷五《周书·梓材》

（宋）黄度撰

已！若兹监，唯曰欲至于万年唯王，子子孙孙永保民。

已，止，止矣。必若此监，司其民。唯曰，欲使至于万年，唯王之子子孙孙，长保斯民，则康叔之功在王室矣。

8.《絜斋家塾书钞》卷十一《周书·梓材》

（宋）袁燮撰

（归善斋按，原缺）

9.《书经集传》卷四《周书·梓材》

（宋）蔡沈撰

已！若兹监，唯曰欲至于万年唯王，子子孙孙永保民。

已，语辞；监，视也。此人臣祈君永命之辞也。按，《梓材》有"自古王若兹监，罔攸辟"之言，而编书者，误以"监"为句读。而烂简适有"已！若兹监"之语，以为语意相类，合为一篇，而不知其句读之本不同，文义之本不类也。孔氏依阿其说，于篇意无所发明。王氏谓，成王自言必称王者，以《觐礼》考之，天子以正遇诸侯则称王，亦强释难通。

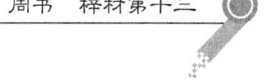

独吴氏以为误简者为得之。但谓"王启监"以下，即非武王之诰，则未必然也。

10. 《尚书精义》卷三十六《周书·梓材》

（宋）黄伦撰

（归善斋按，原缺）

11. 《尚书详解》卷三十一《周书·梓材》

（宋）陈经撰

（归善斋按，见"今王唯曰，先王既勤用明德，怀为夹"）

12. 《融堂书解》卷十二《周书·梓材》

（宋）钱时撰

（归善斋按，原缺）

13. 《尚书要义》

（宋）魏了翁撰

（归善斋按，原缺）

14. 《书集传或问》卷下《梓材》

（宋）陈大猷撰

（归善斋按，未解）

15. 《尚书详解》卷八《周书·梓材第十三》

（宋）胡士行撰

已（叹辞）！若兹监（呼叔），唯（思而）曰（言）欲至于万年唯王，子子孙孙永保民。

用德者，王也；而体德以施之民者，监也。故致叹以深望康叔，谓吾心所欲将万年，唯王世世保民，而无有间。此用德之意者焉。监，分吾民者，可不深长思邪？

16. 《书纂言》卷四上《周书·梓材》

（元）吴澄撰

已！若兹监，唯曰欲至于万年唯王，子子孙孙永保民。

"若兹"，言如上文所云也。诸侯之君，自今以往，咸愿周之王业至于万年之久，俾王之子子孙孙长保其民而已。吴氏曰此篇"庶邦享，作兄弟方来，庶邦丕享"之类，与"四方民大和会，侯、甸、男邦、采、卫、百工播民和，见士于周"之意，若相始终；"王启监"以后，若《洛邑》初成，诸侯毕至之时，周公进戒之辞，曰，"中国民"亦谓徙居于洛，在天地之中也。其曰"若稽田""作室家""作梓材"，皆为作洛而言，欲其克终也。

17. 《书集传纂疏》卷四下《朱子订定蔡氏集传·周书·梓材》

（元）陈栎撰

已！若兹监，唯曰欲至于万年唯王，子子孙孙永保民。

已，语辞；监，视也。此人臣祈君永命之辞也。按，《梓材》有"自古王若兹监，罔攸辟"之言，而编书者，误以"监"为句读。而烂简适有"已！若兹监"之语，以为语意相类，合为一篇，而不知其句读之本不同，文义之本不类也。孔氏依阿其说，于篇意无所发明。王氏谓，成王自言必称王者，以《觐礼》考之，天子以正遇诸侯则称王，亦强释难通。独吴氏以为误简者为得之。但谓"王启监"以下，即非武王之诰，则未必然也。

纂疏：

愚谓，曰"万年唯王"，若止于长有天下，曰"子子孙孙永保民"，则欲世王之久，安天下也，意实公天下，而非私于王家。人臣祈天永命，忠爱无穷之心欤。此篇只以残编错简读之，庶免穿凿。

18. 《读书丛说》卷六《梓材》

（元）许谦撰

（归善斋按，未解）

19.《书传辑录纂注》卷四《周书·梓材》

（元）董鼎撰

已！若兹监，唯曰欲至于万年唯王，子子孙孙永保民。

已，语辞；监，视也。此人臣祈君永命之辞也。按，《梓材》有"自古王若兹监，罔攸辟"之言，而编书者，误以"监"为句读。而烂简适有"已！若兹监"之语，以为语意相类，合为一篇，而不知其句读之本不同，文义之本不类也。孔氏依阿其说，于篇意无所发明。王氏谓，成王自言必称王者，以《觐礼》考之，天子以正遇诸侯则称王，亦强释难通。独吴氏以为误简者为得之。但谓"王启监"以下，即非武王之诰，则未必然也。

纂注：

新安陈氏曰，"已！若兹监"，与"自古王若兹监"相似，而实不同。上文之"监"，平声，"三监"之"监"。此之"监"去声，"监观"之"监"。已乎！君其监观于兹臣，所祈于君，唯曰欲自今至于万年，当为天下王。王之子子孙孙永保民而已。曰"万年唯王"，若止于长有天下，曰"子子孙孙永保民"，则欲世王之长，保安天下也，意实公而非私于王家也。其人臣祈君永命，忠爱无穷之心欤。读此篇，只依朱子以残编错简读之，庶其免于穿凿云。

苏氏曰，此书专言王唯不杀，则子孙万年享国，故以皇天所付为言，详考《大诰》《康诰》《酒诰》《梓材》四篇，反复丁宁，以杀为戒，以不杀为德，此《易》所谓"聪明睿智，神武而不杀"者，故周有天下八百余年。后之王者，以不杀享国，以好杀殃其身及其子孙者，多矣。而世主不以为监，小人又或附会六经，以劝之杀，悲夫殆哉。唐末五代之乱，杀人如饮食。周太祖叛汉，汉隐帝使开封尹刘铢，屠其家百口。太祖既克京师，夜召其故人知星者赵延义，问汉祚所以短促，延义答曰，汉本未亡，以刑杀冤滥，故不及期而灭。时太祖方以兵围刘铢，及苏逢吉第，期灭其族，闻延义，言矍然贷之，诛止其身。予读至此，未尝不流涕太息，故表其义以救世云。

葵初王氏曰，苏氏此论，大为有劝戒，有裨世主。述作必有此等议论，方可行世。

20. 《尚书句解》卷八《周书·梓材第十三》

（元）朱祖义撰

已！若兹监（周公既举成王之意详告康叔，于是又叹曰，已矣乎！今当如此监民），唯曰（唯常自言）欲至于万年（欲至万年之久）唯。

21. 《尚书日记》卷十一《周书·梓材》

（明）王樵撰

已！若兹监，唯曰欲至于万年唯王，子子孙孙永保民。

已乎！王其监省于兹臣，所祈于王，唯曰，欲自今至于万年，王子子孙孙永保民而已。此一段辞意恳恻，三复之，有言外不尽之余意，恐是召公之言也。

22. 《日讲书经解义》卷八《周书·梓材》

（清）库勒纳等撰

已！若兹监，唯曰欲至于万年唯王，子子孙孙永保民。

此一节书，是周臣祈君永命之言也。已，语辞。周臣曰，无尽者，臣子之心。前言用德以怀万邦，和百姓者甚详。唯欲王之监视于此而不忘也，所以欲王之监此者，何哉？盖诸侯，乃国家藩屏休戚相关；小民乃国家根本治乱攸系，能使藩屏常固，根本常安，则庶邦之享无穷，皇天之眷不怠。自今日至于万年，唯我王之子子孙孙永保万民，而常享天位矣。周臣前言，诸侯所以维天下之大势，继言，百姓所以固天下之大本，保邦宁命，更无他说，是即《中庸》"怀诸侯，子庶民"之义。但何以怀之，曰至公；何以子之，曰至仁。唯至公，即所以消反侧之端；唯至仁，即所以绵历服之久，尤万世人君所当监也。

《书蔡氏传旁通》卷四下《周书·梓材》

（元）陈师凯撰

监，视也。此人臣祈君永命之辞也。按，《梓材》有"自古王若兹监，罔攸辟"之语，而编书误以"监"为句读，而烂简适有"已！若兹监"之语，以为意类合为一篇，而不知其句读之本不同，文义之本不类也。

新安陈氏曰，"已！若兹监"，与"自古王若兹监"相似，而实不同。上文之"监"平声三监之监。此之监，去声。监观之监，已乎君其监。观于兹，臣所祈于君，唯曰欲自今至于万年当为天下王，王之子子孙孙永保民而已，其人臣祈君永命忠爱无穷之心欤。

《书义断法》卷四《周书·梓材》

（元）陈悦道撰

已！若兹监，唯曰欲至于万年唯王，子子孙孙永保民。

已者，辞之终也。"若兹监"者，意之所未终也，人臣之进戒于君，所以祈天永命者，言有尽，而意无穷，今往何监，非欲其万年唯王，而且与子孙常保其民乎？盖万年者，一身之寿，可以君临天下；子孙者，一代之传，常永保其民，所欲之深，所期之远，故其所言之益切，而所监之不违也。所谓"若兹监"者，亦于上文明德祈天之事而言耳。

子子孙孙永保民

1. 《尚书注疏》卷十三《周书》

（汉）孔氏传，（唐）陆德明音义，（唐）孔颖达疏
子子孙孙永保民。
传，又欲令其子孙，累世长君国，以安民。
疏，正义曰，令其子子孙孙累世长居国以安民。

2. 《书传》卷十三《周书》

（宋）苏轼撰
（归善斋按，见"已！若兹监，唯曰欲至于万年唯王"）

3. 《尚书全解》卷二十九《周书·梓材》

（宋）林之奇撰

（归善斋按，见"唯曰，若稽田，既勤敷菑，唯其陈修，为厥疆畎"）

4. 《尚书讲义》卷十四《周书·梓材》

（宋）史浩撰

（归善斋按，原缺）

5. 《尚书详解》卷十九《周书·梓材》

（宋）夏僎撰

（归善斋按，见后文"唯曰，若稽田，既勤敷菑，唯其陈修，为厥疆畎"）

6. 《增修东莱书说》卷二十一《周书·梓材第十三》

（宋）吕祖谦撰，（宋）石澜增修

（归善斋按，见"已！若兹监，唯曰欲至于万年唯王"）

7. 《尚书说》卷五《周书·梓材》

（宋）黄度撰

（归善斋按，见"已！若兹监，唯曰欲至于万年唯王"）

8. 《絜斋家塾书钞》卷十一《周书·梓材》

（宋）袁燮撰

（归善斋按，原缺）

9. 《书经集传》卷四《周书·梓材》

（宋）蔡沈撰

（归善斋按，见"已！若兹监，唯曰欲至于万年唯王"）

10.《尚书精义》卷三十六《周书·梓材》

（宋）黄伦撰

（归善斋按，原缺）

11.《尚书详解》卷三十一《周书·梓材》

（宋）陈经撰

（归善斋按，见"今王唯曰，先王既勤用明德，怀为夹"）

12.《融堂书解》卷十二《周书·梓材》

（宋）钱时撰

（归善斋按，原缺）

13.《尚书要义》

（宋）魏了翁撰

（归善斋按，原缺）

14.《书集传或问》卷下《梓材》

（宋）陈大猷撰

（归善斋按，未解）

15.《尚书详解》卷八《周书·梓材第十三》

（宋）胡士行撰

（归善斋按，见"已！若兹监，唯曰欲至于万年唯王"）

16.《书纂言》卷四上《周书·梓材》

（元）吴澄撰

（归善斋按，见"已！若兹监，唯曰欲至于万年唯王"）

17. 《书集传纂疏》卷四下《朱子订定蔡氏集传·周书·梓材》

（元）陈栎撰

(归善斋按，见"已！若兹监，唯曰欲至于万年唯王")

18. 《读书丛说》卷六《梓材》

（元）许谦撰

(归善斋按，未解)

19. 《书传辑录纂注》卷四《周书·梓材》

（元）董鼎撰

(归善斋按，见"已！若兹监，唯曰欲至于万年唯王")

20. 《尚书句解》卷八《周书·梓材第十三》

（元）朱祖义撰

唯王子子孙孙永保民（及王之子孙，长共保斯民而已。此"唯王"，如《禹贡》言"厥贡羽毛唯木"之"唯"同，谓羽毛及木也）。

21. 《尚书日记》卷十一《周书·梓材》

（明）王樵撰

(归善斋按，见"已！若兹监，唯曰欲至于万年唯王")

22. 《日讲书经解义》卷八《周书·梓材》

（清）库勒纳等撰

(归善斋按，见"已！若兹监，唯曰欲至于万年唯王")

《书义断法》卷四《周书·梓材》

（元）陈悦道撰

(归善斋按，见"已！若兹监，唯曰欲至于万年唯王")